동영상 강의 나눔복지교육원 www.hrd-elearning.com

나눔Book

KB247019

2026 최신판 찐합격!

청소년 상담사

기출문제집 문제+해설

3급

김형준 / 유상현 공저

✓ 2026 청소년상담사 3급 시험 합격_최적화된 기출문제집
 - 총 5개년(2021년 ~ 2025년)의 5회분 문제와 해설 수록

✓ 풍부한 해설 학습으로 충분한 이론학습에 따른 실력 Up!
 - [오답노트], [심화학습], [실력 다지기], [부연] 등의 내용 수록

✓ 저자 직강의 기출문제 동영상 강의 수강(유료)
 - 나눔복지교육원 홈페이지(www.hrd-elearning.com)

✓ 저자에게 듣는 학습내용의 궁금증 해결
 - Daum 카페와 Naver 카페_[김형준 나눔복지교육원]

PREFACE

2026년 청소년상담사 3급 시험의 최종합격을 기원합니다.

청소년상담사 자격증은 청소년의 건강한 성장과 발달을 지원하는 전문 상담 인력을 양성하기 위한 국가공인 자격입니다. 급변하는 사회 속에서 청소년들이 겪는 다양한 심리적·정서적 어려움을 이해하고, 전문적인 상담을 통해 그들의 삶에 긍정적인 방향을 제시하는 역할을 수행합니다.

특히 3급 청소년상담사는 학교, 청소년복지시설, 상담센터 등 다양한 현장에서 실무를 담당하며, 청소년과의 직접적인 소통을 통해 실질적인 도움을 제공하는 중요한 위치에 있습니다. 상담·심리·교육 분야에 관심 있는 분들에게는 전문성과 실무역량을 동시에 갖출 수 있는 훌륭한 출발점이 되어줄 것입니다.

[2026 청소년상담사 3급 기출문제집]은 최근 5년간 기출문제를 중심으로 구성되어 있어, 실제 시험의 출제 경향을 파악하고 효율적인 학습을 도와줄 것입니다. 또한 선택과목의 경우 시험문제의 난이도 측면과 다른 필수과목과의 연관성 등을 반영하여 [청소년이해론] 과목을 선정하였으니 이 점 참고바랍니다.

[2026 청소년상담사 3급 기출문제집]의 특징은 다음과 같습니다.

첫째, 청소년상담사 3급 필기시험을 위한 학습에 최적화된 기출문제집으로, 2021년부터 2025년까지의 공개된 기출문제와 해설을 수록하였습니다.

둘째, 각 문제에 대한 해설을 수록하여 제2의 이론학습뿐만 아니라, 각 문항에 대한 오답노트 분석을 통해 실력 향상에 도움이 될 것입니다.

셋째, 가장 어려워하는 [발달심리] 과목과 [학습이론] 과목의 경우 문항분석과 풍부한 해설을 수록하였습니다.

마지막으로, 나눔복지교육원 홈페이지(www.hrd-elearning.com)를 통해 저자 직강의 동영상 학습이 가능하도록 시험 합격에 최적화된 기출문제집입니다.

감사 말씀을 드립니다.

[2026 청소년상담사 3급 기출문제집] 교재작업을 함께 해 주신 유상현 교수님, 조은문 교수님께 감사드립니다. 또한, 편집 및 제작에 도움을 주신 (주) 고시고시 최진만 대표님과 임직원 여러분께 깊은 감사를 드립니다.

2026년 수험생 여러분의 최종합격을 항상 기도하겠습니다.

편저자 대표 김형준

청소년상담사 자격시험 합격률(2014~2025년)

자격	년도		필기시험			면접시험		
			응시자	합격자	합격률(%)	응시자	합격자	합격률(%)
1급	2014		286	29	10.13	29	22	75.86
	2015		257	72	28.02	77	62	80.52
	2016	14회	285	54	18.9	66	41	62.12
		15회	256	124	48.44	143	94	65.73
	2017		316	112	35.44	139	102	73.40
	2018		348	119	39.23	141	89	63.12
	2019		390	206	52.82	233	175	75.10
	2020		470	85	18.1	130	94	72.5
	2021		677	350	51.7	351	246	70.09
	2022		646	471	72.91	1,710	1,522	89.01
	2023		734	389	52.99	523	361	69.02
	2024		1,987	1,352	68.04	1,411	902	63.92
	2025		1,904	1,217	63.91	–	–	–
2급	2014		3,281	546	16.64	531	482	90.77
	2015		2,839	726	25.57	765	688	89.93
	2016	14회	3,148	1,066	33.80	1,100	930	84.54
		15회	3,302	1,011	30.62	1,145	980	85.59
	2017		3,876	1,181	26.78	1,119	938	83.80
	2018		3,937	1,962	50.29	2,039	1,713	84.01
	2019		4,128	1,769	42.85	2,024	1,721	85.00
	2020		4,468	2,050	45.9	2,191	1,725	78.4
	2021		4,485	2,802	62.47	3,052	2,582	84.6
	2022		4,047	2,859	51.74	2,794	2,342	83.32
	2023		4,189	2,253	53.78	2,375	1,959	82.48
	2024		5,479	3,870	70.63	3,996	3,041	76.10
	2025		4,713	2,742	58.17	–	–	–

자격	년도		필기시험			면접시험		
			응시자	합격자	합격률(%)	응시자	합격자	합격률(%)
3급	2014		6,207	2,384	38.41	2,294	2,079	90.63
	2015		5,780	1,814	31.38	1,959	1,716	87.60
	2016	14회	5,437	2,803	51.50	2,857	2,319	81.20
		15회	5,431	1,427	26.27	1,850	1,560	84.32
	2017		6,008	2,111	35.14	2,132	1,852	86.90
	2018		5,597	1,800	32.16	1,946	1,722	88.49
	2019		5,667	1,549	27.33	1,626	1,396	85.80
	2020		5,822	3,056	52.5	3,061	2,666	87.1
	2021		5,608	1,468	26.18	1,710	1,522	89.1
	2022		5,526	2,859	51.74	2,794	2,342	83.82
	2023		4,851	2,446	50.42	2,599	2,232	85.87
	2024		4,479	2,672	55.91	2,804	2,377	84.77
	2025		4,402	1,330	30.21	-	-	-

※ 응시자격 서류심사 결과 합격현황 변경될 수 있음

※ 면접시험 합격률 미정

< 1. 시험과목 및 시험시간 >

가. 제1차(필기) 시험 과목(청소년 기본법 시행령 제23조제3항)

구분	시험과목		
	구분	과목	
1급 청소년 상담사 (5과목)	필수(3과목)	• 상담사 교육 및 사례지도 • 청소년 관련 법과 행정 • 상담연구방법론의 실제	
	선택(2과목)	• 비행상담 · 성상담 · 약물상담 · 위기상담 중 2과목	
2급 청소년 상담사 (6과목)	필수(4과목)	• 청소년 상담의 이론과 실제 • 상담연구방법론의 기초 • 심리측정 평가의 활용 • 이상심리	
	선택(2과목)	• 진로상담 · 집단상담 · 가족상담 · 학업상담 중 2과목	
3급 청소년 상담사 (6과목)	필수(5과목)	• 발달심리 • 집단상담의 기초 • 심리측정 및 평가 • 상담이론 • 학습이론	
	선택(1과목)	• 청소년이해론 · 청소년수련활동론 중 1과목	

※ 시험과목 중 법령과목 출제 기준일은 시험 시행일 기준임

※ 청소년 관련 법이란 「청소년기본법」, 「청소년복지지원법」, 「청소년보호법」, 「아동 · 청소년의 성보호에 관한 법률」, 「청소년활동 진흥법」, 「학교폭력예방 및 대책에 관한 법률」, 「소년법」을 말하며, 그 밖의 법령을 포함하는 경우 성평등가족부장관이 고시

※ 성평등가족부장관이 고시한 그 밖의 법령은 「학교 밖 청소년 지원에 관한 법률」임

나. 제2차(면접) 시험 항목

면접시험의 평가 항목	비고
1. 청소년상담자로서의 가치관 및 정신자세 2. 청소년상담을 위한 전문적 지식 및 수련의 정도 3. 예의 · 품행 및 성실성 4. 의사표현의 정확성과 논리성 5. 창의력, 판단력 및 지도력	

다. 시험방법

구분			시험방법
1급 청소년상담사 (5과목)	제1차 (필기)	1교시(필수)	객관식(5지택일) [과목당 25문항(총 75문항)]
		2교시(선택)	객관식(5지택일) [과목당 25문항(총 50문항)]
	제2차(면접)		면접시험
2급 청소년상담사 (6과목)	제1차 (필기)	1교시(필수)	객관식(5지택일) [과목당 25문항(총 100문항)]
		2교시(선택)	객관식(5지택일) [과목당 25문항(총 50문항)]
	제2차(면접)		면접시험
3급 청소년상담사 (6과목)	제1차 (필기)	1교시(필수)	객관식(5지택일) [과목당 25문항(총 100문항)]
		2교시 (필수 및 선택)	객관식(5지택일) [과목당 25문항(총 50문항)]
	제2차(면접)		면접시험

라. 시험시간

구분	제1차(필기) 시험					제2차 (면접)시험
	교시	시험과목	입실시간	시험시간		
1급 청소년 상담사 (5과목)	1교시 (필수)	• 상담사 교육 및 사례지도 • 청소년 관련 법과 행정 • 상담연구방법론의 실제	09:00 까지	09:30 ~ 10:45 (75분)		1조당 10 ~ 20분 내외
	2교시 (선택)	• 비행상담 · 성상담 · 약물상담 · 위기상담 중 2과목	11:30 까지	11:40 ~ 12:30 (50분)		
2급 청소년 상담사 (6과목)	1교시 (필수)	• 청소년 상담의 이론과 실제 • 상담연구방법론의 기초 • 심리측정 평가의 활용 • 이상심리	09:00 까지	09:30 ~ 11:10 (100분)		1조당 10 ~ 20분 내외
	2교시 (선택)	• 진로상담 · 집단상담 · 가족상담 · 학업상담 중 2과목	11:30 까지	11:40 ~ 12:30 (50분)		
3급 청소년 상담사 (6과목)	1교시 (필수)	• 발달심리 • 집단상담의 기초 • 심리측정 및 평가 • 상담이론	09:00 까지	09:30 ~ 11:10 (100분)		
	2교시 (필수 및 선택)	• 학습이론(필수) • 청소년이해론 · 청소년수련활동론 중 1과목 (선택)	11:30 까지	11:40 ~ 12:30 (50분)		

< 2. 응시자격 >

가. 응시자격 기준(청소년 기본법 시행령 제23조제3항 및 별표3)

구분	자격요건	비고
1급 청소년 상담사	1. 대학원에서 청소년(지도)학·교육학·심리학·사회사업(복지)학·정신의학·아동(복지)학·상담학 분야 또는 그 밖에 성평등가족부령으로 정하는 상담 관련 분야(이하 "상담관련분야"라 한다)의 박사학위를 취득한 사람 2. 대학원에서 상담관련분야의 석사학위를 취득한 후 상담 실무경력이 4년 이상인 사람 3. 2급 청소년상담사로서 상담 실무경력이 3년 이상인 사람 4. 제1호 및 제2호에 규정된 사람과 같은 수준 이상의 자격이 있다고 여성 가족부령으로 정하는 사람	1. 상담분야 박사 2. 상담분야 석사+4년 3. 2급 자격증+3년
2급 청소년 상담사	1. 대학원에서 청소년(지도)학·교육학·심리학·사회사업(복지)학·정신의학·아동(복지)학·상담학 분야 또는 그 밖에 성평등가족부령으로 정하는 상담 관련 분야(이하 "상담관련분야"라 한다)의 석사학위를 취득한 사람 2. 대학 또는 다른 법령에 따라 이와 동등한 학력을 인정받는 기관에서 상담관련분야 학사학위를 취득한 후 상담 실무경력이 3년 이상인 사람 3. 3급 청소년상담사로서 상담 실무경력이 2년 이상인 사람 4. 제1호부터 제3호까지에 규정된 사람과 같은 수준 이상의 자격이 있다고 성평등가족부령으로 정하는 사람	1. 상담분야 석사 2. 상담분야 학사+3년 3. 3급 자격증+2년
3급 청소년 상담사	1. 대학 및 「평생교육법」에 따른 학력이 인정되는 평생교육시설의 청소년 (지도)학·교육학·심리학·사회사업(복지)학·정신의학·아동(복지)학·상담학 분야 또는 그 밖에 성평등가족부령으로 정하는 상담 관련 분야 (이하 "상담관련분야"라 한다)의 학사학위를 취득한 사람 2. 전문대학 또는 다른 법령에 따라 이와 동등한 학력을 인정받는 기관에서 상담관련분야 전문학사를 취득한 사람으로서 상담 실무경력이 2년 이상인 사람 3. 대학 또는 다른 법령에 따라 이와 동등한 학력을 인정받는 기관에서 학사학위를 취득한 후 상담 실무경력이 2년 이상인 사람 4. 전문대학 또는 다른 법령에 따라 이와 동등한 학력을 인정받는 기관에서 전문학사학위를 취득한 후 상담 실무경력이 4년 이상인 사람 5. 고등학교를 졸업하고 상담 실무경력이 5년 이상인 사람 6. 제1호부터 제4호까지에 규정된 사람과 같은 수준 이상의 자격이 있다고 성평등가족부령으로 정하는 사람	1. 상담분야 4년제 학사 2. 상담분야 2년제 + 2년 3. 타분야 4년제 + 2년 4. 타분야 2년제 + 4년 5. 고졸 + 5년

※ 비고
1. 상담 실무경력의 인정 범위와 내용은 성평등가족부장관이 별도로 정하여 고시함
2. 고등학교, 대학, 전문대학 및 대학원이란 각각 「초·중등교육법」 제2조 제4호에 따른 고등학교, 「고등교육법」 제2조제1호·제4호에 따른 대학·전문대학, 「고등교육법」 제29조에 따른 대학원을 말함
3. 응시자격을 갖추었는지 여부는 자격검정 공고에서 정하는 서류제출 마감일을 기준으로 판단함

※ 상담관련 학과 인정 시 법령에 나열되어 있는 10개 '상담관련분야'(청소년학, 청소년지도학, 교육학, 심리학, 사회사업학, 사회복지학, 정신의학, 아동학, 아동복지학, 상담학)와 이에 포함된 10개 학과명의 조합일 경우 인정하고 조합된 학과명에 10개 학과명 이외의 추가적인 문구가 있을 때에는 인정 불가
  • 인정 예시 : 청소년 + 상담학, 아동 + 상담학, 교육 + 심리학 등
  • 상담관련분야 학과명 중에 '학'자는 빠져있더라도 인정됨
※ 상담관련 학과 인정 시 '학위'명이 아닌 '학과'명 또는 '전공'명으로 판단
  • 대학의 경우 : 학부명, 학과명, 전공명 중 하나라도 상담관련분야 명시
  • 대학원의 경우 : 학과명, 전공명 중 하나라도 상담관련분야 명시

나. 성평등가족부령이 정하는 상담관련분야(청소년 기본법 시행규칙 제7조)

성평등가족부령이 정하는 그 밖의 '상담관련분야'	제출서류
상담의 이론과 실제(상담원리·상담기법), 면접원리, 발달이론, 집단상담, 심리 측정 및 평가, 이상심리, 성격심리, 사회복지실천(기술)론, 상담교육, 진로상담, 가족상담, 학업상담, 비행상담, 성상담, 청소년상담 또는 이와 내용이 동일하거나 유사한 과목 중 4과목 이상을 교과과목으로 채택하고 있는 학문분야 ※ Q-Net 청소년상담사 홈페이지 – 공지사항(동일·유사교과목) 참조	성적증명서(전공명시) 또는 교학처장(학과장) 직인이 날인된 재학 중 전공학과 커리큘럼

※ 응시자격 참고사항
  • 복수전공으로 상담관련분야 학과를 졸업한 경우 인정(학위 취득자)
  • 연계전공 혹은 부전공으로 상담관련분야를 선택했을 경우 상담관련과목을 전공으로 4과목 이상을 이수한 경우에만 인정
    ☞ 일반선택과목, 교양과목, 교직과목, 계절학기과목을 이수한 경우 인정되지 않음
※ 동일(유사)교과목 인정여부 판단할 때 기존에 인정된 동일(유사)과목명(현재까지 인정된 과목은 공단 청소년상담사 홈페이지 공지사항 "동일유사교과목"에 첨부되어 있음)과 핵심키워드가 일치하면 과목명에 "~론", "~학", "~연구", "~과정", "~세미나", "~이론" 등이 포함된 경우나 "의", "및", "과", "Ⅰ·Ⅱ", "1·2" 등과 같이 조사나 숫자가 다른 경우에 동일(유사)과목으로 인정가능(위의 문구 이외의 추가적인 문구가 있을 경우 동일(유사)교과목 심사 필요)
※ 동일(유사) 교과목 신청 시 해당 "학과장 직인"의 확인서류를 공문으로 제출

다. 상담 실무경력 인정기관

  • 청소년단체(청소년 기본법 제3조제8호)
  • 청소년상담복지센터(청소년복지 지원법 제29조)
  • 청소년복지시설 : 청소년쉼터, 청소년자립지원관, 청소년치료재활센터, 청소년회복지원시설 (청소년복지 지원법 제31조)
  • 학교 밖 청소년 지원센터(학교 밖 청소년 지원에 관한 법률 제12조)
  • 각급 "학교"(초·중등교육법 제2조) / 각종 "대학"(고등교육법 제2조)
  • 청소년상담사 자격검정위원회에서 인정하는 기관 (정부기관·공공상담기관·법인체상담기관 및 민간상담기관) : 예시내용 참조

※ 정부기관·공공상담기관·법인체상담기관

예시) 법무부(보호관찰소, 소년원), 고용노동부(진로상담센터), 보건복지부(아동학대예방 센터, 성폭력상담센터, 종합사회복지관), 국방부(군상담 부대 및 기관), 성평등가족부 (성폭력상담센터), Wee프로젝트(Wee 스쿨, 클래스, 센터) 등

※ 민간상담기관 : 상담기관으로서 관할관청에 신고 또는 등록을 필한 후 상담활동(개인상담, 집단상담, 심리검사, 상담교육 등)의 실적을 제시할 수 있는 상담기관으로

【 비영리 법인 : 고유번호증, 민간상담기관 : 사업자등록증명원 】 사업자등록증명원의 단체명, 업태, 종목에 '상담, 심리, 치료, 정신의학'이 명시된 기관은 인정

→ 인정여부 결정을 위해 기관실사 및 자격검정위원회에 회부를 할 수 있음

라. 응시등급별 청소년상담사 실무경력 인정기준(1년간 기준)

응시등급	상담유형	실시경력
1급 및 2급 청소년상담사	개인상담	대면상담 50회 이상 실시
	집단상담	24시간 이상 실시
	심리검사	10사례 이상 실시 및 해석
3급 청소년상담사	개인상담	대면상담 20회 이상 실시
	집단상담	6시간 이상 실시 및 참가
	심리검사	3사례 이상 실시 및 해석

※ 개인상담, 집단상담, 심리검사 경력을 모두 만족할 경우 1년 경력으로 인정

< 3. 결격사유 >

다음 각 호의 어느 하나에 해당하는 사람은 청소년상담사가 될 수 없음(최종 합격 발표일을 기준으로 각 호의 어느 하나에 해당하는 사람은 청소년상담사 자격검정에 응시할 수 없음)

1) 미성년자·피성년후견인 또는 피한정후견인

2) 파산선고를 받고 복권되지 아니한 사람

3) 금고 이상의 형을 선고받고 그 집행이 끝나거나 집행을 받지 아니하기로 확정된 후 3년이 지나지 아니한 사람

4) 금고 이상의 형을 선고받고 그 집행유예의 기간이 끝나지 아니한 사람

4의2) 제3호 및 제4호에도 불구하고 다음 각 목의 어느 하나에 해당하는 죄를 저지른 사람으로서 형 또는 치료감호를 선고받고 확정된 후 그 형 또는 치료감호의 전부 또는 일부의 집행이 끝나거나(집행이 끝난 것으로 보는 경우를 포함한다) 집행이 유예·면제된 날부터 10년이 지나지 아니한 사람

　가. 「아동복지법」제71조제1항의 죄

　나. 「성폭력범죄의 처벌 등에 관한 특례법」제2조의 성폭력범죄

　다. 「아동·청소년의 성보호에 관한 법률」제2조제2호의 아동·청소년대상 성범죄

5) 법원의 판결 또는 법률에 의하여 자격이 상실되거나 정지된 사람

※ 자격증 취득 후라도 상기 결격사유에 해당하거나 거짓이나 그 밖의 부정한 방법으로 자격을 취득한 경우, 자격을 다른 사람에게 빌려주거나 양도한 경우에는 자격을 취소할 수 있음

< 4. 합격자 결정 기준(청소년상담사 자격검정 및 연수 등에 관한 고시 제11조) >

(1) 제1차(필기) 시험

매과목 100점을 만점으로 하여 매과목 40점 이상, 전과목 평균 60점 이상 득점한 자

※ 제1차(필기) 시험 합격예정자는 응시자격 서류제출기관에 응시자격 서류를 반드시 제출하여야 하며, 정해진 기간 내 응시자격 서류를 제출하지 않거나 심사결과 부적격자일 경우 시험 불합격(무효) 처리함

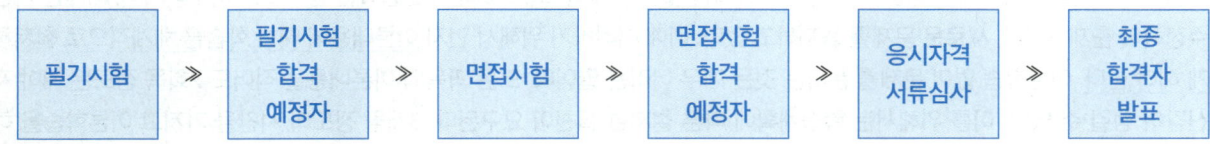

청소년상담사(응시자격 서류심사 1회)

필기시험 » 필기시험 합격 예정자 » 면접시험 » 면접시험 합격 예정자 » 응시자격 서류심사 » 최종 합격자 발표

(2) 제2차(면접) 시험

면접위원의 평점의 합계가 각각 15점 이상을 얻은 자를 면접 시험 합격자로 함. 단, 면접위원의 과반수가 어느 하나의 평가 사항에 대하여 1점으로 평정한 때에는 평정점수 합계와 관계 없이 불합격으로 함

< 5. 시험의 일부면제 >

필기시험과 서류심사에 합격하고 면접시험에 불합격한 자에게 다음 회의 시험에 한하여 필기시험을 면제함

1) 학습전략을 세울 때, 한국산업인력공단에서 발표한 출제평의 출제기본방향과 문제출제 시 강조점을 잘 읽어보고 이에 맞추어 과목별로 학습하는 것이 중요하다. 수험생 여러분이 꼭 숙지해야 할 것은 한국산업인력공단의 출제영역에 따라 학습을 진행하되, 각 과목에서 알아두어야 할 개념을 철저하게 이해하고 이에 대한 사례문제로 응용할 수 있는 능력이 요구된다. 다시 말하면, 개념정리와 이에 대한 사례적용이 중요하다는 것이다.

2) 통상적으로 청소년상담사 시험문제는 기존에 출제된 많은 문제의 풀(pool)에서 선별하는 방식으로 이루어지며, 대개는 약간 수정하여 출제하거나, 새로운 문제를 출제하고 있다. 이에 대비하기 위해서 먼저 이론내용에 대한 학습을 체계적으로 철저하게 해야 한다. 이론학습 없이 문제를 푼다는 것은 매우 어려운 일이다. 모든 과목의 이론내용을 적어도 2회독 정도는 해야 자신감이 생길 수 있다. 이를 위해서는 학습계획에 따른 철저한 실천이 요구된다. 3개월 정도의 시간을 가지고 이론학습을 하면 충분할 것이다. 이론내용에 최적화된 전공교재는 교육학, 상담학, 심리학 전공교재가 좋다. 그 이유는 이제까지의 합격률은 교육학과, 심리학과, 상담학과의 졸업생이 높은 비율을 차지했을 가능성이 높기 때문이다. 기출문제에서 사용하는 용어나, 문제의 유형을 보아도 알 수 있다. 따라서 이와 관련된 교재와 수험서를 보는 것이 바람직하다.

3) 이론학습 후에는 문제풀이 연습을 해야 한다. 문제풀이의 기간은 2 ~ 3개월 정도가 바람직하다. 많은 문제를 풀어보는 것이 바람직하며, 문제를 풀더라도 기출문제 유형과 비슷한 유형의 문제를 풀어보는 것이 좋다. 각 과목당 25문제로 모두 150문제이며 문제풀이 연습을 할 때는 3회분(450문제) 이상 풀어보는 것이 바람직하다. 그리고 자신의 이론학습 검증을 위해 오엑스 문제와 같은 유형의 연습도 필요하다.

4) 예상문제로 연습이 끝났다면 최종 모의고사를 실전처럼 풀어보는 것이 좋다. 이것은 적어도 1회 정도는 풀어야 하는데, 실제 시험시간에 맞추어서 컴퓨터용 용지에 직접 마킹을 해보는 연습이 필요하다. 이는 실제시험에 대비하기 위한 좋은 예행연습이 될 것이다. 시기는 실제시험일 이전 1~2주일이 좋을 것이다. 최종 모의고사 후, 실제시험까지 남은 시간은 최종모의고사에서 틀린 문제에 대해 재차 점검하는 것이 바람직한데, 틀린 문제유형은 다시 틀리기 마련이기 때문이다.

5) 주의할 내용은 이론학습을 통한 정리를 할 때는 단순히 암기식보다는 이해 위주의 학습을 하는 것이 바람직하며, 문제풀이 학습을 우선적으로 하기보다는 이론학습을 우선적으로 하는 것이 좋다. 실제 문제유형은 일반적으로 쉬운 문제부터 어려운 문제까지 난이도가 잘 조절되어 출제되는 경향이 많기 때문에, 연습문제풀이도 난이도가 잘 조절되어 있는 문제로 풀어보는 것이 바람직하다.

필기시험 합격을 위한 최적의 학습전략 4가지

1) 모든 학습은 반복학습이 가장 중요하다.

  이론이나 문제풀이 등 모든 학습은 2번 이상 학습하는 것을 원칙으로 하고, 예습보다는 복습을 통해 효과를 더욱 극대화해야 한다.

2) 서로 관련된 과목을 연계하여 진행하는 것이 좋다.

  서로 관련된 과목을 연계하여 진행하면 진도도 잘 나갈 뿐만 아니라, 종합적인 사고를 할 수 있어서 시험에서 큰 도움이 된다. 학습순서를 간단히 소개하자면, 상담이론 → 집단상담의 기초 → 발달심리 → 청소년이해론 → 학습이론 → 심리측정 및 평가의 순서대로 권유하고 싶다.

3) 이론 → 문제풀이(기출문제-예상문제) → 최종 모의고사 점검의 순서대로 하는 것이 바람직하다.

  80% 정도의 이론학습은 문제풀이 진도의 속도에도 도움이 되므로, 이론이 80% 정도 정리되면 문제풀이로 돌입하는 것이 좋다. 이론이 부족한 상태에서는 문제풀기가 어려우며, 오히려 시간낭비를 초래할 수 있다. 문제풀이는 기출문제를 통해 기출의 경향을 파악하고, 추후에 예상문제로 실력을 점검하는 것이 좋다. 시험일 1~2주 전에는 최종 모의고사로 실력을 테스트해 보길 바라며, 참고로 [나눔복지교육원]에서는 시험일 3~4주 전에 온라인 최종 모의고사를 서비스하고 있으니, 이를 활용하여 보는 것도 좋다.

4) 최적의 학습 콘텐츠를 선택하는 것이 중요하다.

  시중에는 청소년상담사와 관련된 많은 수험서와 동영상 강의가 있다. 독학으로도 학습이 가능한 수험생도 있겠지만, 일반적으로 동영상 강의나 실강(오프라인 강의)의 도움을 받는 경우가 많다. 강의의 도움을 받고자 하는 수험생은 시간이 조금 걸리더라도 다양한 강의 콘텐츠를 잘 살펴보고 자신에게 맞는 콘텐츠를 선택하는 것이 좋다.

청소년상담사 3급 출제영역[1]

주요항목		세부항목
1. 발달심리	**발달심리학의 기초**	• 발달심리학의 개념과 특징 • 발달심리학의 연구방법론 • 발달이론 및 발달심리학의 주요쟁점
	발달에 대한 전생애적 접근	• 영유아기 발달 • 아동기 발달 • 청년기 발달 • 성인기 및 노년기 발달
	주요 발달영역별 접근	• 유전과 태내발달 • 신체 및 운동발달 • 인지발달 • 성격 및 사회성 발달 • 정서 및 도덕성 발달 • 발달정신병리
	기타	• 기타 청소년상담의 이론과 실제에 관한 사항
2. 집단상담의 기초	**집단상담의 이론**	• 집단상담의 기초 • 집단상담의 지도성 및 집단상담자의 기술 • 집단상담의 계획 및 평가 • 집단상담의 윤리기준

		• 집단상담의 제 이론
		  – 정신분석 접근
		  – 개인심리학 접근
		  – 행동주의 접근
		  – 실존주의 접근
		  – 인간중심 접근
		  – 게슈탈트 접근
		  – 합리정서행동 접근
		  – 인지치료 접근
		  – 현실치료/해결중심 접근
		  – 교류분석 접근
		  – 예술적 접근 등 기타 접근(심리극, 미술, 음악 등)

	집단상담의 실제	• 집단역동에 대한 이해 • 집단상담의 과정(초기, 중기, 종결)

---

1)   선택과목의 출제기준은 본 교재의 중요내용인 청소년이해론만을 실었다.

	주요항목	세부항목
2. 집단상담의 기초	청소년 집단상담	• 청소년 집단상담의 특징 • 청소년 집단상담의 제 영역 • 청소년 집단상담의 기술
	기타	• 기타 집단상담의 기초에 관한 사항

3. 심리측정 및 평가	심리측정의 기본개념	• 검사, 측정, 평가의 개념
		  – 검사개발의 원리
		  – 난이도/변별도/유용도

		• 표준화 검사의 개념과 개발
		  – 표준화의 개념과 개발
		  – 규준의 개념과 개발
		  – 검사점수의 해석
		  – 규준참조 해석
		  – 준거참조 해석

		• 통계의 기초
		  – 척도의 종류와 해설
		  – 명명/서열/동간/비율

		• 신뢰도
		  – 신뢰도의 개념
		  – 신뢰도의 종류와 특성
		  – 신뢰도에 영향을 주는 요인
		  – 신뢰도의 평가 및 적용

		• 타당도
		  – 타당도의 개념
		  – 타당도의 종류와 특성
		  – 타당도에 영향을 주는 요인
		  – 타당도의 평가 및 적용

	검사의 선정과 시행	• 검사의 종류
		  – 투사적 검사
		  – 정의적 검사
		  – 행동관찰 및 면접

		• 검사 선정 시 고려사항
		  – 측정학적 문제
		  – 의뢰목적

주요항목		세부항목

3. 심리측정 및 평가	검사의 선정과 시행	• 검사 시행 시 고려사항
		  - 라포형성
		  - 피검자 변인
		  - 검사자 변인
		  - 검사상황 변인
		  - 검사시행 준비

		• 윤리적 문제
		  - 비밀보장
		  - 이중관계
		  - 검사결과 피드백
		  - 성추행 및 성관계
		  - 실시 및 해석자의 자격

	인지적 검사	• 지능검사
		  - 지능의 개념 및 측정
		  - Wechsler식 지능검사
		  - 지능지수의 해석
		  - 집단용 지능검사 및 기타 사항

		• 성취도 검사
		  - 성취도(학습기능)의 개념
		  - 표준화 성취도 검사의 해석

	정의적 검사	• MMPI
		  - 실시 목적과 방법
		  - 채점과 타당도 척도의 해석
		  - 임상척도의 해석

		• 기타 성격검사
		  - 성격의 기본차원
		  - 객관적 성격검사 사용의 유의사항
		  - MBTI 검사의 활용
		  - PAI 검사의 활용

		• 적성검사
		  - 적성의 개념
		  - 표준화 적성검사의 해석방안

	주요항목	세부항목

3. 심리측정 및 평가	투사적 검사	• 투사검사의 개관
		  – 투사검사의 특성
		  – 투사검사의 활용방안

		• HTP 검사 • SCT 검사 • Rorschach 검사 • TAT 검사
	기타	• 기타 심리측정 및 평가에 관한 사항
4. 상담이론	청소년상담의 기초	• 상담의 본질 • 상담의 기능 • 상담자의 자질 • 상담자 윤리
	청소년상담의 이론적 접근	• 정신분석 • 개인심리학 • 행동주의 상담 • 실존주의 상담 • 인간중심 상담 • 게슈탈트 상담 • 합리정서행동 상담 • 인지치료 • 현실치료/해결중심 상담 • 교류분석 • 여성주의 상담 • 다문화 상담 • 통합적 접근
	청소년상담의 실제	• 상담계획과 준비 • 상담목표 • 상담과정과 절차 • 상담기술과 기법
	기타	• 기타 상담이론에 관한 사항

	주요항목	세부항목
5. 학습이론	**학습의 개념**	• 학습의 정의, 개괄 • 학습관련 연구의 장점
	행동주의 학습이론	• 고전적 조건학습이론 • 조작적 조건학습이론
	인지주의 학습이론	• 사회인지이론 • 정보처리이론
	신경생리학적 학습이론	• 신경생리학적 이론
	동기와 학습	• 동기와 정서 • 동기와 인지
	기타	• 기타 학습이론에 관한 사항
6. 청소년이해론	**청소년 심리**	• 청소년 심리의 이해 • 청소년의 심리적 발달(생물, 인지, 도덕성, 성격, 자아 정체감, 정서 등) • 청소년기의 사회적 맥락(성·성역할, 학업과 진로, 친구관계, 여가 등)
	청소년 문화	• 청소년 문화 관련 이론 • 청소년 문화 실제(대중문화, 여가문화, 소비문화, 사이버 문화 등) • 가족·지역사회 • 또래집단·학교
	청소년 복지와 보호	• 청소년 비행이론 • 학교부적응·학업중단 • 폭력, 자살, 가출 • 중독(약물, 인터넷, 게임 등) • 청소년 보호 • 청소년 복지 기초 • 청소년 복지 실제 • 청소년 자립지원 • 청소년 사례 통합관리 • 지역사회안전망 운영 • 청소년 인권과 참여
	기타	• 기타 청소년이해론에 관한 사항

CONTENTS

기출문제

정답 및 해설

청소년상담사 3급 필기 기출문제집

1교시

2교시

2025

제1과목 발달심리 (필수)

01

발테스와 발테스(P. Baltes & M. Baltes)의 '보상을 수반한 선택적 최적화' 이론에 관한 설명으로 옳은 것을 모두 고른 것은?

> ㄱ. 선택, 보상, 최적화의 세 가지 요인이 성공적 노화와 관련된다.
> ㄴ. 보상은 발달적 상실이나 쇠퇴가 일어날 때 특정 수단의 대치나 외부적 도움을 사용하는 전략이다.
> ㄷ. 최적화는 수행할 목표를 설정하고 위계를 구성하며 전념의 강도를 결정하는 과정이다.
> ㄹ. 성공적 노화는 지금까지 추구한 사회적 활동을 유지하는 것이다.

① ㄱ, ㄴ 　② ㄷ, ㄹ 　③ ㄱ, ㄴ, ㄷ 　④ ㄱ, ㄷ, ㄹ 　⑤ ㄴ, ㄷ, ㄹ

02

다음의 내용을 모두 포함하는 개념은?

> • 마음에 들지 않는 선물을 받았지만 기분이 좋은 척 하는 것
> • 시합에 졌지만 슬프지 않은 척 미소를 짓는 것

① 공감 　　　　　　　　　　② 사회적 참조
③ 의도적 선택 　　　　　　　④ 개인적 우화
⑤ 정서표출규칙

03

프로이드(S. Freud)의 심리성적 발달 단계의 설명이 옳은 것을 모두 고른 것은?

> ㄱ. 항문기(anal stage)에 고착될 경우 강박적 성향이 나타날 수 있다.
>
> ㄴ. 남근기(phallic stage)에는 부모와 동일시하려는 심리적 기제가 나타난다.
>
> ㄷ. 생식기(genital stage)에는 여아의 경우 엘렉트라 콤플렉스가 나타날 수 있다.
>
> ㄹ. 구강기(oral stage)에 고착되면 이후 타인에 대한 지나친 비난이나 분노가 나타날 수 있다.

① ㄱ, ㄴ   ② ㄷ, ㄹ   ③ ㄱ, ㄴ, ㄹ   ④ ㄱ, ㄷ, ㄹ   ⑤ ㄱ, ㄴ, ㄷ, ㄹ

04

다음의 사례에 해당하는 인지발달의 개념으로 옳은 것은?

> 방을 정리하려는 아동이 무엇부터 정리를 해야 할지 몰라서 이것저것 만지다가 정리를 포기하려고 한다. 이때 어머니가 방에 들어와 아동 옆에서 "이불을 먼저 정리하고 책을 책장에 꽂은 다음 장난감과 블록을 정리함에 넣어 보자"라고 말하며 방을 정리하는 과정을 알려주었다. 그러자 아동이 스스로 방을 정리하기 시작했다.

① 조절   ② 모방

③ 탈중심화   ④ 마음이론

⑤ 근접발달영역

05

언어 발달에 관한 설명으로 옳지 <u>않은</u> 것은?

① 어휘발달 초기에는 과잉확장과 과잉축소의 특성이 나타난다.

② 생득주의 접근에서는 인간은 언어습득장치를 가지고 태어난다고 주장한다.

③ 생후 2개월 경 모음 같은 소리가 연결되어 나오는 것을 '옹알이'라고 한다.

④ 베르니케(Wernicke) 실어증은 언어를 이해하는 데 문제가 발생하는 장애이다.

⑤ 화용론(pragmatics)은 사회적 맥락에서 언어를 적절하고 효과적으로 사용하는 규칙에 관한 지식이다.

06

피아제(J. Piaget) 도덕발달 단계 중 내재적 정의(moral justice)를 믿는 단계의 특성으로 옳은 것은?

① 사회적으로 정의된 규칙에 대한 인식이 없다.

② 규칙을 어기면 벌을 받는다고 생각한다.

③ 사회적 규칙은 임의의 약속이라는 것을 깨닫는다.

④ 자신이 선택한 양심에 의해 옳은 행동을 결정한다.

⑤ 객관적 결과보다 행위자의 의도에 근거해 행동의 옳고 그름을 판단한다.

07

태내 발달의 순서가 바르게 나열된 것은?

ㄱ. 빨기, 삼키기, 딸꾹질	ㄴ. 남성 고환에서 테스토스테론 분비
ㄷ. 심장 형성	ㄹ. 양막 형성

① ㄴ - ㄷ - ㄹ - ㄱ   ② ㄴ - ㄹ - ㄱ - ㄷ

③ ㄷ - ㄴ - ㄱ - ㄹ   ④ ㄷ - ㄹ - ㄴ - ㄱ

⑤ ㄹ - ㄷ - ㄴ - ㄱ

08

표현형은 여성이나 사춘기에 2차 성징이 정상적으로 나타나지 <u>않는</u> 유전적 결함의 질환으로 옳은 것은?

① 터너 증후군   ② 다중 X 증후군

③ 클라인펠터 증후군   ④ 취약 X 증후군

⑤ XYY 증후군

09

자의식적 또는 사회적 정서에 해당되지 <u>않는</u> 것은?

① 분노   ② 죄책감   ③ 수치심   ④ 당혹감   ⑤ 자부심

10

바움린드(D. Baumrind)가 제안한 부모의 양육방식에 관한 설명으로 옳지 <u>않은</u> 것은?

① 수용/반응성 및 통제/요구의 두 차원을 중심으로 구분한다.

② 권위적(authoritative) 양육방식은 자녀의 사회적 유능감을 높인다.

③ 허용적(permissive) 양육방식은 자녀의 행동을 수용은 하지만 통제하지 않는다.

④ 권위주의적(authoritarian) 양육방식은 자녀의 행동을 통제하지만 수용적이다.

⑤ 방임적(uninvolved) 양육방식은 자녀에게 관심을 갖지 않고 자녀의 삶에 관여하지 않는다.

11

레빈슨(D. Levinson)이 제안한 발달 이론에 관한 설명으로 옳은 것은?

① 성인초기 전환기는 25세 전후에 나타난다.

② 전 연령을 대상으로 발달 단계를 구체화하였다.

③ 남성을 대상으로 연구한 결과를 근거로 하였다.

④ 성인기는 초기, 중기, 후기, 말기의 4단계로 구분하였다.

⑤ 각 단계는 입문(entry), 절정(culminating), 전환(transition)의 순서로 진행된다.

12

다음에서 설명하는 것은?

- 반두라(A. Bandura)가 제시한 개념
- 자신의 능력에 대한 개인의 신념
- 성공적 수행에 대한 기대

① 자기인식   ② 자기존중감

③ 자기통제감   ④ 자기효능감

⑤ 자아정체감

13

DSM-5의 자폐스펙트럼장애에 관한 설명으로 옳은 것을 모두 고른 것은?

ㄱ. 사회적 의사소통과 사회적-정서적 상호작용의 지속적 결함을 보인다.

ㄴ. 여성이 남성에 비해 더 많이 진단된다.

ㄷ. 초기 발달 시기부터 증상이 나타난다.

ㄹ. 마음이론이 발달하지 못해 다른 사람의 입장을 잘 이해하지 못한다.

① ㄱ, ㄴ, ㄷ   ② ㄱ, ㄴ, ㄹ

③ ㄱ, ㄷ, ㄹ   ④ ㄴ, ㄷ, ㄹ

⑤ ㄱ, ㄴ, ㄷ, ㄹ

14

DSM-5의 신경발달장애에 해당되지 <u>않는</u> 것은?

① 적대적 반항장애   ② 틱장애

③ 의사소통장애   ④ 주의력결핍 과잉행동장애

⑤ 운동장애

15

DSM-5의 반응성 애착장애 진단기준에 관한 설명으로 옳지 <u>않은</u> 것은?

① 5세 이전에 발병한다.

② 낯선 성인을 따라가는 데 있어 주저함이 적거나 없다.

③ 외상 및 스트레스 관련 장애에 해당된다.

④ 사회적 방임, 잦은 양육자 교체 등 제대로 양육을 받지 못한 극단적 경험을 했음이 입증되어야 한다.

⑤ 아동의 발달 연령이 최소 9개월 이상이어야 한다.

16

발달연구방법에 관한 설명으로 옳지 <u>않은</u> 것은?

① 관찰법은 관찰자가 자신이 원하는 방식으로 관찰 자료를 수집하고 해석하는 관찰자 편향이 나타날 수 있다.

② 실험연구에서는 두 변수 간 원인과 결과의 관계를 알 수 있다.

③ 횡단적 연구법은 동시에 각기 다른 연령의 사람들을 비교하여 연구하는 방법이다.

④ 종단적 연구법의 단점으로는 피험자 탈락, 편파적 표집 및 연습효과 등을 들 수 있다.

⑤ 계열법은 횡단설계와 종단설계를 혼합한 연구방법으로, 경제적이며 결과를 일반화하기에 용이하다.

17

인간발달 연구의 윤리 준수사항에 관한 설명으로 옳지 <u>않은</u> 것은?

① 부모 혹은 법적 보호자가 동의하지 않더라도 아동에게 직접 사전 동의서를 받으면 연구를 진행할 수 있다.

② 사전 동의를 받았더라도 연구 과정에서 예기치 못한 위협이 발생할 경우 연구자는 즉시 연구를 중단해야 한다.

③ 연구에 참여하는 모든 참여자는 다른 참여자들이 받는 유익한 처치를 동등하게 받을 권리가 있다.

④ 연구 참여자들은 사생활을 보호받을 권리가 있으며 개인 정보는 철저히 보호되어야 한다.

⑤ 아동은 취약한 피험자이므로 기관생명윤리위원회의 정규심의를 거쳐야 하며 연구윤리 원칙이 엄격하게 지켜져야 한다.

18

발달에 관한 설명으로 옳지 <u>않은</u> 것은?

① 전 생애발달 관점에 의하면 모든 연령에서의 발달은 성장과 감소의 변화가 함께 일어난다.

② 노년기에도 가소성(plasticity)으로 인해 훈련과 연습을 하면 다양한 기술을 향상시킬 수 있다.

③ 발달은 유전과 환경의 상호작용 결과이다.

④ 민감한 시기(sensitive period) 관점에서는 어떤 사건의 출현 또는 결여가 발달에 지대한 영향을 주어 결과가 회복되지 못하고 손상된다고 본다.

⑤ 불연속성 관점에서는 발달을 구별되는 단계로 일어나는 질적 변화의 과정으로 본다.

19

신생아의 반사 행동에 관한 설명으로 옳지 <u>않은</u> 것은?

① 신생아는 출생 직후부터 외부 자극에 무의식적으로 반응하는 반사 행동을 보인다.

② 근원 반사는 입 속에 들어온 것은 무엇이든 빨려고 하는 반사이다.

③ 신생아는 갑자기 위치가 바뀌거나 큰 소리가 들리면 모로 반사를 보인다.

④ 바빈스키 반사는 신생아의 발바닥을 간지럽히면 발가락을 부채처럼 쫙 펴는 반사이다.

⑤ 눈 깜박이기 반사나 호흡 반사와 같은 생존 반사는 평생 유지된다.

20

영아기 대근육 운동발달을 순서대로 옳게 나열한 것은?

ㄱ. 고개를 든다.	ㄴ. 혼자 앉을 수 있다.
ㄷ. 계단을 오른다.	ㄹ. 의자를 잡고 일어선다.

① ㄱ - ㄴ - ㄷ - ㄹ   ② ㄱ - ㄴ - ㄹ - ㄷ

③ ㄴ - ㄷ - ㄹ - ㄱ   ④ ㄷ - ㄹ - ㄱ - ㄴ

⑤ ㄹ - ㄴ - ㄷ - ㄱ

21

피아제(J. Piaget)의 인지발달 단계에서 대상영속성이 획득되는 시기는?

① 반사운동기   ② 일차 순환반응기

③ 이차 순환반응의 협응기   ④ 정신적 표상기

⑤ 구체적 조작기

22

피아제(J. Piaget) 이론에서 전조작기의 특성으로 옳은 것을 모두 고른 것은?

ㄱ. 소꿉놀이, 병원놀이, 학교놀이 등 가상놀이가 가능하다.
ㄴ. 자신의 왼손과 오른손을 구별할 수 있으나 맞은편에 서 있는 사람의 왼손과 오른손은 구별하지 못한다.
ㄷ. 종이를 가위로 자르면 종이가 아플 것이라고 생각한다.
ㄹ. 하늘이 파란색인 이유는 누군가가 파란색 물감으로 하늘을 칠했기 때문이라고 믿는다.

① ㄱ, ㄴ, ㄷ
② ㄱ, ㄴ, ㄹ
③ ㄱ, ㄷ, ㄹ
④ ㄴ, ㄷ, ㄹ
⑤ ㄱ, ㄴ, ㄷ, ㄹ

23

기억 발달에 관한 설명으로 옳은 것은?

① 의미기억은 개인이 삶에서 경험한 사건들에 대한 기억이다.
② 재인기억은 회상기억보다 늦게 발달한다.
③ 정교화 전략은 조직화 전략보다 먼저 발달한다.
④ 상위기억은 기억과 기억과정의 모든 측면에 관한 포괄적 지식으로 상위인지의 일부이다.
⑤ 아동은 실제 일어나지 않았던 일도 일어났던 것으로 받아들이는 피암시성이 낮기 때문에 기억에 오류가 없다.

24

청소년기 인지발달의 특성에 관한 설명으로 옳지 <u>않은</u> 것은?

① 명제적 사고와 가설 연역적인 논리적 사고를 할 수 있다.
② 문제 해결에 필요한 요인만 골라내어 체계적으로 조합, 구성하는 조합적 추리 능력이 발달한다.
③ 자의식을 지나치게 과장한 나머지 자신의 행동이 모든 사람의 관심 대상이라고 생각한다.
④ 자신과 상대방의 관점을 사회적 가치체계에 의해 판단할 수 있게 된다.
⑤ 중추신경계 기능의 퇴화로 기억력이 감퇴되고 지적 능력이 감소한다.

25

다음의 지능이론을 주장한 학자는?

- 인간은 개인 간 지능, 자연친화 지능 등 여러 개의 독립적인 지능을 가지고 있다.
- 각 능력은 뇌의 특정 영역과 관련되어 있어서 각기 다른 발달 경로를 가진다.
- 지능을 측정할 때 개인의 삶과 문화를 고려해야 한다.

① 카텔(R. Cattell) ② 스턴버그(R. Sternberg)
③ 길포드(J. P. Guilford) ④ 가드너(H. Gardner)
⑤ 서스톤(L. L. Thurstone)

제2과목 집단상담의 기초(필수)

26

다음 내용을 모두 만족하는 집단의 유형은?

- 대인관계 과정과 사고, 감정, 행동의 문제를 해결하는 전략에 초점을 둔다.
- 예방과 발달 및 치료적 목적을 위해 고안되며 집단의 상호 과정을 강조한다.
- 상호 피드백과 '지금-여기'에 초점을 둔 기술을 주로 사용한다.
- 모든 연령층의 일반인을 대상으로 한다.

① 교육집단   ② 상담집단   ③ 과업집단   ④ 자조집단   ⑤ 치료집단

27

집단상담 평가에 관한 설명으로 옳지 <u>않은</u> 것은?

① 평가 계획은 종결 시점에서 고려한다.
② 면접을 통한 평가는 특정 시점보다 전 과정에 걸쳐 이루어진다.
③ 집단원, 집단상담자 및 집단상담 과정을 평가한다.
④ 집단상담이 끝나고 1~2개월 후 추후평가를 실시하여 집단상담의 효과를 평가한다.
⑤ 집단원의 소감이나 경험보고서는 집단과정에 대한 중요한 평가 자료로 활용된다.

28

합리정서행동상담(REBT)에서 집단상담자의 역할에 관한 설명으로 옳지 <u>않은</u> 것은?

① 집단원의 비합리적 신념을 합리적 신념으로 바꾸는 것을 목표로 한다.
② 집단원의 인지적 변화를 위해 다양한 인지적, 정서적 기법을 활용한다.
③ 집단상담자는 교육자로서의 역할이 강조되므로 집단원과의 친밀한 관계형성을 무엇보다 중요하게 여긴다.
④ 집단원의 개인적인 변화를 촉진하기 위해 집단원과의 협의 하에 수행할 과제를 주고 확인한다.
⑤ 합리적-정서적 상상하기, 유머 사용하기 등의 정서적 기법을 활용한다.

29

집단상담의 사전 계획에 관한 설명으로 옳지 <u>않은</u> 것은?

① 대상에게 맞는 집단의 주제와 목적을 설정하고, 이를 달성하기 위한 목표를 구체화한다.

② 집단원의 성숙도, 집단의 유형 등에 따라 집단의 크기를 정한다.

③ 장소는 집단 진행에 방해가 되지 않는 조용한 공간으로 선택한다.

④ 집단의 종류나 목적에 따라 모임의 시간과 주기를 결정한다.

⑤ 집단의 명시적, 암묵적 규범을 명확히 설정한다.

30

정신분석 집단상담에 관한 설명으로 옳지 <u>않은</u> 것은?

① 전이 반응을 탐색할 수 있는 기회를 제공한다.

② 집단원에 대한 역전이가 일어날 수 있다.

③ 모든 것을 남의 탓으로 돌리는 집단원은 부인의 방어기제를 사용하는 것이다.

④ 집단원의 통찰을 나누는 것은 집단의 발전을 촉진한다.

⑤ 방관하거나 불필요한 이야기를 길게 하는 식의 저항이 나타난다.

31

다음 사례에 근거한 집단상담의 이론적 접근에 해당하는 것은?

> 바다는 어릴 때부터 부모의 결정에 따르기 위해 애써왔다. 이번 집단작업을 통해 자신의 결정에 대한 책임은 스스로 져야 한다는 것을 분명히 알게 되었다. 스스로 결정하는 것은 매우 불안하고 의심스러운 일이었고 아직도 일부는 남아있지만, 이제는 자신이 결정하는 용기를 갖게 되었다.

① 교류분석 집단상담   ② 행동주의 집단상담

③ 정신분석 집단상담   ④ 실존주의 집단상담

⑤ 인지치료 집단상담

32

심리극 집단상담에 관한 설명으로 옳은 것을 모두 고른 것은?

ㄱ. '지금-여기'를 중요시하기 때문에 집단에서는 현실에서 실제로 경험했던 장면만을 연기한다.

ㄴ. 집단원의 창조성과 자발성을 촉진하기 위해 집단상담자는 본보기 역할을 수행할 수 있어야 한다.

ㄷ. 나누기 및 토론 단계에서 집단원들은 주인공에게 분석을 제공한다.

ㄹ. 실연, 이중자아, 거울기법 등을 사용한다.

① ㄱ, ㄷ   ② ㄴ, ㄷ   ③ ㄴ, ㄹ   ④ ㄱ, ㄴ, ㄹ   ⑤ ㄱ, ㄷ, ㄹ

33

아들러(A. Adler) 집단상담에 관한 설명으로 옳지 <u>않은</u> 것은?

① 집단원의 생활양식을 파악하기 위해 가족구도를 탐색한다.

② 집단원의 사회적 상황과 사회적 태도를 파악한다.

③ 새로운 행동을 시도하고 현실을 검증할 기회를 제공한다.

④ 집단원의 역기능적 패턴은 어린 시절 트라우마가 원인이다.

⑤ 자기 파괴적인 행동을 반복할 때 잠시 멈추고 자신을 살펴보도록 한다.

34

다음에 해당하는 우볼딩(R. Wubbolding)의 현실치료 집단상담 단계에 관한 설명으로 옳은 것은?

• "지금 무엇을 하고 있습니까?"

• "지난 한 주 동안 실제로 무엇을 하였습니까?"

• "이 선택이 당신이 원하는 곳에 도달하게 합니까?"

① 집단원이 원하는 것을 확인하여 계획을 실행하게 한다.

② 집단원이 현재 무엇을 하고 있는지에 초점을 맞추도록 한다.

③ 집단원이 행동 변화를 위한 계획을 세우도록 돕는다.

④ 집단원의 욕구, 필요, 인식, 희망을 발견하도록 한다.

⑤ 집단원이 자신의 행동 전체를 평가하도록 돕는다.

35

인간중심 집단상담에 관한 설명으로 옳지 않은 것은?

① 집단상담자는 진실해야 하지만 무분별하게 개방적이어서는 안 된다.

② 집단상담자의 진실성, 수용, 공감은 집단원의 성장을 촉진한다.

③ 집단원 개인의 문제에 대해 목표를 세우고 과제를 부여한다.

④ 다양한 문화적 배경을 가진 집단원들 간의 상호 이해에 적합하다.

⑤ 구체적인 기법보다는 집단상담자의 촉진적인 태도를 강조한다.

36

다음에 해당하는 집단상담 이론은?

- "자, 여기 그 사람이 앉아 있다고 상상해봅시다. 방금 전 그 상황으로 돌아가면 해주고 싶은 말이 있다고 했는데 마음껏 한 번 해 보세요."
- "좀 전에 '나는 할 수 없다.'고 한 것을 '나는 하지 않겠어.'라고 바꾸어 말해볼까요?"
- "집단에서 당신의 어머니가 되어 줄 한 명을 고르세요. 당신의 어머니에게 가장 해주고 싶었던 말을 이 사람에게 해 보세요."

① 게슈탈트 집단상담   ② 정신분석 집단상담

③ 해결중심 집단상담   ④ 인지행동 집단상담

⑤ 현실치료 집단상담

37

집단상담의 윤리에 관한 설명으로 옳은 것을 모두 고른 것은?

ㄱ. 집단상담의 잠재적 유익과 위험성을 설명하는 것은 사전동의 과정에서 핵심적인 부분이다.

ㄴ. 집단상담자가 자신의 치료와 변화를 위해 집단을 이용할 수 있다.

ㄷ. 사전동의를 통해 비밀 유지와 관련된 온라인상 행동의 한계를 다룬다.

ㄹ. 강제적으로 집단에 참여할 경우에도 집단 활동을 거부할 수 있는 권리에 대해 사전에 알려주어야 한다.

① ㄴ   ② ㄱ, ㄷ   ③ ㄴ, ㄹ   ④ ㄱ, ㄷ, ㄹ   ⑤ ㄱ, ㄴ, ㄷ, ㄹ

38

다음 축어록에서 집단상담자가 사용한 집단상담 기법을 순서대로 옳게 나열한 것은?

- 하늘 : (울먹이며) 요즘 들어 부모님이 자주 다투셔서 정말 걱정이에요.
- 상담자 : (ㄱ) 부모님의 갈등으로 하늘이가 많이 힘든가 보네요. (ㄴ) 혹시 우리 중에 하늘이처럼 부모님의 갈등으로 인해 힘든 사람이 있나요?
- 나무 : (눈물을 글썽이며) 저도 얼마 전 부모님이 엄청 크게 싸워서 무서웠어요.
- 초록 : 너무 걱정하지 말아요. 원래 부부싸움은 칼로 물베기라고 하잖아요. 아무 문제 없을 거예요.
- 상담자 : (ㄷ) 잠깐만요, 하늘이가 어렵게 힘든 마음을 표현했는데 하늘이의 이야기를 좀 더 들어보는 것이 어떨까요?

① 반영하기 – 연결하기 – 차단하기
② 재진술 – 연결하기 – 초점 맞추기
③ 재진술 – 폐쇄적 질문 – 차단하기
④ 반영하기 – 폐쇄적 질문 – 제안하기
⑤ 공감하기 – 연결하기 – 직면하기

39

공동리더십의 한계를 극복하기 위한 방안으로 옳은 것을 모두 고른 것은?

ㄱ. 집단 사전모임에 함께 참여한다.
ㄴ. 서로의 개인적 특성을 파악하는 시간을 갖는다.
ㄷ. 회기 후 집단원의 반응에 대한 의견을 교환한다.
ㄹ. 집단에서 마주보고 앉되 서로 눈을 마주치지 않는다.

① ㄱ, ㄴ   ② ㄱ, ㄷ   ③ ㄱ, ㄴ, ㄷ   ④ ㄴ, ㄷ, ㄹ   ⑤ ㄱ, ㄴ, ㄷ, ㄹ

40

학교 장면에서 이루어지는 청소년 집단상담에 관한 설명으로 옳지 <u>않은</u> 것은?

① 비자발적인 집단상담은 효과가 없으므로 자발적인 참여자를 대상으로만 실시해야 한다.

② 학습, 진로만이 아니라 문제행동 및 예방을 주제로 한다.

③ 학교장의 승인을 받아 실시해야 한다.

④ 교육을 목적으로 실시하는 경우라도 반드시 사전동의서를 받아야 한다.

⑤ 집단원들의 관심을 높일 수 있도록 놀이나 매체를 활용할 수 있다.

41

청소년 집단상담 종결단계의 효과적인 개입전략은?

① 집단행동의 모범보이기

② 성장과 변화에 대한 평가하기

③ 신뢰감 형성 활동하기

④ 문제행동에 대한 직면하기

⑤ 집단의 결과에 대한 책임분배 안내하기

42

집단원의 문제행동에 대한 집단상담자의 개입으로 옳지 <u>않은</u> 것은?

① 침묵하는 집단원에게 집단참여를 격려한다.

② 장황하게 설명하는 집단원에게 요약해서 말해줄 것을 요청한다.

③ 비자발적인 집단원에게 집단참여에 대한 감정을 표현할 수 있도록 돕는다.

④ 집단상담자를 공격하는 집단원에게 차단하기 기법을 통해 제지한다.

⑤ 대화를 독점하는 집단원에게 그러한 행동을 통해 얻고자 하는 바를 탐색한다.

43

집단상담에서 사전 개별면담의 기능으로 옳지 <u>않은</u> 것은?

① 집단상담에 관한 이해를 높인다.

② 집단참여 촉진을 위한 정보를 제공한다.

③ 집단에 참여하기 어려운 집단원을 선별할 수 있다.

④ 집단상담에 대한 현실적인 기대 형성을 돕는다.

⑤ 집단상담의 진행과 성과에는 영향을 미치지 않는다.

44

집단에 대한 신뢰가 낮을 때 나타나는 집단원들의 특징을 모두 고른 것은?

> ㄱ. 즉각적인 느낌 표현을 억제한다.
>
> ㄴ. 집단에 대한 기대가 명확하지 않다.
>
> ㄷ. 집단원들 간의 상호작용이 추상적이다.
>
> ㄹ. 다른 집단원들에게 의구심이나 적대감을 갖는다.

① ㄱ, ㄴ   ② ㄱ, ㄷ   ③ ㄱ, ㄴ, ㄹ   ④ ㄴ, ㄷ, ㄹ   ⑤ ㄱ, ㄴ, ㄷ, ㄹ

45

코리(G. Corey)의 집단발달단계 중 과도기 단계에서 집단상담자의 반응으로 옳지 <u>않은</u> 것은?

> • 집단원 A : 여기 있는 사람들이 저에게 비판적일까봐 두려워요.
>
> • 집단상담자 : _____

① 그런 두려움 때문에 집단에 참여하기가 힘들었군요.

② A의 두려움은 어머니와의 관계에서 오는 두려움과 관련이 깊어요.

③ 여기에서 두려움과 관련하여 가장 의식되는 사람이 있나요?

④ 혹시 그 두려움 때문에 표현하지 못한 것이 있다면 무엇일까요?

⑤ 그 두려움 때문에 집단에서 어떤 제약을 받았나요?

46

다음에서 집단원이 말하는 치료적 요인을 순서대로 바르게 연결한 것은?

> ㄱ. 그동안 쌓였던 감정을 털어놓으니 정말 속이 시원해졌어요.
>
> ㄴ. 집단원들의 피드백을 통해 제가 다른 사람들에게 어떤 사람으로 보이는지 알게 됐어요.

① 자기개방 – 대인관계학습   ② 감정정화 – 대리학습

③ 감정정화 – 대인관계학습   ④ 자기개방 – 자기이해

⑤ 보편성 – 자기이해

47

빈 의자 기법을 활용할 수 있는 상황을 모두 고른 것은?

> ㄱ. 특정 타인에 대해 미해결과제나 감정을 드러낼 때
>
> ㄴ. 중요한 타인의 죽음에 대해 애도할 때
>
> ㄷ. 초대할 대상의 반응보다는 집단원 자신의 표현이 더 중요할 때
>
> ㄹ. 과거 고통스러운 사건(학대, 학교폭력 등)을 호소할 때

① ㄱ, ㄴ   ② ㄴ, ㄷ   ③ ㄷ, ㄹ   ④ ㄱ, ㄴ, ㄹ   ⑤ ㄱ, ㄴ, ㄷ, ㄹ

48

구조화 집단상담 초기단계에서 집단상담자의 역할에 관한 설명으로 옳지 <u>않은</u> 것은?

① 집단원들의 염려와 질문을 개방적으로 다룬다.

② 집단에 대한 구조화를 실시하여 집단에 대해 안내한다.

③ 특정 집단원의 깊은 자기개방에 대해 심도 있게 다룬다.

④ 적극적 경청과 공감적 반응으로 집단행동의 모범을 보인다.

⑤ 집단상담자에게 집중되는 것을 피하고 집단원간의 상호작용을 촉진시킨다.

49

집단상담의 기법과 예시가 바르게 연결된 것을 모두 고른 것은?

ㄱ. 즉시성 : 현수가 현재 겪고 있는 문제는 채영이가 선생님께 인정받고 싶다고 한 말과 유사하네요.

ㄴ. 해석 : 아픈 어머니를 보살펴야 했던 경험 때문에 다른 사람이 아프면 자꾸 보살피려고 하는 것은 아닐까요?

ㄷ. 재진술 : 엄마에게 꾸중을 들은 것이 오늘 시험에 영향을 주었단 말이구나.

ㄹ. 개방적 질문 : 너희 가족은 몇 명이니?

① ㄱ, ㄴ   ② ㄴ, ㄷ   ③ ㄱ, ㄷ, ㄹ   ④ ㄴ, ㄷ, ㄹ   ⑤ ㄱ, ㄴ, ㄷ, ㄹ

50

청소년 집단상담자의 행동으로 옳지 않은 것은?

① 집단상담자는 열정적이고 긍정적인 태도를 갖는다.

② 현실적으로 완벽한 비밀보장이 어렵다는 것을 사전에 알려 준다.

③ 집단상담이 적절하지 않다고 판단되는 경우 개인상담을 권유한다.

④ 집단원의 반응보다 집단상담 프로그램 진행에 더 초점을 둔다.

⑤ 폐쇄집단에서 집단원이 집단을 떠나고 싶어하면 이를 존중해 준다.

제3과목 심리측정 및 평가(필수)

51

다음 지시문에 부합하는 문항반응양식은?

> 각 문항의 내용을 읽고, 자신에게 맞는 문항은 응답지의 '예'에 표시하고 그렇지 않은 문항은 '아니오'에 표시하십시오.

① 개방형   ② 진위형
③ 중다선택형   ④ 리커트 양식
⑤ 양극형용사 체크양식

52

심리평가에 관한 설명으로 옳은 것은?

① 수검자에 대한 치료전략을 제시한다.
② 심리적 속성에 수를 부여하는 과정이다.
③ 심리검사와 동일한 의미를 갖는다.
④ 심리검사의 구성요소 중 하나이다.
⑤ 표준절차에 따라 행동표본을 측정하는 도구이다.

53

Z 점수에 관한 설명으로 옳지 않은 것은?

① 변환점수이다.
② 표준점수이다.
③ 평균은 0, 표준편차는 1이다.
④ Z 점수를 알면 T 점수를 산출할 수 있다.
⑤ 규준집단 내에서 개인의 절대적 위치를 알게 해준다.

54

준거참조검사에 관한 설명으로 옳은 것을 모두 고른 것은?

> ㄱ. MMPI는 대표적인 준거참조검사이다.
> ㄴ. 개인은 특정한 범주로 분류된다.
> ㄷ. 합격 또는 불합격 여부를 판단하는 운전면허 시험이 여기에 속한다.
> ㄹ. 응답자가 속한 모집단과 비교하여 개인의 상대적 위치를 평가한다.

① ㄱ, ㄴ   ② ㄱ, ㄷ   ③ ㄱ, ㄹ   ④ ㄴ, ㄷ   ⑤ ㄴ, ㄹ

55

한국 중학생의 대인관계 부적응과 불안 간의 상관계수가 0.5로 통계적으로 유의하게 나타났다. 이 값은 불안의 전체 분산 가운데 몇 %가 대인관계 부적응의 분산에 의해 설명됨을 의미하는가?

① 2.5%   ② 5%   ③ 10%   ④ 25%   ⑤ 50%

56

체온과 체중 측정치는 각각 어떤 종류의 척도에 해당하는가?

① 체온 : 명명척도, 체중 : 서열척도   ② 체온 : 비율척도, 체중 : 등간척도
③ 체온 : 등간척도, 체중 : 비율척도   ④ 체온 : 등간척도, 체중 : 등간척도
⑤ 체온 : 비율척도, 체중 : 비율척도

57

통계에 관한 설명으로 옳지 않은 것은?

① T 점수 70은 백분위 98에 해당한다.
② 분산(variance)은 표준편차를 제곱한 값이다.
③ 정규분포에서 평균, 중앙값, 최빈값은 일치한다.
④ 부적 편포의 경우, 대부분의 점수가 낮은 점수 쪽에 몰려 있다.
⑤ 정적 편포의 경우, 평균이 중앙값과 최빈값보다 오른쪽에 위치한다.

58

검사-재검사 신뢰도에 관한 설명으로 옳지 <u>않은</u> 것은?

① 검사 간격이 길수록 신뢰도가 낮아질 수 있다.

② 수검자의 동기 상태는 신뢰도에 영향을 미칠 수 있다.

③ 문항들의 난이도는 신뢰도에 영향을 미칠 수 있다.

④ 검사 간격이 짧을수록 연습 효과와 기억 효과가 발생할 가능성이 커진다.

⑤ 안정적 변인보다 가변적 변인을 측정할 때 적합하다.

59

다음에서 설명하는 타당도는?

- 해당 분야의 전문가들이 검사 문항들의 적절성 수준을 판단한다.
- 검사 문항들이 특정 영역을 과잉 혹은 과소 대표하는지 검토한다.
- 각 영역의 문항 수는 영역의 상대적 중요도가 반영되는 것이 바람직하다.

① 공인 타당도   ② 구성 타당도   ③ 내용 타당도   ④ 안면 타당도   ⑤ 예언 타당도

60

심리학자 A는 새로운 우울증 검사 B를 개발하였다. 이 검사가 기존의 우울증 검사 C와 이론적으로 관련성이 높은지 알아보기 위해 B와 C 간의 상관계수를 산출하였다. 이는 무엇을 분석하기 위한 것인가?

① 내적 합치도   ② 반분 신뢰도   ③ 변별 타당도   ④ 수렴 타당도   ⑤ 동형검사 신뢰도

61

능력검사에 관한 설명으로 옳은 것을 모두 고른 것은?

ㄱ. 정답이 존재한다.

ㄴ. 시간제한이 적용되지 않는 검사도 있다.

ㄷ. 지능검사, 신경심리검사, 적성검사 등이 있다.

ㄹ. 수검자에게 능력을 최대한 발휘하도록 요구한다.

① ㄱ, ㄴ, ㄷ   ② ㄱ, ㄴ, ㄹ   ③ ㄱ, ㄷ, ㄹ   ④ ㄴ, ㄷ, ㄹ   ⑤ ㄱ, ㄴ, ㄷ, ㄹ

62

심리검사 시행 시 고려사항으로 옳은 것을 모두 고른 것은?

> ㄱ. 검사자가 전문적 용어를 사용하면 라포 형성이 촉진된다.
> ㄴ. 수검자가 아동 · 청소년인 경우, 검사 목적을 잘 이해시켜 동기를 높일 필요가 있다.
> ㄷ. 평가 불안이 있는 수검자가 반응에 실패하면 안정을 위해 정답을 알려주는 것이 바람직하다.
> ㄹ. 투사적 검사 시 수검자가 자신의 반응을 검열하지 않고 연상되는 그대로 반응하도록 격려한다.

① ㄱ, ㄴ   ② ㄴ, ㄷ   ③ ㄴ, ㄹ   ④ ㄱ, ㄷ, ㄹ   ⑤ ㄴ, ㄷ, ㄹ

63

K-WAIS-Ⅳ의 소검사에 관한 설명으로 옳은 것은?

① 이해 : 광범위한 일반적인 지식에 관한 질문에 대답한다.
② 순서화 : 일련의 그림들을 보고 각각을 순서대로 정렬하여 회상한다.
③ 상식 : 일반적 원칙과 사회적 상황에 대해 자신이 알고 있는 바에 기초해 질문에 대답한다.
④ 지우기 : 제한시간 내에 조직적으로 배열되어 있는 도형들 속에서 표적 자극과 동일한 도형을 찾아 표시한다.
⑤ 공통성 : 언어 문항에서는 청각적으로 제시된 두 단어의 유사점, 그림 문항에서는 시각적으로 제시된 두 그림의 유사점에 대해 설명한다.

64

K-WISC-Ⅴ의 기본지표와 지표에 포함된 소검사의 연결이 옳지 않은 것은?

① 언어이해 : 어휘   ② 작업기억 : 산수
③ 시공간 : 토막짜기   ④ 유동추론 : 무게비교
⑤ 처리속도 : 동형찾기

65

중학교 2학년 A는 K-WISC-V에서 전체 IQ가 85로 나타났다. 이 결과에 관한 설명으로 옳은 것을 모두 고른 것은?

> ㄱ. 전체 IQ 85는 100명 중 84등에 해당한다.
> ㄴ. 지적 능력은 경계선 지능의 범위에 속한다.
> ㄷ. 전체 IQ 85는 K-WISC-V의 소검사 환산점수 7점과 동일한 상대적 위치이다.

① ㄱ   ② ㄴ   ③ ㄱ, ㄷ   ④ ㄴ, ㄷ   ⑤ ㄱ, ㄴ, ㄷ

66

스피어만(C. Spearman)의 2요인 이론과 CHC(Cattell-Horn-Carroll) 이론의 공통점으로 옳은 것은?

① 일반 지능(g요인)의 개념을 가정하였다.
② 유동적 지능(Gf)과 결정적 지능(Gc)이 포함된다.
③ 이론의 구성요소로 내용과 결과 차원을 제안하였다.
④ 2층 위계는 좁은 영역의 인지능력들로 구성된다고 제안하였다.
⑤ 지능은 각각 독립적이고 수평적 형태로 존재한다고 제안하였다.

67

MMPI-2 임상척도 4의 소척도가 아닌 것은?

① 비도덕성   ② 가정불화   ③ 권위불화   ④ 내적 소외   ⑤ 사회적 소외

68

다음에 해당하는 MMPI-2의 코드 유형은?

> • 일상생활을 유지해 나가기가 어려울 정도로 정서적 동요가 심하고 매우 혼란스럽다.
> • 걱정이 많고 긴장과 불안에 휩싸여 있는 모습이다.
> • 대인관계에서 자신감이 부족하며 자기주장을 잘 하지 못한다.

① 1-3 / 3-1   ② 3-4 / 4-3   ③ 4-9 / 9-4   ④ 6-9 / 9-6   ⑤ 7-8 / 8-7

69

정보를 인식하는 방식에서의 경향성을 나타내는 MBTI의 하위척도는?

① 외향형 – 내향형

② 감각형 – 직관형

③ 사고형 – 감정형

④ 판단형 – 인식형

⑤ 접근형 – 회피형

70

TCI의 기질척도가 <u>아닌</u> 것은?

① 인내력(P)

② 연대감(C)

③ 자극추구(NS)

④ 위험회피(HA)

⑤ 사회적 민감성(RD)

71

다음의 성격특성에 해당하는 홀랜드(J. Holland)의 직업적 성격유형은?

> 솔직하고, 성실하며, 검소하고, 지구력이 있고, 신체적으로 건강하며, 소박하고, 말이 적으며, 고집이 있고, 직선적이며, 단순하다.

① 현실적(Realistic) 유형

② 탐구적(Investigative) 유형

③ 예술적(Artistic) 유형

④ 기업적(Enterprising) 유형

⑤ 관습적(Conventional) 유형

72

HTP 검사의 실시방법에 관한 설명으로 옳지 <u>않은</u> 것은?

① 그림 단계를 모두 마친 후 질문 단계를 시행한다.

② 나무를 그리도록 할 때 수검자에게 종이를 세로로 제시한다.

③ 수검자의 성별과 동일한 성별의 사람 그림을 먼저 그리게 한다.

④ 그리는 방법에 관해 질문하는 경우 "마음 내키는 대로 그리세요."라고 대답한다.

⑤ 사람 그림에서 처음에 신체 일부만 그리는 경우 "전신 그림을 그리세요."라고 지시한다.

73

삭스(J. Sacks)가 개발한 문장완성검사의 네 가지 대표영역이 <u>아닌</u> 것은?

① 가족 영역   ② 성적 영역

③ 대인관계 영역   ④ 자기개념 영역

⑤ 타인 및 세상 영역

74

로샤(Rorschach) 검사의 엑스너(Exner) 종합체계에서 강박성향지표(OBS)에 해당하는 것은?

① $S > 3$ ② $FQ+ > 1$

③ $CF + C > FC$ ④ $P < 3$ 혹은 $P > 8$

⑤ $M- > 1$ 혹은 $M-\% > .40$

75

로샤(Rorschach) 검사의 엑스너(Exner) 종합체계에서 발달질 채점 기호로 옳지 <u>않은</u> 것은?

① $+$ ② $-$ ③ o   ④ v/+   ⑤ v

제4과목 상담이론(필수)

76

상담자의 윤리적 행동으로 옳은 것은?

① 심리검사 결과를 책상에 방치해 다른 내담자가 열람하였다.

② 법원의 정보공개 요청 사실을 내담자에게 알리고 최소한의 정보를 법원에 제공하였다.

③ 내담자를 상담자의 SNS 친구로 추가하고 사적인 연락을 주고받았다.

④ 자살 위험성이 높은 내담자를 혼자 감당하며 전문기관에 연계하지 않았다.

⑤ 상담자의 특정한 필요 때문에 상담 횟수를 늘리도록 내담자에게 권유하였다.

77

상담에 관한 설명으로 옳지 <u>않은</u> 것은?

① 상담은 대면 상담으로만 이루어지는 것은 아니다.

② 상담자와 내담자의 관계는 일방적, 수직적인 관계이다.

③ 상담자는 내담자의 자유로운 감정표현을 허용한다.

④ 상담과정에 내담자의 적극적인 참여를 필요로 한다.

⑤ 상담은 내담자의 의사결정과 문제해결을 돕는 활동이다.

78

다음 (   )에 해당하는 방어기제로 옳은 것은?

- (ㄱ) : A는 부모님의 이혼소식을 듣고 "우리 부모님은 그냥 잠시 떨어져 있는 것뿐이에요. 곧 다시 같이 살 거예요." 라고 말한다.
- (ㄴ) : B는 성적이 엉망으로 나온 상황에서 '알고 보니 내가 미처 공부하지 않은 내용에서 문제가 출제된 것이었기에 그럴 만하다.' 고 생각한다.

① ㄱ : 부정, ㄴ : 합리화　　　　② ㄱ : 억압, ㄴ : 합리화

③ ㄱ : 부정, ㄴ : 주지화　　　　④ ㄱ : 억압, ㄴ : 주지화

⑤ ㄱ : 이상화, ㄴ : 억제

79

다음 설명에 해당하는 정신분석의 개념은?

> • 상담을 통해 얻은 통찰을 실생활에서 실천해 가는 것
> • 내담자가 인지적, 정서적으로 자신의 갈등을 자각하고 변화하기 위해 노력하는 것

① 훈습   ② 전이   ③ 불안   ④ 저항   ⑤ 실연

80

대상관계이론에 관한 설명으로 옳지 <u>않은</u> 것은?

① 곰 인형, 담요 등은 과도적 대상(transitional object)의 역할을 한다.

② 내적 대상은 외적 대상에 대해 갖는 이미지, 감정, 생각, 기억 등을 의미한다.

③ 대상항상성(object constancy)은 양육자에 대한 일관된 상을 유지할 수 있는 능력을 의미한다.

④ 충분히 좋은 엄마(good enough mother)는 아기의 바람과 욕구를 좌절시키지 않는 완벽한 엄마이다.

⑤ 좋아하는 간식을 주지 않는 엄마의 모든 면을 나쁘다고 보는 아이는 분열(splitting)의 예에 해당한다.

81

상담이론과 기법의 연결이 옳지 <u>않은</u> 것은?

① 현실치료 : 직면, 유머

② 분석심리학 : 꿈분석, 해석

③ 교류분석 : 기능분석, 행동시연

④ 이야기치료 : 문제의 외현화, 대안적 이야기

⑤ 변증법적 행동치료 : 마음챙김, 대인관계 기술

82

아들러(A. Adler)의 개인심리학에 관한 설명으로 옳은 것을 모두 고른 것은?

ㄱ. 상담은 관계형성 – 평가와 분석 – 통찰과 해석 – 재정향의 과정을 거친다.

ㄴ. 인간 발달단계를 아동기, 청년기, 중년기, 노년기로 구분하였다.

ㄷ. 직면, 과제, 역설적 의도, 마치 ~ 처럼 행동하기 등의 기법을 활용한다.

ㄹ. 사회적 관심과 활동 수준을 토대로 생활양식을 지배형, 회피형, 저항형, 사회적 유용형으로 나누었다.

① ㄱ, ㄷ   ② ㄱ, ㄹ   ③ ㄴ, ㄷ   ④ ㄴ, ㄷ, ㄹ   ⑤ ㄱ, ㄴ, ㄷ, ㄹ

83

다음 설명에 해당하는 상담이론은?

• 그린버그(L. Greenberg) 등이 정립한 이론이다.

• 인간중심상담, 게슈탈트 상담, 실존주의 심리학에 뿌리를 두고 있다.

① 초월상담   ② 수용전념치료

③ 정서중심치료   ④ 관계중심치료

⑤ 변증법적 행동치료

84

조작적 조건화에 기초한 행동주의 상담기법으로 옳지 않은 것은?

① 행동연쇄   ② 토큰경제

③ 타임아웃   ④ 프리맥의 원리

⑤ 체계적 둔감화

85

다음 사례의 상담자가 사례개념화에 적용한 상담이론은?

> • 사례 : 고등학생 A는 "다른 애들은 다 나보다 잘난 것 같아. 나는 절대 성공할 수 없어. 이번 생은 망했어." 라는
>   말을 자주 하곤 한다.
> • 사례개념화 : A는 성장 과정에서 부모의 부정적 메시지를 내면화하여 부정적 인생각본을 형성한 것으로 보인
>   다. 'I'm not OK, You're OK' 라는 인생태도를 가지고 있어 자신을 비하하는 생각과 행동을 지속
>   하고 있는 것으로 보인다.

① 교류분석   ② 분석심리학   ③ 개인심리학   ④ 게슈탈트상담   ⑤ 실존주의상담

86

게슈탈트 상담자의 반응으로 옳은 것을 모두 고른 것은?

> ㄱ. 불안한 감정이 몸의 어디에서 느껴지나요?
> ㄴ. (손을 떨고 있는 내담자에게) 손을 더 빨리 더 많이 떨어보세요.
> ㄷ. 목소리가 점점 작아지고 있는데 지금 마음속에서 무엇이 일어나고 있나요?
> ㄹ. 앞에 있는 의자에 아빠가 앉아 있다고 상상하고 아빠에게 하고 싶은 말을 해볼까요.

① ㄱ, ㄴ   ② ㄱ, ㄷ   ③ ㄱ, ㄴ, ㄷ   ④ ㄴ, ㄷ, ㄹ   ⑤ ㄱ, ㄴ, ㄷ, ㄹ

87

합리정서행동상담(REBT)에서 비합리적 사고의 기준으로 옳지 <u>않은</u> 것은?

① 논리성   ② 현실성   ③ 실용성   ④ 융통성   ⑤ 경제성

88

다음 사례에서 상담자가 사용한 해결중심 상담의 질문으로 옳은 것은?

> • 내담자 : 동생은 정말 이기적이에요. 자기 자신만 생각하고 가족을 위한 행동은 하지 않아요.
> • 상담자 : 동생이 이기적이지 않다고 느꼈던 적이 한 번도 없었나요?

① 예외 질문   ② 대처 질문   ③ 기적 질문   ④ 척도 질문   ⑤ 악몽 질문

89

현실치료의 계획단계에서 고려해야 할 사항으로 옳은 것을 모두 고른 것은?

> ㄱ. 간단한 것(simple)
> ㄴ. 통제 가능한 것(controlled)
> ㄷ. 측정 가능한 것(measurable)
> ㄹ. 즉각적인 것(immediate)

① ㄱ, ㄴ   ② ㄷ, ㄹ   ③ ㄱ, ㄷ, ㄹ   ④ ㄴ, ㄷ, ㄹ   ⑤ ㄱ, ㄴ, ㄷ, ㄹ

90

현실치료의 기본욕구와 설명이 옳지 <u>않은</u> 것은?

① 소속의 욕구 : 사랑하고 협력하고자 하는 욕구
② 힘의 욕구 : 경쟁하고 성취하고자 하는 욕구
③ 자유의 욕구 : 하고자 하는 대로 표현하고자 하는 욕구
④ 즐거움의 욕구 : 의식주를 해결하고자 하는 욕구
⑤ 생존의 욕구 : 개인의 생존과 안전을 추구하고자 하는 욕구

91

다음 설명에 해당하는 교류분석의 개념은?

> ㄱ. 상대를 심리적으로 위협하기도 하고 속이기도 하면서 어려움에 처할 때마다 경험하게 되는 불쾌한 감정
> ㄴ. 사회적 행동의 동기를 제공하는 요인으로 타인으로부터 얻어지는 인정자극

① ㄱ : 라켓, ㄴ : 스트로크   ② ㄱ : 스트로크, ㄴ : 라켓
③ ㄱ : 라켓, ㄴ : 게임   ④ ㄱ : 스트로크, ㄴ : 게임
⑤ ㄱ : 열등감, ㄴ : 스트로크

92

여성주의 상담의 원리로 옳은 것을 모두 고른 것은?

ㄱ. 사회 변화를 위한 참여	ㄴ. 상담관계의 평등
ㄷ. 독립성과 상호의존성의 균형	ㄹ. 개인의 문제는 개인의 책임

① ㄱ, ㄴ   ② ㄷ, ㄹ   ③ ㄱ, ㄴ, ㄷ   ④ ㄴ, ㄷ, ㄹ   ⑤ ㄱ, ㄴ, ㄷ, ㄹ

93

다문화상담에 관한 설명으로 옳은 것을 모두 고른 것은?

ㄱ. 필요하다면, 모국어로 된 상담관련 서식을 준비하는 것이 좋다.

ㄴ. 문화적인 이유로도 보호자 외 다른 사람의 상담 동석은 불가하다.

ㄷ. 상담자는 문화적 차이에 대한 민감성과 이해가 필요하다.

ㄹ. 상담자의 가치관이 상담에 영향을 줄 수 있음을 인식하는 것이 필요하다.

① ㄱ, ㄷ   ② ㄴ, ㄹ   ③ ㄱ, ㄷ, ㄹ   ④ ㄴ, ㄷ, ㄹ   ⑤ ㄱ, ㄴ, ㄷ, ㄹ

94

통합적 접근에 관한 설명으로 옳은 것을 모두 고른 것은?

ㄱ. 혼합주의(syncretism)는 통합적 상담위계의 중간단계 특징이다.

ㄴ. 기술적 통합은 문제 해결을 위한 최상의 상담기법 선택에 중점을 둔다.

ㄷ. 동화적 통합은 단순한 기법의 혼합을 넘어 개념적 혹은 이론적 창조를 제안한다.

ㄹ. 이론적 통합은 하나의 이론을 중심으로 다른 치료적 접근들을 선택적으로 결합한다.

① ㄱ   ② ㄴ   ③ ㄱ, ㄴ   ④ ㄱ, ㄷ, ㄹ   ⑤ ㄴ, ㄷ, ㄹ

95

벡(A. Beck)의 인지왜곡(cognitive distortion)에 관한 개념과 그 예로 옳은 것을 모두 고른 것은?

ㄱ. 개인화 : A는 자신이 제안한 가족여행에서 사고가 나자 자기 때문이라고 생각했다.

ㄴ. 잘못된 명명 : B는 평소 관심 있는 이성 앞에서 사소한 실수를 하자 "난 역시 안 돼, 나는 바보야!" 라고 푸념을 하면서 자신을 바보라고 단정 지었다.

ㄷ. 임의적 추론 : C는 남자친구가 자신이 보낸 카톡에 몇 번 답장이 늦어지자, 자신을 더 이상 사랑하지 않는다고 결론을 내리고 먼저 헤어지자고 하였다.

ㄹ. 선택적 추론 : D는 면접시험에서 사소한 실수를 하였는데, 자신은 이 실수로 그 시험에 불합격 할 것이고, 더 이상 살아갈 가치가 없다고 결론 내렸다.

① ㄱ, ㄴ   ② ㄷ, ㄹ   ③ ㄱ, ㄴ, ㄷ   ④ ㄴ, ㄷ, ㄹ   ⑤ ㄱ, ㄴ, ㄷ, ㄹ

96

상담과정에 관한 설명으로 옳지 않은 것은?

① 초기단계에서는 내담자와의 상담관계 형성이 중요하다.
② 초기단계에서 상담구조화를 실시한다.
③ 중기단계에서는 주 호소문제 탐색이 핵심이다.
④ 중기단계에서는 대안을 찾아 실천한다.
⑤ 종결단계에서는 종결에 대한 감정을 다룬다.

97

상담에서 종결과 관련된 내용으로 옳지 않은 것은?

① 상담 성과가 있었다면 종결을 고려한다.
② 상담자가 먼저 종결을 제안하는 경우는 없다.
③ 상담 종결 후, 상담이 필요한 다른 사안이 발생하면 다시 상담을 받을 수 있다.
④ 상담 성과가 충분치 않다면, 종결을 논하거나 다른 접근방법이나 절차를 강구한다.
⑤ 상담 종결 후, 추후상담을 활용할 수 있다.

98

다음 사례에서 상담자가 사용한 상담기법은?

> • 내담자 : 친구들이 나를 미워하는 것 같아서 너무 힘들어요.
> • 상담자 : 친구들의 어떤 행동을 보고 친구들이 나를 미워한다고 생각했나요?

① 반영　　　　② 직면　　　　③ 해석　　　　④ 요약　　　　⑤ 명료화

99

상담기법과 예시의 연결이 옳은 것을 모두 고른 것은?

> ㄱ. 재진술 : 오늘 표정이 밝은걸 보니, 기분이 좋네요.
> ㄴ. 직면 : 괜찮다고 말하고 있지만, 목소리는 떨리고 있네요.
> ㄷ. 해석 : 친구에게 무조건 잘 해 주는 것은 친구가 떠날 것 같은 불안감 때문인 것 같아요.
> ㄹ. 자기개방 : 나도 게임을 하다가 밤 샌 적이 있어서 그 마음을 충분히 이해할 수 있어요.

① ㄱ, ㄴ　　　② ㄴ, ㄷ　　　③ ㄷ, ㄹ　　　④ ㄴ, ㄷ, ㄹ　　　⑤ ㄱ, ㄴ, ㄷ, ㄹ

100

청소년상담사 윤리강령 상 '전문가로서의 책임'에 해당하지 <u>않는</u> 것은?

① 자기의 능력 및 기법의 한계를 인식하고, 전문적 기준에 위배되는 활동을 하지 않는다.

② 검증되지 않고 훈련받지 않은 상담기법의 오·남용을 하지 않도록 유의한다.

③ 청소년 기본법에 따라 청소년의 권리와 책임을 다할 수 있게 지원해야 한다.

④ 청소년 및 복지 관련 법령, 정책 등의 적용과 개선을 위해 노력한다.

⑤ 청소년 관련 정책, 규칙, 법규 등에 대해 정통해야 하고 청소년 내담자를 보호하며 내담자가 최선의 발달을 이루도록 노력해야 한다.

01

학습에 관한 설명으로 옳지 않은 것은?

① 외현적 수행이 없어도 학습은 이루어진다.

② 약물에 의한 일시적 행동변화는 학습이 아니다.

③ 행동 잠재력의 변화는 학습으로 볼 수 없다.

④ 학습은 경험을 통하여 이루어진다.

⑤ 태도의 변화는 학습의 영역에 포함된다.

02

손다이크(E. L. Thorndike)의 연합학습에서 행위의 결과나 행동의 유용성이 연합 강도를 결정한다고 보는 것은?

① 준비성의 법칙(law of readiness)

② 연습의 법칙(law of exercise)

③ 사용의 법칙(law of use)

④ 불사용의 법칙(law of disuse)

⑤ 효과의 법칙(law of effect)

03

제임스(W. James)의 기능주의에 해당하지 <u>않는</u> 것은?

① 다윈(C. Darwin)의 진화론과 미국의 실용주의에 영향을 받았다.

② 의식의 구조와 내용에 초점을 두고 있다.

③ 의식의 흐름도 경험이 변화하면 함께 변화한다.

④ 의식은 변별적인 정보의 조각이 아닌 전체적이고 연속적인 과정이다.

⑤ 행동과 의식은 환경과의 관계에서 생성되고 소멸하는 과정이다.

04

파블로프(I. Pavlov)의 고전적 조건화에서 유기체가 오랜 기간 동안 매우 일반적인 환경에 있었을 때 가지게 되는 피질부(cortical) 모자이크는?

① 역동적 스테레오타입(dynamic stereotype)

② 집중(concentration)

③ 조건화된 제지(conditioned inhibition)

④ 외부 제지(external inhibition)

⑤ 흥분의 발산(irradiation of excitation)

05

학습자가 달성해야 할 최종 목표행동(goal behavior)에 이르는 하위 단위 행동들(target behaviors)을 난이도에 따라 위계화한 다음, 각 단위행동을 순차적으로 조건화시킴으로써 궁극적으로 최종 목표행동을 학습시키는 것은?

① 연쇄(chaining)

② 조성(shaping)

③ 변별(discrimination)

④ 이차 강화(secondary reinforcement)

⑤ 프리맥의 원리(Premack principle)

06

다음 설명에 해당하는 것은?

> • 거스리(E. R. Guthrie)의 습관을 깨는 방법
> • 바람직하지 않은 행동을 유발하는 단서를 바람직하지 않은 반응과 함께 일어날 수 없는 반응을 짝짓는 것

① 피로법(fatigue method)
② 역치법(threshold method)
③ 근사법(method of approximation)
④ 망각법(method of forgetting)
⑤ 모순된 반응법(incompatible response method)

07

바람직하지 않은 행동의 발생 뒤에 토큰 등의 조건 강화물을 잃는 것은?

① 반응대가(response cost)
② 면역훈련(immunization)
③ 타임아웃(time-out)
④ 부분강화(partial reinforcement)
⑤ 과잉교정(overcorrection)

08

헐(C. Hull)이 제시한 가정(postulates)에 해당하지 않는 것은?

① 내적 자극은 구심성(감각) 신경 충동을 활성화하고 이로 인해 환경적 자극이 보다 오래 지속된다.
② 유기체는 욕구가 생길 때 유발되는 학습되지 않은 행동을 가지고 태어난다.
③ 유기체가 생리적으로 결핍되면 추동 상태를 초래하고 각 추동은 특정 자극과 연합된다.
④ 반응은 활동을 필요로 하며 활동은 피로를 유발한다.
⑤ 피로는 부적 추동 상태이기 때문에 피로 상태에서는 반응하지 않는 것이 강화적인 속성을 갖는다.

09

영업사원은 물건을 팔 경우 돈을 벌 수 있기에 매번 성공하는 것은 아니지만 계속해서 물건을 팔려고 시도하는 경우에 해당하는 것은?

① 연속강화   ② 고정비율강화
③ 변동비율강화   ④ 고정간격강화
⑤ 변동간격강화

10

다음 사례에 관한 설명으로 옳지 <u>않은</u> 것은?

> 유명한 배우가 출연하여 다이어트에 효과적인 음식을 먹고 체중이 감량된 모습을 보고 해당 제품을 구매했다.

① 모델에게 주어지는 결과가 관찰자의 행동에 영향을 미친다.
② 대리 강화에 해당한다.
③ 관찰자는 모델과 동일한 효과를 기대함으로써 기능적 가치(functional value)를 획득한다.
④ 조작적 조건형성에 해당한다.
⑤ 관찰학습으로 주의ㆍ파지과정을 거쳐 동기화된다.

11

형태심리학의 집단화(grouping) 규칙으로 옳지 <u>않은</u> 것은?

① 폐쇄성(closure)   ② 대칭성(symmetry)
③ 유사성(similarity)   ④ 연속성(continuation)
⑤ 공간성(space)

12

퀼러(W. Köhler)와 손다이크(E. L. Thorndike)의 학습곡선에 관한 설명으로 옳은 것은?

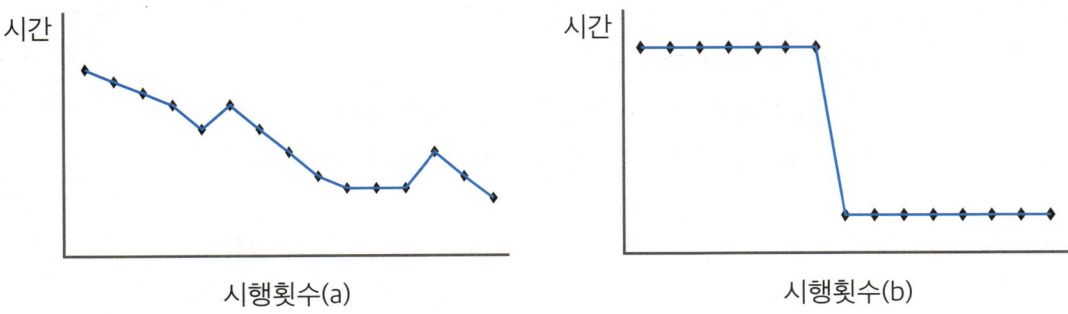

① (a)는 여러 번의 시도로 인해 수행시간이 짧아지는 통찰의 학습곡선이다.

② (a)는 급진적 학습과정에 의해 문제해결 상태로 이행된다.

③ (b)는 형태심리학(gestalt psychology)에 근거한다.

④ (b)는 새로운 문제 상황에서는 적용하기 어렵다.

⑤ (b)는 손다이크의 시행착오를 나타내는 학습곡선이다.

13

피아제(J. Piaget)의 인지발달에 관한 설명으로 옳지 <u>않은</u> 것은?

① 연속적인 변화를 겪으면서 일정한 인지구조를 유지하는 과정을 평형화(equilibrium)라고 한다.

② 새로운 환경자극을 자신의 인지 도식에 적용시켜 불일치를 해결하는 것을 동화(assimilation)라고 한다.

③ 물리적 환경에 대한 의존성이 점차 감소하고 인지구조의 활용이 증가하는 것을 내면화(interiorization)라고 한다.

④ 개인의 내적 인지구조를 수정하는 것으로 이전의 사고방식을 재구성하는 것을 재생적 동화(reproductive assimilation)라고 한다.

⑤ 한 형태의 추론에서 다른 형태로의 추론으로 전이하는 핵심요인은 물리적 환경, 성숙, 사회적 영향, 평형이다.

14

다음 설명과 장기기억의 종류가 옳게 연결된 것은?

> ㄱ. 치와와를 보았을 때, 강아지 분류표가 생각났다. 치와와는 애완견이고 개과에 속하면서 포유류에 속한다.
>
> ㄴ. 컴퓨터를 켜고, 한글파일을 열어 보고서 작업을 한다.
>
> ㄷ. 지난여름, 친구와 수해복구현장에서 자원봉사 했던 일이 가장 보람 있었다.
>
> ㄹ. 자동차 브레이크를 밟은 상태에서 시동을 켜고, 기어를 바꿔서 운전을 시작했다.

① ㄱ : 절차기억, ㄴ : 의미기억　　　　② ㄱ : 절차기억, ㄷ : 일화기억

③ ㄴ : 절차기억, ㄷ : 일화기억　　　　④ ㄴ : 의미기억, ㄹ : 일화기억

⑤ ㄷ : 의미기억, ㄹ : 절차기억

15

정보처리이론에 관한 설명으로 옳은 것은?

① 정보처리과정은 부호화, 저장, 전이, 인출의 4단계로 이루어진다.

② 경험에 관한 심상을 기억하는 것은 단기기억이다.

③ 청킹(chunking)은 작동기억으로 장기기억에 해당한다.

④ 감각기억은 선택적 지각에 의해 단기기억으로 처리된다.

⑤ 개념, 원리, 규칙 등의 정보는 절차기억의 핵심내용이다.

16

ㄱ의 문자열을 ㄴ의 문자열로 전환하여 기억하는 전략에 해당하는 것은?

> ㄱ. 오초가푸샴비렌지집누
>
> ㄴ. 비누샴푸오렌지초가집

① 시연　　　　　　　　　　　② 정교화

③ 유의미학습　　　　　　　　④ 시각적 심상

⑤ 내적 조직화

17

가네(R. Gagné)의 학습단계로 옳지 않은 것은?

① 선택적 지각, 의미론적 약호화, 전이 등의 획득과 수행단계
② 주의집중, 기대, 장기기억으로부터의 기능인출 등의 학습준비단계
③ 학습에 대한 자신감 있는 태도 등의 지원적 선행학습단계
④ 동기유발의 기대가 확인되는 피드백 및 강화단계
⑤ 학습된 내용을 다른 장면에도 응용할 수 있는 일반화단계

18

헵(D. O. Hebb)의 이론에서 '일련의 집합체 활동이 시간적으로 통합된 것이며, 현재 일어나고 있는 사고의 흐름'이라고 한 것은?

① 국면 시퀀스(phase sequence)
② 제한적 환경(restricted environment)
③ 풍요로운 환경(enriched environment)
④ 최적 각성수준(optimal level of arousal)
⑤ 반향적 신경활동(reverberating neural activity)

19

다른 세포의 축색(axons)에서 나오는 전기화학적 정보의 운반을 담당하는 것은?

① 세포집합체(cell assemblies)
② 시냅스(synapse)
③ 신경가소성(neuroplasticity)
④ 수상돌기(dendrites)
⑤ 안정전위(resting potential)

20

인간의 뇌구조에서 계획수립, 의식적 의사결정, 문제 해결, 타인과의 교류를 관장하면서 사고와 <u>다른</u> 정신 과정을 메타인지의 형태로 인식하게 하는 것은?

① 측두엽(temporal lobe)　　　　　　　② 전두엽(frontal lobe)

③ 후두엽(occipital lobe)　　　　　　　④ 두정엽(parietal lobe)

⑤ 뇌량(corpus callosum)

21

조작적 조건형성의 개념과 사례의 연결이 옳지 <u>않은</u> 것은?

① 부적강화 : 정답을 제출한 학생은 숙제를 면제해준다고 했더니, 정답을 제출한 학생 수가 증가했다.

② 부적강화 : 핸드폰 요금을 기한 내에 납부하였더니, 연체료를 내지 않는다.

③ 정적강화 : 강아지에게 간식을 통해 새로운 행동을 가르친다.

④ 부적처벌 : 떠드는 학생은 생각의자에서 수업을 듣게 하였다.

⑤ 부적처벌 : 요리수업에 지각하면 수업 종료 후 설거지를 하도록 하였다.

22

다음 사례를 설명하는 학습이론은?

> A는 기말고사를 준비하고 있다. 집에서 공부하려니 졸리고 집중도 안 되어 스터디카페에서 공부하기로 했다. 한 시간 정도 지나니 다시 집중이 되지 않아 친구를 불러내어 같이 공부했다.

① 거스리(E. R. Guthrie)의 일회시행 학습(one-trial learning)

② 파이비오(A. Paivio)의 이중부호이론(dual-coding theory)

③ 헵(D. Hebb)의 최적각성수준(optimal level of arousal)

④ 손다이크(E. L. Thorndike)의 효과의 법칙(law of effect)

⑤ 에스테스(W. Estes)의 자극표집이론(stimulus sampling theory)

23

다음 사례에 대한 특징으로 옳지 <u>않은</u> 것은?

> 부모님은 나에게 항상 "집안에는 판사가 한명 있어야 한다."고 하셨고, 집안의 장남인 나는 언제나 집안 어른들의 기대를 한 몸에 받고 있어서 매우 부담스러웠다. 결국 나는 로스쿨을 졸업은 했지만 판사는 되지 못했다. 부모님께 죄송하고 나 자신에겐 매우 화가 나서 가끔씩 분노조절이 되지 않는다.

① 외적으로 동기화되어 있어 외적인 강화나 처벌에 민감하다.
② 숙달목표를 가진 사람으로 적극적으로 재도전한다.
③ 시험이나 과제 수행 시 몹시 긴장하는 일이 많다.
④ 오류를 실패와 무능으로 여긴다.
⑤ 수행목표를 가진 사람으로 실패하면 쉽게 좌절한다.

24

귀인(attribution)에 관한 설명으로 옳지 <u>않은</u> 것은?

① 과제 난이도는 외적, 통제 불가능 요인이다.
② 행운이나 우연은 외적, 불안정 요인이다.
③ 실패가 외적인 원인이라고 생각하면 화가 나고 분하다.
④ 실패가 자신의 능력의 부족이라고 생각하면 죄책감이나 수치심을 느낀다.
⑤ 성공과 실패를 안정적 요인으로 생각하면, 미래의 수행은 현재의 수행과 다를 것으로 기대한다.

25

동기(motivation)에 관한 설명으로 옳지 <u>않은</u> 것은?

① 코빙톤(M. Covington)은 자신이나 타인의 관점에서 개인적인 가치를 유지하기 위하여 동기화된다고 주장했다.
② 에킨슨(W. Atkinson)은 행동의 동기화를 성공 가능성에 대한 지각과 성공의 유인적 가치(incentive value)와의 상호작용으로 설명하였다.
③ 정서는 동기의 목적적이고 인지적인 측면에도 영향을 미친다.
④ 로터(J. Rotter)는 강화 자체가 아닌 강화에 대한 인간의 신념을 강조했다.
⑤ 동기는 개인의 학습전략과 인지 과정에 영향을 미치지는 않는다.

제2과목 청소년 이해론(선택)

26

청소년 보호법상 청소년이 인터넷게임의 회원으로 가입하려는 경우, 인터넷게임 제공자가 친권자등의 동의를 받아야 하는 청소년 연령 기준은?

① 10세 미만   ② 12세 미만
③ 14세 미만   ④ 16세 미만
⑤ 18세 미만

27

다음이 설명하는 학자는?

- 자살이 사회통합 및 사회규제와 관련 있음을 발견
- 자살 유형을 이기적 자살, 이타적 자살, 아노미적 자살, 숙명적 자살로 분류

① 게젤(A. Gesell)   ② 뒤르켐(E. Durkheim)
③ 왓슨(J. Watson)   ④ 머튼(R. Merton)
⑤ 마짜(D. Matza)

28

제7차 청소년정책 기본계획 중 '청소년이 안전한 온·오프라인 환경 조성' 정책과제로 옳지 않은 것은?

① 근로유형별 청소년 보호 강화
② 디지털 역기능 예방
③ 사이버 및 학교폭력 예방 강화
④ 청소년 유해환경 차단
⑤ 청소년 친화형 생활 환경 구축

29

학교 밖 청소년 지원에 관한 법률상 (   )에 들어갈 숫자로 옳은 것은?

> 성평등가족부장관은 학교 밖 청소년의 현황 및 실태 파악과 학교 밖 청소년 지원 정책수립을 위한 기초자료로 활용하기 위하여 (   )년마다 학교 밖 청소년에 대한 실태조사를 실시하고, 그 결과를 공표하여야 한다.

① 1   ② 2   ③ 3   ④ 4   ⑤ 5

30

다음이 설명하는 시설로 옳은 것은?

> • 학교폭력 가해 학생 및 보호자 대상의 특별교육, 가족캠프 등의 프로그램 운영
> • 지역사회 청소년통합지원체계 구성 시 반드시 포함하여야 하는 필수연계기관
> • 대외 명칭을 청소년꿈키움센터로 변경하여 사용

① Wee센터   ② 청소년상담복지센터
③ 학교 밖 청소년 지원센터   ④ 청소년비행예방센터
⑤ 보호관찰소

31

제7차 청소년정책 기본계획 중 '장애 및 경계선 지능 청소년 지원' 정책으로 옳지 <u>않은</u> 것은?

① 범부처 연계 경계선 지능 청소년 지원을 위한 정책연구
② 청소년 복지시설 이용 청소년의 경계선 지능 조기 확인을 위한 사례관리 지원
③ 발달장애 청소년 가정 부모상담 서비스 확대
④ 대상별 특성을 고려한 맞춤형 지원 추진
⑤ 은둔형 청소년 발굴 및 지원

32

혼합형 청소년자립지원관에 관한 설명으로 옳지 않은 것은?

① 생활관 입소는 사례심의위원회에서 결정한다.
② 주거 연계, 생활관 운영, 자립 지원 서비스를 지원한다.
③ 청소년 1인당 최대 지원 기간은 최장 3년을 원칙으로 한다.
④ 생활관은 최초 3개월 이내에 거주할 수 있다.
⑤ 필요시 추가 3개월 1회 연장 가능하다.

33

청소년복지 지원법상 지방자치단체의 장이 통합지원체계의 원활한 운영을 위하여 위기청소년의 복지 및 보호와 관련된 정책 등의 심의를 위해 둘 수 있는 위원회는?

① 영상물등급위원회   ② 청소년보호위원회
③ 지방청소년육성위원회   ④ 청소년정책위원회
⑤ 청소년복지심의위원회

34

다음의 (   )에 들어갈 내용으로 옳은 것은?

> • A군은 가정으로 복귀가 불가능하고, 청소년쉼터의 도움도 더 이상 받을 수 없는 상황이다.
> • 상담사는 A군이 자립하여 생활할 수 있는 능력과 여건을 갖추도록 지원하는 (ㄱ   )(으)로 연계하였다.
> • 이 시설은 「청소년복지 지원법」제31조에 근거하여 운영되는 시설로 일정 기간 청소년쉼터 또는 (ㄴ   )의 지원을 받았는데도 가정·학교·사회로 복귀하여 생활할 수 없는 청소년에게 자립하여 생활할 수 있는 능력과 여건을 갖추도록 지원하는 시설이다.

① ㄱ : 청소년자립지원관, ㄴ : 청소년회복지원시설
② ㄱ : 청소년자립지원관, ㄴ : 청소년치료재활센터
③ ㄱ : 청소년치료재활센터, ㄴ : 청소년회복지원시설
④ ㄱ : 청소년치료재활센터, ㄴ : 청소년자립지원관
⑤ ㄱ : 청소년회복지원시설, ㄴ : 청소년치료재활센터

35

청소년복지 지원법상 위기청소년통합지원정보시스템에 수집할 수 있는 정보로 옳지 <u>않은</u> 것은? (단, 정보 주체의 명시적 동의를 받음)

① 「청소년복지 지원법」 제12조에 따른 전문가 상담에 관한 정보
② 「청소년복지 지원법」 제13조에 따른 위기청소년의 친구에 관한 정보
③ 「가족관계의 등록 등에 관한 법률」에 따른 가족관계등록 자료 또는 정보
④ 「주민등록법」에 따른 주민등록 자료 또는 정보
⑤ 「청소년 보호법」 제35조에 따른 청소년 보호 · 재활센터 관련 정보

36

청소년 기본법령상 다음에 해당하는 위원회는?   [수정]

> 청소년육성에 관한 기본계획의 수립에 관한 사항 등을 심의 · 조정하기 위하여 성평등가족부에 설치하는 위원회로 청소년 참여권 보장을 위해 청소년위원을 일정 비율 이상 반드시 포함하도록 하고 있다.

① 청소년보호위원회   ② 청소년참여위원회
③ 청소년정책위원회   ④ 청소년운영위원회
⑤ 지방청소년육성위원회

37

청소년 기본법상 (   )에 들어갈 내용으로 옳은 것은?

> 청소년의 기본적 인권은 (   ) · (   ) · (   ) 등 청소년육성의 모든 영역에서 존중되어야 한다.

① 청소년인권, 청소년복지, 청소년참여
② 청소년인권, 청소년활동, 청소년보호
③ 청소년복지, 청소년참여, 청소년활동
④ 청소년활동, 청소년복지, 청소년보호
⑤ 청소년복지, 청소년참여, 청소년보호

38

청소년활동 진흥법상 (   )에 들어갈 내용으로 옳은 것은?

> (   )이란 청소년이 예술활동, 스포츠활동, 동아리활동, 봉사활동 등을 통하여 문화적 감성과 더불어 살아가는 능력을 함양하는 체험활동을 말한다.

① 청소년문화활동   ② 청소년수련활동
③ 청소년교류활동   ④ 청소년체험활동
⑤ 청소년진로활동

39

이론과 학자의 연결이 옳은 것을 모두 고른 것은?

> ㄱ. 재현이론 – 홀(S. Hall)
>
> ㄴ. 심리사회적 발달이론 – 에릭슨(E. Erikson)
>
> ㄷ. 사회학습이론 – 반두라(A. Bandura)
>
> ㄹ. 장이론(field theory) – 레빈(K. Lewin)

① ㄱ, ㄴ   ② ㄴ, ㄷ   ③ ㄱ, ㄷ, ㄹ   ④ ㄴ, ㄷ, ㄹ   ⑤ ㄱ, ㄴ, ㄷ, ㄹ

40

스턴버그(R. Sternberg)가 제시한 사랑의 유형 중 친밀감(intimacy)과 언약(commitment)은 있고, 열정(passion)은 없는 유형은?

① 낭만적 사랑(romantic love)
② 공허한 사랑(empty love)
③ 우애적 사랑(companionate love)
④ 우정(friendship)
⑤ 얼빠진 사랑(fatuous love)

41

다음이 설명하는 학자는?

- 조망수용능력의 발달적 변화에 대해 연구
- 심층적 · 사회적 조망수용단계에는 자신, 상대방, 제3자의 입장뿐만 아니라 사회적 가치체계의 관점을 고려하게 된다고 주장

① 길리건(C. Gilligan)　　　　　　　② 셀만(R. Selman)
③ 로우(A. Roe)　　　　　　　　　　④ 윌리암슨(E. Williamson)
⑤ 레빙거(J. Loevinger)

42

문화를 구성하는 요소 간 변동의 차이로 인해 시간이 경과함에 따라 문화요소 간의 간격이 점점 더 커지는 현상은?

① 문화접변　　　② 문화전계　　　③ 문화결핍　　　④ 문화이식　　　⑤ 문화지체

43

마샤(J. Marcia)의 정체감 지위이론에 근거하여, 청소년 A와 청소년 B의 자아정체감 유형을 옳게 나열한 것은?

- A는 별다른 고민이나 자기 탐색을 위한 정체감 위기를 경험하지 않고 "너는 의사가 되는 게 좋겠다."는 부모님의 권유에 따라 의사가 되기로 결정하였다.
- B는 자신의 적성이나 흥미에 대한 관심과 탐색이 없고, 아직 진로도 결정하지 않은 상태이다.

① A : 정체감 유실, B : 정체감 혼미
② A : 정체감 혼미, B : 정체감 유실
③ A : 정체감 유실, B : 정체감 유예
④ A : 정체감 유예, B : 정체감 유실
⑤ A : 정체감 성취, B : 정체감 혼미

44

피아제(J. Piaget)의 인지발달이론 중 형식적 조작기의 특성에 해당하는 것은?

① 인공론적 사고   ② 물활론적 사고

③ 직관적 사고   ④ 사고과정에 대한 사고

⑤ 보존 개념의 부재

45

브론펜브레너(U. Bronfenbrenner)의 생태학적 이론에 관한 설명으로 옳지 <u>않은</u> 것은?

① 정부기관은 외체계에 해당된다.

② 거시체계는 문화적 환경을 제외한 사회적 환경을 말한다.

③ 중간체계는 미시체계들 간의 관계성을 의미한다.

④ 미시체계는 청소년이 직접 상호작용하는 환경을 포함한다.

⑤ 시간체계는 전 생애에 걸쳐 일어나는 변화와 사회 · 역사적인 환경을 의미한다.

46

긴즈버그(E. Ginzberg)의 직업선택 발달이론 중 현실기(realistic period)에 해당하는 것은?

① 능력단계(capacity stage)   ② 흥미단계(interest stage)

③ 탐색단계(exploration stage)   ④ 가치단계(value stage)

⑤ 전환단계(transition stage)

47

다음에서 청소년 A가 사용하는 방어기제는?

> A는 자신의 공격성을 사회적으로 용인되지 않는 방식으로 표출하는 대신에 검도를 수련하여 전국대회에서 우승하였다.

① 승화(sublimation)
② 억압(repression)
③ 철회(withdrawal)
④ 부정(denial)
⑤ 금욕주의(asceticism)

48

콜버그(L. Kohlberg)의 도덕성 발달단계를 순서대로 옳게 나열한 것은?

ㄱ. 도구적 쾌락주의 지향 단계	ㄴ. 사회적 계약 지향 단계
ㄷ. 보편적인 원리 지향 단계	ㄹ. 착한 소년 · 소녀 지향 단계
ㅁ. 처벌과 복종 지향 단계	ㅂ. 법과 질서 지향 단계

① ㄱ - ㄹ - ㅂ - ㅁ - ㄴ - ㄷ
② ㄱ - ㅁ - ㄴ - ㄷ - ㄹ - ㅂ
③ ㄹ - ㅁ - ㄱ - ㅂ - ㄷ - ㄴ
④ ㅁ - ㄱ - ㄹ - ㅂ - ㄴ - ㄷ
⑤ ㅁ - ㄱ - ㅂ - ㄹ - ㄷ - ㄴ.

49

문화의 속성으로 옳은 것을 모두 고른 것은?

ㄱ. 공유성	ㄴ. 축적성
ㄷ. 학습성	ㄹ. 가변성

① ㄱ, ㄴ
② ㄷ, ㄹ
③ ㄱ, ㄴ, ㄷ
④ ㄴ, ㄷ, ㄹ
⑤ ㄱ, ㄴ, ㄷ, ㄹ

50

엘킨드(D. Elkind)의 상상적 청중(imaginary audience)에 관한 설명으로 옳은 것을 모두 고른 것은?

> ㄱ. 자신을 마치 '무대 위의 주인공'처럼 생각한다.
>
> ㄴ. 자신은 오토바이 폭주를 해도 교통사고가 일어나지 않을 것이라고 믿는다.
>
> ㄷ. 자신이 항상 다른 사람들로부터 관심의 대상이 되고 있다고 믿는다.
>
> ㄹ. 자신의 감정과 사고는 다른 사람과는 근본적으로 달라서 남들이 이해할 수 없을 것이라고 믿는다.

① ㄱ, ㄷ   ② ㄱ, ㄹ   ③ ㄴ, ㄷ   ④ ㄱ, ㄴ, ㄹ   ⑤ ㄴ, ㄷ, ㄹ

1교시

제1과목 **발달심리** (필수)
제2과목 **집단상담의 기초** (필수)
제3과목 **심리측정 및 평가** (필수)
제4과목 **상담이론** (필수)

2교시

제1과목 **학습이론** (필수)
제2과목 **청소년 이해론** (선택)

2024

제1과목 발달심리 (필수)

01
| 해설 p10

발달에 관한 설명으로 옳은 것을 모두 고른 것은?

ㄱ. 유전과 환경 간 상호작용의 결과이다.

ㄴ. 성숙은 훈련이나 연습에서 기인하는 발달적 변화를 의미한다.

ㄷ. 인간 발달의 모든 단계에 긍정적 변화와 부정적 변화가 모두 존재한다.

ㄹ. 발달 과정에서 인간은 역사적 · 사회적 환경과 서로 영향을 주고받는다.

① ㄱ, ㄷ   ② ㄴ, ㄷ   ③ ㄴ, ㄹ   ④ ㄱ, ㄷ, ㄹ   ⑤ ㄴ, ㄷ, ㄹ

02

발달연구방법에 관한 설명으로 옳은 것은?

① 종단적 설계에서는 연령 변화와 출생동시집단(cohort) 효과의 구분이 어렵다.

② 횡단적 설계에서는 같은 참가자들을 일정한 기간 동안 반복해서 연구한다.

③ 계열적 설계에서는 여러 연령집단을 표집하여 일정한 기간 동안 반복 관찰한다.

④ 상관설계에서는 변인 간의 인과관계를 파악한다.

⑤ 실험설계에서 통제집단은 가외변인의 효과를 비교하는 역할을 한다.

03

발달 이론가와 그의 주장이 올바르게 짝지어진 것이 <u>아닌</u> 것은?

① 에릭슨(E. Erikson): 특정 발달 단계에서의 위기 극복에 실패하더라도 다음 단계로 발달이 진행된다.

② 베일런트(G. Vaillant): 성인발달은 질적으로 다른 네 개의 시기로 구성되며, 각 시기는 전환기로 시작한다.

③ 비고츠키(L. Vygotsky): 아동의 발달을 사회적 상호작용과 문화로부터 분리할 수 없다.

④ 브론펜브레너(U. Bronfenbrenner): 개인과 생태학적 체계 간의 관계는 양방향적이다.

⑤ 설리반(H. Sullivan): 질풍노도의 시기는 성·친밀감·안전 욕구 간의 충돌로 인해 일어난다.

04

피아제(J. Piaget)가 제시한 전조작기 발달 특성으로 옳은 것을 모두 고른 것은?

> ㄱ. 무생물체도 생명이 있다고 생각한다.
>
> ㄴ. 자신의 조망과 타인의 조망을 구분할 수 있다.
>
> ㄷ. 구체적 사실이 없어도 가설 연역적 추론을 할 수 있다.

① ㄱ   ② ㄱ, ㄴ   ③ ㄱ, ㄷ   ④ ㄴ, ㄷ   ⑤ ㄱ, ㄴ, ㄷ

05

다음 (　　　)에 해당하는 개념은?

> (　　　)(이)란 물체가 시야에서 사라져도 그것이 사라지지 않고 계속 존재한다는 것을 아는 것을 의미한다.
>
> (　　　)(을)를 획득하지 않은 영아는 눈앞에서 물체가 사라져도 이를 찾기 위해 노력하지 않는다.

① 실행기능   ② 대상영속성

③ 지연모방   ④ 마음이론

⑤ 메타인지

06

다음 설명에 해당하는 애착의 유형은?

> 낯선 상황 실험에서 어머니를 안전기지로 삼아 환경을 탐색하며, 주위의 환경을 탐색하기 위해서 어머니로부터 쉽게 분리된다. 어머니가 실험실 밖으로 나가면 울기도 하지만 대안적인 위안을 찾고, 어머니가 돌아오면 영아는 울음을 멈추고 어머니를 반기며 적극적으로 접촉하고 쉽게 편안해한다.

① 회피 애착　　　　② 저항 애착　　　　③ 혼란 애착　　　　④ 몰입 애착　　　　⑤ 안정 애착

07

다음 사례에 해당하는 언어 발달 특징으로 옳은 것은?

> 양육자가 고양이를 가리키며 "야옹이"라고 말했을 때, 영아는 자신이 본 고양이와 다르게 생긴 고양이는 "야옹이"라고 부르지 않는다.

① 공동 주의　　　　② 과잉 축소　　　　③ 과잉 확대　　　　④ 전보식 언어　　　　⑤ 과잉 일반화

08

아동기의 인지 발달특징으로 옳은 것은?

① 상상적 청중　　　　② 상징적 사고　　　　③ 다중 유목화　　　　④ 개인적 우화　　　　⑤ 추상적 사고

09

청소년기 인지 발달특징에 관한 설명으로 옳은 것을 모두 고른 것은?

> ㄱ. 뇌량의 수초화가 완성된다.
> ㄴ. 전전두엽의 발달은 아직 미성숙하다.
> ㄷ. 형식적 조작 사고의 발달은 문화보편적으로 일어난다.
> ㄹ. 메타인지가 발달하면서 자신의 인지과정을 계획하고 조정할 수 있다.

① ㄱ, ㄴ　　　　② ㄷ, ㄹ　　　　③ ㄱ, ㄴ, ㄷ　　　　④ ㄱ, ㄴ, ㄹ　　　　⑤ ㄴ, ㄷ, ㄹ

10

청소년기 발달에 관한 발달 이론가의 주장으로 옳은 것은?

① 안나 프로이트(A. Freud)는 청소년기를 질풍노도의 시기로 보는 관점을 부정한다.

② 셀먼(R. Selman)에 따르면 조망수용 발달의 마지막 단계에 있는 청소년들은 제3자의 입장이 사회제도, 관습 등의 영향을 받을 수 있음을 이해한다.

③ 에릭슨(E. Erikson)은 심리적 유예기를 자아정체감 위기로 보았다.

④ 마샤(J. Marcia)는 정체감 위기를 경험하지 않고, 직업선택에 대한 관심이 없는 지위를 정체감 유실(foreclosure)이라고 하였다.

⑤ 길리건(C. Gilligan)은 여성은 남성과 유사하게 도덕적 추론을 한다고 주장한다.

11

다음에 해당하는 발테스(P. Baltes)의 성공적 노화의 요인은?

> 특정 영역에서 수행을 유지하기 위해 예전보다 연습에 더 많은 시간을 투자한다.

① 최적화　　　② 보상　　　③ 의도적 – 선택　　　④ 상실기반 – 선택　　　⑤ 사회정서적 – 선택

12

노년기 발달특징에 관한 설명으로 옳은 것을 모두 고른 것은?

> ㄱ. 비관련 정보들의 처리를 억제하는 데 어려움을 겪는다.
> ㄴ. 조직화와 같은 기억 전략을 더 사용한다.
> ㄷ. 경험에 대한 개방성이 증가한다.
> ㄹ. 긍정적 정보에 더 많은 주의를 기울인다.

① ㄱ, ㄹ　　　② ㄴ, ㄷ　　　③ ㄴ, ㄹ　　　④ ㄱ, ㄴ, ㄷ　　　⑤ ㄴ, ㄷ, ㄹ

13

전생애 발달적 조망에서 발달에 미치는 영향요인에 관한 설명으로 옳은 것은?

① 40대 직업전환은 규범적 연령관련 요인이다.　　② 사춘기는 규범적 역사관련 요인이다.

③ 청소년기 부모의 실직은 규범적 연령관련 요인이다.　　④ 출생동시집단 효과는 비규범적 요인이다.

⑤ 코로나 팬데믹은 규범적 역사관련 요인이다.

14

다음에 해당하는 성염색체 이상 증후군은?

> • 남성이 여분의 X염색체를 가진다.
> • 고환이 미성숙하고, 유방이 돌출되는 등 여성의 2차 성징을 보인다.

① 취약 X증후군 ② XYY증후군 ③ 터너증후군 ④ 다운증후군 ⑤ 클라인펠터 증후군

15

태내발달에 관한 설명으로 옳지 않은 것은?

① 태아기는 임신 2개월부터 출생까지의 시기이다.
② 임신 28주경이 되면 태아는 자궁 밖에서 생존 가능하다.
③ 배아기는 기형유발물질에 의한 중추신경계 손상에 가장 민감한 시기이다.
④ 산모의 과도한 흡연은 과체중아 문제를 야기한다.
⑤ 태아기 동안 실제로 필요한 뉴런보다 훨씬 더 많은 뉴런이 생성된다.

16

다음 사례에 해당하는 신생아의 반사행동은?

> 생후 1개월 된 신생아가 문을 쾅 닫는 소리에 등을 구부리고 팔다리를 앞으로 쭉 뻗는 행동을 보였다.

① 바빈스키 반사 ② 수영 반사 ③ 모로 반사 ④ 파악 반사 ⑤ 걸음마 반사

17

소근육 운동 발달 순서를 옳게 나열한 것은?

> ㄱ. 잡기 반사가 나타난다.   ㄴ. 손바닥으로 물체를 잡는다.
> ㄷ. 물건을 향해 팔을 휘두른다.   ㄹ. 엄지와 검지를 이용해 작은 물체를 잡는다.

① ㄱ - ㄴ - ㄹ - ㄷ   ② ㄱ - ㄷ - ㄴ - ㄹ
③ ㄴ - ㄱ - ㄷ - ㄹ   ④ ㄷ - ㄹ - ㄱ - ㄴ
⑤ ㄹ - ㄴ - ㄱ - ㄷ

18

지능에 관한 설명으로 옳은 것을 모두 고른 것은?

> ㄱ. 카텔(R. Cattell)과 혼(J. Horn)은 지능을 유동성 지능과 결정성 지능으로 구분한다.
> ㄴ. 플린효과(Flynn effect)는 세대가 반복될수록 평균 지능검사의 점수가 상승하는 현상이다.
> ㄷ. 스턴버그(R. Sternberg)는 지능을 인지적 요인과 정서적 요인으로 구분한다.
> ㄹ. 스피어만(C. Spearman)은 지능을 일반 지능과 특수 지능으로 구분한다.

① ㄴ   ② ㄱ, ㄴ   ③ ㄷ, ㄹ   ④ ㄱ, ㄴ, ㄹ   ⑤ ㄴ, ㄷ, ㄹ

19

다음 A의 행동을 설명하는 발달 이론은?

> A는 길을 가다가 우연히 다른 아이가 넘어졌을 때 도와주는 친구를 보았다. 이를 보고 A는 친구의 행동에 감명을 받아 기억하고 또 다른 친구가 어려움에 처했을 때 도와주었다. 도움을 받은 친구는 A에게 고마움을 표했고, A는 뿌듯함에 계속 친구들을 도와주게 되었다.

① 피아제(J. Piaget)의 인지발달이론   ② 프로이트(S. Freud)의 정신분석이론
③ 반두라(A. Bandura)의 사회학습이론   ④ 로렌즈(K. Lorenz)의 동물행동학적 이론
⑤ 브론펜브레너(U. Bronfenbrenner)의 생태학적 이론

20

콜버그(L. Kohlberg)의 이론으로 A, B, C가 획득한 성 역할 발달특성을 옳게 분석한 것은?

> A : 나는 남자야.
> B : 머리 모양이 달라졌다고 해도 남자가 여자가 되지는 않아.
> C : 남자는 자라서 남자 어른이 되고, 여자는 자라서 여자 어른이 되는 거야.

① A : 성정체성, B : 성항상성, C : 성안정성   ② A : 성정체성, B : 성안정성, C : 성항상성
③ A : 성안정성, B : 성정체성, C : 성항상성   ④ A : 성안정성, B : 성항상성, C : 성정체성
⑤ A : 성항상성, B : 성안정성, C : 성정체성

21

공격성 발달에 관한 설명으로 옳지 <u>않은</u> 것은?

① 닷지(K. Dodge)는 공격성이 잘못된 사회인지적 판단에 기인한다고 본다.

② 적대적 공격성은 타인에게 고통이나 해를 가하는 것 자체가 목적이다.

③ 영아의 공격성은 대체로 물건을 차지하기 위한 도구적 공격성이다.

④ 유아는 언어적 공격성을 먼저 보이지만 점차 물리적 공격성을 더 많이 보이게 된다.

⑤ 보상이론가들은 공격적 행동은 그러한 행동이 결과적으로 공격자에게 보상을 가져다주기 때문에 발달한다고 주장한다.

22

콜버그(L. Kohlberg)의 도덕성 발달단계 중 '가' 단계에 관한 설명으로 옳은 것은?

벌과 복종 지향 → 목적과 상호교환 지향 → 착한 아이 지향 → 법과 질서 지향 → (가) → 보편적 원리 지향

① 자신의 최고 이익에 따라 도덕적 판단을 한다.

② 남들에게 칭찬을 받고 비난받지 않기 위해 법을 지킨다.

③ 사회적 규범이나 법을 지키는 것을 전체적인 사회질서를 유지하기 위한 것이라고 생각한다.

④ 스스로 규정한 도덕적 정의와 원칙을 지향한다.

⑤ 사회적 규범이나 법칙이 절대적이 아니라는 것을 알게 된다.

23

정서 발달에 관한 설명으로 옳지 <u>않은</u> 것은?

① 일차 정서는 학습으로 인해 나타난다.

② 공포는 위험에 대한 반응으로 나타난다.

③ 자아의 인식 이후에 이차 정서가 나타난다.

④ 연령이 증가할수록 만족지연 능력이 증가한다.

⑤ 유아는 사람들이 진짜로 느끼는 정서와 그들이 표현하는 정서를 잘 구별하지 못한다.

24

DSM-5에서 품행장애의 진단기준에 해당하지 <u>않는</u> 것은?

① 재산 파괴　　　　　　　　　　② 사기 또는 절도

③ 심각한 규칙 위반　　　　　　　④ 사람과 동물에 대한 공격성

⑤ 보복적 특성

25

DSM-5의 신경발달장애 중 투렛장애 진단기준으로 옳지 <u>않은</u> 것은?

① 여러 가지 운동 틱과 한 가지 또는 그 이상의 음성 틱이 질병 경과 중 일부 기간 동안 나타난다.

② 틱은 처음 틱이 나타난 시점으로부터 1년 미만으로 나타난다.

③ 물질의 생리적 효과나 다른 의학적 상태로 인한 것이 아니다.

④ 18세 이전에 발병한다.

⑤ 운동 틱과 음성 틱이 반드시 동시에 나타날 필요는 없다.

제2과목 집단상담의 기초(필수)

26

집단상담에 관한 설명으로 옳지 <u>않은</u> 것은?

① 여러 사람들이 모여서 자신의 성장과 변화를 도모하는 상담경험이다.

② 다양한 집단원들과 함께 대인관계 기술을 연습할 수 있다.

③ 집단상담의 목표는 집단 전체의 목표와 집단원 개인의 목표로 나눌 수 있다.

④ 집단의 역동을 다루기보다 개인의 문제 해결에 중점을 둔다.

⑤ 집단 참여에 대한 압력을 받아 심리적 부담을 느낄 수 있다.

27

집단상담 유형에 관한 설명으로 옳지 <u>않은</u> 것은?

① 비구조화 집단에서는 집단의 내용과 활동을 집단상담자가 미리 구성한대로 진행한다.

② 집중적 집단상담은 일정기간 동안 집중적으로 실시하는 형태이며, 마라톤 집단이 해당된다.

③ 자조집단에서는 공통의 관심사나 어려움을 경험했던 사람들끼리 집단을 이끌어간다.

④ 과업집단은 집단원들에게 당면한 과제를 해결할 필요가 있을 때 운영되는 집단이다.

⑤ 성장집단에는 참만남 집단, 자기성장 집단, 감수성 훈련집단이 해당된다.

28

집단상담기술에 관한 설명으로 옳은 것을 모두 고른 것은?

> ㄱ. 연결 : 집단원들 간에 공통의 관심사를 공유함으로써 응집력을 촉진시키는 역할을 한다.
>
> ㄴ. 질문 : 어떤 사실이나 상황에 대한 정보를 얻을 목적으로 사용된다.
>
> ㄷ. 재진술 : 집단원이 이야기한 내용을 집단상담자가 동일한 내용의 다른 말로 바꾸어줌으로써 의미를 분명하게 해준다.
>
> ㄹ. 명료화 : 핵심이 되는 주제에 초점을 맞추게 하거나 혼란스러운 감정을 분명하게 정리해 준다.

① ㄱ, ㄴ   ② ㄴ, ㄷ   ③ ㄱ, ㄷ, ㄹ   ④ ㄴ, ㄷ, ㄹ   ⑤ ㄱ, ㄴ, ㄷ, ㄹ

29

집단상담 평가에 관한 설명으로 옳지 <u>않은</u> 것은?

① 집단상담 계획 시에 집단상담 효과성 평가를 위한 계획을 수립해야 한다.

② 집단원은 평가 대상이면서 평가자가 되기도 한다.

③ 청소년 상담기관에서 집단상담을 실시할 경우 상담기관이 평가주체가 될 수 있다.

④ 평가방법은 주로 면접, 심리검사, 관찰 등으로 이루어진다.

⑤ 추수평가는 집단상담의 전 과정이 끝날 무렵 1 ~ 2회의 모임을 할애하여 진행된다.

30

집단상담자의 윤리적 행동으로 옳은 것을 모두 고른 것은?

ㄱ. 보호관찰 명령으로 집단에 참여하는 집단원이 중도에 집단을 포기하려고 할 때, 그 선택으로 발생할 수 있는 문제를 안내하고 참여 여부를 스스로 선택하게 한다.

ㄴ. 청소년 집단원이 성폭력 피해에 대한 신고를 원하지 않을 경우, 비밀을 보장한다.

ㄷ. 집단원들의 사생활에 관한 이야기를 외부에 발설하지 않도록 안내한다.

ㄹ. 집단상담자와 연인관계에 있는 사람도 집단참여자로 선정한다.

① ㄱ, ㄴ   ② ㄱ, ㄷ   ③ ㄴ, ㄹ   ④ ㄱ, ㄷ, ㄹ   ⑤ ㄴ, ㄷ, ㄹ

31

합리적정서행동치료(REBT)의 ABCDE 모형을 순서대로 옳게 나열한 것은?

ㄱ. 개인이 가진 비합리적 신념에서 비롯된 결과   ㄴ. 활성화된 사건에 대한 개인의 비합리적 신념

ㄷ. 반응을 일으키는 사건, 상황, 환경   ㄹ. 합리적 신념에서 비롯된 새로운 감정이나 행동

ㅁ. 결과를 야기한 비합리적 신념을 논박

① ㄴ → ㄱ → ㄷ → ㅁ → ㄹ   ② ㄴ → ㄱ → ㅁ → ㄷ → ㄹ

③ ㄷ → ㄴ → ㄱ → ㅁ → ㄹ   ④ ㄷ → ㄴ → ㅁ → ㄱ → ㄹ

⑤ ㄷ → ㄱ → ㅁ → ㄹ → ㄴ

32

해결중심 집단상담에서 집단원에게 하는 주요 질문기법으로 옳지 <u>않은</u> 것은?

① 그런 문제가 덜 일어날 때는 언제입니까?

② 당신이 어렸을 때 겪었던 가장 고통스런 경험은 무엇인가요?

③ 지난 집단 회기 이후에 나아진 것이 있습니까?

④ 지금 당신의 불안을 0에서 10점의 척도에서 몇 점을 줄 건가요?

⑤ 만약 밤에 자는 동안 지금의 문제가 사라져 버렸다면, 당신의 문제가 해결된 것을 어떻게 알 수 있고 무엇이 다른지를 어떻게 알 수 있을까요?

33

집단상담 이론과 목표에 관한 설명으로 옳은 것은?

① 정신분석 : 어릴 때 형성된 왜곡된 관계에서 일그러진 생애각본을 변경한다.

② 여성주의치료 : 현재 자기가 경험하고 있는 정서적 장애의 원인이 자기상실에 있다는 것을 각성하게 한다.

③ 게슈탈트 : 집단원이 자신과 환경을 이해하고 자신을 수용하며 접촉할 수 있는 힘을 증진시킨다.

④ 동기강화상담 : 스스로 선택하고 책임질 수 있는 방법으로 각자의 생존, 소속, 권력, 자유, 즐거움 등의 심리적 욕구를 충족할 수 있도록 돕는다.

⑤ 실존주의 : 사회적 관심을 갖게 하고, 재교육을 통해 생활양식을 재정향한다.

34

집단상담 이론에 관한 설명으로 옳은 것을 모두 고른 것은?

ㄱ. 인간중심상담에서는 인간이 현상학적 장을 경험하고 지각하며, 그것에 주관적인 의미를 부여하는 존재임을 강조한다.

ㄴ. 이야기치료에서 집단원은 자신의 경험에 대한 주 해석자이다.

ㄷ. 해결중심상담은 과거 미해결 문제를 현재로 가져와서 다루는데 초점을 둔다.

ㄹ. 실존주의상담에서는 집단원에게 이중자아의 역할을 해보게 한다.

① ㄱ, ㄴ   ② ㄴ, ㄷ   ③ ㄱ, ㄷ, ㄹ   ④ ㄴ, ㄷ, ㄹ   ⑤ ㄱ, ㄴ, ㄷ, ㄹ

35

집단상담의 이론과 기법의 연결로 옳은 것은?

① 현실치료 – 유머사용, 역설적 기법

② 개인심리학 – 각본 분석, 역설적 의도

③ 교류분석 – 자기표현, 버튼누르기

④ 게슈탈트 – 빈의자 기법, 탈숙고

⑤ 행동주의 – 자극통제, 마치 ~ 처럼 행동하기

36

다음에서 사용되는 방어기제에 관한 설명으로 옳은 것은?

> 자신의 공격적이거나 성적인 감정을 받아들이기 어려운 집단원이 다른 집단원을 적대적이거나 유혹적이라고 느낀다.

① 심각한 스트레스를 경험할 때 종종 어릴적 취했던 방식으로 되돌아가는 것이다.

② 타인에게 드러내고 싶은 감정이나 행동을 자신에게 되돌려 표현하는 것이다.

③ 타인의 신념이나 기준을 자신의 것으로 소화하지 못한 채 무비판적으로 받아들이는 경향이다.

④ 개인의 내적 경험과 외적 현실 사이의 구별이 모호한 상태를 의미한다.

⑤ 수용할 수 없는 자신의 생각, 감정, 행동, 동기를 타인에게 돌리는 것이다.

37

심리극 집단상담 단계에 관한 설명으로 옳지 않은 것은?

① 워밍업 단계에서는 심리극이 시작되기 전 집단의 목표, 한계 등을 안내한다.

② 워밍업 단계는 연출자의 준비, 신뢰감 형성 등의 활동이 포함된다.

③ 시연단계에서는 연출자가 다양한 기법을 활용하여 주인공의 무의식 속 욕망, 갈등 등이 드러나게 한다.

④ 시연단계에서는 연출자가 공개적으로 주인공의 문제를 분석하고 자신의 유사한 경험을 개방한다.

⑤ 종결단계에서는 연출자는 참여자들이 심리극 과정에 참여하면서 느낀 소감을 주인공과 함께 나누도록 돕는다.

38

집단역동에 관한 설명으로 옳지 <u>않은</u> 것은?

① 네 가지 차원(level)으로 설명된다.

② 집단원에게 해를 끼칠 가능성도 있다.

③ 집단에서 발생하는 다양한 상호작용과 역동적인 과정을 포괄하는 개념이다.

④ 집단역동이라는 단어를 최초로 사용한 학자 루빈(K. Lewin)은 "소집단 안에서 일어나는 모든 것을 의미한다."고 하였다.

⑤ 집단의 성격과 방향에 영향을 미쳐서 집단의 분위기를 만든다.

39

집단역동 중 개인 내적 역동을 파악하기 위한 내용으로 옳은 것을 모두 고른 것은?

ㄱ. 집단원의 생각, 감정, 태도	ㄴ. 집단 내에서 발생하는 갈등, 연합, 동맹
ㄷ. 집단의 규범, 리더십 역학, 집단 유대감	ㄹ. 집단원의 동기, 방어, 어린 시절의 기원
ㅁ. 희생양 만들기, 집단 수준의 저항	

① ㄱ, ㄴ 　　② ㄱ, ㄹ 　　③ ㄱ, ㄴ, ㄹ 　　④ ㄴ, ㄷ, ㄹ, ㅁ 　　⑤ ㄱ, ㄴ, ㄷ, ㄹ, ㅁ

40

코리(G. Corey)의 집단발달단계 중 초기단계에서 집단상담자의 역할로 옳지 <u>않은</u> 것은?

① 집단상담자와 집단원의 책임과 역할을 명확히 한다.

② 집단원들의 염려와 질문을 개방적으로 다룬다.

③ 적극적으로 경청하고 반응하기와 같은 기본적인 대인관계 기술을 알려준다.

④ 집단원들이 구체적인 개인 목표를 설정하도록 돕는다.

⑤ 미성년자인 경우 보호자 또는 법적 대리인의 동의서를 받는다.

41

코리(G. Corey)의 집단상담 과도기 단계의 특징으로 옳은 것을 모두 고른 것은?

> ㄱ. 불안과 방어가 다양한 행동으로 나타난다.
>
> ㄴ. 기본적인 규칙을 개발하고 규범을 세운다.
>
> ㄷ. 통제와 힘과 관련된 문제가 드러나거나 집단 내의 다른 사람들과 갈등을 경험하기도 한다.
>
> ㄹ. 집단원은 집단 환경이 얼마나 안전한지 판단하기 위해 집단상담자와 다른 집단원들을 시험한다.

① ㄱ, ㄴ   ② ㄴ, ㄷ   ③ ㄱ, ㄴ, ㄷ   ④ ㄱ, ㄷ, ㄹ   ⑤ ㄱ, ㄴ, ㄷ, ㄹ

42

집단발달단계에 따른 특징을 순서대로 옳게 나열한 것은?

> ㄱ. 저항이 표출되고, 갈등이 나타난다.
>
> ㄴ. 집단원들은 분위기를 시험하며 친밀감을 형성해 간다.
>
> ㄷ. 집단과정에서 일어난 미해결 문제를 표현하고 다룰 수 있다.
>
> ㄹ. 역기능적인 행동 패턴을 탐색하고 변화를 위한 시도를 한다.

① ㄱ → ㄴ → ㄷ → ㄹ   ② ㄱ → ㄴ → ㄹ → ㄷ

③ ㄴ → ㄱ → ㄷ → ㄹ   ④ ㄴ → ㄱ → ㄹ → ㄷ

⑤ ㄴ → ㄹ → ㄱ → ㄷ

43

집단상담의 종결단계에 관한 설명으로 옳지 않은 것은?

① 소극적 참여   ② 이별 감정과 작별인사

③ 저항분석과 감정의 정화   ④ 성장과 변화에 대한 평가

⑤ 추수상담에 대한 안내

44

학교에서 이루어지는 청소년 집단상담에 관한 설명으로 옳은 것을 모두 고른 것은?

> ㄱ. 집단상담은 자발적 참여자를 대상으로만 운영한다.
> ㄴ. 학교의 승인을 받아 집단을 운영한다.
> ㄷ. 대상의 연령에 따라 집단 운영 시간은 다를 수 있다.
> ㄹ. 교육을 목적으로 한 집단상담인 경우 사전 동의서는 불필요하다.

① ㄱ, ㄴ　　　　② ㄴ, ㄷ　　　　③ ㄱ, ㄷ, ㄹ　　　　④ ㄴ, ㄷ, ㄹ　　　　⑤ ㄱ, ㄴ, ㄷ, ㄹ

45

청소년상담사 윤리강령에 근거하여 집단상담을 진행할 때 '사전 동의'에 관한 설명으로 옳지 <u>않은</u> 것은?

① 집단상담의 목표와 한계에 대해 명확히 알려야 한다.
② 집단상담자와 집단원 모두의 권리와 책임에 대해 알려야 한다.
③ 사례지도 및 교육을 위해 녹음과 녹화가 원칙적으로 진행됨을 안내한다.
④ 만 14세 미만의 청소년인 경우, 보호자 또는 법정대리인의 상담 활동에 대한 사전 동의를 구해야 한다.
⑤ 집단상담에 대해 집단원이 충분한 설명을 듣고 선택할 수 있도록 적절한 정보를 제공해야 한다.

46

청소년 집단상담을 초기, 중기, 종결기로 나누었을 때 종결기의 효과적인 개입전략은?

① 집단의 구조화　　　　　　　　　　　② 긴장과 불안 줄이기
③ 자발성과 신뢰감 형성을 위한 활동하기　　④ 분리감과 상실감 다루기
⑤ 집단행동의 모범을 보이기

47

청소년 집단상담에서 집단원 선정 시 제외해야 할 대상으로 옳은 것은?

① 이혼가정의 청소년　　　　　　　　　② 임산부인 청소년
③ 왕따를 당하고 있는 청소년　　　　　　④ 조현병 진단을 받은 청소년
⑤ 교우관계 갈등을 겪고 있는 청소년

48

청소년 집단상담에서 밑줄 친 부분의 집단상담자 반응 기술로 옳은 것은?

> • 향기 : 저는 어려서 교통사고로 눈가에 흉터가 있어요. 그래서 흉터를 가리려고 늘 모자를 눌러쓰거나 머리를 길러서 얼굴을 가리고 있어야만 해요.
>
> • 집단상담자 : 눈가에 있는 흉터 때문에 모자를 쓰거나 머리를 기르고 있었구나. 많이 힘들었겠다. 근데 지금 내가 자세히 보니 흉터가 눈에 띄지 않는구나. 향기가 말하지 않았다면 흉터가 있는지도 몰랐을 것 같은데, 옆에 있는 나무는 향기의 흉터가 어떻게 보여 지는지 말해줄 수 있겠니?

① 피드백   ② 명료화   ③ 공감   ④ 연결   ⑤ 해석

49

다음 집단원에 대한 청소년 집단상담자의 공감반응으로 옳은 것은?

> 어제 엄마가 저에게 시험이 며칠 남지 않았는데 게임 좀 그만 하라고 화를 내시는 거예요. 사실 엄마가 방에 들어오기 전까지 진짜 열심히 공부하고 있었거든요.

① 공부하고 있었는데 하필 게임할 때 엄마가 들어오셨구나.
② 게임을 더 하고 싶은데 그러지 못해 화가 났구나.
③ 시험이 며칠남지 않아서 엄마가 걱정을 많이 하고 있나보다.
④ 열심히 공부하고 있었는데 엄마가 몰라주고 오해해서 속상했구나.
⑤ 엄마에게 공부 열심히 하고 있었다고 솔직히 말을 해보는 게 좋을 것 같은데.

50

청소년 집단상담의 기법과 효과의 연결로 옳지 <u>않은</u> 것은?

① 구조화 : 집단원들의 불안 감소   ② 초점 맞추기 : 집단원의 내면 탐색
③ 피드백 : 변화의 계기 제공   ④ 경청 : 타인에 대한 올바른 이해
⑤ 명료화 : 응집력 향상

제3과목 심리측정 및 평가(필수)

51

정규화된 표준화 점수인 T점수에서 평균(M)과 표준편차(SD)는?

① 평균(M) = 50, 표준편차(SD) = 10

② 평균(M) = 100, 표준편차(SD) = 15

③ 평균(M) = 100, 표준편차(SD) = 10

④ 평균(M) = 50, 표준편차(SD) = 15

⑤ 평균(M) = 5, 표준편차(SD) = 2

52

의미변별척도의 단점으로 옳지 않은 것은?

① 똑같은 형용사 쌍이라도 수검자들의 개별적인 경험에 따라 각기 다른 의미로 인식될 수 있다.

② 동일한 대상자의 다른 특성에 대해서는 평가와 의미부여가 달라 일관성이 없는 경우가 많다.

③ 동일한 대상에게 여러 가지 유사한 개념들을 사용할 경우, 수검자들이 과제에 흥미를 잃고 지루해할 수 있다.

④ 형용사 반응의 차이들을 제곱하여 합하는 방식이기 때문에 특성에 대한 전반적인 차이를 계산할 수 없다.

⑤ 형용사 쌍이 중복된다고 판단될 경우 나중 반응은 별 의미가 없을 수 있다.

53

통계에 관한 설명으로 옳지 않은 것은?

① 표준편차(standard deviation)와 분산(variance)은 변산도를 측정하는 지표이다.

② 비모수통계는 모집단의 확률분포가 정상분포를 따르지 않을 때 사용하는 방법이다.

③ 비율척도는 서열 사이의 간격이 동일하지만 절대영점은 존재하지 않는 척도이다.

④ 유층표집은 전집을 여러 개의 하위집단으로 나눈 후 하위 집단 내에서의 비율을 고려하여 무선표집하는 방법이다.

⑤ 리커트 척도는 순위는 정할 수 있으나 서열의 크기와 정도는 비교할 수 없다.

54

문항반응이론의 기본가정에 관한 설명으로 옳지 <u>않은</u> 것은?

① 모든 문항은 오직 하나의 잠재적 특성만을 측정해야 한다.
② 특정 문항에 대한 반응은 다른 문항에 대한 반응에 영향을 미치지 않아야 한다.
③ 문항 특성은 표본의 특성에 따라 달라지지 않아야 한다.
④ 수검자의 능력 수준은 능력을 측정하기 위해 사용하는 문항에 따라 달라지지 않아야 한다.
⑤ 검사점수를 설명하기 위해서는 수검자가 여러 가지 능력이 있다고 가정한다.

55

검사문항 간(inter-item) 정답과 오답의 일관성을 종합적으로 측정하는 상관계수는?

① Kuder-Richardson 계수
② 불확실성(uncertainty) 계수
③ Pearson 적률상관계수
④ Spearman 순위상관계수
⑤ Kendall의 tau-b 계수

56

신뢰도에 영향을 주는 요인에 관한 설명으로 옳지 <u>않은</u> 것은?

① 신뢰도는 문항 난이도의 영향을 받는다.
② 검사-재검사 신뢰도는 검사를 시행하는 시간간격의 영향을 받는다.
③ 신뢰도는 검사문항 수의 영향을 받는다.
④ 신뢰도는 사례 수의 영향을 받는다.
⑤ 동형검사 신뢰도는 연습효과의 영향을 받지 않는다.

57

문항반응이론에서 문항별 능력추정치(ability estimate)에 해당하는 것을 모두 고른 것은?

ㄱ. 문항곤란도 ㄴ. 문항변별도
ㄷ. 추측정답 가능성 ㄹ. 정답문항 제시의 무작위성
ㅁ. 낮은 수검동기

① ㄱ, ㄴ, ㄷ ② ㄱ, ㄷ, ㄹ ③ ㄱ, ㄹ, ㅁ ④ ㄴ, ㄷ, ㄹ ⑤ ㄷ, ㄹ, ㅁ

58

다음 내용에서 설명하는 타당도는?

> • 관심이 있는 동일한 특성을 측정하는 현재 검사 외의 다른 대안적 방법에서 측정된 내용과의 관계를 보는 것
> • 동일 시점에서 측정된 내용과의 상관관계를 보는 타당도

① 내용(content) 타당도   ② 예언(predictive) 타당도

③ 공인(concurrent) 타당도   ④ 안면(face) 타당도

⑤ 구성(construct) 타당도

59

분류기준상 학업성취도 검사가 해당되는 유형은?

① 성향검사   ② 교육검사   ③ 모의상황검사   ④ 축소상황검사   ⑤ 목적위장검사

60

검사자를 문제해결의 권위자로 인식시키고, 수검자를 검사자에게 의존하게 만든다고 비판하면서 심리검사를 반대했던 연구자는?

① 비네(Binet)   ② 로저스(Rogers)   ③ 로샤(Rorschach)   ④ 융(Jung)   ⑤ 터먼(Terman)

61

심리검사 및 평가의 윤리에 관한 설명으로 옳은 것은?

① 자해 위험성이 있는 경우라도 비밀보장의 원칙은 반드시 지켜야 한다.

② 검사 전-후의 사적인 만남은 관계형성에 필요하다.

③ 심리검사의 결과는 수검자에게 무조건 비밀로 해야 한다.

④ 검사의 경우, 수검자와의 이중관계는 문제가 되지 않는다.

⑤ 평가 의뢰인과 수검자가 동일하지 않은 경우, 평가서나 의뢰보고서는 의뢰인의 동의가 전제되어야 수검자에게 열람될 수 있다.

62

수검자나 수검자의 법적 대리인으로부터 '동의'가 필요하지 <u>않은</u> 경우를 모두 고른 것은?

> ㄱ. 법률이나 정부 규정에 따라 검사실시가 필요할 때
>
> ㄴ. 동의 능력이 없는 아동에게 검사를 실시할 때
>
> ㄷ. 고용이나 입학 허가 등 동의의 뜻이 명확하게 내포되어 있을 때

① ㄱ   ② ㄱ, ㄴ   ③ ㄱ, ㄷ   ④ ㄴ, ㄷ   ⑤ ㄱ, ㄴ, ㄷ

63

K-WAIS-IV에 관한 설명으로 옳은 것을 모두 고른 것은?

> ㄱ. 10개 핵심 소검사와 5개 보충 소검사로 구성되어 있다.
>
> ㄴ. 소검사의 표준점수 평균은 10이고 표준 편차는 3이다.
>
> ㄷ. 전체 지능 지수(FS IQ) 범위는 30~150 사이에서 산출된다.
>
> ㄹ. 일반 지능지수(GAI)는 작업기억과 처리속도의 핵심 소검사로 구성된 조합점수이다.

① ㄱ, ㄴ   ② ㄱ, ㄷ   ③ ㄴ, ㄷ   ④ ㄴ, ㄹ   ⑤ ㄷ, ㄹ

64

K-WISC-IV와 K-WISC-V에 관한 설명으로 옳지 <u>않은</u> 것은?

① K-WISC-V는 만 6세 0개월에서 16세 11개월까지의 아동과 청소년에게 실시된다.

② 산수 소검사는 K-WISC-V에서 처리속도 지표에 포함된다.

③ K-WISC-V는 언어 이해, 시공간 기능, 유동 추론, 작업 기억, 처리 속도의 5개 지표점수로 구성된다.

④ K-WISC-IV는 언어 이해, 지각 추론, 작업 기억, 처리 속도의 4개 지표 점수로 구성된다.

⑤ 토막짜기 소검사는 K-WISC-V에서 시공간 기능 지표에 포함된다.

65

K-WAIS-IV의 숫자(digit span) 소검사가 측정하는 것을 모두 고른 것은?

ㄱ. 주의지속력	ㄴ. 즉각적이고 단순한 회상능력
ㄷ. 언어적 지식	ㄹ. 시각적 구성력
ㅁ. 청각적 연속능력	

① ㄱ, ㄴ, ㄷ   ② ㄱ, ㄴ, ㅁ   ③ ㄱ, ㄷ, ㄹ   ④ ㄴ, ㄹ, ㅁ   ⑤ ㄷ, ㄹ, ㅁ

66

지능에 관한 개념과 이론에 관한 설명으로 옳지 <u>않은</u> 것은?

① 스피어만(Spearman)은 지능이 일반요인과 특수요인의 2요인으로 구성되어 있다고 주장하였다.

② 가드너(Gardner)는 언어, 유창성, 수, 기억, 공간, 지각속도, 논리적 사고 등 다요인의 기초 정신능력을 주장하였다.

③ 길포드(Guilford)는 요인분석을 통해 '내용, 조작 및 결과' 차원의 3차원 모델을 제시하였다.

④ 카텔과 호른(Cattell & Horn)은 유동지능과 결정지능의 Gf-Gc 이론을 제안하였다.

⑤ CHC(Cattell-Horn-Carroll) 이론에서는 지능을 일반지능 1층위, 소수의 넓은 인지능력 2층위, 몇 십 개의 좁은 인지기능 3층위로 구성된다고 본다.

67

벤더 도형 검사(BGT)의 정신병리 채점에서 형태의 일탈(변화)에 포함되는 것은?

① 단순화(simplification)   ② 폐쇄 곤란(closure difficulty)

③ 퇴영(retrogression)   ④ 단편화(fragmentation)

⑤ 중첩 곤란(중복 곤란, overlapping difficulty)

68

MMPI-2에서 임상척도 2번(D)이 70점 이상 상승(다른 임상척도는 60점 이하)할 때 임상적, 정서적 증상이나 특징으로 옳지 <u>않은</u> 것은?

① 심리적, 행동적인 에너지 수준이 낮음   ② 슬픔이나 불행감을 자주 경험함

③ 밝고 즐거운 정서 경험이 낮음   ④ 다른 사람 탓을 하고 적대적임

⑤ 흥미와 의욕이 저하됨

69

MMPI-2에서 임상척도 4번(Pd)이 70점 이상 상승(다른 임상 척도는 60점 이하)할 때 임상적, 정서적 증상이나 특징으로 옳지 <u>않은</u> 것은?

① 사회적 가치와 규범을 내재화하는데 어려움이 있음　　　　② 가족 갈등과 불화가 많을 수 있음
③ 권위에 대한 거부감이 강함　　　　④ 무기력감이 강함
⑤ 자기중심성이 강함

70

5요인 성격검사(Neo-PI-R)에서 성실성에 포함되는 하위요인을 모두 고른 것은?

ㄱ. 유능감	ㄴ. 성취동기	ㄷ. 책임감	ㄹ. 심미성	ㅁ. 활동성

① ㄱ, ㄴ, ㄷ　　　② ㄱ, ㄴ, ㅁ　　　③ ㄱ, ㄷ, ㄹ　　　④ ㄴ, ㄹ, ㅁ　　　⑤ ㄷ, ㄹ, ㅁ

71

성격평가질문지(PAI) 척도에 관한 설명으로 옳지 <u>않은</u> 것은?

① 조증(MAN) : 활동수준의 증가, 자기-과대감, 초조함, 인내심 저하
② 지배성(DOM) : 타인에 대한 지배, 독립성과 자기주장
③ 망상(PAR) : 과도한 경계심과 의심, 피해의식, 불신과 원한
④ 비지지(NON) : 사회적 지지의 부족이나 결여
⑤ 치료거부(RXR) : 대인관계에서의 윤리적 태도와 온정성

72

객관적 검사와 비교하여 투사 검사의 특성에 관한 설명으로 옳은 것을 모두 고른 것은?

> ㄱ. 검사자극이 무엇을 보여주는지 불명료하고 모호하다.
>
> ㄴ. 채점과 해석이 어렵다.
>
> ㄷ. 자기를 긍정적이거나 부정적인 방향으로 보여주고 과장, 축소하기 쉽다.
>
> ㄹ. 검사자의 태도와 주관이 개입되기 어렵다.
>
> ㅁ. 각 개인의 고유하고 특유한 심리적 반응이 산출된다.

① ㄱ, ㄴ, ㄷ   ② ㄱ, ㄴ, ㅁ   ③ ㄱ, ㄷ, ㄹ   ④ ㄴ, ㄹ, ㅁ   ⑤ ㄷ, ㄹ, ㅁ

73

문장완성검사에 관한 설명으로 옳지 <u>않은</u> 것은?

① 문장에 따라 모호함의 정도가 다르다.

② 자유연상검사와 단어연상검사 등으로부터 발전하였다.

③ Sacks의 문장완성검사는 '가족, 성(이성), 대인관계, 자기개념'의 네 가지 영역으로 구분된다.

④ 구조화가 분명하므로 투사검사로 볼 수 없다.

⑤ 각 문장을 읽고 즉각적으로, 제일 먼저 떠오르는 것을 완성하도록 한다.

74

MMPI-2와 문장완성검사(SCT)에 관한 설명으로 옳은 것은?

① 문장완성검사에서는 개인의 독특하고 고유한 성격과 심적 갈등이 반영될 수 없다.

② MMPI-2는 정신병리와 성격요인에 대한 개인 내 비교가 불가능하다.

③ 문장완성검사에는 표준화된 채점과 해석이 있다.

④ 문장완성검사는 규준을 통한 개인 간 비교가 가능하다.

⑤ MMPI-2 실시에는 시간제한이 없다.

75

엑스너(Exner)의 로샤(Rorschach) 검사 종합체계에서 결정인 채점기호가 <u>아닌</u> 것은?

① FC   ② FC′   ③ FA   ④ FV   ⑤ FT

제4과목 상담이론(필수)

76

상담에 관한 설명으로 옳지 <u>않은</u> 것은?

① 내담자가 가지고 있는 문제를 해결해주는 과정이다.

② 상담자, 내담자, 상담관계는 상담의 주요 구성요소이다.

③ 상담자는 상담에 대한 전문적, 인간적, 윤리적 자질을 갖추어야 한다.

④ 2인 이상의 내담자를 동시에 상담하기도 한다.

⑤ 내담자의 긍정적인 변화와 성장을 목표로 한다.

77

상담관계에 관한 설명으로 옳지 <u>않은</u> 것은?

① 상담관계를 기초로 상담의 목적을 이루어간다.

② 직접 대면으로 형성되거나 전화, 인터넷, 문자 등의 매체를 통해 형성된다.

③ 신뢰와 존중, 친밀감을 기초로 하기 때문에 상담목표를 향한 작업 관계이자 사교적 관계이다.

④ 상담자와 내담자가 대등한 위치에서 상담에 참여하는 것이 바람직하다.

⑤ 상담관계가 올바르게 형성되지 않으면 상담의 효율적 진행은 불가능해진다.

78

비밀유지 원칙의 예외 상황으로 옳은 것을 모두 고른 것은?

> ㄱ. 내담자가 자신을 해칠 의도나 계획을 말하는 경우
>
> ㄴ. 내담자의 아동학대 피해 사실을 알게 되는 경우
>
> ㄷ. 법원에서 공개를 요구하는 경우
>
> ㄹ. 전문가에게 슈퍼비전을 받는 경우

① ㄱ, ㄴ

② ㄷ, ㄹ

③ ㄱ, ㄴ, ㄷ

④ ㄱ, ㄴ, ㄹ

⑤ ㄱ, ㄴ, ㄷ, ㄹ

79

다음 설명에 해당하는 개인심리학적 상담기법은?

> 내담자가 반복적으로 나타내는 자기패배적 행동의 감춰진 동기를 확인하고 그것을 매력적이지 못한 것으로 만듦으로써 그 행동의 유용성을 제거하는 기법

① 단추 누르기　　　　　　　　　　　② 수프에 침 뱉기
③ 마치 ~인 것처럼 행동하기　　　　　④ 수렁 피하기
⑤ 직면

80

인지오류의 유형과 예시의 연결이 옳은 것을 모두 고른 것은?

> ㄱ. 정신적 여과 : (벤치에 앉아 있는 사람들이 웃는 것을 보고) 저 사람들이 제 외모를 보고 비웃는 것 같아요.
>
> ㄴ. 과잉일반화 : 저는 수학을 못 하니까 형편없는 학생이에요.
>
> ㄷ. 임의적 추론 : (여자 친구가 바쁜 상황으로 연락을 자주 못하자) 이제 여자 친구가 나를 멀리 하는 것 같아요.
>
> ㄹ. 개인화 : 제가 소풍을 갈 때마다 비가 와요.

① ㄱ, ㄴ　　　　　　　　　　　　　② ㄷ, ㄹ
③ ㄱ, ㄴ, ㄷ　　　　　　　　　　　④ ㄴ, ㄷ, ㄹ
⑤ ㄱ, ㄴ, ㄷ, ㄹ

81

합리정서행동치료(REBT)의 ABCDE 모델에서 B에 해당하는 것은?

① "저는 A를 받아야만 해요. A를 받지 못한다면 한심한 인간이 될 거예요."
② "제 자신에 대해 너무 화가 나고 수치심마저 느껴져요."
③ "네가 다른 친구들보다 성적이 더 높아야 하는 이유는 무엇이니?"
④ "이번 중간고사에서 수학 성적이 평균보다 낮게 나왔어요."
⑤ "한 번 시험에 망했다고 해서 끝은 아니죠. 이번 시험에서 망한 이유를 살펴보고 재도전해 볼게요."

82

정신분석에 관한 설명으로 옳지 <u>않은</u> 것은?

① 불안을 느끼게 되면 방어기제가 작동된다.

② 성적 추동은 인간의 가장 기본적인 욕구이다.

③ 개인의 행동을 이해하기 위해 어린 시절의 경험을 탐색한다.

④ 자아는 현실원리에 따라 본능적 욕구와 외적인 현실 세계를 중재한다.

⑤ 개인이 겪는 심리적 문제의 원인은 외부에 존재한다.

83

행동주의 상담에 관한 설명으로 옳은 것을 모두 고른 것은?

> ㄱ. 내담자의 현재 문제에 영향을 주는 요인들을 다룬다.
> ㄴ. 과학적 방법의 원리와 절차에 근거한다.
> ㄷ. 심리적 문제의 근원에 대한 역동적 통찰을 요구한다.
> ㄹ. 행동변화의 전략은 내담자의 필요와 요구에 따라 개별화된다.

① ㄱ, ㄴ   ② ㄱ, ㄹ   ③ ㄴ, ㄷ   ④ ㄱ, ㄴ, ㄹ   ⑤ ㄴ, ㄷ, ㄹ

84

다음에서 설명하는 게슈탈트 상담이론의 접촉경계 혼란 현상은?

> • 부모나 사회의 영향에 의해 형성된 가치관
> • '항상 열심히 일해야 한다', '늘 다른 사람을 먼저 배려해야 한다'와 같은 가르침을 아무 비판 없이 수용하는 경향성

① 내사   ② 투사   ③ 융합   ④ 반전   ⑤ 편향

85

게슈탈트 상담에 관한 설명으로 옳지 <u>않은</u> 것은?

① '지금–여기'에서 경험하는 것들에 초점을 맞춘다.

② 내담자가 회피하려는 행동을 직면시킨다.

③ 내담자의 자기인식과 문제해결을 돕기 위해 다양한 실험을 활용한다.

④ 내담자가 실존적 삶을 살아가도록 돕는다.

⑤ 알아차림–접촉 주기는 '배경 → 감각 → 알아차림 → 행동 → 에너지동원 → 접촉'의 순으로 이루어진다.

86

인간중심 상담이론에 관한 설명으로 옳지 <u>않은</u> 것은?

① 유기체적 경험과 자기개념 간의 불일치는 심리적 부적응의 원인이다.

② 모든 인간은 자기실현경향성을 가지고 태어난다.

③ 내담자에 대한 진실성, 무조건적 긍정적 존중, 공감적 이해를 중시한다.

④ 궁극적인 목표는 내담자가 온전히 기능하도록 돕는 것이다.

⑤ 현실적 자기는 다른 사람으로부터 긍정적으로 평가받기 위한 가치의 조건을 반영한다.

87

다음 인간관에 기초한 상담이론은?

- 세상에 우연히 던져진 존재
- 유한성을 지닌 존재
- 자유와 책임을 지닌 존재

① 게슈탈트 　　　　　　　② 실존주의

③ 인간중심 　　　　　　　④ 개인심리학

⑤ 분석심리학

88

다음 설명에 해당하는 상담이론은?

ㄱ. 내담자와 문제를 분리하고, 새로운 관점에서 삶과 미래를 재저작하는 것을 강조한다. 대표 학자는 화이트(M. White)와 엡스턴(D. Epston)이다.

ㄴ. 성격이론이면서 상담 및 심리치료이론으로 창시자는 번(E. Berne)이다.

① ㄱ : 이야기치료,   ㄴ : 교류분석
② ㄱ : 이야기치료,   ㄴ : 게슈탈트
③ ㄱ : 마음챙김기반 인지치료,   ㄴ : 교류분석
④ ㄱ : 마음챙김기반 인지치료,   ㄴ : 게슈탈트
⑤ ㄱ : 사회구성주의이론,   ㄴ : 게슈탈트

89

현실치료에 관한 설명으로 옳은 것을 모두 고른 것은?

ㄱ. 인간을 자신의 행동을 선택하는 존재로 가정한다.   ㄴ. 경험 · 환경이 형성한 5가지 욕구를 가정한다.
ㄷ. 뇌 속의 비교장소를 상정한다.   ㄹ. 주요 개념은 4R, 전행동, 선택이다.
ㅁ. 개인의 선택과 삶에 대한 통제를 중시한다.

① ㄱ, ㄴ, ㄷ   ② ㄱ, ㄷ, ㄹ   ③ ㄱ, ㄷ, ㅁ   ④ ㄴ, ㄹ, ㅁ   ⑤ ㄷ, ㄹ, ㅁ

90

해결중심상담에 관한 설명으로 옳지 않은 것은?

① 상담자와 내담자가 내담자 운명의 공동건축가라고 본다.
② 내담자가 중요하다고 생각하는 것을 상담목표로 세운다.
③ 문제 해결에 필요한 자원을 내담자 자신이 갖고 있다고 본다.
④ 긍정적 예외상황 탐색, 새로운 해결책 도출에 초점을 둔다.
⑤ 악몽질문은 기적질문, 예외질문 등이 효과가 없을 때 주로 사용된다.

91

상담이론과 설명의 연결로 옳은 것은?

① 교류분석 : 세 자아상태 중 한 상태, 세 자아기능 중 한 기능으로 메시지를 주고받는다.

② 개인심리학 : 부모나 환경에 대한 반응으로서의 결정들을 토대로 인생각본이 형성된다.

③ 변증법적 행동치료 : 삶이라는 클럽의 회원구성을 새롭게 함으로써 자신의 정체성을 재구성한다.

④ 현실치료 : 선택이론에서 통제이론으로 초점을 옮기면서 의료에서 교정, 학교 영역까지 확장되었다.

⑤ 인지행동치료 : 타 이론의 효과적 기법들을 수용한 복합적, 다요인적 접근이다.

92

다음 사례개념화에 부합하는 상담이론은?

내담자는 쪽지시험 실수, 친구에게 한 실언 등 통제하지 못한 실패에 집착하여 불면, 스트레스성 소화장애에 시달린다. 본 상담에서는 내담자가 자신의 생각과 감정으로부터 떨어져 바라보게 해서 더 명료하게 알아차릴 수 있도록 돕고, 자신에게 가치 있는 삶에 집중할 수 있도록 돕는 접근이 필요하다.

① 개인심리학   ② 동기강화 상담

③ 수용전념치료   ④ 실존주의 상담

⑤ 마음챙김 기반 인지치료

93

변증법적 행동치료(DBT)에 관한 설명으로 옳은 것을 모두 고른 것은?

ㄱ. 경계선 성격장애 치료를 위해 개발되었다.

ㄴ. 정서적 취약성을 타고난 경우 어려움을 겪는다고 가정한다.

ㄷ. 파괴적 행동의 수정과 감정의 비판단적 수용을 강조한다.

ㄹ. 기술훈련모듈에는 인지처리, 감정조절, 고통감내, 대인조절이 있다.

① ㄱ, ㄴ   ② ㄷ, ㄹ   ③ ㄱ, ㄴ, ㄷ   ④ ㄴ, ㄷ, ㄹ   ⑤ ㄱ, ㄴ, ㄷ, ㄹ

94

통합적 접근에 관한 설명으로 옳지 <u>않은</u> 것은?

① 최근 동향에서는 이론적 통합을 지향한다.

② 효과성을 기준으로 선택한 개입전략들의 조합이 바람직하다.

③ 상담자의 숙고와 철학에 바탕을 두고 다양한 접근을 조화롭게 통합하여 사용하는 것이다.

④ 정서중심치료는 공감, 표현예술치료, 마음챙김의 통합이다.

⑤ 변증법적 행동치료는 인지행동, 마음챙김, 인간중심, 전략적 요소 등의 통합이다.

95

여성주의 상담에 관한 설명으로 옳지 <u>않은</u> 것은?

① 여성의 삶의 맥락에 주목한다.

② 다양한 정체성을 가진 위험 · 취약 집단 여성에 주목한다.

③ 내담자 자신의 경험과 판단을 신뢰하도록 격려한다.

④ 권력분석은 내담자와 상담자 사이 권력 차이를 감소시킨다.

⑤ 여성이 사회적으로 여전히 존재하는 성차별주의와 분투 중이라 본다.

96

다문화 사회정의 및 옹호 상담자에 관한 설명으로 옳지 <u>않은</u> 것은?

① 내담자에게 필요한 자원 및 지지 제공을 위해 지역사회 내 단체, 지도자, 교장 등과 협력한다.

② 연결(linking) 기법을 사용하여 지역사회 내 단체들 간 협력을 지원한다.

③ 내담자가 강점 인식 및 자기옹호를 배우도록 조력한다.

④ 정치적 행동을 취할 필요가 있는 사회문제를 인식한다.

⑤ 개인-체제 간 균형 잡힌 관점으로 문제의 원인을 개념화한다.

97

상담을 시작하기 전 준비해야 할 사항으로 옳은 것은?

① 변화를 위한 실천행동 계획   ② 상담할 공간의 편안함과 쾌적함 점검

③ 상담 진행방식에 대한 안내와 합의   ④ 상담에서 제시할 과제 목록 작성

⑤ 보호자의 심리검사 실시 후 결과 확보

98

상담목표에 관한 설명으로 옳은 것을 모두 고른 것은?

> ㄱ. 내담자를 주체로, 상태나 행동을 진술한다.
>
> ㄴ. 내담자의 연령, 특성을 고려하여 세운다.
>
> ㄷ. 목표수립은 다음 단계인 촉진적 관계 형성을 활성화한다.

① ㄱ   ② ㄴ   ③ ㄷ   ④ ㄱ, ㄴ   ⑤ ㄴ, ㄷ

99

호소문제에 관한 설명으로 옳은 것을 모두 고른 것은?

> ㄱ. 상담자는 호소 문제를 우선적으로 들어야 한다.
>
> ㄴ. 호소 문제를 해결하는 상담목표를 수립해야 한다.
>
> ㄷ. 호소 문제를 들으면서 비언어적 행동을 면밀히 관찰해야 한다.

① ㄷ   ② ㄱ, ㄴ   ③ ㄱ, ㄷ   ④ ㄴ, ㄷ   ⑤ ㄱ, ㄴ, ㄷ

100

상담자의 자기개방에 관한 설명으로 옳지 않은 것은?

① 자기공개, 자기노출, 자기폭로라고 불린다.

② 상담자에게 이해받는다는 인식을 하게 한다.

③ 상담자와 내담자 간 동질감을 형성하게 한다.

④ 모델링 학습의 목적으로 사용한다.

⑤ 변화가능성과 도전을 위한 용기를 불어넣고자 할 때 사용한다.

제1과목 학습이론(필수)

01

| 해설 p62

학습의 정의에 관한 설명으로 옳지 않은 것은?

① 학습은 직접적으로 관찰 가능해야 한다.

② 성숙에 의한 변화는 학습이 아니다.

③ 수행(performance)이 없어도 학습은 일어날 수 있다.

④ 행동 변화는 학습 경험 후에 즉시 일어나지 않아도 된다.

⑤ 약물에 의한 일시적 신체 변화는 학습의 범주에 포함되지 않는다.

02

손다이크(E. Thorndike)의 이론적 관점에 관한 설명으로 옳지 않은 것은?

① 학습은 통찰적이라기보다 점진적이다.

② 학습된 반응은 이미 형성된 방향으로 일어나기 쉽다.

③ 자극과 반응 간 연합은 연습만으로도 강화된다.

④ 문제해결을 하는데 걸리는 시간은 시행 횟수가 증가함에 따라 체계적으로 증가한다.

⑤ 반응 다음에 만족스러운 사상태(satisfying state of affairs)가 따라오면 자극과의 연결 강도가 높아진다.

03

처벌에 관한 설명으로 옳지 않은 것은?

① 타임아웃(time-out)은 정적 처벌의 하나이다.

② 처벌 전 사전 경고를 하는 것이 효과적이다.

③ 행동과 처벌 간 시간 간격이 길수록 처벌의 효과는 떨어진다.

④ 처벌 받는 행동은 분명하고 구체적인 용어로 제시되어야 한다.

⑤ 처벌 받는 행동이 받아들여질 수 없는 이유에 대해 설명해 주어야 한다.

04

학습된 무기력(learned helplessness)에 관한 설명으로 옳은 것을 모두 고른 것은?

> ㄱ. 인간을 포함한 많은 종의 동물들에서 발견할 수 있다.
>
> ㄴ. 학습된 무기력이 높은 사람은 실패의 원인을 노력 부족으로 생각한다.
>
> ㄷ. 통제 불가능한 상황에서 혐오자극에 반복적으로 노출되면 발생할 수 있다.
>
> ㄹ. 인간의 경우 삶의 다양한 시도들이 좌절되어 무기력하고, 움츠러들며, 마지막에는 포기해 버리는 특징이 있다.

① ㄱ, ㄹ   ② ㄱ, ㄴ, ㄷ   ③ ㄱ, ㄷ, ㄹ   ④ ㄴ, ㄷ, ㄹ   ⑤ ㄱ, ㄴ, ㄷ, ㄹ

05

고전적 조건형성의 적용 사례로 옳지 않은 것은?

① 범죄 뉴스에서 특정 국가의 사람을 보면 그 국가 국민에 대한 편견이 형성된다.

② 노란색 옷을 입고 등교한 날 시험을 잘 보면, 시험 보는 날은 노란색 옷을 입는다.

③ 아이가 토끼 옆에 있을 때 갑자기 큰 소리에 노출되면, 토끼에 대한 공포가 형성된다.

④ 멋진 아이돌 가수가 특정 제품을 광고하면, 그 제품에 대한 긍정적 이미지가 형성된다.

⑤ A는 열 살 때 오이를 먹고 몇 시간 뒤 독감에 걸렸다. 그 후 A는 오이를 싫어하게 되었다.

06

다음 실험에서 밑줄 친 부분과 고전적 조건형성의 개념을 옳게 짝지은 것은?

파블로프(I. Pavlov)는 배고픈 개에게 고기를 주기 바로 전에 똑딱거리는 메트로놈을 반복적으로 들려주었다. 실험 초반에는 메트로놈의 똑딱거리는 소리가 개에게 침을 흘리게 하지 않았으나, ㉠ 고기를 줄 때는 개가 ㉡ 침을 흘렸다. 그러나 결국 개는 고기를 받기 전에 똑딱거리는 ㉢ 메트로놈 소리만 들려도 ㉣ 침을 흘리게 되었다.

① ㉠ - 조건 자극, ㉡ - 무조건 반응　　　　　② ㉠ - 무조건 자극, ㉣ - 무조건 반응

③ ㉡ - 무조건 반응, ㉢ - 조건 자극　　　　　④ ㉡ - 조건 반응, ㉣ - 무조건 반응

⑤ ㉢ - 무조건 자극, ㉣ - 무조건 반응

07

고전적 조건형성에서 다음 설명에 해당하는 개념은?

메트로놈 소리와 고기를 짝짓는다. 고기는 배고픈 개에게 침을 흘리게 할 것이고, 메트로놈 소리와 고기가 몇 차례 짝지어지면 메트로놈 소리만 제시하여도 개는 침을 흘린다. 이후 새로운 조건 자극인 반짝이는 불빛과 이전의 조건 자극(메트로놈 소리)을 짝짓는다. 이 시행을 몇 차례 반복하면 개는 반짝이는 불빛만 제시하여도 침을 흘린다.

① 변별　　　　　　　　　　　　　　　② 일반화

③ 제지 조건화　　　　　　　　　　　　④ 차별적 강화

⑤ 고차적 조건화

08

다음 과정에 관한 이요인 이론(two-factor theory ; O. Mowrer)의 설명으로 옳지 않은 것은?

A방에 개가 있다. 그 방의 불빛이 꺼지고 잠시 후 개는 전기충격을 받는다. 곧 개는 장벽을 뛰어넘어 전기충격이 없는 B방으로 간다. 이 과정을 도식화하면 다음과 같다.

신호 (불빛이 꺼짐)	→	자극 (전기충격)	→	반응 (고통)	→	강화 (고통으로부터의 도피)

① 고통은 전기충격에 대한 조건 반응이 된다.

② 개가 장벽을 뛰어넘는 것은 부적 강화력을 가진다.

③ 불빛이 꺼지는 것은 고통에 대한 조건 자극이 된다.

④ 고전적 조건화와 조작적 조건화라는 두 종류의 학습 경험이 관여한다.

⑤ 개가 장벽을 뛰어넘는 것은 공포를 종결시키는 활동을 학습한 것으로 해결학습(solution learning)에 해당된다.

09

다음 사례에 해당하는 강화계획은?

A학급에서 B교사는 칭찬스티커 10개를 모은 모둠에게 떡볶이 쿠폰을 준다. 또한 10권의 책을 읽은 학생에게 독서상을 준다.

① 연속강화　　② 고정간격강화　　③ 변동간격강화　　④ 고정비율강화　　⑤ 변동비율강화

10

프리맥 원리(Premack principle)에 관한 설명으로 옳은 것을 모두 고른 것은?

ㄱ. 높은 빈도로 나타나는 행동이 낮은 빈도로 나타나는 행동을 강화할 수 있다.

ㄴ. 일차 강화물과 이차 강화물을 구분한다.

ㄷ. 행동의 강화적 속성을 결정하는 것은 상대적 가치이다.

ㄹ. 좋아하는 활동을 덜 좋아하는 활동의 강화인으로 활용한다.

① ㄱ, ㄴ, ㄷ　　② ㄱ, ㄴ, ㄹ　　③ ㄱ, ㄷ, ㄹ　　④ ㄴ, ㄷ, ㄹ　　⑤ ㄱ, ㄴ, ㄷ, ㄹ

11

관찰학습에 관한 설명으로 옳지 <u>않은</u> 것은?

① 모델의 행동을 관찰함으로써 학습하는 것이다.

② 인간 외의 동물들도 관찰을 통해 학습할 수 있다.

③ 인간은 모델이 매력적이고 유명한 사람일 때 더 잘 배우는 경향이 있다.

④ 연령도 관찰학습에 영향을 미치는데, 생활 연령이 정신 연령보다 더 중요하다.

⑤ 비숙련 모델(unskilled model)은 관찰자에게 모델의 성공뿐만 아니라 실패로부터도 배우게 한다.

12

관찰학습의 과정을 순서대로 옳게 나열한 것은?

ㄱ. 학습한 것에 대한 인지적 시연	ㄴ. 모델에 대한 주의
ㄷ. 학습한 것에 대한 동기화	ㄹ. 관찰한 것의 파지

① ㄴ - ㄱ - ㄹ - ㄷ   ② ㄴ - ㄷ - ㄹ - ㄱ

③ ㄴ - ㄹ - ㄱ - ㄷ   ④ ㄷ - ㄴ - ㄱ - ㄹ

⑤ ㄷ - ㄴ - ㄹ - ㄱ

13

통찰학습에 관한 설명으로 옳지 <u>않은</u> 것은?

① 문제해결에서 정신적 숙고의 과정을 거친다.

② 미해결에서 해결로의 전환은 서서히 단계적으로 나타난다.

③ 통찰로 얻은 원리는 구조적으로 유사한 문제에 쉽게 적용할 수 있다.

④ 통찰로 얻은 해결책은 상당한 시간 동안 유지된다.

⑤ 통찰로 얻은 해결책에 기초한 수행은 대개 부드럽고 오류가 없다.

14

학습과 인지구조에 관한 비고츠키(L. Vygotsky)의 주장으로 옳지 않은 것은?

① 언어나 상징과 같은 문화적 도구의 중요성을 강조한다.

② 근접발달영역(ZPD)에서 학습이 이루어진다.

③ 지식은 혼자 발견하기보다 타인과의 상호작용을 통해 전수된다.

④ 사회와 문화적 맥락에서의 학습에 초점을 둔다.

⑤ 동화와 조절을 통해 인지구조의 성장이 일어난다.

15

앳킨슨과 쉬프린(R. Atkinson & R. Shiffrin)의 기억에 관한 설명으로 옳은 것은?

① 감각등록기(sensory register)는 주의를 기울이는 동안만 유지된다.

② 단기기억은 매우 짧은 시간 동안 매우 많은 정보를 저장한다.

③ 일화기억(episodic memory)은 개인적 경험을 담은 단기기억이다.

④ 장기기억의 저장용량은 기존에 저장된 정보가 많을수록 줄어든다.

⑤ 새로운 정보는 단기기억을 거친 다음에 장기기억으로 이동한다.

16

다음 학습 전략은?

- 정보를 단기기억에서 장기기억으로 저장하는 방법
- 어떤 정보를 반복적으로 되새기는 과정

① 암송(rehearsal)　　　　　　　　　② 정교화(elaboration)

③ 청킹(chunking)　　　　　　　　　④ 재조직화(reorganization)

⑤ 군집화(clustering)

17

기억의 역행간섭(retroactive interference)에 해당하는 사례는?

① 단어목록을 외웠는데 제일 앞 단어만 기억난다.

② 교통사고를 겪은 순간이 잘 기억나지 않는다.

③ A의 첫인상은 뚜렷한데 가장 마지막 인상은 희미하다.

④ 술에 취한 이후에 있었던 일이 기억나지 않는다.

⑤ 전화번호를 바꾼 후 예전 전화번호가 기억나지 않는다.

18

파이비오(A. Paivio)의 이중부호이론(dual - coding theory)에 관한 설명으로 옳지 않은 것은?

① 정보가 장기기억에 저장되는 방식에 대한 이론이다.

② 단어보다 그림을 더 잘 기억한다.

③ 정보는 시각적 부호와 언어적 부호로 입력된다.

④ 시청각 교재가 학습효과를 촉진한다.

⑤ 추상적인 단어를 구체적인 단어보다 더 잘 기억한다.

19

다음 사례에 해당하는 이론은?

> 철학에 대해 잘 몰랐는데, 철학과 친구와 논쟁적인 철학적 질문들을 찾아 토론하다 보니 철학에 대해 더 많이 알게 되었다.

① 정보처리수준 이론   ② S - R 이론

③ 계열위치효과 이론   ④ 기대 - 가치 이론

⑤ 절차적 학습 이론

20

학습에 관한 뇌과학적 설명으로 옳지 <u>않은</u> 것은?

① 도파민은 정적 강화를 받을 때 분비되는 신경전달 물질이다.

② 신경생성(neurogenesis)은 청소년기 이후에 중단된다.

③ 편도체는 어떤 사건이나 정보를 기억할 때 그 기억에 감정을 결합시키는 역할을 한다.

④ 베르니케 영역은 언어의 의미를 이해하는 데 중요한 기능을 한다.

⑤ 신경가소성(neuroplasticity)은 뇌가 신경연결을 재조직하거나 수정하는 능력이다.

21

다음 사례를 설명하는 이론은?

> 혼자 공부할 때는 책의 내용이 머리에 잘 들어오지 않고 졸리기만 한데 사람이 적당히 많은 스터디 카페에서는 정신도 맑아지고 공부가 훨씬 잘된다.

① 켈러(J. Keller)의 ARCS이론
② 드웩(C. Dweck)의 마인드셋
③ 헐(C. Hull)의 추동감소이론
④ 헵(D. Hebb)의 최적각성수준
⑤ 솔로몬(R. Solomon)의 반대과정이론

22

몰입(flow)에 관한 설명으로 옳지 <u>않은</u> 것은?

① 활동에 완벽하게 몰두하는 상태를 말한다.

② 내적 동기보다는 외적 동기에 의해 유도된다.

③ 과제 도전 정도와 학습자 기술 수준의 균형이 맞을 때 나타난다.

④ 도전 정도가 기술 수준보다 너무 높으면 불안해진다.

⑤ 기술 수준이 도전 정도보다 너무 높으면 지루해진다.

23

매슬로우(A. Maslow)의 욕구위계이론에 관한 설명으로 옳지 <u>않은</u> 것은?

① 결핍 욕구는 만족되면 다음 단계로 넘어갈 수 있다.

② 성장 욕구가 완전히 만족 되었을 때 성장이 시작된다.

③ 소속감과 애정에 대한 욕구는 결핍 욕구에 해당한다.

④ 자아실현에 대한 욕구는 성장 욕구에 해당한다.

⑤ 하위 단계의 욕구가 충족된 다음에 상위 단계 욕구가 나타난다.

24

다음 사례를 통해 증진 시킬 수 있는 학습의 내재적 동기는?

> 고려 시대 역사를 공부하는 학생들에게 그 시대 청소년들의 평범한 하루가 어떠했을지 생각해보게 한다.

① 근접(proximity) ② 도전(challenge)

③ 통제(control) ④ 상상(fantasy)

⑤ 주의(attention)

25

'수행목표(performance goal)' 지향 학습자의 특성을 모두 고른 것은?

> ㄱ. 남들 앞에서 실패를 해도 수행에 만족할 수 있다.
>
> ㄴ. 시험과 같은 평가 상황에서 특히 더 불안감을 느낀다.
>
> ㄷ. 도전적인 과제보다는 실패 가능성이 낮은 과제를 선호한다.
>
> ㄹ. 남들과 비교하기보다는 자신이 전보다 더 유능해졌는지가 중요하다.
>
> ㅁ. 자기불능화(self-handicapping) 전략을 사용하는 경우가 상대적으로 더 많다.

① ㄱ, ㄴ, ㄷ ② ㄱ, ㄷ, ㄹ

③ ㄴ, ㄷ, ㅁ ④ ㄴ, ㄹ, ㅁ

⑤ ㄷ, ㄹ, ㅁ

제2과목 청소년 이해론(선택)

26

청소년기의 다양한 관점에 관한 설명으로 옳은 것을 모두 고른 것은?

> ㄱ. 스탠리 홀(G. Stanley Hall)은 청소년기를 질풍노도의 시기로 규정하였다.
> ㄴ. 청소년기는 아동에서 성인으로 발달해 나가는 과도기적 발달 시기이다.
> ㄷ. 청소년기를 생물학적 측면에서 정의한다면 성적 성숙이 시작되는 시점부터 성적 성숙이 완성될 때까지의 기간을 의미한다.
> ㄹ. 플라톤은 청소년기의 특징으로 이성의 발달을 주장하였다.
> ㅁ. 우리나라의 청소년관련법에서는 청소년의 연령범위가 하나로 통일되어 있다.

① ㄱ, ㄴ   ② ㄱ, ㄷ, ㅁ   ③ ㄱ, ㄴ, ㄷ, ㄹ   ④ ㄴ, ㄷ, ㄹ, ㅁ   ⑤ ㄱ, ㄴ, ㄷ, ㄹ, ㅁ

27

<보기 1>의 학자와 <보기 2>의 내용이 바르게 연결된 것은?

<보기 1>		
ㄱ. 에릭슨 (E. Erikson)	ㄴ. 프로이트 (S. Freud)	ㄷ. 셀먼 (R. Selman)

<보기 2>		
a. 조망수용 이론	b. 심리성적 발달단계	c. 심리사회적 발달단계

① ㄱ - a, ㄴ - c   ② ㄱ - c, ㄴ - b
③ ㄱ - c, ㄷ - b   ④ ㄴ - b, ㄷ - c
⑤ ㄴ - c, ㄷ - a

28

엘킨드(D. Elkind)의 청소년기 자아중심성 개념 중 다음 설명에 해당하는 것은?

> • 어른들은 청소년의 독특함과 특별함을 절대로 이해하지 못한다고 생각한다.
> • 엄마는 내 첫사랑을 절대로 이해하지 못한다고 생각한다.

① 거짓 어리석음　　② 상상 청중　　③ 위선　　④ 개인적 우화　　⑤ 가설 연역적 사고

29

마샤(J. Marcia)의 정체감 지위이론에서 자기탐색을 위한 정체감 위기를 경험하지 않고 자신에 대해 쉽게 의사결정을 한 경우에 해당하는 것은?

① 정체감 혼미　　② 정체감 유실　　③ 정체감 성취　　④ 정체감 유예　　⑤ 정체감 확산

30

콜버그(L. Kohlberg)의 도덕발달 단계에서 타인의 눈을 의식하여 친구들에게 좋은 사람으로 인정받기 위해 행동을 결정하는 경우에 해당하는 것은?

① 착한 소년 · 소녀 지향 단계　　　　　② 도구적 쾌락주의 지향 단계
③ 법과 질서 지향 단계　　　　　　　　④ 사회계약 지향 단계
⑤ 보편적 원리 지향 단계

31

청소년기 신체적 발달의 특징에 관한 설명으로 옳지 <u>않은</u> 것은?

① 청소년기는 신체적 성장급등이 이루어지는 시기이다.
② 여자 청소년들이 임신 가능한 신체로 형성되어 가는 것은 성호르몬인 테스토스테론의 영향에 의한 것이다.
③ 이차 성징이 뚜렷해지는 것과 관련 깊은 내분비선으로는 뇌하수체와 생식선을 들 수 있다.
④ 급격한 신체변화로 인해 자신의 체형에 대한 불만족을 느끼는 경우 청소년의 정신건강에 부정적인 영향을 미칠 수 있다.
⑤ 또래에 비해 신체적 발달이 빨리 이루어지는 경우는 신체적 조숙에 해당한다.

32

청소년기 성역할 고정관념의 증가현상을 의미하는 것은?

① 성역할 집중화   ② 성역할 분리화

③ 성역할 정체감   ④ 성역할 동일시

⑤ 성역할 유형화

33

청소년기 또래집단의 기능에 관한 설명으로 옳은 것을 모두 고른 것은?

ㄱ. 자아정체감 형성에 도움	ㄴ. 준거집단으로의 기능
ㄷ. 심리적 지원과 안정감 제공	ㄹ. 동성애 발달의 기초 제공
ㅁ. 또래문화에 대한 정보제공의 기능	

① ㄱ, ㄴ   ② ㄴ, ㄷ, ㄹ   ③ ㄱ, ㄴ, ㄷ, ㅁ   ④ ㄱ, ㄷ, ㄹ, ㅁ   ⑤ ㄱ, ㄴ, ㄷ, ㄹ, ㅁ

34

진로 및 직업발달 이론에 관한 설명으로 옳은 것은?

① 수퍼(D. Super)의 이론은 개인의 성격에 적합한 직업을 선택하는 것이 바람직하다는 '성격유형이론'이다.

② 홀랜드(J. Holland)의 직업발달이론에서 청소년상담사는 탐구적 유형에 해당한다.

③ 긴즈버그(E. Ginzberg)는 진로발달이론에서 욕구와 현실 간의 절충으로 직업발달을 완성해 나간다고 주장하였다.

④ 수퍼(D. Super)의 이론에서 청소년기 자아정체감이 생겨나기 시작하면서 직업에 관해 막연하고 일반적인 생각을 가지게 되는 단계를 '실행' 단계라 하였다.

⑤ 긴즈버그(E. Ginzberg)의 진로발달이론에서 현실적 시기는 환상적 시기 다음에 경험하는 과정이다.

35

브론펜브레너(U. Bronfenbrenner)의 생태학적 체계 중 (　　　)에 들어갈 내용으로 옳은 것은?

> 대중매체는 청소년이 직접적으로 상호작용하지는 않지만, 청소년에게 영향을 미치는 지역사회 수준에서 기능하고 있는 사회적 환경이라는 점에서 (　　　)에 해당한다.

① 중간체계　　　② 미시체계　　　③ 거시체계　　　④ 시간체계　　　⑤ 외체계

36

청소년 문화를 사회 전체 문화 중 한 부분을 이루는 문화로 보는 입장에 해당하는 것은?

① 미숙한 문화로 보는 입장　　　② 비행문화로 보는 입장
③ 대항문화로 보는 입장　　　④ 하위문화로 보는 입장
⑤ 주류문화로 보는 입장

37

미디어의 다양한 기능 중 미디어가 상세히 보도하는 이슈를 대중들도 중요한 이슈로 인식하게 되는 현상을 의미하는 것은?

① 문화전승 기능　　　② 오락 기능
③ 환경감시 기능　　　④ 사회화 기능
⑤ 의제설정 기능

38

명품으로 대변되는 상류사회의 규범과 위선에 반격을 가하는 도전적인 젊은이들이 추구하는 청소년 패션 문화를 의미하는 것은?

① 코스프레 패션　　　② 테크노 패션
③ 피어싱 패션　　　④ 차브 패션
⑤ 복고 패션

39

청소년기 비행이론 중 허쉬(T. Hirschi)가 제안한 사회유대의 하위차원에 해당하지 <u>않는</u> 것은?

① 애착(attachment)
② 관여(commitment)
③ 열정(passion)
④ 참여(involvement)
⑤ 신념(belief)

40

학교폭력예방 및 대책에 관한 법률상 학교폭력대책심의위원회의 기능에 해당하지 <u>않는</u> 것은?

① 피해학생의 전학
② 피해학생의 보호
③ 학교폭력의 예방 및 대책
④ 피해학생과 가해학생 간의 분쟁조정
⑤ 가해학생에 대한 교육, 선도 및 징계

41

청소년기 자살에 관한 설명으로 옳은 것을 모두 고른 것은?

> ㄱ. 부모와의 유대는 자살을 예방하는 보호요인이 될 수 없다.
>
> ㄴ. 모방자살을 하는 경향이 있다.
>
> ㄷ. 또래와 동반자살을 시도하는 경향이 있다.
>
> ㄹ. 우울증이나 약물남용은 청소년 자살의 원인 중 하나이다.

① ㄱ, ㄴ
② ㄷ, ㄹ
③ ㄱ, ㄴ, ㄹ
④ ㄴ, ㄷ, ㄹ
⑤ ㄱ, ㄴ, ㄷ, ㄹ

42

청소년 보호법상 청소년 유해약물 분류에 해당하지 <u>않는</u> 것은?

① 「주세법」에 따른 주류
② 「담배사업법」에 따른 담배
③ 「마약류 관리에 관한 법률」에 따른 마약류
④ 「화학물질관리법」에 따른 환각물질
⑤ 「약물남용법」에 따른 유해물질

43

다음 중 학교부적응 요인으로 옳은 것을 모두 고른 것은?

| ㄱ. 낮은 학업성취도 | ㄴ. 입시위주의 교육 |
| 다. 또래관계에서의 소외감 | ㄹ. 부모와의 친밀한 유대감 |

① ㄱ, ㄴ   ② ㄷ, ㄹ   ③ ㄱ, ㄴ, ㄷ   ④ ㄴ, ㄷ, ㄹ   ⑤ ㄱ, ㄴ, ㄷ, ㄹ

44

청소년 보호법령상 인터넷게임 중독 · 과몰입 등의 예방 및 피해 청소년 지원에 해당하지 않는 것은?

① 청소년과 그 가족의 인터넷게임 중독 · 과몰입 여부 진단

② 인터넷게임 중독 · 과몰입 예방을 위한 교육 · 상담 및 프로그램 개발 · 운영

③ 인터넷게임 중독 · 과몰입 청소년과 그 가족의 치료 · 재활을 위한 프로그램의 개발 · 운영

④ 인터넷게임 중독 · 과몰입 청소년과 그 가족의 치료 · 재활을 위하여 협력하는 병원의 지정

⑤ 청소년상담사 등에 대한 인터넷게임 중독 · 과몰입 전문상담 교육

45

청소년 기본법상 (　　　)에 들어갈 내용으로 옳은 것은?

청소년복지란 청소년이 정상적인 삶을 누릴 수 있는 기본적인 여건을 조성하고 조화롭게 성장 · 발달할 수 있도록 제공되는 (　　　), (　　　) 자원을 말한다.

① 심리적, 사회적   ② 사회적, 경제적

③ 심리적, 경제적   ④ 경제적, 문화적

⑤ 사회적, 문화적

46

청소년복지 지원법상 다음이 설명하는 청소년복지시설은?

> ㄱ. 학습 · 정서 · 행동상의 장애를 가진 청소년을 대상으로 한다.
>
> ㄴ. 정상적인 성장과 생활을 할 수 있도록 지원한다.
>
> ㄷ. 청소년에게 적합한 치료, 교육 및 재활을 종합적으로 지원하는 거주형 시설이다.

① 청소년쉼터   ② 청소년회복지원시설

③ 청소년자립지원관   ④ 청소년치료재활센터

⑤ 청소년상담복지센터

47

다음이 설명하는 청소년 기본법의 조항은?

> 청소년의 기본적 인권은 청소년활동 · 청소년복지 · 청소년보호 등 청소년육성의 모든 영역에서 존중되어야 한다.

① 청소년의 자치권 확대   ② 청소년육성의 기본 계획

③ 청소년상담사의 의무   ④ 국가 및 지방자치단체의 책임

⑤ 청소년의 권리와 책임

48

청소년복지 지원법상 청소년증에 관한 설명으로 옳지 <u>않은</u> 것은?   [수정]

① 9세 이상 18세 이하의 청소년에게 발급한다.

② 다른 사람에게 양도하거나 빌려주어서는 아니 된다.

③ 누구든지 청소년증 외에 청소년증과 동일한 명칭의 증표를 사용할 수 있다.

④ 성평등가족부가 청소년증의 발급에 필요한 사항을 정한다.

⑤ 특별자치시장 · 특별자치도지사 또는 시장 · 군수 · 구청장이 발급할 수 있다.

49

학교 밖 청소년 지원에 관한 법률상 다음이 설명하는 지원에 해당하는 것은?

> 국가와 지방자치단체는 학교 밖 청소년에게 생활지원, 문화공간지원, 의료지원, 정서지원 등을 제공할 수 있다.

① 교육지원   ② 자립지원
③ 취업지원   ④ 상담지원
⑤ 직업체험지원

50

청소년복지 지원법상 지역사회 내 청소년 필수연계기관과 연계하여 위기청소년의 상담, 보호, 교육, 자립 등 맞춤형 서비스를 제공하는 것은?

① 청소년우대정책   ② 청소년복지바우처
③ 청소년어울림마당   ④ 지역사회 청소년통합지원체계
⑤ 청소년유해환경감시정책

MEMO

청소년상담사 3급 필기 기출문제집

1교시

2교시

2023

제1과목 발달심리 (필수)

01

영유아기에 나타나는 초기 언어발달의 특징에 관한 내용으로 옳은 것을 모두 고른 것은?

ㄱ. 수용언어는 표현언어보다 먼저 발달한다.

ㄴ. 일어문 단계에서 전보식(telegraphic) 언어가 나타난다.

ㄷ. 단어의 의미를 지나치게 제한적으로 사용한다.

ㄹ. 목 울림, 옹알이, 울음 등은 전언어(pre-linguistic) 단계에서 나타난다.

ㅁ. 레느버그(H. Lenneberg)에 의하면 인간은 언어습득장치를 가지고 태어난다.

① ㄱ, ㄴ, ㄹ   ② ㄱ, ㄴ, ㅁ   ③ ㄱ, ㄷ, ㄹ   ④ ㄴ, ㄷ, ㅁ   ⑤ ㄷ, ㄹ, ㅁ

02

애착이론에 관한 설명으로 옳은 것은?

① 회피애착아는 주 양육자에 대한 분리불안이 높다.

② 저항애착아는 주 양육자에게 양가적 태도를 보인다.

③ 볼비(J. Bowlby)는 낯선 상황 실험을 고안해 애착을 측정하였다.

④ 에인스워스(M. Ainsworth)는 애착형성을 4단계로 분류하였다.

⑤ 할로우(H. Harlow)는 새끼조류의 행동을 연구해 각인 개념을 제시하였다.

03

기억 발달에 관한 내용으로 옳은 것을 모두 고른 것은?

> ㄱ. 정교화 전략은 조직화 전략보다 더 먼저 나타난다.
> ㄴ. 영아의 지연모방은 회상기억 능력이 있음을 보여준다.
> ㄷ. 조직화 전략은 기억해야 할 정보를 여러 번 반복하는 것이다.
> ㄹ. 성인후기의 일화기억은 대부분 의미기억보다 빨리 쇠퇴한다.

① ㄱ, ㄹ   ② ㄴ ㄷ   ③ ㄴ, ㄹ   ④ ㄱ, ㄴ, ㄷ   ⑤ ㄴ, ㄷ, ㄹ

04

신생아의 발바닥을 간지럽히면 발가락을 벌렸다가 오므리는 반사 행동은?

① 걷기반사   ② 모로반사   ③ 파악반사   ④ 근원반사   ⑤ 바빈스키 반사

05

피아제(J. Piaget)의 구체적 조작기에 관한 내용으로 옳은 것은?

① 보존개념이 획득된다.   ② 비가역적 사고를 한다.
③ 물활론적 사고를 한다.   ④ 자아중심성이 확장된다.
⑤ 분류화, 서열화를 할 수 없다.

06

다음에 해당하는 신체 및 운동발달의 원리는?

> 뒤집기 → 머리 들기 → 배밀이 → 네발 기기 → 짚고 일어서기 → 걷기

① 근원발달   ② 대뇌발달   ③ 두미발달   ④ 위계발달   ⑤ 협응발달

07

에릭슨(E. Erikson)의 발달단계 중 (가) 시기에 해당하는 프로이트(S. Freud)의 발달단계에 관한 설명으로 옳은 것을 모두 고른 것은?

주도성 대 죄책감 ➜ (가) ➜ 정체감 형성 대 역할 혼미

ㄱ. 리비도가 몸 전체에 잠복된다.
ㄴ. 사회적, 도덕적 가치를 습득한다.
ㄷ. 구순적 경험을 통해 쾌감을 느낀다.
ㄹ. 리비도가 항문에서 생식기로 이동한다.

① ㄱ, ㄴ   ② ㄴ, ㄷ   ③ ㄷ, ㄹ   ④ ㄱ, ㄴ, ㄷ   ⑤ ㄴ, ㄷ, ㄹ

08

아동 A가 속한 피아제(J. Piaget)의 인지 발달단계에 관한 설명으로 옳지 않은 것은?

아동 A는 자신이 낮잠을 자지 않았기 때문에 아직 오후가 아니라고 생각한다.

① 직관적 사고를 한다.   ② 전환적 추론을 한다.
③ 가역적 사고를 한다.   ④ 중심화 경향이 있다.
⑤ 상징적 사고를 한다.

09

생후 1개월 이내의 신생아에게 나타나는 발달특성으로 옳지 않은 것은?

① 후각이 발달되어 있다.   ② 원시반사 행동을 보인다.
③ 끈적거리고 냄새가 없는 태변을 본다.   ④ 시각이 잘 발달되지 않아 가시거리가 짧다.
⑤ 렘(REM) 수면의 비율이 일생 중 가장 낮다.

10

마샤(J. Marcia)의 이론으로 A의 정체감 유형을 옳게 분석한 것은?

> 부모님은 유아교사가 되기를 원하시나 A는 아직 진로에 대해 고민해 본 적이 없다.

① 정체감 유실   ② 정체감 혼미

③ 정체감 유예   ④ 정체감 성취

⑤ 정체감 획득

11

두뇌 및 신경계 발달에 관한 내용으로 옳지 않은 것은?

① 변연계 중 편도체는 정서와 감정을 관장한다.

② 투쟁 – 도피 반응은 교감신경계 활성화와 관계있다.

③ 시각피질의 시냅스 생성은 출생 후 1년까지 활발하게 진행된다.

④ 베르니케 영역은 언어 산출을, 브로카 영역은 언어 이해를 담당한다.

⑤ 출생 이후 전전두엽 피질의 활성화로 인지적 통제기능이 점차 향상된다.

12

다음 행동이 처음 나타나는 피아제(J. Piaget)의 감각운동기 하위단계의 특성으로 옳지 않은 것은?

> 혜수가 곰 인형을 잡으려고 손을 뻗자 엄마가 손으로 인형을 가렸다. 혜수는 인형 앞을 가로막은 엄마 손을 치우고 인형을 잡았다.

① 지연모방이 불가능하다.

② 두 가지 도식을 협응한다.

③ A – not – B 오류가 나타난다.

④ 대상영속성 개념이 형성되고 있다.

⑤ 새로운 가능성 탐색을 위한 시행착오적 시도가 나타난다.

13

DSM-5의 지적장애 진단기준에 관한 내용으로 옳지 않은 것은?

① 현재의 심각도를 명시한다.

② 장애는 발달 시기 동안에 시작된다.

③ 개념, 사회, 실행 영역에서 결함이 나타난다.

④ 지적기능의 결함만으로도 진단내릴 수 있다.

⑤ 임상 평가와 표준화된 지능 검사로 확인된 지적 기능의 결함이 있다.

14

브론펜브레너(U. Bronfenbrenner)의 이론에 관한 설명으로 옳은 것을 모두 고른 것은?

> ㄱ. 중간체계에는 부모의 직장 환경이 포함된다.
>
> ㄴ. 외체계는 아동이 직접 경험하지는 않지만 발달에 영향을 미치는 맥락이다.
>
> ㄷ. 거시체계에는 문화적 환경이 포함된다.
>
> ㄹ. 시간체계에는 개인이 겪는 생물학적, 인지적, 심리적 변화가 포함된다.

① ㄱ, ㄴ   ② ㄷ, ㄹ   ③ ㄱ, ㄷ, ㄹ   ④ ㄴ, ㄷ, ㄹ   ⑤ ㄱ, ㄴ, ㄷ, ㄹ

15

콜버그(L. Kohlberg)의 '헤인즈 딜레마'에 대하여 다음과 같은 대답이 나왔을 때, 이에 해당하는 콜버그의 도덕성 발달 단계는?

> 약을 훔치지 않아야 한다는 법률이 인간의 생명을 구하는 것보다 더 중요하다고 할 수 없다. 인간의 권리나 존엄을 위협하는 법이라면 부당하기 때문에 수정되어야 한다.

① 2단계   ② 3단계   ③ 4단계   ④ 5단계   ⑤ 6단계

16

다음의 (   )에 들어갈 피아제(J. Piaget) 이론의 개념은?

> (ㄱ)은/는 동화(assimilation)와 조절(accommodation)의 상보적 활동에 의해 이루어지며, 이 활동이 균형을 이룬 상태를 (ㄴ)(이)라고 한다.

① ㄱ : 적응(adaptation), ㄴ : 평형(equilibrium)
② ㄱ : 적응(adaptation), ㄴ : 조직화(organization)
③ ㄱ : 평형(equilibrium), ㄴ : 적응(adaptation)
④ ㄱ : 평형(equilibrium), ㄴ : 조직화(organization)
⑤ ㄱ : 조직화(organization), ㄴ : 평형(equilibrium)

17

혼(J. Horn)과 카텔(R. Cattell)이 주장한 유동성 지능(fluid intelligence)에 관한 설명으로 옳지 않은 것은?

① 새로운 문제를 다루는 능력이다.
② 공간지각 및 추론 능력과 관련된다.
③ 성인중기 전후에 퇴보하기 시작한다.
④ 유전적 요인에 의해 결정되는 지능이다.
⑤ 어휘력 및 사회적 상황에 대한 반응으로 측정한다.

18

퀴블러 - 로스(E. Kübler - Ross)가 제시한 죽음을 받아들이는 과정 중 다음과 같은 반응을 하는 단계는?

> • '왜 하필 나인가?'
> • '왜 나만 죽어야 하는가?'

① 부정   ② 분노   ③ 타협   ④ 우울   ⑤ 수용

19

21번 염색체의 이상으로 나타나는 증후군은?

① 다운 증후군   ② 터너 증후군   ③ XYY 증후군   ④ X결함 증후군   ⑤ 클라인펠터 증후군

20

DSM-5의 주요 및 경도 신경인지장애의 병인에 해당하는 것을 모두 고른 것은?

ㄱ. 파킨슨병	ㄴ. 혈관 질환
ㄷ. HIV 감염	ㄹ. 알츠하이머병
ㅁ. 외상성 뇌손상	

① ㄱ, ㄴ, ㄹ   ② ㄱ, ㄷ, ㅁ   ③ ㄴ, ㄷ, ㄹ   ④ ㄱ, ㄴ, ㄹ, ㅁ   ⑤ ㄱ, ㄴ, ㄷ, ㄹ, ㅁ

21

횡단 설계법에 관한 내용으로 옳은 것을 모두 고른 것은?

ㄱ. 개인의 발달 안정성과 변화를 관찰할 수 있다.
ㄴ. 종단 설계법보다 시간과 비용이 더 많이 요구된다.
ㄷ. 동시대 집단효과(cohort effect)가 나타날 수 있다.
ㄹ. 서로 다른 연령집단을 동시에 표집하여 연령별 차이를 살펴볼 수 있다.

① ㄱ, ㄴ   ② ㄱ, ㄷ   ③ ㄴ, ㄹ   ④ ㄷ, ㄹ   ⑤ ㄱ, ㄷ, ㄹ

22

에릭슨(E. Erikson) 이론의 발달 과업과 샤이(K. Schaie) 이론의 발달단계가 동일한 시기로 옳게 연결된 것은?

① 생산성 획득 - 책임 단계   ② 자율성 획득 - 실행 단계
③ 근면성 획득 - 성취 단계   ④ 자아통합 획득 - 획득 단계
⑤ 정체감 획득 - 재통합 단계

23

배아기(embryonic period)에 관한 내용으로 옳지 <u>않은</u> 것은?

① 태반, 탯줄, 양수가 발달한다.

② 외배엽으로부터 신경관이 형성된다.

③ 심장이 형성되어 박동하기 시작한다.

④ 임신 2주부터 8주까지의 기간에 해당한다.

⑤ 빨기, 삼키기 등의 반사반응이 나타난다.

24

발달에 관한 설명으로 옳지 <u>않은</u> 것은?

① 성숙은 주로 학습과 환경의 영향을 받는다.

② 역사적 혹은 문화적 맥락은 발달에 영향을 미친다.

③ 규준적(normative) 발달이란 전형적이고 평균적인 발달을 말한다.

④ 가소성(plasticity)이란 경험에 반응하여 변화하는 능력을 의미한다.

⑤ 발달은 생명의 시작에서 죽음에 이르기까지의 전 생애 동안 이루어지는 모든 과정이다.

25

다음에서 설명하고 있는 노화이론은?

- 사회적인 활동을 철회하는 것
- 일에 대한 스트레스와 책임이 줄어드는 것
- 신체 및 인지적 쇠퇴에 적응하며 내면에 더 집중하는 것

① 활동이론(activity theory)

② 유리이론(disengagement theory)

③ 손상이론(wear-and-tear theory)

④ 사회정서적 선택이론(socioemotional selectivity theory)

⑤ 보상을 수반한 선택적 최적화 이론(selective optimization with compensation theory)

제2과목 집단상담의 기초(필수)

26

집단상담 초기 단계에서 집단규범 형성을 위한 상담자의 역할로 옳지 않은 것은?

① 자기개방을 격려하기

② 비생산적인 행동에 대해 개입하기

③ 솔직하고 자연스러운 언행을 촉진하기

④ 집단원의 행동에 즉각적으로 논평하기

⑤ 지금-여기에서 집단원의 느낌을 표현하도록 격려하기

27

집단상담 제안서를 검토할 때 고려해야 할 내용으로 옳지 않은 것은?

① 집단의 필요성에 관한 합당한 근거를 제시하고 있는가?

② 집단에서 달성하고자 하는 목표는 무엇인가?

③ 집단 모임시간, 횟수, 전체 시간이 제시되어 있는가?

④ 목표 달성을 평가할 수 있는 전략이 있는가?

⑤ 집단의 명시적 및 암묵적 규범이 구체적으로 제시되어 있는가?

28

집단상담 구조화에 관한 설명으로 옳지 않은 것은?

① 이론적 배경에 따라 구조화의 정도와 종류가 다르다.

② 단기로 진행하는 심리교육집단은 대부분 비구조화 집단으로 운영한다.

③ 초기 단계의 구조화는 집단원의 집단참여에 대한 불안을 어느 정도 줄여준다.

④ 구조화 집단에서 갈등이 발생할 경우 구조화 활동을 잠시 미루고 갈등을 다루는 것이 바람직하다.

⑤ 지나친 구조화는 집단의 발달을 방해한다.

29

아동 · 청소년 집단상담에서 사용하는 전략으로 옳지 <u>않은</u> 것은?

① 부모나 특정 기관에 맞서서 전적으로 아동이나 청소년의 편을 들어야한다.
② 집단 종결 전에 집단원에게 어느 정도의 기간을 두고 종결 시점을 상기시켜 준다.
③ 매 회기를 철저히 준비하되 주어진 회기마다 구성과 주제를 조절할 수 있는 융통성이 있어야 한다.
④ 아동 · 청소년과 관련된 법률을 숙지하고 있어야 한다.
⑤ 아동과 청소년이 집단에서 얻을 수 있는 이점을 학교 담당자, 교사, 부모에게 명확히 설명해야 한다.

30

교류분석 집단상담에서 라켓(Racket)에 관한 설명으로 옳은 것은?

① 어린 시절에 격려 받고 학습되어진 친숙한 정서로써 다양한 상황에서 경험된다.
② 심리적 게임 후에는 사라지는 감정이다.
③ 성인이 라켓을 사용하면 문제해결에 도움을 받을 수 있다.
④ 아이의 부모가 허용했던 감정을 다른 감정으로 대체한 것이다.
⑤ 사람들에게 어디로 가고 그 곳에서 무엇을 할 것인지를 말해주는 청사진이다.

31

코리(G. Corey)의 집단상담 작업단계에 있는 집단원의 전형적인 특징을 모두 고른 것은?

> ㄱ. 다소 거부감을 일으킬 수 있는 일이라도 주저 없이 노출한다.
>
> ㄴ. 집단원간의 갈등이 있음을 인정하고 해결해 나간다.
>
> ㄷ. 내재된 적대감과 불신이 있으나 표현하지 않는다.
>
> ㄹ. 피드백을 주어도 방어적인 태도를 취한다.

① ㄱ
② ㄱ, ㄴ
③ ㄴ, ㄷ
④ ㄱ, ㄴ, ㄷ
⑤ ㄴ, ㄷ, ㄹ

32

집단상담에서 얄롬(I. Yalom)의 '지금-여기'를 활성화하는 상담자 개입으로 옳은 것은?

> • 집단원 : 엄마는 내 말을 아예 들으려고도 하지 않아요. 내가 무슨 말을 하던 간에 아예 관심도 안 보이고, 돌아서서 청소기를 가져와 바쁘게 청소를 해요. 그럴 때마다 나는 화가 나서 엄마를 밀치고 집을 나가 버려요.
> • 상담자 : _____

① 자신을 무시하는 엄마에게 몹시 화가 났었군요.

② 엄마가 왜 그런 식으로 관심을 보이지 않았을까요?

③ 이번 일 말고 과거에도 엄마가 화를 낸 적이 있는지 이야기 해볼래요?

④ 만약 본인이 이 집단 안에서 그런 식으로 화를 낸다면 어떤 사람에게 화를 낼 수 있나요?

⑤ 혹시 학교에서나 친구들에게도 그런 식으로 화를 낸 적이 있나요? 그런 경험을 나누어 주면 어떨까요?

33

얄롬(I. Yalom)의 치료적 요인에 해당하는 것을 모두 고른 것은?

ㄱ. 이타주의	ㄴ. 대인관계-투입	ㄷ. 자기이해	ㄹ. 정화	ㅁ. 현실검증

① ㄱ, ㄴ   ② ㄴ, ㄷ, ㄹ   ③ ㄷ, ㄹ, ㅁ   ④ ㄱ, ㄴ, ㄷ, ㄹ   ⑤ ㄱ, ㄴ, ㄷ, ㄹ, ㅁ

34

청소년 집단상담에서 상담자가 사용한 기법은?

> • 상담자 : 부모님에 대해 무척 좋은 분이라고 말하고 있으면서 부모님에 대한 자신의 생각을 이야기할 때 다소 목소리가 커지고 흥분되어 보이네요.

① 노출하기   ② 직면하기   ③ 공감하기   ④ 요약하기   ⑤ 재진술하기

35

얄롬(I. Yalom)의 치료적 요인 중 응집성에 관한 설명으로 옳은 것을 모두 고른 것은?

> ㄱ. 나 자신도 다른 사람들처럼 잘 지내고 있다는 것을 알게 된다.
> ㄴ. 자신의 수치스러운 면이 드러나더라도 여전히 집단에 수용된다.
> ㄷ. 더 이상 혼자라는 느낌이 들지 않는다.
> ㄹ. 다른 사람들과 친밀한 접촉을 지속한다.

① ㄱ, ㄴ
② ㄷ, ㄹ
③ ㄱ, ㄴ, ㄷ
④ ㄴ, ㄷ, ㄹ
⑤ ㄱ, ㄴ, ㄷ, ㄹ

36

실존주의 집단상담의 목적으로 옳지 <u>않은</u> 것은?

① 집단원 자신을 신뢰하기
② 집단원 자신과 주변 세계에 대한 조망 확대하기
③ 현재와 미래의 삶에 부여할 의미 명료화하기
④ 과거, 현재, 미래의 위기에 대해 성공적으로 협상하기
⑤ 미지의 영역 탐색에 대한 한계 규정하기

37

아들러(A. Adler) 집단상담에서 초기기억 회상의 목적으로 옳은 것은?

① 초기 유아기의 트라우마 분석
② 자기, 타인, 세상, 윤리적 입장에 대한 개인의 확신 탐색
③ 유아 시절 대상관계 역동의 분석
④ 삶의 각본과 심리적 자세의 탐색
⑤ 현상학적 자기와 실제 자기간의 일치점 발견

38

집단상담 및 치료의 잠재적인 위험을 모두 고른 것은?

> ㄱ. 집단상담자의 과도한 힘의 사용   ㄴ. 집단원의 사적인 삶의 무분별한 공유
>
> ㄷ. 희생양 만들기   ㄹ. 집단원의 한계를 넘어서는 직면

① ㄱ   ② ㄱ, ㄴ   ③ ㄴ, ㄷ   ④ ㄴ, ㄷ, ㄹ   ⑤ ㄱ, ㄴ, ㄷ, ㄹ

39

청소년 집단에서 비생산적인 집단에 개입할 상황으로 옳은 것을 모두 고른 것은?

> ㄱ. 각자가 다른 사람을 대변하는 경우
>
> ㄴ. 집단 밖의 사람에 관해서만 이야기하는 경우
>
> ㄷ. 집단원이 '난 항상 그래왔다'로 넘겨버릴 경우
>
> ㄹ. 한 집단원이 장황하게 설명하여 다른 집단원들이 지루해 할 경우

① ㄱ, ㄴ   ② ㄷ, ㄹ   ③ ㄱ, ㄴ, ㄷ   ④ ㄴ, ㄷ, ㄹ   ⑤ ㄱ, ㄴ, ㄷ, ㄹ

40

청소년 집단상담자의 개입 기술로 옳은 것은?

> 지금 수진이가 친구관계에서의 어려움을 얘기했는데, 이 얘기는 영희가 지난주에 이야기한 것과 유사한 부분이 있는 것 같네요. 영희는 지금 수진이의 이야기를 들으니 마음이 어때요?

① 요약   ② 반영   ③ 해석   ④ 재진술   ⑤ 연결하기

41

비자발적인 청소년 집단상담에 관한 설명으로 옳지 않은 것은?

① 비밀유지의 한계에 대해 명확하게 알려준다.

② 집단원으로서의 책임과 권리를 인식할 수 있도록 한다.

③ 감당할 수 있을 만큼의 자기개방을 하도록 안내한다.

④ 참여하기 싫은 마음을 집단에서 개방적으로 논의하는 것은 바람직하지 않다.

⑤ 집단을 완료하지 못할 경우 어떤 결과가 초래되는지 안내한다.

42

집단상담의 치료적 요인과 집단원의 경험을 옳게 연결한 것은?

① 실존적 요인 : "내 삶의 의미는 내가 찾아야 해. 내 삶에 책임을 지는 사람은 결국 나 자신이야."

② 감정 정화 : "이 집단을 통해 나의 문제를 해결하고 나 자신도 변화할 수 있을 거야."

③ 이타주의 : "저 사람의 행동과 태도를 잘 관찰하고 배워서 따라해야겠다."

④ 자기노출 : "내가 다른 사람에게 도움이 된 것 같아."

⑤ 동일시 : "나만 외롭다고 생각했는데 아니구나."

43

집단상담에서 피드백(feedback)에 관한 설명으로 옳지 않은 것은?

① 긍정적인 피드백이 부정적인 피드백보다 더 잘 받아들여진다.

② 부정적인 피드백은 긍정적인 피드백 이후에 줄 때 더 쉽게 받아들여진다.

③ 집단 초기 단계에서 상담자가 피드백 시범을 보이는 것은 집단원의 피드백 교환에 도움이 되지 않는다.

④ 집단에서의 행동과 관련된 '지금-여기'피드백이 모호한 피드백보다 더 도움이 된다.

⑤ 집단 발달이 어느 정도 이루어지고 신뢰관계가 형성되었을 때 부정적인 피드백을 하는 것이 효과적이다.

44

집단상담 평가에 관한 설명으로 옳지 않은 것은?

① 상담자가 집단상담 전후에 심리검사를 실시하여 집단원 행동 변화를 평가할 때 평가의 주체는 상담자, 평가 대상은 집단원이 된다.

② 집단상담 실시 이전에 집단상담 수요 평가, 집단원 행동 기초선 평가를 실시할 수 있다.

③ 심리검사를 통해 수치화된 정보를 수집하고 통계적으로 분석하는 것을 양적 평가라 한다.

④ 집단상담 계획단계에서부터 집단상담 평가에 대한 방향을 설정하여야 한다.

⑤ 추수 평가는 집단상담 종결 회기에 실시한다.

45

다음 상담자의 질문기법을 활용하는 집단상담 이론에 관한 설명으로 옳은 것은?

> • 집단원 : 요즘 너무 우울해서 아무것도 할 수 없어요.
> • 상담자 : 혹시 우울하지 않거나 덜 우울한 날은 무엇이 다른가요?

① 어린 시절 가족환경, 특히 부모와의 관계를 바탕으로 인생각본이 형성된다.

② 인간은 기본욕구인 생존, 사랑과 소속감, 힘, 자유, 즐거움에 의해 행동한다.

③ 심리적 고통이나 문제는 당위주의에 바탕을 둔 비합리적 신념체계에서 비롯된다.

④ 집단원이 자기 삶의 전문가이므로 상담자는 알지 못함의 자세를 취해야 한다.

⑤ 인간은 전경과 배경의 원리에 따라 세상을 경험한다.

46

다음의 집단원 특성이 나타나는 집단상담 발달단계에서 상담자의 역할로 옳은 것은?

- 방어와 주저하는 행동
- 집단상담자에 대한 도전
- 집단원간의 갈등과 경쟁

① 집단을 통해 학습한 새로운 행동을 일상생활에서 실천하게 한다.

② 집단의 목적, 규칙, 과정에 관하여 안내한다.

③ 집단원의 저항을 자연스러운 반응으로 이해하고 존중한다.

④ 집단원의 개인별 목표 설정을 돕는다.

⑤ 집단원의 변화행동을 평가하고 지속적으로 수행하도록 격려한다.

47

다음을 주요 개념으로 하는 집단상담의 기법으로 옳지 <u>않은</u> 것은?

• 내사	• 투사	• 반전	• 융합

① 외재화   ② 꿈 작업   ③ 과장기법   ④ 빈 의자 기법   ⑤ 환상기법

48

행동주의 집단상담에서 라자루스(A. Lazarus)의 BASIC-ID를 설명한 것으로 옳지 <u>않은</u> 것은?

① B : 행동과 습관, 반응은 어떠한가?

② S : 신체적 감각은 어떠한가?

③ C : 문화적 배경은 어떠한가?

④ I : 다른 사람과의 관계는 어떠한가?

⑤ D : 약물, 물질 복용, 건강문제는 어떠한가?

49

집단상담 종결 회기에서 상담자 개입으로 옳은 것을 모두 고른 것은?

> ㄱ. 혹시 이 집단 참여에 대한 어떤 두려움이나 의심이 있나요?
>
> ㄴ. 이 집단에서 자신에 관해 알게 된 것들 중 가장 중요한 것은 무엇인가요?
>
> ㄷ. 집단에 참여함으로써 삶에서 가장 중요한 사람들에 대한 태도에 변화가 있었다면 어떤 것인가요?
>
> ㄹ. 자신의 가장 어려운 고민거리를 지금 여기서 공개한다면 어떤 일이 일어날 것이라고 생각하나요?

① ㄱ, ㄴ   ② ㄱ, ㄹ

③ ㄴ, ㄷ   ④ ㄴ, ㄷ, ㄹ

⑤ ㄱ, ㄴ, ㄷ, ㄹ

50

집단상담에서 공동지도자의 행동으로 옳은 것은?

① 집단회기 전후에 공동지도자와 집단에 대한 계획과 소감, 서로의 협력에 대해 논의한다.

② 공동지도자와 의사소통하지 않고 회기계획과 목표를 세운다.

③ 공동지도자보다 자신이 더 좋은 사람으로 보이도록 노력한다.

④ 공동지도자와 함께 촉진하는 대신에 돌아가며 한 회기씩 집단을 이끈다.

⑤ 공동지도자와 옆자리에 앉아서 지속적으로 눈 맞춤과 사인을 주고받는다.

제3과목 심리측정 및 평가(필수)

51

심리검사에 관한 설명으로 옳지 않은 것은?

① 한계보다 장점이 많으므로 모든 결과를 신뢰할 수 있다.

② 심리적 특성에 대한 개인 간 차이 또는 개인 내 차이를 확인하는 방법이다.

③ 개인의 대표적인 행동표본을 심리학적 방법으로 측정한다.

④ 심리적 구성개념을 측정하는 도구이다.

⑤ 올바른 활용을 위해 기능과 용도를 정확하게 알아야 한다.

52

다음에서 설명하는 유형의 척도는?

- 측정 변인의 연속선상에서 문항이 놓이는 위치가 그 문항의 척도값이 됨
- 수검자의 최종점수는 자신이 선택한 문항 척도값들의 중앙치가 됨
- 척도값은 주어진 문항에 대해 일치한다고 반응한 수검자에게 주어지는 점수임

① 리커트 척도 ② 써스톤 척도

③ 가트만 척도 ④ 의미변별척도

⑤ 형용사 검목표

53

심리검사의 개발에 관한 설명으로 옳은 것은?

① 소음, 조명과 같은 물리적 환경은 수검자에게 영향을 미치지 않는다고 가정한다.

② 개발된 규준표는 개정하지 않아도 된다.

③ 표집에서 얻은 자료를 토대로 규준표를 작성하게 된다.

④ 문항분석을 하여 문제가 있는 문항이라도 제거하지 않는다.

⑤ 개발자는 검사 실시과정에서 발생할 수 있는 문제들을 고려하지 않아도 된다.

54

심리검사의 규준과 해석에 관한 설명으로 옳은 것을 모두 고른 것은?

> ㄱ. 백분위는 수검자의 상대적 위치를 알려준다.
> ㄴ. 집중경향치는 한 집단의 점수 분포를 나타내는 대표치에 해당한다.
> ㄷ. 표준점수는 평균으로부터 떨어진 거리와 방향을 동시에 나타낼 수 있다.
> ㄹ. 빈도분포나 그래프는 집단에서 개인의 위치를 확인하는 데 유용하다.

① ㄱ, ㄴ   ② ㄷ, ㄹ   ③ ㄱ, ㄴ, ㄷ   ④ ㄴ, ㄷ, ㄹ   ⑤ ㄱ, ㄴ, ㄷ, ㄹ

55

척도에 관한 설명으로 옳은 것은?

① 명명척도는 대상을 공통속성에 근거하여 둘 이상의 범주로 유목화하는 것이다.

② 비율척도는 절대영점이 존재하지 않는다.

③ 서열척도는 대상을 절대 영점을 가진 동일-단위의 척도로 평정하는 것이다.

④ 성별은 서열척도이다.

⑤ 운동선수의 등번호는 비율척도이다.

56

융(C. Jung)의 유형론을 근거로 제작된 심리검사로 옳은 것은?

① NEO-PI   ② MMPI   ③ MBTI   ④ PAI   ⑤ CPI

57

신뢰도에 관한 설명으로 옳지 않은 것은?

① 검사-재검사 신뢰도에서 시간 간격은 오차의 원인이 된다.

② 신뢰도는 측정점수의 일관성을 의미한다.

③ 평정자 간 신뢰도를 산출하려면 두 명 이상의 평가자가 필요하다.

④ 관찰자 간 일치도를 문항 간 신뢰도라 한다.

⑤ 검사-재검사 신뢰도를 안정성계수라고도 한다.

58

신뢰도에 영향을 주는 요인으로 옳은 것을 모두 고른 것은?

ㄱ. 무선적인 오차	ㄴ. 검사집단의 동질성
ㄷ. 검사점수의 변산도	ㄹ. 검사문항의 수

① ㄱ, ㄹ   ② ㄴ, ㄷ   ③ ㄱ, ㄴ, ㄷ   ④ ㄴ, ㄷ, ㄹ   ⑤ ㄱ, ㄴ, ㄷ, ㄹ

59

타당도에 관한 설명으로 옳은 것은?

① 문항들이 측정하고자 하는 영역을 얼마나 대표하는지를 말한다.

② 구인타당도는 요인분석을 통해 검증할 수 없다.

③ 안면타당도는 다른 점수와의 관계를 분석하여 추정한다.

④ 예언타당도는 준거타당도에 속하지 않는다.

⑤ 수검자의 반응경향이나 허위반응은 타당도에 영향을 주지 않는다.

60

심리검사 실시에서 라포 형성에 관한 설명으로 옳지 않은 것은?

① 감정적 유대, 작업동맹이라고도 한다.

② 상호 간에 감정적으로 친밀하게 느끼는 인간관계를 의미한다.

③ 수검자가 협력적인 태도를 갖도록 동기를 유발하는 우호적 분위기를 의미한다.

④ 수검자에게 전문적인 용어를 사용할 때 형성된다.

⑤ 아동을 대상으로 개인검사를 실시할 때 필수적이다.

61

심리검사자의 윤리에 관한 설명으로 옳지 <u>않은</u> 것은?

① 심리검사를 정확하게 실시하고 해석하기 위한 훈련이 필요하다.

② 수검자의 권리를 보호해야 한다.

③ 검사결과가 한 개인을 낙인찍지 않도록 주의를 기울여야 한다.

④ 하나의 심리검사 결과만으로 개인을 판단해서는 안 된다.

⑤ 수검자에게 검사 결과만을 알려주어야 한다.

62

심리검사에 관한 설명으로 옳지 <u>않은</u> 것은?

① 성격검사는 객관적 검사와 투사적 검사로 구분할 수 있다.

② 대표적인 투사적 검사로 로샤검사와 주제통각검사가 있다.

③ 검사자의 숙련도는 검사결과에 영향을 준다.

④ 인원수에 따라 개별검사와 집단검사로 구분할 수 있다.

⑤ 객관적 검사는 투사적 검사에 비해 독특한 개인의 반응을 이끌어 낼 수 있다.

63

가드너(H. Gardner)의 다중지능에 해당하는 내용을 모두 고른 것은?

> ㄱ. 언어 지능(linguistic intelligence)
>
> ㄴ. 기초적 정신능력(primary mental abilities)
>
> ㄷ. 개인내 지능(intrapersonal intelligence)
>
> ㄹ. 논리-수학 지능(logical-mathematical intelligence)
>
> ㅁ. 결정성 지능(crystallized intelligence)

① ㄱ, ㄴ   ② ㄱ, ㄷ, ㄹ   ③ ㄴ, ㄷ, ㄹ   ④ ㄷ, ㄹ, ㅁ   ⑤ ㄴ, ㄷ, ㄹ, ㅁ

64

지능의 개념과 측정에 관한 설명으로 옳지 <u>않은</u> 것은?

① 연령규준을 설정할 때 성인보다 아동의 경우 연(월) 간격을 좁게 한다.

② 스피어만(C. Spearman)은 지능이 일반요인과 특수요인으로 구성되어 있다고 주장하였다.

③ 써스톤(L. Thurstone)은 지능에 대해 7가지의 기초정신능력을 제시하였다.

④ 웩슬러 지능검사는 축적된 지능을 측정할 수 있는 집단용 지능검사이다.

⑤ 길포드(H. Guilford)는 지능의 3차원 구조모델을 제시하였다.

65

K-WISC-IV의 지각추론지표(PRI)에 해당하는 소검사로 옳은 것은?

① 숫자　　　　② 지우기　　　　③ 공통성　　　　④ 토막짜기　　　　⑤ 기호쓰기

66

K-WISC-IV의 실시와 채점에 관한 설명으로 옳지 <u>않은</u> 것은?

① 핵심 소검사 시행이 어려운 경우에 적절한 보충소검사로 대체할 수 있다.

② 소검사 대체는 각 지표점수 내에서 단 한 번씩만 허용된다.

③ 토막짜기 소검사는 연속하여 5문항이 0점일 때 중지한다.

④ 시간을 초과하여 정답을 맞힌 경우에는 정답으로 채점하지 않는다.

⑤ 추가질문을 사용했을 때 기록용지에 P로 표기한다.

67

MMPI-2 척도에 관한 설명으로 옳지 <u>않은</u> 것은?

① ES척도는 자아강도를 나타내는 보충척도이다.

② F척도는 이상반응 경향성을 탐지하기 위한 척도이다.

③ L척도의 상승은 자신을 완벽하고 이상적으로 가장하려는 경향성을 나타낸다.

④ D는 우울 증상을 측정하는 임상척도이다.

⑤ PSYC는 정신증을 나타내는 타당도 척도이다.

68

MMPI-2에서 반사회적 행동을 나타내는 재구성 임상척도로 옳은 것은?

① RCd   ② RC1   ③ RC2   ④ RC3   ⑤ RC4

69

MMPI-A 내용척도에서 높은 점수를 보인 청소년에 관한 설명으로 옳은 것은?

① A-dep : 이치에 맞지 않는 걱정과 사소한 일을 걱정한다.

② A-biz : 매우 이상한 사고와 경험을 보고한다.

③ A-cyn : 다른 사람들과 커다란 정서적 거리감을 느낀다.

④ A-con : 수줍음이 많고 혼자 있는 것을 선호한다.

⑤ A-fam : 절도, 거짓말, 기물파손, 반항적 행동 등을 보인다.

70

개인이 정보를 인식하는 방식의 경향성을 반영하는 MBTI 선호지표로 옳은 것은?

① 감각형-직관형(SN)   ② 외향성-내향성(EI)

③ 사고형-감정형(TF)   ④ 판단형-인식형(JP)

⑤ 능동형-수동형(AP)

71

홀랜드(J. Holland)의 직업적 성격에서 사회적(Social) 유형이 선호하는 직업에 해당하지 <u>않는</u> 것은?

① 사회복지사   ② 교육자   ③ 엔지니어   ④ 간호사   ⑤ 언어재활사

72

PAI의 치료척도를 모두 고른 것은?

ㄱ. 공격성 척도(AGG)	ㄴ. 우울 척도(DEP)
ㄷ. 자살관념 척도(SUI)	ㄹ. 약물문제 척도(DRG)
ㅁ. 비지지 척도(NON)	

① ㄱ, ㄴ, ㄷ   ② ㄱ, ㄷ, ㅁ   ③ ㄴ, ㄷ, ㄹ   ④ ㄴ, ㄹ, ㅁ   ⑤ ㄷ, ㄹ, ㅁ

73

객관적 검사와 비교하여 투사적 검사에 관한 설명으로 옳지 <u>않은</u> 것은?

① 채점 및 해석이 어렵다.
② 검사자극이 불분명하고 모호하다.
③ 개인의 반응이 다양하게 표현된다.
④ 검사자 변인이나 검사 상황변인의 영향을 덜 받는다.
⑤ 수검자의 자기 방어가 어렵다.

74

문장완성검사(SCT)에 관한 설명으로 옳은 것은?

① 자유연상을 이용한 투사검사이다.
② 개인용 검사로만 사용된다.
③ 수검자의 검사 시작 시간과 끝낸 시간은 기록하지 않는다.
④ 정답과 오답이 있다.
⑤ 검사 후 검사자가 질문을 하면 안된다.

75

주제통각검사(TAT)에 관한 설명으로 옳지 <u>않은</u> 것은?

① 대인관계의 역동적 측면을 파악하는 데 유용하다.

② 주제는 개인의 내적 욕구와 환경적 압력의 결합을 의미한다.

③ 백지카드를 포함한 흑백과 컬러의 그림카드로 이루어져 있다.

④ 개인의 욕구가 이야기 속의 동일시한 인물을 통해 투사된다.

⑤ 수검자가 비구성적인 장면을 완성하면서 자신의 성격을 드러낸다.

제4과목 상담이론(필수)

76

접수면접 시 상담자의 역할로 옳지 않은 것은?

① 내담자 기본 정보 수집
② 호소문제 확인
③ 작업동맹 확립
④ 현재의 기능수준 파악
⑤ 스트레스 정도 및 위험요인 평가

77

상담기록에 관한 설명으로 옳지 않은 것은?

① 상담회기보고서는 상담의 진행과정을 기록한 문서이다.
② 축어록은 상담자와 내담자가 상담과정에서 나눈 대화를 녹음한 원자료이다.
③ 상담기록부 파일은 상담관리를 위한 것으로 내담자의 이름과 일련번호가 기록된다.
④ 상담종결보고서에는 상담 시작에서 종결까지 진행되어 온 상담과정의 요약과 상담 성과의 평가가 포함된다.
⑤ 상담 신청 시 작성하는 상담신청서에는 내담자에 관한 최소한의 정보가 수록된다.

78

다음 설명에 해당하는 키치너(K. Kitchener)의 윤리적 의사결정 원칙으로 옳은 것은?

ㄱ. 상담자로서 무능하거나 부정직하면 내담자의 성장 또는 복지에 도움을 줄 수 없다는 사실을 인식한다.
ㄴ. 내담자와의 계약을 위반하거나 신뢰를 저버리는 행위를 하지 않는다.

① ㄱ : 무해성(nonmaleficence),   ㄴ : 공정성(justice)
② ㄱ : 선의(beneficence),   ㄴ : 충실성(fidelity)
③ ㄱ : 무해성(nonmaleficence),   ㄴ : 충실성(fidelity)
④ ㄱ : 선의(beneficence),   ㄴ : 공정성(justice)
⑤ ㄱ : 자율성(autonomy),   ㄴ : 선의(beneficence)

79

상담윤리에 합당한 청소년상담자의 행동은?

① 상담을 중단하고 싶어 하는 내담자를 설득하여 정해진 상담 횟수를 채우고 종결하였다.

② 교육을 받지 않은 심리검사를 시험 삼아 친구들에게 실시하고 해석하였다.

③ 내담자의 신상이 드러나지 않도록 조치를 취하여 수퍼비전을 받은 후 내담자에게 동의를 구했다.

④ 조현병의 전조 증상을 보이는 내담자를 상담하는 데 어려움을 느껴 다른 전문가에게 의뢰하였다.

⑤ 사이버상담의 특성상 내담자의 전자 전송자료에 여러 사람의 접근이 가능하다는 사실을 내담자에게 고지하지 않았다.

80

내담자 A가 경험한 상담의 치료적 요인으로 옳은 것은?

> 만성적인 두통에 시달리는 A는 상담을 받으면서 어릴 때부터 자주 싸우는 부모님 사이에서 긴장하고 짜증 한번 내지 못했던 자신의 어린 시절이 떠올랐다. 긴장하며 살고 있는 현재의 모습이 어린 시절의 경험과 연결되어 있음을 이해하면서 마음이 편해지고 두통이 줄어드는 경험을 하였다.

① 통찰   ② 둔감화   ③ 일치 경험   ④ 관점 변화   ⑤ 보편성

81

방어기제와 예시의 연결이 옳은 것을 모두 고른 것은?

> ㄱ. 합리화(rationalization) : 반려동물의 죽음이 너무 슬픈데, 친구에게 마치 인터넷 뉴스에 난 기사를 전하듯 무감각하게 말한다.
> ㄴ. 치환(substitution) : 외출 후 세균에 감염된 것 같은 불안감을 떨쳐내기 위해 여러번 손을 씻는다.
> ㄷ. 반동형성(reaction formation) : 싫어하는 친구에게 선물을 사주고 호감을 표현한다.
> ㄹ. 분열(splitting) : 아빠는 완전 악마이고, 엄마는 100% 좋은 사람이라고 생각한다.

① ㄱ, ㄴ   ② ㄱ, ㄷ   ③ ㄴ, ㄷ   ④ ㄷ, ㄹ   ⑤ ㄴ, ㄷ, ㄹ

82

정신분석에 관한 설명으로 옳은 것을 모두 고른 것은?

> ㄱ. 현실적 불안과 신경증적 불안의 원인은 외부에 존재한다.
> ㄴ. 자아는 현실원리에 따라 원초아와 초자아를 중재한다.
> ㄷ. 정신분석의 목표는 무의식의 의식화를 통한 성격재구성이다.
> ㄹ. 전이는 치료의 진척을 막고 무의식적 내용의 의식화를 방해하는 모든 시도를 의미한다.

① ㄱ, ㄴ   ② ㄴ, ㄷ   ③ ㄷ, ㄹ   ④ ㄱ, ㄴ, ㄷ   ⑤ ㄱ, ㄴ, ㄷ, ㄹ

83

다음 설명에 해당하는 상담접근으로 옳은 것은?

> ㄱ. 경계선 성격장애로 진단 받은 만성적 자살 위험이 있는 내담자를 치료하기 위해 마샤 리네한(M. Linehan)이 개발
> ㄴ. 인지적 탈융합과 마음챙김을 통해 심리적 건강과 삶의 질을 향상시킬 수 있다고 보는 이론으로 스티븐 헤이즈(S. Hayes)에 의해 발전.

① ㄱ : 변증법적 행동치료,   ㄴ : 수용전념치료
② ㄱ : 수용전념치료,   ㄴ : 변증법적 행동치료
③ ㄱ : 변증법적 행동치료,   ㄴ : 마음챙김 기반 인지치료
④ ㄱ : 실존치료,   ㄴ : 수용전념치료
⑤ ㄱ : 대상관계치료,   ㄴ : 마음챙김 기반 인지치료

84

내담자의 알아차림을 촉진하기 위한 게슈탈트 상담자의 개입으로 옳지 <u>않은</u> 것은?

① 과거에는 그 문제에 어떻게 대처했나요?
② 생각을 멈추고 지금 느끼는 감정에 집중해보세요.
③ 당신이 가장 원하는 것은 무엇인가요?
④ 당신의 손은 무엇을 말하려고 하나요?
⑤ 눈을 감고 그 사람의 얼굴을 떠올려 보세요.

85

상담의 통합적 접근에 관한 설명으로 옳은 것을 모두 고른 것은?

> ㄱ. 기술적 통합 : 다양한 접근 중에서 효과가 입증된 기법을 통합하는 것으로 정서중심치료(EFT)가 해당된다.
>
> ㄴ. 이론적 통합 : 다양한 접근의 최상의 개념을 종합하여 새로운 개념적 틀을 창조하는 것으로 변증법적 행동치료(DBT)가 해당된다.
>
> ㄷ. 동화적 통합 : 특정 이론적 접근에 근거하여 다른 치료적 접근의 기법을 선택적으로 결합하는 방법으로 마음챙김기반 인지치료(MBCT)가 해당된다.
>
> ㄹ. 공통요인 접근 : 다양한 이론으로부터 공통 요소를 찾아내어 상담에 적용하는 것으로 변화단계모델이 해당된다.

① ㄱ, ㄴ   ② ㄱ, ㄷ   ③ ㄴ, ㄷ   ④ ㄴ, ㄹ   ⑤ ㄷ, ㄹ

86

합리적 정서행동상담(REBT)의 ABCDE 모델에 관한 설명으로 옳지 <u>않은</u> 것은?

① A : 촉발사건
② B : 촉발사건에 대한 신념
③ C : 비합리적 신념의 결과로 나타난 부정적 감정과 행동
④ D : 비합리적 신념에 대한 논박
⑤ E : 자기실현 경향성 회복.

87

상담 구조화에 포함되어야 할 내용을 모두 고른 것은?

> ㄱ. 상담자와 내담자의 역할   ㄴ. 상담의 특성, 조건, 절차
> ㄷ. 심리검사 해석   ㄹ. 비밀보장에 대한 약속과 한계

① ㄱ   ② ㄱ, ㄷ   ③ ㄴ, ㄹ   ④ ㄱ, ㄴ, ㄹ   ⑤ ㄴ, ㄷ, ㄹ

88

인지치료에 관한 설명으로 옳지 <u>않은</u> 것은?

① 자가 치료(self-treatment)의 철학을 강조한다.

② 인지도식은 과거경험을 일반화한 인지적 구조로 자신과 세상 등에 대한 신념으로 구성된다.

③ 핵심신념은 개인이 어떻게 생각하고 느끼고 행동하는지에 대한 기본이 된다.

④ 중간신념은 핵심신념으로부터 나온 태도, 규칙, 기대, 가정 등으로 구성된다.

⑤ 자동적 사고는 누구나 즉시 인식할 수 있다.

89

교류분석 상담자의 개입으로 옳은 것은?

① 어른 자아를 중심으로 어버이 자아, 어린이 자아가 균형 있게 기능하도록 돕는다.

② 계약 – 교류분석 – 구조분석 – 각본분석 – 게임분석 – 재결단 순으로 상담을 진행한다.

③ 교류분석을 통해 내담자가 교차교류를 할 수 있도록 격려한다.

④ 라켓을 통해서 느끼는 감정이 아닌 자신의 진정한 감정을 느끼고 표현할 수 있도록 한다.

⑤ 내담자가 게임을 지속할 수 있도록 긍정적 스트로크를 제공한다.

90

해결중심상담에 관한 설명으로 옳은 것은?

① '잘 알지 못함(not-knowing)'의 자세를 취하고 내담자를 전문가로 여긴다.

② 문제가 발생하는 상황을 구체적으로 탐색한다.

③ 문제의 해결에 초점을 맞추고 근본적인 변화를 강조한다.

④ 내담자의 취약한 점과 강점을 모두 고려한다.

⑤ 다양한 질문기법을 활용해 문제의 원인을 파악한다.

91

여성주의 상담에 관한 설명으로 옳지 않은 것은?

① 상담자와 내담자의 평등한 관계를 지향한다.

② 내담자의 문제를 유발한 사회·문화적 요인에 초점을 맞춘다.

③ 내담자가 힘을 회복하여 자신의 권리를 지킬 수 있도록 한다.

④ 남성과 여성의 성역할 및 행동의 차이는 사회화에 기인한 것으로 본다.

⑤ 남녀를 동질적 존재로 보는 알파편견은 남녀의 삶 사이에 존재하는 차이를 간과할 위험이 있다.

92

현실치료의 WDEP모델을 순서대로 나열한 것은?

> ㄱ. 당신이 하고 있는 행동은 원하는 것을 얻는데 도움이 되나요?
>
> ㄴ. 당신이 진정으로 원하는 것은 무엇인가요?
>
> ㄷ. 원하는 것을 얻을 수 있는 보다 효과적인 방법은 무엇인가요?
>
> ㄹ. 원하는 것을 얻기 위해 무엇을 하고 있나요?

① ㄱ - ㄴ - ㄹ - ㄷ   ② ㄴ - ㄹ - ㄱ - ㄷ

③ ㄴ - ㄹ - ㄷ - ㄱ   ④ ㄷ - ㄱ - ㄴ - ㄹ

⑤ ㄹ - ㄴ - ㄱ - ㄷ

93

상담이론별 심리적 부적응의 원인으로 옳지 않은 것은?

① 게슈탈트 상담 : 접촉 경계 장애

② 정신분석 : 자아기능의 약화, 미숙한 방어기제

③ 개인심리학 : 공동체 의식과 사회적 관심의 결여

④ 실존주의 상담 : 심리기능의 불균형, 외상경험의 억압

⑤ 인간중심 상담 : 가치의 조건화, 자기와 경험의 불일치

94

행동주의 상담기법에 관한 설명으로 옳지 <u>않은</u> 것은?

① 체계적 둔감법은 고전적 조건형성과 상호제지원리를 토대로 하였다.

② 교통법규를 위반했을 때 내는 과태료는 반응대가에 해당한다.

③ 타임아웃, 과잉교정, 홍수법은 처벌의 일종이다.

④ 내현적 모델링은 모델을 관찰할 수 없을 때, 내담자가 모델의 행동을 시각적으로 떠올려 보도록 하는 기법이다.

⑤ 다이어트를 위해 친구들과 만나는 약속을 자제하는 것은 자극통제에 해당한다.

95

다음 사례의 상담자 반응에 해당하는 인간중심상담의 기법은?

> <상황> 내담이가 상담 초기에는 시간을 잘 맞추어 오더니 5회기가 지나면서 계속 10분 정도 늦는다.
> * 내담이 : 죄송해요. 지난주에도 늦어서 오늘은 빨리 오려고 했는데 버스를 놓쳐서 늦었어요. 다음 주에는 늦지 않을게요.
> * 상담자 : 내담이가 자주 늦는 게 마음에 걸려요. 혹시 상담에 오기 싫은 건 아닌가 걱정이 되기도 해요.

① 반영   ② 진솔성

③ 명료화   ④ 공감적 이해

⑤ 무조건적 긍정적 존중

96

사례개념화의 구성요소에 포함되는 것을 모두 고른 것은?

> ㄱ. 문제의 발생과 배경   ㄴ. 내담자의 자원 및 취약점
> ㄷ. 문제에 대한 종합적 이해   ㄹ. 상담목표 및 계획

① ㄱ, ㄴ   ② ㄱ, ㄷ

③ ㄴ, ㄹ   ④ ㄱ, ㄷ, ㄹ

⑤ ㄱ, ㄴ, ㄷ, ㄹ

97

상담기법과 설명의 연결이 옳은 것은?

① 재진술 : 내담자의 문제를 새로운 관점에서 조망할 수 있도록 설명해주는 것

② 직면 : 내담자의 불일치하거나 모순된 부분을 자각하도록 해주는 것

③ 해석 : 내담자가 말한 둘 이상의 언어적 표현을 요약하는 것

④ 정보제공 : 내담자의 말에 담긴 주된 감정을 상담자의 말로 되돌려 주는 것

⑤ 반영 : 내담자에게 필요한 특정 주제에 대한 객관적 자료나 사실을 전달하는 것

98

해결중심 상담의 질문기법과 예시의 연결이 옳은 것을 모두 고른 것은?

ㄱ. 대처질문 - 이렇게 힘든 상황을 지금까지 어떻게 견뎌낼 수 있었어요?

ㄴ. 기적질문 - 지금 했던 말을 아빠가 들으시면 뭐라고 하실까요?

ㄷ. 척도질문 - 현재의 자신감이 2점이라면, 1점을 올리기 위해 무엇을 할 수 있을까요?

ㄹ. 예외질문 - 최근에 동생과 싸우지 않은 때는 언제였나요?

① ㄱ, ㄴ   ② ㄷ, ㄹ   ③ ㄱ, ㄷ, ㄹ   ④ ㄴ, ㄷ, ㄹ   ⑤ ㄱ, ㄴ, ㄷ, ㄹ

99

상담 중기단계에 관한 설명으로 옳지 <u>않은</u> 것은?

① 자신의 문제에 대한 통찰을 얻는다.   ② 사고의 경직성에서 벗어나 융통성을 갖게 된다.

③ 주 호소 문제를 탐색한다.   ④ 실제적인 변화를 결심한다.

⑤ 새로운 대안을 찾고 실천한다.

100

다음 사례의 내담자 B에 해당하는 개인심리학의 생활양식 유형은?

통제적이고 지배적인 가정에서 성장한 B는 에너지는 많지만 공격적이고 다른 사람에게 무관심하다.

① 저항형   ② 비난형   ③ 기생형   ④ 회피형   ⑤ 지배형

제1과목 학습이론(필수)

01

행동의 동기가 나머지와 다른 하나는?

① 부모님 몰래 만화책을 보는 것
② 시험기간에도 취미로 드럼 연습을 하는 것
③ 태블릿을 받기 위해 학습지를 열심히 푸는 것
④ 용돈을 모아 안나푸르나 등반을 계획하는 것
⑤ 공부하면서 틈틈이 소설을 쓰는 것

02

다음 사례에 적용된 이론(원리)은?

> 학생 C는 매일 30분씩 운동을 하기로 엄마와 약속하였다. 운동을 좋아하지 않는 C는 약속을 지키지 않았다. 엄마는 운동을 30분씩 하면 좋아하는 게임을 1시간씩 하도록 허락해주었다. 이후 C는 매일 30분씩 운동을 하게 되었다.

① 추동감소이론　　　　　　　② 반응박탈이론
③ 자극대체이론　　　　　　　④ 2과정 이론
⑤ 프리맥의 원리

03

조작적 조건형성의 사례로 옳은 것은?

① 장미 꽃가루에 알레르기가 있는 사람은 장미를 보기만 해도 재채기를 한다.

② 유명 연예인이 광고한 제품은 소비자의 호감을 유발한다.

③ 손톱을 깎고 시험을 본 날 성적이 좋았다면 시험을 볼 때마다 손톱을 깎는다.

④ 부정적인 단어와 특정민족을 짝지어 제시하면 편견이 생길 수 있다.

⑤ 자라보고 놀란 가슴 솥뚜껑보고 놀란다.

04

다음 사례에 해당하는 강화계획은?

> 정류장에 도착하기 직전에 버스가 출발했다. 15분에 한 대씩 버스가 온다는 사실을 알고 있어서 처음 몇 분간은
> 버스가 오는지 신경을 쓰지 않다가 15분이 다 되어감에 따라 버스가 오는지를 자주 쳐다보게 된다.

① 연속강화계획   ② 고정간격강화계획

③ 변동간격강화계획   ④ 고정비율강화계획

⑤ 변동비율강화계획

05

기억에 관한 설명으로 옳은 것을 모두 고른 것은?

> ㄱ. 수업에서 가장 중요한 개념을 먼저 소개하는 것은 초두효과 때문이다.
>
> ㄴ. 영어가 모국어인 학생이 라틴어를 배우면 라틴어가 영어 이해에 도움이 되는데 이를 역행촉진이라 한다.
>
> ㄷ. 일주일 전 먹었던 저녁메뉴를 기억하지 못하는 것은 순행간섭 때문이다.
>
> ㄹ. 친구가 이름을 개명했는데 예전 이름만 떠오르는 것은 역행간섭 때문이다.

① ㄱ, ㄴ   ② ㄱ, ㄷ

③ ㄴ, ㄹ   ④ ㄱ, ㄴ, ㄷ

⑤ ㄴ, ㄷ, ㄹ

06

반두라(A. Bandura)가 제시한 자기효능감의 근원이 <u>아닌</u> 것은?

① 생리적 각성   ② 대리경험

③ 외재적 동기   ④ 사회적 설득

⑤ 완숙경험(mastery experience)

07

다음 사례에서 집단 B의 학습유형은?

- 톨만과 혼지크(Tolman & Honzik)는 쥐를 사용하여 미로 찾기 실험을 실시하였다.
- 집단 A의 쥐에게는 목표지점에 도달할 때마다 보상을 하였다.
- 집단 B의 쥐에게는 처음 10일 동안 보상을 하지 않다가 11일째부터 목표지점에 도달하면 보상을 하였다. 그 결과 집단 B의 쥐는 11일째 시행부터 오류가 급격하게 줄었다.

① 변별학습   ② 통찰학습

③ 관찰학습   ④ 잠재학습

⑤ 미신학습

08

뇌의 구조와 기능에 관한 설명으로 옳지 <u>않은</u> 것은?

① 뇌의 국소화(localization)는 출생 후 2 ~ 3년에 걸쳐 이루어진다.

② 신경가소성(neuroplasticity)은 뇌가 경험한 결과들을 재조직하거나 수정하는 능력이다.

③ 해마의 손상은 절차적 기억의 응고화를 방해할 수 있다.

④ 편도체는 정서와 공격성의 통제를 담당한다.

⑤ 도파민은 강화중추와 관련 있는 호르몬이다.

09

다음 설명에 해당하는 학습전략은?

> • 정보집합을 관계성에 기초하여 하위집단으로 분류하는 것
> • 테이블, 버스, 모자, 트럭, 책상, 구두의 순으로 제시된 정보를 테이블과 책상, 버스와 트럭, 모자와 구두 등으로 범주화하는 것
> • 윤곽잡기(outlining), 도식화하기, 그룹화하기 등

① 정의적 전략   ② 정교화 전략
③ 시연 전략   ④ 주의집중 전략
⑤ 조직화 전략

10

학습에 관한 설명으로 옳지 <u>않은</u> 것은?

① 정서적 변화는 학습에 포함된다.
② 성숙에 의한 변화는 학습으로 보지 않는다.
③ 태도 변화는 학습에 포함된다.
④ 비교적 영속적인 행동의 변화가 나타나야 한다.
⑤ 학습과 수행(performance)은 같은 개념으로 볼 수 있다.

11

다음 사례에 적용된 조작적 조건형성의 개념은?

> 두통이 있던 사람이 진통제를 먹었더니 두통이 사라졌다. 두통이 생길 때마다 진통제를 먹는다.

① 부적강화, 회피   ② 정적강화, 도피
③ 부적처벌, 회피   ④ 부적강화, 도피
⑤ 정적강화, 회피

12

학습에서의 전이(transfer) 유형에 관한 설명으로 옳은 것을 모두 고른 것은?

> ㄱ. 정적(positive)전이 : 선행학습이 후행학습을 촉진할 때 일어나는 것
>
> ㄴ. 무(zero)전이 : 선행학습이 후행학습을 더 어렵게 만들거나 지장을 주는 것
>
> ㄷ. 원격(far)전이 : 원래의 맥락과 전이 맥락이 유사하며 기능 숙달과 관련되는 것
>
> ㄹ. 특수(specific)전이 : 선행학습과 후행학습 간의 구체적 요인에서만 일어나는 것

① ㄱ, ㄴ   ② ㄱ, ㄹ   ③ ㄴ, ㄷ   ④ ㄴ, ㄹ   ⑤ ㄴ, ㄷ, ㄹ

13

각성에 관한 설명으로 옳은 것을 모두 고른 것은?

> ㄱ. 역도나 달리기처럼 많은 에너지가 소비되는 과제는 높은 각성 수준에서 최적으로 수행된다.
>
> ㄴ. 일반적으로 각성 수준이 높을수록 최적의 수행이 이루어진다.
>
> ㄷ. 단순한 과제는 광범위한 각성 수준에서 최적으로 이루어진다.
>
> ㄹ. 망상활성계(reticular activation system)와 관련이 있다.

① ㄱ, ㄴ   ② ㄴ, ㄷ   ③ ㄷ, ㄹ   ④ ㄱ, ㄷ, ㄹ   ⑤ ㄴ, ㄷ, ㄹ

14

강화계획에 관한 설명으로 옳지 않은 것은?

① 변동비율강화계획에서는 비교적 꾸준한 수행이 나타난다.

② 고정비율강화계획과 고정간격강화계획에서는 강화 후 휴지가 나타난다.

③ 변동비율강화계획은 고정비율강화계획보다 소거에 대한 저항이 크다.

④ 연속강화계획은 기대하는 반응이 나타날 때마다 강화를 주는 것으로 소거가 잘되지 않는다.

⑤ 변동간격강화계획은 일정 시간을 기준으로 강화가 주어지나 그 시간 간격이 평균시간을 전후로 불규칙하게 변한다.

15

고전적 조건형성과 조작적 조건형성에서 공통적으로 나타나는 현상을 모두 고른 것은?

| ㄱ. 변별 | ㄴ. 미신행동 | ㄷ. 자극일반화 | ㄹ. 조형(shaping) | ㅁ. 소거 |

① ㄱ, ㄴ   ② ㄱ, ㄹ   ③ ㄱ, ㄷ, ㅁ   ④ ㄴ, ㄷ, ㄹ   ⑤ ㄷ, ㄹ, ㅁ

16

학습심리 학자들의 이론적 주장으로 옳지 않은 것은?

① 헵(D. Hebb) : 풍요로운 환경은 인지적 발달을 촉진한다.

② 볼스(R. Bolles) : 행동적 시행착오 외에도 대리적 시행착오가 존재한다.

③ 로저스(C. Rogers) : 조건적 존중(conditional regard)은 개인의 성장을 방해한다.

④ 에스테스(W. Estes) : 유기체는 의사결정을 할 때 기억에 저장된 정보를 이용하고 가장 이익이 되는 결과를 산출한다.

⑤ 스키너(B. Skinner) : 강화인을 제거하면 소거(extinction)가 발생한다.

17

학습전이에 관한 이론과 설명이 옳지 않은 것은?

① 형식도야설(formal discipline) : 연습과 훈련을 통해 주의력, 기억력, 판단력을 향상시킬 수 있다.

② 동일요소설(identical elements) : 학습과제 사이에 유사성의 정도가 높을수록 전이가 많이 일어난다.

③ 일반화설(generalization) : 선행학습에서 획득한 원리나 법칙을 후속학습에 활용할 수 있다.

④ 형태이조설(transposition) : 선행과 후속학습 간의 관계적 통찰이 전이를 일으킨다.

⑤ 상황학습이론(situated learning) : 대부분의 학습은 맥락의존적이어서 서로 다른 상황에서 전이가 더 잘 일어난다.

18

학습된 무기력에 관한 설명으로 옳지 않은 것은?

① 우울증과 관련이 깊다.

② 인간에게만 나타나는 현상이다.

③ 실패를 내적이고 안정적이며 광범위한 상황에 일반화할 수 있는 원인으로 귀인한다.

④ 셀리그만(M. Seligman) 등은 면역훈련을 통해 예방할 수 있다고 하였다.

⑤ 통제 불가능한 혐오적 사건에 반복적으로 노출되면 발생한다.

19

다음 설명에 해당하는 것은?

- 상호작용하는 상대방의 표정, 자세 등을 무의식적으로 흉내 내는 것을 가능하게 한다.
- 다른 대상의 행동을 부호화함으로써 같은 행동의 실행을 촉진한다.
- 카멜레온 효과(chameleon effect)를 가능하게 한다.

① 일회 시행학습(one-trial learning) ② 프리맥의 원리(Premack's principle)
③ 조형(shaping) ④ 적소 논증(niche argument)
⑤ 거울 뉴런(mirror neurons)

20

다음에서 설명하는 행동수정 기법은?

- 금주를 하려는 사람에게 술을 마신 뒤 매번 메스꺼움을 유발하는 약물을 복용하도록 하였다.
- 약물 복용으로 인해 술을 마시는 횟수가 줄어들었다.

① 소거 ② 역조건형성
③ 홍수법 ④ 체계적 둔감화
⑤ 정적강화

21

다음 사례에 해당하는 코빙튼(M. Covington)의 성취동기 유형은?

학생 A는 공부를 매우 열심히 하지만 항상 불안해하고 스트레스를 받는다. 선생님께 수시로 자신의 성적을 확인하고 친구들에게도 걱정을 토로한다.

① 성공지향자 ② 실패수용자
③ 실패회피자 ④ 과잉노력자
⑤ 실패도피자

22

메타인지(meta-cognition)에 관한 설명으로 옳지 않은 것은?

① 15 ~ 17세경에 발달하기 시작한다.

② 메타인지에 영향을 주는 변인으로 학습자 변인, 과제변인, 전략변인 등이 있다.

③ '내가 무엇을 모르고 무엇을 아는가를 아는 인지'이다.

④ 플라벨(J. Flavell)은 초인지적 지식과 초인지적 경험으로 구분했다.

⑤ 초인지 전략으로 자기조절학습이 있다.

23

다음 설명에 해당하는 반두라(A. Bandura)의 관찰학습 과정은?

> 모델의 행동을 말이나 심상으로 표상하여 회상에 도움이 되게 하는 과정

① 주의과정(attentional process)

② 파지과정(retentional process)

③ 동기과정(motivational process)

④ 운동재현과정(motor reproductive process)

⑤ 내면화과정(internalization process)

24

다음 사례에 해당하는 장기기억의 유형은?

> 오랜만에 자전거를 타게 된 A는 균형을 잡지 못해 잠시 당황했지만, 곧 예전처럼 왼쪽으로 기울면 즉각적으로 무게 중심을 오른쪽으로 실어 균형을 유지하며 자전거를 잘 탈 수 있었다.

① 절차기억   ② 의미기억

③ 일화기억   ④ 간섭기억

⑤ 감각기억

25

다음 설명에 해당하는 동기유형은?

> A의 어머니는 A가 의대를 가기를 바라고 있다. A는 몸이 아프신 어머니의 기대를 저버리지 않기 위해 의대 진학을 목표로 공부를 하고 있다. 의대 진학에 실패하면 어머니가 실망하실 것 같아서 마음이 불안하다.

① 내사된 조절(introjected regulation)

② 통합된 조절(integrated regulation)

③ 동일시된 조절(identified regulation)

④ 외부적 조절(external regulation)

⑤ 내재적 조절(intrinsic regulation)

제2과목 청소년 이해론(선택)

26

다음이 설명하는 이론과 관련된 학자는?

> • 성역할 개념의 습득과정을 설명하는 정보처리이론이다.
> • 아동은 성도식(gender schema)을 구성하고 그에 맞는 성역할을 발달시킨다.
> • 성에 따라 조직되는 행동양식을 설명한다.

① 벰(S. Bem)   ② 설리반(H. Sullivan)
③ 레빈(K. Lewin)   ④ 로저스(C. Rogers)
⑤ 하트(R. Hart)

27

기성세대의 생활양식을 거부하고 저항적 실천으로 새로운 문화를 추구하고자 하는 청소년문화의 특징은?

① 미숙한 문화   ② 물질문화   ③ 정신문화   ④ 대항문화   ⑤ 주류문화

28

청소년발달을 설명하는 이론과 학자의 연결이 옳은 것을 모두 고른 것은?

> ㄱ. 미드(M. Mead)의 문화인류학적 이론
> ㄴ. 홀(S. Hall)의 재현이론
> ㄷ. 에릭슨(E. Erikson)의 생태학적 이론
> ㄹ. 게젤(A. Gesell)의 성숙이론

① ㄱ, ㄴ   ② ㄷ, ㄹ   ③ ㄱ, ㄴ, ㄹ   ④ ㄱ, ㄷ, ㄹ   ⑤ ㄱ, ㄴ, ㄷ, ㄹ

29

도덕성 발달 이론에 관한 설명으로 옳지 <u>않은</u> 것은?

① 피아제(J. Piaget)에 따르면 청소년기는 타율적 도덕성 단계에 해당된다.

② 콜버그(L. Kohlberg)의 도덕성 발달 이론에 따르면 4단계는 법과 질서 지향의 단계이다.

③ 길리건(C. Gilligan)은 배려 지향적 도덕성 이론을 제시하였다.

④ 반두라(A. Bandura)는 도덕적 행동 발달을 사회학습이론으로 설명하였다.

⑤ 프로이트(S. Freud)는 도덕성 발달이 초자아의 발현을 통해서 이루어진다고 보았다.

30

진로이론에 관한 설명으로 옳은 것을 모두 고른 것은?

> ㄱ. 홀랜드(J. Holland)는 성격 특성에 적합한 직업을 선택했을 때 성공가능성이 높다고 하였다.
>
> ㄴ. 긴즈버그(E. Ginzberg)의 직업선택이론에서 현실적 시기(realistic period)는 11세부터 17세에 해당된다.
>
> ㄷ. 수퍼(D. Super)의 이론에서 직업선택은 자아개념 발달과 밀접한 관련이 있다.
>
> ㄹ. 로우(A. Roe)는 진로선택의 특성-요인 이론을 제안하였다.

① ㄱ, ㄴ   ② ㄱ, ㄷ   ③ ㄱ, ㄷ, ㄹ   ④ ㄴ, ㄷ, ㄹ   ⑤ ㄱ, ㄴ, ㄷ, ㄹ

31

다음에 해당하는 소비는?

> • 베블렌(T. Veblen)에 의해 주장된 개념이다.
>
> • 소비는 상품의 효용가치보다 사치나 낭비를 통한 사회적 인정을 목적으로 한다.
>
> • 일부의 청소년들은 타인에게 보여주기 위해 유명 상표의 옷을 사는 경향이 있다.

① 모방소비   ② 과시소비

③ 충동소비   ④ 동조소비

⑤ 계획소비

32

다음이 설명하는 개념은?

> • 부르디외(P. Bourdieu)에 의해 도입된 개념이다.
>
> • 사회계급이나 학력수준 등에 따라 문화향유 방식이나 취향 차이를 드러나게 한다.
>
> • 일상적 실천에서 자신의 계급과 다른 계급을 구분 짓는 역할을 한다.

① 팬덤(fandom) ② 보보스(bobos)

③ 아우라(aura) ④ 아비투스(habitus)

⑤ 헤게모니(hegemony)

33

청소년 여가활동 중 TV시청 등 미디어 소비나 단순 휴식에 해당하는 것은?

① 신체적 여가활동 ② 진지한 여가활동

③ 소극적 여가활동 ④ 사회적 여가활동

⑤ 구조화된 여가활동

34

청소년 관련법과 그 법에 명시된 청소년 연령 기준이 바르게 연결된 것은?

① 청소년복지 지원법 : 19세 미만

② 청소년 보호법 : 9세 이상 19세 미만

③ 아동 · 청소년의 성보호에 관한 법률 : 9세 이상 24세 미만

④ 청소년 기본법 : 9세 이상 24세 이하

⑤ 학교 밖 청소년 지원에 관한 법률 : 19세 미만

35

엘킨드(D. Elkind)의 상상적 청중(imaginary audience)에 관한 설명으로 옳지 <u>않은</u> 것은?

① 청소년기 자기중심적 사고와 관련이 있다.

② 타인들이 자신을 주시하고 있다고 생각한다.

③ 스스로 주인공이 되어 무대 위에 있는 것처럼 행동한다.

④ 다른 사람들의 눈에 띄고 싶은 욕망으로부터 나온다.

⑤ 다른 사람들을 위한 배려와 희생을 우선시한다.

36

마샤(J. Marcia)의 자아정체감 이론 중 다음이 설명하는 것은?

- 자신에게 중요한 문제에 대해 고민하지 않고 타인의 결정을 그대로 따른다.
- 부모가 제안하는 장래 직업에 대해 탐색하지 않고 바로 수용한다.

① 정체감 혼미(identity diffusion) ② 정체감 유예(identity moratorium)

③ 정체감 유실(identity foreclosure) ④ 정체감 성취(identity achievement)

⑤ 정체감 구성(identity construction)

37

청소년기 특성에 관한 설명으로 옳지 <u>않은</u> 것은?

① 추상적 사고가 가능해지는 시기이다.

② 또래집단의 영향이 중요해지는 시기이다.

③ 사춘기에는 신장과 체중의 증가 속도가 대체로 느리다.

④ 오늘날 청소년기는 더 연장되는 추세이다.

⑤ 사춘기에는 2차 성징이 나타나면서 성적 호기심이 증가한다.

38

청소년복지 지원법령상 생리용품 지원을 받을 수 있는 여성청소년을 모두 고른 것은?

> ㄱ. 부모가 국민기초생활 보장법에 따른 차상위계층에 해당하는 사람
> ㄴ. 국민기초생활 보장법에 따른 교육급여 수급자
> ㄷ. 조모가 한부모가족지원법에 따른 지원대상자
> ㄹ. 학교 밖 청소년 지원에 관한 법률에 따른 학교 밖 청소년

① ㄱ, ㄴ   ② ㄱ, ㄷ   ③ ㄴ, ㄹ   ④ ㄱ, ㄴ, ㄷ   ⑤ ㄱ, ㄴ, ㄷ, ㄹ

39

(   )에 들어갈 내용이 순서대로 옳게 나열된 것은?

> 소년법상 형벌 법령에 저촉되는 행위를 한 (   )세 이상 (   )세 미만인 소년은 소년부의 보호사건으로 심리한다.

① 9, 14   ② 10, 14   ③ 10, 19   ④ 12, 14   ⑤ 12, 19

40

학교 밖 청소년 지원에 관한 법령상 학교 밖 청소년 실태조사에 포함되어야 할 사항이 <u>아닌</u> 것은?

① 학교 밖 청소년의 종교 활동   ② 학교 밖 청소년의 경제상태
③ 학교 밖 청소년의 친구관계   ④ 학교 밖 청소년의 학업중단 시기, 원인
⑤ 학교 밖 청소년 지원 프로그램 활용 현황

41

유엔아동권리협약의 기본원칙을 모두 고른 것은?

> ㄱ. 차별금지 원칙   ㄴ. 발달권 보장의 원칙
> ㄷ. 아동 이익 최우선의 원칙   ㄹ. 아동 의견존중 원칙

① ㄱ, ㄴ   ② ㄷ, ㄹ   ③ ㄱ, ㄴ, ㄷ   ④ ㄴ, ㄷ, ㄹ   ⑤ ㄱ, ㄴ, ㄷ, ㄹ

42

다음이 설명하는 비행이론은?

> • 서덜랜드(E. Sutherland)가 대표적인 학자이다.
> • 비행을 체계적인 학습의 결과로 본다.
> • 또래집단의 중요성을 부각시켰다.

① 아노미 이론
② 차별적 접촉이론
③ 차별적 기회구조이론
④ 낙인이론
⑤ 하위문화이론

43

청소년 가출위험 요인 중 개인적 요인에 해당하지 <u>않는</u> 것은?

① 낮은 자존감
② 공격성이 높은 기질
③ 높은 감각 추구 성향
④ 학교 부적응
⑤ 높은 충동성

44

청소년복지 지원법령상 청소년 우대 대상에 관한 내용이다. ( )에 들어갈 내용이 순서대로 옳게 나열된 것은?

> • (ㄱ)세 이상 (ㄴ)세 이하인 청소년
> • 초 · 중등교육법 제2조에 따른 학교에 재학 중인 (ㄷ)세 초과 (ㄹ)세 이하인 청소년

① ㄱ: 7, ㄴ: 12, ㄷ: 12, ㄹ: 18
② ㄱ: 9, ㄴ: 12, ㄷ: 12, ㄹ: 18
③ ㄱ: 9, ㄴ: 12, ㄷ: 14, ㄹ: 20
④ ㄱ: 9, ㄴ: 14, ㄷ: 18, ㄹ: 24
⑤ ㄱ: 9, ㄴ: 18, ㄷ: 18, ㄹ: 24

45

청소년복지 지원법령상 위기청소년 특별지원에 해당하지 <u>않는</u> 것은?

① 초·중등교육법 제2조에 따른 중학교의 입학금

② 초·중등교육법 제2조에 따른 고등학교의 수업료

③ 고등학교 졸업 학력 검정고시 학원비

④ 취업준비를 위한 미용기술 학원비

⑤ 상습적인 인터넷 사기 행위로 인한 소송비용

46

청소년복지 지원법령상 지역사회 청소년통합지원체계에 반드시 포함되어야 하는 필수연계 기관이 <u>아닌</u> 것은?

① 청소년상담복지센터   ② 지방자치단체

③ 교육청   ④ 청소년수련원

⑤ 보호관찰소

47

청소년이 또래집단의 언어, 행동, 패션 등을 따르는 현상을 설명할 수 있는 개념이 <u>아닌</u> 것은?

① 관찰학습   ② 대상화   ③ 강화   ④ 동조   ⑤ 사회적 비교

48

학교폭력 피해학생과 보호자가 심의위원회 개최를 원하지 않을 때, 학교폭력예방 및 대책에 관한 법률상 학교의 장이 자체적으로 해결할 수 있는 경미한 학교폭력 사건이 <u>아닌</u> 것은?

① 2주 이상의 신체적 치료가 필요한 진단서를 발급받지 않은 경우

② 2주 이상의 정신적 치료가 필요한 진단서를 발급받지 않은 경우

③ 재산상 피해가 없거나 즉각 복구된 경우

④ 학교폭력이 지속되지 않은 경우

⑤ 학교폭력 사건에 대한 보복행위인 경우

49

청소년복지 지원법상 청소년복지지원기관이나 청소년복지시설이 아니어도 사용할 수 있는 명칭은?

① 한국청소년상담복지개발원   ② 이주배경청소년지원센터

③ 청소년쉼터   ④ 청소년치료재활센터

⑤ 청소년행복지원센터

50

청소년증 발급의 근거 법령은?

① 청소년복지 지원법   ② 청소년활동 진흥법

③ 학교 밖 청소년 지원에 관한 법률   ④ 학교폭력예방 및 대책에 관한 법률

⑤ 소년법

MEMO

청소년상담사 3급 필기 기출문제집

1교시

2교시

2022

제1과목 발달심리 (필수)

01

발달에 관한 설명으로 옳지 않은 것은?

① 머리에서 발 방향으로 진행된다.

② 발달 순서는 개인마다 제각기 다르다.

③ 유전과 환경의 상호작용을 통해 발달한다.

④ 인지적, 사회정서적, 신체적 발달은 상호작용한다.

⑤ 전 생애에 걸쳐 이루어지는 모든 변화의 양상과 과정이다.

02

발달연구방법에 관한 설명으로 옳지 않은 것은?

① 횡단적 연구법은 피험자를 추적 조사함으로써 연령에 따른 발달의 추이를 규명한다.

② 실험연구에서는 독립변수와 종속변수 간의 인과관계를 파악한다.

③ 상관연구에서는 둘 이상의 변수 간 관계를 상관계수로 표현한다.

④ 종단적 연구법에서는 연구 과정에서 피험자 탈락, 연습효과 등이 연구결과를 왜곡할 수 있다.

⑤ 계열법(sequential method)은 연령, 출생동시집단, 측정시기의 효과를 분리할 수 있다.

03

발달의 불연속적 측면을 강조하는 이론으로 옳은 것을 모두 고른 것은?

> ㄱ. 피아제(J. Piaget)의 도덕성 발달이론
>
> ㄴ. 스키너(B. Skinner)의 조작적 조건형성이론
>
> ㄷ. 에릭슨(E. Erikson)의 심리사회적 발달이론
>
> ㄹ. 브론펜브레너(U. Bronfenbrenner)의 생태학적 체계이론

① ㄱ   ② ㄹ   ③ ㄱ, ㄴ   ④ ㄱ, ㄷ   ⑤ ㄷ, ㄹ

04

태내 발달에 관한 설명으로 옳은 것을 모두 고른 것은?

> ㄱ. 태아기(fetal period)에 태반, 탯줄, 양막, 양수가 발달한다.
>
> ㄴ. 산모의 과도한 음주는 태아 알코올 증후군을 유발할 수 있다.
>
> ㄷ. 배아기(embryonic period)에 수정란은 내배엽, 중배엽, 외배엽으로 분화된다.
>
> ㄹ. 수정란이 자궁벽에 착상한 임신 2주 이후부터 임신 8주까지 6주간의 기간을 발아기(germinal period)라 한다.

① ㄱ, ㄹ   ② ㄴ, ㄷ   ③ ㄱ, ㄷ, ㄹ   ④ ㄴ, ㄷ, ㄹ   ⑤ ㄱ, ㄴ, ㄷ, ㄹ

05

신생아에 관한 설명으로 옳지 않은 것은?

① 감각 중 시각은 비교적 덜 발달된 상태에서 태어난다.

② 손가락을 조절하여 물건을 잡을 수 있다.

③ 어머니의 젖 냄새를 구분할 수 있다.

④ 갑작스럽고 강렬한 소음에 모로반사(Moro reflex)를 보인다.

⑤ 수면 중 약 50 %는 렘(REM) 수면이다.

06

영유아기 정서발달에 관한 설명으로 옳은 것을 모두 고른 것은?

> ㄱ. 자신을 인식하게 되면서 자의식적 정서가 나타난다.
> ㄴ. 기쁨, 분노, 공포 등의 일차 정서는 영아기 초기에 나타난다.
> ㄷ. 유아는 사람들이 진짜로 느끼는 정서와 표현하는 정서를 잘 구별한다.
> ㄹ. 영아는 불확실한 상황에서 사회적 참조를 통해 타인의 정서를 해석한다.

① ㄱ, ㄴ   ② ㄴ, ㄷ   ③ ㄱ, ㄴ, ㄹ   ④ ㄱ, ㄷ, ㄹ   ⑤ ㄴ, ㄷ, ㄹ

07

유아기의 발달 특징에 관한 설명으로 옳은 것을 모두 고른 것은?

> ㄱ. 성안정성을 획득한다.   ㄴ. 젖니가 나기 시작한다.
> ㄷ. 심리적 특성으로 자신을 묘사한다.   ㄹ. 언어의 과잉 일반화 현상이 나타난다.

① ㄱ, ㄴ   ② ㄱ, ㄹ   ③ ㄴ, ㄹ   ④ ㄷ, ㄹ   ⑤ ㄱ, ㄷ, ㄹ

08

다음 사례에 나타난 기억 전략에 관한 설명으로 옳은 것을 모두 고른 것은?

> 바지, 자동차, 양말, 비행기, 접시, 냄비를 주방용품, 의류, 교통수단의 세 범주로 구분하여 기억한다.

> ㄱ. 유아기부터 자발적으로 사용
> ㄴ. 반복시연 전략보다 시기적으로 나중에 나타남
> ㄷ. 정교화 전략임

① ㄴ   ② ㄱ, ㄴ   ③ ㄱ, ㄷ   ④ ㄴ, ㄷ   ⑤ ㄱ, ㄴ, ㄷ

09

청소년기 자아중심성의 한 특징으로 엘킨드(D. Elkind)가 설명한 개념은?

> • 자신이 타인의 집중적 관심과 주의의 대상이라 믿는다.
> • 자신을 무대 위의 주인공처럼, 다른 사람을 관중처럼 생각한다.
> • 주변 사람에게 신경 쓰느라 자신의 외모와 행동에 관심을 집중한다.

① 메타인지
② 개인적 우화
③ 조합적 사고
④ 상상적 청중
⑤ 가설연역적 사고

10

성인의 적응 방식을 방어기제 수준으로 설명한 베이런트(G. Vaillant)의 이론으로 옳지 <u>않은</u> 것은?

① 시련이나 위기에 직면한 개인이 나타내는 심리적 적응방식에서의 발달적 변화에 관심을 가졌다.
② 베이런트는 프로이트(S. Freud)의 방어기제 중에는 더 성숙한 방어기제도 있다고 간주한다.
③ 방어기제 수준을 정신병적 방어기제, 신경증적 방어기제, 성숙한 방어기제의 3수준으로 구분한다.
④ 개인생활과 직업생활에서 성공적인 사람들은 미성숙한 방어기제보다는 더 성숙한 방어기제를 사용하는 쪽으로 이동한다.
⑤ 망상적 투사, 부정, 왜곡은 정신병적 방어기제의 대표적 유형이다.

11

피아제(J. Piaget)의 형식적 조작기 이후 성인기 인지발달에 관한 학자들의 설명으로 옳은 것은?

① 아르린(P. Arlin) : 지식의 습득단계에서 실생활에 적용하는 단계로 전환
② 리겔(K. Riegel) : 형식적 사고가 아닌 변증법적 사고가 이루어지는 시기
③ 라부비 - 비에(G. Labouvie - Vief) : 성인기는 문제해결보다는 문제발견의 시기라고 간주
④ 페리(W. Perry) : 문제해결과정에서 논리적 사고보다는 실용적 사고를 하게 됨
⑤ 샤이(K. Schaie) : 이원론적 사고에서 벗어나 다원론적인 상대적 사고를 하게 됨

12

언어발달에 관한 설명으로 옳지 않은 것은?

① 스키너(B. Skinner) : 조작적 조건형성과정의 강화원리에 의해 언어발달이 이루어짐

② 반두라(A. Bandura) : 관찰을 통한 모방에 의해 언어발달이 가능함

③ 촘스키(N. Chomsky) : 선천적으로 언어습득장치를 지니고 태어남

④ 브루너(J. Bruner) : 아동의 언어발달에 기여하는 부모 역할을 언어습득 지원체제라고 함

⑤ 르네버그(E. Lenneberg) : 문화권에 따라 언어발달 순서가 다르며 언어발달의 결정적 시기는 없음

13

지능이론에 관한 설명으로 옳지 않은 것은?

① 길포드(J. Guilford)의 지력구조론 : 지능은 기능 × 조작 × 산출의 세 차원으로 구성됨

② 서스톤(I. Thurstone)의 기초정신능력이론 : 지능은 상호 독립적인 일곱 가지 하위요인으로구성됨

③ 카텔(R. Cattell)의 Gf-Gc이론 : 결정적 지능(Gc)은 성인기에도 다양한 지적 자극을 통해 유지되거나 향상될 수 있음

④ 스피어만(C. Spearman)의 이요인이론 : 일반요인(g)은 모든 유형의 지적 활동에 관여하는 일반적 능력임

⑤ 가드너(H. Gardner)의 다중지능이론 : 지능은 문화권에 따라 다르게 정의될 수 있으며 각 하위 지능들의 상대적 중요성은 동일함

14

다음 설명에 해당하는 피아제(J. Piaget) 감각운동기의 하위단계는?

> 영아는 우연히 수행한 어떤 행동이 흥미 있는 결과를 초래할 경우, 다시 그 결과를 유발하기 위해 그 행동을 반복한다.

① 반사운동기   ② 일차 순환반응기

③ 이차 순환반응기   ④ 이차 순환반응의 협응기

⑤ 삼차 순환반응기

15

DSM-5의 자폐스펙트럼장애의 진단 기준 및 설명으로 옳지 <u>않은</u> 것은?

① 사회적·정서적 상호작용에서 결함을 보인다.
② 제한적이고 반복적인 행동 양식과 흥미, 활동을 보인다.
③ 여성과 남성의 발병 비율이 유사하다.
④ 마음이론을 발달시키지 못해 다른 사람의 관점을 잘 이해하지 못한다.
⑤ 조기발견과 개입을 하게 되면 자폐스펙트럼장애가 지적장애로 이어지는 비율을 감소시킬 수 있다.

16

애착발달에 관한 설명으로 옳지 <u>않은</u> 것은?

① 볼비(J. Bowlby)는 애착형성을 본능적 반응의 결과로 설명한다.
② 분리불안은 영아가 애착 대상에게서 떨어질 때 나타나는 불안반응이다.
③ 애착을 형성하기 위해서는 대상영속성이 획득되어야 한다.
④ 할로우(H. Harlow)는 영아가 수유욕구를 충족시켜주는 사람과 애착을 형성한다고 보았다.
⑤ 영아는 어머니 외에 다른 대상에게도 동시에 애착을 형성할 수 있다.

17

프로이트(S. Freud)의 심리성적 발달이론에 관한 설명으로 옳지 <u>않은</u> 것은?

① 인간의 정신적 지각 수준인 무의식, 전의식, 의식의 세 영역 중 무의식 세계를 가장 중시한다.
② 방어기제를 습관적으로 반복 사용하는 것은 건강하지 못한 성격의 징표로 볼 수 있다.
③ 다섯 단계로 이루어지는 성격발달단계는 누구든 차례대로 거치게 된다.
④ 자아가 원초아의 세력을 조절하지 못해서 두려움을 느끼는 경우 도덕적 불안을 경험하게 된다.
⑤ 인간의 모든 행동에는 그 원인이 있다는 심리적 결정론을 주장한다.

18

셀먼(R. Selman)의 조망수용 발달단계 중 '가' 단계에 관한 설명으로 옳은 것은?

| 미분화된 조망수용 ➡ 사회정보적 조망수용 ➡ (가) ➡ 제 삼자적 조망수용 ➡ 사회관습적 조망수용 |

① 자신과 상대방의 입장에서 벗어나 제 삼자의 입장에서 자신과 상대방이 어떻게 보일지 상상 할 수 있다.

② 자신의 생각, 감정, 행동을 다른 사람의 입장에서 볼 수 있으며, 다른 사람도 이렇게 할 수 있음을 알게 된다.

③ 자신과 타인이 다른 생각과 감정을 가진다는 사실을 알지만 종종 혼동한다.

④ 사람들이 다른 정보를 가지고 있으면 다른 조망을 가지게 된다고 생각한다.

⑤ 제 삼자의 입장이 사회적 가치체계의 영향을 받을 수 있음을 이해한다.

19

개인심리학을 주장한 아들러(A. Adler) 성격이론의 주요 개념으로 옳지 <u>않은</u> 것은?

① 생활양식   ② 사회적 관심

③ 허구적 최종목표   ④ 긍정심리자본과 성격강점

⑤ 열등감 극복과 우월감 추구

20

A의 반응을 가장 잘 설명하는 공격성 발달이론은?

A는 길을 가다가 우연히 다른 아이가 던진 공에 맞았다. A는 공에 맞은 상황을 자기에게 일부러 공을 던졌다는 적의적 의도로 해석하였고, 또래에게 공격적으로 반응하였다. 결국 이러한 행동은 또래로 하여금 A를 거부하거나 배척하는 반응을 낳게 하였다.

① 로렌즈(K. Lorenz)의 동물행동학적 이론   ② 프로이트(S. Freud)의 정신분석이론

③ 패터슨(G. Patterson)의 보상이론   ④ 반두라(A. Bandura)의 사회학습이론

⑤ 닷지(K. Dodge)의 사회적 정보처리이론

21

마르샤(J. Marcia)의 이론에 근거하여, A와 B의 자아정체감 유형을 옳게 나열한 것은?

- A는 성악과 진학을 결정했다. 진로에 대해 고민이 많아 다양한 활동을 경험하던 중 합창단 활동에서 노래에 대한 희열을 느꼈고, 성악가의 꿈을 가지게 되었다.
- B는 외식조리학과 진학을 결정했다. 요리를 좋아하는지는 잘 모르겠지만, 외식업계에 종사하는 부모님이 권유해서 고민 없이 선택했다.

① A : 정체감 성취, B : 정체감 유실   ② A : 정체감 유실, B : 정체감 성취

③ A : 정체감 성취, B : 정체감 혼미   ④ A : 정체감 유실, B : 정체감 유예

⑤ A : 정체감 혼미, B : 정체감 유실

22

여성의 도덕성 발달에 관하여 다음과 같이 주장한 학자는?

- 남성에 비해 여성의 도덕성 발달수준이 낮다는 기존 연구 결과는 남성중심적인 편파적 해석이다.
- 여성은 남성과는 다른 도덕적 추론을 한다.
- 여성은 타인에 대한 돌봄과 배려를 도덕성 판단의 기준으로 적용한다.

① 피아제(J. Piaget)   ② 투리엘(E. Turiel)

③ 길리건(C. Gilligan)   ④ 반두라(A. Bandura)

⑤ 프로이트(S. Freud)

23

DSM-5의 주의력 결핍 및 과잉행동장애(ADHD) 중 과잉행동/충동 우세형에 관한 진술로 옳지 <u>않은</u> 것은?

① 진단을 위한 증상 9개 중 6개 이상이 최소 6개월 동안 발달수준에 적합하지 않아야 한다.

② 증상이 사회적·학업적 또는 직업적 기능의 질을 방해하거나 감소시킨다는 명확한 증거가 있다.

③ 진단의 지표가 되는 증상 9개 중 몇 개는 2개 이상의 환경(가정, 학교, 대인관계 등)에서 나타난다.

④ 진단의 지표가 되는 증상 9개 중 몇 개는 12세 이전에 나타난다.

⑤ 학령전기의 주요 발현 양상은 부주의이지만, 초등학교 시기에는 과잉행동이 두드러진다.

24

DSM-5의 불안장애에 해당하지 <u>않는</u> 것은?

① 선택적 함구증   ② 광장공포증
③ 특정공포증   ④ 공황장애
⑤ 파괴적 기분조절부전장애

25

영아기 대근육 운동발달을 순서대로 옳게 나열한 것은?

ㄱ. 가슴을 든다.	ㄴ. 받쳐주면 앉는다.
ㄷ. 계단을 오른다.	ㄹ. 의자를 잡고 일어선다.

① ㄱ - ㄴ - ㄹ - ㄷ   ② ㄴ - ㄱ - ㄷ - ㄹ
③ ㄴ - ㄱ - ㄹ - ㄷ   ④ ㄷ - ㄹ - ㄱ - ㄴ
⑤ ㄹ - ㄴ - ㄱ - ㄷ

제2과목 집단상담의 기초(선택)

26

집단상담자의 윤리적 행동에 관한 설명으로 옳은 것을 모두 고른 것은?

> ㄱ. 집단원이 집단참여 정도를 스스로 결정할 수 있도록 촉진한다.
> ㄴ. 집단원이 자발적으로 참여를 희망할 경우에도 사전동의 절차를 밟는다.
> ㄷ. 집단상담의 치료적 영향력이 적극적인 집단원에게 집중될 수 있도록 한다.
> ㄹ. 집단상담 종결과 추수상담에서 그동안 진행된 집단원의 집단 경험을 평가한다.

① ㄱ, ㄴ   ② ㄱ, ㄹ   ③ ㄱ, ㄴ, ㄹ   ④ ㄴ, ㄷ, ㄹ   ⑤ ㄱ, ㄴ, ㄷ, ㄹ

27

구조화 집단상담 계획에 관한 내용으로 옳지 <u>않은</u> 것은?

① 집단의 발달단계를 고려하여 계획한다.
② 회기별 계획을 세울 때에는 주제와 활동 외에 소요시간도 결정한다.
③ 집단원의 특성을 고려하여 집단상담을 계획한다.
④ 집단상담 과정 중에 참여를 하지 않거나 지각 혹은 탈락한 집단원을 위한 계획도 수립한다.
⑤ 회기 내에 진행되는 세부 활동의 시간을 모두 동일하게 배분한다.

28

다음에 나타난 집단상담자의 반응으로 옳은 것은?

> 지윤 : 제가 집단에 참여한지도 벌써 3주가 지났어요. 솔직히 말하면 이 집단이 제가 기대했던 것과는 다른 거 같
> 아요. 별로 얻은 것도 없는 거 같아서 속상해요.
> 상담자 : 지윤씨의 말씀은 이해되지만, 집단참여에 너무 소극적이고 자기를 잘 드러내지 않는 지윤씨에게도 책임
> 이 있지 않을까요?

① 자기돌봄   ② 폐쇄적 반응   ③ 방어적 반응   ④ 모범보이기   ⑤ 용기

29

집단상담의 이론과 기법의 연결이 옳지 <u>않은</u> 것은?

① 해결중심 – 예외질문, 척도질문   ② 실존주의 – 역설적 의도, 탈숙고

③ 교류분석 – 게임분석, 각본분석   ④ 행동주의 – 자극통제, 행동조성

⑤ 심리극 – 거울기법, 대사역할

30

게슈탈트 집단상담에 관한 설명으로 옳은 것은?

① 개인화는 권위 있는 사람의 행동이나 가치관을 무비판적으로 받아들이는 현상이다.

② 접촉경계는 집단원들 간의 경계를 의미한다.

③ 전경과 배경의 교체가 방해를 받을 때 게슈탈트가 형성된다.

④ 투사는 자신의 요구 또는 감정을 자각하는 것이 두려워 책임을 타인에게 돌리는 현상이다.

⑤ 반전은 자신의 요구를 인식하지만 겉으로 나타내지 못하고 안으로 억압하는 상태이다.

31

이야기치료에 관한 설명으로 옳은 것을 모두 고른 것은?

> ㄱ. 사회구성주의와 포스트모더니즘의 원리 및 철학에 토대를 두고 있다.
>
> ㄴ. 외현화 대화법은 문제를 개인으로부터 분리하여 자신의 문제를 새로운 방식으로 볼 수 있도록 돕는 기법이다.
>
> ㄷ. 상담자는 집단원의 경험에 대한 주 해석자이며, 집단원과 함께 대안적인 이야기를 만드는 작업을 한다.
>
> ㄹ. 질문은 상담자가 집단원의 정보를 수집하기 위해서 사용되는 기법이다.

① ㄱ, ㄴ   ② ㄷ, ㄹ

③ ㄱ, ㄴ, ㄹ   ④ ㄴ, ㄷ, ㄹ

⑤ ㄱ, ㄴ, ㄷ, ㄹ

32

개인심리학 집단상담 발달단계에 관한 설명으로 옳지 않은 것은?

① 분석·사정 단계에서는 집단원의 부적절한 생활양식을 파악하고 집단원의 신념, 감정, 동기, 목표를 이해한다.

② 상담관계 형성 단계에서는 집단원에 대한 정보를 얻기 위해 생애사 질문지를 활용한다.

③ 해석·통찰 단계에서는 상담자는 집단원의 진술에 대한 해석을 통해 집단원의 자각과 통찰을 돕는다.

④ 상담관계형성 단계에서는 상담자와 집단원은 우호적이며 대등한 관계가 형성되어야 한다.

⑤ 재정향 단계에서는 집단원의 비효율적인 신념과 행동에 대한 대안을 선택하여 변화를 추구한다.

33

정신분석 집단상담에 참여한 철수의 행동을 설명하는 용어로 옳은 것은?

> 철수는 최근 집단에서 비협조적이고 무관심한 태도를 보이기 시작하더니, 지난 회기에는 지각하고 오늘은 아무 연락 없이 결석하였다.

① 억압　　　　　　　　　　　　② 퇴행
③ 전치　　　　　　　　　　　　④ 저항
⑤ 부인

34

집단원의 권리에 관한 내용으로 옳은 것을 모두 고른 것은?

> ㄱ. 회기 중의 녹음이나 녹화에 대해 거부할 수 있는 권리
>
> ㄴ. 상담자와 집단원들에게 비밀을 보장받을 권리
>
> ㄷ. 상담자와 집단원들이 부여하는 가치관을 강요받지 않을 권리
>
> ㄹ. 집단참여로 인해 위기가 생겼을 때, 상담자가 도와줄 수 없으면 다른 전문가에게 도움받을 수 있는 권리

① ㄱ, ㄴ　　　　　　　　　　　② ㄷ, ㄹ
③ ㄱ, ㄴ, ㄷ　　　　　　　　　④ ㄴ, ㄷ, ㄹ
⑤ ㄱ, ㄴ, ㄷ, ㄹ

35

인간중심 집단상담의 내용으로 옳은 것을 모두 고른 것은?

ㄱ. 지각된 자기와 실제적 경험 사이의 불일치로 긴장이나 혼란을 경험한다.

ㄴ. 실현경향성은 인간에게 국한된 것으로, 선천적으로 타고나며 인간을 유지·성장 방향으로 발달시키는 성향이다.

ㄷ. 어린시절부터 부모나 보호자의 긍정적 존중을 얻기 위해 노력한 결과, 가치조건화가 형성된다.

ㄹ. 상담자는 일치성을 유지하기 위해서 높은 수준의 자각과 자기수용, 자기신뢰가 필요하다.

① ㄱ, ㄴ   ② ㄷ, ㄹ   ③ ㄱ, ㄷ, ㄹ   ④ ㄴ, ㄷ, ㄹ   ⑤ ㄱ, ㄴ, ㄷ, ㄹ

36

코리(G. Corey)의 집단상담자의 인간적 특성에 관한 내용으로 옳은 것은?

ㄱ. 자신이 타인에게 끼치는 영향에 대해 인식하는 것

ㄴ. 의식으로 굳어진 기법이나 습관화된 진행방식을 탈피하고 새로운 아이디어로 집단을 진행하는 것

① ㄱ : 공감, ㄴ : 정체성   ② ㄱ : 개인적 힘, ㄴ : 창의성

③ ㄱ : 함께 함, ㄴ : 창의성   ④ ㄱ : 정체성, ㄴ : 개인적 힘

⑤ ㄱ : 정체성, ㄴ : 창의성

37

집단상담 이론과 목표에 관한 설명으로 옳지 않은 것은?

① 정신분석 : 과거의 경험을 분석·해석하고 무의식적 수준에서 작동하는 심리적 역동에 대해 통찰하도록 한다.

② 개인심리학 : 격려를 통해 집단원들에게 용기를 북돋아 주고 사회적 관심을 갖게 하고, 생활양식을 수정하도록 한다.

③ 현실치료 : 스스로 책임지고 선택한 방법으로 각자의 심리적 욕구를 충족할 수 있도록 한다.

④ 인간중심이론 : 서로 다른 자아 상태를 학습하고 현실에 가장 적절한 자아상태를 작동하는 방법을 모색하게 한다.

⑤ 합리적 정서행동치료 : 비합리적 신념을 변화시킴으로써 부정적인 감정을 완화시킨다.

38

집단유형에 관한 설명으로 옳지 <u>않은</u> 것은?

① 성장집단은 자신의 잠재력 개발에 관심 있는 사람들로 구성된다.

② 치료집단은 참만남집단, 감수성집단이 대표적이다.

③ 과업집단은 특정과업을 완수하기 위한 목적으로 구성된다.

④ 교육집단의 상담자는 집단원의 학습효과를 극대화하기 위해 교육자와 촉진자의 역할을 동시에 수행한다.

⑤ 지지집단은 공통적인 관심사가 있는 집단원들로 구성되어 특정문제와 관심사에 대해 공유한다.

39

집단상담 초기단계에 상담자가 수행해야 할 과업으로 옳지 <u>않은</u> 것은?

① 집단구조화

② 집단규칙 설명

③ 집단원의 참여 촉진

④ 문제해결을 위한 과제부과

⑤ 집단원의 적절한 자기개방 촉진

40

얄롬(I. Yalom)이 제시한 치료적 요인으로 옳은 것을 모두 고른 것은?

ㄱ. 정보제공하기	ㄴ. 이타주의
ㄷ. 집단응집력	ㄹ. 주지화
ㅁ. 자기노출	ㅂ. 현실검증

① ㄱ, ㅂ

② ㄴ, ㄷ

③ ㄱ, ㄴ, ㄷ

④ ㄱ, ㄴ, ㄷ, ㅁ

⑤ ㄱ, ㄴ, ㄹ, ㅁ, ㅂ

41

문제행동을 보이는 집단원이 있을 때 상담자의 개입전략으로 옳지 <u>않은</u> 것은?

① 집단원과 집단의 진행과정에 대해 솔직하게 이야기를 나눈다.

② 문제행동을 보이는 집단원의 인격을 폄하하지 않는다.

③ 갈등을 회피하지 않고 탐색할 수 있는 방법을 찾는다.

④ 방어하는 행동을 멈추도록 강요하지 않는다.

⑤ 관찰한 사실이나 느낀 것을 권위적인 태도로 말한다.

42

비행청소년 집단상담에 관한 설명으로 옳지 <u>않은</u> 것은?

① 초기단계에서 집단원은 집단과 상담자에 대한 신뢰감이 낮고 무반응을 보이는 경우가 많다.

② 집단상담의 목표가 구체적이어서 집단원의 집단에 대한 적응이 빠르게 이루어진다.

③ 상담자는 집단응집력을 높이기 위한 활동을 도입한다.

④ 필요한 경우, 상담자는 집단원의 왜곡된 사고나 감정의 불일치를 알아차릴 수 있도록 직면을 사용한다.

⑤ 상담자는 집단원 스스로 대안을 찾을 수 있도록 격려한다.

43

집단 성장에 부정적인 영향을 미치는 집단역동 관련 요인으로 옳은 것은?

① 집단원의 참여가 광범위하게 이루어지는 집단

② 지금 – 여기에 초점이 맞추어진 의사소통

③ 명성이나 능력에 따라 형성된 비공식적 하위집단

④ 집단의 강한 응집력

⑤ 적절한 내용의 제안을 자유롭게 하는 집단원

44

청소년집단 상담자가 갖추어야 할 전문성에 관한 설명으로 옳지 <u>않은</u> 것은?

① 자발적인 집단과 비자발적인 집단의 특성을 이해한다.

② 청소년들이 성장하면서 경험하게 되는 갈등의 종류들을 이해해야 한다.

③ 집단상담의 집중도를 높일 수 있도록 게임이나 활동을 활용한다.

④ 비자발적인 청소년집단의 경우, 초기 회기 동안 집단원이 부정적인 감정이나 행동을 표현할 수 있도록 허락한다.

⑤ 주도권을 잡으려는 집단원에게 집단을 이끌게 한다.

45

청소년집단 상담자가 '차단하기' 기술을 사용해야 할 상황으로 옳지 <u>않은</u> 것은?

① 집단의 주제를 벗어나는 이야기가 계속될 때

② 집단원 간에 논쟁이 생겼을 때

③ 회기가 끝나가는 시점에 새로운 문제를 꺼낼 때

④ 발언권을 가진 집단원이 횡설수설하고 있을 때

⑤ 집단원이 집단과 다른 집단원에 대해 부정적인 피드백을 할 때

46

회기를 시작할 때 사용할 수 있는 집단상담자의 진술로 옳은 것은?

① "집단에 오기 전에 어떤 생각이 들었는지 잠시 이야기 나눠 볼까요?"

② "여러분 중에는 오늘 우리가 나눈 이야기에 동의하지 않는 사람도 있을 겁니다. 그렇지만 서로의 생각을 나누는 것도 중요해요."

③ "다음 회기에 어떤 결과가 나타날지 기대가 되는군요."

④ "오늘 집단을 통해 무엇을 얻으셨나요?"

⑤ "여러분이 어떤 목표를 가지고 일주일을 보낼 것인가에 대해 이야기를 나눠 봅시다."

47

집단상담 평가에 관한 설명으로 옳지 <u>않은</u> 것은?

① 집단원의 태도, 문제행동, 집단에서의 역할 등을 평가한다.

② 면접, 관찰, 토의, 심리검사 등을 활용한다.

③ 집단상담 평가는 집단원 평가, 상담자 평가, 프로그램 평가, 기관 평가로 구분한다.

④ 평가결과는 집단상담의 내용과 방법에 대한 수정 및 보완에 활용된다.

⑤ 추수평가에서는 집단이 종결된 후, 일부 집단원을 불러 모아 변화가 지속되고 있는지를 확인한다.

48

학교 집단상담의 특성에 관한 설명으로 옳은 것을 모두 고른 것은?

> ㄱ. 비자발적인 학생은 사전 동의 제외 대상이다.
> ㄴ. 학생에게 또래와의 상호작용과 관계발달의 기회를 제공한다.
> ㄷ. 보호자 및 교육적 필요에 의해 비밀유지가 제한될 수 있다.
> ㄹ. 학생의 보호자 및 학교교육 책임자의 승인과 관련자의 협조를 필요로 한다.

① ㄱ, ㄴ   ② ㄷ, ㄹ

③ ㄱ, ㄴ, ㄹ   ④ ㄴ, ㄷ, ㄹ

⑤ ㄱ, ㄴ, ㄷ, ㄹ

49

다음의 특성들이 공통으로 드러나는 집단 발달단계에서의 상담자 역할로 옳은 것은?

- 자발적 자기개방이 증가한다.
- 지금 – 여기에 초점을 두고 원활하게 소통이 이루어진다.
- 집단 신뢰와 결속력이 높아져 실험적 행동도 시도한다.
- 집단원의 변화를 위한 도전 행동이 나타날 수 있다.

① 집단참여에 대한 기대와 불안을 다룬다.
② 집단원에게 집단목표와 진행절차를 설명한다.
③ 집단규범을 명시적 혹은 암시적으로 제시한다.
④ 집단원이 깊은 수준의 자기탐색을 할 수 있도록 돕는다.
⑤ 추수상담 일정을 결정한다.

50

학교 밖 청소년 집단상담에서 다음에 사용된 상담기술은?

상담자 : 오늘 우리는 최근의 소망에 대해 이야기했습니다. 학교에 복귀하고 싶다는 사람도 있었고, 창업을 하고 싶다는 사람도 있었어요. 집단활동을 마치기 전에 오늘 경험한 것에 대해 잠시 이야기를 나눠봅시다.

① 요약   ② 명료화
③ 반영   ④ 직면
⑤ 재구조화

제3과목 심리측정 및 평가(필수)

51

심리측정과 심리검사에 관한 설명으로 옳지 <u>않은</u> 것은?

① 심리적 속성은 직접적으로 측정할 수 없다.
② 심리검사는 개인의 특성을 이해하는 데 도움을 줄 수 있다.
③ 타당도와 신뢰도가 높은 심리검사는 오차가 없다.
④ 심리적 구성개념을 측정하는 방법은 다양할 수 있다.
⑤ 표준화 검사와 비표준화 검사가 있다.

52

준거참조검사(criterion-referenced test)에 관한 설명으로 옳지 <u>않은</u> 것을 모두 고른 것은?

> ㄱ. 규준을 참조하여 검사결과를 해석한다.
> ㄴ. 다른 사람들의 점수와 개인의 점수를 비교하는 데 목적을 둔다.
> ㄷ. NEO-PI-R은 준거참조검사에 속한다.

① ㄱ   ② ㄱ, ㄴ   ③ ㄱ, ㄷ   ④ ㄴ, ㄷ   ⑤ ㄱ, ㄴ, ㄷ

53

척도에 관한 설명으로 옳은 것을 모두 고른 것은?

> ㄱ. 비율척도와 등간척도는 선형변환이 가능하다.   ㄴ. 백분위 점수는 등간척도이다.
> ㄷ. 서열척도는 절대 영점을 가정한다.   ㄹ. 대부분의 심리검사는 비율척도를 사용한다.

① ㄱ   ② ㄱ, ㄴ   ③ ㄷ, ㄹ   ④ ㄴ, ㄷ, ㄹ   ⑤ ㄱ, ㄴ, ㄷ, ㄹ

54

규준 점수에 관한 설명으로 옳은 것은?

① Z점수는 2.5보다 큰 값이 나올 수 없다.

② Z점수를 알면 T점수를 계산할 수 있다.

③ Z점수는 음의 값이 나올 수 없다.

④ T점수 계산공식은 검사 유형에 따라 달라진다.

⑤ 스테나인 점수는 정상분포 상 점수 9에 가장 많은 사례가 위치한다.

55

신뢰도에 관한 설명으로 옳지 않은 것은?

① 신뢰도는 검사측정치가 얼마나 일관적인가를 의미한다.

② 신뢰도는 문항 수의 영향을 받는다.

③ 관찰자간 신뢰도는 관찰 결과가 관찰자들 사이에서 얼마나 유사한가를 의미한다.

④ 타당도가 낮으면서 신뢰도가 높은 검사는 존재할 수 없다.

⑤ 검사-재검사 신뢰도는 검사 실시 간격에 따라 신뢰도 계수가 다르게 추정될 수 있다.

56

타당도에 관한 설명으로 옳은 것은?

① 구인타당도 검증을 위해 요인분석을 사용할 수 있다.

② 내용타당도는 수검자의 평가를 통해 판단된다.

③ 구인타당도는 검사 결과가 처치에 어떤 변화를 일으키는지 알아보기 위한 타당도이다.

④ 안면타당도는 준거타당도에 속한다.

⑤ 구인타당도가 높으면 안면타당도는 높아진다.

57

문항분석에 관한 설명으로 옳은 것은?

① '문항의 난이도가 높다'는 의미는 검사에서 높은 점수를 받은 사람과 낮은 점수를 받은 사람을 잘 구분한다는 것이다.

② 검사 점수들의 변산도(variability)는 문항의 난이도가 .70일 때 최댓값이 된다.

③ 문항의 변별력이 높으면 검사의 신뢰도는 낮아진다.

④ 상하부 지수(upper-lower index, ULI)에 따른 문항변별도에서 0의 값이 나올 수 있다.

⑤ 문항난이도(item difficulty)의 범위는 -1부터 1까지이다.

58

통계에 관한 설명으로 옳지 않은 것은?

① 표본(sample)은 전집의 하위집단이다.

② 최빈치(mode)는 분포 내에서 가장 빈도가 높은 점수이다.

③ Pearson 상관계수(r)의 범위는 0부터 1까지이다.

④ 변인(variable)은 연구자가 관심을 가지는 연구대상의 속성을 의미한다.

⑤ 모수치(parameter)는 전집의 수량적 특성을 의미한다.

59

심리검사 개발에 관한 설명으로 옳지 않은 것은?

① 검사 개발의 목적에 따라 검사 개발 절차와 내용이 결정된다.

② 예비검사의 대상은 그 검사를 실제 사용할 모집단의 성격을 잘 대표할 수 있도록 구성한다.

③ 검사 개발의 첫 단계는 규준의 작성과 양호도를 분석하는 것이다.

④ 심리검사에서 우수한 문항은 불필요한 정보를 담고 있지 않다.

⑤ 진위형 문항(true/false item)은 사실적 정보에 대한 지식을 평가하는 데 유용하다.

60

분석적 능력, 창의적 능력, 실제적 능력에 기초한 성공지능(successful intelligence)을 주장한 학자는?

① 카텔(R. Cattell)
② 길포드(J. Guilford)
③ 가드너(H. Gardner)
④ 스턴버그(R. Sternberg)
⑤ 스피어만(C. Spearman)

61

홀랜드(J. Holland)의 직업적 성격유형 중 대표적인 직업이 '교육자, 상담가'에 해당하는 것은?

① 기업적 유형(Enterprising type)　　　② 관습적 유형(Conventional type)

③ 현실적 유형(Realistic type)　　　④ 사회적 유형(Social type)

⑤ 탐구적 유형(Investigative type)

62

K-WISC-IV에 관한 설명으로 옳은 것은?

① 10개의 주요 소검사와 15개의 보충 소검사로 구성되었다.

② 언어이해 지표와 지각추론 지표의 합산점수는 인지효율성 지표 점수로 산출된다.

③ 환산점수는 각 소검사의 원점수 총점을 평균 10, 표준편차 7로 변환해서 산출한 표준점수이다.

④ 토막짜기는 작업기억 지표의 주요 소검사이다.

⑤ 처리점수(process scores)는 다른 소검사 점수로 대체할 수 없다.

63

다음에 해당하는 행동 기록방법은?

> • 관찰하고자 하는 행동을 척도를 이용해서 평가하는 방법이다.
>
> • 보통 관찰 기간 이후에 작성하며, 행동과 관련된 일반적인 인상을 통해 행동을 척도상에 채점한다.
>
> • 관찰과 채점 사이에 시간이 너무 많이 경과할 경우 채점이 정확하지 않을 수 있다.

① 평정 기록　　　　　　　　② 간격 기록

③ 사건 기록　　　　　　　　④ 이야기 기록

⑤ 시간표집 기록

64

심리검사를 선정하고 시행하는 과정에서 고려해야 할 사항으로 옳은 것을 모두 고른 것은?

ㄱ. 검사가 의뢰된 목적	ㄴ. 검사가 시행되는 환경
ㄷ. 검사의 신뢰도와 타당도	ㄹ. 검사가 여러 개인 경우 시행 순서

① ㄱ, ㄴ, ㄷ   ② ㄱ, ㄴ, ㄹ   ③ ㄱ, ㄷ, ㄹ   ④ ㄴ, ㄷ, ㄹ   ⑤ ㄱ, ㄴ, ㄷ, ㄹ

65

일반적인 심리검사 윤리에 관한 설명으로 옳지 <u>않은</u> 것은?

① 검사가 필요한 이유를 설명하고 수검자의 사전 동의를 얻는다.

② 윤리적 딜레마가 생길 경우, 검사자의 권리를 최우선으로 고려한다.

③ 검사재료를 안전하게 보관하고 자격 없는 사람이 접근하지 못하도록 한다.

④ 검사를 통해 얻은 개인정보는 사용이 제한되고 지정된 목적을 위해 사용되어야 한다.

⑤ 검사 매뉴얼에 맞게 검사를 실시한 후 채점하고 해석한다.

66

MMPI-2에는 포함되지 않으면서 청소년용으로 개발된 MMPI-A 척도는?

① A   ② IMM   ③ APS   ④ INTR   ⑤ DISC

67

MMPI-2의 보충척도가 <u>아닌</u> 것은?

① R   ② Es   ③ Do   ④ PK   ⑤ ANX

68

다음 사례를 가장 잘 반영하는 MMPI-2 척도는?

> A는 심리적으로 미성숙하여 때로는 유아적으로 보이기까지 하고, 감정기복이 심한 편이다. 또한 자기중심적이고, 자기도취적이며, 타인으로부터 많은 관심과 애정을 갈구한다.

① Hs   ② Hy   ③ Pa   ④ Pt   ⑤ Ma

69

'인식된 정보를 가지고 판단을 내릴 때 쓰는 기능'을 반영하는 MBTI의 선호지표는?

① 외향성 - 내향성   ② 감각형 - 직관형
③ 사고형 - 감정형   ④ 판단형 - 인식형
⑤ 자극추구 - 위험회피

70

다음에 해당하는 NEO-PI-R의 척도는?

> • 개인의 정신적인 연상(association)의 폭과 깊이의 정도를 측정한다.
> • 점수가 높은 사람은 상상력이 풍부하고 아이디어가 많으며 창의력이 있고 정서적으로 풍부함을 의미한다.

① 신경증(N)   ② 외향성(E)   ③ 개방성(O)   ④ 친화성(A)   ⑤ 성실성(C)

71

투사적 검사의 일반적인 특성에 관한 설명으로 옳은 것은?

① 채점 및 해석이 비교적 용이하다.   ② 의도적으로 반응을 왜곡할 수 있다.
③ 신뢰도와 타당도가 잘 확립되어 있다.   ④ 규준을 통한 개인 간 비교가 가능하다.
⑤ 자유롭고 풍부한 반응을 하는 것이 가능하다.

72

HTP검사 실시방법에 관한 설명으로 옳지 않은 것은?

① 지우개 사용을 허용한다.

② 종이는 모두 세로로 제시한다.

③ 그림 단계가 끝난 후 질문 단계를 진행한다.

④ 그림을 그리는 데 제한 시간은 없지만 소요 시간은 측정한다.

⑤ 사람 그림의 경우, 특정 성(性)의 그림을 먼저 그리라는 지시를 하지 않는다.

73

문장완성검사에 관한 설명으로 옳지 않은 것은?

① 집단 대상으로는 실시가 불가능하다.

② 단어연상 검사의 변형으로 발전되었다.

③ 투사적 검사로 보기 어렵다는 견해도 있다.

④ 미완성 문장을 수검자가 자기 생각대로 완성하도록 하는 검사이다.

⑤ 문장의 전반적인 흐름과 미묘한 뉘앙스를 통해 수검자의 성격 패턴을 도출할 수 있다.

74

로샤(Rorschach)검사에서 반응영역 기호로 옳지 않은 것은?

① W   ② D   ③ S   ④ H   ⑤ Dd

75

TAT에 관한 설명으로 옳은 것을 모두 고른 것은?

> ㄱ. 개인의 성격과 환경의 상호관계를 알려준다.
> ㄴ. 백지 카드를 포함해 흑백 그림 카드로만 이루어져 있다.
> ㄷ. 여러 해석방법 중 직관적 해석법, 욕구-압력 분석법이 있다.
> ㄹ. 대인관계의 역동적 측면을 파악하는 데 유용하다.

① ㄱ, ㄴ, ㄷ   ② ㄱ, ㄴ, ㄹ   ③ ㄱ, ㄷ, ㄹ   ④ ㄴ, ㄷ, ㄹ   ⑤ ㄱ, ㄴ, ㄷ, ㄹ

제4과목 상담이론(필수)

76

해결중심상담에서 사용하는 질문기법 중 다음에 해당하는 것은?

- 최근 문제가 일어나지 않은 때는 언제였습니까?
- 문제가 발생하지 않았다는 것을 어떻게 압니까?
- 지금까지 살아오면서 우울함을 느끼지 않았던 순간이 한 번쯤 있었다면, 그 순간은 언제였나요?

① 기적질문   ② 대처질문
③ 척도질문   ④ 예외질문
⑤ 관계성질문

77

현실치료에 관한 설명으로 옳지 <u>않은</u> 것은?

① 선택이론에 근거하고 있다.
② 좋은 세계는 개인의 욕구와 소망이 충족되는 세계이다.
③ 인간은 기본적으로 생존, 사랑과 소속, 존중, 힘, 자유의 욕구가 있다.
④ 전행동(total behavior)의 '생각하기'에는 공상과 꿈이 포함된다.
⑤ 좋은 세계 안에는 우리에게 중요한 것과 가장 원하는 것이 반영되어 있으며 도덕적 기반은 존재하지 않는다.

78

중간신념과 자동적 사고에 관한 설명으로 옳지 <u>않은</u> 것은?

① 중간신념은 핵심신념으로부터 나온 것이다.
② 자동적 사고는 매우 빠르게 의식 속을 지나간다.
③ 중간신념은 삶에 대한 태도, 규범, 기대 등으로 구성된다.
④ 자동적 사고는 핵심신념과 중간신념을 매개한다.
⑤ 자동적 사고는 사실인 것처럼 무비판적으로 받아들이게 된다.

79

인지치료에서 사용하는 질문기법 중 다음에 해당하는 것은?

> • 내담자의 인지적 변화를 촉진하기 위한 기법이다.
>
> • 해결책 제시 혹은 논박보다 질문을 통해 스스로 자신의 해결책을 찾도록 돕는다.
>
> • 내담자 생각이 잘못되었음을 지적하는 것이 아니라 대안적 사고를 찾도록 돕는다.

① 왜-질문(why-question)　　　　　　② 폐쇄형 질문

③ 양자택일형 질문　　　　　　　　　④ 소크라테스식 질문

⑤ 수렴적 개방형 질문

80

두 개 이상의 치료 이론을 토대로 각 이론의 기법들을 종합하여 개념적 틀을 만드는 통합적 접근은?

① 기술적 통합　　　　　　　　　　　② 이중적 통합

③ 동화적 통합　　　　　　　　　　　④ 이론적 통합

⑤ 공통요인적 접근

81

다문화상담자가 갖추어야 할 역량으로 옳은 것을 모두 고른 것은?

> ㄱ. 내담자의 문화적 배경에 대해 구체적인 정보와 지식을 학습한다.
>
> ㄴ. 다양한 배경사이에 존재하는 공통 배경에 주의를 기울이는 것을 배운다.
>
> ㄷ. 문화의 다양한 차원들과 그것이 치료에 어떤 영향을 미치는지 배운다.
>
> ㄹ. 자신의 가치관이 다른 문화권의 내담자를 상담할 때 방해가 될 수 있음을 인식한다.

① ㄱ, ㄴ　　　　　　　　　　　　　② ㄴ, ㄷ

③ ㄷ, ㄹ　　　　　　　　　　　　　④ ㄱ, ㄷ, ㄹ

⑤ ㄱ, ㄴ, ㄷ, ㄹ

82

여성주의 상담의 목표에 해당하는 것을 모두 고른 것은?

ㄱ. 다양성의 중시와 지지	ㄴ. 평등성
ㄷ. 남성중심문화 적응을 위한 노력	ㄹ. 독립성과 상호의존성의 균형

① ㄱ, ㄴ
② ㄷ, ㄹ
③ ㄱ, ㄴ, ㄹ
④ ㄴ, ㄷ, ㄹ
⑤ ㄱ, ㄴ, ㄷ, ㄹ

83

상담구조화의 내용으로 옳지 <u>않은</u> 것은?

① 상담시간 안내, 취소 및 연기가 필요할 때의 방법
② 비밀보장의 원칙
③ 상담자의 역할
④ 내담자의 역할
⑤ 상담자의 전문성 정도

84

상담의 종결에 관한 설명으로 옳지 <u>않은</u> 것은?

① 상담의 목표달성 여부를 점검한다.
② 내담자가 먼저 종결을 제안하는 경우는 없다.
③ 종결에 따른 이별 감정을 다룬다.
④ 문제의 재발방지방안에 대해 다룬다.
⑤ 추수상담 일정에 대해 논의한다.

85

다음 청소년내담자의 이야기에서 찾아볼 수 있는 인지적 특징에 관한 설명으로 옳지 <u>않은</u> 것은?

> 선생님, 저는 완전 쓰레기예요. 애들이 저를 싫어하는 거 같아요. 제 짝꿍한테 인사를 하고 싶어서 다가갔어요. 짝꿍은 뒤에 앉은 애랑 얘기를 하고 있었거든요. 근데 저랑 눈이 마주친 거 같은데, 계속 얘기를 하더라고요. 나를 쳐다보고 싶지도 않다는 거겠죠. 늘 이렇게 무시당하는 건 정말 최악이에요. (목소리가 높아지며 화를 내면서) 친구라면 당연히 잘 해줘야 하는 거 아닌가요? 정말 끔찍해요.

① 경직된 사고
② 당위론적 사고
③ 높은 좌절인내력 (high frustration tolerance)
④ 독심술(mind-reading)
⑤ 잘못된 명명(mislabelling)

86

상담목표 설정의 고려사항으로 옳은 것을 모두 고른 것은?

ㄱ. 현실성	ㄴ. 성취가능성	ㄷ. 구체성	ㄹ. 일관성

① ㄱ, ㄴ   ② ㄴ, ㄷ   ③ ㄷ, ㄹ   ④ ㄱ, ㄴ, ㄷ   ⑤ ㄱ, ㄴ, ㄷ, ㄹ

87

교류분석이론의 라켓에 관한 설명으로 옳은 것을 모두 고른 것은?

> ㄱ. 자신도 모르게 벌이는 일련의 각본에 따른 행동
> ㄴ. 초기 결정을 확증하기 위해 타인을 조작하는 과정
> ㄷ. 스트레스 상황에서 자주 경험하게 되는 감정
> ㄹ. 표정, 감정, 태도, 언어, 기타 여러 형태의 행동으로 상대방에 대한 자신의 반응을 알리는 행위

① ㄱ, ㄹ   ② ㄴ, ㄷ   ③ ㄷ, ㄹ   ④ ㄱ, ㄴ, ㄷ   ⑤ ㄱ, ㄴ, ㄷ, ㄹ

88

다음에서 상담자가 활용하고 있는 상담기술은?

- (입술을 삐죽대는 내담자에게) 동생이 자랑스럽다고 말하면서도 동생의 이중적인 태도를 비난하는 것처럼 보이네요.
- 최고의 대학에 가고 싶다고 하지만, 매일 게임을 하거나 잠을 자며 보냈네요.

① 해석   ② 요약   ③ 직면   ④ 공감   ⑤ 경청

89

상담자의 윤리로 옳지 <u>않은</u> 것을 모두 고른 것은?

ㄱ. 성인상담과 달리 청소년 내담자와의 상담에서는 어떠한 경우라도 비밀은 보장되어야 한다.
ㄴ. 상담자는 교수와 학생, 가까운 친구나 친인척, 직장 동료와의 관계 등 이중관계를 피해야 한다.
ㄷ. 상담자는 내담자의 사전 동의하에 기록 및 녹음 등을 할 수 있고 전문적인 서비스를 제공하기 위하여 상담내용을 기록하고 보관할 수 있다.

① ㄱ   ② ㄴ   ③ ㄱ, ㄴ   ④ ㄴ, ㄷ   ⑤ ㄱ, ㄴ, ㄷ

90

다음 사례에서 A가 사용한 방어기제는?

A는 또래에 비하여 키가 작고 덩치가 왜소하여 친구들에게 괴롭힘을 당했고 이로 인해 분노감과 열등감이 심해졌다. 그런데 태권도를 접한 후, 친구들에 대한 분노감과 열등감을 운동으로 달래고 자신의 작은 덩치를 극복하기 위해 열심히 연습하여 유단자가 되었고, 학교 대표로 태권도 대회에 나가게 되었다.

① 투사   ② 동일시   ③ 퇴행   ④ 승화   ⑤ 반동형성

91

상담에 관한 설명으로 옳은 것을 모두 고른 것은?

> ㄱ. 상담은 반드시 본인이 신청하지 않아도 된다.
>
> ㄴ. 상담은 상담자가 내담자를 조력하는 과정이다.
>
> ㄷ. 상담의 주요 구성요소는 상담자, 내담자, 상담관계이다.
>
> ㄹ. 상담자는 전문적 자질 뿐만 아니라 인간적 자질을 갖추어야 한다.

① ㄱ, ㄴ   ② ㄷ, ㄹ   ③ ㄱ, ㄴ, ㄹ   ④ ㄴ, ㄷ, ㄹ   ⑤ ㄱ, ㄴ, ㄷ, ㄹ

92

다음 사례에 부합하는 상담의 기본원리로 옳은 것은?

> A는 아주 민감한 성향을 가지고 있으며 우울증을 앓고 있어서 외출하는 것이 쉽지 않다. 게다가 운전이 미숙하여 상담실을 찾아오는 것에도 어려움을 호소한다. 따라서 상담자는 내담자의 상황에 맞게 내담자가 편리한 시간대에 상담을 진행하기로 하였다. 또한 내담자의 우울증과 민감한 성향을 배려하여 충분히 기다려주고 작은 반응에도 세심하게 응대하고 있으며, 상황에 따라 전화상담 등 매체상담도 계획하고 있다.

① 비밀보장의 원리   ② 개별화의 원리

③ 자기결정의 원리   ④ 무비판적 태도의 원리

⑤ 의도적 감정표현의 원리

93

상담자가 갖추어야 할 전문적 자질로 옳지 <u>않은</u> 것은?

① 상담자의 윤리   ② 상담기법의 활용

③ 상담이론에 대한 이해   ④ 완벽을 지향하는 태도

⑤ 심리검사의 이해

94

다음 사례에 해당하는 아들러(A. Adler)의 개인심리학적 상담기법은?

A는 항상 우울하고 시무룩하여, 상담을 받고 있다. 상담자는 A에게 우울과 행복의 경험을 번갈아 가면서 생각하도록 하고 우울과 행복을 각각 상징하는 인형을 보여주며, 어떤 인형과 함께 놀고 싶은지 선택하게 하였다. 그리고 선택한 인형과 놀아보는 과제를 주어서, 자기가 어떤 감정과 상황을 선택할 것인지를 생각해보게 하였다.

① 수프에 침 뱉기   ② 가족구도 분석
③ 우월성 추구   ④ 단추 누르기
⑤ 마치 ~처럼 행동하기

95

행동주의 상담기법으로 옳은 것을 모두 고른 것은?

ㄱ. 소거(extinction)   ㄴ. 용암법(fading)
ㄷ. 노출법(exposure)   ㄹ. 토큰 경제(token economy)

① ㄱ, ㄴ   ② ㄷ, ㄹ   ③ ㄱ, ㄷ, ㄹ   ④ ㄴ, ㄷ, ㄹ   ⑤ ㄱ, ㄴ, ㄷ, ㄹ

96

엘리스(A. Ellis)의 비합리적 사고와 합리적 사고의 변별기준으로 옳은 것을 모두 고른 것은?

ㄱ. 논리성의 여부   ㄴ. 경험적 현실과 일치 여부
ㄷ. 삶의 목표 달성에 도움 여부   ㄹ. 융통성과 유연성의 여부

① ㄱ, ㄴ   ② ㄴ, ㄷ   ③ ㄷ, ㄹ   ④ ㄴ, ㄷ, ㄹ   ⑤ ㄱ, ㄴ, ㄷ, ㄹ

97

인간중심상담이 효과적으로 진행될 때, 내담자에게 나타나는 변화로 옳지 <u>않은</u> 것은?

① 자기자각 증가　　　　　　　　② 자기수용 증가
③ 자기표현 증가　　　　　　　　④ 자기개방 증가
⑤ 자기방어 증가

98

다음에 해당하는 게슈탈트 치료의 개념과 용어를 옳게 연결한 것은?

> ㄱ. 긍정과 성장, 개인적 통합을 위한 핵심 개념으로 개체가 자신의 유기체적 욕구나 감정을 지각하여 명료한 전경으로 떠올리는 행위이다.
> ㄴ. 밀접한 관계에 있는 두 사람이 서로의 독자성을 무시하고 동일한 가치와 태도를 지닌 것처럼 여기는 것으로 흔히 외로움이나 공허감을 피하기 위한 경우가 많다.

(a) 알아차림	(b) 편향	(c) 융합

① ㄱ - a, ㄴ - b　　　　　　　② ㄱ - a, ㄴ - c
③ ㄱ - b, ㄴ - a　　　　　　　④ ㄱ - b, ㄴ - c
⑤ ㄱ - c, ㄴ - b

99

실존치료에서 실존적 불안의 조건으로 옳지 <u>않은</u> 것은?

① 죽음　　　　　　　　　　　　② 고립(고독)
③ 무의식　　　　　　　　　　　④ 무의미
⑤ 자유와 책임

100

인간중심상담의 개념과 용어를 옳게 연결한 것은?

ㄱ. 가설적이고 이상적 사회의 궁극적 목표로 무조건적 존중을 통하여 실현됨

ㄴ. 인간이 자신을 유지시키면서 잠재력을 건설적인 방향으로 성취하려는 선천적인 성향

ㄷ. 자신의 개인적 특성 또는 타인과의 관계 속에서 형성된 특징에 대해 스스로 가지고 있는 개념

(a) 충분히 기능하는 인간(fully functioning person)

(b) 유기체의 가치화과정(organismic valuing process)

(c) 실현 경향성(actualizing tendency)

(d) 진실성(genuineness)

(e) 자기 개념(self-concept)

① ㄱ – a, ㄴ – b, ㄷ – c

② ㄱ – a, ㄴ – c, ㄷ – e

③ ㄱ – b, ㄴ – c, ㄷ – a

④ ㄱ – b, ㄴ – d, ㄷ – e

⑤ ㄱ – c, ㄴ – d, ㄷ – a

제1과목 학습이론(필수)

01
| 해설 p191

지식과 기능의 구인, 정신적 구조와 기억네트워크의 발달, 정보처리과정 등을 강조하는 학습이론으로 옳은 것은?

① 행동주의이론　　② 인지주의이론　　③ 인본주의이론　　④ 생태주의이론　　⑤ 정신분석이론

02

습득된 지식과 기능이 새로운 맥락이나 상황에 새로운 방식으로 적용되는 것은?

① 부호화(encoding)　　　　　　　　② 전이(transfer)

③ 민감화(sensitization)　　　　　　　④ 습성화(habituation)

⑤ 감각적 적응(sensory adaptation)

03

헐(C. Hull)이 제시한 공리(postulates)에 해당하지 않는 것은?

① 하나의 행동은 하나의 자극에 의해 발생한다.

② 유기체는 욕구가 생길 때 유발되는 반응 위계를 가지고 태어난다.

③ 강화는 추동 감소이다.

④ 만일 자극이 반응을 유도하고 반응이 생리적 욕구를 만족시키면 자극과 반응의 관계는 강해진다.

⑤ 반응제지는 근육활동으로 인한 피로에 의해 유발되며 과제수행을 위한 작업량과도 관계된다.

04

행동주의 학습이론에서 다음 설명에 해당하는 것은?

> 학습자가 달성해야 할 최종 목표행동(goal behavior)에 이르는 행동단위들(target behaviors)을 난이도에 따라 분리한 다음, 각각의 행동단위를 순차적으로 조건화해 나감으로써 궁극적으로 최종 목표행동을 학습시킨다.

① 조성(shaping)

② 대체 강화(backup reinforcement)

③ 프리맥의 원리(Premack principle)

④ 역치법(threshold)

⑤ 모순된 반응법(incompatible response method)

05

처벌의 효과적 사용을 위한 지침으로 옳지 <u>않은</u> 것은?

① 처벌은 일관성이 있어야 한다.

② 처벌받는 행동이 받아들여질 수 없는 이유에 대해 설명해 주어야 한다.

③ 처벌받는 행동을 대신할 바람직한 행동에 대한 학습 기회를 제공해야 한다.

④ 처벌받는 행동은 분명하고 구체적인 용어로 제시되어야 한다.

⑤ 처벌은 시차를 두고 부적절한 행동들을 취합한 후 주어져야 한다.

06

자기교시법(self-instruction)의 단계 중 다음 사례에 해당하는 것은?

> 교사가 충동성이 높은 학생에게 문제해결법을 가르치기 위하여 큰소리로 문제해결과정을 진행하는 시범을 보여주었고, 그러한 교사의 언어와 행동을 관찰한 학생이 교사의 도움 없이 혼자서 소리 내어 말하면서 문제를 풀어가는 과정

① 외현적 지도

② 인지적 재구성

③ 외현적 자기안내

④ 내재적 자기지시

⑤ 외현적 자기안내의 소멸

07

션크와 루드(D. Schunk & H. Rude)가 제시한 효과적인 모방학습 모델의 특성에 해당하지 <u>않는</u> 것을 모두
고른 것은?

ㄱ. 유사성	ㄴ. 지위
ㄷ. 능력	ㄹ. 적극성
ㅁ. 진실성	

① ㄱ, ㄴ   ② ㄱ, ㅁ
③ ㄴ, ㄷ   ④ ㄷ, ㄹ
⑤ ㄹ, ㅁ

08

다음 사례에 해당하는 강화계획으로 옳은 것은?

- 도박꾼들이 언제 돈을 딸 수 있을지 모르지만 계속해서 베팅을 하는 행동
- 낚시꾼들이 여러 차례 낚시를 던져 물고기가 잡히지 않는데도 낚시를 계속하는 행동

① 연속강화   ② 고정간격강화
③ 변동간격강화   ④ 고정비율강화
⑤ 변동비율강화

09

학습의 정의에 관한 설명으로 옳은 것은?

① 유기체가 속한 종(種) 특유의 행동(species-specific behavior)
② 유기체의 경험에 의해 비교적 영속적으로 변화된 행동
③ 유기체가 속한 종(種)의 계통발생학적 행동
④ 약물에 의해 일시적으로 변화된 행동
⑤ 유전인자에 의한 행동

10

반두라(A. Bandura)가 제시한 모방학습의 과정을 순서대로 옳게 나열한 것은?

① 주의과정 – 파지과정 – 운동 재생산 과정 – 동기과정
② 주의과정 – 파지과정 – 동기과정 – 운동 재생산 과정
③ 주의과정 – 운동 재생산 과정 – 파지과정 – 동기과정
④ 파지과정 – 주의과정 – 동기과정 – 운동 재생산 과정
⑤ 파지과정 – 동기과정 – 주의과정 – 운동 재생산 과정

11

행동주의 학습이론에서 다음 사례에 해당하는 것은?

A의 부모는 A에게 규칙적인 생활 습관을 학습시키기 위하여 정해진 시간에 일어나면 스티커 하나를 주기로 하지만 기상 시간을 지키지 못할 경우 주어진 스티커 하나를 회수하기로 하였다.

① 질책 (reprimands)   ② 타임아웃(time‑out)
③ 과잉교정(overcorrection)   ④ 자동강화(automatic reinforcement)
⑤ 반응대가(response‑cost)

12

고전적 조건형성에서 다음 사례에 해당하는 것은?

고전적 조건형성을 이용하여 흰쥐에 대한 공포반응이 조건화된 아이가 하얀 수염이 난 할아버지나 하얀 토끼에 대해서도 동일한 공포반응을 보였다.

① 변별(discrimination)
② 소거(extinction)
③ 일반화(generalization)
④ 자발적 회복(spontaneous recovery)
⑤ 고차적 조건화(higher‑order conditioning)

13

다음 중 고전적 조건형성의 원리를 응용한 상담의 기법을 모두 고른 것은?

> ㄱ. 체계적 둔감법(systematic desensitization)
>
> ㄴ. 혐오요법(aversion therapy)
>
> ㄷ. 모방학습(modeling)
>
> ㄹ. 수반성계약법 (contingency contract)

① ㄱ, ㄴ   ② ㄱ, ㄷ

③ ㄴ, ㄷ   ④ ㄴ, ㄹ

⑤ ㄷ, ㄹ

14

매슬로우(A. Maslow)의 욕구단계이론에 관한 설명으로 옳지 않은 것은?

① 자아실현 욕구는 모든 인간에게 내재되어 있다.

② 자존감 욕구는 성장욕구에 해당한다.

③ 생존에 필수적인 욕구와 성장을 추구하는 욕구가 있다.

④ 생리적인 욕구는 평형을 유지하려는 욕구이다.

⑤ 자아실현 욕구는 완전히 만족되지 않는다.

15

톨만(E. Tolman)의 학습이론에 관한 설명으로 옳지 않은 것은?

① 강화(reinforcement)는 학습에 필수적이지 않다.

② 학습된 것이 행동으로 드러나지 않을 수 있다.

③ 보상의 유무는 학습된 결과가 행동으로 나타나는 것에 영향을 미친다.

④ 학습의 결과는 인지도(cognitive map)로 만들어진다.

⑤ 학습은 점진적이 아니라 갑자기 이루어진다.

16

성취목표 중 숙달목표(mastery goal)와 수행목표(performance goal)에 관한 설명으로 옳지 <u>않은</u> 것은?

① 수행목표는 남의 눈에 유능하게 보이는 것에 해당한다.

② 숙달목표는 스스로 더 유능한 사람이 되려는 것에 해당한다.

③ 숙달목표 지향적인 사람은 학습과 행동을 스스로 조절한다.

④ 수행목표 지향적인 사람은 선생님을 조언자로 여긴다.

⑤ 숙달목표 지향적인 사람은 실패를 해도 수행에 만족할 수 있다.

17

뇌 발달에 관한 설명으로 옳지 <u>않은</u> 것은?

① 성인기 이후에도 신경생성(neurogenesis)은 계속된다.

② 거울뉴런(mirror neuron)은 타인의 행동을 마치 자신의 행동을 보는 것처럼 느끼게 하는 뉴런이다.

③ 신생아의 뇌를 구성하는 뉴런의 숫자는 성인의 25%에 불과하다.

④ 전두엽 발달은 유아기 때 빠르며, 사춘기 이후에도 계속된다.

⑤ 뉴런의 두께가 두꺼워지는 과정을 수초화라고 하며, 수초화가 된 뉴런은 정보를 더 빨리 전달한다.

18

다음 사례를 설명하는 기억 이론은 무엇인가?

A는 내일 치를 역사 시험을 위해 시험범위에 있는 사건과 연도를 소리 내어 읽어가며 열심히 외웠다. 다음 날, 시험에서 A가 외웠던 문제가 나왔다. 그러나 A의 머릿속에 떠오른 건 그 연도를 외우면서 들었던, A가 좋아하는 아이돌 그룹의 노래가사에 담긴 숫자였다. A는 결국 그 문제의 답을 틀렸다.

① 파이비오(A. Paivio)의 이중부호이론

② 크레이그와 록하트(F. Craik & R. Lockhart)의 처리수준이론

③ 배들리와 힛치(A. Baddeley & G. Hitch)의 작업기억이론

④ 앳킨슨과 쉬프린(R. Atkinson & R. Shiffrin)의 이중기억이론

⑤ 스펜스(C. Spence)의 S - R이론

19

기억에 관한 설명으로 옳지 <u>않은</u> 것은?

① 메타인지 전략으로는 계획하기, 평가하기, 점검하기 등이 있다.

② 나중에 학습한 정보가 앞서 학습한 정보의 회상을 방해하는 것을 역행간섭(역행제지)이라고 한다.

③ 감각등록기(sensory register)는 매우 짧은 시간동안 많은 정보를 저장한다.

④ 기억의 이중구조 모형에 따르면 정보는 병렬적으로 처리된다.

⑤ 기억은 재인 기억과 회상 기억으로 나눌 수 있다.

20

다음에 제시한 사례와 이를 설명하는 이론을 옳게 짝지은 것은?

> ㄱ. 내가 지난 시험 성적이 나빴던 이유는 하필 그날 배탈이 났기 때문이다.
>
> ㄴ. 나는 남들보다 뛰어난 사람이라고 믿기 때문에 남들보다 더 어려운 과제를 골라서 도전한다.

> (a) 에클스(J. Eccles)의 기대가치이론(expectancy-value theory)
>
> (b) 아이크스(H. Ickes)의 자기충족적 예언(self-fulfilling prophecy)
>
> (c) 코빙튼(M. Covington)의 자아가치이론(self-worth theory)
>
> (d) 션크(D. Schunk)의 자기점검(self-monitoring)

① ㄱ - a, ㄴ - b   ② ㄱ - b, ㄴ - c

③ ㄱ - b, ㄴ - d   ④ ㄱ - d, ㄴ - c

⑤ ㄱ - c, ㄴ - a

21

학습과 수행에 관한 이론 중에서 다음 사례를 설명하는 것은?

> A는 학교 장기자랑을 위해 집에서 문제없이 연주했던 기타 연주곡을 준비했다. 그러나 실제로 많은 관중이 지켜보는 무대에 오르자 A는 실수를 연발하며 연주를 망쳤다.

① 칙센트미하이(M. Csikszentmilhalyi)의 몰입(flow)
② 드웩(C. Dwek)의 마인드셋(mindset)
③ 헵(D. Hebb)의 최적각성수준(optimal level of arousal)
④ 헐(C. Hull)의 추동감소 모형(drive reduction model)
⑤ 손다이크(E. Thorndike)의 효과의 법칙(law of effect)

22

학습 동기에 관한 이론 중에서 다음 사례에 해당하는 것은?

> 새 학기를 시작하기 전에 A는 화학 과목을 별로 좋아하지 않았다. 그러나 새로운 화학 선생님에게 호감을 느낀 A는 학기가 끝날 때쯤에는 화학 과목을 좋아하는 학생이 되었다.

① 솔로몬(R. Solomon)의 반대과정이론
② 켈러(F. Keller)의 ARCS 이론
③ 하이더(F. Heider)의 균형이론
④ 로터(J. Rotter)의 통제소재이론
⑤ 우드워드(R. Woodworth)의 태도확산이론

23

다음 (   )안에 들어갈 내용은?

> 학습자의 기존 지식에 일치하지 않는 정보를 먼저 보여주고 학습을 시작하는 것은 학습의 내재적 동기 중 (   )요소에 해당한다.

① 상상　　　　② 통제　　　　③ 호기심　　　　④ 도전　　　　⑤ 근접

24

라이언과 데시(R. Ryan & E. Deci)의 자기결정성 이론의 관점에서 외재적 동기의 내면화 수준이 낮은 것에서 높은 것의 순서대로 옳게 나열한 것은?

> ㄱ. 부모님의 인정과 존중을 얻기 위해 시험공부를 한다.
> ㄴ. 부모님에게 야단맞지 않기 위해서 시험공부를 한다.
> ㄷ. 시험 성적이 높으면 내 목표를 달성할 가능성이 높아지기 때문에 시험공부를 한다.

① ㄱ - ㄴ - ㄷ   ② ㄱ - ㄷ - ㄴ

③ ㄴ - ㄱ - ㄷ   ④ ㄴ - ㄷ - ㄱ

⑤ ㄷ - ㄴ - ㄱ

25

어떤 사건이나 정보를 기억할 때 그 기억에 감정을 결합시키는 역할을 하는 뇌의 부위는?

① 전두엽(frontal lobe)   ② 시상(thalamus)

③ 시상하부(hypothalamus)   ④ 편도체(amygdala)

⑤ 측두엽(temporal lobe)

제2과목 청소년 이해론(선택)

26

청소년심리에 대한 주요 이론과 학자의 연결이 옳은 것은?

① 장이론 - 반두라(A. Bandura)

② 경험학습이론 - 콜버그(L. Kohlberg)

③ 재현이론 - 홀(S. Hall)

④ 신경생리학습이론 - 뢰빙거(J. Loevinger)

⑤ 사회학습이론 - 에릭슨(E. Erikson)

27

브론펜브레너(U. Bronfenbrenner)의 생태학적 이론에서 청소년 환경체계에 관한 설명으로 옳은 것을 모두 고른 것은?

> ㄱ. 미시체계는 가정, 친구, 학교 등을 의미하는데, 청소년은 이 체계들과 상호작용하면서 발달하게 된다.
>
> ㄴ. 중간체계는 지역사회 수준에서 기능하고 있는 환경으로 정부기관, 지역사회 공공기관이 해당된다.
>
> ㄷ. 거시체계는 청소년을 둘러싸고 있는 문화적 환경으로 법, 관습이 해당된다.

① ㄱ   ② ㄴ   ③ ㄱ, ㄷ   ④ ㄴ, ㄷ   ⑤ ㄱ, ㄴ, ㄷ

28

진로선택 및 진로발달을 설명하는 학자와 주요 개념의 연결이 옳은 것은?

① 로우(A. Roe) - 부모의 양육방식과 직업선택의 관계

② 긴즈버그(E. Ginzberg) - 생애역할

③ 블라우(P. Blau) - 생애진로발달단계

④ 크럼볼츠(J. Krumboltz) - 직업적응 유형

⑤ 갓프레드슨(L. Gottfredson) - 진로의사결정 유형

29

바움린드(D. Baumrind)의 부모양육 유형에 관한 내용이다. (   )에 들어갈 내용으로 옳은 것은?

- (ㄱ) 부모는 애정 수준은 높으나 통제수준은 낮다.
- (ㄴ) 부모는 애정과 통제 수준이 모두 높다.

① ㄱ : 권위있는(authoritative),   ㄴ : 권위주의적(authoritarian)
② ㄱ : 허용적(permissive),   ㄴ : 권위주의적(authoritarian)
③ ㄱ : 허용적(permissive),   ㄴ : 권위 있는(authoritative)
④ ㄱ : 무관심한(neglecting),   ㄴ : 허용적(permissive)
⑤ ㄱ : 무관심한(neglecting),   ㄴ : 권위주의적(authoritarian)

30

스턴버그(R. Sternberg)가 제안한 사랑의 삼각형 이론에 관한 설명으로 옳은 것을 모두 고른 것은?

ㄱ. 친밀감(intimacy)은 사랑의 정서적 측면을 반영하는 특성이다.
ㄴ. 열정(passion)은 사랑의 동기적 측면을 이루는 구성요소이다.
ㄷ. 낭만적 사랑(romantic love)은 인지적 요소의 사랑이다.
ㄹ. 사랑의 유형을 8가지로 분류하고 있다.

① ㄱ, ㄴ   ② ㄱ, ㄷ   ③ ㄴ, ㄹ   ④ ㄱ, ㄴ, ㄹ   ⑤ ㄴ, ㄷ, ㄹ

31

안나 프로이트(A. Freud)가 제안한 청소년기 성적 긴장에 적응하기 위한 방어기제에 해당하는 것을 모두 고른 것은?

ㄱ. 금욕주의(asceticism)   ㄴ. 주지화(intellectualization)
ㄷ. 고정화(consolidation)   ㄹ. 불멸(immortality)의 신념

① ㄱ, ㄴ   ② ㄷ, ㄹ   ③ ㄱ, ㄴ, ㄷ   ④ ㄱ, ㄷ, ㄹ   ⑤ ㄱ, ㄴ, ㄷ, ㄹ

32

특정 문화유형이 다른 문화유형과 상호작용을 거쳐 또 다른 제3의 문화유형을 만들어 내는 문화변동의 현상은?

① 문화전계 ② 문화접변 ③ 문화이식 ④ 문화결핍 ⑤ 문화지체

33

엘킨드(D. Elkind)의 개인적 우화(personal fable)에 관한 설명으로 옳은 것을 모두 고른 것은?

ㄱ. 자기중심성(egocentrism)의 현상 중 하나이다.
ㄴ. 예를 들어, 버스에 타면 앉아 있는 사람이 모두 나를 쳐다볼 것이라고 생각한다.
ㄷ. 자신의 경험은 독특하고 특이하기 때문에 다른 사람과는 다르다고 생각한다.
ㄹ. 다른 사람들이 나를 관심의 초점으로 생각하는 현상이다.

① ㄱ, ㄴ ② ㄱ, ㄷ ③ ㄱ, ㄷ, ㄹ ④ ㄴ, ㄷ, ㄹ ⑤ ㄱ, ㄴ, ㄷ, ㄹ

34

만화 속의 캐릭터와 똑같은 패션 스타일과 분위기 및 외모와 개성을 표현하려는 문화현상은?

① 이모(emo) ② 차브(chav)
③ 노마드(nomad) ④ 코스프레(cospre)
⑤ 리셋 신드롬(reset syndrome)

35

근접발달영역(ZPD)의 개념을 통해 인지능력의 발달을 설명하는 학자는?

① 길리건(C. Gilligan) ② 매슬로우(A. Maslow)
③ 설리반(H. Sullivan) ④ 로저스(C. Rogers)
⑤ 비고츠키(L. Vygotsky)

36

피아제(J. Piaget)가 제시한 청소년기 인지발달단계의 특징에 해당하지 <u>않는</u> 것은?

① 추상적 사고

② 물활론적 사고

③ 가설연역적 사고

④ 가능성에 대한 사고

⑤ 사고과정에 대한 사고

37

청소년문화를 바라보는 관점 중 다음이 설명하는 것은?

> • 성인의 입장에서 볼 때 청소년들이 규범에서 벗어나 문제아의 소행을 지향한다.
> • 사회적 규범을 깨뜨리는 것에서 쾌감을 느끼고, 규범적 질서에 따르지 않음으로써 청소년문화의 정체성을 찾는다.

① 미숙한 문화　　　② 비행문화　　　③ 하위문화　　　④ 준거문화　　　⑤ 새로운 문화

38

다음이 설명하는 문화의 속성은?

> • 사회구성원들은 모두 유사한 생활습관을 보인다.
> • 규칙에 위배되는 언어나 행위를 사용했을 때는 사회적 제재가 가해지기도 한다.

① 공유성　　　② 다양성　　　③ 체계성　　　④ 축적성　　　⑤ 가변성

39

알코올(술)에 관한 설명으로 옳지 <u>않은</u> 것은?

① 중추신경 흥분제이다.

② 심장박동과 호흡을 느리게 하여 과다복용 시 치명적일 수 있다.

③ 중독 시 신체적 의존과 심리적 의존을 나타낸다.

④ 중독 시 갑자기 복용을 중단하면 금단현상이 일어난다.

⑤ 일반적인 금단현상으로는 신경과민, 구토, 손 떨림, 초조함, 불안 등이 나타난다.

40

소년법상 보호처분에 관한 설명으로 옳은 것은?

① 수강명령은 14세 이상의 소년에게만 할 수 있다.

② 장기 소년원 송치는 14세 이상의 소년에게만 할 수 있다.

③ 단기 보호관찰기간은 6개월로 한다.

④ 사회봉사명령은 200시간을 초과할 수 없다.

⑤ 장기 보호관찰기간은 2년이며, 3년의 범위에서 한 번에 한하여 그 기간을 연장할 수 있다.

41

청소년비행에 관한 사회유대이론의 설명으로 옳지 <u>않은</u> 것은?

① 허쉬(T. Hirschi)가 주창하였다.

② 비행을 예방하는 요인으로 사회적 유대감을 중시한다.

③ 관습적 신념이 높아지면 비행의 가능성이 높아진다.

④ 사회에서 용인된 전통적 목표를 수용하면 비행의 가능성이 낮아진다.

⑤ 4가지의 사회유대 요인은 애착(attachment), 헌신(commitment), 참여(involvement), 신념(belief)이다.

42

청소년복지 지원법상 위기청소년 특별지원에 해당하는 것을 모두 고른 것은?

ㄱ. 생활지원	ㄴ. 학업지원
ㄷ. 의료지원	ㄹ. 직업훈련지원
ㅁ. 청소년활동지원	

① ㄱ, ㄴ, ㄷ   ② ㄴ, ㄹ, ㅁ   ③ ㄱ, ㄷ, ㄹ, ㅁ   ④ ㄴ, ㄷ, ㄹ, ㅁ   ⑤ ㄱ, ㄴ, ㄷ, ㄹ, ㅁ

43

학교 밖 청소년 지원에 관한 법률상 학교 밖 청소년을 위한 교육지원에 해당하는 것을 모두 고른 것은?

> ㄱ. 「초·중등교육법」 제2조의 초등학교·중학교로의 재취학
> ㄴ. 「초·중등교육법」 제2조의 고등학교로의 재입학
> ㄷ. 「초·중등교육법」 제60조의3의 대안학교로의 진학

① ㄱ   ② ㄴ   ③ ㄱ, ㄷ   ④ ㄴ, ㄷ   ⑤ ㄱ, ㄴ, ㄷ

44

"지역사회 청소년통합지원체계"에 관한 설명으로 옳지 <u>않은</u> 것은?

① 「청소년 보호법」에 근거하여 구축·운영한다.
② 국가는 구축·운영을 지원하여야 한다.
③ 광역시는 전담기구를 설치할 수 있다.
④ 교육청은 필수연계기관이다.
⑤ 관할구역의 위기청소년을 조기에 발견하여 보호하고, 청소년복지 및 청소년보호를 효율적으로 수행함을 목적으로 한다.

45

청소년복지 지원법상 청소년증에 관한 내용이다. (　　　)에 들어갈 내용은?

> 특별자치시장·특별자치도지사 또는 시장·군수·구청장(자치구의 구청장을 말한다.)은 (　　　)의 청소년에게 청소년증을 발급할 수 있다.

① 9세 이상 15세 미만   ② 9세 이상 18세 이하
③ 9세 이상 24세 이하   ④ 13세 이상 18세 미만
⑤ 13세 이상 18세 이하

46

학교폭력예방 및 대책에 관한 법률상 용어의 정의로 옳지 않은 것은?

① "피해학생"이란 학교폭력으로 인하여 피해를 입은 학생을 말한다.

② "장애학생"이란 신체적·정신적·지적 장애 등으로 「장애인 등에 대한 특수교육법」 제15조에서 규정하는 특수교육이 필요한 학생을 말한다.

③ "가해학생"이란 가해자 중에서 학교폭력을 행사하거나 그 행위에 가담한 학생을 말한다.

④ "따돌림"이란 학교 내에서 3명 이상의 학생들이 특정인이나 특정집단의 학생들을 대상으로 심리적 공격을 가하여 상대방이 고통을 느끼도록 하는 모든 행위를 말한다.

⑤ "사이버 따돌림"이란 인터넷, 휴대전화 등 정보통신기기를 이용하여 학생들이 특정 학생들을 대상으로 지속적, 반복적으로 심리적 공격을 가하거나, 특정 학생과 관련된 개인정보 또는 허위사실을 유포하여 상대방이 고통을 느끼도록 하는 모든 행위를 말한다.

47

다음이 설명하는 유엔 아동권리협약의 기본원칙은?

> 아동은 책임감 있는 어른이 되기 위해 아동 자신의 능력에 맞게 적절한 사회활동에 참여할 기회를 가지고, 자신의 생활에 영향을 주는 일에 대하여 의견을 말할 수 있어야 하며, 그 의견을 존중받을 수 있어야 한다.

① 무차별의 원칙　　　　　　　　② 아동 최선의 이익 원칙

③ 생존 및 발달보장의 원칙　　　　④ 참여의 원칙

⑤ 보호의 원칙

48

아동·청소년의 성보호에 관한 법률상 아동·청소년대상 성범죄로 유죄판결이 확정된 자의 신상정보를 공개하는 경우, 공개하도록 제공되는 등록정보에 해당되지 않는 것은?

① 사진　　　　　　　　　　　　② 출신 학교

③ 등록대상 성범죄 요지　　　　　④ 신체정보(키와 몸무게)

⑤ 성폭력범죄 전과사실(죄명 및 횟수)

49

청소년복지 지원법령상 청소년의 건강보장에 관한 설명으로 옳지 <u>않은</u> 것은? [수정]

① 차상위계층에 해당하는 사람의 가구원인 여성청소년은 국가 및 지방자치단체의 생리용품 지원대상이다.

② 성평등가족부장관은 청소년의 성장 환경을 고려하여 5년 이내의 기간마다 청소년의 건강·체력 기준을 새로 설정하여야 한다.

③ 국가 및 지방자치단체는 청소년의 건강 증진과 체력 향상을 위한 시책으로서 청소년이 참가하는 체육대회를 장려하고, 예산의 범위에서 체육대회 개최에 필요한 경비를 지원할 수 있다.

④ 국가 및 지방자치단체는 청소년의 체력검사와 건강진단을 실시할 수 있다.

⑤ 청소년의 체력검사·건강진단 실시와 그 결과 통보에 필요한 사항은 대통령령으로 정한다.

50

청소년복지 지원법령상 청소년부모에 대한 가족지원서비스 및 복지지원에 해당되지 <u>않는</u> 것은?

① 교육·상담 등 가족 관계 증진 서비스

② 아동의 양육 및 교육서비스

③ 「지역보건법」에 따른 방문건강관리사업 서비스

④ 청소년부모에게 필요한 법률상담, 소송대리 등 법률구조서비스 연계 지원

⑤ 「청소년활동 진흥법」에 따른 청소년출입제한지역 알림 서비스

청소년상담사 3급 필기 기출문제집

1교시

2교시

2021

제1과목 발달심리 (필수)

01

발달에 관한 설명으로 옳지 않은 것은?

① 발달심리학은 다학문적이다.

② 가소성(plasticity)은 발달의 주요 특성이다.

③ 연속성과 불연속성의 쟁점은 양적·질적 변화의 문제와 관련된다.

④ 발달은 역사적·사회적·문화적 맥락의 영향을 받는다.

⑤ 전 생애발달 관점에서 발달의 지향점은 성숙이며, 노화의 지향점은 죽음이다.

02

발달연구에서 종단적 접근법의 단점에 해당하는 것을 모두 고른 것은?

> ㄱ. 연습효과가 나타난다.
>
> ㄴ. 피험자의 탈락 현상이 있다.
>
> ㄷ. 연령 효과와 출생시기 효과를 구분하기 어렵다.
>
> ㄹ. 어떤 특성의 안정성에 대한 정보를 얻기 힘들다.

① ㄱ, ㄴ   ② ㄴ, ㄷ

③ ㄷ, ㄹ   ④ ㄱ, ㄴ, ㄷ

⑤ ㄴ, ㄷ, ㄹ

03

발달 이론에 관한 설명으로 옳은 것은?

① 수퍼(D. Super)의 진로발달 과정에서 자아개념은 중요한 요인이다.

② 에릭슨(E. Erikson)에 의하면 특정 단계의 위기를 해결하지 않고 다음 단계로 진행할 수 없다.

③ 프로이드(S. Freud)는 구강기, 항문기, 생식기, 남근기의 순서로 성격 발달이 이루어진다고 주장한다.

④ 스턴버그(R. Sternberg)의 삼원지능이론은 분석적, 창의적, 정서적 지능으로 구성된다.

⑤ 콜버그(L. Kohlberg)는 도덕성을 도덕적 행동 측면에서 전인습적, 인습적, 후인습적 수준으로 구분한다.

04

영아기의 시각발달에 관한 설명으로 옳은 것은?

① 시각은 인간의 감각 중 가장 빨리 발달한다.

② 출생 시부터 신생아는 세상을 흑백으로만 지각한다.

③ 팬츠(R. Fantz)의 실험에서 신생아는 곡선보다 직선을 더 선호하는 것으로 나타났다.

④ 워크와 깁슨(Walk & Gibson)의 시각벼랑(visual cliff) 실험에서 6 ~ 7개월 된 영아는 깊이를 지각하는 것으로 나타났다.

⑤ 신생아는 움직이는 것보다 정지된 물체를 더 선호한다.

05

애착에 관한 설명으로 옳지 않은 것은?

① 프로이드(S. Freud)는 구강 만족을 통해 애착을 경험한다고 주장한다.

② 영아의 신호에 대한 양육자의 민감성과 반응성은 애착 형성에 중요하다.

③ 애착은 영아와 주양육자 간에 형성되는 친밀한 정서적 유대감이다.

④ 회피 애착 유형의 영아는 부모를 갈망하면서 동시에 거부하는 양면성을 보인다.

⑤ 할로우(H. Harlow)는 애착 형성에 신체접촉이 중요하다고 주장한다.

06

콜버그(L. Kohlberg)의 성역할 발달 단계를 순서대로 바르게 나열한 것은?

① 성정체성 – 성일관성 – 성안정성
② 성정체성 – 성안정성 – 성일관성
③ 성안정성 – 성일관성 – 성정체성
④ 성안정성 – 성정체성 – 성일관성
⑤ 성일관성 – 성정체성 – 성안정성

07

비고츠키(L. Vygotsky)의 언어와 사고에 관한 설명으로 옳은 것을 모두 고른 것은?

ㄱ. 언어는 인지발달에 중요한 역할을 한다.
ㄴ. 유아는 혼잣말(private speech)을 통해 자신의 사고를 정리하고 촉진한다.
ㄷ. 유아는 적절히 어려운 과제를 수행할 때 혼잣말을 많이 사용한다.
ㄹ. 유아는 외적 언어에서 내적 언어로 전환하는 과정에서 혼잣말을 사용한다.

① ㄱ, ㄴ, ㄷ
② ㄱ, ㄴ, ㄹ
③ ㄱ, ㄷ, ㄹ
④ ㄴ, ㄷ, ㄹ
⑤ ㄱ, ㄴ, ㄷ, ㄹ

08

발달 이론가와 청소년기 발달에 관한 주장의 연결로 옳지 않은 것은?

① 설리반(H. Sullivan) – 성·친밀감·안전 욕구 간의 충돌로 질풍노도의 시기를 겪는다.
② 프로이드(S. Freud) – 생식기에 해당하고, 이성에 대한 호기심을 가지며 성숙한 성관계 확립을 하는 시기이다.
③ 미드(M. Mead) – 혼돈과 곤혹의 시기를 맞아 오랜 기간 동안 갈등과 혼란을 겪는 시기이다.
④ 피아제(J. Piaget) – 형식적 조작기에 해당하며, 명제적 사고와 조합적 사고 등이 발달하는 시기이다.
⑤ 홀(S. Hall) – 청소년기의 혼란은 인간이 진화하는 과정에서 나타나는 과도기적 단계에 대한 반영이다.

09

방어기제에 관한 설명으로 옳은 것은?

① 투사는 충족될 수 없는 무의식적 욕구를 다른 대상을 통하여 충족시키는 것이다.

② 주지화(intellectualization)는 종교, 문학 등의 지적 활동에 몰입함으로써 불안을 회피하려는 것이다.

③ 반동형성의 예로는 청소년들이 인기 연예인의 헤어스타일을 모방하는 경우가 있다.

④ 치환(displacement)은 자신의 내부에서 용납하기 어려운 욕구나 충동을 남의 탓으로 돌리는 것이다.

⑤ 억압은 자신의 행위나 생각을 정당화하기 위해 그럴듯한 이유를 제시하는 것이다.

10

청소년기 자기중심성에 대해 엘킨드(D. Elkind)가 주장한 개념을 모두 고른 것은?

ㄱ. 전환적 추론	ㄴ. 개인적 우화
ㄷ. 중심화(centration)	ㄹ. 상상적 청중

① ㄱ, ㄷ   ② ㄱ, ㄹ

③ ㄴ, ㄷ   ④ ㄴ, ㄹ

⑤ ㄴ, ㄷ, ㄹ

11

성인기 인지발달에 관한 설명으로 옳은 것은?

① 리겔(K. Riegel)은 형식적 사고에서 실용적 사고로 전환된다고 본다.

② 샤이(K. Schaie)는 문제발견의 단계를 제5단계로 본다.

③ 페리(W. Perry)는 이원적 사고에서 상대적 사고로 옮겨 간다고 본다.

④ 아르린(P. Arlin)은 성인기부터 변증법적 사고를 한다고 본다.

⑤ 라부비비에(G. Labouvie-Vief)는 인지발달 단계를 습득 – 성취 – 책임(실행) – 재통합으로 제시한다.

12

노년기 발달에 관한 설명으로 옳지 않은 것은?

① 노년기에 일화기억은 의미기억과 달리 연령에 따른 영향을 받지 않는다.

② 에릭슨(E. Erikson)은 8단계인 노년기에 발달되는 바람직한 미덕으로 지혜를 제안한다.

③ 레빈슨(D. Levinson)은 노년기를 '다리 위에서의 조망(one's view from the bridge)'이라 표현한다.

④ 유리 이론(disengagement theory)에서는 노인과 사회의 상호 철회 과정을 부정적으로 보지않고 성공적 노화로 본다.

⑤ 활동 이론(activity theory)은 근로자, 부모 등 개인의 역할이 삶에서 만족을 얻을 수 있는 주요 원천으로 본다.

13

다음 설명에 해당하는 성염색체 이상 증후군은?

> • 남아가 X염색체를 하나 더 갖고 있어 남성적 특성이 약하고 가슴과 엉덩이가 발달하는 여성적인 2차 성징이 나타난다.
> • 남아이지만 정자를 배출하지 못하여 생식능력을 갖고 있지 않다.

① X결함 증후군   ② 터너 증후군

③ 클라인펠터 증후군   ④ XYY 증후군

⑤ 다운증후군

14

태내 발달에 관한 설명으로 옳지 않은 것을 모두 고른 것은?

> ㄱ. 수정란의 세포분열은 착상된 이후 배아기에 시작된다.
> ㄴ. 배아기에는 심장의 형성 및 심장박동이 시작된다.
> ㄷ. 태아기에 배아의 세포는 외배엽, 중배엽, 내배엽으로 분화된다.
> ㄹ. 간접흡연은 태아의 발달에 거의 영향을 미치지 않는다.

① ㄱ, ㄹ   ② ㄴ, ㄷ   ③ ㄷ, ㄹ   ④ ㄱ, ㄴ, ㄹ   ⑤ ㄱ, ㄷ, ㄹ

15

뇌와 신경계 발달에 관한 설명으로 옳지 않은 것은?

① 영아는 성인보다 많은 수의 시냅스를 갖고 있다.

② 청소년기보다 영아기에 뇌의 성장 급등이 이루어진다.

③ 대뇌 피질의 발달은 영아기 이후에도 진행된다.

④ 영아의 뇌는 성인의 뇌보다 가소성이 뛰어나다.

⑤ 뇌의 수초화(myelination)는 두 반구의 기능분화를 의미한다.

16

영아기 운동발달에 관한 설명으로 옳은 것은?

① 대체로 다리, 발을 능숙히 사용하기 전에 머리, 목의 통제가 가능하다.

② 운동기술의 발달속도는 개인차가 없다.

③ 일반적으로 말단에서 중심 방향으로 발달한다.

④ 소근육 운동 기능은 생후 6개월 안에 완성된다.

⑤ 대근육 운동인 기기와 손 뻗기는 영아의 주변 탐색을 가능케 한다.

17

피아제(J. Piaget) 이론에서 구체적 조작기의 특성으로 옳은 것을 모두 고른 것은?

ㄱ. 사물을 공통의 속성에 따라 분류할 수 있다.

ㄴ. 문제를 해결할 때 주로 지각적 외양으로 판단한다.

ㄷ. 구체적 사실이 없어도 가설·연역적 추론을 할 수 있다.

ㄹ. 키, 무게 등의 속성에 따라 항목을 순서대로 배열할 수 있다.

① ㄱ, ㄷ   ② ㄱ, ㄹ   ③ ㄴ, ㄷ   ④ ㄱ, ㄴ, ㄹ   ⑤ ㄴ, ㄷ, ㄹ

18

다음 사례에서 나타난 기억전략은?

'곰'과 '얼음'을 기억해야 할 때, '얼음을 안고 있는 곰'을 떠올려 두 개의 항목을 기억한다.

① 정교화   ② 조직화
③ 시연   ④ 상위기억(metamemory)
⑤ 개념도

19

가드너(H. Gardner)가 주장한 지능이론에 관한 설명으로 옳은 것은?

① 다중지능은 뇌의 동일한 영역과 관련되어 있다.
② 다중지능은 논리적·언어적·유동적 지능 3개로 구성되어 있다.
③ 다중지능은 여러 개의 독립적인 지능들로 구성되어 있다.
④ 자연지능이 높은 사람들은 타인을 공감하는 능력이 뛰어나다.
⑤ 논리수학적 지능이 높은 사람은 모든 다른 지능 영역에서 우수하다.

20

친사회적 행동에 관한 설명으로 옳지 않은 것은?

① 정신분석이론에서 친사회적 행동은 초자아의 발달과 관련되어 있다.
② 유아기에서는 타인의 고통을 직접 보지 않고 주로 상상만으로 감정이입을 한다.
③ 사회교환이론에 따르면 친사회적 행동으로 인한 손해가 보상보다 클 때 친사회적 행동은 감소한다.
④ 이타적 행동은 유아기보다 아동기에 더 많이 발생한다.
⑤ 사회학습이론에 따르면 친사회적 행동에 대한 보상의 관찰은 친사회적 행동을 증진시킨다.

21

도덕성 발달 이론에 관한 설명으로 옳은 것을 모두 고른 것은?

ㄱ. 피아제(J. Piaget) 이론에서 타율적 도덕성 단계의 아동은 규칙이 상황에 따라 변경될 수 있다고 생각한다.
ㄴ. 콜버그(L. Kohlberg)의 5단계인 사회계약 지향 단계에서 사람들은 인간의 권리를 무시하는 법은 부당하다고 생각한다.
ㄷ. 반두라(A. Bandura)는 강화, 처벌, 모방 등으로 도덕적 행동의 학습을 설명한다.
ㄹ. 프로이드(S. Freud) 이론에서 동성부모와의 동일시, 죄책감, 초자아는 도덕성 발달과 관련되어 있다.

① ㄱ, ㄴ   ② ㄱ, ㄹ
③ ㄴ, ㄹ   ④ ㄱ, ㄴ, ㄷ
⑤ ㄴ, ㄷ, ㄹ

22

다음 설명에 공통적으로 해당되는 개념은?

• 까다로운 기질의 영아도 지지적이고 일관된 양육을 받은 경우 긍정적인 발달을 보이게 된다.
• 생활습관이 불규칙한 영아도 양육자가 허용적일 때 양육자와의 갈등이 줄어들 수 있다.

① 습관화   ② 민감한 시기
③ 기질적 순기능   ④ 조화의 적합성
⑤ 정서적 사회화

23

DSM - 5의 신경발달장애에 해당되지 않는 것은?

① 지적장애   ② 의사소통장애
③ 반응성 애착장애   ④ 특정학습장애
⑤ 주의력결핍 과잉행동장애

24

DSM - 5의 선택적 함구증(selective mutism)의 진단기준 및 설명으로 옳은 것은?

① 아동기 때 주로 발병하는 의사소통장애에 해당된다.

② 언어에 대한 지식의 부족으로 말을 하지 않는 것이 아니다.

③ 아동기에 흔하게 발병하는 장애로 유병률 5% 이상이다.

④ 주로 5세 이후 발병되며, 조기 발견될 가능성이 높다.

⑤ 증상이 최소 6개월 이상 지속되어야 한다.

25

DSM - 5의 투렛 장애(Tourett's disorder)의 진단기준으로 옳지 <u>않은</u> 것은?

① 18세 이전에 발병한다.

② 물질의 생리적 효과로 인해 발병되는 것이 아니다.

③ 틱(tic) 증상은 자주 악화와 완화를 반복한다.

④ 운동성 틱과 음성 틱이 동시에 나타나야만 진단된다.

⑤ 틱 증상은 처음 증상이 시작된 시점부터 1년 이상 지속된다

제2과목 집단상담의 기초(필수)

26

청소년 집단상담의 집단응집력에 관한 설명으로 옳지 않은 것은?

① 집단응집력은 그 자체가 강력한 치료적인 힘이다.

② 집단원의 내면세계를 정서적으로 공유하고 집단으로부터 수용되는 것이다.

③ 개인상담의 치료적 관계와 유사한 개념이다.

④ 집단이 진행되면서 자연스럽게 발달하고 유지된다.

⑤ 집단응집력이 높을수록 출석, 참여, 상호지지의 비율이 더 높아진다.

27

집단의 발달과정에 관한 설명으로 옳지 않은 것은?

① 집단의 발달단계는 실제로 중첩되기도 한다.

② 같은 집단 발달단계의 집단원들은 서로 비슷한 속도로 진전을 보인다.

③ 집단 과업이 달성된 후에도 새로운 갈등이 일어날 수 있다.

④ 다음 단계에 진입해서 정체되기도 하고, 일시적으로 이전 단계로 퇴보하는 경우도 있다.

⑤ 집단은 역동적, 지속적으로 변화하는 특징을 지니고 있다.

28

공동지도자 집단의 특징에 관한 설명으로 옳지 않은 것은?

① 지도자의 신체적·정서적 소진 가능성이 줄어든다.

② 지도자 중 한 명이 역전이가 일어날 때 도움이 된다.

③ 지도자 중 한 명은 강한 정서를 표현하는 집단원에 집중하고, 다른 지도자는 나머지 집단원들의 반응에 주목할 수 있다.

④ 지도자간의 경쟁과 대립은 집단의 역동을 촉진시킨다.

⑤ 지도자가 다른 지도자에 대항하여 집단원과 한 편을 이루는 단점도 있다.

29

코리(G. Corey)가 제시한 작업단계(working stage)에 있는 집단원의 특징을 모두 고른 것은?

ㄱ. 지금 - 여기에 초점이 주어지고 집단들이 느끼는 것을 서로 직접적으로 이야기 한다.

ㄴ. 집단원간 또는 집단상담자와 갈등이 있음을 인정하고 그것에 대해 논의하고 해결한다.

ㄷ. 집단원은 절망과 무력감을 느끼며, 자신이 희생양이라고 생각한다.

ㄹ. 적대적이고 공격적인 태도를 취하고, 공격받은 집단원은 거부당한다고 느낀다.

① ㄱ   ② ㄱ, ㄴ   ③ ㄴ, ㄷ   ④ ㄴ, ㄷ, ㄹ   ⑤ ㄱ, ㄴ, ㄷ, ㄹ

30

아들러(A. Adler) 집단상담의 목표에 관한 것으로 옳은 것은?

① 억압된 감정을 내보내고 통찰을 제공한다.

② 당면한 문제를 다루기보다 무의식적 갈등을 다루어 성격을 재구성한다.

③ 환경과의 접촉 및 자각과 선택의 힘을 증진시킨다.

④ 집단원의 자동적 사고를 명료화하고 내담자의 사고방식을 변화시킨다.

⑤ 집단에 대한 소속감을 강화하여 타인과의 일체감과 연대감을 촉진한다.

31

얄롬(I. Yalom)의 치료적 요인 중 대인간 학습 - 산출(interpersonal learning - output)에 관한 설명으로 옳은 것을 모두 고른 것은?

ㄱ. 다른 집단원에게 상호 관계를 분명히 하기 위해 자신을 솔직히 표현한다.

ㄴ. 집단이 나와 유사한 문제를 가진 다른 집단원을 도와주는 것을 보면서 용기를 얻었다.

ㄷ. 집단에서 내가 본받을 사람을 발견했다.

ㄹ. 다른 집단원의 반응을 살피기보다 더 건설적으로 주장하는 방식으로 나 자신을 드러낸다.

① ㄱ, ㄴ   ② ㄱ, ㄹ   ③ ㄴ, ㄷ   ④ ㄱ, ㄴ, ㄷ   ⑤ ㄴ, ㄷ, ㄹ

32

학교현장에서 실시하는 집단상담에 관한 설명으로 옳지 <u>않은</u> 것은?

① 주로 예방 및 발달을 돕는 개입으로 이루어진다.

② 시험불안 감소를 위한 집단 운영도 가능하다.

③ 학생이 겪고 있는 심각한 심리적 장애를 치료하는 집단을 운영한다.

④ 집단을 통해 이혼가정 자녀들의 불안감소와 학업 수행 능력을 증진시킬 수 있다.

⑤ 학교 관계자에게 집단상담이 학생의 행동 및 정서 변화에 효과적이라는 증거를 제시하는 것이 좋다.

33

아동 및 청소년 집단상담자의 바람직한 행동으로 옳은 것은?

① 집단원의 자율성을 위해 집단규칙을 제시할 필요는 없다.

② 매 회기마다 계획된 의제나 주제를 반드시 지켜야 한다.

③ 청소년 집단원의 권익을 보호하기 위해 가능하면 부모나 기관에 맞서 청소년의 편을 들어 주어야 한다.

④ 아동과 청소년들은 빠른 애착과 분리가 가능하기 때문에 종결 시점을 빨리 알려주지 않아도 된다.

⑤ 학교에서 진행되는 집단상담은 집단 밖으로 비밀이 새어 나가기 쉽다는 점을 민감하게 살펴보아야 한다.

34

청소년 집단상담에서 집단원의 의존성을 조장할 위험이 있는 경우에 해당하는 것을 모두 고른 것은?

> ㄱ. 상담자가 상담 진행으로 발생하는 경제적 보상을 우선순위로 하는 경우
>
> ㄴ. 집단을 통해 사회생활에서 결핍된 상담자 자신의 욕구를 채우길 기대하는 경우
>
> ㄷ. 집단을 이용하여 상담자가 자신의 미해결 과제에 대해 작업하려고 시도하는 경우
>
> ㄹ. 상담자가 청소년들의 삶에 대해 방향을 제시하는 부모와 같은 어른이 되고 싶은 욕구를 가질 경우

① ㄱ, ㄴ   ② ㄷ, ㄹ

③ ㄱ, ㄴ, ㄷ   ④ ㄴ, ㄷ, ㄹ

⑤ ㄱ, ㄴ, ㄷ, ㄹ

35

해결중심 집단상담 기법을 나열한 것은?

① 자각, 탈 숙고, 정화

② 기적질문, 척도질문, 간접 칭찬

③ 유머, 빈 의자 기법, 대처질문

④ 접촉, 생활양식 해석하기, 질문하기

⑤ 역설적 의도, 척도질문, 자기 포착하기

36

실존주의 집단상담에 관한 설명으로 옳지 않은 것은?

① 집단의 목표는 자신이 자기 삶의 주인이어야 한다는 자유를 인식하고 수용하는 것이다.

② 집단상황을 집단원이 실제로 살고 기능하는 세계의 축소판으로 본다.

③ 집단원간의 관계 문제를 과거 대인관계 역동으로 분석하고 통찰한다.

④ 집단원들이 실존적 문제를 나눔으로써 자신을 발견하도록 돕는다.

⑤ 집단원들은 기본적으로 자유로운 존재이기에 자유에 동반되는 책임을 받아들여야 한다.

37

코리(G. Corey)의 집단상담 과도기 단계(transition stage)에서 상담자의 개입으로 옳은 것은?

> • 영희 : 저는 여기 있는 사람들이 저를 비판할까봐 두려워요. 저는 다른 사람들이 제가 횡설수설한다고 생각하
> 지 않도록 하기 위해 말하기 전에 몇 번이고 연습해요.
>
> • 상담자 : _____

① 언제 그런 두려움을 느꼈고 이 집단에서 누구를 가장 의식하고 있나요?

② 혹시 영희와 같이 비판받을까봐 두려워하는 느낌을 가진 집단원이 있나요?

③ 만약 비판받을 것 같은 두려움이 없었다면 이 집단에서 어떻게 달라질 수 있을까요?

④ 비판을 두려워하는 자신에게 자기 패배적인 메시지보다는 긍정적으로 표현해 볼 수 있을까요?

⑤ 말하는 것에 주의를 주는 듯한 어머니를 연상하는 사람이 집단 내에 있다면 이야기 나누어 볼 수 있을까요?

38

다음 대화에서 집단상담자가 사용한 기법은?

> • 철수 : (영희를 보고) 영희씨! 당신은 왜 그렇게 느끼는가요?
>
> • 상담자 : 철수씨! 영희의 느낌을 알고자 하는 관심을 보여준 것에 대해 고맙게 생각합니다. 그런데 당신의 마음
>   속에 있는 것을 좀 더 명료하게 표현해 준다면 영희뿐만 아니라 우리 모두에게 더 도움이 될 것 같군요.

① 공감하기   ② 재진술하기   ③ 질문 차단하기   ④ 조언하기   ⑤ 잡담금지

39

집단상담 오리엔테이션에 관한 설명으로 옳지 <u>않은</u> 것은?

① 집단원의 집단에 대한 기대를 탐색한다.

② 집단원의 집단참여에 대한 불안감 해소를 돕는다.

③ 집단의 저항이 어떻게 처리될 것인지 알려준다.

④ 집단에서 이루어지는 작업은 쉽지 않음을 알리고 적극적인 참여를 독려한다.

⑤ 집단원과 함께 집단의 기본규칙에 관하여 논의한다.

40

추수(follow - up) 면담에 관한 설명으로 옳은 것을 모두 고른 것은?

> ㄱ. 종결 후 집단원들이 경험한 어려움이 무엇인지 탐색한다.
>
> ㄴ. 집단상담 마지막 회기에 미리 추수면담 장소와 시간을 집단원들과 협의한다.
>
> ㄷ. 도움이 필요한 집단원에게 추수면담 이후의 개인상담이나 상담프로그램 정보를 제공한다.
>
> ㄹ. 추수면담 집단회기에 참석하지 못한 집단원을 위해 개별 추수면담을 실시해서는 안된다.

① ㄱ, ㄴ   ② ㄷ, ㄹ   ③ ㄱ, ㄴ, ㄷ   ④ ㄴ, ㄷ, ㄹ   ⑤ ㄱ, ㄴ, ㄷ, ㄹ

41

다음의 질문기법을 주로 사용하는 집단상담자에 관한 설명으로 옳은 것은?

> • 만약 한밤중에 자고 있는 동안 기적이 일어나서 문제가 사라져 버렸다면, 다음 날 아침 눈을 떴을 때 무엇이 달라져 있을까요?
> • 당신이 집단에서 느끼는 불안은 0점에서 10점 사이에 몇 점인가요?

① 집단원의 무책임하고 비효과적인 행동의 근본 원인을 탐색한다.

② 집단원이 자기 삶의 전문가라고 믿고 '알지 못함'(not-knowing)의 자세를 취한다.

③ 집단원의 비논리적이고 파국적인 생각을 수정한다.

④ 집단에서 표현되지 않은 핵심 갈등을 탐색하고 저항을 다룬다.

⑤ 집단원의 문제를 지속적으로 평가하고 진단한다.

42

타의에 의해 집단에 참여하게 된 청소년을 위한 상담자의 행동으로 옳은 것을 모두 고른 것은?

> ㄱ. 집단원의 권리 및 책임에 관해 친절하고 철저하게 안내한다.
> ㄴ. 본인이 원할 경우 집단을 떠날 권리가 있으나, 이때 예상되는 결과에 대해 알려준다.
> ㄷ. 집단을 떠나기 전에 그 이유를 집단에 알리도록 안내한다.
> ㄹ. 자신과 타인을 위협하는 경우가 아니라면 말하는 내용은 모두 비밀이 보장된다고 알려준다.

① ㄱ, ㄴ   ② ㄴ, ㄹ   ③ ㄱ, ㄴ, ㄷ   ④ ㄱ, ㄷ, ㄹ   ⑤ ㄴ, ㄷ, ㄹ

43

코리((G. Corey)의 집단상담 발달단계에 따른 집단상담자 역할을 순서대로 나열한 것은?

> ㄱ. 집단원의 성장과 변화 평가하기, 분리에 대한 감정 다루기
>
> ㄴ. 비효과적인 행동패턴 탐색, 행동의 변화 촉진
>
> ㄷ. 집단의 구조화, 신뢰감 및 집단목표 설정하기
>
> ㄹ. 집단원의 저항·상담자에 대한 도전 다루기

① ㄴ - ㄱ - ㄹ - ㄷ   ② ㄴ - ㄹ - ㄷ - ㄱ

③ ㄷ - ㄴ - ㄱ - ㄹ   ④ ㄷ - ㄹ - ㄱ - ㄴ

⑤ ㄷ - ㄹ - ㄴ - ㄱ

44

다음의 집단상담 기술을 사용할 때 주의할 점으로 옳지 않은 것은?

> 상담자 : 상우는 충고를 주는 도준이가 혹시 자신의 형처럼 생각되기 때문에 도준이의 의견에 계속 반대하는 모습을 보이는 것은 아닐까요? 형이 자신의 모든 것을 아는 것처럼 잘난 척 하고 충고한다고 말했었죠.

① 정중하고 사려 깊게 한다.

② 구체적인 변화 절차를 계획하고 실행하도록 돕는다.

③ 집단원이 받아들일 준비가 되어 있는지 확인한 후에 사용한다.

④ 집단원의 지적능력을 고려하여 사용한다.

⑤ 잠정적인 가설이나 질문의 형태로 표현한다.

45

청소년 집단상담에서 밑줄 친 상담자 반응으로 옳은 것은?

> • 영주 : 아무리 노력해도 엄마의 기대를 채울 수 없을 것 같아요. 2등을 해도 엄마는 1등이 아니면 안 된다고 하실 거예요.
> • 상담자 : 영주는 엄마의 기대가 부담스럽고, 그 기대에 부응할 수 없을 것 같아 염려가 되는구나. <u>영주의 이야기는 이전에 수민이가 다른 사람에게 인정받기를 원한다고 말했던 것과 유사한 것 같군요.</u>

① 공감   ② 연결하기   ③ 차단하기   ④ 재진술   ⑤ 요약

46

집단상담에서 바람직하다고 생각되는 집단원의 행동을 모두 고른 것은?

> ㄱ. 비밀 지키기   ㄴ. 피드백 주고받기
> ㄷ. 적극적으로 참여하기   ㄹ. 상담자를 도와 공동지도자 되기

① ㄱ, ㄹ   ② ㄴ, ㄷ   ③ ㄱ, ㄴ, ㄷ   ④ ㄴ, ㄷ, ㄹ   ⑤ ㄱ, ㄴ, ㄷ, ㄹ

47

정신분석 집단상담에 참여한 영수의 경험을 설명하는 용어로 옳은 것은?

> 영수는 자신이 희생하더라도 다른 집단원들을 만족시키려는 것이 어릴 때 형성된 과도한 인정욕구 때문임을 자각하게 되었다. 이후 영수는 자신의 오래된 행동방식을 좀 더 이성적이고 현실적인 행동으로 바꾸기 위해 의식적으로 노력하게 되었다.

① 합리화   ② 전이
③ 훈습   ④ 문제의 외재화
⑤ 주지화

48

우볼딩(R. Wubbolding)의 현실치료 집단상담 절차에 따라 집단상담자의 질문을 순서대로 나열한 것은?

> ㄱ. 지금 무엇을 하고 있습니까?
>
> ㄴ. 어떤 사람이 되기를 소망합니까?
>
> ㄷ. 지금 하고 있는 행동이 도움이 됩니까?
>
> ㄹ. 원하는 것을 얻을 수 있는 효과적인 방법은 무엇입니까?

① ㄱ - ㄴ - ㄷ - ㄹ   ② ㄱ - ㄴ - ㄹ - ㄷ

③ ㄱ - ㄹ - ㄷ - ㄴ   ④ ㄴ - ㄱ - ㄷ - ㄹ

⑤ ㄴ - ㄱ - ㄹ - ㄷ

49

집단상담의 유형별 장단점에 관한 설명으로 옳지 <u>않은</u> 것은?

① 개방집단은 집단원의 변동이 가능하므로 폐쇄집단보다 다양한 사람들과 상호작용할 수 있다.

② 동질집단에서는 이질집단보다 빨리 자기개방이 이루어지고 유대감이 형성될 수 있다.

③ 마라톤집단에서는 며칠 동안 집중 회기를 통해 심화된 상호작용이 활성화될 수 있다.

④ 비구조화집단은 집단의 목표, 과제, 활동방법을 미리 정해놓아서 구조화집단보다 깊은 수준의 경험이 가능하다.

⑤ 폐쇄집단은 일부 집단원이 중도에 탈락할 경우 집단 크기가 너무 작아질 염려가 있다.

50

인간중심 집단상담자에 관한 설명으로 옳은 것을 모두 고른 것은?

> ㄱ. 지시적이기보다는 촉진적인 집단 분위기를 조성한다.
>
> ㄴ. 집단원에 대해 주의 깊고 민감하게 경청한다.
>
> ㄷ. 집단원의 행동의 원인을 해석·논평하는데 초점을 두지 않는다.
>
> ㄹ. 상담자 자신의 감정을 노출하고 활용하는 것을 중요하게 생각한다.

① ㄱ, ㄴ   ② ㄷ, ㄹ   ③ ㄱ, ㄴ, ㄷ   ④ ㄴ, ㄷ, ㄹ   ⑤ ㄱ, ㄴ, ㄷ, ㄹ

제3과목 심리측정 및 평가(필수)

51

심리측정에 관한 설명으로 옳지 <u>않은</u> 것은?

① 물리적 특성에 비해 심리적 특성의 측정이 더 정밀하다.

② 심리적 구성개념에 대한 측정은 간접적인 방법을 이용한다.

③ 심리검사는 조작적 정의를 통해 구성개념과 관련된 행동의 일부를 측정하는 것이다.

④ 심리적 구성개념은 이론적이고 가설적인 개념이다.

⑤ 검사의 종류에 따라 동일한 구성개념도 측정 결과가 다를 수 있다.

52

문항분석에 관한 설명으로 옳은 것을 모두 고른 것은?

> ㄱ. 문항 난이도를 추정하는 한 방법이 문항 변별도를 이용하는 것이다.
>
> ㄴ. 문항 – 총점 상관이 높은 문항은 변별도가 높은 문항이다.
>
> ㄷ. 문항특성곡선의 수평축은 검사 총점이고 수직축은 각 문항에 정답을 한 수검자의 비율이다.
>
> ㄹ. 문항특성곡선은 검사 문항의 변별도를 보여준다.

① ㄱ, ㄴ   ② ㄱ, ㄷ   ③ ㄱ, ㄴ, ㄹ   ④ ㄴ, ㄷ, ㄹ   ⑤ ㄱ, ㄴ, ㄷ, ㄹ

53

준거참조검사에 관한 설명으로 옳은 것을 모두 고른 것은?

> ㄱ. 정규분포와 같이 이상적인 점수분포를 이용해서 개인의 점수를 상대적으로 평가한다.
>
> ㄴ. 개인이 받은 검사의 원점수를 사용해서 해석한다.
>
> ㄷ. 정해진 점수를 기준으로 개인의 우울 여부를 판정하는 검사는 준거참조검사에 해당한다.

① ㄱ   ② ㄱ, ㄴ   ③ ㄱ, ㄷ   ④ ㄴ, ㄷ   ⑤ ㄱ, ㄴ, ㄷ

54

규준에 관한 설명으로 옳은 것은?

① 스테나인 점수 5에 해당하는 백분율은 20%이다.

② 평균 50점, 표준편차 10점인 정규분포에서 원 점수 30점에 해당하는 T점수는 20이다.

③ 백분위가 높을수록 그 개인의 원 점수는 낮아진다.

④ 백분위 점수는 등간척도이다.

⑤ 편차 IQ는 집단 간 규준에 해당한다.

55

척도에 관한 설명으로 옳은 것은?

① 토익(TOEIC)시험의 점수는 비율척도의 한 사례이다.

② 시속(km/h)은 등간척도에 해당한다.

③ 대부분의 심리검사는 비율척도에 해당한다.

④ 등간척도는 선형변환이 가능하다.

⑤ 서열척도는 연속변수이다.

56

심리검사의 척도구성법에 해당하지 <u>않는</u> 것은?

① 리커트(R. Likert)의 누적평정법(Method of summated rating)

② 써스톤(L. Thurstone)의 등현간격법(Method of equal appearing intervals)

③ 모레노(J. Moreno)의 사회성 측정법(Sociometry)

④ 가트만(L. Guttman)의 척도분석법(Method of scale analysis)

⑤ 오스굿(C. Osgood)의 의미판별법(Semantic differential technique)

57

신뢰도에 관한 설명으로 옳지 <u>않은</u> 것은?

① 신뢰도는 측정의 일관성 문제와 관련된다.

② 짝진 임의 배치법은 반분신뢰도를 구할 때 쓰는 방법이다.

③ 검사 – 재검사 신뢰도는 검사점수의 안정성에 대한 지표이다.

④ 동형검사신뢰도는 검사–재검사 신뢰도의 측정시기의 차이에 따른 문제점을 보완해 준다.

⑤ 반분법은 신뢰도를 과대평가하는 경향이 있다.

58

신뢰도에 영향을 주는 요인에 관한 설명으로 옳은 것은?

① 신뢰도는 문항 난이도의 영향을 받지 않는다.

② 문항의 내용이 동질적일수록 신뢰도는 높아진다.

③ 측정오차가 클수록 신뢰도는 높아진다.

④ 검사 – 재검사 신뢰도는 검사 시행의 시간 간격이 클수록 높아진다.

⑤ 신뢰도는 검사 문항 수의 영향을 받지 않는다.

59

요인분석을 통해 검증할 수 있는 타당도는?

① 예언타당도(predictive validity)　　　　② 공인타당도(concurrent validity)

③ 내용타당도(content validity)　　　　④ 안면타당도(face validity)

⑤ 구인타당도(construct validity)

60

타당도에 관한 설명으로 옳은 것은?

① 내용타당도와 안면타당도는 동일한 타당도이다.

② 예언타당도는 구인타당도에 해당한다.

③ 수렴타당도는 준거 관련 타당도에 해당한다.

④ 안면타당도에서 문항의 적절성 판단은 주로 수검자의 평가로 이루어진다.

⑤ 공인타당도는 검사 실시 후 일정시간이 지난 후 평가하는 타당도이다.

61

객관적 검사와 비교해서 투사적 검사에 관한 설명으로 옳지 <u>않은</u> 것은?

① 검사자극이 모호하다.

② 수검자가 자신의 반응을 방어하기 쉽다.

③ 실시와 채점이 덜 용이하다.

④ 수검자의 반응이 사회적 바람직성의 영향을 덜 받는다.

⑤ 타당성이 충분히 입증되지 않았다.

62

지능검사의 표준점수 해석에 관한 설명으로 옳지 <u>않은</u> 것은?

① 지표점수 115는 백분위 84에 해당한다.

② 지표점수 95는 전체 지능지수 95와 동일한 상대적 위치이다.

③ 소검사 환산점수 8은 지표점수 110과 동일한 상대적 위치이다.

④ 전체 지능지수 85와 소검사 환산점수 7은 백분위 16에 해당한다.

⑤ 일반능력 지표점수 100은 소검사 환산점수 10과 동일한 상대적 위치이다.

63

지능의 개념과 구성에 관한 설명으로 옳지 <u>않은</u> 것은?

① 카텔(R. Cattell)은 결정성 지능이 두뇌 손상에 더 취약하다고 하였다.

② 스피어만(C. Spearman)은 모든 인간이 공통적으로 갖고 있는 일반(g)요인을 주장하였다.

③ 써스톤(L. Thurstone)은 지능의 다요인설인 기본적인 정신능력(PMA)을 주장하였다.

④ 길포드(J. Guilford)는 지능의 구조를 3차원 모델로 구성하였다.

⑤ 가드너(H. Gardner)는 지능의 다요인설을 확장시켜 다중지능이론을 주장하였다.

64

K - WISC - IV와 비교해서 K - WISC - V에 관한 설명으로 옳지 <u>않은</u> 것은?

① 언어이해 핵심 소검사가 2개로 축소되었다.

② 처리속도 핵심 소검사는 그대로 유지되었다.

③ 시각 공간 핵심 소검사가 토막 짜기와 공통그림 찾기로 구성되었다.

④ 작업기억 핵심 소검사가 숫자와 그림 폭으로 구성되었다.

⑤ 지각추론지수가 시각 공간 지수와 유동추론 지수로 분리되었다.

65

한국판 베일리 영유아발달검사(BSID - II)에 관한 설명으로 옳지 <u>않은</u> 것은?

① 인지 및 행동 등 발달 수준을 평가하는 데 사용된다.

② 인지척도, 동작척도, 정서척도로 구성되어 있다.

③ 생후 1개월부터 42개월 영유아를 대상으로 한다.

④ 동작척도는 소근육과 대근육 운동수준 등을 평가한다.

⑤ 인지척도는 기억력과 문제해결능력 등을 평가한다.

66

BGT-2에 관한 설명으로 옳은 것을 모두 고른 것은?

ㄱ. BGT-1보다 더 쉬운 도형 3개가 추가되었다.

ㄴ. BGT-1보다 더 어려운 도형 4개가 추가되었다.

ㄷ. 8세 이하 아동(만 7세)은 1~13번까지 검사한다.

ㄹ. 검사결과는 평균 100, 표준편차 15를 기준으로 산출한다.

① ㄱ, ㄷ　　　　② ㄱ, ㄹ　　　　③ ㄴ, ㄷ　　　　④ ㄴ, ㄹ　　　　⑤ ㄷ, ㄹ

67

MMPI - 2 척도에 관한 설명으로 옳은 것은?

① S : 건강염려와 관련된 스트레스 정도를 평가한다.

② Pt : 과도한 걱정이나 긴장을 평가한다.

③ Pd : 신경쇠약이나 강박정도를 평가한다.

④ Pa : 심인성 감각장애 정도를 평가한다.

⑤ Ma : 남성성 - 여성성 정도를 평가한다.

68

MMPI - 2 내용척도에 관한 설명으로 옳지 <u>않은</u> 것은?

① ANG : 통제력 및 성급함 정도를 평가한다.

② ANX : 일반화된 불안 및 걱정을 평가한다.

③ SOD : 냉소적, 불신, 의심 정도를 평가한다.

④ HEA : 다양한 신체증상 정도를 평가한다.

⑤ OBS : 반추 및 의사결정 곤란 정도를 평가한다.

69

성격평가질문지(PAI) 척도에 관한 설명으로 옳은 것은?

① INF : 부주의하거나 무선적인 반응태도를 확인하는 척도

② PIM : 나쁜 인상을 주려는 태도를 확인하는 척도

③ DOM : 타인에 대한 공격성을 확인하는 척도

④ WRM : 직업 관련 수행을 평정하는 척도

⑤ ANT : 대인관계에서 공감 정도를 평정하는 척도

70

청각적 주의력을 평가할 수 있는 신경심리검사를 모두 고른 것은?

ㄱ. BGT – 2	ㄴ. 숫자폭 검사(Digit span test)
ㄷ. 연속수행검사(CPT)	ㄹ. 레이 – 오스터리스(Rey – Osterrieth) 검사

① ㄱ, ㄴ   ② ㄱ, ㄷ   ③ ㄴ, ㄷ   ④ ㄴ, ㄹ   ⑤ ㄷ, ㄹ

71

MBTI에 관한 설명으로 옳지 <u>않은</u> 것은?

① 네 가지 차원을 기본 축으로 구성하였다.

② E/I 축은 에너지를 얻는 근원에 관한 설명이다.

③ S/N 축은 정보를 수집하는 방법에 관한 설명이다.

④ T/F 축은 영감과 내적인 인식에 관한 설명이다.

⑤ J/P 축은 판단과 인식에 관한 설명이다.

72

홀랜드(J. Holland)의 진로탐색검사에 관한 설명으로 옳지 <u>않은</u> 것은?

① C와 E의 유사성은 I와 S의 유사성보다 높다.

② RA형은 RS형보다 일관성이 낮다.

③ 일치성은 성격 유형과 직업 환경 유형 간 유사한 정도를 나타낸다.

④ 기업적 유형은 개인의 위치가 분명하고 권력의 위계가 잘 구조화된 직업 환경을 선호한다.

⑤ 변별성이 높은 사람은 일에 있어 경쟁력과 만족도가 높다.

73

문장완성검사에 관한 설명으로 옳지 <u>않은</u> 것은?

① 갈톤(F. Galton)의 자유연상검사가 출발점이다.

② TAT보다 더 구조화되어 있다.

③ 로터(J. Rotter)는 단어연상검사 방법을 최초로 고안하였다.

④ 부, 모, 대인관계 태도 영역을 선택하여 실시할 수 있다.

⑤ 삭스(J. Sacks)의 문장완성검사는 가족, 성, 대인관계, 자기개념 영역으로 구성된다.

74

로샤(Rorschach)검사에서 조직(Z)점수 채점에 관한 설명으로 옳은 것을 모두 고른 것은?

ㄱ. 형태질이 u인 경우에 조직점수를 부여한다.

ㄴ. Z점수의 최대값은 6.0으로 평가기준에 규정되어 있다.

ㄷ. Wv로 평가된 경우에는 조직점수를 부여하지 않는다.

ㄹ. 반점의 S 영역과 다른 영역을 통합해서 반응한 경우는 Z점수를 부여한다.

① ㄱ, ㄴ   ② ㄱ, ㄷ

③ ㄴ, ㄷ   ④ ㄴ, ㄹ

⑤ ㄷ, ㄹ

75

TAT에 관한 설명으로 옳지 <u>않은</u> 것은?

① 그림자극이 모호하다는 것이 검사의 특징이다.

② 개인의 욕구는 동일시한 인물을 통해 투사된다.

③ 제시된 자극에 개인의 경험이 추가되면서 반응차이를 보인다.

④ 개인의 내적욕구가 환경적 압력과 상호작용하여 외부로 표출된다.

⑤ 그림자극에 대한 투사과정의 이론적 전제는 통각, 내현화, 정신 결정론이다.제4과목_상담이론(필수)

제4과목 상담이론(필수)

76

중다양식치료의 개념과 청소년 문제의 연결이 옳지 <u>않은</u> 것은?

① A - 불안, 우울
② B - 싸움, 훔치기
③ C - 낮은 자아개념, 지나친 공상
④ D - 담배, 술
⑤ S - 두통, 현기증

77

인지왜곡의 유형과 예시의 연결이 옳은 것을 모두 고른 것은?

> ㄱ. 파국화 - 새로 전학 가는 학교의 아이들은 모두 나를 싫어할 거야.
>
> ㄴ. 과잉일반화 - 오늘 동아리 모임에서 불편했어. 아무래도 나는 친구를 사귀는 데 필요한 자질이 없나봐.
>
> ㄷ. 임의적 추론 - (시험 준비로 남자친구의 연락이 뜸 하자) 이제 남자친구가 나랑 헤어지려고 연락을 안 하는구나.
>
> ㄹ. 정신적 여과 - (친구들이 웃으며 이야기하는 모습을 보고) 애들이 내 외모를 비웃는 걸 거야.

① ㄱ, ㄴ
② ㄷ, ㄹ
③ ㄱ, ㄴ, ㄷ
④ ㄴ, ㄷ, ㄹ
⑤ ㄱ, ㄴ, ㄷ, ㄹ

78

바람직하지 않은 행동을 감소시키는 행동주의 상담의 기법으로 옳은 것을 모두 고른 것은?

> ㄱ. 행동연쇄법
> ㄴ. 자극포화법
> ㄷ. 내파법(implosive therapy)
> ㄹ. 타임아웃

① ㄱ, ㄷ
② ㄴ, ㄹ
③ ㄱ, ㄴ, ㄷ
④ ㄴ, ㄷ, ㄹ
⑤ ㄱ, ㄴ, ㄷ, ㄹ

79

다음 상담자 반응에 해당하는 해결중심 상담의 질문기법은?

> 상담자 : 청상이가 이번 주말에 어지럽혀진 방을 정리하는 모습을 본다면, 엄마는 어떻게 반응하실까?

① 예외질문   ② 대처질문
③ 역설질문   ④ 평가질문
⑤ 관계성질문

80

접수면접에 관한 설명으로 옳지 <u>않은</u> 것은?

① 상담경력이 많은 전문가가 담당하는 것이 바람직하다.
② 접수면접 전에 반드시 심리검사를 실시한다.
③ 상담자 수가 많고 규모가 큰 기관에서 주로 실시한다.
④ 접수면접 후 내담자의 문제유형, 심각성, 긴급성 등을 고려하여 적합한 상담자와 연결한다.
⑤ 기관 또는 상담자가 내담자에게 도움을 줄 수 없는 경우, 연계 계획을 세울 수 있다.

81

다음 내담자에게 해당하는 프로차스카와 디클레멘티(J. Prochaska & C. DeClemente)의 범이론적 변화 단계모델 단계는?

> 내담자 : 스마트폰 게임을 많이 해서 엄마와 자꾸 싸워요. 공부에 방해가 되서 게임시간을 줄이고 싶은 마음도 있지만, 지금처럼 게임을 하면서 스트레스를 풀고 싶은 마음도 있어요. 조만간 게임 시간을 줄여야 할 것 같아요.

① 준비단계(preparation)   ② 행동실천단계(action)
③ 숙고단계(contemplation)   ④ 유지단계(maintenance)
⑤ 불일치단계(discrepancy)

82

상담 초기단계의 개입으로 옳지 <u>않은</u> 것은?

① 내담자와 합의하여 구체적인 상담목표를 정한다.

② 내담자의 부적응적 패턴을 직면한다.

③ 내담자가 경험하는 어려움을 구체적으로 파악한다.

④ 내담자의 말을 경청하고 공감적으로 이해한다.

⑤ 상담기록, 보존, 관리에 대해 내담자의 동의를 구한다.

83

직면에 관한 설명으로 옳은 것을 모두 고른 것은?

> ㄱ. 모순을 드러내어 새로운 통찰과 바람직한 변화를 유도한다.
>
> ㄴ. 감정을 인식하고 경험하며 표현하는 것을 주된 목적으로 한다.
>
> ㄷ. 내담자의 언어적 진술과 비언어적 진술 간 또는 언어적 진술들 간의 불일치 등에 관해 진술하는 기법이다.
>
> ㄹ. "화가 나면 오히려 마음이 차분해진다는 말은 분노감을 말로 표현하기 어렵다는 뜻인가요?"와 같은 반응이다.

① ㄱ, ㄷ   ② ㄴ, ㄹ   ③ ㄷ, ㄹ   ④ ㄱ, ㄴ, ㄷ   ⑤ ㄱ, ㄷ, ㄹ

84

다음 사례에 대한 상담자의 재진술 반응으로 옳은 것은?

> 내담자 : 선생님, 우리 반 친구들이 저만 따돌려요. 담임선생님도 저만 미워하시는 것 같고요.

① 친구들이 너만 따돌리고 담임선생님도 너만 미워한다는 말이구나.

② 선생님도 예전에 따돌림을 당한 적이 있었는데 그때 많이 힘들었단다.

③ 친구들이 너만 따돌린다는 말이 무슨 말인지 좀 더 이야기해 줄 수 있겠니?

④ 담임선생님이 어떻게 하실 때 너를 미워한다고 생각하는지 궁금하구나.

⑤ 친구들이 따돌리지 않고 담임선생님도 너에게 관심을 가져 주었으면 좋겠는데 그렇지 않아서 속상했겠다.

85

수용전념치료(ACT)의 핵심 원리로 옳지 않은 것은?

① 가치 탐색 ② 전념 행동

③ 현재에 머무르기 ④ 인지적 탈융합

⑤ 역할 변화

86

합리정서행동 상담에 관한 기술로 옳지 않은 것은?

① 인간은 합리적인 동시에 비합리적인 존재이다.

② 행동변화의 지속을 위해서 장기상담을 지향한다.

③ 상담자는 지시적이고 적극적인 역할을 수행한다.

④ 특정 장애의 원인을 구체적으로 제시하지 않는다.

⑤ '내가 원하는 대로 일이 풀리지 않는 것은 끔찍하다.' 는 비합리적 신념이다.

87

해결중심 상담자의 개입으로 옳지 않은 것은?

① 문제행동과 관련된 과거 경험을 탐색한다.

② 내담자의 장점과 자원을 확인하고 지지한다.

③ 내담자가 원하는 것을 상담목표로 설정한다.

④ 상담에 오기 전 변화에 대해 질문한다.

⑤ 고객형 내담자에게 관찰 또는 행동 과제를 부여한다.

88

현실치료에 관한 설명으로 옳은 것은?

① 의학적 모델에 기초한다.

② 생존의 욕구는 신뇌에서 유발된다.

③ 내담자의 과거 또는 미래 행동에 초점을 맞춘다.

④ 기본욕구는 상호갈등적이고 대인갈등적이다.

⑤ 전행동(total behavior) 중 행동하기와 느끼기는 직접적으로 통제할 수 있다.

89

정신분석에 관한 설명으로 옳지 <u>않은</u> 것은?

① 인간은 과거 경험에 영향을 받는 존재이다.

② 인간에 대한 결정론적 입장을 취한다.

③ 무의식은 행동에 영향을 미치지 않는다.

④ 인간행동은 생물학적인 본능과 충동에 의해 동기화 된다.

⑤ 의식수준을 의식, 전의식, 무의식으로 구분한다.

90

개인심리학의 상담기법으로 옳은 것을 모두 고른 것은?

ㄱ. 단추누르기	ㄴ. 자유연상
ㄷ. 스프에 침 뱉기	ㄹ. 개성화 작업
ㅁ. 과제 설정하기	

① ㄱ, ㄴ   ② ㄷ, ㄹ

③ ㄱ, ㄷ, ㅁ   ④ ㄴ, ㄹ, ㅁ

⑤ ㄱ, ㄷ, ㄹ, ㅁ

91

실존주의 상담에서 보는 인간의 궁극적 관심사를 모두 고른 것은?

ㄱ. 자유	ㄴ. 우울	ㄷ. 고독	ㄹ. 리비도	ㅁ. 무의미

① ㄱ, ㄷ   ② ㄱ, ㄴ, ㄹ   ③ ㄱ, ㄷ, ㅁ   ④ ㄴ, ㄷ, ㄹ   ⑤ ㄴ, ㄷ, ㄹ, ㅁ

92

인간중심 상담자의 진솔성에 관한 설명으로 옳지 <u>않은</u> 것은?

① 자신의 경험과 자기를 일치시킬 수 있어야 한다.

② 자신을 부정하지 않고 자기 자신으로 존재한다.

③ 자신의 전문역할 뒤로 숨지 않는 것을 뜻한다.

④ 자신의 능력을 과장하려는 유혹을 성찰하는 것이다.

⑤ 자신의 느낌과 생각을 내담자에게 모두 표현하는 것을 의미한다.

93

다음에 해당하는 게슈탈트 상담 기법은?

- 내담자 : (내담자가 자신의 삶에 대해 이야기한다) 세상에 혼자 있는 것 같아요.
- 상담자 : 세상에 혼자 있다고 마음속으로 상상해 보세요. 어떤 것을 경험하십니까?

① 실험   ② 꿈작업   ③ 바디스캔   ④ 험담 금지하기   ⑤ 상전과 하인

94

다음 대화에 해당하는 교류분석의 유형은?

- 어머니 : 지금이 몇 시니? (숨겨진 메시지 – 왜 이렇게 늦게 다니는 거야? 일찍 좀 와)
- 아들 : 11시요. (숨겨진 메시지 – 집에 들어오기 싫어요! 집이 편하지 않아요)

① 이면교류   ② 교차교류   ③ 상보교류   ④ 각본교류   ⑤ 일방교류

95

다음 설명에 해당하는 개념으로 옳은 것은?

> ㄱ. 교류분석에서 초기 결정을 확증하기 위하여 다른 사람을 조작하는 과정이며 스트레스 상황에서 자주 경험하게 되는 것
> ㄴ. 개인심리학에서 인생의 초기에 개인의 경험을 조직하고 예언, 통제하기 위해 발달시켜 온 개인의 인지조직도

① ㄱ. 스트로크　　ㄴ. 열등감　　　　　　② ㄱ. 라켓감정　　ㄴ. 생활양식

③ ㄱ. 게임　　　　ㄴ. 열등감　　　　　　④ ㄱ. 스트로크　　ㄴ. 생활양식

⑤ ㄱ. 인생태도　　ㄴ. 우월의 추구

96

실존주의 상담에 관한 설명으로 옳은 것을 모두 고른 것은?

> ㄱ. 내담자로 하여금 자신의 내면세계를 진실 되게 자각하도록 한다.
> ㄴ. 진단적 범주보다 내담자의 실존적 주제에 주의를 기울인다.
> ㄷ. 내담자의 현재보다는 과거의 사건과 미래에 주목한다.
> ㄹ. 지금 있는 그대로의 자기 자신을 신뢰하도록 돕는다.

① ㄱ, ㄷ　　　　　② ㄴ, ㄹ　　　　　③ ㄱ, ㄴ, ㄷ　　　　④ ㄱ, ㄴ, ㄹ　　　　⑤ ㄴ, ㄷ, ㄹ

97

다음 사례의 청소년 내담자가 사용한 방어기제는?

> 내담자 : 학교에서 반장을 하고 있는데 학급일도 많고, 선생님이 너무 많은 일을 시키세요. 선생님께 불만을 얘기할 수 없으니 친구에게 막 화를 냈어요.

① 부정(denial)　　　　　　　　　　② 투사(projection)

③ 퇴행(regression)　　　　　　　　④ 치환(displacement)

⑤ 반동형성(reaction formation)

98

청소년상담자의 자질로 옳지 <u>않은</u> 것은?

① 완벽주의

② 자기성찰 능력

③ 변화에 대한 신뢰

④ 감정인식 및 수용력

⑤ 인간에 대한 호기심과 관심

99

상담자의 비윤리적 행동에 해당하는 것을 모두 고른 것은?

ㄱ. 수퍼비전을 목적으로 내담자 동의 없이 녹음함

ㄴ. 상담실 밖에서 내담자와 사적인 관계를 맺음

ㄷ. 자신의 능력을 과장해서 내담자가 의존하게 함

ㄹ. 청소년상담자로서 자신의 한계를 인식함

ㅁ. 친구나 친척을 내담자로 받아들이고 상담함

① ㄱ, ㄷ

② ㄴ, ㄹ, ㅁ

③ ㄱ, ㄴ, ㄷ, ㅁ

④ ㄴ, ㄷ, ㄹ, ㅁ

⑤ ㄱ, ㄴ, ㄷ, ㄹ, ㅁ

100

다음 사례에서 상담자가 선택한 이론과 기법의 연결이 옳은 것은?

• 내담자 : 고등학교 때 수업시간에 발표하다가 말을 더듬었어요. 애들 앞에서 창피를 당했는데 또 그런 일이 생기는 게 두려워서 발표를 피하고 있어요.

• 상담자 : 발표를 피하지 말고 더 많이 하세요.

• 내담자 : 오히려 발표를 더 하라고요?

① 정신분석 - 통찰

② 게슈탈트 상담 - 해석

③ 교류분석 - 게임

④ 인간중심 상담 - 수용

⑤ 실존주의 상담 - 역설적 의도제1과목_학습이론(필수)

제1과목 학습이론(필수)

01

파블로프(I. Pavlov)의 이론에서 근접성의 원리에 따라 강한 조건형성이 일어나는 것은?

① 무조건 자극과 조건 자극을 동시에 제시하였다.

② 무조건 자극을 먼저 제시하면서 0.5초 이내로 조건자극도 제시하였다.

③ 조건 자극을 먼저 제시하면서 0.5초 이내로 무조건 자극을 제시한 후 두 자극을 동시에 철회하였다.

④ 조건 자극을 먼저 제시하였다가 철회하고 나서 2초 후에 무조건 자극을 제시하였다.

⑤ 조건 자극을 먼저 제시하였다가 철회하고 나서 5초 후에 무조건 자극을 제시하였다.

02

학습의 개념에 관한 설명으로 옳은 것은?

① 태도 변화는 학습의 범주에서 제외한다.

② 정서적 변화는 학습의 범주에 포함하지 않는다.

③ 성숙에 의한 행동 변화는 학습의 범주에 포함하지 않는다.

④ 학습(learning)과 수행(performance)은 직접적으로 관찰 가능하다.

⑤ 약물에 의한 일시적 신체 상태에 기인한 행동 잠재력의 변화도 학습의 범주에 포함한다.

03

인간주의(humanistic theory) 학습동기이론에 관한 설명으로 옳은 것은?

① 매슬로우(A. Maslow)의 욕구 위계에서 자아존중에 대한 욕구는 결핍 욕구에 해당한다.

② 결핍 욕구는 그 욕구에 대한 개인의 주관적 만족감에 의해 충족되므로 해소되지 않는다.

③ 성장 욕구는 성장에 대한 개인적 욕구에 의해 동기화되며, 목표수준에 도달하면 충족된다.

④ 소속과 애정의 욕구는 성장 욕구에 해당한다.

⑤ 로저스(C. Rogers)는 실현경향성(actualizing tendency)을 후천적인 것으로 보았다.

04

동기에 관한 다음 공식에 해당하는 설명을 〈보기〉에서 모두 고른 것은?

동기(M) = 인식된 성공가능성(P_s) × 성공의 유인가(I_s)

〈보기〉

ㄱ. 성공할 가능성이 전혀 없다고 생각되면 동기화되지 않는다.

ㄴ. 다른 참여자의 능력과 경쟁률이 매우 높다는 것을 알아도, 상금의 액수나 보상의 매력도가 높을수록 동기가 최대화 된다.

ㄷ. 쉬운 과제보다는 적당히 어려우나 불가능한 수준이 아니면서 학습자에게 유의미한 과제들이 학습동기유발에 더 좋다.

ㄹ. 쉬운 과제여서 성공할 가능성이 높다 해도 개인적 관심과 흥미가 없는 과제라면 학습 동기는 최대화되지 않는다.

① ㄱ, ㄴ   ② ㄱ, ㄹ

③ ㄷ, ㄹ   ④ ㄱ, ㄴ, ㄷ

⑤ ㄱ, ㄷ, ㄹ

05

라이언과 데시(R. Ryan & E. Deci)의 자기결정성 이론(self - determination theory)에 관한 설명으로 옳은 것은?

① 인간은 후천적으로 유능감(competence), 관계성(relatedness), 자율성(autonomy)에 대한 욕구를 가진다.
② 내적 동기는 사회화 과정에서 주어지는 통제, 보상 등에 의해 내면화되어 점차 자기조절과정의 일부가 된다.
③ 무동기(amotivation)는 적정 수준의 동기 상태이다.
④ 통합된 조절(integrated regulation)보다 내적 조절(intrinsic regulation)의 자율성 정도가 더 높다.
⑤ 외적 동기와 내적 동기는 상호 대립 개념이다.

06

다음 중 '숙달목표(mastery goal)' 지향 학습자에게서 나타날 수 있는 특성을 모두 고른 것은?

> ㄱ. 자기조절적인 학습과 행동을 한다.
> ㄴ. 능력은 연습과 노력에 따라 발달한다고 믿는다.
> ㄷ. 쉬운 과제에서 성공할 때, 자부심이나 안도감으로 반응한다.
> ㄹ. 타인과의 비교 보다는 자신이 얼마나 더 나아졌는지의 관점에서 수행을 평가한다.
> ㅁ. 시험과 같은 평가 상황에서 지나치게 불안해한다.

① ㄱ, ㄴ, ㄷ   ② ㄱ, ㄴ, ㄹ   ③ ㄱ, ㄷ, ㄹ   ④ ㄴ, ㄷ, ㅁ   ⑤ ㄴ, ㄹ, ㅁ

07

스키너(B. Skinner)이론의 주요 개념에 관한 설명으로 옳은 것을 모두 고른 것은?

> ㄱ. 강화인이 동물의 행동과 관련되어 있는 것을 미신적 행동(superstitious behavior)이라 한다.
> ㄴ. 조작적 행동(operant behavior)은 결과에 의해 통제를 받는 것이다.
> ㄷ. 강화인이 반응에 의존적인 것을 유관강화(contingent reinforcement)라고 한다.
> ㄹ. 기대된 반응을 유발하는 자극(stimulus)보다는 반응(response)의 중요성을 강조한다.
> ㅁ. 반응 행동(respondent behavior)이란 자극에 의해 유발된 것이 아니라 유기체에 의해 방출된 행동이다.

① ㄱ, ㄴ, ㄷ   ② ㄱ, ㄷ, ㄹ   ③ ㄴ, ㄷ, ㄹ   ④ ㄴ, ㄷ, ㅁ   ⑤ ㄷ, ㄹ, ㅁ

08

다음 내용에 해당되는 개념은?

> • 목표행동을 향해 점진적으로 접근해 가는 과정이다.
> • 초기 행동에서 바람직한 행동으로 근접할 때 마다 강화한다.
> • 처음에는 아주 간단한 반응 만으로도 보상을 받게 하다가 그 행동을 일관성 있게 잘 하게 되면, 다음 단계에서는 보다 복잡하고 어려운 반응에 대해서만 보상한다.

① 조형(shaping)
② 연쇄(chaining)
③ 유관계약(contingency contract)
④ 변별(discrimination)
⑤ 체계적 둔감화(systematic desensitization)

09

관찰학습 과정의 'ㄱ'에 관한 설명으로 옳은 것은?

> 모방사태 → 주의 → ㄱ → 운동재생 → 동기화 → 모방행동

① '이렇게 하면 잘 될거야', '팔을 왼쪽으로 더 뻗어야 해' 와 같이 정보적 피드백에 근거한 자기 수정적 조정이 필수적이다.
② 관찰된 정보를 심상적, 언어적 표상체계로 부호화한다.
③ 모델의 특성에 따라 관찰자의 주의집중이 달라진다.
④ 모델이 보상받는 것을 관찰하면 강한 자극제가 될 수 있다.
⑤ 환경을 자기 인도적(self-directed)으로 탐색한다.

10

학습 상황에서의 전이(transfer)에 관한 설명으로 옳은 것은?

① 근접 전이(near transfer) : 학습활동시의 맥락과 전이 상황의 맥락이 유사할 때 일어난다.

② 부적 전이(negative transfer) : 선행학습과 후속 학습간의 구체적 특수요인에 의해서만 전이가 일어난다.

③ 도해적 전이(figural transfer) : 원래대로의 기능 또는 지식을 새로운 과제에 적용할 때 일어난다.

④ 축어적 전이(literal transfer) : 새로운 학습에 직면하여 자신이 이전에 숙달학습을 위해 사용했던 것과 동일한 학습
   전략을 사용할 때 일어난다.

⑤ 원격 전이(far transfer) : 선행학습이 후행학습을 더 어렵게 만들 때 일어난다.

11

다음 각 사례와 사회인지 학습이론의 개념을 바르게 연결한 것은?

> ㄱ. 새로운 동작을 배우고 수행할 때 '고개를 왼쪽 2회, 오른쪽 1회, 뒤로 1회, 그리고 앞으로 2회'의 순서를 마음속
>   으로 생각하면서 수행한다.
> ㄴ. 3분 간격으로 '뚜~'소리가 나는 알람을 켜놓고 온라인 수업 영상을 수강하며, 알람이 울릴 때마다 '나는 지금
>   선생님의 설명에 주의집중하고 있나?' 스스로에게 물어본다.
> ㄷ. 발표 불안을 극복하고자 자발적으로 발표에 참여하고 마친 경우 마일리지 노트에 스스로 부여한 점수를 기록
>   해둔다.
> ㄹ. 식탁에서는 유튜브 시청 만을, 책상에서는 온라인수업 영상 수강 만을 하도록 스스로 조건화한다.

> **〈보기〉**
>
> a. 자기강화(self - reinforcement)
> b. 자기감독(self - monitoring)
> c. 자기부여 자극통제(self - imposed stimulus control)
> d. 자기지시(self - instruction)

① ㄱ - a, ㄴ - b, ㄷ - c, ㄹ - d   ② ㄱ - a, ㄴ - b, ㄷ - d, ㄹ - c

③ ㄱ - b, ㄴ - d, ㄷ - c, ㄹ - a   ④ ㄱ - d, ㄴ - b, ㄷ - a, ㄹ - c

⑤ ㄱ - d, ㄴ - b, ㄷ - c, ㄹ - a

12

기억술(mnemonics)과 그 사례의 연결이 옳은 것은?

① 운율법(rhyming method) : gloom (어둠)은 구름이 끼어 어두움

② 두문자어법(acronyms) : 수금지화목토천해 (태양으로부터의 순서대로 행성 이름 외우기)

③ 장소법(loci method) : 한번 구경 오십시오 (한라산 해발 1,950미터)

④ 연상법(mental imaging) : HOMES (5대호 : Huron, Ontario, Michigan, Erie, Superior)

⑤ 핵심 단어법(keyword method) : 현관 – 사과, 거실 – 감자, 침실 – 배추 (익숙한 장면과 동선의 순서에 따라 단어 배치하기)

13

뉴런과 그 연결망에 관한 설명으로 옳지 않은 것은?

① 학습과정은 새로운 신경 연결을 형성하는 것과 관련 있다.

② 뉴런(neuron)은 신경계 내의 전기 신호를 통해 정보를 처리하는 신경세포이다.

③ 시냅스(synapse)는 과다 분비된 신경전달물질을 없애 주는 청소부 역할을 한다.

④ 축색돌기(axon)는 다른 뉴런으로 정보를 전달하는 역할을 한다.

⑤ 수상돌기(dendrites)는 다른 뉴런으로부터 정보를 받아들이는 역할을 한다.

14

시험실패에 대한 귀인과 와이너(B. Weiner)가 제시한 귀인의 세 가지 차원의 연결이 옳은 것을 모두 고른 것은?

ㄱ. '시험 보는 날 몸이 아파서' – 내부, 안정, 통제 가능

ㄴ. '적성에 맞지 않아서' – 내부, 안정, 통제 불가능

ㄷ. '시험 볼 때 기분이 좋지 않아서' – 내부, 불안정, 통제 불가능

ㄹ. '운이 나빠서' – 외부, 불안정, 통제 불가능

① ㄱ, ㄴ   ② ㄴ, ㄷ   ③ ㄷ, ㄹ   ④ ㄱ, ㄴ, ㄷ   ⑤ ㄴ, ㄷ, ㄹ

15

망각에 관한 설명으로 옳지 않은 것은?

① 쇠퇴(decay)이론에 따르면, 기억 흔적이 점차 사라지기 때문에 망각이 일어난다.

② 간섭(interference)이론에 따르면, 정보가 다른 정보와 섞이거나 다른 정보에 의해 대체되기 때문에 망각이일어난다.

③ 쇠퇴 이론이 간섭 이론에 비해서 망각의 원인을 더 잘 설명한다.

④ 알파벳 'd'를 배우게 되면서, 앞서 배웠던 'b'를 혼동하는 것은 역행간섭의 예이다.

⑤ 개명한 친구의 새 이름이 기억나지 않고 예전 이름만 떠오르는 것은 순행간섭의 예이다.

16

다음에 해당하는 행동수정의 개념은?

> 부적절한 행동을 한 학생으로 하여금 이전에 확보한 강화물의 일부를 반납하도록 했다.

① 정적 강화   ② 반응 대가

③ 부적 강화   ④ 소거

⑤ 수여성 벌

17

기억에 관한 설명으로 옳지 않은 것은?

① 앳킨슨-쉬프린(Atkinson-Shiffrin)의 기억모형은 감각등록기, 단기기억, 그리고 장기기억 간의 체계를 설명한다.

② 감각등록기(sensory register)는 외부로부터의 정보를 수용하며, 매우 짧은 기간 유지되는 기억체계의 요소이다.

③ 작업기억(working memory)은 정보를 조직하고 다른 정보들과 관련짓는 기억체계의 요소이다.

④ 의미기억(semantic memory)은 개인적 경험에 관한 심상을 처리하는 단기기억의 유형이다.

⑤ 절차기억(procedural memory)의 예로는 자전거 타기, 수영하기, 타이핑하기 등이 있다.

18

다음 실험의 설명에서 밑줄 친 부분과 고전적 조건형성의 개념을 옳게 짝지은 것은?

> 왓슨(J. Watson)은 쥐에 대한 공포가 없었던 어린 앨버트를 대상으로 공포에 대한 일련의 실험을 하였다. 실험에서 왓슨은 앨버트가 쥐에게 가까이 가려고 했을 때 앨버트의 뒤에서 망치로 강철을 때려서 ⊙ 크고 날카로운 소리가 나게 하였다. 그 큰 소리에 앨버트는 ⊙ 놀라서 넘어지고 말았다. 이러한 상황이 반복되자 앨버트는 ⓒ 쥐를 보면 ⓓ 소스라치게 놀라며 울기 시작했다.

① ⊙ - 조건 자극,   ⊙ - 조건 반응   ② ⊙ - 무조건 자극,   ⓓ - 무조건 반응

③ ⊙ - 무조건 반응,   ⓒ - 조건 자극   ④ ⊙ - 조건 반응,   ⓓ - 무조건 반응

⑤ ⓒ - 무조건 자극,   ⓓ - 무조건 반응

19

학습 연구자와 그 이론적 주장의 연결로 옳은 것은?

① 손다이크(E. Thorndike) - 행동의 결과가 자극과 반응 간 연결 강도에 영향을 준다.

② 톨만(E. Tolman) - 학습의 수준은 강화에 따라 변한다.

③ 에빙하우스(H. Ebbinghaus) - 어떤 관념은 선천적이어서 개인의 과거 경험에 의존하지 않는다.

④ 스키너(B. Skinner) - 정신적 경험은 학습에 포함된다.

⑤ 반두라(A. Bandura) - 관찰학습은 조작적 조건화와 같다.

20

이차 강화물에 해당하는 것을 모두 고른 것은?

ㄱ. 돈	ㄴ. 상장
ㄷ. 토큰	ㄹ. 칭찬

① ㄱ, ㄴ   ② ㄴ, ㄷ

③ ㄴ, ㄹ   ④ ㄱ, ㄴ, ㄷ

⑤ ㄱ, ㄴ, ㄷ, ㄹ

21

행동주의적 관점에서 학습의 예가 <u>아닌</u> 것은?

① 수영하기　　　　　　　　　　　② 일과표 작성하기

③ 친구와 노래하기　　　　　　　　④ 긍정적으로 생각하기

⑤ 읽은 글에 관해 설명하기

22

다음 중 언제 강화가 주어질지 내담자가 예측하기 어려운 강화계획을 모두 고른 것은?

ㄱ. 계속강화	ㄴ. 고정간격 강화계획
ㄷ. 고정비율 강화계획	ㄹ. 변동간격 강화계획
ㅁ. 변동비율 강화계획	

① ㄴ, ㄷ　　　　　　　　　　　　② ㄴ, ㄹ

③ ㄷ, ㅁ　　　　　　　　　　　　④ ㄹ, ㅁ

⑤ ㄱ, ㄷ, ㅁ

23

통찰학습에 관한 설명으로 옳지 <u>않은</u> 것은?

① 문제해결에서 정신적 숙고의 과정을 거친다.

② 미해결에서 해결 상태로의 이행이 갑작스럽다.

③ '전체는 부분의 합 이상'이라는 게슈탈트 심리학에 근거한다.

④ 학습자는 통찰을 통한 문제해결의 원리를 구조적으로 유사한 문제에 쉽게 적용할 수 있다.

⑤ 보상을 기대하기보다는 경험 그 자체를 추구한다.

24

뇌의 각 부위와 주요 기능에 관한 설명으로 옳지 <u>않은</u> 것은?

① 전두엽은 계획 세우기와 추론 등 고차원적 사고과정을 조절한다.

② 베르니케 영역은 언어의 의미를 이해하는 중요한 기능을 한다.

③ 측두엽은 청각정보의 해석과 기억에 중요한 역할을 한다.

④ 편도체는 공포 및 불안과 같은 정서 기억 형성에 중요한 역할을 하는 변연계의 한 부분이다.

⑤ 후두엽은 온도, 압력, 질감 등 체감각에 관한 정보를 주로 처리하는 부위이다.

25

다음 중 프리맥의 원리에 관한 설명으로 옳은 것을 모두 고른 것은?

ㄱ. 좋아하는 활동을 덜 좋아하는 활동의 강화인으로 활용한다.

ㄴ. 활동에 대한 선호가 바뀐다면 강화인도 바뀐다.

ㄷ. 부적 강화물을 정적 강화물에 앞서 제시한다.

ㄹ. 낮은 빈도를 나타내는 활동이 높은 빈도를 나타내는 활동 다음에 오면, 낮은 빈도를 보였던 활동의 빈도가 증가한다.

① ㄱ, ㄴ

② ㄴ, ㄷ

③ ㄱ, ㄴ, ㄷ

④ ㄱ, ㄴ, ㄹ

⑤ ㄴ, ㄷ, ㄹ

제2과목 청소년 이해론(선택)

26

알포트(G. Allport)의 특질이론에서 개인의 모든 행동 및 사고양식에 영향을 미치는 지배적인 특질은?

① 주 특질   ② 중심특질   ③ 이차적 특질   ④ 부차적 특질   ⑤ 소 특질

27

청소년기 신체발달에 관한 설명으로 옳지 <u>않은</u> 것은?

① 성장호르몬과 성호르몬의 분비가 활발해진다.

② 남자 청소년은 에스트로겐보다 안드로겐이 더 많이 분비된다.

③ 에스트로겐은 여자 청소년의 유방발달에 영향을 미친다.

④ 성장급등 현상이 나타난다.

⑤ 테스토스테론은 임신이 가능하도록 자궁의 내벽을 준비하는 역할을 한다.

28

인지발달적 관점에서 도덕성 발달을 설명한 학자는?

① 프로이드(S. Freud)   ② 피아제(J. Piaget)

③ 반두라(A. Bandura)   ④ 로저스(C. Rogers)

⑤ 에릭슨(E. Erikson)

29

청소년기에 나타나는 사고의 특징으로 옳지 <u>않은</u> 것은?

① 추상적 사고   ② 가설 연역적 사고

③ 사고 과정에 대한 사고   ④ 물활론적 사고

⑤ 이상주의적 사고

30

마르샤(J. Marcia)의 자아정체감 이론에 관한 내용이다. 다음이 설명하는 것은?

- 자아정체감과 관련된 위기를 경험하였으나, 다양한 대안과 선택을 신중하게 고려해 자아정체감을 확립한 상태이다.
- 자신의 신념, 직업, 정치적 견해 등에 대해 스스로 의사결정을 할 수 있다.

① 정체감 유실　　　　　　　　　　　② 정체감 유예
③ 정체감 성취　　　　　　　　　　　④ 정체감 혼미
⑤ 정체감 탐색

31

설리번(H. Sullivan)의 이론에 관한 설명으로 옳은 것을 모두 고른 것은?

- ㄱ. 대인관계의 형태와 욕구의 변화에 따라 인간발달단계를 6단계로 구분하였다.
- ㄴ. 아동기에는 안정감의 욕구가 강하게 나타난다.
- ㄷ. 청소년 초기에는 이성에 대한 관심이 증가하며, 이성과 친밀한 관계를 형성하려는 욕구가 생긴다.
- ㄹ. 소년·소녀기에는 단짝 친구관계를 형성하려는 욕구가 나타난다.

① ㄱ, ㄷ　　　　② ㄴ, ㄹ　　　　③ ㄱ, ㄴ, ㄷ　　　　④ ㄴ, ㄷ, ㄹ　　　　⑤ ㄱ, ㄴ, ㄷ, ㄹ

32

진로이론에 관한 학자와 그 내용의 연결이 옳은 것은?

A. 레빈(K. Lewin)　　　B. 긴즈버그(E. Ginzberg)　　　C. 수퍼(D. Super)

- ㄱ. 생애 초기 부모와의 관계에서 형성된 직업 욕구가 직업선택에 영향을 미친다.
- ㄴ. 직업선택의 과정을 환상기, 잠정기, 현실기의 3단계로 구분하였다.
- ㄷ. 개인의 흥미와 직업의 책무성을 고려하여 새로운 직업분류체계를 개발하였다.

① A - ㄱ　　　　② A - ㄷ　　　　③ B - ㄴ　　　　④ B - ㄷ　　　　⑤ C - ㄱ

33

청소년기에 관한 설명으로 옳지 않은 것은?

① 아동에서 성인으로 이행하는 과도기적인 단계이다.

② 청소년과 관련된 연령은 법령에 따라 다르다.

③ 최근 사회변화에 따라 청소년기가 연장되는 추세에 있다.

④ 청소년기는 사춘기의 시작과 함께 시작한다.

⑤ 성적 성숙이 이루어지지 않아 생식능력이 없다.

34

청소년기 학업에 관한 설명으로 옳지 않은 것은?

① 학업스트레스가 높게 나타나는 경향이 있다.

② 과도한 시험불안은 청소년의 학업수행에 부정적인 영향을 미친다.

③ 학습장애는 읽기, 쓰기, 셈하기 등의 기초학습영역에서 문제를 보이는 경우를 말한다.

④ 학업능력에 큰 영향을 미치는 요인은 부모의 경제적 지위이다.

⑤ 학업 성취가 낮은 청소년은 그 원인을 내부 요인보다 외부 요인으로 돌리는 경향이 있다.

35

청소년기 또래 관계에 관한 설명으로 옳지 않은 것은?

① 부모와 가족으로부터 자율성을 추구한다.

② 또래관계는 자아정체감 형성의 기회를 제공한다.

③ 아동기보다 친구들과 많은 시간을 보낸다.

④ 이성에 대한 관심과 흥미가 낮은 편이다.

⑤ 아동기보다 또래집단에 대한 동조성이 높게 나타난다.

36

길리건(C. Gilligan)의 도덕성 발달이론에 관한 설명으로 옳은 것을 모두 고른 것은?

ㄱ. 도덕성에서 원초아의 발달을 중요시한다.

ㄴ. 타율적 도덕성 단계에서는 규칙이 절대적이고 불변의 것이라고 이해한다.

ㄷ. 여성의 도덕성을 배려의 도덕성, 남성의 도덕성을 정의의 도덕성이라고 본다.

ㄹ. 남성과 여성은 사회화 과정의 차이로 인해 도덕적 문제에 서로 다른 관점으로 접근한다.

① ㄱ, ㄴ ② ㄷ, ㄹ ③ ㄱ, ㄴ, ㄷ ④ ㄴ, ㄷ, ㄹ ⑤ ㄱ, ㄴ, ㄷ, ㄹ

37

바움린드(D. Baumrind)의 자녀양육유형 중 애정과 통제가 모두 높은 것은?

① 허용적 유형 ② 권위적 유형
③ 독재적 유형 ④ 거부적 유형
⑤ 방임적 유형

38

청소년복지 지원법상 다음이 설명하는 것은?

학습·정서·행동상의 장애를 가진 청소년을 대상으로 정상적인 성장과 생활을 할 수 있도록 해당 청소년에게 적합한 치료·교육 및 재활을 종합적으로 지원하는 거주형 시설

① 청소년쉼터 ② 청소년자립지원관
③ 청소년치료재활센터 ④ 청소년회복지원시설
⑤ 청소년상담복지센터

39

학교폭력예방 및 대책에 관한 법률상 피해학생의 보호 내용을 모두 고른 것은?

ㄱ. 일시보호   ㄴ. 학급교체
ㄷ. 치료 및 치료를 위한 요양   ㄹ. 학내외 전문가에 의한 심리상담 및 조언

① ㄱ, ㄷ   ② ㄴ, ㄹ   ③ ㄱ, ㄴ, ㄷ   ④ ㄴ, ㄷ, ㄹ   ⑤ ㄱ, ㄴ, ㄷ, ㄹ

40

청소년복지 지원법령상 지역사회 청소년통합지원체계에 반드시 포함되어야 할 필수연계 기관을 모두 고른 것은?

ㄱ. 학교   ㄴ. 청소년단체
ㄷ. 지방자치단체   ㄹ. 지방고용노동청

① ㄱ, ㄴ   ② ㄱ, ㄴ, ㄷ   ③ ㄱ, ㄷ, ㄹ   ④ ㄴ, ㄷ, ㄹ   ⑤ ㄱ, ㄴ, ㄷ, ㄹ

41

청소년복지 지원법령상 위기청소년 특별지원에 관한 내용으로 옳은 것을 모두 고른 것은?

ㄱ. 위기청소년의 지원에 반드시 필요하다고 인정되는 경우에는 금전의 형태로 제공할 수 있다.
ㄴ. 지원 기간은 3년 이내로 하되, 필요한 경우 그 기간을 연장할 수 있다.
ㄷ. 위기청소년 특별지원 여부를 결정하였을 때에는 그 내용을 청소년 본인, 보호자 및 신청인에게 서면으로 통보하여야 한다.
ㄹ. 청소년 보호자는 위기청소년을 특별지원 대상 청소년으로 선정하여 줄 것을 신청 할 때 청소년의 동의를 받지 않아도 된다.

① ㄱ, ㄷ   ② ㄴ, ㄹ
③ ㄱ, ㄴ, ㄷ   ④ ㄴ, ㄷ, ㄹ
⑤ ㄱ, ㄴ, ㄷ, ㄹ

42

다음이 설명하는 문화이론은?

> • 사회평등을 지향한다.
> • 사회의 본질을 갈등의 관점에서 본다.
> • 인간은 자신의 욕망과 이익을 추구하는 존재라고 가정한다.

① 상대론   ② 체계론
③ 진화론   ④ 갈등론
⑤ 구조 기능론

43

다음이 설명하는 문화변동은?

> 비물질문화가 물질문화를 따라가는 속도가 느려 시간이 경과함에 따라 두 문화요소 간의 간격이 점점 더 벌어지는 현상

① 문화지체   ② 문화이식
③ 문화결핍   ④ 문화전계
⑤ 문화접변

44

청소년 보호법상 청소년 출입·고용금지업소에 해당하지 <u>않는</u> 것은?

① 「게임산업진흥에 관한 법률」에 따른 일반 게임 제공업
② 「사행행위 등 규제 및 처벌 특례법」에 따른 사행행위영업
③ 「체육시설의 설치·이용에 관한 법률」에 따른 무도 학원업
④ 「한국마사회법」에 따른 장외발매소
⑤ 「게임산업진흥에 관한 법률」에 따른 인터넷 컴퓨터 게임시설 제공업

45

학교부적응 요인에 해당하지 <u>않는</u> 것은?

① 낮은 학업성취도   ② 부모와의 안정적 애착

③ 입시위주의 교육   ④ 경쟁 지향적인 학교 운영

⑤ 또래관계에서의 소외감

46

청소년비행을 설명하는 다양한 이론이 있다. 아노미이론과 관련된 학자는?

① 밀러(W. Miller)   ② 서덜랜드(E. Sutherland)

③ 코헨(A. Cohen)   ④ 허쉬(T. Hirschi)

⑤ 뒤르껭(E. Durkheim)

47

다음이 설명하는 청소년 참여기구는?

- 청소년 기본법에 규정되어 매년 개최한다.
- 청소년 분야의 전문가와 청소년이 참여한다.
- 범정부적 차원의 청소년정책과제를 설정·추진 및 점검한다.

① 청소년의회   ② 청소년특별회의

③ 청소년참여위원회   ④ 청소년운영위원회

⑤ 청소년보호위원회

48

다음이 설명하는 성평등가족부의 청소년정책 사업은? [수정]

- 참여대상은 초등학교 4학년~중학교 3학년이다.
- 종합적인 교육·복지·보호 서비스를 제공한다.
- 취약계층 청소년의 학습 및 체험활동 기회의 불균형을 완화하고, 가정의 사교육비 및 양육부담 경감에 기여하고 있다.

① 드림스타트
② 청소년동반자
③ 청소년 방과 후 아카데미
④ 청소년 우대 사업
⑤ 지역아동센터

49

인터넷 중독에 영향을 주는 사회·환경적 요인을 모두 고른 것은?

ㄱ. 익명성
ㄴ. 인터넷 접근가능성
ㄷ. 자아존중감
ㄹ. 가상적인 상호작용성

① ㄱ, ㄴ
② ㄷ, ㄹ
③ ㄱ, ㄴ, ㄹ
④ ㄴ, ㄷ, ㄹ
⑤ ㄱ, ㄴ, ㄷ, ㄹ

50

다음이 설명하는 용어는?

- 탭스콧(D. Tapscott)이 제시했다.
- 인터넷을 일상생활의 동반자처럼 활용하는 세대를 지칭한다.

① X세대
② N세대
③ M세대
④ P세대
⑤ G세대

MEMO

청소년상담사 3급 필기 기출문제집

정답 및 해설

1교시

2교시

2025

제1과목 발달심리 (필수)

001	①	002	⑤	003	③	004	⑤	005	③
006	②	007	⑤	008	①	009	①	010	④
011	③	012	④	013	③	014	①	015	②
016	⑤	017	①	018	④	019	②	020	②
021	③	022	⑤	023	④	024	⑤	025	④

001

답 ①

해 [ㄷ] 수행할 목표를 설정하고 위계를 구성하며 전념의 강도를 결정하는 과정은 **선택(selection)**에 대한 설명이다.

cf **최적화**는 목표를 설정하는 것이 아니라, **설정된 목표를 달성하기 위해 자원을 효율적으로 사용하는 것을 의미한다.**

[ㄹ] 성공적 노화의 관점을 지금까지 추구한 사회적 활동을 유지하는 것으로 보는 것은 **활동 이론(activity theory)의 관점**이다.

cf **보상을 수반한 선택적 최적화이론(SOC 이론)에서 성공적 노화**는 모든 활동을 유지하는 것이 아니라, **제한된 자원 하에서 선택된 목표를 최적화하고 상실을 보상하여 만족스러운 수준의 기능을 유지하는 것을 의미**한다.

▶ 문항설명

발테스와 발테스(P. Baltes & M. Baltes)의 '보상을 수반한 선택적 최적화' 이론에서의 선택, 보상, 최적화의 세 가지 요인이 성공적 노화와 관련된 핵심개념이다. 이중에서 보상은 발달적 상실이나 쇠퇴가 일어날 때 특정 수단의 대치나 외부적 도움을 사용하는 전략이다.

002

답 ⑤

해 **정서표출규칙(display rules)**은 특정 사회, 문화, 또는 상황에서 어떤 감정을 언제, 어떻게, 누구에게 표현해야 하는지에 대한 규범과 기대치이다. **문제에서 제시된 예시는 모두 개인이 실제 느끼는 감정과는 다르게 사회적으로 적절하다고 판단되는 감정을 표현(표출)하는 행위이다.** 이러한 행동은 사회적 상호작용의 원활함을 위해 개인의 정서 표현을 조절하는 규칙을 따르는 것이다.

cf) 1) 마음에 들지 않는 선물을 받았지만 기분이 좋은 척 하는 것:실제는 실망했지만, 사회적 예의를 위해 기쁨을 표현하는 것으로 표현을 과장하거나, 다른 감정으로 대치한 것이다.

2) 시합에 졌지만 슬프지 않은 척 미소를 짓는 것:실제는 슬프지만, 상황의 기대에 따라 슬픔을 숨기고 미소를 보이는 것으로 표현을 억제하거나, 다른 감정으로 대치한 것이다.

문항설명

① 공감 : 다른 사람의 감정 상태를 이해하고 공유하는 능력이다.
② 사회적 참조(social referencing) : 불확실한 상황에서 다른 사람의 정서적 표현을 관찰하여 상황을 해석하고 자신의 행동을 결정하는 과정이다.
③ 의도적 선택 : 의식적으로 어떤 것을 고르는 행위이다.
④ 개인적 우화(personal fable) : 청소년기에 자신이 독특하고 특별하며, 다른 사람에게는 일어나지 않을 특별한 운명을 가졌다고 믿는 비합리적인 생각이다.

003

답 ③

해 [ㄷ] **남근기(phallic stage, 3-6세)**에 여아의 경우 엘렉트라 콤플렉스가 나타날 수 있다. 엘렉트라 콤플렉스는 여아가 아버지에 대한 애정과 어머니에 대한 경쟁심을 경험하는 것이다.

cf) 생식기(genital stage, 12세 이후부터 성인기 이전)는 성숙한 성적 관심, 이성에 대한 건강한 관계, 타인 지향적 사랑 등이 주된 특징이다.

문항설명

[ㄱ] 항문기(anal stage)에 고착될 경우 강박적 성향이 나타날 수 있다.
→ 항문기 고착은 항문기 배출형(지저분함, 무질서, 파괴적), **항문기 보유형 또는 항문 강박형(완벽주의, 강박성, 인색함, 완고함)**이 있으며, 배변 훈련과 관련된 통제에 문제가 있는 경우이다.
[ㄴ] 남근기(phallic stage)에는 부모와 동일시하려는 심리적 기제가 나타난다.
→ 남근기의 핵심 내용은 오이디푸스(거세불안, 남아)/엘렉트라 콤플렉스(남근선망, 여아) 현상이 나타나며, **동성 부모와의 동일시를 통한 갈등 해결**과 초자아 형성 등이다.
[ㄹ] 구강기(oral stage)에 고착되면 이후 타인에 대한 지나친 비난이나 분노가 나타날 수 있다.
→ 구강기 고착은 구강기 수동형(의존성, 낙관주의, 수동성), **구강기 공격형(비판적, 냉소적, 적대적, 공격적, 비난적)**이 있으며, 젖을 뗄 때의 좌절과 관련이 있으며, 이후에 언어적 공격성, 비난, 독설 등을 보일 수 있다.

부연 프로이트(S. Freud)의 심리성적 발달 5단계

1) 구강기(oral, 0-1세)
2) 항문기(anal, 1-3세)
3) 남근기(phallic, 3-6세)
4) 잠복기(latency, 6-12세)
5) 생식기(genital, 12세 이후부터 성인기 이전)

004

답 ⑤

해 문제에서 주어진 사례는 **아동이 혼자서는 해결하기 어려운 문제(방 정리)에 직면했을 때, 숙련된 타인(어머니)의 도움을 받아 성공적으로 과제를 수행하게 되는 과정**을 보여준다. 이러한 상호작용을 포괄하는 인지발달의 개념은 **비고츠키(Vygotsky)가 주장한 근접발달영역**이다.

cf) 근접발달영역은 러시아의 심리학자 비고츠키(Vygotsky)가 제시한 개념으로 **실제 발달 수준(actual developmental level**, 아동이 혼자서 과제를 수행할 수 있는 능력(문제 사례에서는 아동이 정리를 포기하려는 상태)과 **잠재적 발달 수준(potential developmental level,** 아동이 숙련된 타인(부모, 교사 등)의 도움을 받아 과제를 수행할 수 있는 능력(문제 사례에서는 어머니의 지시를 따라 정리를 성공적으로 시작한 상태)**의 간격으로, 아동의 잠재적 학습이 일어나는 영역이다.** 사례에서 어머니가 이불 정리 → 책 꽂기 → 장난감 정리의 순서를 알려주는 것은 비계 설정(scaffolding)이라는 구체적인 교육적 지원 행동이며, 이 행동이 효과적으로 작용하는 영역이 바로 근접발달영역이다.

문항설명

① 조절(accommodation) : 피아제(Piaget)의 개념으로, 새로운 정보가 기존의 도식(schema)으로 이해되지 않을 때 기존의 도식을 수정하거나 새로운 도식을 형성하는 인지 과정이다.

② 모방(imitation) : 다른 사람의 행동을 관찰하고 따라 하는 행동이다.

③ 탈중심화(decentration) : 피아제의 전조작기에서 구체적 조작기로 넘어갈 때 나타나는 능력으로, 한 가지 측면에만 집중하는 중심화에서 벗어나 여러 측면을 동시에 고려할 수 있게 되는 것이다.

④ 마음이론(theory of mind) : 다른 사람의 마음 상태(생각, 신념, 의도, 감정)가 자신과 다를 수 있음을 이해하는 인지적 능력이다.

005

답 ③

해 **생후 2개월 경에 나타나는, 모음과 유사한 길게 소리 내는 행위는 보통 쿠잉(cooing)이라고 한다.** 쿠잉(cooing)은 주로 편안하고 만족스러운 상태에서 **'아-', '우-' 등의 단순 모음소리를 내는 것**이다.

cf) 옹알이(babbling)는 보통 생후 6개월경부터 나타나며, '바-바-바'나 '다-다-다'와 같이 자음과 모음이 결합되어 반복되는 소리이다.

문항설명

① 어휘발달 초기에는 과잉확장과 과잉축소의 특성이 나타난다. **과잉확장(overextension)은 특정 단어를 광범위하게 적용하는 오류**(예 모든 네 발 달린 동물을 '개'라고 부름)이며 **과잉축소(underextension)는 특정 단어를 너무 제한적으로 사용하는 오류**(예 자신의 장난감 곰 인형만을 '곰'이라고 부르고 다른 곰 인형은 곰이 아니라고 함)이다.

② 생득주의 접근에서는 인간은 언어습득장치(LAD)를 가지고 태어난다고 주장한다. 생득주의(Nativist) 접근을 대표하는 학자 **촘스키(N. Chomsky)는** 모든 인간은 선천적으로 언어를 습득하는 능력, 즉 **언어습득장치(language acquisition device, LAD)를 가지고 태어난다**고 주장한다.

④ 베르니케(Wernicke) 실어증은 언어를 이해하는 데 문제가 발생하는 장애이다. **베르니케 영역은 뇌의 측두엽에 위치하며 언어이해를 담당**한다. 이 영역이 손상되면 베르니케 실어증이 발생하며, 유창하게 말은 하지만 말의 내용이 무의미하고 타인의 말을 이해하는 데 어려움을 겪는다(유창성 실어증).

⑤ 화용론(pragmatics)은 사회적 맥락에서 언어를 적절하고 효과적으로 사용하는 규칙에 관한 지식이다. **화용론**은 언어의 세 가지 기본 요소(음운론, 의미론, 통사론) 중 하나로, **상황, 문화적 규범 등 사회적 맥락에 따라 언어를 적절하게 선택하고 사용하는 방법을 다룬다.**

006

답 ②

해 피아제(J. Piaget)의 도덕발달 단계 중 **내재적 정의(moral justice)를 믿는 단계는 타율적 도덕성(heteronomous morality) 단계(만 4~7세경)에 해당**한다. **내재적 정의란 규칙을 어기거나 잘못된 행동을 하면, 그에 대한 벌이 필연적으로 뒤따른다고 믿는 경향**을 말한다. 따라서 문제의 지문에서 ② '규칙을 어기면 벌을 받는다고 생각한다.'는 것이 내재적 정의(moral justice)를 믿는 단계이다.

오답노트

① 사회적으로 정의된 규칙에 대한 인식이 없다. → **피아제, 전 도덕기(0~4세)**
   이 시기의 아이들은 규칙에 대한 관심이나 자각이 거의 없고, 규칙에 맹목적으로 따르거나 벌을 두려워하는 것이 아니라 단순히 흥미에 따라 행동한다.

③ 사회적 규칙은 임의의 약속이라는 것을 깨닫는다. → **피아제, 자율적 도덕성(10세경 이후)**

④ 자신이 선택한 양심에 의해 옳은 행동을 결정한다. → **피아제의 도덕발달을 넘어서는 성숙한 도덕성(콜버그의 보편적 도덕원리에 대한 확신 단계)**

⑤ 객관적 결과보다 행위자의 의도에 근거해 행동의 옳고 그름을 판단한다. → **피아제, 자율적 도덕성 (10세경 이후)**

007

답 ⑤

해 태내 발달은 크게 **배아 전기(배종기, germinal period, 수정 후 2주 이내), 배아기(embryonic period, 2주~8주), 태아기(fetal period, 8주 이후)의 세 단계로 진행**되며, 각 항목은 다음과 같은 시기에 발생한다.

[ㄹ] **양막 형성 : 수정 후 1~2주 이내**. 배아 전기에 세포분열이 시작되면서 배아를 둘러싸는 보호막인 양막(Amnion)이 빠르게 형성된다. → **배아 전기(배종기, germinal period)**

[ㄷ] **심장 형성 : 수정 후 3~4주**. 배아기 초기에 기관 형성이 시작되며, 특히 심장이 가장 먼저 발달하여 4주경부터 박동하기 시작한다. → **배아기(embryonic period)**

[ㄴ] **남성 고환에서 테스토스테론 분비 : 수정 후 8~12주**. 성 분화가 일어나는 시기로, Y염색체가 있을 경우 고환이 발달하고 여기서 테스토스테론이 분비되어 남성 생식기 구조가 형성된다. → **배아기 말기 ~ 태아기 초기**

[ㄱ] **빨기, 삼키기, 딸꾹질 : 수정 후 12주 이후**. 태아기에 접어들어 신경계와 근육이 발달하면서 나타나는 기본적인 반사 운동이 나타난다. → **태아기(fetal period)**

008

답 ①

해 **표현형은 여성이나 사춘기에 2차 성징이 정상적으로 나타나지 않는 유전적 결함의 질환으로 옳은 것은 터너 증후군이다.** 터너 증후군(Turner syndrome)의 유전적 결함은 성염색체가 X 염색체 하나만 존재한다. **주요 특징은 난소가 제 기능을 하지 못하는 난소 발육 부전이 나타나며, 사춘기 때 에스트로겐 분비가 부족하여 유방 발달의 부진 및 월경(2차 성징)이 나타나지 않거나 미약하다.**

문항설명

② 다중 X 증후군(Triple X syndrome, XXX)
  여성으로 발현되지만, 대부분 정상적인 외형을 가지며 일부 학습장애나 언어발달 지연이 있을 수 있고, 2차 성징은 보통 정상이다.
③ **클라인펠터 증후군(Klinefelter syndrome, XXY)**
  남성으로 발현되나, 고환 발육 부전, 불임, 여성형 유방 등의 특징이 나타날 수 있다.
④ 취약 X 증후군(Fragile X syndrome)
  X 염색체 특정 부위의 반복 서열 확장으로 발생하는 유전질환으로, 지적장애의 주요 원인이며, 성 발달 문제보다는 인지적 문제가 주를 이룬다.
⑤ XYY 증후군(XYY syndrome)
  남성으로 발현되며, 키가 평균보다 크다는 특징 외에 뚜렷한 신체적 이상은 적고, 성 발달은 보통 정상이다.

009

답 ①

해 **자의식적 정서 또는 사회적 정서는 자신의 행동이나 상태가 사회적 기준, 규칙, 타인의 시선과 기대에 비추어 평가될 때 발생하는 복잡하고 고차원적인 감정**이다. 이러한 감정은 보통 자기 인식(self-awareness)이 발달한 이후(주로 18개월 ~ 3세 이후)에 나타난다.
  cf) ① **분노는 위협, 좌절, 불공정함 등에 대한 반응으로 나타나는 기본적인 정서로, 자기 인식이나 사회적 평가를 필요로 하지 않는다.**

문항설명

② 죄책감(guilt)은 자신의 행동이 타인에게 해를 끼쳤을 때, 그 행동에 대해 느끼는 부정적인 감정이다(**자신의 행동에 초점**).
③ 수치심(shame)은 자신의 행동이 아니라, 자신이라는 존재 전체가 결함이 있거나 부정적이라고 느낄 때 발생하는 감정이다(**자신 전체에 초점**).
④ 당혹감(embarrassment)은 **자신의 행동이나 상황이 타인의 주목을 받고 사회적 규범에서 벗어났을 때** 느끼는 불편함이다.
⑤ 자부심(pride)은 **자신의 성공이나 성취가 사회적 기준을 충족하거나 초과했을 때** 느끼는 긍정적인 감정이다.

010

답 ④

해 **권위주의적(authoritarian) 양육방식은 부모가 자녀에게 높은 통제/요구를 하지만, 낮은 수용/반응성을 보이는 양육 태도이다.** 즉, 부모는 자녀에게 복종과 규율을 요구하지만, 자녀의 감정이나 의견은 잘 들어주지 않고 따뜻함이 부족한 형태이다.

cf) 수용적이고 통제적인 양육방식은 권위적(authoritative) 양육방식이다.

▶ 문항설명

① 바움린드는 부모의 양육방식을 수용/반응성(acceptance/responsiveness)과 통제/요구(control/demandingness)라는 두 가지 핵심 차원의 조합으로 구분했다.
② 권위적 양육방식은 높은 수용/반응성과 높은 통제/요구를 특징으로 하며, 자녀의 가장 긍정적인 발달 결과(높은 자존감, 학업 성취, 사회적 유능감 등)와 관련이 있다.
③ 허용적 양육방식은 높은 수용/반응성을 보이지만, 낮은 통제/요구를 특징으로 하기 때문에 자녀의 요구는 잘 들어주지만, 규칙 설정이나 행동 통제는 거의 하지 않는다.
⑤ 방임적 양육방식은 낮은 수용/반응성과 낮은 통제/요구를 모두 보이는 형태로, 자녀에게 무관심하고 기본적인 욕구만 충족시키는 경우가 많다.

011

답 ③

해 레빈슨(D. Levinson)의 초기 연구는 **40명의 남성(회사원, 노동자, 생물학자, 소설가)을 대상으로 한 심층 면접결과를 바탕**으로 성인 남성의 삶의 구조(Life Structure) 발달단계를 제안했으며, 이후에 여성 대상 연구도 진행하였다.

▶ 오답노트

① 성인초기 전환기(early adult transition)는 보통 **17~22세**에 나타나며, 청소년기 삶의 구조를 성인기 삶의 구조로 대체하는 시기이다.
  cf) **25세 전후는 성인기 입문(entry into the adult world, 22~28세)의 절정** 이후, 30세 전환기(age 30 transition, 28~33세)가 나타나는 시점이다.
② 레빈슨의 연구는 성인 초기, 성인 중기, 성인 후기의 주요 단계(**대략 17세부터 65세 이후)에 중점**을 두었으며, 특히 중년기 전환(mid-life transition)을 강조했다.
④ 레빈슨은 전 생애를 성인 이전기, 성인 초기, 성인 중기, 성인 후기의 4단계로 구분했지만, **'성인기'자체를 4단계로 나눈 것은 아니다.**

⑤ 레빈슨의 모델에서 각 주요 발달 시기는 대략 5년의 전환기(transition)로 시작하고, 이후 약 5~7년의 입문 단계(entry phase), 그리고 5~7년의 절정 단계(culminating phase)로 구성된다. 즉, **전환 → 입문 → 절정의 순서로 진행**된다.

1) 성인초기 : **성인초기 전환기, 성인 입문기**, 30대 전환기, **안정기**
2) 성인중기 : 중년의 **전환기, 중년 입문기**, 50대 전환기, **중년의 절정기**
3) 성인후기 : 성인후기 전환기, 성인후기

읽을거리

레빈슨(Daniel J. Levinson)의 인생 사계절 이론

레빈슨(Daniel J. Levinson)의 인생 사계절 이론은 근로자, 기업가, 학자, 예술가로 종사하는 35~45세 사이의 **남성 40명을 대상으로 삶의 전반에 대해 심층적 면접을 통해 얻은 자료와 유명인의 자서전이나 문학작품 속의 주인공의 생애를 분석한 결과**를 통합하여 만들어졌으며 남자의 인생 사계절(The Seasons of a Man's Life)이란 책으로 출간되었다. 그의 이론은 성인기 동안 일어나는 변화를 단계적으로 구분하는데, 이러한 변화의 단계이론에서 중요한 개념은 **인생구조(life structure)**이다. **이것은 일정 시기에 개인의 삶에 잠재되어 있는 일종의 양식과 설계**로서 사람이나 사물과의 관계가 그 핵심요소이다. 배우자, 자녀, 직장 상사나 부하직원, 교회나 사교모임과 같은 그룹, 나아가 자연이나 생명 없는 대상물과의 관계까지 우리는 다양한 관계를 형성하는데 삶의 과정에서 이렇게 특별한 관계들은 개인의 성격에 따라 각기 다른 인생구조를 형성한다. 그러나 모든 관계는 유기적으로 변화하기 때문에 인생구조 역시 성인기 동안 지속적으로 변화하게 된다. 레빈슨은 인생구조의 핵심 요소로 직장, 결혼, 가족, 우정, 종교를 제시하며 개인의 생애는 안정기뿐 아니라 생애 구조가 변경되는 과도기도 포함한다고 보았다.
레빈슨은 인간 발달의 전 생애를 0세에서 22세 정도의 성인 이전시기, 17세에서 45세 정도의 성인 초기, 40세에서 65세 정도의 성인 중기, 그리고 60세 이후의 성인 후기로 구분하였다. 이러한 네 가지 시기에는 각각의 사이에 중첩되는 약 5년간의 과도기(시기 간 전환기)가 있으며 성인 초기와 성인 중기는 각각 세 개의 시기(초보 인생구조기, 전환기, 절정 인생구조기)로 구분된다. 레빈슨은 각 단계에서 나타나는 특징적인 인생구조들이 사람마다 모두 다르기 때문에 개인의 생애는 각기 다른 방식으로 나타난다고 보았다. 하지만 성인 이전시기, 성인 초기, 성인 중기, 성인 후기로의 네 가지 시대가 전개되는 순서나 과도기의 존재는 어느 문화권의 성인들에게나 똑같이 나타난다고 한다.
레빈슨은 40세에서 45세쯤에는 중년의 위기를 겪는 것도 발견하였다. 30대의 인생구조는 사회 적응이나 성취에 중점을 두고 있지만, 40대에 와서는 자신의 억압되었던 측면들이 드러나기도 하며 자신의 삶을 되돌아보고 평가하려는 욕구가 강해진다고 한다. 그리고 각 단계의 인생구조들이 더 나쁜 상태에서 더 좋은 상태로, 혹은 덜 성숙된 상태에서 보다 더 성숙한 상태로 이동한다고 보지는 않았다. 그의 이론은 변화의 단계이론으로 분류한다.
레빈슨의 인생 사계절 이론은 소그룹을 대상으로 진행한 연구이기에 일반화가 어렵다는 약점이 있고, 성인기 이전 시기의 과업에 대한 설명이 없어서 전 생애 발달이론보다는 성인기 발달이론으로 여겨진다. 초기에는 남성들만을 대상으로 연구가 진행되었으나 나중에는 여성에 대한 연구도 진행하여 여성도 남성처럼 발달단계를 거친다고 주장하였다. 레빈슨의 인생 사계절 이론이 에릭슨의 발달이론과 다른 점은 **성인기 이후부터의 시기를 매우 중점적으로 다루고 있다**는 점이다. 레빈슨은 **각 단계마다 안정기와 과도기가 있어서 각 단계의 과도기마다 이전 단계의 삶을 돌아보고 전 단계의 인생을 수정함으로써 다음 단계로 나아간다**고 보았다.

290

012

답 ④

해 **자기효능감(self-efficacy)**은 앨버트 반두라(Albert Bandura)의 사회인지 학습이론에서 제시된 핵심 개념이다. 이는 **특정 과제를 성공적으로 수행할 수 있는 자신의 능력에 대한 개인의 신념이나 기대를 의미**한다. 자기효능감(self-efficacy)이 강할수록 어려운 과제에 도전하고, 장애물에 직면했을 때 쉽게 포기하지 않으며, 성공적인 결과를 기대하게 된다.

013

답 ③

해 [ㄴ] 자폐스펙트럼장애는 일반적으로 **남성이 여성보다 약 4배 정도 더 많이 진단된다**(성비는 약 4:1).

문항설명

[ㄱ] 사회적 의사소통과 사회적-정서적 상호작용의 지속적 결함을 보인다. → DSM-5의 자폐스펙트럼장애 진단 기준 A에 해당하며, **사회적 의사소통 및 상호작용의 질적 결함을 필수적으로 요구**한다.

[ㄷ] 초기 발달 시기부터 증상이 나타난다. → DSM-5 진단 기준은 **증상이 초기 발달 시기부터 존재해야 한다**고 명시하고 있다.

[ㄹ] 마음이론이 발달하지 못해 다른 사람의 입장을 잘 이해하지 못한다. → 마음이론(theory of mind) 결함은 자폐스펙트럼장애의 주요 인지적 특징으로, **타인의 생각, 감정, 의도를 추론하는 능력의 어려움**으로 나타낸다.

014

답 ①

해 적대적 반항장애(oppositional defiant disorder, ODD)는 DSM-5에서 **파괴적, 충동 조절 및 품행 장애(disruptive, impulse-control, and conduct disorders) 범주**에 속한다. 이 장애는 주로 분노/과민한 기분, 논쟁적/반항적인 행동, 또는 앙심을 품는 행동 패턴을 특징으로 하며, 신경발달의 문제보다는 행동 및 감정 조절의 문제로 분류된다.

실력다지기

신경발달장애(neuro developmental Disorders) 범주

1) **의사소통장애**(communication disorders) : 언어, 말소리, 사회적 의사소통 장애 등이 포함된다.
2) **주의력결핍 과잉행동장애**(ADHD) : 부주의, 과잉행동, 충동성 문제를 특징으로 한다.
3) **운동장애**(motor disorders) : 발달성 협응장애, 상동증적 운동장애, **틱장애** 등이 포함된다.
4) 자폐스펙트럼장애(ASD) : 사회적 의사소통 및 제한적/반복적 행동 패턴을 특징으로 한다.
5) 지적장애(intellectual disability) : 추론, 문제해결 등 지적기능과 적응기능의 결함을 특징으로 한다.

015

답 ②

해 **낯선 성인을 따라가는 데 있어 주저함이 적거나 없다.** → 탈억제 사회적 유대감 장애(disinhibited social engagement disorder, DSED)의 특징이다. 탈억제 사회적 유대감 장애 아동은 낯선 사람에게 과도하게 친밀하게 접근하고, 낯선 성인을 따라가는 데 주저함이 없다.

cf) 반응성 애착장애(reactive attachment disorder, RAD)의 핵심 특징은 오히려 양육자에 대한 애착 행동의 결핍 또는 억제이다. 이들은 고통스러운 상황에서 위안을 구하거나 반응하지 않는 정서적으로 위축된(emotionally withdrawn) 모습을 보인다.

문항설명

① 5세 이전에 발병한다. → DSM-5는 **이 장애가 5세 이전에 진단되어야 한다**고 명시하고 있다.

③ 외상 및 스트레스 관련 장애에 해당된다. → DSM-5에서 반응성 애착장애(RAD)와 탈억제 사회적 유대감 장애(DSED)는 모두 **외상 및 스트레스 관련 장애 범주**에 속한다.

④ 사회적 방임, 잦은 양육자 교체 등 제대로 양육을 받지 못한 극단적 경험을 했음이 입증되어야 한다. → 이 장애를 유발하는 핵심 원인(병인)으로, **사회적 방임이나 욕구 충족의 지속적인 부족과 같은 극단적인 양육 환경의 부족이 필수적으로 입증**되어야 한다.

⑤ 아동의 발달 연령이 최소 9개월 이상이어야 한다. → 아동이 선택적인 애착 관계를 형성할 수 있는 인지적, 사회적 능력을 갖추는 시기인 **최소 9개월의 발달연령에 도달해야 진단**할 수 있다.

016

답 ⑤

해 계열법(sequential design)은 횡단적 연구와 종단적 연구의 장점을 결합한 연구 방법이며, 코호트 효과(cohort effect)[1]를 분리하여 연령의 효과를 더 정확하게 측정할 수 있다는 큰 장점이 있다. 하지만, **계열법(sequential design)은 여러 연령대의 코호트를 장기간에 걸쳐 추적해야 하기 때문에 횡단적 연구법보다 훨씬 많은 시간과 비용이 들어 경제적이지 않다.**

문항설명

① 관찰법은 관찰자가 자신이 원하는 방식으로 관찰 자료를 수집하고 해석하는 관찰자 편향이 나타날 수 있다.
→ **관찰자 편향(observer bias)은 관찰자의 기대, 선입견 등이 관찰 내용의 기록이나 해석에 영향을 미치는 오류**를 말한다.

② 실험연구에서는 두 변수 간 원인과 결과의 관계를 알 수 있다.
→ **실험연구는 독립변수를 조작하고 그 효과를 종속변수에서 측정**함으로써, 다른 연구방법으로는 확립하기 어려운 인과관계를 가장 명확하게 밝힐 수 있다.

③ 횡단적 연구법(cross-sectional design)은 동시에 각기 다른 연령의 사람들을 비교하여 연구하는 방법이다.
→ **횡단적 연구는 한 시점에서 다양한 연령대의 참가자를 모아 비교함으로써 연령 차이를 빠르게 파악**할 수 있다.

④ **종단적 연구법(longitudinal design)의 단점으로는 피험자 탈락, 편파적 표집 및 연습효과 등을** 들 수 있다.
→ 피험자 탈락(attrition)의 경우 연구 기간 중 참가자가 이탈하여 표본의 대표성이 떨어지고, 편파적 표집은 장기연구에 참여하려는 사람들은 일반인구와 다른 특성을 가질 수 있으며, 연습효과(practice effect)는 참가자가 반복된 테스트에 익숙해져서 결과에 영향을 줄 수 있다는 단점이다.

---

1   코호트 효과 : 모든 참가자가 동일한 역사적 사건을 공유하여 결과가 연령의 변화인지 역사적 사건 때문인지 구분하기 어렵다.

017

답 ①

해 **아동은 법적으로 자율적인 의사결정 능력(informed consent)을 온전히 갖추지 못한 취약한 피험자로 간주된다. 따라서 아동을 대상으로 연구를 진행할 때는 법적 보호자(부모)의 서면 동의(Consent)가 필수적이다.** 아동에게서 받는 것은 동의(consent)가 아닌, 참여에 대한 승낙(assent)이며, 이는 법적 동의를 대체할 수 없다. 법적 보호자가 동의하지 않으면 아동의 승낙이 있더라도 연구를 진행할 수 없다.

문항설명 **사회인지 학습이론(반두라)**

② 사전 동의를 받았더라도 연구 과정에서 예기치 못한 위험이 발생할 경우 연구자는 즉시 연구를 중단해야 한다.
→ **피험자의 안전과 복지(well-being)는 연구의 과학적 목적보다 항상 우선되어야 한다.**

③ 연구에 참여하는 모든 참여자는 다른 참여자들이 받는 유익한 처치를 동등하게 받을 권리가 있다. → 이는 **정의 (justice)의 원칙에 해당하며**, 특히 실험군과 통제군으로 나누어 유익한 처치를 제공하는 경우, 연구 종료 후 통제군도 가능한 한 동일한 유익을 제공받아야 함을 의미한다.

④ 연구 참여자들은 사생활을 보호받을 권리가 있으며 개인 정보는 철저히 보호되어야 한다. → **비밀보장 (confidentiality)과 익명성 보장(anonymity)은 연구 윤리의 중요한 원칙**이다.

⑤ 아동은 취약한 피험자이므로 기관생명윤리위원회(IRB)의 정규심의를 거쳐야 하며 연구윤리 원칙이 엄격하게 지켜져야 한다. → **아동, 환자 등 취약한 피험자를 포함하는 연구는 윤리적 위험이 높으므로, 반드시 기관생명 윤리위원회(IRB)의 엄격한 심의를 거쳐야 한다.**

018

답 ④

해 **결정적 시기(critical period)** 관점에서는 어떤 사건의 출현 또는 결여가 발달에 지대한 영향을 주어 결과가 회복되지 못하고 손상된다고 본다. **결정적 시기는 특정 발달이 이루어져야 하는 제한된 시간을 의미하며, 이 시기를 놓치면 발달상의 손상이 회복 불가능하게 될 수 있다.**

cf **민감한 시기(sensitive period)**는 특정 경험이 발달에 가장 효과적인 영향을 미치는 시기이지만, **그 시기를 놓치더라도 어느 정도의 발달적 회복이나 변화가 가능하다고 본다.**

문항설명 **사회인지 학습이론(반두라)**

① 전 생애발달 관점에 의하면 모든 연령에서의 발달은 성장(gain)과 감소(loss)의 변화가 함께 일어난다. → **발달을 성장만으로 보는 것이 아니라, 성장과 쇠퇴(감소)가 평생에 걸쳐 공존하는 다차원적 과정으로 본다.**

② 노년기에도 가소성(plasticity)으로 인해 훈련과 연습을 하면 다양한 기술을 향상시킬 수 있다. → **가소성**은 인간 발달의 중요한 특징 중 하나로, 발달은 고정된 것이 아니라, **경험에 의해 수정될 수 있음을 의미하며, 노년기에도 학습과 훈련을 통해 인지적, 신체적 기능의 향상 가능성이 있다.**

③ 발달은 유전과 환경의 상호작용 결과이다. → 현대 발달 심리학은 발달이 오직 유전이나 환경 중 하나에 의해서만 결정되는 것이 아니라, **두 요인의 복잡한 상호작용의 결과임을 강조한다.**

⑤ 불연속성(discontinuity) 관점에서는 발달을 구별되는 단계로 일어나는 질적 변화의 과정으로 본다. → **불연속성 관점은 발달이 계단을 오르는 것처럼 단계적으로 진행되며, 각 단계는 이전 단계와는 질적으로 다른 새로운 능력이나 특성을 특징으로 한다(예 피아제의 인지발달단계).**

cf) **연속성(Continuity) 관점은 발달이 점진적이고 점진적인 양적 변화의 과정**으로 본다.

019

답 ②

해 **빨기반사(sucking reflex)**는 입 속에 들어온 것은 무엇이든 빨려고 하는 반사이다. 빨기 반사는 신생아의 입에 무엇인가 닿았을 때 무의식적으로 빨기 시작하는 반사로, 생존에 필수적이다.

cf) 근원 반사(rooting reflex)는 신생아의 뺨이나 입 주변을 건드렸을 때 그 자극이 있는 쪽으로 고개를 돌리고 입을 벌리는 반사이다. 이 반사는 젖을 찾도록 돕는 역할을 한다.

문항설명

① 반사(reflex)는 외부 자극에 대한 자동적이고 불수의적인(무의식적인) 반응으로, 신생아는 다양한 반사 행동을 가지고 태어난다.

③ **모로 반사(원시반사 중 하나)**는 신생아가 깜짝 놀랄 때 보이는 반응으로, 팔과 다리를 바깥쪽으로 펼쳤다가 다시 안쪽으로 움츠리며 껴안는 듯한 동작을 취한다.

④ **바빈스키 반사(원시반사 중 하나)**는 발바닥의 바깥쪽을 따라 긁으면 엄지발가락이 위로 젖혀지고 나머지 발가락들이 부채 모양으로 퍼지는 반사이다. 이는 성인에게 나타나면 비정상이지만, 영아에게는 정상이다.

⑤ **생존반사는 호흡, 눈 깜박임처럼 생존에 필요한 반사이며, 빨기반사, 근원반사도 여기에 속한다.** 원시반사(비생존반사)는 생존과 직접 관련이 적은 반사로, 모로반사, 걷기반사, 바빈스키반사 등이 있으며 생후 몇 개월 내에 사라진다.

020

답 ②

해 ▶ 영아기 대근육 발달 순서

대근육 운동발달은 일반적으로 머리에서 발끝 방향(두미 방향) 및 중심에서 말초 방향으로 진행된다.

[ㄱ] **고개를 든다(head control)** : 생후 2~4개월경, 가장 먼저 발달하는 능력이다.

[ㄴ] **혼자 앉을 수 있다(sitting without support)** : 생후 6~8개월경, 몸통의 근력이 충분히 발달해야 가능하다.

[ㄹ] **의자를 잡고 일어선다(pulling up to stand)** : 생후 9~12개월경, 앉기를 마스터한 후 주변 물건을 잡고서는 연습을 시작한다.

[ㄷ] **계단을 오른다(climbing stairs)** : 생후 18개월~24개월경에 나타나는 능력으로, 걷기와 서기가 완전히 안정된 후에 시도한다.

021

답 ③

해 피아제(J. Piaget)의 인지발달단계에서 **대상영속성(object permanence)이 획득되는 시기는 이차 순환반응의 협응기 (8~12개월)**이다. 대상영속성은 눈앞에서 사라진 물체가 여전히 존재한다는 사실을 아는 능력이며, 피아제의 감각운동기(sensory-motor stage, 0~2세) 동안 점진적으로 발달한다. **획득되는 시기를 묻는 질문은 일반적으로 최초로 의미 있는 행동 변화가 나타나는 시점을 의미**하며, 완전히 획득되는 '정신적 표상기' 이전인 **이차 순환반응의 협응기(8~12개월) 에 가려진 물건을 찾는 행동이 처음으로 나타나기 때문에 이 시기를 대상영속성이 획득되기 시작하는 단계로 간주한다.**

실력다지기 | 감각운동기의 하위 6단계

1) 반사운동기(0~1개월) : 대상영속성 없음
2) 일차 순환반응기(1~4개월) : 대상이 사라지면 찾으려는 노력 없음
3) 이차 순환반응기(4~8개월) : 시야에서 부분적으로 가려진 대상을 찾으려고 시도함
4) **이차 순환반응의 협응기(8~12개월) : 가려진 대상을 찾아내며, 대상영속성이 획득되기 시작**하지만 'A-not-B 오류'를 범함
   cf) **이차 순환반응의 협응기 오류는 A-not-B 오류로, 생후 8~12개월경 유아가 물건을 찾아야 할 B 위치가 아닌, 이전에 물건이 있었던 A 위치에서 계속해서 찾는 오류를 말한다.** 이는 유아가 특정 위치에서 물건을 찾는 과정에서 두 가지 행동을 협응하지 못해 발생하는 현상으로, 아직 대상 영속성 개념이 완전히 발달하지 않았기 때문이다.
5) 삼차 순환반응기(12~18개월) : A-not-B 오류를 극복하고 숨겨지는 것을 관찰한 경우에만 대상을 찾아냄
6) 정신적 표상기(18~24개월) : **대상영속성이 완전히 획득**되어, 눈으로 보지 못한 이동 경로도 마음속으로 추론하여 대상을 찾아냄

022

답 ⑤

해 모두 전조작기의 특징으로 옳은 내용이다.

전조작기(약 2세~7세)는 논리적 사고가 아직 발달하지 않아 여러 가지 제한적인 사고방식이 나타나는 시기이다.

[ㄱ] **가상놀이 가능** : 언어나 이미지 같은 상징(표상)을 사용할 수 있게 되어 소꿉놀이나 역할놀이 같은 가상놀이가 활발해진다.

[ㄴ] **자아 중심성** : 자신과 타인의 관점을 구별하지 못하고 오직 자신의 관점에서만 세상을 이해한다. 예컨대, 자신의 왼손/오른손은 알지만, 맞은편 사람의 관점에서 구별하는 데 어려움을 겪는다.

[ㄷ] **물활론(animism)적 사고** : 무생물에게도 생명과 감정, 의도가 있다고 믿는다. 종이를 자르면 아플 것이라고 생각하는 것이 그 사례이다.

[ㄹ] **인공론(artificialism)적 사고** : 자연 현상(하늘, 해, 구름 등)이 사람이나 신과 같은 인공적인 존재에 의해 만들어지거나 통제된다고 믿는다. 하늘이 파란색인 이유를 누군가가 칠했기 때문이라고 믿는 것이 그 사례이다.

023

답 ④

해 **상위기억(meta memory)은 개인이 자신의 기억능력과 기억과정에 대해 가지고 있는 지식(폐 시험 전에 반복 시연이 도움이 된다는 지식)이며,** 이는 사고과정에 대한 지식인 상위인지(초인지)의 하위영역에 해당한다.

오답노트

① **일화기억(episodic memory)**은 개인이 삶에서 경험한 사건들에 대한 기억이다.

　cf) 의미기억은 일반적인 지식, 사실, 개념 등 맥락과 무관한 지식에 대한 기억이다.

② **재인기억(폐 객관식 문제)**은 단서를 보고 이전에 본 적이 있는지 확인하는 능력으로, **단서 없이 정보를 스스로 인출해야 하는 회상기억(폐 주관식 문제)보다 훨씬 빨리 발달한다.** 영아기부터 재인기억 능력이 나타난다.

③ **정교화 전략(12세 경 이후)은 두 개념을 연결하는 등의 복잡한 전략으로, 조직화 전략(9~10세경)보다 늦게 발달한다.** 일반적으로 기억 전략은 일반적으로 시연(rehearsal) → 조직화(organization) → 정교화(elaboration)의 순서로 발달한다.

⑤ **아동은 성인보다 암시나 유도 질문에 취약하여 실제 일어나지 않았던 일도 일어났던 것으로 받아들이는 피암시성(Suggestibility)이 높다.** 이로 인해 특히 미취학 아동의 경우, 실제 일어나지 않은 일을 일어난 것처럼 기억하는 **기억 오류가 발생하기 쉽다.**

심화학습　　　　　　　　　조직화(organization)와 정교화(elaboration)

1) 조직화(organization)

　(1) 정의 : **학습 내용을 단순한 것에서 복잡한 것, 쉬운 것에서 어려운 것, 구체적인 것에서 추상적인 것으로 분류하고 순서를 정해 체계적으로 구성하는 것이다.**

　(2) 방법

　　① 학습 내용을 잘게 나누어 가르친다.

　　② 전형적인 것을 먼저 배우고 예외적인 것을 배우는 순서로 구성한다.

　　③ 전체적인 틀을 만들고 그 안에 세부적인 내용을 채워 넣는다.

　(3) 특징 : 상위 개념과 하위 개념을 이해해야 가능하며, 정보를 구조화하는 데 효과적이다.

2) 정교화(elaboration)

　(1) 정의 : **새로운 정보를 기존의 지식과 연결하여 의미를 부여하고 확장하는 부호화 전략이다.**

　(2) 방법

　　① 새로운 정보를 자신만의 언어로 바꾸어 설명한다.

　　② 정보에 대한 인지적, 정서적 반응을 더하여 기억을 활성화시킨다.

　　③ 사례 : 새로운 지식을 배우면서 관련 경험을 떠올리거나 감정을 연결하는 것이다.

　(3) 특징 : 정보의 의미를 깊고 넓게 확장하여 기억을 강화한다.

024

답 ⑤

해 중추신경계 기능의 퇴화와 기억력 및 지적 능력의 감소는 주로 **노년기(late adulthood)**에 나타날 수 있는 현상이다.

cf) 청소년기는 인지 발달 단계상 피아제(Piaget)의 형식적 조작기에 해당하며, 추상적 사고 능력, 논리적 추론 능력 등 지적 능력이 최고조로 발달하는 시기이다. 뇌 구조적으로는 전두엽이 지속적으로 발달하여 인지통제 기능이 향상된다.

문항설명

① 청소년기는 형식적 조작기에 해당하여, **구체적인 사물 없이 언어적 명제만으로도 추론이 가능하며(명제적 사고), 일반적인 원리에서 특정한 결과를 예측하는(가설 연역적 사고) 논리적 사고가 가능**해진다.

② 청소년기는 **모든 가능한 조합을 체계적으로 고려하여 문제를 해결하는 능력(조합적 추리능력)이 발달**한다.

③ 자의식을 지나치게 과장한 나머지 자신의 행동이 모든 사람의 관심 대상이라고 생각한다. → 이는 엘킨드(Elkind)가 제시한 청소년기의 **자기중심성 중 하나인 상상적 청중**에 해당하는 특성이다.

④ 자신과 상대방의 관점을 사회적 가치체계에 의해 판단할 수 있게 된다. → 인지능력이 발달함에 따라 타인의 관점뿐만 아니라 **사회적, 추상적 관점을 이해하고 이를 바탕으로 도덕적, 윤리적 판단을 내릴 수 있는 능력이 발달**한다.

025

답 ④

해 문제에서 제시된 내용은 **가드너(Howard Gardner)가 주장한 다중지능이론**의 주요 특징이다.

1) **여러 개의 독립적인 지능** : 가드너(H. Gardner)는 인간의 지능이 단일한 능력이 아니라, 서로 독립적인 여러 개의 지능(언어, 논리-수학, 공간, 음악, 신체-운동, 대인 간, 개인 내, 자연친화, 생존 지능, 9가지)으로 구성되어 있다고 주장했다.

2) **뇌의 특정 영역 및 독립적인 발달** : 가드너(H. Gardner)는 각 지능은 뇌의 특정 영역과 관련되어 있으며, 각기 다른 발달 경로를 가진다고 보았다.

3) **문화적 고려** : 가드너(H. Gardner)는 지능을 측정할 때 개인의 문화적 맥락과 삶을 고려해야 한다고 강조했다.

제2과목 집단상담의 기초 (필수)

026	②	027	①	028	③	029	⑤	030	③
031	④	032	③	033	④	034	②	035	③
036	①	037	④	038	①	039	③	040	①
041	②	042	④	043	⑤	044	⑤	045	②
046	③	047	⑤	048	③	049	②	050	④

026

답 ②

해 ▶ 상담집단의 특징

1) **대인관계 과정과 사고, 감정, 행동의 문제를 해결하는 전략에 초점**을 두어, 개인적 문제해결과 성장, 발달을 목적으로 한다는 점에서 상담적 성격이 강하다.

2) **예방 · 발달 · 치료 목적이 있으며, 집단의 상호 과정을 강조**한다.

3) **상호 피드백과 '지금-여기(here-and-now)' 초점을 둔 기법 활용은 전형적인 상담집단(counseling group) 기법**이며, 치료집단보다 발달 · 예방적 성격이 강하다.

4) **모든 연령층의 일반인 대상** 즉, 정신질환자 대상이 아닌 일반인 대상은 치료집단보다는 상담집단이 더 적합하다.

cf) 교육집단(지식 · 정보 전달), 과업집단(일 수행 중심), 자조집단(동일 문제 경험자들의 자발적 모임이기 때문에 자율적 상호지지 중심), 치료집단(정신병리 수준의 심각한 문제해결에 더 특화됨)

027

답 ①

해 **평가 계획은 집단 시작 전(계획 단계)부터 고려해야 하며**, 평가 목적, 평가방법, 자료 수집 도구 등을 사전에 정해야 효과적인 평가가 가능하다.

▶ 문항설명

② 집단상담 평가에서 면접은 초기 · 중기 · 종결 등 전 과정에서 이루어진다.

③ 평가대상은 집단원(참여도 · 변화), 상담자(역할 · 기술), 과정(상호작용 · 목표 달성)이다.

④ 후속 평가(follow-up)는 상담 효과의 지속 여부 확인을 위해 필요하다.

⑤ 집단원의 소감이나 경험보고서는 환류적 정보제공이 가능하기 때문에 집단과정에 대한 중요한 평가 자료로 활용된다.

028

답 ③

해 REBT에서는 상담자와 집단원의 친밀한 관계 자체보다, 교육자·훈련자 역할로서 비합리적 신념을 논박하고 합리적 신념을 학습시키는 것이 강조된다.

cf) REBT에서도 관계형성은 필요하지만, 집단원과의 친밀한 관계형성을 무엇보다 중요하게 여기는 접근은 인간 중심 집단상담에 더 가깝다.

문항설명

① 집단원의 비합리적 신념을 합리적 신념으로 바꾸는 것을 목표로 한다. → **REBT의 핵심 목표**

② 집단원의 인지적 변화를 위해 다양한 인지적, 정서적 기법을 활용한다. → 인지적 기법(**논박, 과제**), 정서적 기법 **(합리적-정서적 상상, 유머)**, 행동적 기법(**역할연습 등**) 활용

④ 집단원의 개인적인 변화를 촉진하기 위해 집단원과의 협의 하에 수행할 과제를 주고 확인한다. → **과제 부여와 점검은 REBT 집단상담자의 역할 중 하나**

⑤ 합리적-정서적 상상하기, 유머 사용하기 등의 정서적 기법을 활용한다. → **실제로 사용되는 대표적 정서적 기법**

cf) 합리적-정서적 상상하기는 특정 상황에서 발생하는 부정적인 감정을 상상해보고, 이를 합리적으로 변화시키는 연습을 통해 실제 생활에서의 감정조절 능력을 기르는 방법이다. 이 기법은 부정적인 결과(C)가 사건 (A) 자체가 아닌, 그 사건에 대한 비합리적 신념(B)에서 비롯된다는 점을 강조하며, 상상 속에서 비합리적 신념을 합리적 신념으로 바꾸는 연습을 한다.

029

답 ⑤

해 **집단 규범(명시적·암묵적)은 실제 집단이 시작된 후 초기 단계에서 상담자와 집단원이 함께 형성·합의하는 것이다.** 따라서 사전 계획단계에서 상담자가 규범을 미리 설정하는 것은 적절하지 않다.

문항설명

① 대상에게 맞는 집단의 주제와 목적을 설정하고, 이를 달성하기 위한 목표를 구체화한다. → **집단계획의 가장 기본적인 내용이다.**

② 집단원의 성숙도, 집단의 유형 등에 따라 집단의 크기를 정한다. → **일반적으로 6~10명 내외가 적당하며, 집단 특성에 따라 조정된다.**

③ 장소는 집단 진행에 방해가 되지 않는 조용한 공간으로 선택한다. → **비밀보장, 집중을 위해 중요한 내용이다.**

④ 집단의 종류나 목적에 따라 모임의 시간과 주기를 결정한다. → **예 학교 집단상담은 40~50분, 성인 집단은 90~120분 정도로 실시한다.**

030

답 ③

해 모든 것을 남의 탓으로 돌리는 집단원은 **투사(projection)**의 방어기제를 사용하는 것이다.

   cf) 부인(denial)은 현실을 인정하지 않는 것이다.

▶ 문항설명

① 전이 반응을 탐색할 수 있는 기회를 제공한다. → **집단상담은 상담자뿐 아니라 집단원 간에도 전이가 일어날 수 있으며, 이를 탐색하는 게 핵심이다.**

② 집단원에 대한 역전이가 일어날 수 있다. → **상담자가 집단원에게 역전이를 경험할 수 있다.**

④ 집단원의 통찰을 나누는 것은 집단의 발전을 촉진한다. → **통찰의 공유는 집단의 성장과 발전을 돕는다.**

⑤ 방관하거나 불필요한 이야기를 길게 하는 식의 저항이 나타난다. → **회피, 잡담, 침묵 등은 전형적인 저항 형태이다.**

031

답 ④

해 ▶ 문제 사례의 핵심 포인트

   1) "부모의 결정에 따르기 위해 애써왔다." → **타율적 삶, 자기 선택의 부재**

   2) "자신의 결정에 대한 책임은 스스로 져야 한다." → **자유와 책임의 자각**

   3) "스스로 결정하는 것은 불안하고 의심스러운 일이었지만…" → **자유와 선택에는 불안이 따름**

   4) "자신이 결정하는 용기를 갖게 되었다." → **자기 선택, 존재의 의미 자각**

   이는 **실존주의 집단상담(Existential group counseling)의 전형적 주제**이다. 즉, 핵심 개념은 **자유, 선택, 책임, 불안, 용기, 자기 존재의 의미 발견 등**이다.

▶ 문항설명

① 교류분석 집단상담 → 자아 상태(부모·성인·아동), 교류 유형 분석 중심

② 행동주의 집단상담 → 행동 수정, 강화·조건형성 중심

③ 정신분석 집단상담 → 무의식, 전이·역전이, 방어기제 중심

⑤ 인지치료 집단상담 → 비합리적 신념·자동적 사고 수정 중심

032

답 ③

해 [ㄱ] 심리극(psychodrama)은 실제 경험뿐 아니라 미래에 일어날 상황, 상상 속 장면, 환상, 꿈도 연기할 수 있다. 따라서 **'현실에서 실제 경험한 장면만'은 잘못된 설명이다.**

   [ㄷ] 나누기(sharing) 단계에서는 다른 집단원들이 주인공에게 자신의 유사한 경험과 감정을 나누는 것이 목적이다. 따라서 **분석이나 해석 제공은 하지 않는다.**

[ㄴ] 집단원의 창조성과 자발성을 촉진하기 위해 집단상담자는 본보기 역할을 수행할 수 있어야 한다. → **심리극의 지도자(디렉터)는 집단원의 창조성과 자발성을 유도하기 위해 때때로 시범(본보기)을 보일 수 있다.**

[ㄹ] **실연, 이중자아, 거울기법 등은 심리극의 대표적 기법이다.**

실력다지기

이중자아 기법

1) 이중자아 기법은 주인공의 내면 감정을 대변하는 '이중자아'를 투입하여, 주인공이 표현하기 어려워하는 감정이나 생각을 대신 말하고 행동하게 함으로써 내면의 갈등을 탐색하고 해소하는 기법이다.

2) 적용 방식

   (1) 주인공과 보조자아 설정 : 심리극 연출자(디렉터)는 주인공의 곁에 설 보조자아(이중자아 역할)를 설정한다.

   (2) 감정 및 생각 표현 : 이중자아는 주인공의 억압되거나 표현하기 어려운 감정, 생각, 느낌을 대신 말하고 표현한다.

   (3) 역할 교대 : 필요에 따라 주인공이 잠시 이중자아 역할을 맡아 자신을 객관적으로 바라보거나, 이중자아가 주인공의 역할을 맡아 억눌렀던 감정을 직접적으로 표출하기도 한다.

   (4) 심화 과정 : 이중자아와 주인공 간의 대화를 통해 갈등의 실마리를 찾고, 감정 정화와 통찰, 행동 변화를 이끌어낸다.

거울 기법

1) 거울 기법은 주인공이 자신의 행동이나 모습을 직접 보기 어렵기 때문에, 대역(다른 사람 또는 의자)을 통해 자신의 모습을 객관적으로 바라보게 하는 기법이다.

2) 주인공의 대역이 주인공의 역할을 연기하는 동안, 실제 주인공은 그 장면을 객관적인 제3자처럼 관찰하며 자신의 감정과 생각을 탐색하고 이해하게 된다.

3) 거울 기법은 주인공이 회피했던 모습이나 감정을 직면하고, 자신의 상황을 객관적으로 이해하며, 행동 변화를 이끌어내는 데 도움을 준다.

4) 주요 내용

   (1) 기본 원리 : 주인공 대신 다른 사람이 주인공의 역할을 연기하고, 주인공은 관찰자 입장에서 자신의 모습을 '거울'처럼 본다.

   (2) 진행 방식

     ① 주인공의 현재 상황을 대역이 연기하도록 한다.

     ② 주인공은 그 장면을 멀리서 지켜보거나 의자에 앉아 관찰한다.

     ③ 대역이 주인공의 행동, 표정, 감정을 그대로 따라 한다.

033

답 ④

해 집단원의 역기능적 패턴은 어린 시절 트라우마가 원인이다. → **지그문트 프로이트(Freud)의 과거 정신 결정론적 시각에 해당하여 이는 정신분석 집단상담과 관련이 있다.**

　cf) 아들러는 프로이트(Freud)와 달리 어린 시절의 경험 자체보다, 그 경험을 통해 형성된 생활양식과 의미 해석이 중요하다고 보았다.

> **문항설명**
>
> ① 집단원의 생활양식을 파악하기 위해 가족구도를 탐색한다. → **아들러 상담은 가족구도(출생순위, 형제관계 등)를 통해 생활양식을 이해한다.**
> ② 집단원의 사회적 상황과 사회적 태도를 파악한다. → **아들러 상담은 인간을 사회적 존재로 보고, 사회적 관심(social interest)을 중시한다.**
> ③ 새로운 행동을 시도하고 현실을 검증할 기회를 제공한다. → **집단 속에서 새로운 행동을 연습하고 현실검증을 통해 학습하는 기회를 제공한다.**
> ⑤ 자기 파괴적인 행동을 반복할 때 잠시 멈추고 자신을 살펴보도록 한다. → **자기 패턴을 자각하고 통찰하는 과정을 통해 변화를 촉진한다.**

034

답 ②

해 ① 원하는 것을 확인 → **W 단계(Wants)**
　② 현재 무엇을 하고 있는지 초점 → **D 단계(Doing)** ✔
　③ 행동 변화 계획 세우기 → **P 단계 (Planning)**
　④ 욕구·희망 발견 → **W 단계 (Wants)**
　⑤ 자기평가 → **E 단계 (Evaluation)**

> "지금 무엇을 하고 있습니까?", "지난 한 주 동안 실제로 무엇을 하였습니까?", "이 선택이 당신이 원하는 곳에 도달하게 합니까?" → **핵심 초점은 "현재 무엇을 하고 있는지"와 "지난 한 주 동안 실제로 무엇을 하였습니까?"이기 때문에 D 단계(Doing)와 관련이 있어 ② '집단원이 현재 무엇을 하고 있는지에 초점을 맞추도록 한다.'가 옳은 내용이다.**

035

답 ③

해 **인간중심 접근은 구체적인 과제나 목표 부여보다는 상담자의 태도와 분위기를 통해 자발적 성장 촉진에 초점을 둔다.** 목표·과제 부여는 행동주의적 접근에 가깝다.

① 집단상담자는 진실해야 하지만 무분별하게 개방적이어서는 안 된다. → **진실성(genuineness)은 필요하지만, 무분별한 자기노출은 적절하지 않다.**

② 집단상담자의 진실성, 수용, 공감은 집단원의 성장을 촉진한다. → **로저스의 3대 핵심조건(진실성, 무조건적 긍정적 존중, 공감)**

④ 다양한 문화적 배경을 가진 집단원들 간의 상호 이해에 적합하다. → **수용과 공감이 강조되므로 다문화 집단에 효과적이다.**

⑤ 구체적인 기법보다는 집단상담자의 촉진적인 태도를 강조한다. → **로저스 접근은 기법보다는 태도 중심이다.**

036

답 ①

해 제시된 발문들을 보면 공통적으로 **"현재 상황을 생생히 체험하도록 하고, 빈 의자 기법 · 역할 바꾸기 · 언어 수정"** 같은 특징이 나타나고 있다. **이는 게슈탈트 집단상담과 관련이 있다.**

- "자, 여기 그 사람이 앉아 있다고 상상해봅시다… 마음껏 말해보세요."
  → **전형적인 빈 의자(empty chair) 기법**으로 게슈탈트 상담의 대표적 기법이다. 이는 직접 대면하지 못하는 인물과의 미해결 과제를 현재 장면에서 경험하고 해소하도록 한다.
- "좀 전에 '나는 할 수 없다.'고 한 것을 '나는 하지 않겠어.'라고 바꾸어 말해볼까요?"
  → **언어의 책임 전환 기법**으로 게슈탈트 상담에서 언어를 수정하여 책임감을 회피하지 않고 주체성을 갖도록 돕는다.
- "집단에서 당신의 어머니가 되어 줄 한 명을 고르세요… 하고 싶었던 말을 해 보세요."
  → **역할 연기(role play)**으로 역시 게슈탈트 접근에서 흔히 사용하는 방법이다.

037

답 ④

해 [ㄴ] **집단상담자의 윤리는 집단원의 성장과 복지를 우선해야 하며, 상담자가 개인적 필요 충족을 위해 집단을 이용하는 것은 윤리 위반이다.**

[ㄱ] 사전동의(informed consent)에서는 집단상담의 장점뿐 아니라 불편감 · 갈등 · 개인정보 노출 등 잠재적 위험성까지 안내해야 한다.

[ㄷ] 요즘은 온라인 · 비대면 집단도 많기 때문에 비밀보장의 한계(예 화면 캡처, 녹화 가능성 등)를 반드시 설명해야 한다.

[ㄹ] 청소년 집단, 교정시설 집단 등에서 참여가 강제되는 경우라도 자유롭게 발언하지 않을 권리를 알려주는 것이 윤리적으로 중요하다.

038

답 ①

해 (ㄱ) '부모님의 갈등으로 하늘이가 많이 힘든가 보네요.' → **내담자의 정서(힘들다)를 상담자가 되돌려 주는 방식으로 반영하기(reflection) 또는 공감적 반영 기법이다.**

(ㄴ) '혹시 우리 중에 하늘이처럼 부모님의 갈등으로 인해 힘든 사람이 있나요?' → **한 집단원의 경험을 다른 집단원들의 경험과 연결시키는 연결하기(linking)이다.**

(ㄷ) '잠깐만요, 하늘이가 어렵게 힘든 마음을 표현했는데 하늘이의 이야기를 좀 더 들어보는 것이 어떨까요?' → **다른 집단원이 대화를 가볍게 덮어버리려는 상황에서 흐름을 멈추고, 원래 화자에게 다시 집중하도록 유도하는 차단하기(blocking)이다.**

039

답 ③

해 [ㄹ] **공동리더십의 한계를 극복하기 위해 공동리더는 눈빛·신호로 의사소통하며 협력해야 하기 때문에** 집단에서 마주보고 앉되 서로 눈을 마주치지 않는다는 내용을 옳지 않다.

> **문항설명**
>
> [ㄱ] 집단 사전모임에 함께 참여한다. → **공동리더가 사전에 함께 준비하여 목표와 역할을 조율하는 것은 한계(혼선, 불일치)를 줄이는 방법이다.**
>
> [ㄴ] 서로의 개인적 특성을 파악하는 시간을 갖는다. → **리더 간 성향을 이해해야 리더십 운영이 원활해진다.**
>
> [ㄷ] 회기 후 집단원의 반응에 대한 의견을 교환한다. → **사후 논의를 통해 집단과 리더십의 개선점을 찾을 수 있다.**

040

답 ①

해 **학교 현장에서는 비자발적 참여(교사 권유, 학교 규정 등)로 참여하는 경우도 많으며, 이 경우에도 상담 효과가 있을 수 있다.** 따라서 '비자발적 집단상담은 효과가 없다'라는 절대적 표현은 옳지 않다.

> **문항설명**
>
> ② 학습, 진로만이 아니라 문제행동 및 예방을 주제로 한다. → **학교 집단상담은 진로 · 학습뿐 아니라 학교폭력, 인터넷 중독, 또래관계, 정서 · 행동 문제 예방까지 폭넓게 다룬다.**
>
> ③ 학교장의 승인을 받아 실시해야 한다. → **학교 내 프로그램 운영은 행정적 승인 절차가 필요하다.**
>
> ④ 교육을 목적으로 실시하는 경우라도 반드시 사전 동의서를 받아야 한다. → **학생과 보호자의 사전 동의는 윤리적으로 필수적인 내용이다.**
>
> ⑤ 집단원들의 관심을 높일 수 있도록 놀이나 매체를 활용할 수 있다. → **청소년 집단에서는 활동적이고 흥미 있는 기법(게임, 영상, 카드, 그림 등)을 자주 사용한다.**

041

답 ②

해 ① 집단행동의 모범보이기 → **작업 단계 전략**

② **성장과 변화에 대한 평가하기 → 종결 단계 전략**

③ 신뢰감 형성 활동하기 → **초기 단계 전략**

④ 문제행동에 대한 직면하기 → **과도기적 단계 전략**

⑤ 집단의 결과에 대한 책임분배 안내하기 → **타당하지 않은 표현(집단성과는 집단원 개인 책임이 아니라, 공유된 과정의 결과이다)**

> **부연** 집단상담 단계별 주요 전략
>
> 1) 초기 단계 : 오리엔테이션, 규칙 설정, 신뢰감 형성 활동
> **2) 과도기적 단계 : 불안, 갈등 다루기, 직면하기**
> 3) 작업 단계 : 자기이해, 행동변화, 집단행동의 모범보이기
> 4) 종결 단계 : 회기 정리, 성장·변화 평가, 성과 나누기, 이별 다루기, 현실 적용 준비

042

답 ④

해 **집단원이 집단상담자를 공격하는 상황에서는 단순히 차단(blocking)으로 막는 것보다, 그 공격에 담긴 감정과 의미를 탐색하고 다루는 개입이 필요하다.** 차단은 다른 집단원을 방해하거나 부적절한 행동(例 비난, 조롱)이 있을 때 사용하지, 상담자에 대한 공격은 직면ㆍ탐색이 바람직하다.

> **문항설명**
>
> ① 침묵은 방어일 수도 있기 때문에 부드럽게 참여를 촉진하는 개입이 필요하다.
> ② 장황하게 설명하는 집단원에게 요약해서 말해줄 것을 요청하여 핵심만 표현하도록 돕는 개입은 적절하다.
> ③ 강제 참여자일 경우에도 자신의 느낌을 말하게 하는 것은 바람직한 개입이다.
> ⑤ 대화를 독점하는 집단원을 단순히 제지하는 것보다 행동의 동기를 탐색하는 것이 효과적이다.

043

답 ⑤

해 집단상담에서 사전 개별면담은 **집단상담의 진행과 성과에는 영향을 미친다.**

> **실력다지기** 사전 개별면담(Pre-group interview)의 주요 기능
>
> 1) 집단상담의 목적, 과정, 규칙, 윤리(비밀보장 등)에 대한 이해를 높인다.
> 2) 집단상담 참여 동기를 확인하고 참여를 촉진한다.
> 3) 집단에 부적합하거나 참여가 어려운 집단원을 선별한다.
> 4) 집단상담의 한계와 가능성을 알려 현실적 기대를 형성한다.
> **5) 집단의 진행과 성과에 중요한 영향을 미친다. → 집단원 특성 파악 및 준비 단계이기 때문에)**

044

답 ⑤

해 **모두 집단에 대한 신뢰가 낮을 때 나타나는 집단원들의 특징으로 옳은 내용이다.**

  cf ① 집단에 대한 신뢰가 낮을 때 즉각적인 느낌 표현을 억제한다. 즉, 신뢰가 없으면 솔직한 감정 표현을 자제한다. ② 집단에 대한 신뢰가 낮을 때 집단에 대한 기대가 명확하지 않다. 즉, 신뢰 부족은 참여 동기와 기대를 흐리게 한다. ③ 집단에 대한 신뢰가 낮을 때 집단원들 간의 상호작용이 추상적이다. 즉, 구체적이고 깊은 자기개방 대신 피상적 · 추상적 대화만 이어간다. 집단에 대한 신뢰가 낮을 때 다른 집단원들에게 의구심이나 적대감을 갖는다. 즉, 신뢰 부족은 방어, 의심, 심지어 적대감으로 나타날 수 있다.

045

답 ②

해 A의 두려움은 어머니와의 관계에서 오는 두려움과 관련이 깊어요. → **이 내용은 특정한 해석을 제시하는 반응이다. 과도기 단계에서는 집단원의 저항과 두려움을 탐색해야 하는데, 이렇게 성급히 원인을 해석하는 것은 적절하지 않다.**×

문항설명

① 그런 두려움 때문에 집단에 참여하기가 힘들었군요. → 감정을 반영하며 수용하는 반응으로 적절하다.
③ 여기에서 두려움과 관련하여 가장 의식되는 사람이 있나요? → 구체적 탐색 질문으로 적절하다.
④ 혹시 그 두려움 때문에 표현하지 못한 것이 있다면 무엇일까요? → 두려움과 자기개방을 연결해 탐색하는 적절한 반응이다.
⑤ 그 두려움 때문에 집단에서 어떤 제약을 받았나요? → 집단 참여와의 연관성을 점검하는 것으로 적절하다.

실력다지기   코리(Corey)의 집단발달단계

1) 초기 단계 : 오리엔테이션, 탐색, 신뢰 형성
2) 과도기(전환) 단계 : 불안, 저항, 갈등, 방어가 나타나는 시기 → 상담자는 집단원의 불안과 저항을 탐색하고 다루도록 돕는다.
3) 작업 단계 : 자기 개방 심화, 상호작용 활발, 문제해결, 행동 변화
4) 종결 단계 : 평가, 정리, 이별 다루기

046

답 ③

해 [ㄱ] "그동안 쌓였던 감정을 털어놓으니 정말 속이 시원해졌어요."

  → **자신의 감정을 솔직하게 표현하고 정서적으로 해소된 상태를 말하고 있다. 이는 감정정화(catharsis), 즉 정서적 표현을 통한 정화에 해당한다.**

  [ㄴ] "집단원들의 피드백을 통해 제가 다른 사람들에게 어떤 사람으로 보이는지 알게 됐어요."

  → **타인의 피드백을 통해 자신의 대인관계 패턴을 인식하고 학습하는 내용이다. 이는 얄롬의 치료적 요인 중 대인관계 학습(interpersonal learning)에 해당**한다.

047

답 ⑤

해 **모두 빈 의자 기법을 활용할 수 있는 상황에 해당한다.**

cf) 빈 의자 기법은 상담 장면에서 내담자가 직접 마주하기 어려운 대상(사람 또는 자신의 일부)을 빈 의자에 앉혀 상상하고 대화하며 감정을 표출하고 미해결 과제를 다루는 데 활용되는 게슈탈트 치료 기법이다.

문항설명

[ㄱ] 특정 타인에 대해 미해결과제나 감정을 드러낼 때 → **내담자가 직접 말하기 힘든 감정이나 해결되지 않은 과제를 빈 의자에 앉아 있는 대상에게 표현함으로써 감정 해소를 돕는다.**

[ㄴ] 중요한 타인의 죽음에 대해 애도할 때 → **고인에게 미처 전하지 못한 감정이나 말을 빈 의자에 앉아 있다고 상상하며 나눔으로써 애도 과정을 돕고 감정을 정리하는 데 효과적이다.**

[ㄷ] 초대할 대상의 반응보다는 집단원 자신의 표현이 더 중요할 때 → **상대방의 반응에 대한 부담 없이 자신의 감정과 생각을 자유롭게 표현하여 내면을 탐색하는 데 유용하다.**

[ㄹ] 과거 고통스러운 사건(학대, 학교폭력 등)을 호소할 때 → **과거의 상처를 유발한 인물에게 하고 싶었던 말을 빈 의자를 통해 표현하면서 미해결된 감정을 다루고 치유에 도움을 줄 수 있다.**

048

답 ③

해 초기단계의 주요 목표는 집단원들이 편안함과 신뢰감을 느끼는 분위기를 조성하고, 집단의 규칙과 목표를 설정하여 앞으로의 진행 방향을 안내하는 것이다.

cf) ③ **특정 집단원의 깊은 자기개방을 심도 있게 다루는 것은 주로 집단이 성숙해지고 신뢰가 형성된 '작업 단계'에서 이루어진다.** 초기 단계에서는 지나치게 깊은 주제를 다룰 경우 다른 집단원들이 불안을 느끼거나 방어적인 태도를 보일 수 있어 바람직하지 않다.

문항설명

① 집단원들의 염려와 질문을 개방적으로 다룬다. → **초기단계에서 집단원들이 불안해하거나 궁금해하는 점을 다루어 심리적 부담을 줄여준다.**

② 집단에 대한 구조화를 실시하여 집단에 대해 안내한다. → **초기단계에서 집단의 규칙, 목표, 비밀 보장의 범위 등을 명확하게 설명하여 집단 운영의 틀을 잡는다.**

④ 적극적 경청과 공감적 반응으로 집단행동의 모범을 보인다. → **초기단계에서 상담자가 모범을 보임으로써 집단원들이 서로에게 긍정적인 상호작용을 하도록 이끈다.**

⑤ 집단상담자에게 집중되는 것을 피하고 집단원 간의 상호작용을 촉진시킨다. → **초기단계에서 모든 발언이 상담자에게만 향하는 것을 막고, 집단원들끼리 소통하도록 유도하여 집단 응집력을 높인다.**

049

답 ②

해 [ㄱ] 즉시성 : 즉시성은 상담자가 지금-여기에서(here and now) 상담자와 내담자, 혹은 집단원 간에 일어나는 상호작용과 감정을 포착하여 다루는 기법이다. 예컨대, "현수 씨가 채영 씨의 말에 언짢은 표정을 짓고 있네요. 지금 어떤 기분이 드나요?"와 같이 현재 집단 내에서 벌어지는 상황을 다루는 것이다.

  cf) **문제의 내용은 한 집단원의 현재 문제를 다른 집단원의 과거 진술과 연결하는 것으로, 이는 '연결하기'기법이다.**

[ㄹ] 개방적 질문 : 개방적 질문은 '예/아니오'와 같은 한정된 대답이 아닌, 내담자가 자신의 생각과 감정을 자유롭게 표현하도록 이끄는 질문이다. 예컨대, "가족에 대해 좀 더 이야기해줄 수 있을까요?" 등이 있다.

  cf) **"너희 가족은 몇 명이니?"는 한정된 대답을 요구하는 폐쇄적 질문에 해당한다.**

문항설명

[ㄴ] 해석은 집단원 자신의 행동, 사고, 감정에 대해 새로운 의미를 부여하고, 서로 무관해 보이는 경험들을 의미 있게 연결하여 집단원이 자신의 문제를 새로운 관점에서 이해하도록 돕는 기법이다.

  cf) 예시는 **과거의 경험(아픈 어머니를 보살펴야 했던 경험)이 현재의 행동(다른 사람이 아프면 자꾸 보살피려고 하는 것)에 어떤 영향을 미쳤는지를 설명하며 통찰을 제공하기 위한 해석기법**이다.

[ㄷ] 재진술은 내담자가 말한 내용을 상담자가 자신의 말로 바꾸어 다시 전달함으로써, 내담자의 발언에 대한 이해를 확인하고 내담자가 자신의 이야기를 더 깊이 탐색하도록 돕는 기법이다.

  cf) 예시는 **"엄마에게 꾸중을 들은 것이 오늘 시험에 영향을 주었단 말이구나"라며 내담자의 진술을 상담자의 언어로 요약하여 되돌려주는 재진술 기법**이다.

050

답 ④

해 집단상담은 집단원들의 상호작용과 반응을 통해 변화와 성장을 이루는 과정으로, 프로그램 진행은 집단원들의 욕구와 특성에 맞춰 유연하게 조절되어야 한다.

  cf) ④ **상담자가 프로그램 진행에만 치중한다면, 집단원들의 감정이나 경험을 무시하게 되어 집단의 역동을 저해하고, 진솔한 자기 노출과 상호작용을 방해할 수 있다.**

문항설명

① 집단상담자의 긍정적이고 열정적인 태도는 집단원들에게 신뢰감과 안정감을 주어 집단 분위기를 좋게 만든다.

② 청소년 집단상담에서는 비밀보장의 한계를 명확히 설명하여 집단원들이 현실적인 기대를 갖도록 돕는 것이 중요하다.

③ 모든 내담자에게 집단상담이 적합한 것은 아니다. 따라서 상담자가 내담자에게 가장 적합한 상담 형태를 제공하는 것은 윤리적으로 올바른 행동이다.

⑤ 폐쇄집단이라 할지라도 집단원의 선택을 존중해야 한다. 다만, 갑작스러운 이탈이 다른 집단원에게 미칠 영향을 고려하여, 상담자는 떠나고자 하는 집단원과 충분히 대화하고 적절한 마무리 과정을 돕는 것이 바람직하다.

제3과목 심리측정 및 평가 (필수)

051	②	052	①	053	⑤	054	④	055	④
056	③	057	④	058	⑤	059	③	060	④
061	⑤	062	③	063	④	064	②	065	③
066	①	067	①	068	⑤	069	②	070	②
071	①	072	③	073	⑤	074	②	075	②

051

답 ②

해 제시된 지시문은 **각 문항에 대해 '예' 또는 '아니오'로 응답하도록 요구하고 있다. 이는 두 가지 상반된 선택지 중 하나를 고르는 진위형 문항반응양식에 해당**한다.

문항설명

① 개방형 : 응답자가 자유롭게 서술형으로 답하도록 하는 방식이다.
③ 중다선택형 : 여러 개의 보기 중에서 정답이나 가장 적절한 답을 하나 또는 여러 개 선택하는 방식이다.
④ 리커트 양식 : 매우 그렇다, 그렇다, 보통이다, 그렇지 않다, 매우 그렇지 않다와 같이 특정 진술에 대한 동의의 정도를 여러 단계로 평가하는 척도이다.
⑤ 양극형용사 체크양식 : '좋은-나쁜', '활동적인-수동적인' 등 양극단의 형용사를 제시하고 그 사이의 척도에 응답하도록 하는 방식이다.

052

답 ①

해 **심리평가**란 심리검사, 행동관찰, 면담 등을 통해 수집한 정보를 종합하여 한 개인의 심리적 특성을 깊이 있게 이해하고, 이를 바탕으로 진단 및 치료 계획을 수립하는 전문적인 과정이다. **이 과정에서 수검자에게 적절한 치료 방향과 전략을 제시하는 것이 중요한 목적 중 하나이다.**

오답노트

② 심리적 속성에 수를 부여하는 과정은 **심리측정에 대한 설명**이다.
③ **심리평가와 심리검사는 다른 개념이다.** 심리검사는 심리평가를 위한 도구 중 하나이며, 심리평가는 여러 심리검사 결과와 면담, 행동관찰 등을 종합적으로 해석하는 과정이다.
④ **심리평가가 심리검사보다 더 넓은 개념이기 때문에** 심리검사가 심리평가의 한 구성요소이다.
⑤ 표준절차에 따라 행동표본을 측정하는 도구는 **심리검사에 대한 정의**이다.

053

답 ⑤

해 **Z 점수는 원점수가 평균에서 표준편차의 몇 배만큼 떨어져 있는지를 나타내는 상대적 위치를 알려주는 점수이다.** 따라서 절대적인 위치나 값을 알려주지는 않는다. Z 점수는 한 점수의 분포 내에서의 상대적인 위치를 파악하고, 서로 다른 분포의 점수들을 비교하는 데 사용된다.

> 문항설명

① 변환점수이다. → **Z 점수는 원점수를 평균과 표준편차를 이용하여 변환한 점수**이다.

② 표준점수이다. → **Z 점수는 가장 대표적인 표준점수**로, 표준점수는 서로 다른 분포의 점수를 비교하기 위해 표준화된 점수이다.

③ 평균은 0, 표준편차는 1이다. → **Z 점수의 분포는 평균이 0, 표준편차가 1인 표준정규분포를 따른다.**

④ Z 점수를 알면 T 점수를 산출할 수 있다. → T 점수는 Z 점수를 소수점과 음수가 없는 형태로 변환한 점수이므로, Z 점수를 알면 T 점수를 계산할 수 있다(**T = 50 + 10Z**).

054

답 ⑤

해 준거참조검사는 개인의 수행 능력을 미리 설정된 특정 기준(준거)에 비추어 평가하는 방식이다. 즉, 다른 사람의 성적과 비교하는 것이 아니라, 개인이 특정 목표나 기술을 어느 정도 숙달했는지를 판단하는 데 중점을 둔다.

[ㄱ] **MMPI(다면적 인성 검사)는 대표적인 규준참조검사(norm-referenced test)이다.** 수검자의 결과를 특정 규준집단의 평균과 비교하여 해석한다.

[ㄹ] **응답자가 속한 모집단과 비교하여 개인의 상대적 위치를 평가하는 검사는 규준참조검사(norm-referenced test)**에 대한 설명이다.

cf) 준거참조검사는 집단 내에서의 상대적 순위가 아닌, 개인이 얼마나 기준을 충족했는지를 평가한다.

> 문항설명

[ㄴ] 준거참조검사는 사전에 정해진 기준에 따라 개인을 '합격/불합격', '숙달/미숙달'과 같은 특정 범주로 분류하는 것이 주된 목적이다.

[ㄷ] 운전면허 시험은 정해진 기준 점수(예 70점) 이상을 획득하면 합격하고, 그렇지 못하면 불합격하는 방식이므로 대표적인 준거참조검사에 해당한다.

055

답 ④

해 주어진 문제에서 상관계수(r)가 0.5일 때, 한 변수(대인관계 부적응)가 다른 변수(불안)의 전체 분산 중 몇 %를 설명하는지를 묻고 있다. 이때 사용되는 개념은 결정계수(coefficient of determination, R^2)이다. 결정계수(R^2)는 상관계수(r)를 제곱하여 계산하며, 한 변수의 분산이 다른 변수에 의해 설명되는 비율을 나타낸다. 따라서, **상관계수(r) 0.5를 제곱하면, 즉 R^2 = 0.25가 되어 이것을 백분율로 환산하면 25%이다. 이는 불안의 전체 분산 가운데 25%가 대인관계 부적응의 분산에 의해 설명됨을 의미한다.**

056

답 ③

해 1) **체온(섭씨 또는 화씨)은 등간척도(Interval scale)이다.** 등간척도는 측정값들 간의 간격이 균등하지만, 절대적인 0점(absolute zero)이 존재하지 않는 척도이다.

cf) 0℃는 온도가 없는 상태를 의미하는 것이 아니라, 물이 어는점을 임의로 0도로 설정한 것입니다. 따라서 40℃가 20℃보다 '두 배 더 뜨겁다'고 말할 수 없다.

2) **체중은 비율척도(Ratio scale)이다.** 비율척도는 등간척도의 특징을 모두 가지면서 절대적인 0점이 존재하는 척도이다.

cf) 체중에서 0kg은 무게가 없는 상태를 의미하는 절대적인 0점이다. 따라서 40kg은 20kg보다 '두 배 더 무겁다'고 말할 수 있으며, 사칙연산이 모두 가능하다.

057

답 ④

해 **부적 편포(negative skew)는 분포의 꼬리가 왼쪽(낮은 점수 쪽)으로 길게 늘어진 형태이다. 이는 대부분의 점수가 높은 점수 쪽에 몰려 있고, 소수의 낮은 점수들이 분포를 왼쪽으로 끌어당기는 경우를 의미한다.** 예를 들어, 시험 문제가 매우 쉬워서 대부분의 학생이 높은 점수를 받고, 소수의 학생만 낮은 점수를 받았을 때 나타난다.

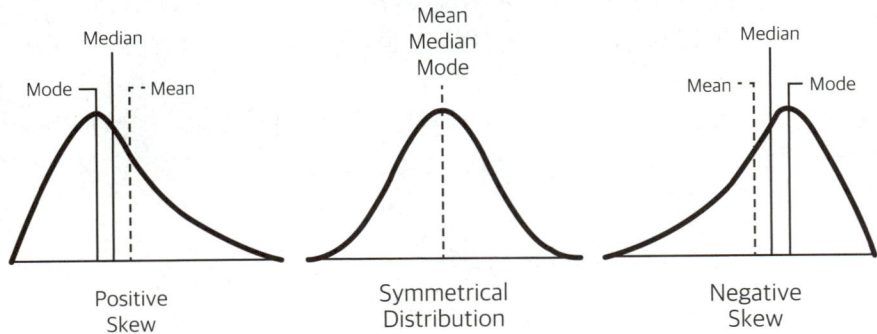

① T 점수 70은 백분위 98에 해당한다. → **T 점수는 평균 50, 표준편차 10인 표준점수로, 정규분포에서 70점은 평균에서 +2 표준편차(+2 Z분포) 위에 있는 값에 해당**하며, 이는 백분위 98과 유사한 위치에 해당한다.

② 분산(variance)은 표준편차를 제곱한 값이다. → **분산은 자료가 평균으로부터 얼마나 떨어져 있는지를 나타내는 척도이며, 표준편차를 제곱하여 구할 수 있다.**

③ 정규분포에서 평균, 중앙값, 최빈값은 일치한다. → **정규분포는 좌우 대칭이므로, 분포의 중심을 나타내는 평균, 중앙값, 최빈값은 모두 동일한 값을 가진다.**

⑤ 정적 편포의 경우, 평균이 중앙값과 최빈값보다 오른쪽에 위치한다. → 정적 편포(positive skew)는 분포의 꼬리가 오른쪽(높은 점수 쪽)으로 길게 늘어진 형태이다. 이는 **소수의 높은 점수들이 분포를 오른쪽으로 끌어당기므로, 최빈값 < 중앙값 < 평균의 순서가 된다.** 예를 들어, 소득 분포처럼 소수의 고소득자가 평균을 끌어올리는 경우가 이에 해당한다.

058

답 ⑤

검사-재검사 신뢰도는 한 검사를 동일한 대상에게 두 번 실시하여 그 결과가 얼마나 일관적인지를 측정하는 방법이다. **이 방법은 시간이 지나도 변하지 않는 안정적인 특성(예 성격 특성, 지능)을 측정하는 데 적합하다.**

cf) ⑤ 만약 측정하려는 변인이 시간이 지나면서 자주 변하는 가변적 변인이라면(예: 일시적인 기분, 정서 상태), 검사를 재실시 했을 때 결과가 달라질 가능성이 높아 신뢰도 계수가 낮게 나올 수 있다. 이는 검사가 불안정한 것이 아니라, 측정 대상 자체가 변했기 때문이다. 따라서 **가변적 변인을 측정하는 데는 검사-재검사 신뢰도가 적합하지 않다.**

① 검사 간격이 너무 길면, 측정하려는 변인 자체에 변화가 생길 수 있어 신뢰도가 낮아진다.

② 첫 번째 검사와 두 번째 검사 시 수검자의 동기나 태도가 다르면 점수에 영향을 미쳐 신뢰도가 달라질 수 있다.

③ 문항의 난이도가 너무 쉽거나 어려워 대부분의 수검자가 동일한 점수를 받게 되면 점수 변량이 줄어들어 신뢰도가 낮아질 수 있다.

④ 검사 간격이 너무 짧으면 수검자가 첫 번째 검사의 내용을 기억하거나 연습하여 두 번째 검사 점수가 인위적으로 높아질 수 있다. 이로 인해 신뢰도 계수가 과대평가될 수 있다.

059

답 ③

제시된 내용은 **검사 문항이 측정하고자 하는 내용 영역을 얼마나 잘 대표하고 있는지를 평가**하는 **내용타당도에 대한 설명으로, 전문가들이 문항의 적절성을 판단**하고, 특정 영역이 과잉 또는 과소 대표되지 않도록 검토하는 과정이 핵심이다.

① 공인 타당도(concurrent validity) : 검사 점수가 현재 시점에서 다른 기준(준거)과 얼마나 높은 상관관계를 가지는지를 평가하는 타당도이다.

② 구성 타당도(construct validity) : 검사 점수가 측정하려는 추상적인 개념(구성개념)을 얼마나 잘 측정하는지를 평가한다.

④ 안면 타당도(face validity) : **검사가 겉보기(안면)에 측정하고자 하는 것을 측정하는 것처럼 보이는 정도를 평가**한다. **전문가가 아닌 일반인의 판단을 포함할 수 있으며**, 엄밀한 타당도 검증 방법은 아니다.

⑤ 예언 타당도(predictive validity) : 검사 점수가 미래의 행동이나 수행을 얼마나 잘 예측하는지를 평가하는 타당도이다. 예를 들어, 대학수학능력시험 점수가 대학 학업 성적을 얼마나 잘 예측하는지 등이다.

060

답 ④

해 심리학자 A가 새로운 우울증 검사 B와 기존의 우울증 검사 C 간의 상관계수를 산출하여 이론적으로 관련성이 높은지 알아보는 것은 수렴 타당도를 분석하기 위한 것이다. **수렴 타당도(convergent validity)는 동일한 개념(우울증)을 측정하는 두 개의 검사(새로운 검사 B와 기존 검사 C)가 서로 높은 상관관계를 보이면, 두 검사가 같은 것을 측정하고 있다고 볼 수 있다.** 이는 검사의 구성 타당도를 확인하는 한 가지 방법이다.

1) 변별 타당도(discriminant validity) : 검사가 측정하고자 하는 개념과 이론적으로 관련성이 낮은 다른 개념을 측정하는 검사와는 상관관계가 낮아야 한다는 것을 보여주는 타당도이다.

2) 내적 합치도(internal consistency) : 한 검사 내의 문항들이 얼마나 일관성 있게 동일한 개념을 측정하는지를 나타내는 신뢰도이다. 크론바흐 알파(Cronbach's α) 계수로 측정한다.

3) 반분 신뢰도(split-half reliability) : 검사 문항을 반으로 나누어 두 부분의 점수 간 상관관계를 분석하는 신뢰도이다.

4) 동형검사 신뢰도(equivalent form reliability : 두 개의 동등한 형태의 검사를 만들어 동일한 집단에게 실시하고, 두 검사 점수 간의 상관관계를 구하는 신뢰도이다.

061

답 ⑤

해 모두 능력검사에 관한 설명으로 옳은 내용이다.

능력검사(ability test) 또는 극대수행검사는 수검자가 주어진 과제에서 자신의 능력을 최대한 발휘하도록 하여 그 수행 수준을 측정하는 검사이다.

[ㄱ] 능력검사는 특정 지식이나 기술을 측정하므로, **문항에 대한 객관적인 정답이 존재한다.**

[ㄴ] 일반적으로 **능력검사는 시간제한이 있는 경우가 많지만, 모든 능력검사가 시간제한을 두는 것은 아니다.** 예를 들어, 역량검사 중 일부는 **시간제한 없이 난이도 높은 문항으로 문제해결능력을 측정하기도 한다.** 직업적성검사와 같이 시간제한이 없는 검사도 존재한다.

[ㄷ] 능력검사의 대표적인 유형으로는 **지능검사, 적성검사, 그리고 특정 인지 기능을 평가하는 신경심리검사 등**이 있다.

[ㄹ] 능력검사의 본질적인 특징 중 하나는 **수검자가 자신의 역량을 최대로 발휘하여 최고의 수행을 보이도록 요구한다**는 점이다.

062

답 ③

해 [ㄱ] 라포(rapport)는 상담자와 내담자 간의 신뢰와 관계를 의미한다. **검사자가 전문적 용어를 남발하면 오히려 수검자가 소외감이나 거리감을 느끼게 되어 라포 형성을 방해할 수 있다.** 수검자의 눈높이에 맞춰 쉽고 명확하게 설명하는 것이 더 바람직하다.

[ㄷ] **검사 도중 정답을 알려주는 행위는 검사의 표준화된 절차를 위반하는 것으로, 검사 결과의 타당성을 심각하게 훼손한다.** 검사자는 수검자가 불안감을 느끼지 않도록 격려하고 안정감을 주되, 정답을 알려주어서는 안 된다. 만약 수검자의 불안이 심해 검사 진행이 어렵다면 검사를 중단하고 안정시키는 것이 우선이다.

문항설명

[ㄴ] 수검자가 아동·청소년인 경우, 검사 목적을 잘 이해시켜 동기를 높일 필요가 있다. → 특히 아동과 청소년은 스스로 검사를 받으러 오는 경우가 드물고, 심리적인 문제를 인식하지 못할 수 있다. 검사자가 검사의 목적과 중요성을 이해시키고 긍정적인 동기를 부여하면, 협조적인 태도를 이끌어내 정확한 결과를 얻는 데 도움이 된다.

[ㄹ] 투사적 검사 시 수검자가 자신의 반응을 검열하지 않고 연상되는 그대로 반응하도록 격려한다. → 투사적 검사는 모호한 자극을 통해 수검자의 무의식적인 욕구와 갈등을 파악하는 것이 목적이다. 따라서 수검자가 의식적으로 자신의 반응을 통제하거나 검열하지 않도록 격려하는 것이 중요하다.

063

답 ④

해 지우기(cancellation) : **제한시간 내에 조직적으로 배열되어 있는 도형들 속에서 표적 자극과 동일한 도형을 찾아 표시하는 소검사**이다. 이는 처리속도를 측정하며, 시각 정보 변별 능력과 관련이 있다.

오답노트

① 이해(comprehension) : 일반적 원칙, 사회적 상황, 규칙, 관습 등에 대해 자신이 알고 있는 바에 기초해 질문에 답하는 소검사이다.
  cf) 광범위한 일반적인 지식에 관한 질문에 대답하는 것은 **'상식'소검사**에 해당한다.
② 순서화(sequencing) : 일련의 그림들을 보고 각각을 순서대로 정렬하는 소검사이다. **순서대로 정렬하여 회상하는 것은 아니다.**
③ 상식(Information) : 광범위한 일반적인 지식에 관한 질문에 대답하는 소검사이다.
  cf) 일반적 원칙과 사회적 상황에 대해 자신이 알고 있는 바에 기초해 질문에 대답하는 것은 **'이해' 소검사**이다.
⑤ 공통성(similarities) : **두 단어 또는 두 사물의 유사점을 설명하는 소검사**로, 언어적 개념 형성 능력과 추상적 추론 능력을 측정한다.

064

답 ②

해 K-WISC-V(한국 웩슬러 아동 지능검사 5판)는 전체 IQ 외에 5가지 기본 지표를 포함하며, 각 지표에 속하는 소검사들이 있다.

② 작업기억(working Memory Index) : 단기 기억 능력 등을 평가한다. 기본 소검사로는 숫자와 그림기억이 있다.

cf) **산수는 유동추론 지표의 추가 소검사이다.**

문항설명

① 언어이해(verbal Comprehension Index) : 결정지능과 언어 정보를 개념화하는 능력 등을 측정한다. 기본 소검사로는 공통성과 어휘가 있다. 따라서 '어휘'는 언어이해 지표에 속하는 소검사이다.

③ 시공간(visuospatial Index) : 시각적으로 인식할 수 있는 자료를 해석하고 조직화하는 능력 등을 측정한다. 기본 소검사로는 토막짜기와 퍼즐이 있다. 따라서 '토막짜기'는 시공간 지표에 속하는 소검사이다.

④ 유동추론(fluid Reasoning Index) : 비언어적 추론 능력 등을 평가한다. 기본 소검사로는 행렬추리와 무게비교가 있다. 따라서 '무게비교'는 유동추론 지표에 속하는 소검사이다.

⑤ 처리속도(processing Speed Index) : 인지적 처리속도를 평가한다. 기본 소검사로는 기호쓰기와 동형찾기가 있다. 따라서 '동형찾기'는 처리속도 지표에 속하는 소검사이다.

심화학습

K-WISC-V(한국 웩슬러 아동지능검사 5판)[2]

1) 개요

한국 웩슬러 아동지능검사-5판(K-WISC-V : Korean Wechsler Intelligence Scale for Children-Fifth Edition)은 만 6세 0개월부터 만 16세 11개월까지 아동의 지능을 평가하기 위해 개별적으로 실시하는 종합적인 임상도구이다. 기존 한국 웩슬러 아동지능검사 - 4판 (K-WISC-IV: 곽금주, 오상우, 김청택, 2011)의 개정판으로, 전반적인 지적 능력(즉, 전체 IQ)은 물론, 특정 인지 영역(예, 언어 이해, 시공간, 유동추론 등)의 지적 기능을 나타내는 소검사 및 지표점수를 제공한다. 또한 추가적인 임상적 활용을 위한 여러 점수들(예, 처리점수)을 제시해준다.

2) 검사의 특징

(1) K-WISC-V는 이전 판과는 달리, 지능 이론은 물론이고, 인지 발달, 신경 발달, 인지신경과학, 학습과정에 대한 최근 심리학 연구들에 기초하고 있다.

(2) **K-WISC-V는 16개의 소검사로 이루어져 있다. 유동적 추론의 측정을 강화하는 새로운 3개의 소검사(무게비교, 퍼즐, 그림기억)가 추가되었고,** K-WISC-IV에서 13개의 소검사(토막 짜기, 공통성, 행렬추리, 숫자, 기호쓰기, 어휘, 동형 찾기, 상식, 공통그림 찾기, 순차연결, 선택, 이해, 산수)가 유지되었지만 소검사의 실시 및 채점 절차가 수정되었다.

(3) **K-WISC-V는 구조적으로 변화한 전체 IQ(FSIQ)와 5가지 기본지표점수(언어이해, 시공간, 유동 추론, 작업기억, 처리속도)와 5가지 추가지표점수(양적추론, 청각작업기억, 비언어, 일반능력, 인지효율)를 제공한다는 점에서 이전 4판과 다르다.** 인지능력에서 좀 더 독립적인 영역에 대한 아동의 수행을 나타내 줄 수 있는 지표점수(예 시공간지표와 유동추론지표)와 처리점수(예 토막 짜기 소검사의 부분처리점수)를 추가적으로 제공한다.

2 출처:https://inpsyt.co.kr/psy/item/view/KWISC5_CO_TG

3) K-WISC-IV와의 차이점

(1) **전반적인 지적 능력(즉, 전체 IQ)의 구조가 변화하였으며 전체 IQ를 구성하는 소검사가 7개로 수정되면서 전체 IQ를 산출하는데 소요시간이 단축**되었다.

(2) 구조적으로 변화한 **전체 IQ(FSIQ)와 5가지 기본지표점수(언어이해, 시공간, 유동추론, 작업기억, 처리속도)와 5가지 추가지표점수(양적추론, 청각작업기억, 비언어, 일반능력, 인지효율)를 제공**한다.

(3) **인지능력에서 좀 더 독립적인 영역에 대한 아동의 수행을 나타내 줄 수 있는 지표점수(예 시공간지표와 유동추론지표)와 처리점수(예 토막 짜기 소검사의 부분처리점수)를 추가**적으로 제공한다.

(4) **유동적 추론의 측정을 강화하는 새로운 3개의 소검사(무게 비교, 퍼즐, 그림 기억)가 추가**되었다.

(5) K-WISC-IV에서 13개의 소검사(토막 짜기, 공통성, 행렬추리, 숫자, 기호쓰기, 어휘, 동형 찾기, 상식, 공통그림 찾기, 순차연결, 선택, 이해, 산수)가 유지되었지만 소검사의 실시 및 채점 절차가 수정되었다.

◎ **전체척도**

언어이해	시공간	유동추론	작업기억	처리속도
공통성 어휘 상식 이해	토막짜기 퍼즐	행렬추리 무게비교 공통그림찾기 산수	숫자 그림기억 순차연결	기호쓰기 동형찾기 선택

◎ **기본지표척도**

언어이해	시공간	유동추론	작업기억	처리속도
공통성 어휘	토막짜기 퍼즐	행렬추리 무게비교	숫자 그림기억	기호쓰기 동형찾기

◎ **추가지표척도**

양적추론	청각작업기억	비언어	일반능력	인지효율
무게비교 산수	숫자 순차연결	토막짜기 퍼즐 행렬추리 무게비교 그림기억 기호쓰기	공통성 어휘 토막짜기 행렬추리 무게비교	숫자 그림기억 기호쓰기 동형찾기

065

답 ③

해 [ㄴ] **IQ 85는 평균 하(80-89) 범위에 속하기 때문에 경계선 지능(70-79)이 아니다.**

▶ K-WISC-Ⅴ의 IQ 분류 :
1) 130 이상 : 매우 우수   2) 120-129 : 우수
3) 110-119 : 평균 상   4) 90-109 : 평균
5) **80-89 : 평균 하**   6) **70-79 : 경계선**
7) 69 이하 : 지적 장애 범위

문항설명

[ㄱ]. 전체 IQ 85는 100명 중 84등에 해당한다. → IQ 점수는 평균 100, 표준편차 15인 정규분포를 따른다. IQ 85는 평균에서 -1 표준편차(100-15=85)이다. **이는 백분위 16에 해당하며, 이는 전체 중에서 A보다 낮은 사람이 전체의 16%라는 의미이기 때문에 100명 중 84등에 해당한다.** ×

[ㄷ] 전체 IQ 85는 K-WISC-Ⅴ의 소검사 환산점수 7점과 동일한 상대적 위치이다. → 전체 IQ는 평균 100, 표준편차 15 / **소검사 환산점수는 평균 10, 표준편차 3이다.**
IQ 85의 상대적 위치는 (85-100)/15= -1 표준편차 / 환산점수 7점의 상대적 위치는 (7-10)/3= -1 표준편차이기 때문에 동일한 상대적 위치이다.

066

답 ①

해 **스피어만(C. Spearman)의 2요인 이론과 CHC 이론(Cattell-Horn-Carroll)은 모두 일반 지능(g요인)의 존재를 전제한다.**

cf) 스피어만(C. Spearman)의 2요인 이론의 주요 내용으로는 모든 지적 활동에는 일반 요인(g)과 특수 요인(s)이 함께 작용한다고 보았다. **g요인(일반요인)은 모든 지적 활동에 공통적으로 작용하는 일반 지능이며**, s요인(특수요인)은 각 과제에 특수하게 작용하는 능력이다.

cf) CHC 이론(Cattell-Horn-Carroll)은 커텔(Cattell)과 혼(Horn)의 유동적·결정적 지능 이론(Gf-Gc)을 캐롤(Carroll)의 3층 위계모형과 통합한 지능의 통합적 위계이론이다. 3층 위계구조는 **제3층(Top)은 일반 지능(g요인)**, 제2층은 광범위한 능력들(例 Gf, Gc 등), 제1층은 좁은 영역의 특수 능력들로 구성되어 있다.

cf) ③ 이론의 구성요소로 내용과 결과 차원을 제안하였다. → **길포드(Guilford)**는 180개의 요인을 설명하기 위해 조작, 산출(결과), 내용의 세 가지 요소를 축으로 하는 입방형 모형을 제시하였다. ④ **가드너(Gardner)의 다중지능이론**에서는 지능은 각각 독립적이고 수평적 형태로 존재한다고 제안하였다.

067

답 ①

해 **비도덕성은 척도 4의 내용을 설명하는 개념일 수는 있으나, 공식적인 Harris-Lingoes 소척도에는 포함되지 않는다.**

실력다지기

▶ MMPI-2 척도 4의 Harris-Lingoes 소척도는 다음과 같이 구성되어 있다.
1) Pd1(Familial Discord) - **가정불화**
2) Pd2(Authority Problems) - **권위불화**
3) Pd3(Social Imperturbability) - 사회적 태연함
4) Pd4A(Social Alienation) - **사회적 소외**
5) Pd4B(Self-Alienation) - **자기 소외(내적 소외)**

068

답 ⑤

해 문제에서 제시된 설명과 가장 일치하는 유형은 7-8 / 8-7이다. **7-8 / 8-7 코드 유형은 불안과 긴장이 심하고, 정서적으로 혼란하며, 사회적으로 위축된 모습을 보이는 전형적인 패턴**이다.

제시된 증상	관련 코드 유형
정서적 동요, 혼란	7-8 / 8-7
걱정과 불안	7(불안척도)
자신감 부족, 자기주장 어려움	8(조현병 척도) 상승 시 위축, 혼란, 대인관계 소극

▶ 문제 보기별 코드 유형 특징

코드 유형	주요 특징
1-3 / 3-1	신체적 증상 호소, 불안과 긴장, 정서적 통제 어려움, 신체화 경향
3-4 / 4-3	감정 억제, 대인관계 문제, 반항적 태도
4-9 / 9-4	충동적, 공격적, 반사회적, 활동성 과잉
6-9 / 9-6	의심, 과대감, 자기정당화, 분노
7-8 / 8-7	불안, 강박, 내적 혼란, 사회적 위축, 현실검증력 약화

069

답 ②

해 **정보를 인식하는 방식**(우리가 세상을 어떻게 인식하고 정보를 받아들이는가?)에서의 경향성을 나타내는 MBTI의 하위척도는 **감각형(S)-직관형(N)**이다.

▶ MBTI의 4가지 기본 선호 지표

차원	설명
외향(E) - 내향(I)	에너지를 어디서 얻는가?(외부 vs 내부)
감각(S) - 직관(N)	**정보를 인식하는 방식(현실적 감각 vs 통찰적 직관)**
사고(T) - 감정(F)	판단·결정을 내리는 기준(논리 vs 가치)
판단(J) - 인식(P)	생활양식·태도·의사결정 속도(계획적 vs 자율적)

070

답 ②

해 **연대감(C)**은 TCI의 기질척도가 아니라, **성격척도**에 해당한다.

심화학습

TCI 척도(Temperament and Character Inventory)

1) 클로닝거(Cloninger, 1993)의 TCI는 인간의 성격을 기질 과 성격이라는 두 차원으로 나누어 측정한다.

2) 기질척도(temperament scales, 타고난 성향) : **자극추구(NS), 위험회피(HA), 사회적 민감성(RD), 인내력(P)**

　(1) 자극추구(novelty seeking) : 새로운 자극을 추구, 충동성

　(2) 위험회피(harm avoidance) : 불안, 소심, 회피경향

　(3) 사회적 민감성(reward dependence) : 타인 인정, 사회적 따뜻함

　(4) 인내력(persistence) : 끈기, 노력, 목표지속

3) 성격척도(character scales, 학습된 성향) : 자기지향성(SD), **연대감(CO)**, 자기초월(ST)

　(1) 자기지향성(self-directedness) : 자기통제, 책임감

　(2) 연대감(cooperativeness) : 타인 존중, 공감, 협동

　(3) 자기초월(self-transcendence) : 초월적, 영적 성향

071

답 ①

해 솔직하고, 성실하며, 검소하고, 지구력이 있고, 신체적으로 건강하며, 소박하고, 말이 적으며, 고집이 있고, 직선적이며, 단순하다는 내용은 **'현실적(Realistic)' 유형**의 전형적 특징이다.

'현실적(Realistic)' 유형의 핵심 키워드는 성실 · 소박 · 신체적 활동 선호 · 단순 · 실용적 · 말보다 행동 중심 등이다.

▶ 홀랜드(J. Holland)의 6가지 유형 요약

유형	특징	선호하는 활동
R 현실적	신체적 · 실용적 · 소박함, 도구/기계 사용 선호	기계조작, 기술적 일, 야외활동
I 탐구적	분석적, 지적, 논리적, 이론적	연구, 과학, 문제해결
A 예술적	감정표현, 창의적, 비구조적	예술, 글쓰기, 디자인
S 사회적	타인 지향, 친절, 봉사적	교육, 상담, 간호
E 기업적	지도력, 설득력, 야망, 외향적	경영, 판매, 정치
C 관습적	체계적, 질서, 정확, 조직적	사무, 행정, 회계

072

답 ③

해 HTP(House-Tree-Person) 검사는 투사적 그림검사로서 표준화된 실시 절차가 있다.

③ 표준 지침에서는 **단순히 "사람을 그리세요."라고 지시하며, 성별을 지정하지 않는다. 첫 번째 사람을 그린 후에는 "이번에는 반대 성별의 사람을 그리세요."라고 지시한다.** 수검자가 어떤 성별을 먼저 그리는지는 임상적으로 의미 있는 정보가 될 수 있다.

문항설명

① 그림 단계를 모두 마친 후 질문 단계를 시행한다. → HTP 검사는 비언어적 단계(그림 그리기)와 언어적 단계(post-drawing interrogation)로 구성되며, 세 가지 그림을 모두 그린 후에 질문을 시행하는 것이 표준 절차이다.

② 나무를 그리도록 할 때 수검자에게 종이를 세로로 제시한다. → 벅(Buck)의 원래 지침에 따르면, 나무 그림은 종이를 세로(vertical position)로 제시하며, 집과 사람은 가로로 제시한다.

④ 그리는 방법에 관해 질문하는 경우 "마음 내키는 대로 그리세요."라고 대답한다. → HTP 검사는 비구조화된 검사이기 때문에 수검자의 질문에 대해 "원하는 대로", "마음 내키는 대로" 등의 중립적이고 비지시적인 응답을 하는 것이 원칙이다.

⑤ 사람 그림에서 처음에 신체 일부만 그리는 경우 "전신 그림을 그리세요."라고 지시한다. → 머리나 상반신만 그리는 경우 "전신(whole person)"을 그리도록 추가 지시를 하는 것이 표준 절차이다.

073

답 ⑤

해 타인 및 세상 영역은 삭스(J. Sacks)의 문장완성검사(SSCT)의 네 가지 대표영역에 해당하지 않는다.

실력다지기

삭스(J. Sacks)의 문장완성검사(SSCT)의 개요

1) 개발자 : J. Sacks & L. Levy (1950)

2) 목적 : 피검자의 태도, 욕구, 갈등, 대인관계 패턴 등을 파악하기 위한 투사적 검사이다.

3) 구성 : 60문항으로 되어 있다.

4) 피검자는 각 문장을 자유롭게 완성하도록 함.

5) Sacks 문장완성검사의 4가지 대표 영역

영역	주요 내용
가족 영역	부모, 형제자매 등 가족관계에 대한 태도
성적 영역	성역할, 이성관계, 성적 태도
대인관계 영역	친구, 동료, 상사 등 사회적 관계에서의 태도
자기개념 영역	자아인식, 자기평가, 자기이해 등 자신에 대한 태도

074

답 ②

해 FQ+(unusually good form quality)가 1을 초과하는 것은 지나치게 정확하고 세밀한 지각을 나타내며, 이는 강박적 성향을 가진 사람들의 과도한 정확성 추구와 완벽주의적인 경향을 반영하는 강박성향지표(OBS)의 핵심 지표 중 하나이다. 로샤 검사의 Exner 종합체계에서 강박성향지표(OBS: Obsessive Style Index)를 구성하는 요소는 다음과 같다.

▶ 강박성향지표(OBS)의 구성 요소
Exner의 종합체계에서 OBS는 다음 5가지 조건 중 1개 이상이 양성일 때 나타닌다.
1) Dd > 3 : 비정상적으로 세부적인 부분 반응
2) Zf > 12 : 과도한 조직화 활동
3) Zd > +3.0 : 과잉통합 경향
4) P > 7 : 과도한 관습적 반응
5) **FQ+ > 1 : 비정상적으로 정교한 형태질 반응**

문항설명

① S > 3 → 이는 공간반응(Space response)으로, 부정성이나 반항성과 관련되며, 강박성향지표(OBS)와 무관하다.
③ CF + C > FC → 이는 정서통제 문제를 나타내는 지표로, 충동성과 관련되며, 강박성향지표(OBS)와 무관하다.
④ P < 3 혹은 P > 8 → P > 7은 강박성향지표(OBS) 중 하나이지만, 문제에서 제시된 P > 8은 정확한 기준점이 아니며, P < 3은 강박성향지표(OBS)와 무관하다.
⑤ M- > 1 혹은 M-% > .40 → 이는 사고장애나 현실검증력 문제와 관련된 지표로, 강박성향지표(OBS)와 무관하다.

075

답 ②

해 - : 이 기호는 발달질(DQ) 채점 기호가 아니라, **로샤 검사에서 반응의 형태질(form quality, FQ)을 채점**할 때 사용되는 기호이다. **형태질 -는 지각적 왜곡이 있는 반응, 즉 잉크 반점의 윤곽이나 형태와 전혀 관련이 없는 대상을 본 경우에 채점**된다.

문항설명

로샤(Rorschach) 검사의 엑스너(Exner) 종합체계에서 **발달질(developmental quality, DQ) 채점은 반응의 인지적 복잡성 수준**을 나타낸다. 발달질 채점 기호는 다음과 같다.
1) + (synthesis) : 두 개 이상의 대상이 서로 의미 있게 관련되어 있는 복합적인 반응
2) o (ordinary) : 명확하고 알아볼 수 있는 형태로 대상을 지각한 반응
3) v/+ (vague synthesis) : 형태는 다소 모호하지만, 여러 요소가 통합되어 있는 반응
4) v (vague) : 명확한 형태가 없이 모호한 대상이나 추상적인 개념을 지각한 반응

제4과목 상담이론 (필수)

076	②	077	②	078	①	079	①	080	④
081	③	082	①	083	③	084	⑤	085	①
086	⑤	087	⑤	088	①	089	⑤	090	④
091	①	092	③	093	③	094	②	095	③
096	③	097	②	098	⑤	099	④	100	④

076

답 ②

해 상담의 핵심 윤리 중 하나는 내담자의 비밀보장이다. 하지만 내담자나 타인의 생명을 위협하는 경우, 법원의 요청 등 특별한 상황에서는 비밀보장의 예외가 적용된다. **법원의 정보공개 요청이 있을 경우, 상담자는 우선 내담자에게 이 사실을 알리고 동의를 구해야 한다. 그리고 법원의 명령이 있더라도 내담자의 사생활 보호를 위해 꼭 필요한 최소한의 정보만 제공하는 것이 윤리적 원칙에 부합한다.**

오답노트

① 심리검사 결과를 책상에 방치해 다른 내담자가 열람하였다. → **이는 비밀보장 및 내담자 정보 관리의 의무를 위반한 심각한 비윤리적 행동이다.**

③ 내담자를 상담자의 SNS 친구로 추가하고 사적인 연락을 주고받았다. → **상담자는 내담자와 상담 관계 외에 사적인 관계를 맺어서는 안 된다. 이는 이중관계에 해당**하며, 상담의 객관성을 해치고 내담자에게 해를 끼칠 수 있다.

④ 자살 위험성이 높은 내담자를 혼자 감당하며 전문기관에 연계하지 않았다. → **내담자가 자신이나 타인을 해칠 위험이 있을 경우, 비밀보장의 의무보다 생명 보호가 우선이다.** 상담자는 보호자에게 알리거나 전문기관에 연계하는 등 필요한 조치를 취해야 한다.

⑤ 상담자의 특정한 필요 때문에 상담 횟수를 늘리도록 내담자에게 권유하였다. → 상담은 내담자의 복지와 성장을 위한 것이어야 한다. **상담자의 개인적 이익을 위해 상담을 연장하거나 강요하는 행위는 비윤리적이다.**

077

답 ②

해 **상담은 상담자와 내담자가 함께 협력하여 문제를 해결해 나가는 상호적이고 협력적인 관계이다.** 상담자는 내담자를 존중하고, 내담자가 자신의 문제를 주체적으로 해결할 수 있도록 돕는 조력자의 역할을 한다. 따라서 **상담관계는 상담자가 내담자에게 일방적으로 지시하거나 조언을 제공하는 수직적인 관계가 아니다.**

① 최근에는 비대면(전화, 화상, 온라인 채팅 등) 상담도 활발하게 이루어지고 있다. 상담 방식은 내담자의 편의와 필요에 따라 다양하게 적용될 수 있다.

③ 상담자는 내담자가 자신의 감정을 자유롭게 표현할 수 있도록 안전하고 비(非)판단적인 환경을 조성한다. 이를 통해 내담자는 혼란스러운 감정을 정리하고 이해하게 된다.

④ 상담의 효과는 내담자가 자신의 문제를 해결하려는 의지와 노력에 크게 좌우된다. 내담자의 적극적인 참여는 성공적인 상담을 위한 필수 요소이다.

⑤ 상담의 중요한 목적 중 하나는 내담자가 자신의 삶에 대한 통찰을 얻고, 합리적인 의사결정을 내릴 수 있도록 돕는 것이다.

078

답 ①

해 • ㄱ : **부정(denial)**
  부정은 감당하기 힘든 현실이나 고통스러운 사실을 무의식적으로 거부하는 방어기제이다. (ㄱ)의 A는 부모님의 이혼이라는 충격적인 현실을 받아들이지 못하고, '잠시 떨어져 있는 것'이라고 믿음으로써 불안을 피하고 있다.

• ㄴ : **합리화(rationalization)**
  합리화는 자신의 비난받을 만한 행동이나 실패를 그럴듯한 이유로 정당화하여 불안을 줄이는 방어기제이다. (ㄴ)의 B는 시험을 못 본 실패를 '공부하지 않은 내용에서 문제가 출제되었기 때문'이라는 그럴 듯한 이유로 돌려 자신의 실패를 합리화하고 있다.

1) 억압(repression) : 억압은 고통스러운 기억이나 충동을 의식에서 무의식으로 밀어내는 것이다. A의 행동은 현실을 직접적으로 거부하는 것이기 때문에 억압보다는 부정에 가깝다.

2) 주지화(intellectualization) : 주지화는 정서적인 문제를 감정 없이 논리적, 지적으로 분석하며 접근하는 것이다. B의 행동은 논리적 분석보다는 실패에 대한 그럴듯한 변명을 찾는 것이므로 합리화에 해당한다.

3) 이상화(idealization) : 이상화는 대상의 좋은 면만 과장해서 보는 것이다.

4) 억제(suppression) : 억제는 고통스러운 생각을 의식적으로 잠시 잊으려고 하는 것으로, 방어기제는 아니다.

079

답 ①

해 **훈습(working through)은 정신분석에서 내담자가 상담을 통해 얻은 무의식적인 갈등에 대한 통찰을 현실 생활에 적용하고 변화를 시도하는 과정**이다. 내담자는 이 과정을 통해 자신의 문제를 반복적으로 탐구하고, 새로운 행동 패턴을 익히며, 성격의 구조적 변화를 이끌어낸다. 또한 내담자가 인지적, 정서적으로 자신의 갈등을 자각하고 변화하기 위해 노력하는 과정이다.

▶ 문항설명

② 전이(transference) : 내담자가 과거에 중요한 관계(주로 부모)에서 느꼈던 감정과 태도를 상담자에게 무의식적으로 투사하는 현상이다.
③ 불안(anxiety) : 억압된 충동이 의식으로 표출될 때 발생하는 불편한 정서적 경험이다.
④ 저항(resistance) : 내담자가 무의식적인 갈등을 자각하는 것을 회피하기 위해 상담과정에 협조하지 않는 모든 행동을 의미한다.
⑤ 실연 : 정신분석의 주요 개념이 아니다.

080

답 ④

해 **'충분히 좋은 엄마'**(good enough mother)는 위니캇(D. Winnicott)이 제안한 개념으로, 이 개념의 핵심은 **엄마가 완벽할 필요가 없으며, 아기의 요구에 완벽하게 반응하는 것이 아니라, 필요에 따라 적절한 좌절을 경험하게 하는 존재라는 점**이다. 초기에는 아기의 욕구를 거의 완벽하게 충족시켜 주지만, 시간이 지나면서 점진적으로 좌절을 경험하게 함으로써 아기가 현실을 인식하고 독립적인 자아를 형성하도록 돕는다. 따라서 '충분히 좋은 엄마'는 완벽한 엄마가 아니며, 적절한 좌절을 허용하는 현실적인 존재이다.

▶ 문항설명

① 곰 인형, 담요 등은 과도적 대상(transitional object)의 역할을 한다. → 위니캇(D. Winnicott)은 **아기가 엄마로부터 분리되는 과도기 동안 불안을 완화하기 위해 사용하는 곰 인형이나 담요와 같은 물건을 과도적 대상이라고 보았다.**
② 내적 대상은 외적 대상에 대해 갖는 이미지, 감정, 생각, 기억 등을 의미한다. → **내적 대상은 실제 인물(외적 대상)과의 관계 경험이 내면화되어 형성된 심리적 표상을 의미**한다.
③ 대상항상성(object constancy)은 양육자에 대한 일관된 상을 유지할 수 있는 능력을 의미한다. → **대상항상성은 양육자가 눈앞에 없거나 때로는 실망스러운 행동을 하더라도, 그에 대한 안정되고 통합된 내적 이미지를 유지하는 능력**으로, 이는 건강한 성격 발달의 중요한 지표이다.
⑤ 좋아하는 간식을 주지 않는 엄마의 모든 면을 나쁘다고 보는 아이는 분열(splitting)의 예에 해당한다. → 분열(splitting)은 대상을 '완전히 좋음'과 '완전히 나쁨'으로 양분하여 지각하는 방어기제이다. **아이가 간식을 주지 않는 엄마의 나쁜 면만을 보고 모든 것을 부정적으로 판단하는 것은 분열의 전형적인 사례**이다.

081

답 ③

해 교류분석의 주요 기법은 구조분석(자아상태 분석), 교류패턴 분석, 게임분석, 각본분석 등이다.

cf) **기능분석과 행동시연은 행동주의 상담이나 인지행동치료에서 주로 사용되는 기법이다.**

문항설명

① 현실치료 : WDEP(욕구, 행동, 평가, 계획) 체계 사용, 직면과 유머는 현실치료에서 사용되는 기법들이다.

② 분석심리학 : 융(Jung)의 이론으로 꿈 분석, 적극적 상상, 상징 해석 등을 사용한다.

④ 이야기치료 : 문제의 외현화, 독특한 결과 찾기, 재저작, 대안적 이야기 등이 핵심 기법이다.

⑤ 변증법적 행동치료 : 마음챙김, 고통감내, 정서조절, 대인관계 효율성 등 4가지 핵심 모듈을 사용한다.

심화학습

변증법적 행동치료(DBT)

1) 마샤 리네한이 개발한 치료이론으로, 마음챙김, 고통감내, 정서조절, 대인관계 효율성 기술을 통해 감정 조절과 행동 관리를 돕는 심리 치료법이다.

2) 변증법적 행동치료(DBT)는 경계선 성격장애 외에 우울, 불안, 자해행동 등 다양한 문제를 가진 사람들이 감정을 효과적으로 다루고, 대인관계 갈등을 줄이며, 삶의 어려움에 대처하는 데 도움을 주는 것으로 알려져 있다.

3) 주요 4가지 핵심 기술

[암기법] 변증법적 행동치료 기술 = 고대 / 마감

(1) 마음챙김 : 현재 순간에 비(非)판단적으로 주의를 기울이는 연습을 통해 자신의 감정, 생각, 신체 감각을 알아차린다.

(2) 고통감내 : 회복하기 어려운 고통스러운 상황에서 더 나빠지지 않도록 견디고 대처하는 기술을 배운다. 자해 행동을 줄이는 데 특히 중요하다.

(3) 정서조절(감정조절) : 강렬한 감정을 이해하고, 감정을 유발하는 요인을 줄이며, 감정에 압도되지 않고 감정을 효과적으로 관리하는 방법을 배운다.

(4) 대인관계 효율성 : 자신의 필요를 효과적으로 표현하고, 타인의 필요를 존중하면서 원하는 것을 얻어내며, 대인 관계 갈등을 줄이는 기술을 훈련한다.

082

답 ①

해 [ㄴ] 아들러는 **인간 발달단계를 구분하지는 않았다.**

　[ㄹ] 사회적 관심과 활동 수준을 토대로 생활양식을 지배형, 회피형, **기생형(획득형)**, 사회적 유용형으로 나누었다.

문항설명

[ㄱ] 아들러 개인심리학의 상담 과정은 네 단계로 구성된다.

　　1) 1단계 : 관계 형성 – 상담자와 내담자 간의 평등하고 협력적인 관계를 구축한다.

　　2) 2단계 : 평가와 분석 – 내담자의 생활양식(life style)을 파악하고 분석한다.

　　3) 3단계 : 통찰과 해석 – 생활양식 분석을 바탕으로 내담자가 잘못된 목표와 행동에 대해 통찰하도록 돕는다.

　　4) 4단계 : 재정향(reorientation) – 새로운 통찰을 바탕으로 더 건강하고 사회적으로 유용한 방향으로 행동을
　　　　변화하도록 격려한다.

[ㄷ] 아들러의 개인심리상담에서 직면, 과제, 역설적 의도, 마치 ~ 처럼 행동하기 등의 기법을 사용한다.

　　1) 직면 : 내담자의 언행의 모순을 지적한다.

　　2) 과제 부여 : 내담자에게 새로운 행동을 시도하도록 과제를 준다.

　　3) 역설적 의도 : 내담자가 두려워하는 행동을 오히려 의도적으로 하도록 권하여 그 행동에 대한 통제력을 높인다.

　　4) 마치 ~ 처럼 행동하기 : 바람직한 생활양식을 가진 사람처럼 행동하게 함으로써 내담자의 변화를 돕는다.

083

답 ③

해 **그린버그(Leslie Greenberg)의 정서중심치료(EFT)는 인간중심상담, 게슈탈트 상담, 실존주의 심리학 즉, 세 가지 인본주의적 심리치료 이론을 통합하여 발전시킨 이론이다.**

　1) 인간중심상담의 내담자를 존중하고, 따뜻하고 공감적인 치료 관계를 중요시하는 측면에서 영향을 받았다.

　2) 게슈탈트 상담의 '지금-여기'에서의 감정 경험을 강조하고, 내담자의 경험에 대한 자각을 중시하는 측면에서 영향을 받았다.

　3) 실존주의 심리학의 인간이 자유롭고 책임감 있는 존재이며, 의미를 추구하는 존재라는 관점에서 영향을 받았다.

문항설명

① 초월상담 : 일반적으로 알려진 상담이론이 아니다.

② 수용전념치료(ACT) : 인지행동치료의 한 형태로, 고통스러운 경험을 수용하고 가치 있는 삶을 위해 헌신하는 것을 강조한다.

④ 관계중심치료 : 상담자-내담자 관계를 강조하는 여러 이론들이 있지만, 제시된 설명처럼 그린버그가 창시하고 인간중심, 게슈탈트 등을 통합한 특정한 이론을 지칭하지는 않는다.

⑤ 변증법적 행동치료(DBT) : 마샤 리네한이 개발한 이론으로, 인지행동치료를 기반으로 마음챙김 기술을 통합한 치료이다. 주로 경계성 성격장애와 같은 정서조절 문제를 다룬다.

084

답 ⑤

해 조작적 조건화는 행동의 결과(강화 또는 처벌)에 따라 행동의 빈도가 증가하거나 감소하는 학습 원리이다. ⑤ **체계적 둔감화는 공포증과 같은 불안장애를 치료하기 위해 고안된 기법으로, 이는 고전적 조건화의 원리에 기반을 두고 있다. 불안을 일으키는 자극에 대한 불안 반응을 이완과 같은 다른 반응으로 대체하는 역조건 형성(counterconditioning) 과정을 사용**한다.

문항설명

① 행동연쇄 : 복잡한 행동을 작은 단계들로 나누고, 각 단계를 성공적으로 수행할 때마다 강화를 제공하여 최종 목표 행동을 완성하는 기법으로, 조작적 조건화에 기초한다.

② 토큰경제 : 바람직한 행동을 할 때마다 토큰(강화물)을 주고, 이 토큰을 나중에 실제 보상으로 교환하게 하는 체계로, 조작적 조건화의 대표적인 응용 사례이다.

③ 타임아웃(time-out) : 문제 행동을 한 사람을 긍정적인 강화가 제공되는 환경에서 잠시 격리시켜, 문제행동의 빈도를 감소시키는 처벌의 한 형태이다. 이는 조작적 조건화의 원리 중 부적 처벌에 해당한다.

④ 프리맥의 원리(Premack principle) : 좋아하는 활동(빈도가 높은 행동)을 보상으로 사용하여 덜 좋아하는 활동(빈도가 낮은 행동)을 강화하는 원리로, 이 또한 조작적 조건화의 강화 원리를 활용한 것이다.

085

답 ①

해 **주어진 사례개념화는 교류분석(TA)의 핵심 개념인 인생각본(life script)과 인생태도(life position)를 사용하고 있다.** 인생각본이란, 개인이 어린 시절에 부모의 메시지와 환경의 영향을 받아 무의식적으로 형성하는 삶의 계획을 의미한다. 사례의 A는 "다른 애들은 다 나보다 잘난 것 같아. 나는 절대 성공할 수 없어. 이번 생은 망했어."라는 말을 자주 함으로써, 성장 과정에서 내면화된 부정적 인생각본을 드러내고 있다. 인생태도란, 자신과 타인에 대해 가지는 기본적인 태도를 의미하며, 'I'm OK, You're OK'(자기긍정-타인긍정) 등 4가지 유형으로 나뉜다. 사례의 'I'm not OK, You're OK'(자기부정-타인긍정) 태도는 자신을 비하하고 타인을 우월하게 보는 특징을 보인다.

문항설명

② 분석심리학 : 융의 이론으로, 집단무의식, 원형, 페르소나, 그림자 등의 개념이 있다.

③ 개인심리학 : 아들러의 이론으로, 열등감, 우월성 추구, 사회적 관심, 생활양식 등의 개념이 있다.

④ 게슈탈트 상담 : '지금-여기'에서의 경험과 완결되지 않은 과거(미해결 과제)에 초점을 맞추고, 자각(awareness)을 중요시한다.

⑤ 실존주의 상담 : 인간의 자유, 책임, 의미 추구, 죽음 등을 다루며, 삶의 의미를 찾는 과정을 강조한다.

086

답 ⑤

해 **모두 게슈탈트 상담자의 반응으로 옳은 내용이다.**
게슈탈트 상담은 '지금-여기(here and now)'에서의 내담자 경험을 중요하게 생각하며, 알아차림(awareness)을 촉진하는 데 초점을 맞춘다. 제시된 모든 보기는 이러한 게슈탈트 상담의 특징을 잘 반영하는 반응들이다.

[ㄱ] 불안한 감정이 몸의 어디에서 느껴지나요? → **게슈탈트 상담은 내담자가 신체적 감각을 통해 감정을 알아차리도록 돕는다.** 몸에서 느껴지는 감각에 집중함으로써 내면의 경험을 탐색하게 한다.
[ㄴ] (손을 떨고 있는 내담자에게) 손을 더 빨리 더 많이 떨어보세요. → **'과장하기'(exaggeration) 기법에 해당하는 것**으로, 내담자의 행동이나 감정을 과장하게 하여, 그 행동 이면에 있는 감정을 더욱 분명하게 자각하도록 돕는다.
[ㄷ] 목소리가 점점 작아지고 있는데 지금 마음속에서 무엇이 일어나고 있나요? → **상담자는 내담자의 비언어적 표현(목소리 톤 변화 등)에 주목하고, 이를 통해 내담자가 '지금-여기'에서 경험하는 내면의 상태를 알아차리도록 돕는다.**
[ㄹ] 앞에 있는 의자에 아빠가 앉아 있다고 상상하고 아빠에게 하고 싶은 말을 해볼까요. → **'빈 의자 기법(empty chair)'**이며, 이 기법은 내담자가 직접 대면하기 어려운 대상과 상상으로 대화하게 함으로써, 미해결된 감정을 해결하고 내면의 갈등을 통합하도록 돕는다.

087

답 ⑤

해 **경제성은 REBT에서 비합리적 사고를 판단하는 기준이 아니다.** 경제성은 비용에 대한 효율에 관련된 개념으로, 심리치료 이론의 사고 기준과는 무관하다.

문항설명

합리정서행동상담(REBT)은 비합리적 신념을 식별하고 논박하여 합리적인 신념으로 대체하는 데 초점을 맞춘다.
① 논리성 : 비합리적 사고는 논리적으로 모순을 포함한다. 반면, 합리적인 사고는 논리적으로 타당하고 모순이 없다.
② 현실성 : 비합리적 사고는 경험적 현실과 일치하지 않는다. 반면, 합리적인 사고는 현실에 근거한다.
③ 실용성(기능성) : 비합리적 사고는 삶의 목적 달성에 방해가 되고, 부정적인 정서와 행동을 유발한다. 반면, 합리적인 사고는 삶에 도움이 되고 건설적이다.
④ 융통성 : 비합리적 사고는 '반드시 ~해야 한다' 등과 같은 경직된(rigid) 사고방식으로 나타난다. 반면, 합리적인 사고는 '그렇게 되면 좋겠다'와 같은 유연한 사고를 특징으로 한다.

088

답 ①

해 문제 사례의 상담자는 내담자의 문제 진술에 대해 **"동생이 이기적이지 않다고 느꼈던 적이 한 번도 없었나요?"라고 물으며, 문제가 발생하지 않았거나 덜 심각했던 예외적인 상황을 찾아내도록 유도**하고 있다. 이러한 질문은 해결중심상담의 대표적인 기법인 **예외 질문**에 해당한다. 예외질문의 효과는 예외적 상황을 발견하면 내담자는 문제가 항상 존재하는 것은 아니라는 것을 깨닫고, 문제해결에 활용할 수 있는 자신의 강점이나 자원을 발견하게 된다.

문항설명

② 대처 질문 : 내담자가 어려운 상황에서도 어떻게든 버텨왔던 점, 즉 대처 능력을 발견하도록 돕는 질문이다.

③ 기적 질문 : "만약 기적이 일어나 문제가 해결된다면, 무엇이 달라질까요?"와 같이 목표를 구체적으로 상상하게 하는 질문이다.

④ 척도 질문 : "10점 만점에 지금은 몇 점인가요?"와 같이 문제를 숫자로 평가하여 변화 과정을 파악하는 질문이다.

⑤ 악몽 질문 : 일반적으로 잘 사용하지 않지만, 문제가 더 심해지는 상황을 상상하게 하여 문제해결의 필요성을 느끼게 하는 질문이다.

089

답 ⑤

해 **모두 현실치료의 계획단계에서 고려해야 할 사항으로 옳은 내용이다.** 현실치료의 계획단계(planning)에서는 'SAMIC3'으로 요약되는 7가지 원칙을 고려하여 실현 가능한 계획을 수립해야 한다.

▶ 효과적인 계획 세우기 지침(SAMIC3)

1) **Simple = 단순하게, 간단한 것**

2) Attainable = 실제로 가능한 것

3) **Measurable = 측정 가능한 것**

4) **Immediate = 즉각적인 것**

5) **Controlled = 내담자에 의한 통제력(통제 가능한 것)**

6) Consistent = 지속적, 일관성

7) Committed = 확고한 의지, 전념

090

답 ④

해 **의식주를 해결**하고자 하는 욕구는 즐거움의 욕구가 아니라, **생존의 욕구**에 대한 설명이다.

| 부연 | 글래서(W. Glasser)가 제시한 5가지 기본 욕구 |

현실치료의 창시자인 윌리엄 글래서(W. Glasser)는 인간의 모든 행동이 자신의 기본적인 욕구를 충족하기 위해 선택하는 것이라고 보았다. 글래서(W. Glasser)가 제시한 5가지 기본 욕구는 다음과 같다.

[암기법] 현실치료 욕구 = **소힘즐 / 자생**

1) 소속의 욕구 : 사랑하고, 나누고, 돌보고, 협력하고자 하는 욕구
2) 힘의 욕구 : 성취하고, 경쟁하며, 자신의 가치를 인정받고자 하는 욕구
3) 자유의 욕구 : 하고 싶은 대로 선택하고, 독립성과 자율성을 가지고자 하는 욕구
4) **즐거움(재미)의 욕구 : 배우고, 놀고, 즐기면서 흥미를 느끼고자 하는 욕구**
5) 생존의 욕구 : 기본적인 의식주를 포함하여 개인의 생존과 안전을 추구하고자 하는 욕구

091

답 ①

해 교류분석(transactional analysis)은 에릭 번(Eric Berne)이 창시한 심리치료 이론으로, 인간의 행동과 상호작용을 분석하여 성격을 이해하고 변화시키는 데 중점을 둔다. 제시된 두 가지 설명은 교류분석의 주요 개념인 '라켓(racket)'과 '스트로크(stroke)'에 해당한다.

[ㄱ] 상대를 심리적으로 위협하기도 하고 속이기도 하면서 어려움에 처할 때마다 경험하게 되는 불쾌한 감정 → **라켓은 어린 시절 학습된, 불편하고 비생산적인 감정을 반복적으로 경험하고 표현하는 것을 의미한다. 이러한 감정들은 과거의 경험을 보상받으려는 심리적 게임의 결과로 나타난다.**

[ㄴ] 사회적 행동의 동기를 제공하는 요인으로 타인으로부터 얻어지는 인정자극 → **스트로크는 다른 사람의 존재를 인정해주는 모든 자극을 통칭**하며, 긍정적 스트로크(칭찬, 격려)와 부정적 스트로크(비난, 꾸짖음)로 나뉜다. **인간은 스트로크를 받기 위해 행동하며, 이는 사회적 상호작용의 근본적인 동기가 된다.**

092

답 ③

해 [ㄹ] **여성주의 상담에서는 '개인적인 것은 정치적인 것이다'라는 관점을 통해, 개인의 문제가 단순히 개인의 결함 때문이 아니라, 성차별적 사회 구조에서 비롯되었음을 강조한다.** 따라서 내담자 개인에게 모든 책임을 지우는 것은 여성주의 상담의 원리에 어긋난다.

여성주의 상담은 내담자의 문제를 사회·정치적 맥락에서 이해하고, 성 역할에 대한 전통적인 관점에 도전하며, 내담자의 권한 강화를 목표로 하는 접근법이다.

[ㄱ] 사회 변화를 위한 참여 → **여성주의 상담은 개인의 변화를 넘어, 성차별적 사회 구조를 변화시키는 것을 중요한 목표로 삼는다.** 상담을 통해 내담자는 자신의 문제가 사회적 문제와 연결되어 있음을 인식하고, **사회 변화를 위한 행동에 참여하도록 격려 받는다.**

[ㄴ] 상담관계의 평등 → **상담자와 내담자는 평등한 관계를 추구하며, 내담자가 자신의 삶의 전문가임을 인정한다.** 상담자는 자신의 지식을 활용하되, 내담자가 자신의 경험을 스스로 탐색하고 문제를 해결할 힘을 찾도록 돕는다.

[ㄷ] 독립성과 상호의존성의 균형 → 여성주의 상담에서는 독립성과 상호의존성 모두 중요하게 다룬다. **내담자가 타인과의 관계 속에서 자신을 잃지 않고, 동시에 건강한 관계를 맺는 법을 배우도록 돕는다.**

093

답 ③

해 [ㄴ] **다문화 상담에서는 내담자의 문화적 배경을 고려해야 하며, 일부 문화권에서는 가족 구성원이나 신뢰하는 지인을 상담과정에 동반하는 것이 일반적일 수 있다.** 이러한 경우, 상담 동반이 내담자의 문화적 배경을 고려한 자연스러운 과정일 수 있기 때문에 불가하다고 단정할 수 없다.

[ㄱ] 다문화 상담에서는 내담자의 언어와 문화적 배경을 존중하는 것이 중요하다. 언어 장벽이 있는 경우, 모국어로 된 서류를 제공하면 내담자가 상담과정과 정보를 더 잘 이해할 수 있어 상담의 효과를 높일 수 있다.

[ㄷ] 상담자는 내담자의 다양한 문화적 경험에 적절히 개입할 수 있는 '문화적 유능성(cultural competence)'을 갖추어야 한다. 이는 문화적 차이를 이해하고, 그에 대한 민감성을 키우며, 자신의 가치관이나 편견이 상담에 영향을 미치지 않도록 주의하는 것을 포함한다.

[ㄹ] 상담자는 자신의 가치관, 가정, 편견이 상담과정에 어떤 영향을 미칠 수 있는지 인식해야 한다. 다문화 상담에서는 상담자가 자신의 문화적 렌즈를 통해 내담자를 보지 않고, 내담자의 세계관을 존중하는 것이 필수적이다.

094

답 ②

해 [ㄴ] 기술적 통합은 문제 해결을 위한 최상의 상담기법 선택에 중점을 둔다. → **기술적 통합(technical eclecticism)은 특정 이론에 얽매이지 않고, 내담자의 문제 해결에 가장 효과적이라고 판단되는 다양한 상담 기법들을 선택적으로 활용하는 접근법**이다. 라자루스(Lazarus)의 '다중양식치료'가 대표적인 사례이다.

[ㄱ] **혼합주의(syncretism)는 여러 이론이나 기법을 무계획적이고 무분별하게 혼합하는 것을 의미하며, 통합적 접근의 초기 또는 미숙한 단계에 해당**한다. 즉, 통합적 상담의 위계에서 **가장 낮은 수준으로 간주**된다.

[ㄷ] **이론적 통합**은 단순한 기법의 혼합을 넘어 개념적 혹은 이론적 창조를 제안한다. 즉, 여러 이론들을 결합하여 새로운 통합적 이론(새로운 단일이론)을 창조하는 것을 목표로 한다.

    cf) 동화적 통합(assimilative integration)은 한 가지 주요 이론적 틀을 기반으로 삼고, 필요에 따라 다른 이론의 기법이나 개념을 부분적으로 동화시키는 접근법이다.

[ㄹ] **동화적 통합**은 하나의 이론을 중심으로 다른 치료적 접근들을 선택적으로 결합한다.

095

답 ③

해 [ㄹ] D는 면접시험에서 사소한 실수를 하였는데, 자신은 이 실수로 그 시험에 불합격 할 것이고, 더 이상 살아갈 가치가 없다고 결론 내렸다. → **'과잉 일반화'의 사례이며, 과잉 일반화는 한 번의 부정적인 사건을 모든 영역에 확대 적용하는 것이다.**

    cf) 선택적 추론(또는 선택적 추상화)은 긍정적인 측면은 무시하고 부정적인 세부사항에만 초점을 맞추는 인지왜곡이다. 만약 D가 면접의 다른 좋은 점은 무시하고 실수한 부분에만 집착했다면 선택적 추론에 해당할 수 있다.

[ㄱ] A는 자신이 제안한 가족여행에서 사고가 나자 자기 때문이라고 생각했다. → **개인화(personalization)는 자신과 관련 없는 부정적인 사건을 자신의 탓으로 돌리는 인지왜곡이다.** A는 사고의 원인이 복합적일 수 있음에도 불구하고, 자신이 여행을 제안했다는 이유만으로 모든 책임을 자신에게 돌리고 있다.

[ㄴ] B는 평소 관심 있는 이성 앞에서 사소한 실수를 하자 "난 역시 안 돼, 나는 바보야!" 라고 푸념을 하면서 자신을 바보라고 단정 지었다. → **잘못된 명명(labeling)은 한두 번의 실수나 행동을 근거로 자신이나 타인에게 극단적으로 부정적인 명칭을 부여하는 인지왜곡이다.** B는 한 번의 사소한 실수를 근거로 자신을 '바보'라고 단정 짓고 있다.

[ㄷ] C는 남자친구가 자신이 보낸 카톡에 몇 번 답장이 늦어지자, 자신을 더 이상 사랑하지 않는다고 결론을 내리고 먼저 헤어지자고 하였다. → **임의적 추론(arbitrary inference)은 증거가 불충분하거나 오히려 반대되는 증거가 있음에도 불구하고, 부정적인 결론을 내리는 인지왜곡이다.** C는 답장이 늦은 것에 대한 다른 가능성은 배제한 채, 부정적인 결론으로 비약하고 있다.

096

답 ③

해 **초기단계**에서는 주 호소문제 탐색이 핵심이다. 그 외에도 초기단계에서는 내담자와의 상담관계 형성, 상담구조화 실시 등이 이루어진다.

097

답 ②

해 **상담자는 다음과 같은 경우 먼저 종결을 제안할 수 있다.** 상담 목표가 달성되었을 때, 내담자가 더 이상 상담이 필요하지 않다고 판단될 때, 상담 진전이 없거나 상담관계가 효과적이지 않을 때, 상담자의 전문성 범위를 벗어나 의뢰가 필요할 때, 윤리적 문제나 이중관계 등의 이유로 먼저 종결을 제안할 수 있다. **결론적으로 상담자는 전문적 판단에 따라 먼저 종결을 제안할 수 있다.**

> 문항설명

① 상담 성과가 있었다면 종결을 고려한다. → 상담 목표달성 시 종결을 고려하는 것은 적절하다.

③ 상담 종결 후, 상담이 필요한 다른 사안이 발생하면 다시 상담을 받을 수 있다. → 재상담(re-entry)은 가능하며, 이는 일반적인 관행이다.

④ 상담 성과가 충분치 않다면, 종결을 논하거나 다른 접근방법이나 절차를 강구한다. → 효과가 없을 때 의뢰나 다른 접근법의 고려는 적절하다.

⑤ 상담 종결 후, 추후상담을 활용할 수 있다. → 추후면담(follow-up)은 종결 과정의 중요한 부분이다.

098

답 ⑤

해 문제의 사례에서 **상담자는 내담자의 "친구들이 나를 미워하는 것 같다."는 모호한 감정을 "친구들의 어떤 행동을 보고 그렇게 생각했는지"에 대해 구체적으로 물어봄**으로써, 내담자가 자신의 생각과 감정을 더 명확하게 인식하고 표현하도록 돕고 있다. 이러한 상담 기법은 **명료화(clarification)**에 해당한다.

▶ 명료화 기법

1) 목적 : 내담자의 진술이 모호하거나 혼란스러울 때, 상담자가 질문을 통해 내담자의 생각, 감정, 경험을 더 명확하게 이해할 수 있도록 돕는 기법이다.

2) 효과 : 내담자는 자신의 문제를 더 구체적으로 인식하게 되며, 상담자 역시 내담자의 문제를 정확하게 파악하여 다음 단계로 나아갈 수 있다.

> 문항설명

① 반영(reflection) : 내담자의 감정을 상담자가 재진술하여 내담자가 자신의 감정을 인식하도록 돕는 것이다(예 친구들이 당신을 미워하는 것 같아 속상하시군요?)

② 직면(confrontation) : 내담자의 말, 행동, 생각 사이의 불일치나 모순을 지적하여 내담자가 자신의 현실을 직시하도록 돕는 것이다.

③ 해석(interpretation) : 내담자의 무의식적인 갈등이나 행동의 원인에 대해 상담자가 가설을 제시하는 것이다.

④ 요약(summarization) : 상담자가 내담자와 나눈 대화의 주요 내용을 정리하여 되짚어주는 것이다.

099

답 ④

해 **[ㄱ] 오늘 표정이 밝은걸 보니, 기분이 좋네요. → 내담자의 감정 상태(기분이 좋다)를 추론하여 말하는 것은 '반영 (reflection)' 기법에 더 가깝다.** 예를 들어, 내담자가 "오늘 좋은 일이 있어서 기뻐요."라고 말했을 때, 상담자 가 "오늘 기분이 좋으시군요."라고 답하는 것은 반영 기법이다.

    cf) 재진술은 내담자가 말한 내용의 핵심을 상담자의 언어로 바꾸어 말해주는 기법이다. 예를 들어, 내담자가 "친 구와 싸웠더니 속상해요."라고 말했을 때, 상담자가 "친구와 다투신 것 때문에 힘드시군요."라고 하는 것이다.

문항설명

[ㄴ] 직면 : 괜찮다고 말하고 있지만, 목소리는 떨리고 있네요. → 직면은 내담자의 언어적 표현과 비언어적 표현, 또 는 말과 행동 간의 불일치나 모순을 지적하여 내담자가 이를 인식하도록 돕는 기법이다. 이 예시는 내담자의 말(괜찮다)과 비언어적 표현(목소리 떨림)의 모순을 지적하고 있다.

[ㄷ] 해석 : 친구에게 무조건 잘 해 주는 것은 친구가 떠날 것 같은 불안감 때문인 것 같아요. → 해석은 내담자의 행 동이나 경험의 숨겨진 의미를 상담자가 통찰하여 제시하는 기법이다. 이 예시는 내담자의 행동(친구에게 무조 건 잘 해 주는 것)의 무의식적 원인(친구를 잃을까 두려운 불안감)을 추론하여 설명하고 있다.

[ㄹ] 자기개방 : 나도 게임을 하다가 밤 샌 적이 있어서 그 마음을 충분히 이해할 수 있어요. → 자기개방은 상담자 가 자신의 경험, 감정, 생각 등을 내담자에게 드러내어 상담 관계를 증진시키고 내담자의 자기 탐색을 돕는 기 법이다. 이 예시는 상담자가 자신의 과거 경험을 공유하며 내담자와의 공감대를 형성하고 있다.

100

답 ④

해 청소년 및 복지 관련 법령, 정책 등의 적용과 개선을 위해 노력한다. → **청소년상담사 윤리강령 중 '지역사회 참여 및 제도 개선에 대한 책임'의 내용에서 '제도 개선 노력'에 포함되어 있다.**

실력다지기

청소년상담사 윤리강령 중 '청소년상담사로서의 전문적 자세'

1. 전문가로서의 책임

　가) **청소년상담사는 청소년 기본법에 따라 청소년의 권리와 책임을 다 할 수 있게 지원해야 한다.**

　나) **청소년상담사는 자기의 능력 및 기법의 한계를 인식하고, 전문적 기준에 위배되는 활동을 하지 않도록 한다.**

　다) **청소년상담사는 검증되지 않고 훈련 받지 않은 상담기법의 오·남용을 하지 않도록 유의한다.**

　라) **청소년상담사는 청소년과 관련된 정책, 규칙, 법규에 대해 정통해야 하고 청소년 내담자를 보호하며 청소년 내담자가 최선의 발달을 이루도록 노력해야 한다.**

2. 품위유지 의무

　가) 청소년상담사는 전문상담자로서 품위를 손상하는 행위를 하지 않는다.

　나) 청소년상담사는 현행법을 우선적으로 준수하되, 윤리강령이 보다 엄격한 기준을 설정하고 있다면, 윤리강령을 따른다.

　다) 청소년상담사는 상담적 배임행위(내담자 유기, 동의를 받지 않은 사례 활용 등)를 하지 않는다.

3. 보수교육 및 전문성 함양

　가) 청소년상담사는 자신의 전문성을 유지·향상시키기 위해 법적으로 정해진 보수교육에 반드시 참여한다.

　나) 청소년상담사는 다양한 사람들을 상담함에 있어 상담에 필요한 이론적 지식과 전문적 상담 및 연구능력을 향상시키기 위해 교육, 자문, 훈련 등 지속적인 노력을 기울여야 한다.

청소년상담사 윤리강령 중 '지역사회 참여 및 제도 개선에 대한 책임'

1. 지역사회를 돕는 전문가 역할

　가) 청소년상담사는 경제적 이득이 없는 경우에도 청소년의 최선의 유익을 위하여 지역사회의 기관, 조직 및 개인과 협력하고 사회공익을 위해 전문적 활동에 헌신함으로써 사회에 공헌하도록 한다.

　나) 청소년상담사는 내담자가 다른 정신건강 전문가와 상담을 받고 있음을 알게 되면, 내담자의 동의하에 그 전문가와 긍정적이고 협력적인 관계를 맺도록 노력한다.

2. 제도 개선 노력

　가) **청소년상담사는 청소년 및 복지관련 법령, 정책 등의 적용과 개선을 위해 노력한다.**

　나) 청소년상담사는 자문을 요청한 내담자나 기관의 문제 혹은 잠재된 사회문제를 규명하고 해결하는데 도움을 준다.

제1과목 학습이론 (필수)

001	③	002	⑤	003	②	004	①	005	②
006	⑤	007	①	008	①	009	③	010	④
011	⑤	012	③	013	④	014	③	015	④
016	⑤	017	③	018	①	019	②	020	②
021	⑤	022	③	023	②	024	⑤	025	⑤

001

답 ③

해 학습이란 경험(또는 연습)에 의해 비교적 지속적인 행동의 변화나 행동 잠재력의 변화가 일어나는 것을 말말다. 즉, 단순한 일시적 변화(피로, 약물, 기분 등)는 학습이 아니다.
그러나 **'행동 잠재력(behavioral potential)'의 변화는 학습에 포함**되며, 실제로 행동으로 드러나지 않아도 학습이 일어날 수 있다(예 잠재학습).

002

답 ⑤

해 **효과의 법칙(law of effect)은 행동의 결과(효과)가 만족스러우면 그 행동이 강화되고, 불만족스러우면 약화된다는 원리**이다. 즉, 행동의 결과나 유용성이 연합 강도를 결정한다.

실력다지기
손다이크(Thorndike)의 시행착오설(trial and error theory)

손다이크(Thorndike)는 시행착오설 또는 연합설(connectionism)을 제시하며, 학습이 자극(S)과 반응(R)의 연합(결합, connection)을 통해 이루어진다고 보았다. 그는 학습의 기본 원리를 세 가지 법칙으로 설명했다.
1) 준비성의 법칙 : 학습자는 어떤 행동을 할 준비가 되어 있을 때 행동을 하면 만족을 느끼고, 준비가 안 된 상태에서 강제로 시키면 불만족을 느낀다. → 동기나 학습 준비상태와 관련된다.
2) 연습의 법칙 : 자극-반응의 결합이 반복될수록 강화되고, 사용되지 않으면 약화된다.
　(1) 사용의 법칙 → 자주 사용할수록 강화됨
　(2) 불사용의 법칙 → 사용하지 않으면 약화됨

3) 효과의 법칙 : 행동의 결과(효과)가 만족스러우면 그 행동이 강화되고, 불만족스러우면 약화된다. → 행동의 결과나 유용성이 연합 강도를 결정한다.

003

답 ②

해 윌리엄 제임스(William James)의 **기능주의(functionalism)는 의식이 '무엇으로 구성되어 있는가(what)'가 아니라,** '무엇을 하는가(how, why)', 즉 의식의 기능과 목적에 관심을 가졌기 때문에 분트(Wundt)·티치너(Titchener)의 구조주의(structuralism)와 대조된다.

cf) ② **의식의 구조와 내용에 초점을 두고 있다. → 이는 구조주의적 관점, 즉 분트(Wundt)·티치너(Titchener)의 접근이다.**

▶ 기능주의의 특징

구분	내용
영향받은 사상	다윈의 진화론과 미국의 실용주의(pragmatism)
관심 초점	의식이 적응과 생존에 어떻게 기여하는가?
의식의 성격	끊임없이 흐르는 유동적 과정
연구 방법	실험, 관찰, 그리고 실제생활에의 응용
주요 학자	윌리엄 제임스, 존 듀이 등

004

답 ①

해 파블로프(I. Pavlov)의 고전적 조건형성은 중립자극(NS)이 무조건자극(US)과 반복적으로 결합되면, 중립자극(NS)이 조건자극(CS)이 되어 조건반응(CR)을 일으키게 되는 학습 형태이다. **파블로프(I. Pavlov)는 이러한 조건형성 과정에서 나타나는 신경계(대뇌 피질)의 작용 패턴을 세밀히 연구했다.**

cf) ① **역동적 스테레오타입(dynamic stereotype)은 유기체가 오랜 기간 동안 동일하거나 일정한 환경 자극에 반복적으로 노출될 때, 대뇌 피질에 형성되는 안정적이고 일반화된 반응 양식(모자이크) 즉, "환경의 일정한 패턴에 대한 신경적 습관"을 의미**한다. 새로운 환경이 오면 이 패턴이 깨져 스트레스나 혼란이 생기기도 한다.

문항설명

② 집중(concentration) : 한 피질 부위가 강하게 흥분할 때, 그 주변의 다른 부위가 억제되는 현상
③ 조건화된 제지(conditioned inhibition) : 조건자극이 주어졌음에도 불구하고 반응을 억제하도록 학습된 상태
④ 외부 제지(external inhibition) : 학습된 조건반응이 새롭거나 강한 외부 자극에 의해 일시적으로 방해받는 현상
⑤ 흥분의 발산(irradiation of excitation) : 흥분이 한 피질 부위에서 주변으로 확산되는 현상으로 주로 학습 초기 단계에서 나타남

005

답 ②

해 **조성(shaping)은 최종 목표행동에 점진적으로 근접하는 행동들을 강화하여 목표행동을 형성하는 기법이다.** 하위 행동들을 위계화하고 순차적으로 학습시킨다는 점이 핵심이다. 조성은 문제에서 설명한 것처럼, **최종 목표행동을 작은 단위로 나누고, 이를 난이도순으로 위계화한 후, 각 단계를 순차적으로 강화하여 궁극적으로 목표행동에 도달하게 하는 기법**이다. 예를 들어, 개에게 '죽은 척하기'를 가르칠 때, 눕기 → 옆으로 눕기 → 완전히 누워서 움직이지 않기의 단계로 조성(shaping)할 수 있다.

문항설명

① 연쇄(chaining) : 이미 학습된 여러 개의 자극-반응 연결을 순서대로 연결하여 복잡한 행동을 형성하는 기법이다.
③ 변별(discrimination) : 서로 다른 자극을 구별하여 특정 자극에만 반응하도록 학습시키는 것이다.
④ 이차 강화 : 중립자극이 일차 강화물과 반복적으로 짝지어져 강화 기능을 갖게 되는 것이다.
⑤ 프리맥의 원리 : 고빈도 행동(선호 활동)을 강화물로 사용하여 저빈도 행동을 증가시키는 원리이다.

006

답 ⑤

해 **모순된 반응법(incompatible response method)은 바람직하지 않은 반응과 동시에 일어날 수 없는 반응을 같은 자극과 짝지어 제시하여 나쁜 습관을 대체하는 것**이다. 즉, 바람직하지 않은 행동을 유발하는 단서를, 바람직하지 않은 반응과 함께 일어날 수 없는 반응과 짝짓는 것으로, **나쁜 행동과 서로 양립 불가능한(모순된) 반응을 짝지어 학습시키는 방법은 모순된 반응법(incompatible response method)이다.** 예를 들어, 손톱 물어뜯는 대신 손에 작은 공을 쥐게 하는 것이다(두 행동은 동시에 불가능).

실력다지기 — 거스리(Guthrie)의 학습이론

1) 거스리(Guthrie)는 연합설(associationism)에 근거해 "학습은 자극과 반응이 함께 일어난 결과, 형성되는 단일연합(one-trial learning)이라고 보았다.
2) 따라서 거스리(Guthrie)는 습관의 형성도, 습관의 제거(습관을 깨는 것)도 새로운 자극-반응의 결합을 형성하는 과정이라고 설명했다.
3) 거스리(Guthrie)는 바람직하지 않은 습관을 없애기 위한 3가지 방법을 제시했다.
   (1) **피로법(fatigue method)**
       원하지 않는 반응을 지칠 때까지 반복하게 하여 더 이상 반응하지 않게 한다.
       (사례 아이가 짜증낼 때 계속 짜증 부리게 해서 스스로 싫어하게 함)
   (2) **역치법(threshold method)**
       자극의 강도를 아주 약한 수준에서부터 점차 높여서 불쾌한 반응이 일어나지 않도록 한다.
       (사례 말 타기를 무서워하는 아이에게 처음엔 말 근처에만 가게 한 뒤, 점차 가까이 다가가게 함)

(3) **모순된 반응법(incompatible response method)**

바람직하지 않은 행동을 유발하는 단서를, 바람직하지 않은 반응과 함께 일어날 수 없는 반응과 짝짓는 것으로, 나쁜 행동과 서로 양립 불가능한(모순된) 반응을 짝지어 학습시키는 방법이다.
(**사례** 손톱 물어뜯는 대신 손에 작은 공을 쥐게 함)

007

답 ①

해 **반응대가(response cost)란, 바람직하지 않은 행동이 일어났을 때 이미 주어진 강화물(例 토큰, 점수, 특권 등)을 회수하거나 잃게 함으로써 그 행동의 발생 빈도를 줄이는 방법**이다.

즉, 좋은 것을 잃게 만들어 행동을 감소시키는 것으로, "부적 강화"가 아니라 '부적 처벌(negative punishment)'에 해당한다.

> **문항설명**
>
> ② 면역훈련(immunization) : 스트레스나 문제행동에 대처할 수 있는 기술을 사전에 훈련함
> ③ 타임아웃(time-out) : 문제행동 후 일정 시간 동안 강화가 주어지지 않는 환경으로 격리함
> ④ 부분강화(partial reinforcement) : 강화가 매 행동마다가 아니라, 간헐적으로 제공함
> ⑤ 과잉교정(overcorrection) : 문제행동 후, 바람직한 행동을 반복시켜 교정함

008

답 ①

해 **"내적 자극이 구심성 충동을 활성화한다"는 내용은 헐(C. Hull)의 5가지 가정에 포함되지 않는다.**

cf 클라크 헐(C. Hull)은 다음과 같이 주장하였다. ① 모든 행동은 충동을 감소시키려는 욕구에 의해 발생한다. ② 학습의 강도는 습관강도라고 하며, 충동 감소에 따라 강해진다. ③ 행동은 자극-유기체-반응(S-O-R)의 관계로 설명될 수 있다. 헐(C. Hull)은 자극(S)과 반응(R) 사이에서 유기체(O)의 내부적인 요인들이 학습에 중요한 역할을 한다. 즉, 자극-유기체-반응(S-O-R) 모델을 제시하며, 학습은 욕구가 감소하는 과정이며, 이는 습관강도라는 개념이다. ④ 계속적인 강화를 통해 습관강도는 증가한다. ⑤ 행동은 욕구(충동)로 인해 활동량이 증가하며, 이 행동이 충동을 감소시킬 때 학습이 일어난다. 아래의 [심화학습]을 잘 읽어보길 바란다.

> **심화학습**   **헐(C. Hull)의 체계적 행동이론(systematic behavior theory)**
>
> 1) 헐은 추동감소이론(drive reduction theory)으로 유명하며, 그는 학습을 자극(S)-반응(R)의 연결로 설명하면서, 단순한 행동주의보다 생리적ㆍ수학적 요인을 통합한 학습이론을 제시했다. 그의 이론은 여러 가정(postulates)에 근거한다.
> 2) 헐(C. Hull)의 주요 가정
>
>   (1) **유기체는 생리적 결핍이 생기면 추동(drive) 상태를 초래하며, 각 추동은 특정 자극과 연합된다.** → 유기체에 생리적 결핍이 발생하면 긴장 상태인 추동이 생기고, 이 추동은 특정 행동을 유발하는 동기가 된다. 각 추동(例 허기, 갈증)은 특정한 욕구를 충족시키기 위해 해당 욕구와 관련된 특정 자극에 의해 활성화된다.

(2) **유기체는 욕구가 생길 때 유발되는, 학습되지 않은 반응(본능적 반응)을 가지고 태어난다.** → 유기체가 욕구가 생겼을 때 본능적인 반응을 보이며, 강화는 욕구를 감소시키는 행동의 결과로 나타난다.

(3) **행동(반응)은 활동을 필요로 하며, 활동은 피로를 초래한다.** → 행동이 활동을 수반하며, 활동은 피로를 유발하므로 행동의 강도와 속도가 피로에 의해 감소한다. 이는 행동(습관)의 강도(habit strength)를 결정하는 중요한 요소 중 하나이다.

(4) **피로는 부적(negative) 추동 상태이므로, 피로 상태에서는 반응하지 않게 되는 것이 강화적이다.** → 피로와 같은 부적절한 추동 상태는 유기체가 특정 행동을 하도록 만드는 동기화된 상태이다. 따라서 피로상태에서는 즉각적인 고통이나 불편함에서 벗어나기 위한 행동을 하게 되며, 이러한 행동을 했을 때 피로가 해소되면 이는 강화(reinforcement)가 된다. 즉, 피로라는 추동을 감소시키는 행동은 강화가 되어 다시 그 행동을 할 가능성이 높아진다.

(5) **강화(reinforcement)는 추동의 감소(drive reduction)에 의해 이루어진다.** → [습관강도 : 학습이 일어날 때, 충동이 감소함에 따라 행동의 강도(습관강도)가 강해진다.]

009

답 ③

해 영업사원은 물건을 팔 경우 돈을 벌 수 있기에 매번 성공하는 것은 아니지만 계속해서 물건을 팔려고 시도하는 것은 **강화(돈)가 매 판매마다 주어지지 않고, 몇 번의 시도 후에야 주어지며 그 횟수가 불규칙하여 변동비율강화(일정하지 않은 빈도(수), VR)에 해당**한다.

문항설명

① 연속강화(CRF) : 매 행동마다 강화 제공(예 버튼 누를 때마다 사탕을 줌)
② 고정비율강화(FR) : 정해진 횟수의 반응 후, 강화 제공(예 판매 10건마다 보너스 지급)
③ 고정간격강화(FI) : 정해진 시간 간격마다 강화 제공(예 월급, 주급)
④ 변동간격강화(VI) : 불규칙한 시간 간격마다 강화 제공(예 예측 어려운 이메일 답장)

010

답 ④

해 유명 배우(모델)가 다이어트 식품을 먹고 체중 감량에 성공하였고, 이를 본 사람이 "나도 저 제품 사야겠다"고 행동한 것은 직접적인 강화나 처벌을 경험하지 않고, 타인의 행동과 그 결과를 관찰하여 행동이 형성된 것이기 때문에 **관찰학습에 해당**한다. 관찰학습(observational learning)이란, 타인(모델)의 행동을 보고 그 행동의 결과를 관찰함으로써 학습이 일어나는 것(예 광고 모델을 보고 제품을 구매함)이다.

cf) ④ 조작적 조건형성은 직접적 경험한 학습(자신이 직접 행동하고, 그 결과(강화·처벌)를 통해 학습)이기 때문에 제시된 사례의 관찰학습(대리 강화)과는 다르다.

부연

1) 대리 강화(vicarious reinforcement) : 모델이 보상을 받는 것을 관찰함으로써 관찰자도 동일한 행동을 하려는 경향(예 연예인이 칭찬받는 것을 보고 같은 행동을 함)
2) 기능적 가치(functional value) : 관찰자가 모델의 행동을 자신에게도 유용하다고 평가할 때 생기는 가치
3) **관찰학습의 과정 : 주의과정 · 파지과정 · 운동재생과정 · 동기화 과정**

011

답 ⑤

해 **형태심리학의 집단화(grouping) 규칙에 공간성(space)은 없다.**

cf) 형태심리학의 집단화(grouping) 규칙:**공통 운명, 단순성, 폐쇄성, 유사성, 연속성, 대칭성, 근접성**

[암기법] 집단화(grouping) 규칙 = **공단 / 폐유 / 연대 / 근접**

실력다지기

형태심리학(게슈탈트 심리학)의 전통적인 집단화 규칙

1) 근접성 – 가까이 있는 것들끼리 묶어서 지각
2) **유사성** – 비슷한 것들끼리 묶어서 지각
3) **연속성** – 연속적인 패턴으로 지각
4) **폐쇄성** – 불완전한 형태를 완전한 것으로 지각
5) **대칭성** – 대칭적인 형태로 묶어서 지각
6) 공통운명 – 같은 방향으로 움직이는 것들을 하나로 지각
7) 단순성 – 단순하고 규칙적인 형태로 지각

012

답 ③

해 ① (a)는 통찰의 학습곡선이다 × → (**시행착오 학습곡선**)
② (a)는 급진적 학습과정이다 × → (**점진적 학습과정**)
③ (b)는 형태심리학에 근거한다 ○ → (쾰러의 통찰학습)
④ (b)는 새로운 문제 상황에서 적용하기 어렵다 × → (**오히려 전이가 잘 됨**)
⑤ (b)는 손다이크의 시행착오를 나타낸다 × → (**쾰러의 통찰학습**)

실력다지기　　　　　　　　　　　　　　　　　　　　그래프 분석

1) **시행횟수(a) : 시간이 점진적으로 감소하는 완만한 하향 곡선**

　　(1) **손다이크(Thorndike)의 시행착오 학습**

　　(2) 점진적 학습 : 반복 시행을 통해 서서히 수행시간이 감소

　　(3) 학습곡선 : (a)와 같은 완만한 하향곡선

　　(4) 연합주의, 행동주의적 관점

2) **시행횟수(b) : 특정 시점에서 급격히 시간이 감소하는 급진적 하향 곡선**

　　(1) **쾰러(Köhler)의 통찰학습**

　　(2) 급진적 학습 : '아하!' 경험을 통해 갑자기 문제해결

　　(3) 학습곡선 : (b)와 같은 급격한 하향곡선

　　(4) 형태심리학(게슈탈트 심리학)에 근거

　　(5) 새로운 문제 상황에도 전이가 잘 됨(일반화 가능)

013

답 ④

해 개인의 내적 인지구조를 수정하는 것으로 이전의 사고방식을 재구성하는 것, 즉 새로운 경험에 맞춰 기존 도식을 수정·변경하는 과정은 **조절(accommodation)**이라고 한다.

　　cf) 재생적 동화 : 기존 도식을 반복적으로 사용하는 것(기존 도식의 수정은 없음)

문항설명

① 평형화(equilibration)는 동화와 조절의 균형을 통해 인지구조의 안정성을 유지하는 과정으로 인지적 불균형 상태에서 균형 상태로 이행하는 것이다.

② 동화(assimilation)는 새로운 환경자극을 기존의 인지도식에 맞춰 해석하고 통합하는 것이다.

③ 내면화(interiorization)는 외부의 물리적 행동이 내적인 정신적 조작으로 전환되는 과정으로 구체적 조작에서 추상적 사고로의 발달과 관련이 있다.

⑤ 피아제(J. Piaget)가 제시한 한 형태의 추론에서 다른 형태로의 추론으로 전이하는 핵심요인은 물리적 환경(경험), 성숙, 사회적 영향, 평형화이다.

014

답 ③

해 [ㄱ] 치와와 → 애완견 → 개과 → 포유류 : 개념적 분류 체계, 일반적 지식과 관련된 **의미기억**이다.

　　[ㄴ] 컴퓨터 켜기 → 한글파일 열기 → 보고서 작업은 컴퓨터 사용 기술, 절차적 지식과 관련된 **절차기억**이다.

　　[ㄷ] 지난 여름 친구와 자원봉사했던 일은 특정 시간의 개인적 경험이기 때문에 **일화기억**이다.

　　[ㄹ] 브레이크 밟기 → 시동 → 기어 변경 → 운전은 운전 기술, 자동화된 운동 절차와 관련된 **절차기억**이다.

015

답 ④

해 **감각기억은 선택적 지각에 의해 단기기억으로 처리된다. 감각기억은 선택적 지각(주의)에 의해 단기기억으로 처리된다는 설명이 옳은 내용이다.** 이는 앳킨슨과 쉬프린(Atkinson & Shiffrin)의 다중저장모형에서 제시된 정보처리 흐름이다.

1) 감각기억 : 감각기관을 통해 들어온 정보가 매우 짧은 시간 저장됨
2) 선택적 지각 : 감각기억 중 주의를 기울인 정보만 선택됨
3) **선택된 정보가 단기기억으로 전달되고, 주의를 받지 못한 정보는 소멸함**

오답노트

① **정보처리과정은 일반적으로 3단계로 구성된다.** 즉 ① 부호화(encoding, 정보를 기억 가능한 형태로 변환함) → ② 저장(storage, 정보를 유지함) → ③ 인출(retrieval, 저장된 정보를 꺼내는 과정)의 순이다.
② **경험에 관한 심상(이미지)은 장기기억에 저장된다.** 단기기억은 용량(7 ± 2 항목)과 시간(약 20~30초)이 제한적이다.
③ **청킹(chunking)은 단기기억(작동기억)의 전략**으로, 여러 정보를 의미 있는 단위로 묶어 단기기억 용량 제약을 극복하는 것이다(사례 : 147025639 → 1470-2563-9 즉, 전화번호 형식으로 청킹)
⑤ **개념, 원리, 규칙 등은 의미기억(semantic memory)의 내용**이다.
cf) 절차기억(procedural memory)은 어떻게 하는지(how-to)에 관한 기술, 습관으로 자전거 타기, 피아노 치기, 운전하기 등이 사례이다.

016

답 ⑤

해 [ㄱ] 오초가푸샴비렌지집누 → 무작위로 보이는 문자 배열
   [ㄴ] 비누샴푸오렌지초가집 → **의미 있는 단위로 재구조화**:비누 / 샴푸 / 오렌지 / 초가집 같은 글자들을 의미 범주에 따라 재조직하였다. 이는 **무질서한 문자열을 의미 있는 단위로 재구조화하는 것으로, 이는 전형적인 내적 조직화 전략**이다.

문항설명

① 시연(rehearsal) : 정보를 반복해서 되뇌는 것
② 정교화(elaboration) : 새로운 정보를 기존 지식과 연결하는 것
③ 유의미학습(meaningful learning) : 새로운 정보를 기존 지식 구조에 통합하는 것, 이해 중심 학습
④ 시각적 심상(visual imagery) : 정보를 시각적 이미지로 변환하여 그림이나 이미지 형태로 기억하는 것

017

답 ③

해 학습에 대한 자신감 있는 태도 등의 지원적 선행학습단계 × → **자신감 있는 태도는 가네(R. Gagné)의 9단계 중 명시적인 단계가 아니며, 선행학습 단계(3단계)는 선행학습의 회상이지, 자신감 있는 태도"가 핵심이 아니다.** 또한 지원적이라는 표현도 가네(R. Gagné)의 원래 용어와 맞지 않는다.

| 심화학습 | 가네(Gagné)의 학습의 9단계(Nine Events of Instruction) |

1) 1단계 : 주의 획득(gaining attention) - 학습자의 주의를 집중시킴
2) 2단계 : 학습목표 제시(informing learner of objectives) - 학습기대와 목표를 명확히 함
3) **3단계 : 선행학습 회상(stimulating recall of prior learning) - 장기기억으로부터 관련 지식 인출(회상)**
4) 4단계 : 자극자료 제시(presenting the content) - 새로운 정보 / 내용 제공, 선택적 지각
5) 5단계 : 학습안내 제공(providing learning guidance) - 의미론적 부호화 촉진, 학습 촉진을 위한 안내 → 학습을 돕는 정보를 제공함
6) 6단계 : 수행 유도(eliciting performance) - 학습한 내용을 연습 / 적용
7) 7단계 : 피드백 제공(providing feedback) - 수행에 대한 강화와 교정
8) 8단계 : 수행 평가(assessing performance) - 학습 성취도 확인
9) 9단계 : 파지 및 전이 촉진(enhancing retention and transfer) - 일반화와 장기 파지 지원 → 학습한 내용을 장기 기억으로 옮기고 다른 상황에 적용할 수 있도록 함

018

답 ①

해 **국면 시퀀스(위상 시퀀스, phase sequence)**는 여러 세포 집합체들이 시간적 순서에 따라 연속적으로 활성화되는 것으로, 현재 진행 중인 사고의 흐름을 나타낸다. 이는 복잡한 인지 과정과 행동의 신경생리학적 기초를 이루는 것으로, 문장 이해, 계획적 행동, 연속적 사고 등과 관련이 있다.

cf) 헵(D. O. Hebb)은 학습과 기억의 신경생리학적 기제를 설명하는 이론을 제시하였다.

| 심화학습 | 국면 시퀀스(위상 시퀀스, phase sequence) 이론의 핵심 |

1) 세포 집합체(cell assembly)
헵(D. O. Hebb)의 이론은 먼저 '세포 집합체'라는 개념에서 시작한다. 어떤 환경적 자극(예 어떤 물체를 보는 것)이 있을 때, 뇌의 특정 신경 세포들이 함께 활성화되어 서로 연결된다. 이렇게 함께 활성화되는 신경 세포들의 무리를 '세포 집합체'라고 부르며, 헵(D. O. Hebb)은 이 세포 집합체가 특정 대상이나 생각의 신경학적 기초가 된다고 보았다.

2) 국면 시퀀스(위상 시퀀스, phase sequence)
  (1) **국면 시퀀스(위상 시퀀스, phase sequence)는 이러한 세포 집합체 활동이 시간적으로 통합된 일련의 연속적인 활동을 의미**한다. 하나의 세포 집합체 활동이 끝나기 전에 다른 세포 집합체를 자극하여 연쇄적으로 활동이 이어지면서 사고의 흐름을 만들어낸다.
  (2) **예를 들어, '바다'라는 생각(세포 집합체)이 '파도'와 '배' 같은 다른 생각(다른 세포 집합체)을 순서대로 불러일으키는 과정이 바로 국면 시퀀스(phase sequence)에 해당**한다.
3) 사고의 흐름과의 관계
  헵(D. O. Hebb)은 국면 시퀀스(위상 시퀀스, phase sequence)가 '사고의 흐름(stream of thought)'을 구성하는 신경학적 과정이라고 정의했다.

문항설명

1) 제한적 환경 vs 풍요로운 환경
  (1) 초기 경험이 뇌 발달에 미치는 영향 연구
  (2) 예 풍요로운 환경 : 신경 연결 증가, 인지발달 촉진 등
2) 최적 각성수준
  (1) 학습과 수행에 가장 적합한 각성 상태
  (2) 여키스–도슨(Yerkes–Dodson) 법칙과 관련
3) 반향적 신경활동(reverberating neural activity)[1]
  (1) 신경세포들이 순환적으로 활성화되는 패턴
  (2) 세포 집합체 형성의 기초 메커니즘
  (3) 단기기억의 생리학적 기반

019

답 ②

해 문제의 의미에 모호함이 있다. 가답안은 ④ 수상돌기(dendrites)로 발표가 되었지만, ② 시냅스(synapse)가 답이 될 수 있다. **시냅스(synapse)는 다른 세포의 축색(axons)에서 오는 전기화학적 정보를 '다음 세포로 전달하는 역할'을 하기 때문에 다른 세포의 축색(axons)에서 나오는 전기화학적 정보의 운반을 담당한다고 할 수 있다.**
  cf) 시냅스(synapse)는 신경세포 간의 연결 지점으로, 한 뉴런의 축삭돌기 말단과 다른 뉴런의 수상돌기나 세포체 사이의 틈을 말한다. 이곳에서 전기적 신호가 신경전달물질이라는 화학적 신호로 바뀌어 전달된다. 따라서 시냅스(synapse)는 다른 세포의 축색(axons)에서 오는 전기화학적 정보를 다음 세포로 전달하는 역할을 한다.

---

1 반향적 신경활동(reverberating neural activity)은 신경 회로 내에서 신호가 순환하며 반복적으로 활성화되는 현상을 의미한다. 즉, 한 뉴런이 다른 뉴런에 신호를 전달하고, 이 신호가 다시 처음의 뉴런이나 회로의 앞부분으로 되돌아가 다시 활성화를 유발하는 양성 피드백 고리를 형성한다. 이로 인해, 단 한 번의 초기 자극만으로도 회로 내의 신경 활동이 일정 시간 동안 지속될 수 있다.

① 세포집합체(cell assemblies) : 여러 신경세포가 함께 활성화되는 기능적 집합을 의미하며, **정보 전달 통로 자체는 아니다.**

③ 신경가소성(neuroplasticity) : 뇌가 새로운 신경 연결을 형성하거나 재구성하는 능력으로, **정보 전달의 메커니즘이 아니라, 뇌의 변화 능력에 대한 개념**이다.

④ 수상돌기(dendrites) : **다른 뉴런으로부터 정보를 받아들이는 역할**을 하는 신경세포의 짧은 돌기이다. 정보가 나오는 축삭돌기의 기능과는 다르다.

⑤ 안정전위(resting potential) : 뉴런이 자극을 받지 않은 상태일 때 세포 안팎의 전위차를 의미하는 것으로, 이는 **정보가 전달되는 상태가 아닌, 뉴런의 기본 상태**이다.

020

답 ②

해 **전두엽(frontal lobe)은 계획수립, 의식적 의사결정, 문제 해결, 타인과의 교류를 관장하면서 사고와 다른 정신과정을 메타인지의 형태로 인식**하게 한다. 특히 전전두피질(prefrontal cortex)이 문제에서 언급한 고차원적 기능을 담당한다. **전두엽(frontal lobe)은 집행기능(executive functions)의 중추로, 다음과 같은 역할을 한다.** 계획 수립 및 조직화, 의사결정 및 판단, 문제 해결, 사회적 행동 및 타인과의 교류, 충동 조절 및 감정 조절, 작업기억, 메타인지, 성격과 정체성 등이다.

① **측두엽(temporal lobe) : 청각 처리(1차 청각피질), 언어 이해(베르니케 영역-좌반구)**, 기억 형성(해마와 연결), 얼굴 인식

③ **후두엽(occipital lobe) : 시각 정보 처리(1차 시각피질)**, 형태, 색상, 움직임 지각

④ **두정엽(parietal lobe) : 체감각 처리(촉각, 온도, 통증)**, 공간 인식 및 주의, 수리 능력, 감각 통합

⑤ 뇌량(corpus callosum) : 좌 · 우 대뇌반구를 연결하는 신경섬유 다발, 양 반구 간 정보 교환

021

답 ⑤

해 지각 → 수업 후 설거지 → 지각행동 감소 / 이는 **지각 행동에 따라 설거지(추가 과제, 혐오 자극) 제시하였기 때문에 원하지 않는 일을 추가로 부과한 정적 처벌**이다.

조작적 조건형성의 강화와 처벌 정리

1) 강화(reinforcement) : 행동 증가
  (1) 정적 강화 : 바람직한 자극 제시 → 행동 증가
  (2) 부적 강화 : 혐오 자극 제거 → 행동 증가

2) 처벌(punishment) : 행동 감소
   (1) 정적 처벌 : 혐오 자극 제시 → 행동 감소
   (2) 부적 처벌 : 바람직한 자극 제거 → 행동 감소

문항설명

① 정답 제출 → 숙제(혐오 자극) 면제 → 정답 제출 행동 증가 : **부적강화**
② 기한 내 납부 → 연체료(혐오 자극) 제거 → 제때 납부하는 행동 증가 : **부적강화**
③ 새로운 행동 → 간식(바람직한 자극) 제시 → 행동 증가 : **정적강화**
④ 떠드는 학생 → 일반 자리(바람직한 환경) 제거 즉, 생각의자에서 수업 듣기 → 떠드는 행동 감소 : **부적처벌**

022

답 ③

해 문제의 사례인 A의 행동 패턴을 분석하면,
   1) 집에서 공부 → 졸림, 집중 안 됨(각성수준 너무 낮음)
   2) 스터디카페로 이동 → 환경 변화로 각성 조절
   3) 1시간 후 다시 집중 안 됨 → 각성수준 저하
   4) 친구와 함께 공부 → 사회적 자극으로 각성수준 조절(최적 각성)
   따라서 **A는 학습에 적합한 최적의 각성수준을 유지하기 위해 계속 환경과 상황을 조절하고 있기 때문에 ③ 헵(D. Hebb)의 최적각성수준(optimal level of arousal)과 관련이 있다.**

▶ 헵(D. Hebb)의 최적각성수준
1) 여키스-도슨(Yerkes-Dodson) 법칙과 관련 있음
2) 학습과 수행에는 최적의 각성수준이 존재해야 효과가 있음
3) 각성이 너무 낮으면(졸림) → 수행 저하
4) 각성이 너무 높으면(과도한 긴장) → 수행 저하
5) 적절한 수준의 각성에서 최고 수행이 이루어짐

문항설명

① 거스리(E. R. Guthrie)의 일회시행 학습 : 자극-반응 연합이 한 번의 시행으로 완성
② 파이비오(A. Paivio)의 이중부호이론 : 언어적 정보와 시각적 정보를 이중으로 부호화
④ 손다이크(E. L. Thorndike)의 효과의 법칙 : 만족스러운 결과 → 행동 강화 / 불만족스러운 결과 → 행동 약화
⑤ 에스테스(W. Estes)의 자극표집이론 : 환경의 자극 요소들이 무작위로 표집되어 학습

023

답 ②

해 문제의 사례를 분석하면 사례의 주인공은 **수행목표(performance goal) 지향**을 보이고 있다. 그 이유는 아래와 같다.

1) 부모와 집안 어른들의 기대 → **외적 동기**

2) 판사가 되지 못함 → **부모님께 죄송, 자신에게 화남**

3) 분노조절 안 됨 → **실패에 대한 좌절**

4) '되지 못했다'는 표현 → **재도전 의지 없음**

따라서 ② **'숙달목표를 가진 사람으로 적극적으로 재도전한다.'는 내용이 옳지 않다.** 즉 이 주인공은 숙달목표가 아닌 수행목표 지향이며, 적극적으로 재도전하는 것이 아니라, 실패 후 좌절하고 분노하는 모습을 보이고 있다.

문항설명

① **외적 동기화** : 부모님과 집안 어른들의 기대 → 외적 압력 / 외적 강화(기대 충족)와 처벌(실망)에 민감함

③ **긴장** : 수행목표 지향자는 평가 상황에서 불안 높음 / 실패에 대한 두려움

④ **오류를 실패와 무능으로 여김** : '판사가 되지 못함' = 자신의 무능 / 전형적인 수행목표 지향의 고정 마인드셋

⑤ **수행목표 지향, 쉽게 좌절** : 분노조절 안 됨 = 좌절 / 재도전 없이 자책과 분노만 표현함

실력다지기

목표 지향성 이론(드웩, Dweck)

[암기법] 목표 지향 = **수능 /노숙(수행목표 = 능력 / 숙달목표 = 노력)**

1) 숙달목표 지향

　(1) 능력 개발과 학습 자체에 초점　　(2) 실패 = 학습 기회

　(3) 노력을 중시　　(4) 재도전하고 끈기 있게 도전

　(5) 내적 동기화

2) **수행목표 지향**

　(1) 타인에게 능력을 증명하는 것에 초점　　(2) 실패 = 무능의 증거

　(3) 타인의 평가에 민감　　(4) 실패 시 쉽게 좌절

　(5) 외적 동기화

024

답 ⑤

해 성공과 실패를 안정적 요인으로 생각하면, 미래의 수행은 현재의 수행과 같을 것으로 기대한다.

▶ 안정성 차원의 영향

1) **안정적 요인(능력, 과제 난이도) → 미래도 같은 결과 기대**

　예 능력이 부족해서 실패했다. → 다음에도 실패할 것

2) 불안정적 요인(노력, 행운) → 미래는 다른 결과 가능

　예 노력을 안 해서 실패했다. → 다음에 노력하면 성공 가능

① 과제 난이도 : 외적 요인(과제 자체의 특성), 안정적 요인(과제 난이도는 쉽게 변하지 않음), 통제 불가능(개인이 바꿀 수 없음)

② 행운/우연 : 외적 요인 (우연한 상황), 불안정적 요인 (매번 다름), 통제 불가능(개인이 바꿀 수 없음)

③ 실패를 외적 원인으로 귀인 → 화, 분노 유발

   외적 귀인 : 과제가 너무 어려웠다, 교사가 불공평했다. → 감정 반응 : 분노, 화(외부를 향한 감정)

④ 실패를 능력 부족으로 귀인 → 죄책감, 수치심

   내적 귀인(능력 부족) → 감정 반응 : 수치심, 무력감, 우울(내부를 향한 감정)

025

답 ⑤

해 **동기는 학습전략과 인지과정에 큰 영향을 미친다.**

1) 동기가 학습전략에 미치는 영향
   (1) 내적 동기 : 심층적 학습전략(정교화, 조직화)
   (2) 외적 동기 : 피상적 학습전략(암기, 시연)
   (3) 숙달목표 : 메타인지 전략 사용
   (4) 수행목표 : 표면적 전략 사용

2) 동기가 인지과정에 미치는 영향
   (1) 주의 집중과 선택
   (2) 정보 처리 깊이
   (3) 기억 부호화 방식
   (4) 문제해결 접근법

① 코빙톤(Covington)의 자기가치이론

   자기가치(self-worth) 보호가 핵심 동기 / **개인은 자신의 가치를 유지하기 위해 동기화됨** / 능력에 대한 부정적 판단 회피

② 앳킨슨(Atkinson)의 성취동기이론

   성취행동 = 성공 가능성(확률) × 성공의 유인가(가치) / 기대-가치 이론의 기초

③ 정서와 동기의 관계

   정서는 동기의 목적적 측면에 영향 미침 / 정서는 동기의 인지적 측면에 영향 미침 / **정서 - 동기 - 인지는 상호작용함** / 예 불안은 학습 목표와 주의 집중에 영향 미침

④ 로터(Rotter)의 사회학습이론

   통제소재(locus of control) 개념 제시 / 내적 통제 vs 외적 통제 / **강화 자체보다 강화에 대한 기대와 신념 강조** / **인지적 요인의 중요성 강조**

제2과목 청소년 이해론 (선택)

026	④	027	②	028	①	029	②	030	④
031	⑤	032	③	033	⑤	034	①	035	②
036	③	037	④	038	①	039	⑤	040	③
041	②	042	⑤	043	①	044	④	045	②
046	③	047	①	048	④	049	⑤	050	①

026

답 ④

해 ▶ 청소년 보호법 관련 규정

1) "청소년"이란 19세 미만인 사람을 말한다. 다만, 19세가 되는 해의 1월 1일을 맞이한 사람은 제외한다.

2) 인터넷게임 회원가입 시 친권자 동의 : 게임산업진흥에 관한 법률 및 청소년 보호법에 따르면, **16세 미만 청소년이 인터넷게임 회원으로 가입하려는 경우, 게임 제공자는 친권자 등의 동의를 받아야 한다.**

027

답 ②

해 ▶ 뒤르껨(E. Durkheim)의 자살론

1) 에밀 뒤르껨(Émile Durkheim)은 프랑스의 사회학자로, 1897년 『자살론(Le Suicide)』을 발표했다.

2) **자살은 개인적 현상이 아닌 사회적 현상으로, 사회통합(social integration)과 사회규제(social regulation)의 정도에 따라 자살률이 달라짐을 발견하였다.**

3) 자살의 4가지 유형

(1) **이기적 자살(egoistic suicide)**

① 사회통합 과소(사회와의 유대 약함), 개인이 사회로부터 고립됨

② 예 독신자, 종교가 없는 사람

(2) **이타적 자살(altruistic suicide)**

① 사회통합 과다(집단에 과도하게 통합), 집단을 위해 자신을 희생함

② 예 군인의 자살공격, 순교

(3) **아노미적 자살(anomic suicide)**

① 사회규제 과소(규범의 붕괴), 급격한 사회변화로 인한 혼란

② 예 경제 위기, 이혼 급증 시기

(4) **숙명적 자살(fatalistic suicide)**

① 사회규제 과다(과도한 통제), 탈출구 없는 억압적 상황

② 예 노예, 극단적 억압 상황

028

답 ①

해 근로유형별 청소년 보호 강화 내용은 제7차 청소년정책 기본계획 중 **청소년 유해환경 차단 및 보호 확대의 '청소년 근로보호 강화'에 해당한다.** 아래 [실력 다지기]를 참고하길 바란다.

실력다지기

제7차 청소년정책 기본계획 중 청소년 유해환경 차단 및 보호 확대

3-1. 청소년이 안전한 온·오프라인 환경 조성
① 디지털 역기능 예방
② 사이버 및 학교폭력 예방 강화
③ 청소년 유해환경 차단
④ 청소년 친화형 생활 환경 구축

3-2. 청소년 범죄 예방 및 회복 지원
① 청소년 대상 성범죄 대응 강화
② 청소년 성범죄 피해 지원 및 예방교육 확대
③ 청소년 선도보호 및 회복 지원

3-3. 청소년 근로보호 강화
① 근로유형별 청소년 보호 강화
② 근로청소년 부당처우 예방 및 보호
③ 청소년과 사용자의 근로보호 인식 확산

029

답 ②

해 ▶ 학교 밖 청소년 지원에 관한 법률 제6조(실태조사)
　① 성평등가족부장관은 학교 밖 청소년의 현황 및 실태 파악과 학교 밖 청소년 지원 정책수립을 위한 기초자료로 활용하기 위하여 **2년마다** 학교 밖 청소년에 대한 실태조사를 실시하고, 그 결과를 공표하여야 한다.
　② 성평등가족부장관은 제1항에 따른 실태조사 중 학업중단 현황에 관한 조사는 교육부장관과 협의하여 실시한다.
　③ 성평등가족부장관은 제1항에 따른 실태조사에 필요한 경우 관계 중앙행정기관의 장, 지방자치단체의 장 또는 「공공기관의 운영에 관한 법률」에 따른 공공기관의 장, 그 밖의 관련 법인·단체에 대하여 필요한 자료 제출 또는 의견 진술을 요청할 수 있다. 이 경우 요청을 받은 자는 정당한 사유가 없으면 이에 협조하여야 한다.
　④ 제1항에 따른 실태조사의 내용과 방법 등에 필요한 사항은 성평등가족부령으로 정한다.

030

답 ④

해 **청소년비행예방센터**는 지역사회 청소년통합지원체계 구성 시 반드시 포함하여야 하는 필수연계기관 중 하나이며, 대외 명칭을 **청소년꿈키움센터로 변경**하여 사용하고 있다. **청소년비행예방센터 업무(학교폭력 가해 학생 및 보호자 대상의 특별교육, 가족캠프 등의 프로그램 운영 등)**는 초기 단계의 비행 청소년을 위한 전문교육과 비행 예방교육을 제공하고, 건전한 성장을 돕기 위한 상담 및 인성 교육을 실시한다. 즉, 절도, 학교폭력, 사이버 중독 등 비행 관련 교육과 더불어 인성, 예절, 문화체험 등 다양한 프로그램을 통해 청소년의 재범을 방지하고 사회적응을 돕는 것을 목표로 한다.

031

답 ⑤

해 은둔형 청소년 발굴 및 지원은 '장애 및 경계선지능 청소년 지원'이 아니라, **'은둔형, 수용자 자녀 등 쉽게 드러나지 않는 유형의 위기청소년 발굴 · 지원'** 정책에 해당한다.

실력다지기	장애 및 경계선지능 청소년 지원

장애청소년 부모 지원 및 경계선지능 청소년 지원방안 마련(복지부, 교육부, 성평등가족부)

1) **발달장애 청소년 가정 부모상담 서비스를 확대**하고, 중증장애아동 돌봄서비스 강화를 통해 가족 지원 강화

2) 경계선 지능 학생 조기 확인을 위해 학교에서 활용할 수 있는 체크리스트를 개발, 보급하고, **대상별 특성을 고려한 맞춤형 지원 추진** : 교육(지원)청 학습종합클리닉센터 및 외부 전문기관과 연계하여 심층적 진단 · 지원

   cf) 경계선 지능은 일반적으로 지능지수 70~85 사이에 속하여 지적장애의 연속 상에 있으나, 지적장애로 미분류(장애인구의 약 2.7배), 주의 집중이 어렵고 의사소통 등에 서툴러 학습부진 등 발생

3) **범부처 연계 경계선 지능(느린 학습자) 지원을 위한 정책연구**('24~) 및 지원방안 마련

   cf) 제2차 기초학력 보장 종합계획('27)에 반영

4) **쉼터 등 청소년복지시설 이용 청소년을 대상으로 경계선 지능 조기 확인 위한 진단 및 사례관리 등 지원**

032

답 ③

해 혼합형 자립지원관의 생활관 거주는 **단기적 지원이 원칙이며, 청소년 1인당 최대 지원 기간은 최장 6개월(3개월 +3개월 연장)이 원칙**이다. 혼합형 청소년자립지원관은 가정 밖 청소년의 자립을 위해 주거 지원, 생활관 운영, 자립 프로그램 등 여러 서비스를 통합적으로 제공하는 기관이다. 이는 청소년이 자립하여 가정 · 학교 · 사회로 복귀할 수 있도록 지원하며, 필요한 경우 청소년 쉼터와 연계하여 서비스를 제공하기도 한다.

부연

혼합형 청소년자립지원관

1) 개념 : **가정 밖 청소년의 자립을 돕기 위해 주거 지원, 생활관 운영, 자립 프로그램 등을 통합적으로 제공하는 기관**이다.

2) **생활관 입소는 사례심의위원회의 결정에 따라 이루어진다.**

3) **생활관은 최초 3개월 이내로 거주할 수 있으며, 필요시 추가 3개월 1회 연장이 가능하다.**

4) 혼합형 청소년자립지원관의 역할 및 기능
  (1) **주거 지원** : 가정 밖 청소년에게 안정적인 주거 환경을 제공한다.
  (2) **생활관 운영** : 청소년자립지원관에서 직접 운영하는 거주 시설인 생활관을 제공한다.
  (3) **자립 프로그램** : 청소년이 자립에 필요한 역량과 기술을 갖출 수 있도록 다양한 프로그램을 운영한다.
  (4) **통합 서비스** : 주거, 생활, 자립 프로그램 등 필요한 서비스를 하나의 기관에서 통합적으로 지원한다.
  (5) **연계 지원** : 청소년쉼터 등 다른 시설과 연계하여 서비스를 제공한다.

033

답 ⑤

해 ▶ 청소년복지 지원법 제10조(**청소년복지심의위원회**)
  ① **지방자치단체의 장은 통합지원체계의 원활한 운영을 위하여 필요하다고 인정하는 경우에는 위기청소년의 복지 및 보호와 관련된 정책 등 대통령령으로 정하는 사항을 심의하는 청소년복지심의위원회(이하 심의위원회)를 둘 수 있다.**
  ② 심의위원회는 통합지원체계를 구성하는 기관·단체의 장 또는 종사자와 그 밖에 청소년복지에 대하여 지식과 경험이 풍부한 사람으로 구성한다.
  ③ 심의위원회는 심의를 효율적으로 수행하기 위하여 필요하다고 인정하는 경우에는 실무위원회를 둘 수 있다.
  ④ 제1항부터 제3항까지의 규정에서 정한 사항 외에 심의위원회 및 실무위원회의 구성, 위원의 위촉 및 회의 절차 등 심의위원회 및 실무위원회의 운영에 필요한 사항은 해당 지방자치단체의 규칙으로 정한다.

034

답 ①

해 청소년자립지원관은 일정 기간 청소년쉼터 또는 **청소년회복지원시설**의 지원을 받았는데도 가정 · 학교 · 사회로 복귀하여 생활할 수 없는 청소년에게 **자립하여 생활할 수 있는 능력과 여건을 갖추도록 지원하는 시설**이다. 문제 사례의 A군 내용을 읽어보면 청소년자립지원관의 개념과 일치한다.

실력다지기 　　　　　　　　청소년복지 지원법 제31조(청소년복지시설의 종류)

「청소년기본법」 제17조에 따른 청소년복지시설의 종류는 다음 각 호와 같다.

1. 청소년쉼터 : 가정 밖 청소년에 대하여 가정·학교·사회로 복귀하여 생활할 수 있도록 일정 기간 보호하면서 상담·주거·학업·자립 등을 지원하는 시설

2. **청소년자립지원관 : 일정 기간 청소년쉼터 또는 청소년회복지원시설의 지원을 받았는데도 가정·학교·사회로 복귀하여 생활할 수 없는 청소년에게 자립하여 생활할 수 있는 능력과 여건을 갖추도록 지원하는 시설**

3. 청소년치료재활센터 : 학습·정서·행동상의 장애를 가진 청소년을 대상으로 정상적인 성장과 생활을 할 수 있도록 해당 청소년에게 적합한 치료·교육 및 재활을 종합적으로 지원하는 거주형 시설

4. 청소년회복지원시설 : 「소년법」 제32조제1항제1호에 따른 감호 위탁 처분을 받은 청소년에 대하여 보호자를 대신하여 그 청소년을 보호할 수 있는 자가 상담·주거·학업·자립 등 서비스를 제공하는 시설

035

답 ②

해 청소년복지 지원법상 위기청소년통합지원정보시스템에 수집할 수 있는 정보 중 **위기청소년과 관련된 것은 위기청소년의 가족 및 보호자에 대한 상담 및 교육에 관한 정보와 위기청소년 특별지원에 관한 정보이다. 위기청소년의 친구에 관한 정보는 해당하지 않는다.**

심화학습 　　　　　청소년복지 지원법 제12조의2(위기청소년통합지원정보시스템의 구축 및 운영 등)

① 성평등가족부장관은 위기청소년 관련 정보의 효율적 처리, 정보 공유 및 기관 간 서비스 연계 등 통합지원체계를 효율적으로 운영하기 위하여 대통령령으로 정하는 바에 따라 위기청소년통합지원정보시스템을 구축·운영할 수 있다.

② 성평등가족부장관은 통합정보시스템을 구축·운영하는 데 필요한 정보로서 다음 각 호의 어느 하나에 해당하는 정보를 정보주체의 명시적 동의를 받아 수집·보유·이용·제공·연계할 수 있다.

　1. 제9조에 따른 지역사회 청소년통합지원체계 운영에 관한 정보

　2. 제12조에 따른 **전문가 상담에 관한 정보**

　3. 제13조에 따른 위기청소년의 가족 및 보호자에 대한 상담 및 교육에 관한 정보

　4. 제14조에 따른 위기청소년 특별지원에 관한 정보

　5. 제16조에 따른 가정 밖 청소년 지원에 관한 정보

　6. 제18조에 따른 이주배경청소년 지원에 관한 정보

　7. 제19조에 따른 예방적·회복적 보호지원에 관한 정보

　8. 제29조에 따른 청소년상담복지센터에 관한 정보

　9. 제31조에 따른 청소년복지시설에 관한 정보

　10. 「학교 밖 청소년 지원에 관한 법률」 제12조에 따른 학교 밖 청소년 지원센터 관련 정보

　11. 「청소년 보호법」 제27조에 따른 인터넷게임 중독·과몰입 등의 예방 및 피해 청소년 지원 관련 정보

　12. 「청소년 보호법」 제35조에 따른 **청소년 보호·재활센터 관련 정보**

　13. 「사회보장급여의 이용·제공 및 수급권자 발굴에 관한 법률」 제2조제1호의 사회보장급여 중 청소년 관련 정보

　14. 「주민등록법」에 따른 **주민등록 자료 또는 정보**

15. 「가족관계의 등록 등에 관한 법률」에 따른 **가족관계등록 자료 또는 정보**

16. 그 밖에 대통령령으로 정하는 위기청소년 지원 관련 업무 수행에 필요한 정보

036

답 ③

해 청소년육성에 관한 기본계획의 수립에 관한 사항 등을 심의 · 조정하기 위하여 성평등가족부에 설치하는 **청소년정책위원회**는 청소년 참여권 보장을 위해 청소년위원을 일정 비율 이상(전체 위원의 5분의 1이상) 반드시 포함하도록 하고 있다.

심화학습　　　　　청소년 기본법제10조(청소년정책위원회)

① **청소년정책에 관한 주요 사항을 심의 · 조정하기 위하여 성평등가족부에 청소년정책위원회를 둔다.**

② 청소년정책위원회는 다음 각 호의 사항을 심의 · 조정한다.

　　1. 제13조제1항에 따른 청소년육성에 관한 기본계획의 수립에 관한 사항

　　2. 청소년정책의 분야별 주요 시책에 관한 사항

　　3. 청소년정책의 제도개선에 관한 사항

　　4. 청소년정책의 분석·평가에 관한 사항

　　5. 둘 이상의 행정기관에 관련되는 청소년정책의 조정에 관한 사항

　　6. 그 밖에 청소년정책의 수립 · 시행에 필요한 사항으로서 대통령령으로 정하는 사항

③ 청소년정책위원회는 위원장 1명을 포함하여 30명 이내의 위원으로 구성한다. **이 경우 제4항제15호 및 제16호에 따라 위촉되는 위원이 각각 전체 위원의 5분의 1 이상이어야 한다.**

④ 위원장은 성평등가족부장관이 되고, 위원은 다음 각 호의 사람이 된다. 이 경우 복수 차관이 있는 기관은 해당 기관의 장이 지명하는 차관으로 한다.

　　1. 기획재정부차관 → **추후 재정경제부차관으로 변경될 예정**

　　2. 교육부차관　　　　　　　　　3. 과학기술정보통신부차관

　　4. 통일부차관　　　　　　　　　5. 법무부차관

　　6. 행정안전부차관　　　　　　　7. 문화체육관광부차관

　　8. 산업통상자원부차관　　　　　9. 보건복지부차관

　　10. 고용노동부차관　　　　　　　11. 중소벤처기업부차관

　　12. 방송미디어통신위원회 부위원장　　13. 경찰청장

　　14. 그 밖에 대통령령으로 정하는 관계 중앙행정기관의 차관 또는 차관급 공무원

　　15. **청소년정책에 관하여 학식과 경험이 풍부한 사람 중에서 성평등가족부장관이 위촉하는 사람**

　　16. **청소년정책과 관련된 활동실적 등이 풍부한 청소년 중에서 성평등가족부장관이 위촉하는 청소년**

⑤ 제4항제15호 및 제16호에 따른 위원의 임기는 2년으로 한다.

⑥ 청소년정책위원회에서 심의 · 조정할 사항을 미리 검토하거나 위임된 사항을 처리하는 등 청소년정책위원회의 운영을 지원하기 위하여 청소년정책위원회에 청소년정책실무위원회를 둔다.

⑦ 제1항부터 제6항까지에서 규정한 사항 외에 청소년정책위원회 및 청소년정책실무위원회의 구성, 운영 및 위촉 기준 등에 필요한 사항은 대통령령으로 정한다.

037

답 ④

해 ▶ 청소년 기본법 제5조(청소년의 권리와 책임)

① 청소년의 기본적 인권은 **청소년활동 · 청소년복지 · 청소년보호** 등 청소년육성의 모든 영역에서 존중되어야 한다.

② 청소년은 인종 · 종교 · 성별 · 나이 · 학력·신체조건 등에 따른 어떠한 종류의 차별도 받지 아니한다.

③ 청소년은 외부적 영향에 구애받지 아니하면서 자기 의사를 자유롭게 밝히고 스스로 결정할 권리를 가진다.

④ 청소년은 안전하고 쾌적한 환경에서 자기발전을 추구하고 정신적 · 신체적 건강을 해치거나 해칠 우려가 있는 모든 형태의 환경으로부터 보호받을 권리를 가진다.

⑤ 청소년은 자신의 능력을 개발하고 건전한 가치관을 확립하며 가정 · 사회 및 국가의 구성원으로서의 책임을 다하도록 노력하여야 한다.

038

답 ①

해 청소년활동 진흥법 제2조(정의)에 따르면, **청소년문화활동**이란 청소년이 예술활동, 스포츠활동, 동아리활동, 봉사활동 등을 통하여 문화적 감성과 더불어 살아가는 능력을 함양하는 체험활동을 말한다.

실력다지기

청소년활동 진흥법 제2조(정의)

이 법에서 사용하는 용어의 뜻은 다음과 같다.

1. 청소년활동이란 「청소년기본법」 제3조제3호에 따른 청소년활동을 말한다.

2. 청소년활동시설이란 청소년수련활동, 청소년교류활동, 청소년문화활동 등 청소년활동에 제공되는 시설로서 제10조에 따른 시설을 말한다.

3. 청소년수련활동이란 청소년이 청소년활동에 자발적으로 참여하여 청소년 시기에 필요한 기량과 품성을 함양하는 교육적 활동으로서 「청소년기본법」 제3조제7호에 따른 청소년지도자와 함께 청소년수련거리에 참여하여 배움을 실천하는 체험활동을 말한다.

4. 청소년교류활동이란 청소년이 지역 간, 남북 간, 국가 간의 다양한 교류를 통하여 공동체의식 등을 함양하는 체험활동을 말한다.

5. **청소년문화활동이란 청소년이 예술활동, 스포츠활동, 동아리활동, 봉사활동 등을 통하여 문화적 감성과 더불어 살아가는 능력을 함양하는 체험활동을 말한다.**

039

답 ⑤

해 모두 이론과 학자의 연결로 옳은 내용이다.

> ㄱ. **재현이론 - 홀(S. Hall)** : 청소년기의 신체 및 정신 발달이 인류 진화의 단계를 반복한다는 생물학적 이론이다.
> ㄴ. **심리사회적 발달이론 - 에릭슨(E. Erikson)** : 에릭슨의 8단계 심리사회적 발달이론의 청소년기는 정체감 대 역할혼란 단계에 해당한다.
> ㄷ. **사회학습이론 - 반두라(A. Bandura)** : 반두라의 사회학습이론에서 관찰학습 등의 개념을 제시했다.
> ㄹ. **장이론(field theory) - 레빈(K. Lewin)** : 행동은 개인과 환경의 함수 B = f(P,E)로 설명된다.

040

답 ③

해 ▶ 스턴버그(R. Sternberg)의 사랑의 삼각형 이론은 사랑을 세 가지 요소(친밀감, 열정, 언약/헌신의 조합으로 설명한다. 문항을 설명하면 다음과 같다.
> ① 낭만적 사랑(romantic love):친밀감(○) + 열정(○) + 언약(×)
> ② 공허한 사랑(empty love):친밀감(×) + 열정(×) + 언약(○)
> ③ **우애적 사랑(companionate love):친밀감(○) + 언약(○) + 열정(×)**
> ④ 우정(friendship):친밀감(○)만 있고 열정과 언약이 없음
> ⑤ 얼빠진 사랑(fatuous love):열정(○) + 언약(○) + 친밀감(×)

041

답 ②

해 **셀만(R. Selman)은 조망수용능력(perspective-taking ability)의 발달단계를 연구**한 학자이다.

실력다지기 　　　　　　　**셀만(R. Selman)의 조망수용능력 발달 5단계**

1) 0단계 : 자기중심적 조망(3~6세) - 자신과 타인의 관점을 구분하지 못함
2) 1단계 : 주관적/사회정보적 조망(6~8세) - 타인이 다른 관점을 가질 수 있음을 인식
3) 2단계 : 자기성찰적/상호적 조망(8~10세) - 상대방의 입장에서 자신을 바라볼 수 있음
4) 3단계 : 제3자적/상호적 조망(10~12세) - 제3자의 중립적 관점에서 자신과 타인을 볼 수 있음
5) 4단계 : **심층적/사회적 조망(12세 이상~청소년기) - 자신, 상대방, 제3자의 입장뿐만 아니라 사회적 가치체계, 사회적 관습, 법적 관점 등을 고려할 수 있음**

문항설명

① 길리건(C. Gilligan) : 배려 윤리, 여성의 도덕성 발달이론
③ 로우(A. Roe) : 직업선택이론(욕구이론)
④ 윌리암슨(E. Williamson) : 특성-요인 이론
⑤ 레빙거(J. Loevinger) : 자아발달이론

042

답 ⑤

해 **문화지체(cultural lag)**는 오그번(W. Ogburn)이 제시한 개념으로, 문화를 구성하는 요소들이 서로 다른 속도로 변화하여 요소 간의 부조화와 간격이 발생하는 현상이다. 즉, 문화를 구성하는 요소 간 변동의 차이로 인해 시간이 경과함에 따라 문화요소 간의 간격이 점점 더 커지는 현상이다. 물질문화(기술, 과학 등)는 빠르게 변화하는 반면, 비물질문화(가치관, 규범, 제도 등)는 느리게 변화하여 시간이 경과할수록 두 문화 요소 간의 간격이 점점 더 커진다.

문항설명

① 문화접변 : 서로 다른 문화가 접촉하여 변화하는 현상
② 문화전계 : 문화가 한 사회에서 다른 사회로 전파되는 현상
③ 문화결핍 : 특정 계층이 주류 문화를 습득하지 못한 상태
④ 문화이식 : 한 문화가 다른 사회에 이식되는 현상

043

답 ①

해 • A의 경우:
　1) 위기(탐색) : × – '별다른 고민이나 자기 탐색 없이'
　2) 관여(결정) : ○ – '의사가 되기로 결정'
　→ **정체감 유실(foreclosure) : 탐색 없이 부모나 권위자의 기대를 그대로 수용함**
• B의 경우:
　1) 위기(탐색) : × – '자신의 적성이나 흥미에 대한 관심과 탐색이 없고'
　2) 관여(결정) : × – '아직 진로도 결정하지 않은 상태'
　→ **정체감 혼미(diffusion) : 탐색도 하지 않고 결정도 하지 않은 무관심 상태**

정리　　　　마샤(J. Marcia)의 정체감 지위 4가지

정체감 지위는 위기(탐색) 경험 여부와 관여(결정) 여부의 조합으로 구분한다.

구분	관여(○): 결정함	관여(×): 결정 안함
위기(○): 탐색함	정체감 성취	정체감 유예
위기(×): 탐색 안함	정체감 유실	정체감 혼미

044

답 ④

해 ▶ 피아제(J. Piaget)의 형식적 조작기의 특성
　　1) 추상적 사고 : 구체적 대상 없이도 추상적 개념 이해
　　2) 가설-연역적 사고 : 가설을 세우고 논리적으로 검증
　　3) 조합적 사고 : 여러 가능성을 체계적으로 조합
　　4) 명제적 사고 : 언어나 상징을 통한 논리적 사고
　　5) 사고과정에 대한 사고(메타인지) : 자신의 사고과정을 반성하고 점검할 수 있음

> 문항설명

① 인공론적 사고(artificialism) : 모든 자연현상이 인간이나 신에 의해 만들어졌다고 생각 → **전조작기**

② 물활론적 사고(animism) : 무생물에도 생명과 의식이 있다고 생각 → **전조작기**

③ 직관적 사고 : 논리적 추론보다 직관에 의존 → **전조작기**

⑤ 보존 개념의 부재 : 외형이 변해도 양은 같다는 것을 이해하지 못함 → **감각운동기와 전조작기에 해당**하며, 구체적 조작기(7~11세)에 획득됨

045

답 ②

해 **거시체계(macro system)는 사회적 환경뿐만 아니라 문화적 환경도 포함한다.** 즉, 문화적 가치관, 이념, 법률, 관습, 사회제도 등 문화적 맥락이 핵심 요소이다.

> 문항설명

① 외체계(exosystem)는 청소년이 직접 참여하지는 않지만, 간접적으로 영향을 미치는 환경으로, 부모의 직장, **정부기관** 등이 사례이다.

③ 중간체계(mesosystem)는 미시체계들 간의 관계성을 의미한다. 즉, 미시체계들 간의 상호작용과 관계로, 가정과 학교의 관계, 학교와 또래집단의 관계 등이 사례이다.

④ 미시체계(micro system)는 청소년이 직접 상호작용하는 환경을 포함한다. 즉, 청소년이 직접 대면하고 상호작용하는 가장 가까운 환경이며, 가족, 학교, 또래, 이웃 등이 사례이다.

⑤ 시간체계(chronosystem)는 전 생애에 걸쳐 일어나는 변화와 사회·역사적인 환경을 의미한다. 즉, 시간의 흐름에 따른 변화와 역사적 사건으로, 개인의 생애 변화와 사회·역사적 변화 모두를 포함한다.

046

답 ③

해 긴즈버그(E. Ginzberg)의 직업선택 발달이론 중 현실기(realistic period)의 하위단계는 **탐색단계, 구체화 단계(결정화 단계), 특수화 단계(정교화 단계)**이다.

cf) 흥미기, 능력기, 가치기, 전환기는 '잠정기'에 해당한다.

<table>
<tr><td>심화학습</td><td colspan="1" style="text-align:center">긴즈버그(E. Ginzberg)의 직업선택 발달이론</td></tr>
</table>

1) 환상기(fantasy period, ~11세)

　놀이 중심적, 비현실적 직업 선택, 자신이 좋아하는 것 중심

2) 잠정기(tentative period, 11~17세)

　(1) 흥미단계(interest stage, 11~12세) : 흥미 중심의 직업 탐색

　(2) 능력단계(capacity stage, 13~14세) : 자신의 능력 고려

　(3) 가치단계(value stage, 15~16세) : 가치관과 목표 고려

　(4) 전환단계(transition stage, 17세) : 현실적 요인 고려 시작

3) 현실기(realistic period, 17세 이후~청년기 초기)

　(1) 탐색단계(exploration stage) : 구체적 직업 탐색, 직업 체험

　(2) 구체화 단계(결정화 단계, crystallization stage) : 직업선택의 구체화

　(3) 특수화 단계(정교화 단계, specification stage) : 특정 직업 결정

047

답 ①

해 **승화(sublimation)는 성숙하고 건강한 방어기제로, 사회적으로 용인되지 않는 충동이나 욕구를 사회적으로 인정받고 건설적인 방식으로 전환하여 표출하는 방어기제이다.** A의 경우 원초적 충동인 공격성을 승화된 방식인 검도 수련으로 전국대회 우승한 사례이기 때문에 승화(sublimation)에 해당한다.

문항설명

② 억압(repression) : 불안을 일으키는 생각이나 욕구를 무의식으로 밀어내는 것

　(예 트라우마 기억을 의식하지 못함)

③ 철회(withdrawal) : 스트레스 상황에서 물리적·심리적으로 회피하는 것

　(예 사회적 상황 회피)

④ 부정(denial) : 받아들이기 힘든 현실을 인정하지 않는 것

　(예 내 어머니는 돌아가시지 않았어.)

⑤ 금욕주의(asceticism) : 청소년기에 흔히 나타나는 방어기제로, 본능적 욕구를 억제하고 절제하는 것

　(예 모든 쾌락을 거부하고 극도로 절제하는 생활)

048

답 ④

해 ▶ 콜버그(L. Kohlberg)의 도덕성 발달 6단계

[암기법] 콜버그(L. Kohlberg) = **벌욕 / 대법 / 계보**

1) 1수준:전인습적 수준(pre-conventional level)
    (1) 1단계:ㅁ. **처벌과 복종 지향** – 처벌을 피하기 위해 복종
    (2) 2단계:ㄱ. **도구적 쾌락주의 지향(욕구충족의 수단)** – 자신의 욕구 충족과 보상 추구
2) 2수준:인습적 수준(conventional level)
    (3) 3단계:ㄹ. **착한 소년 · 소녀 지향(대인관계의 조화)** – 타인의 인정과 칭찬을 받기 위해
    (4) 4단계:ㅂ. **법과 질서 지향** – 사회 질서와 법 준수
3) 3수준:후인습적 수준(post-conventional level)
    (1) 5단계:ㄴ. **사회적 계약 지향** – 민주적으로 합의된 법과 규칙 존중
    (2) 6단계:ㄷ. **보편적 원리 지향** – 보편적 윤리 원칙에 따른 양심적 판단

049

답 ⑤

해 모두 문화의 속성으로 옳은 내용이다.

심화학습	문화의 주요 속성

1) **공유성(共有性)**
    (1) 문화는 사회 구성원들이 공통으로 가지고 있는 생활양식
    (2) 개인이 아닌 집단의 특성
    (3) 예 언어, 가치관, 관습 등을 사회 구성원이 함께 공유함
2) **축적성(蓄積性)**
    (1) 문화는 세대를 거쳐 축적되고 전승됨
    (2) 과거의 문화가 현재에 더해져 발전함
    (3) 예 과학기술, 예술, 지식의 누적적 발전
3) **학습성(學習性)**
    (1) 문화는 생물학적 유전이 아닌 학습을 통해 습득됨
    (2) 후천적으로 배우고 익히는 것
    (3) 예 언어, 예절, 가치관은 교육과 사회화를 통해 학습됨
4) **가변성(可變性)**
    (1) 문화는 시간과 환경에 따라 변화함
    (2) 고정불변이 아니라 유동적
    (3) 예 시대에 따른 의식주 생활의 변화, 가치관의 변화

cf) 이 외에도 전체성(총체성, 문화 요소들이 상호 연관되어 하나의 체계를 이룸), 보편성(모든 사회에 문화가 존재함), 특수성(각 사회마다 고유한 문화적 특성이 있음) 등이 있다.

050

답 ①

해 [ㄴ] 자신은 오토바이 폭주를 해도 교통사고가 일어나지 않을 것이라고 믿는다. → **개인적 우화에 해당하며**, 개인적 우화는 자신은 특별하고 불멸의 존재라고 믿고, 위험한 행동을 해도 자신에게는 나쁜 일이 일어나지 않을 것이라는 믿는 현상이다.

[ㄹ] 자신의 감정과 사고는 다른 사람과는 근본적으로 달라서 남들이 이해할 수 없을 것이라고 믿는다. → **개인적 우화에 해당하며**, 이는 자신의 경험과 감정이 독특하고 특별하다고 믿는 것을 의미한다.

실력다지기 **엘킨드(D. Elkind)의 청소년기 자아중심성 개념**

1) 상상적 청중(imaginary audience)
 (1) 자신이 항상 다른 사람들로부터 관심의 대상이 되고 있다고 믿는다든지, 자신을 마치 '무대 위의 주인공'처럼 생각한다.
 (2) 항상 다른 사람들이 자신을 주목하고 있다고 믿고, 자신이 관심의 중심이라고 생각한다.
 (3) 타인이 자신의 외모, 행동을 관찰하고 평가한다고 믿는 현상으로, 그 사례로는 '모두가 내 여드름을 보고 있을 거야.', '내 옷차림을 다들 신경 쓸 거야.' 등이다.
2) 개인적 우화(personal fable)
 (1) 자신의 경험과 감정이 독특하고 특별하다고 믿는 것을 의미한다.
 (2) 자신은 특별하고 불멸의 존재라고 믿고, 위험한 행동을 해도 자신에게는 나쁜 일이 일어나지 않을 것이라는 믿는 현상이다.
 (3) 사례 자신은 10대 임신을 하지 않을 것이라고 생각하여 피임을 하지 않거나, 자신의 우정이나 사랑이 타인과 다르게 특별하다고 믿는 것이다.

정답 및 해설

1교시

2교시

2024

제1과목 발달심리 (필수)

001	④	002	③	003	②	004	①	005	②
006	⑤	007	②	008	③	009	④	010	②
011	①	012	①	013	⑤	014	⑤	015	④
016	③	017	②	018	④	019	③	020	①
021	④	022	⑤	023	①	024	⑤	025	②

001

답 ④

해 [ㄴ]. **학습(learning)**은 훈련이나 연습에서 기인하는 발달적 변화를 의미한다.

cf) **경험과 훈련에 의하지 않는 것은 성숙(maturation)의 개념**이다. 성숙(maturation)은 유전적 메커니즘에 의해 나타나는 신체적, 심리적 변화를 의미한다. 예를 들어, 태아의 발달, 제2차 성징의 출현 등의 질적인 변화가 성숙에 속한다. 성숙은 개념상으로는 유전적 특성에 의해 이루어지는 발달이며, 비교적 환경의 영향을 받지 않는다.

cf) 발달은 유전과 환경 간 상호작용의 결과로, 인간 발달의 모든 단계에 긍정적 변화와 부정적 변화가 모두 존재한다. 또한 발달 과정에서 인간은 역사적 · 사회적 환경과 서로 영향을 주고받는다.

002

답 ③

해 인간발달연구의 접근법으로는 각기 다른 연령의 사람들을 동시에 비교 연구하는 방법인 **[횡단적 접근법]**, 동일한 연구대상자를 오랜 기간 반복적으로 연구하는 **[종단적 접근법]**, 몇 개의 동시대 출생 집단을 몇 차례에 걸쳐 측정하는 **[계열적 접근법]**이 있다. 이 중 **계열적 접근법은 ① 연령효과와 동시에 ② 출생 집단 효과, ③ 측정시기 효과를 분리해서 볼 수 있는 연구접근법**이다. 따라서 계열적 설계에서는 여러 연령집단을 표집하여 일정한 기간 동안 반복 관찰한다.

① **횡단적 설계**에서는 연령 변화와 출생동시집단(cohort) 효과의 구분이 어렵다.
② **종단적 설계**에서는 같은 참가자들을 일정한 기간 동안 반복해서 연구한다.
④ **실험설계**에서는 변인 간의 인과관계를 파악한다.
cf) 상관설계에서는 변인 간의 인과관계를 파악할 수 없다.
⑤ 실험설계에서 **통제집단은 독립변인(실험처치)의 효과를 비교하는 역할을 한다.**

003

답 ②

해 ② **베일런트(G. Vaillant)는 방어기제를 4단계로 나누었다.** 즉 정신병적 방어기제, 미성숙한 방어기제, 신경증적 방어기제, 성숙한 방어기제들로 분류하였다. 단계별 방어기제들은 정신의 발달 수준을 드러낸다.
cf) 레빈슨(Levinson)의 성인기 사계절 이론은 성인 인생을 크게 네 개의 시기로 나누고 각 시기 사이에 세 번의 시기 간 전환기를 설정하여 설명하였다.
cf) ⑤ 설리반(H. Sullivan): **질풍노도의 시기는 성ㆍ친밀감ㆍ안전 욕구 간의 충돌로 인해** 일어난다.

심화학습   베일런트(G Vaillant)의 방어기제 : 4단계

1) **1단계 - 정신병적 방어기제** : 망상적 투사, 부정, 왜곡, 분열
   정신병적 방어기제는 서로 연결되어 현실에 적응할 필요성을 없애기 위해 외부의 경험을 왜곡한다. 아동에게 나타나거나 꿈속에서 발견되기도 하다.
2) **2단계 - 미성숙한 방어기제** : 행동화, 수동공격적 행동, 신체화, 투사, 공상
   미성숙한 방어기제는 성인에게서 자주 발견된다. 미성숙한 방어기제의 과도한 사용은 방어자를 사회적으로 바람직하지 않고, 미성숙하게, 현실과 대면하기 어렵고, 현실과 거리가 멀어지도록 만든다. 이 방어기제들은 주요 우울장애나 성격장애들에서도 자주 발견할 수 있다.
3) **3단계 - 신경증적 방어기제** : 치환, 해리, 주지화, 반동형성, 억압, 취소, 정동의 고립, 합리화, 후퇴, 취소, 철수
   신경증적 방어기제는 성인에게서 쉽게 발견된다. 이 방어기제들은 단기적으로는 필수적인 면이 있으나 세상과 관계하는데 중심적인 기제로 장기적으로 사용하면 인간관계, 직업 그리고 삶을 살아가는 데에 있어서 큰 문제가 될 수 있다.
4) **4단계 - 성숙한 방어기제** : 이타주의, 기대, 유머, 승화, 생각 억제
   이 방어기제들은 보통 정서적으로 건강한 성인에서 발견된다. 그러나 미성숙한 단계에서도 발견할 수 있다. 이 방어기제들의 사용은 통제하고 있다는 느낌과 기쁨을 주고, 갈등되는 감정과 생각을 통합하는 데 도움을 준다. 이 방어기제를 사용하는 사람들은 보통 미덕이 있는 사람으로 간주된다.

설리반이 제시한 청소년기[1]

설리반도 홀이나 안나 프로이드처럼 청소년기를 질풍과 노도의 시기로 보았다. 청소년은 혼란과 곤혹의 시기를 맞아 오랜 기간 갈등과 혼란을 겪어야 한다는 것이다. 설리반은 청소년기의 질풍노도를 홀과 같이 인간의 진화과정에서의 과도기적 단계의 반영으로 보거나 안나 프로이드처럼 오이디푸스 콤플렉스의 재등장으로 보지 않았다. 오히려, 청소년기가 격동적인 것은 이 시기에 등장하는 몇 가지 새롭고 곤혹스러운 도전 때문이라고 한다. 이 시기에 일어나는 **생리적인 변화로 말미암아 청소년들은 새로운 욕구를 경험하게 되고, 이 새로운 욕구가 불안에서 벗어나고자 하는 욕구와 적절히 융합이 되어야 하는데 이것이 어려운 문제이다. 왜냐하면 우리는 성적인 것에 관한 것은 될 수 있는 대로 의식 밖으로 밀어내려 하고, 또한 성적 욕망을 처음 경험하는 순간과 그 욕망을 합법적으로 만족시킬 수 있는 순간 사이에는 상당한 기간을 요하기 때문이다. 그래서 이 시기는 온갖 종류의 욕구 간에 충돌이 발생하고, 이 충돌이 청소년기를 질풍노도의 시기로 만든다는 것**이다.

004

답 ①

해 [ㄴ]. 전조작기에서 대표적으로 표현되는 형태는 자기중심성(egocentrism) 경향성이다. 이는 세상을 자신의 관점에서만 바라보고, **타인의 조망을 수용하지 못하는 인지적 경향성**이다.

[ㄷ]. 구체적 사실이 없어도 가설 **연역적 추론을 할 수 있는 것은 '형식적 조작기'의 특성**이다.

cf) [ㄱ]. 무생물체도 생명이 있다고 생각한다. → **전조작기의 물활론적 사고**

피아제의 인지발달단계 및 특징

1) 감각운동기(0세 ~ 2세)
   (1) 감각·동작에 의한 학습　　　(2) 의도적 반복 행동　　　(3) **대상영속성 획득**
2) 전조작기(2세 ~ 7세)
   (1) 지각과 표상 등에 직접 경험과 체험적인 행동　　(2) 언어의 발달
   (3) **자기중심적 사고의 태도 발달**　　(4) **비가역적 사고**
   (5) 전환적 추론　　(6) **물활론적 사고**
3) 구체적 조작기(7세 ~ 11세)
   (1) **서열화 능력과 분류(유목화)능력**　　(2) 가역적 사고
   (3) **보존성 개념 획득**　　(4) **조망 수용능력**
4) 형식적 조작기(12세 ~ 성인기)
   (1) **추상적 사고 가능**　　(2) 조합적 사고
   (4) **문제해결의 가설 설정과 검증**　　(4) **연역적 사고 가능**

1　출처: 이용교(2020). 디지털 청소년복지. 인간과 복지

2024 제1과목 발달심리 (필수)

005

답 ②

해 **대상영속성이란 어떤 대상이 우리 시야에서 사라졌다 하여도 그 존재가 소멸되지 않고 살아 있다는 것을 아는 것이다.** 한 사례로는 대상영속성이 발달된 영아는 이전에 두었던 물건(공)의 궤적을 따라 가서 소파 밑으로 손을 넣어 그 공을 찾아낼 수 있다.

▶ 지연 모방(deferred imitation)

1) 스위스의 심리학자 피아제(Jean Piaget)가 1962년 처음 주장한 것으로, **지연모방이란 아동이 목격한 사태를 그 자리에서 모방하는 것이 아니라, 일정한 시간이 지난 후 자발적으로 재현하는 모방을 뜻한다. 즉, 감각운동기의 마지막 단계(18개월 ~ 24개월)에 이르면 지연 모방(deferred imitation)이 가능하게 된다.**

2) 18개월의 유아들은 2주 후쯤, 24개월의 유아들은 2~3개월 후쯤까지 모방을 기억하였다가 표현할 수 있다고 한다. 일정 시기가 지나면 더 이상 외부를 모방하지 않고, 내면의 표현과 기억들을 조합하고 재구성하는 것이 가능해진다고 한다.

006

답 ⑤

해 **안정 애착**은 엄마가 같이 있을 때는 활달하게 놀았으며 적극적으로 탐색하는 행동을 보였고, 엄마가 없거나 낯선 사람과 함께 있을 때는 약간 놀라면서 탐색하는 것이 줄었으나, 엄마가 다시 돌아왔을 때 적극적으로 엄마에게 접근하여 접촉하려고 하는 바람직한 애착유형이다.

오답노트

① **회피 애착**은 엄마가 떠났을 때는 무관심한 것처럼 보이고, 엄마가 돌아왔을 때는 적극적으로 회피하고 무시한다.

② **저항 애착**은 엄마가 떠났을 때는 극심한 분리불안을 보이고, 엄마가 돌아왔을 때는 화를 내지만, 엄마에게 다가가 안겼다가는 이내 화난 듯 밀쳐낸다.

③ **혼란 애착**은 회피애착과 저항애착이 결합된 것으로, 엄마가 돌아왔을 때는 얼어붙은 표정으로 엄마에게 접근하고 엄마가 안아줘도 먼 곳을 쳐다본다.

007

답 ②

해 **과잉 축소는 단어의 의미 범주를 축소시켜 적용하는 경우**로 자신이 본 고양이만 '야옹이'라고 부르거나 자신의 동생에게만 '아기'라고 부르는 것을 예로 들 수 있다.

① **공동 주의** : 영아가 타인과의 상호작용이나 의사소통을 목적으로 외부 대상이나 사건을 타인과 함께 바라보고 자신의 주의를 집중하는 능력을 말한다.
③ **과잉 확대** : 단어의 의미를 더 넓게 확대하여 사용하는 경우 모든 동물을 개라고 부른다.
④ **전보식 언어** : 중요한 단어만 나열하는 것으로, 행위 중심("엄마 빵", "빵 줘"), 상태 표현("사탕 여기", "이모 이뻐"), 소유 관계("엄마 신", "아빠 옷")를 나타낸다.
⑤ **과잉 일반화** : 한두 번의 사건에 근거하여 일반적인 결론을 내리고 무관한 상황에도 그 결론을 적용하는 오류이다.

008

답 ③

해 **아동기는 피아제의 '구체적 조작기' 단계로서 보존의 개념, 유목화의 개념, 조합 및 서열화**의 인지발달 특성을 보인다고 하였다.

cf) ② 상징적 사고는 전조작기에 해당하며, ① 상상적 청중, ④ 개인적 우화, ⑤ 추상적 사고는 형식적 조작기(청소년기)의 발달특징에 해당된다.

009

답 ④

해 [ㄷ]. 형식적 조작 사고의 발달은 문화보편적으로 일어나는 것은 아니다.

형식적 조작기에 나타나는 사고의 특징은 **형식적 조작사고, 추상적 사고, 가설 연역적 사고, 이상적인 사고 또는 가능성의 사고, 사고 과정에 대한 사고**인데, 이 과정에서 **피아제는 사회 문화적 역할은 과소평가 하였다.**

cf) 청소년기의 생물학적 특징에 의한 인지발달 특성은 우선 뇌량의 수초화가 완성되지만, 전전두엽의 발달은 아직 미성숙하다. 청소년기에는 감정을 담당하는 변연계의 발달에 비해 이성을 담당하는 전두엽의 발달은 미성숙하다. 그리고 청소년의 충동적 행동은 전전두엽과 변연계의 상호작용이 원활하지 않기 때문이다. 그리고 메타인지(초인지, 사고에 대한 사고)가 발달하면서 자신의 인지과정을 계획하고 조정할 수 있다.

실력다지기 **청소년기의 생물학적 특징 – 수초화(myelination)와 전두엽을 중심으로[2]**

1) 청소년기에는 경험을 통하여 수상돌기, 시냅스 연결의 증가로 뇌의 발달이 빨라진다.
2) 수초화는 축색돌기 표면을 교세포가 감싸면서 뉴런과 뉴런을 격리하여 신경전달을 신속하게 하고 정보전달의 효율을 높여주는 현상이다.
3) 뇌량의 수초화가 이루어지기 이전인 4살 아동의 경우, 좌우 반구 간 신경전달 속도가 성인에 비해 4-5배나 느린데(Salamy, 1978), 뇌량의 수초화가 이루어지면 비로소 좌우 반구 간의 신경전달 속도가 성인 수준인 4~20ms에 도달하여 좌우 반구 간의 원활한 통합이 가능해진다.

2 출처: 연세아이들 소아청소년과의원 블로그

4) 청소년기의 뇌에서 수초화가 일어나면 학습의 결정적인 시기와도 관련이 있다. 이러한 수초화 현상이 가장 늦게 일어나는 곳은 전전두엽으로 청소년기에는 사고의 질이 향상되어 추상적 사고, 합리적인 의사결정, 분석 능력의 향상 등 아동기와는 다른 논리적인 모습을 갖추어 나가게 된다.

5) 그러나 그들의 전두엽은 아직 미성숙하기 때문에 어른만큼의 종합적인 사고와 감정을 통제하고 조절하기는 어렵다(Sowell et al., 1999).

010

답 ②

해 **셀먼(R. Selman)의 조망수용이론에서 조망수용이란 다른 사람의 입장, 인지, 관점 등을 추론하여 이해하는 능력이다.** 조망수용능력에는 공간조망(타인의 시각적 관점을 이해함), 감정조망(타인의 감정을 추론하고 이해함), 인지조망(타인의 사고과정을 추론하고 이해함)이 있다. **조망수용 발달의 마지막 단계에 있는 청소년들은 제3자의 입장이 사회제도, 관습 등의 영향을 받을 수 있음을 이해한다.**

심화학습	셀먼(R. Selman)의 조망수용 발달단계

1) 0단계 : 자기중심적 관점수용 (미분화된 조망수용) (전조작기 / 3~6세)

　자기중심적으로 타인을 보기 때문에 자신과 다른 관점(생각, 느낌)이 있을 수 있다는 것을 전혀 이해하지 못한다.

2) 1단계 : 사회정보적 조망수용 (주관적 조망수용) (구체적 조작기 / 처벌과 복종 지향 / 6~8세)

　타인의 조망이 자신의 조망과 다를 수 있다는 것까지는 이해하지만, 아직도 자신의 입장에서 이해하려고 하기 때문에 자신의 행동을 타인의 조망을 통해 평가하기 어렵다.

3) 2단계 : 자기반성적 조망수용 (구체적 조작기 / 개인적 욕구 충족 지향 / 8~10세)

　타인의 조망과 자신의 조망을 이해하고, 타인의 입장에서 자신의 생각과 행동을 조망할 수 있지만, 자신의 관점과 타인의 관점을 동시 상호적으로 고려하지는 못한다.

4) 3단계 : 제3자적 조망수용 (상호적 조망수용) (형식적 조작기 / 대인관계 조화 지향 / 10~12세)

　제3자의 입장에서 객관적으로 자신과 타인의 조망을 동시에 이해할 수 있으며, 다른 사람과의 관계 또는 상호작용 속에서 발생하는 문제에 대해 제3자의 입장에서 객관적으로 생각하게 된다.

5) **4단계 : 사회적 조망수용 (형식적 조작기 / 법과 질서 지향 / 12세 ~성인)**

　(1) **사회적 가치체계(법, 질서, 도덕)에 근거하여 자신과 타인의 조망을 이해하고 판단**하며, 사회관계를 이해하는 능력이 더욱 심층적으로 발달하게 된다는 것을 의미한다.

　(2) 자기와 타인을 포함하여 **개인은 물론 집단과 전체 사회체계의 조망을 이해하는 최상의 사회인지 능력을 획득**한다.

① 안나 프로이트(A. Freud)는 청소년기를 **질풍노도의 시기로 보는 관점을 인정**하였다.

③ 에릭슨(E. Erikson)은 심리적 유예기를 **심리사회적 위기**로 보고 자아정체감 형성을 위해 겪을 수 있다고 보았다.

④ 마샤(J. Marcia)는 정체감 위기를 경험하지 않고, **부모나 기타 권위주의에 의하여 주어진 가치관을 그대로 받아들여 동조하는 상태를 정체감 유실(foreclosure)**이라고 하였다. 즉, 정체감 유실은 정체감 위기를 경험하지 않고, 직업선택에 대한 **관심이 있는** 지위이다.

⑤ 길리건(C. Gilligan)은 여성은 인간관계, 동정심, 조화, 상황 등을 중시하며, **여성이 남성과는 다른 이러한 도덕적 지향**을 가지고 있다고 하였다.

011

답 ①

해 발테스와 발테스(P. Baltes & M. Baltes)는 성공적 노화를 **선택, 최적화, 보상**을 발달적 조절의 세 가지 중심적 과정으로 제안한다.

1) **선택(selection)**: 개인은 자신에게 가장 중요한 활동에 집중적인 에너지를 사용할 필요가 있다.

2) **최적화(optimization)**: 자신의 삶에 중심이 되는 선택된 일에만 모든 노력을 기울이는 것이 성공적인 삶을 위해 필요하다. 즉, **특정 영역에서 수행을 유지하기 위해 예전보다 연습에 더 많은 시간을 투자한다.**

3) **보상(compensation)**: 자신에게 중요하다고 선택한 일들도 혼자서 수행할 수는 없는 일에 대해서 외부적 도움에 의존하는 것을 의미한다.

012

답 ①

해 [ㄴ]. **노년기에는 조직화 및 일화기억 전략이 감소한다. 즉, 조직화 파지전략이 쉽지 않고, 일화기억이 더욱 쇠퇴한다.**
[ㄷ]. **노년기에는 청년기와 비교해 볼 때, 경험에 대한 개방성이 감소**한다.

[ㄱ]. 작업기억(단기기억) 용량이 큰 개인들은 작업기억 용량이 작은 개인들보다 비관련 정보를 억제하고 목표와 관련된 자극에 집중하는 능력이 탁월하다. 따라서 **작업기억 용량이 작은 노년기에는 비관련 정보들의 처리를 억제하는 데 어려움을 겪는다.**

[ㄹ]. 자아통합의 과정을 통해 **부정적 정보보다는 긍정적 정보에 더 많은 주의**를 기울이게 된다.

013

답 ⑤

해 **코로나 팬데믹**은 개인이 속하는 특정 시대 사회의 역사적 특성으로부터 오는 영향을 의미하는 규범적 역사관련 요인이다.

발테스(Baltes) - 전생애 발달적 조망

1) **규범적 연령관련 요인(연령 구분적 영향)** : 대부분의 사람들이 유사한 연령에서 공통적으로 경험하게 되는 생물학적, 환경적 요인들로부터의 영향을 의미한다.
2) **규범적 역사관련 요인(역사 구분적 영향)** : 개인이 속하는 특정 시대 사회의 역사적 특성으로부터 오는 영향을 의미한다.
3) **비규범적 영향** : 특정 개인에게만 영향을 미치는 개인 특유의 생물학적, 환경적 결정요인을 의미한다.

① 40대 직업전환(특정 개인)은 **비규범적 요인**이다.
② 사춘기(연령 구분)는 **규범적 연령관련 요인**이다.
③ 청소년기 부모의 실직(특정 개인)은 **비규범적 요인**이다.
④ 출생동시집단 효과(유사한 연령)는 **규범적 연령관련 요인**이다.

014

답 ⑤

해 **클라인펠터 증후군**은 클라인펠터가 발견한 **성염색체 이상 증후군**이다. **남아가 X염색체를 하나 더 갖고 있어 남성적 특성이 약하고** 가슴과 엉덩이가 발달하는 **여성적인 2차 성징이 나타난다.** 남아이지만, **정자를 배출하지 못하여 생식능력을 갖고 있지 않다.**

cf) ① 취약 X염색체 증후군은 X염색체에 취약한 부위가 있어 지적장애, 발달장애 등을 유발하는 유전 질환이다.

염색체의 이상에 의한 선천적 장애의 종류

1) 다운증후군 : 존 랭던 다운의 이름을 따서 지어졌으며, 몽골증이라고도 함
   (1) 염색체의 이상 : 21번째 염색체가 3개(2n + 1)
   (2) 장애 동반, 특히 지능발달에 지체 보임
2) **클라인펠터증후군 : 성염색체 이상증후군**
   (1) **성염색체 : XXY, XXXY 등**
   (2) 외성기·체격·성징 등의 특징적인 면에서 완전한 남성이 결혼하여 성생활까지 하였으나 자식이 없자, 부부가 함께 병원을 찾아가서 염색체를 검사해 보고 이 증후군이 있음을 알게 되는 경우가 많다.
3) **터너증후군 : 성염색체의 이상증후군**
   (1) 남성에서는 XY, 여성에서는 XX 이어야 할 성염색체가 **X염색체 1개만으로 이루어지는 성염색체 결손에 의한 질병**
   (2) 여성 출생 2500명에 1명의 비율로 나타난다.
4) XYY 증후군(야콥 증후군)
   (1) XYY 증후군(XYY syndrome)은 인간 남성이 Y염색체가 하나 더 있어서 일반 46개의 염색체가 아닌 총 47개의 염색체가 있는 성 염색체 이상증후군이다.
   (2) 야콥 증후군, 제이콥스 증후군으로도 불린다.

015

답 ④

해 **산모의 흡연은** 임신율 저하, 착상장애, 유산율 증가 및 자궁외임신의 증가, 선천성 기형, 조산 및 미숙아 출생, **저체중아 출생**, 자궁 내 태아발육지연, 전치태반, 조기 태반박리, 유아 돌연사증후군 등의 빈도를 높이고, 생후 행동적, 정신적 장애를 초래하는 것으로 알려져 있다.

cf) 태내발달단계는 발아기(착상 후 2주까지) → 배아기(임신 2주부터 임신 8주까지, 기형유발물질에 의한 중추신경계 손상에 가장 민감한 시기) → 태아기(임신 2개월부터 출생까지, 태아기 동안 실제로 필요한 뉴런보다 훨씬 더 많은 뉴런이 생성됨)의 순서이다.

임신 8주 후 무렵이면 두뇌가 세 부분으로 발전한다. 이 때 왕성한 세포 과잉생산의 시기가 되는 것이다. 25만 개의 신경모세포들이 활동하며, 초창기 신경세포가 매분 만들어진다. 이 시기부터 뉴런들은 특정 기능을 담당하기 위해 분화한다. 우선 특정 장소를 향해 움직이기 시작하고, 이웃 뉴런 쪽을 향해 적극적으로 확장한다. **신경관 내부에서 계속 분열하는 세포는 엄청난 숫자의 뉴런들을 만들어낸다. 그리고 이런 뉴런들은 두뇌 각 위치로 이동하며 피질에 도착할 때까지 계속 뻗어간다.**[3]

016

답 ③

해 **모로반사(= 경악반사, 원시반사 중 하나)**는 문을 쾅 닫는 등 갑자기 큰 소리가 나거나 갑작스러운 머리 위치의 변화에 대해 신생아가 팔과 다리를 쭉 벌리면서 무엇인가를 껴안으려고 하는 것 같은 자세를 취하는 반사이다.

실력다지기	영아기의 반사와 신경계

1) 생존반사 – 생존에 필요하며 지속적으로 유지되는 것으로 호흡반사, 눈 깜박이기 반사, 동공반사, 입술 내밀기 반사, 빨기 반사, 삼키기 반사가 있다.
2) 원시반사 – 종 특유의 반사기능으로 생후 일정기간이 지나면 사라지는 반사로서 바빈스키 반사, 모로반사, 쥐기반사, 걷기반사가 있다.
   (1) 바빈스키 반사(Babinski reflex)
      아기 발바닥을 자극하면 발가락을 발등 위쪽으로 부챗살처럼 편다. 생후 6개월 이후 소멸
   (2) **모로반사/경악반사(Moro/startle reflex)**
      갑작스런 큰소리나 머리 위치 변화 시 팔과 다리를 벌리고 손가락을 펴며 무엇을 껴안으려는 듯 몸 쪽으로 팔과 다리를 움츠린다. 생후 3 ~ 4개월 이후 소멸
   (3) 파악반사(grasping reflex)
      손바닥을 손가락으로 누르면 손가락을 꽉 쥔다. 짧은 동안 자신의 체중을 실을 만큼 힘을 낸다. 생후 3 ~ 4개월 이후 소멸
   (4) 걷기반사(stepping reflex)
      맨발로 세워놓고 붙잡아주면 마치 걷는 것처럼 다리를 움직인다. 생후 2 ~ 3개월 이후 소멸

---

3 출처: 손매남(2022). 태아기의 뇌 발달, 환경이 중요하다. 선교신문

(5) 수영반사(swimming reflex)
물속에 아기를 수평으로 엎어놓으면 팔과 다리를 움직이며 숨을 쉰다. 생후 4 ~ 6개월 이후 소멸

017

답 ②

해 소근육 운동 기능은 5세 정도에 완성 되는데, 유아기 소근육 발달은 **잡기, 선 따라 그리기, 선을 따라 가위질하기, 신발 끈매기 순으로 발달**한다.

[암기법] 유아기 소근육 발달 = **잡선가신**

[ㄱ]. 잡기 반사 → [ㄷ]. 물건을 향해 팔을 휘두르는 것과 선을 따라 그리는 행동은 유사하다. → [ㄴ]. 손바닥으로 물체를 잡는 것과 가위를 잡은 행동은 유사하다. → [ㄹ]. 엄지와 검지를 이용해 작은 물체를 잡는 것과 신발끈매기 행동은 유사하다.

018

답 ④

해 [ㄷ]. **스턴버그(R. Sternberg)**는 전통적 지능에서 다루지 않았던 맥락, 경험, 정보처리 기술의 세 가지 요인을 강조하고 ① **맥락적 지능, ② 경험적 지능, ③ 분석적 지능을 제시한 삼원지능이론을 제안한 학자**이다.

cf) [ㄴ]. 플린효과(Flynn effect)라 일컫는 IQ의 증가 현상은 1980년대 초반 뉴질랜드의 심리학자 제임스 플린(Flynn)이 국가별 IQ 지수의 변동 추세를 조사하면서 밝혀졌다. 대체로 IQ 향상의 원인을 시각 매체의 증가와 IQ 테스트의 반복 효과, 교육의 확대, 영양 섭취의 증가, 조기교육 등으로 추정하고 있다.

019

답 ③

해 **반두라(A. Bandura)의 사회학습이론**은 직접적인 행동경험이나 강화 받은 경험 없이, **관찰을 통한 학습이 가능하다고 주장**하였다. 위 내용에서 우연히 길을 가던 A는 넘어진 아이를 도와주는 친구의 모습을 관찰하고 이를 통해 도와주는 것이 학습되었다. 도와주는 **관찰학습은 주의집중 과정, 파지 과정, 운동재생 과정, 동기화 과정의 순서로 진행**된다.

실력다지기 ### 사회인지 학습이론(반두라)

1) 상호결정주의(상호결정론) 원리를 적용하였다.
2) 상징적 모델링보다는 직접 모델링이 더욱 효과적이다.
→ 살아있는 모델, 즉 개인이 직접 접촉하는 가족 구성원, 친구, 동료 등을 모방하면 직접 모델링이며, 행동의 생생한 묘사를 의미하는 TV같은 매스미디어 등을 활용하였다면 상징적 모델링이다.
3) 공포증, 불안감과 같은 정서는 모델링으로 학습될 수 있다.
→ 모델링은 다른 사람(모델)을 관찰하는 것을 통해 발생하는 행동이나 사고, 정서 등에서의 변화를 야기한다.
4) 관찰학습은 주의집중, 파지, 운동재생, 동기화의 순서로 진행된다.

020

답 ①

해 **콜버그의 성역할 발달단계는 ① 성정체성(남녀를 구분하며 명명하는 능력**; 나는 남자야) → ② **성항상성(옷이나 머리를 바꾸어도 성은 변하지 않음을 이해하는 능력**; 머리 모양이 달라졌다고 해도 남자가 여자가 되지는 않아.) → **③ 성일관성(성안정성, 남/여자라면 계속 남/여자로 자라는 것을 이해하는 능력**; 남자는 자라서 남자 어른이 되고, 여자는 자라서 여자 어른이 되는 거야.)으로 이루어진다.

021

답 ④

해 유아기의 아이는 좌절 혹은 공격을 당할 때 **신체적 보복(물리적 공격성)을 먼저 보이며, 점차 언어적 공격성을 보이게 된다. 즉, 유아기는 연령이 증가함에 따라 신체적 공격에서 점차 언어적 공격이 증가한다.**

> **심화학습**

공격성의 발달

1) 공격성을 도구적 공격성과 적대적 공격성으로 나눈다.

　(1) **도구적 공격성 : 어떤 목적을 달성하기 위하여 공격적 행동을 하였으나, 다른 사람을 해칠 의도는 없었던 행동이다.**

　(2) **적대적 공격성 : 다른 사람을 해치려는 의도로 한 행동이다.**

　(3) 연령이 높은 유아일수록 적대적 공격성을 더 많이 보인다.

2) **유아기는 연령이 증가함에 따라 신체적 공격에서 점차 언어적 공격이 증가한다.**

공격성 발달이론[4]

1) **보상이론(Patterson)**

　(1) **공격적 행동은 그러한 행동이 결과적으로 공격자에게 보상을 가져다주기 때문에 발달한다고 주장한다.**

　(2) 유아들의 공격적 행동의 결과, 피해자는 양보하거나, 피하거나, 원하는 장난감을 빼앗기고 우는 반응을 흔히 보였으며, 이 같은 반응은 피해아동에 대한 공격적 행동을 되풀이하게 하는 계기가 되었다.

2) 모방이론

　(1) 모델의 공격적 행동을 모방하는 과정에서 공격성이 형성된다는 것이다.

　(2) 사회학습이론가인 반두라는 유치원 유아들에게 공격적 행동을 하는 필름을 보여준 후, 필름에서 본 것과 같은 상황을 제시하였을 때 공격성이 없는 필름을 본 통제집단의 유아에 비해 공격적 행동이 더 많이 나타났다. 또한 단순히 모델의 행동을 모방할 뿐 아니라 도구를 사용하는 것과 같은 새로운 공격적 행동도 창조해냈다.

3) 사회적 정보처리 모델(Dodge)

　(1) **닷지(Dodge)는 공격성이 잘못된 사회인지적 판단에 기인한다는 사회적 정보처리 모델을 제시하였다.**

　(2) 이 이론에 의하면 공격적인 유아는 자신에 대한 또래의 행동을 지나치게 적의적인 것으로 판단하는 경향을 갖고 있다.

　(3) 이러한 적의적인 귀인판단은 또래에 대한 적의적인 행동을 낳게 함으로써 공격적 관계를 형성하게 되며, 결과적으로 또래로부터 공격적 유아를 거부하거나 배척하는 적의적인 반응을 낳게 되고, 이는 나아가 공격적 유아의 적의적인 귀인을 강화하는 악순환을 겪게 된다.

4　출처: 곽노의 외(2007). 영유아발달. 양서원

022

답 ⑤

해 콜버그(L. Kohlberg)의 도덕성 발달단계에서 **(가)는 '사회계약 지향'단계**로 사람들이 필요로 하는 바를 충족시키지 못하면 **동의나 민주적인 절차를 통해 변경시킬 수 있다고 본다.** 따라서 **사회적 규범이나 법칙이 절대적이 아니라는 것을 알게 되는 단계로 설명할 수 있다.**

cf) ③ 사회적 규범이나 법을 지키는 것을 전체적인 사회질서를 유지하기 위한 것이라고 생각한다. → **법과 질서 지향**

[암기법] 콜버그(L. Kohlberg)의 도덕성 발달단계 = **벌욕 / 대법 / 계보**

▶ 콜버그(L. Kohlberg)의 도덕성 발달단계(3수준 6단계)
1) 전(前) 인습 수준
   1단계(벌과 복종 지향) → 2단계(욕구충족의 수단 = 목적과 상호교환 지향)
2) 인습수준
   3단계(대인관계의 조화 = 착한 아이 지향) → 4단계(법과 질서 지향)
3) 후(後) 인습수준
   5단계(사회계약의 지향) → 6단계(보편적 원리 지향)

023

답 ①

해 보편적으로 경험하는 **1차 정서는 기쁨, 슬픔, 분노, 놀람, 흥미, 고통, 역겨움 등으로 본능적으로 나타나지만**, 자아의 인식 이후에 나타나는 2차 정서인 수치심, 죄책감, 질투심, 자부심 등은 학습으로 인해 나타난다.

cf) ④ 만족 지연능력이 높을수록 '자기조절'을 더 잘한다. 만족 지연은 충동조절 능력과 밀접한 연관관계가 있으며, 이 능력이 높을수록 정서지능이 더 높고, 공감능력이 더 우수하다는 것이 밝혀졌다. 따라서 **연령이 증가할수록 만족지연 능력이 증가한다.**

cf) ⑤ 유아는 사람들이 진짜로 느끼는 정서와 그들이 표현하는 정서를 잘 구별하지 못한다. **그 이유는 유아는 아직 사물의 실제 모습과 겉으로 보이는 모습의 차이를 이해하지 못하기 때문이다.**

024

답 ⑤

해 품행장애의 진단기준에서 **보복적 특성은 해당되지 않는다.**

실력다지기	품행장애 진단기준

1) 다른 사람의 기본적 권리를 침해하고 나이에 맞는 사회적 규범 및 규칙을 위반하는 지속적이고 반복적인 행동 양상으로서, 다음 가운데 3개(또는 그 이상) 항목이 지난 12개월 동안 있어 왔고, 적어도 1개 항목이 지난 6개월 동안 나타난 경우이다.
   (1) 흔히 다른 사람을 괴롭히거나, 위협하거나, 협박한다.
   (2) 흔히 육체적인 싸움을 도발한다.

(3) 다른 사람에게 심각한 신체적 손상을 일으킬 수 있는 무기를 사용한다(예 곤봉, 벽돌, 깨진 병, 칼 또는 총).

(4) 사람에게 신체적으로 잔혹하게 대한다.

(5) 동물에게 신체적으로 잔혹하게 대한다.

(6) 피해자와 대면한 상태에서 도둑질을 한다(예 노상강도, 날치기, 강탈, 무장 강도).

(7) 다른 사람에게 성적 행위를 강요한다.

※ **재산의 파괴**

(8) 심각한 손상을 입히려는 의도로 일부러 불을 지른다.

(9) 다른 사람의 재산을 일부러 파괴한다(방화는 제외).

※ **사기 또는 도둑질**

(10) 다른 사람들의 집, 건물, 차를 파괴한다.

(11) 물건이나 호감을 얻기 위해 또는 의무를 회피하기 위해 거짓말을 흔히 한다(예 다른 사람을 속인다).

(12) 피해자와 대면하지 않은 상황에서 귀중품을 훔친다(예 파괴와 침입이 없는 도둑질, 위조문서).

※ **심각한 규칙 위반**

(13) 13세 이전에, 부모의 금지에도 불구하고 밤늦게까지 집에 들어오지 않는다.

(14) 친부모 또는 양부모와 같이 사는 동안 적어도 2번 가출한다(또는 오랫동안 돌아오지 않는 1번의 가출).

(15) 13세 이전에 시작되는 무단결석

2) 행동의 장해가 사회적, 학업적, 또는 직업적 기능에 임상적으로 심각한 장해를 일으킨다.

3) 18세 이상일 경우, 반사회성 성격장애의 진단 기준에 맞지 않아야 한다.

025

답 ②

해 틱 증상은 자주 악화와 완화를 반복하지만 **처음 틱이 나타난 시점으로부터 1년 이상 지속된다.**

실력다지기　　　　　　　　　　　　　　　뚜렛장애의 진단기준

1) 여러 가지 운동틱과 한 가지 또는 그 이상의 음성틱이 질병경과 중 일부기간 동안 나타난다. → **음성틱과 운동틱이 반드시 동시에 나타날 필요는 없다.**

2) 틱 증상은 자주 악화와 완화를 반복하지만 **처음 틱이 나타난 시점으로부터 1년 이상 지속된다.** 이때 주의할 점은 처음 틱이 시작된 시점으로부터 1년 이상 틱 증상이 지속된다면 중간에 틱이 없었던 기간에 상관없이 지속적인 증상을 보이는 것으로 간주한다.

3) **18세 이전에 발병한다.**

4) **장애는 물질(예 코카인)의 생리적 효과나 다른 의학적 상태(예 헌팅턴병, 바이러스성 뇌염)로 의한 것이 아니다.**

제2과목 집단상담의 기초 (필수)

026	④	027	①	028	①	029	⑤	030	②
031	③	032	②	033	③	034	①	035	①
036	⑤	037	④	038	①	039	②	040	⑤
041	④	042	④	043	③	044	②	045	③
046	④	047	④	048	①	049	④	050	⑤

026

답 ④

해 **집단상담은 집단의 역동을 충분히 다루어야 하며, 개인뿐만 아니라 집단의 문제해결에 중점을 두어야 한다.**

cf) ④ 개인의 문제 해결에 중점을 두는 것은 개인상담에 대한 설명이다.

027

답 ①

해 **[비구조화 집단]은 집단원들이 중심이 되는 집단으로 비조직적인 형태**를 띠게 된다. 반면 **[구조화 집단]**은 상담자에 의해 통제되며 정해진 절차에 따라 지시적으로 진행되는 집단으로, **집단의 목표, 과제, 내용, 활동 방법 등을 집단상담자가 미리 구성한대로 진행**한다.

cf) ② 마라톤 집단과 같은 집중적 집단상담은 일정기간 동안 집중적으로 실시하는 형태이며, 단주모임(AA)과 같은 자조집단에서는 공통의 관심사나 어려움을 경험했던 사람들끼리 집단을 이끌어간다. 임시위원회(TF팀)와 같은 과업집단은 집단원들에게 당면한 과제를 해결할 필요가 있을 때 운영되는 집단이며, 참만남 집단, 자기성장 집단, 감수성 훈련집단의 경우 성장집단에해당된다.

028

답 ①

해 모두 옳은 내용이다.

[ㄱ]. 연결: 집단원들이 제각기 말한 **생각이나 느낌 등의 공통점을 찾아내어 집단의 주제와 관련하여 연관시켜 설명하는 것**을 말한다. 집단원들 간에 공통의 관심사를 공유함으로써 **응집력을 촉진**시키는 역할을 한다.

[ㄴ]. 질문: **정보탐색이나 깊이 있는 자기 이해를 위한 질문기법**으로 어떤 사실이나 상황에 대한 **정보를 얻을 목적**으로 사용된다.

[ㄷ]. 재진술: 어떤 상황, 사건, 사람, 생각을 기술하는 집단원의 진술 중 내용 부분을 **집단상담자가 다른 동일한 말로 바꾸어 기술하는 기법**이다. 집단원이 이야기한 내용을 집단상담자가 동일한 내용의 다른 말로 바꾸어줌으로써 **의미를 분명하게 해준다.**

[ㄹ]. 명료화: 집단원의 **모호한 진술 다음에 사용되는 질문형태의 반응 기법**이다. 핵심이 되는 주제에 **초점을 맞추게 하거나 혼란스러운 감정을 분명하게 정리**해 준다.

029

답 ⑤

해 **추수평가는 모든 집단원을 대상으로** 집단상담 **'마지막 회기'에 추수면담 날짜와 시간을 약속해서 추후 집단원들과 다시 만남**을 갖는 것이다. 집단상담이 다 끝난 후, 지금까지 해 온 집단의 효과를 재검토하고 집단이 어떤 부정적인 영향은 없었는지, 집단이 일상생활에 어떤 긍정적 영향을 끼치고 있는지, **집단의 효과가 지속되고 있는지 등을 돌아보는 단계**이다. 참고로 추수면담 시간에 일이 있어 참석하지 못하는 집단원이 있을 경우, 그 집단원을 위해 개별 추수면담을 실시한다.

cf) 집단원은 평가 대상(객체)이면서 평가자(주체)가 되기도 하며, 청소년 상담기관에서 집단상담을 실시할 경우 상담기관이 직접 평가를 실시하는 주체가 될 수 있다.

030

답 ②

해 집단상담자는 보호관찰 명령으로 집단에 참여하는 집단원이라도 집단을 포기하려고 할 때 그 선택으로 발생할 수 있는 불이익을 안내하고 **참여 여부를 스스로 선택(자발적 참여, 자기결정권)**하도록 존중해야 한다. 또한 집단원들의 사생활에 관한 이야기를 외부에 발설하지 않도록 **비밀보장의 중요성과 한계를 명확하게 안내**해야 한다.

▶ 오답노트

[ㄴ]. **청소년 집단원의 성폭력 피해는 비밀보장 예외 사항**에 해당된다.
[ㄹ]. **집단상담자와 연인관계**에 있는 사람을 집단참여자로 선정하는 경우 **다중관계가 성립되어 윤리적 행위에 위배된다.**

031

답 ③

해 합리적 정서행동상담(REBT)의 ABCDE 모델은 **A(antecedent)는 촉발사건, B(belief)는 촉발사건에 대한 신념, C(consequence)는 비합리적 신념의 결과로 나타난 부정적 감정과 행동, D(dispute)는 비합리적 신념에 대한 논박, E(effect)는 합리적 신념에서 비롯된 새로운 감정이나 행동(효과)**이다.

[ㄷ]. 반응을 일으키는 **사건**, 상황, 환경 → **A(antecedent)**
[ㄴ]. 활성화된 사건에 대한 개인의 **비합리적 신념** → **B(belief)**
[ㄱ]. 개인이 가진 비합리적 신념에서 비롯된 **결과** → **C(consequence)**
[ㅁ]. 결과를 야기한 비합리적 신념을 **논박** → **D(dispute)**
[ㄹ]. 합리적 신념에서 비롯된 **새로운 감정이나 행동** → **E(effect)**

032

답 ②

해 "당신이 어렸을 때 겪었던 가장 고통스런 경험은 무엇인가요?"는 해결중심 집단상담에서 집단원에게 하는 주요 질문에 해당하지 않는다.

문항설명

해결중심 집단상담의 주요 질문기법에는 **면접 전 변화에 대한 질문, 기적질문, 대처질문, 척도질문, 예외질문, 관계성 질문, 보람질문, 악몽질문** 등이 있다.
① "그런 문제가 덜 일어날 때는 언제입니까?" → [예외질문]
③ "지난 집단 회기 이후에 나아진 것이 있습니까?" → [면접 전 변화에 대한 질문]
④ "지금 당신의 불안을 0에서 10점의 척도에서 몇 점을 줄 건가요?" → [척도질문]
⑤ "만약 밤에 자는 동안 지금의 문제가 사라져 버렸다면, 당신의 문제가 해결된 것을 어떻게 알 수 있고 무엇이 다른지를 어떻게 알 수 있을까요?" → [기적질문]

033

답 ③

해 **게슈탈트의 주요 개념은 알아차림과 접촉, 지금 - 여기의 경험, 감각 사용 촉진, 신체언어와 접촉 등**으로 집단원이 자신과 환경을 이해하고 자신을 수용하며 접촉할 수 있는 힘을 증진시킨다.

오답노트

① **교류분석 집단상담** : 어릴 때 형성된 왜곡된 관계에서 일그러진 생애각본을 변경한다.
② **실존주의 집단상담** : 현재 자기가 경험하고 있는 정서적 장애의 원인이 자기상실에 있다는 것을 각성하게 한다.
④ **현실주의 집단상담** : 스스로 선택하고 책임질 수 있는 방법으로 각자의 생존, 소속, 권력, 자유, 즐거움 등의 심리적 욕구를 충족할 수 있도록 돕는다.
⑤ **개인주의 집단상담** : 사회적 관심을 갖게 하고, 재교육을 통해 생활양식을 재정향 한다.

▶상담이론 설명
① 정신분석 : 정신분석적 상담의 목표는 무의식에 근거하고 있는 **내담자의 무의식적 갈등이나 문제행동을 전이과정을 통해 의식화**하여 내담자로 하여금 **통찰**을 얻게 하고 내담자의 **자아 강화와 내담자를 보다 건설적인 방향으로 변화**시킴으로써 환경에 잘 적응하는 개인으로 **성장, 발달**할 수 있도록 돕는 데 있다.
② 여성주의치료 : 인간 성장과 발달에 대해 **연대성과 상호의존성**, 즉 개인과 상황 간 상호작용을 강조한다. 목표는 **다양성의 중시와 지지, 남녀 평등성, 남성중심문화 탈피를 위한 노력, 독립성과 상호의존성의 균형, 차별과 편견 배제** 등이다.

④ 동기강화상담 : 행동의 변화를 위하여 내담자가 경험하는 변화에 대한 양가감정을 탐색하고 해결해가는 과정을 통해 **개인에게 내재된 변화 동기를 강화하는 내담자 중심의 상담**이다.

⑤ 실존주의 : 자기 존재의 **참된 의미를 발견**하는 것이다. 즉 자기 존재의 본질에 대해 자각하고 자기 삶의 주인이 되어 능동적으로 삶을 살 수 있도록 자신의 자유를 인식하고 책임지는 것이다. **과거보다는 현재(지금 - 여기)의 사건에 주목한다.**

034

답 ①

해 [ㄱ]. **인간중심 상담**에서 내담자의 중요한 목표는 **'진정한 자기'를 발견**하는 것이다. 그런데 진정한 자신을 발견하고 잠재력을 발휘하는 것은 오로지 그 개인에게 달려 있는 것은 아니다. 개인은 성장하는 과정에서 **주위환경, 즉 사회적 환경의 영향을 받으며 자기를 이해**하게 된다.

[ㄴ]. **이야기치료**에서 상담자의 역할은 **내담자가 지금까지 삶과는 다른 대안적 이야기로 자신의 삶을 발전**시키게 돕는다. 다만, 상담자는 집단원의 경험에 대한 주 해석자 역할을 하지 않으며 **집단원이 자신의 경험에 대한 주 해석자가 된다.**

오답노트

[ㄷ]. **해결중심상담**은 내담자가 이미 문제해결을 위한 자원을 가지고 있다고 전제하며, 과거의 미해결 문제보다는 **현재와 미래를 지향한다.**

[ㄹ]. **실존주의상담**은 집단원에게 **역설적 의도, 탈숙고 기법**등을 활용한다.

cf) **이중자아의 역할을 해보게 하는 것은 사이코드라마(심리극)의 기법**에 관한 내용이다.

035

답 ①

해 현실치료 집단상담에서 사용하는 주요 기법에는 **유머 사용하기, 역설적 기법, 직면하기, 자기 노출하기, 판단 보류하기, 침묵 허용하기 등**이 있다.

오답노트

② **개인심리학** – 격려하기, 단추 누르기, 스프에 침 뱉기, 과제 설정하기, 마치 ~ 인 것처럼 행동하기 등

③ **교류분석** – 구조분석, 의사교류분석, 게임분석, 각본분석 등

④ **게슈탈트** - 과장하기, 꿈작업, 반대로 하기, 투사놀이, 빈의자 기법 등

⑤ **행동주의** – 자극통제, 행동조성, 체계적 둔감화, 강화, 소거 등

036

답 ⑤

해 **투사**는 **자신의 요구 또는 감정**을 자각하는 것이 두려워 책임을 **타인에게 돌리는 현상**이다. 자신의 공격적, 성적 감정을 받아들이기 어려워 다른 집단원을 적대적, 유혹적이라고 느끼는 것은 투사의 예로 **수용할 수 없는 자신의 생각, 감정, 행동, 동기를 타인에게 돌리는 것**이다.

> **오답노트**
>
> ① **퇴행** : 심각한 스트레스를 경험할 때 종종 어릴적 취했던 방식으로 되돌아가는 것이다.
> ② **반전** : 타인에게 드러내고 싶은 감정이나 행동을 자신에게 되돌려 표현하는 것이다.
> ③ **내사** : 타인의 신념이나 기준을 자신의 것으로 소화하지 못한 채 무비판적으로 받아들이는 경향이다.
> ④ **융합** : 개인의 내적 경험과 외적 현실 사이의 구별이 모호한 상태를 의미한다.

037

답 ④

해 심리극의 구성요소는 주인공, 연출가, 보조자아, 관객, 무대이며 진행단계는 ① 워밍업(준비)단계, ② 행위화(행동화)단계, ③ 마음 나누기(공유 및 통합)단계이다.

워밍업 단계에서는 심리극이 시작되기 전 집단의 목표, 한계 등을 안내하고 연출자의 준비, 신뢰감 형성 등의 활동이 포함된다. **시연단계**는 행위화 단계로, 연출자가 다양한 기법을 활용하여 주인공의 무의식 속 욕망, 갈등 등이 드러나게 한다. 또한 **연출자의 지시에 따라 보조자아가 주인공과 같이 행동하며 서로의 행동을 통해 주인공이 자신의 문제를 표현**하도록 돕는다. 마지막으로 마음 나누기(공유 및 통합)단계는 종결단계로, 연출자는 참여자들이 심리극 과정에 참여하면서 느낀 소감을 주인공과 함께 나누도록 돕는다.

038

답 ①

해 집단역동은 네 가지 차원(level)이 아니라, **세 가지 차원(개인 내적 역동, 대인 간 역동, 전체로서의 집단 역동)**으로 설명된다.

cf 집단역동(집단원 간 상호작용으로 인한 힘)이라는 단어를 최초로 사용한 학자 루빈(K. Lewin)은 "소집단 안에서 일어나는 모든 것을 의미한다."고 하였으며, 집단역동은 집단에서 발생하는 다양한 상호작용과 역동적인 과정을 포괄하는 개념으로, 집단의 성격과 방향에 영향을 미쳐서 집단의 분위기를 만들며, 부정적인 역동이 발생하면 집단원에게 해를 끼칠 가능성도 있다.

039

답 ②

해 집단역동 중 **개인 내적 역동에는 [ㄱ]. 집단원의 생각, 감정, 태도 및 [ㄹ]. 집단원의 동기, 방어, 어린 시절의 기원 등이 해당**된다.

  cf) [ㄴ]. 집단 내에서 발생하는 갈등, 연합, 동맹은 '대인 간 역동'에 해당되며, [ㄷ]. 집단의 규범, 리더십 역학, 집단 유대감, [ㅁ]. 희생양 만들기, 집단 수준의 저항의 내용은 '집단 전체로서의 집단 역동'에 해당된다.

실력다지기

집단역동 3가지 차원(얼리, 2000)

1) 개인 심리내적 역동 : 개인상담에서 탐색하는 심리적 역동

   집단원의 생각, 감정, 태도 / 집단원의 동기, 방어, 어린 시절의 기원

2) 대인 간 역동 : 집단 내 둘 이상 사람 간 관계에서의 역동

   (정서적 반응, 친밀함, 경계심 / **집단 내에서 발생하는 갈등, 연합, 동맹**

3) 전체로서 집단 역동 : 하나의 단위로서의 집단역동

   집단의 발달단계, 집단규범, 집단역할, 리더십 유형, **희생양 만들기, 집단 수준의 저항**

040

답 ⑤

해 **코리(G. Corey)의 집단발달단계는 예비 모임, 초기단계, 전환(과도기) 단계, 작업단계, 종결단계로 나눌 수 있다.**

  cf) ⑤ 미성년자인 경우 보호자 또는 법적 대리인의 동의서를 받는 것은 **예비 모임단계**이다.

    초기단계에는 집단상담자와 집단원의 책임과 역할을 명확히 하면서 집단원들의 염려와 질문을 개방적으로 다룬다. 그리고 집단상담자는 적극적으로 경청하고 반응하기와 같은 기본적인 대인관계 기술을 알려주고 집단원들이 구체적인 개인 목표를 설정하도록 돕는다.

심화학습

집단의 발달단계 - 코리(G. Corey)

집단의 단계는 예비모임 단계, 초기단계, 전환단계, 작업단계, 종결단계로 나눌 수 있다.

1) 예비모임 단계(pre-group stage)

집단의 형성에 관련된 모든 요인들을 다 포함하고 있다. 집단이 모이기 전에 집단을 위한 목적, 집단원들의 유인가, **집단원들을 선별하고 선발하는 것(미성년자인 경우 보호자 또는 법적 대리인의 동의서를 받음)**, 오리엔테이션 과정들의 설계를 미리 해야 하는 과제가 있다. 예비 단계에 참석하는 것은 생산적인 집단이 될 수 있는 기회를 향상시켜 준다.

2) 초기단계(initial stage)

오리엔테이션과 탐색의 시기이다. 집단원들은 사회적으로 수용될 만하다고 생각되는 자신의 측면만을 진술하는 경향이 있다. 이 단계는 집단의 구조에 대한 불안과 불확실성이 특징이다. 집단원들은 자신이 수용될지 여부에 의문을 품고 있기 때문에 솔직한 반응을 주저하게 된다. 따라서 **자신의 관심사를 공개적으로 표현하는 것이 허용되어야 한다.** 집단원들이 서로를 알게 되고 집단이 어떻게 기능하는가를 알게 되면 **집단을 지배하는 규범을 발달시키게 되고, 집단에 속해있는 두려움과 기대를 탐색하게 되고, 개인적인 목표를 정립하며 탐색하기를 바라는 개인적인 주제를 명료화 하게 되고,** 이 집단이 안전한 장소인지 아닌지를 결정하게 된다. 따라서 리더가 그들의 반응에 대처하는 태도가 중요하다.

3) 전환단계(과도기 단계, transition stage)

집단원들은 불안, 거부감, 방어, 갈등을 접하게 된다. 리더의 과업은 그들이 집단에 오게 된 관심사에 대한 작업을 어떻게 시작할 것인지 배우도록 도와주는 것이다. 집단원들의 과업은 자신의 생각, 느낌, 반응, 활동을 잘 살펴보고 자신을 언어로 표현하는 법을 배우는 것이다. 리더는 집단원들이 자신의 두려움과 방어를 깨닫고 수용하도록 도와주는 동시에 그들이 경험하고 있을지 모르는 불안과 거부감을 헤쳐 나가도록 격려한다. **집단원들은 자신에 대한 생각, 혹은 다른 사람들이 자신에게 지닐 수 있는 생각 때문에 감추고 있는 것들을 위험을 감수하고 공개할 것인가를 숙고한다.** 집단 리더는 집단원들 간의 우려가 미치는 영향을 이해하고 집단 참석에 대해 지닐 수 있는 거부감을 모두 탐색해 보도록 고무시켜야 한다.

4) 작업단계(working stage)

이 단계는 초기단계와 전환단계에서 효율적으로 이루어진 작업의 기반 위에 세워진다. **상호관계와 자기 - 탐색이 증가하고 집단은 이제 행동의 변화를 가져오는데 초점을 두게 된다.** 작업단계에서 집단은 초기의 테마였던 신뢰, 갈등, 참여에 대한 거부감으로 되돌아 갈 수도 있다. 새로운 도전을 집단이 받아들일 때 더 깊은 수준의 신뢰가 구축될 수 있다. 집단이 전개되면서 새로운 갈등이 표출될 수 있고 앞으로 나가려는 어려운 작업을 위한 헌신이 필요하다. 모든 집단원들이 똑같이 집중해서 작업하지 못할 수도 있고 어떤 집단원들은 여전히 겉돌고, 감추고 위험을 감수하는 것을 더 두려워하는 상태에 남아 있을 수도 있다. 작업의 질과 깊이는 다른 형태로 나타날 수 있는데, 작업단계에 이르지 못하는 집단도 있다. 이런 경우에도 집단 경험을 통해서도 도움을 받을 수 있다.

5) 종결단계(final stage)

집단에서 무엇을 배웠으며 이 새로운 배움을 어떻게 일상적인 삶의 한 부분이 되도록 연결할 수 있을 것인가에 대해 결정하게 된다. **집단 활동에는 종결, 요약, 미해결상태를 다루기, 서로 집단 경험을 통합하고 해석하는 과정 등이 포함된다.** 집단이 끝나갈 때에는 집단의 경험을 개념화하고 종결시키는 방향에 초점을 맞추게 된다. 종결단계에서 집단은 분리의 느낌, 집단원들의 해결되지 않은 관심사를 언급하기, 집단 경험의 회고, 일상적인 삶에서 집단원들이 새로운 행동을 실습하는 약속, 활동 계획 짜기, 퇴보할 경우에 대처할 전략 짜기, 그리고 지지적인 네트워크 형성하기 등을 다루게 된다.

041

답 ④

해 코리(G. Corey)의 집단상담 과도기 단계에는 집단원의 불안과 방어가 다양한 행동으로 나타나고, 집단원들간에 갈등과 경쟁, 집단상담자와 집단원에 대한 도전 등은 집단상담 과도기 단계(전환단계)에 해당되는 내용으로 집단상담자는 집단원들의 이러한 행동을 자연스러운 반응으로 이해하고 존중해야 한다.

cf) [ㄴ]. **기본적인 규칙을 개발하고 규범을 세우는 것은 초기단계에 해당**된다.

042

답 ④

해 집단발달단계는 집단준비단계 → 초기단계 → 과도기적 단계 → 작업단계 → 종결단계 → 추수작업으로 이루어진다.

[ㄴ]. **초기단계**: 집단원들은 분위기를 시험하며 **친밀감을 형성**해 간다.

[ㄱ]. **과도기 단계: 저항이 표출되고, 갈등이 나타난다.**

[ㄹ]. **작업단계**: 역기능적인 행동 패턴을 탐색하고 **변화를 위한 시도를 한다.**

[ㄷ]. **종결단계**: 집단과정에서 일어난 **미해결 문제를 표현하고 다룰 수 있다.**

043

답 ③

해 집단상담의 **종결단계는 이전 작업단계보다 소극적 참여가 특징**이다. 그리고 **이별 감정과 작별인사**, 종결 계획, 양가감정 다루기, 의존성 감소시키기, **변화된 것 확인하기(성장과 변화에 대한 평가)**, 변화 유지시키기(일반화), 변화된 내용 적용시키기, 집단경험 나누기, 미해결과제 취급하기, 피드백 주고받기, **사후관리계획 수립하기(추수상담에 대한 안내)** 등을 다루어야 한다.

cf) ③ **저항분석과 감정의 정화는 작업단계**에 해당된다.

044

답 ②

해 학교에서 이루어지는 청소년 집단상담은 반드시 **학교(학교장)의 승인을 받아 운영**해야 하며 대상의 연령에 따라 집단 운영 시간은 다를 수 있다. 보통 운영시간은 30분에서 120분까지 다양하게 운영되는데 **초등학생은 40~60분, 중학생은 60~90분, 고등학생은 90~120분 정도가 적당**하며 여건에 따라 적절하게 정하여 운영할 수 있다. 그리고 학교 집단상담의 경우, **교사나 학부모의 권유에 의해 비자발적으로 참여하는 집단원**이 있고, 이들은 집단 참여 동기가 낮다. 비자발적인 학생의 경우 **사전동의를 받아 집단 참여 동기를 높이도록 노력**한다.

오답노트

[ㄱ]. **보호관찰 명령에 참여하는 학생들은 비자발적 참여자**이므로, 집단상담은 자발적 참여자를 대상으로만 운영하는 것은 아니다.

[ㄹ]. 교육을 목적으로 한 집단상담인 경우에도 **사전 동의서는 받아야 한다.**

045

답 ③

해 집단상담자는 집단상담을 진행할 때 집단원들에게 집단상담의 **목표와 한계, 모두의 권리와 책임에 대해 명확히 알려야 한다.** 그리고 만 14세 미만의 청소년인 경우에는 보호자 또는 법정대리인의 사전 동의를 받아야 하며 집단원이 충분한 설명을 듣고 **스스로 선택할 수 있도록 적절한 정보를 제공**해야 한다.

cf) ③ **사례지도 및 교육을 위해 녹음과 녹화가 원칙적으로 진행되는 것은 아니다. 사례지도 및 교육, 사례발표, 수퍼비전을 목적으로 상담을 녹음할 때 내담자의 동의를 받아야 한다.**

046

답 ④

해 집단상담의 종결기에 집단원들은 **분리감과 상실감 같은 이별에 대한 슬픔**을 느낄 수 있기 때문에 이에 대한 감정 (양가감정)을 다루어야 한다.

> 문항설명
>
> ① 집단의 구조화 : **초기단계**
> ② 긴장과 불안 줄이기 : **초기단계**
> ③ 자발성과 신뢰감 형성을 위한 활동하기 : **초기단계**
> ⑤ 집단행동의 모범을 보이기 : **초기단계**

047

답 ④

해 집단상담은 정상 범위에서 심하게 일탈하지 않는 사람들을 대상으로 이루어지게 되고, **심각한 정서적·성격적 문제를 가지고 있는 사람은 제외**되며, 청소년 집단상담은 본격적인 치료보다는 성장과 적응에 강조점이 주어진다.

cf) ④ 따라서 심각한 **정서적·성격적 문제를 가지고 있는 조현병 진단을 받은 청소년은 개인상담을 하는 것이 좋다.**

048

답 ①

해 보기 내용에서 집단상담자는 향기의 '흉터를 가리려고 늘 모자를 눌러쓰거나 머리를 길러서 얼굴을 가리고 있어야만 해요' 라는 말과 행동에 집단상담자의 반응을 솔직하게 피드백 하고 있다. **피드백(Feedback)은 타인의 특정 행동이 자신에게 어떤 영향을 미치고 있는지에 대해 반응을 보이는 것이다.** 긍정적 피드백은 특히 학생 집단에 경우에 긍정적 변화를 유발하는데 강력한 촉매 역할을 한다. 부정적 피드백은 집단원의 문제행동이나 비생산적인 사고 또는 사고방식을 드러내어 언어적 및 비언어적 행동으로 되돌려 주는 것이며, 집단원에게 왜곡과 잘못을 교정하기 위한 정보를 제공해 주는 것이다.

문항설명

② 명료화 : 집단원의 모호한 진술 다음에 사용되는 질문형태의 반응 기법

③ 공감 : 집단상담자가 집단원의 감정을 공유하고, 집단원이 겪는 고통과 어려움을 깊이 이해하는 기법

④ 연결 : 특정 집단원의 행동이나 말을 다른 집단원의 관심사와 연결시키는 데 사용되는 집단상담자의 통찰력 표현의 기법

⑤ 해석 : 집단원이 자신의 행동에 대해 통찰하도록 돕기 위해 집단상담자가 행동의 원인에 대한 설명이나 연관성 여부를 잠정적인 가설의 형태로 기술하는 기법

심화학습　　　　　　　　　　　　　　　피드백(Feedback)

피드백의 종류

1) 객관적 자료에 의한 피드백과 주관적 자료에 의한 피드백

　(1) 객관적 자료 : 외현적 행동의 관찰이나 용어로 현상을 기술하는데 국한되는 것이다.

　(2) 주관적 자료 : 어떤 사람의 행동이 다른 사람의 느낌에 영향을 미치는 것이다.

2) 확인 피드백과 수정 피드백

　(1) 확인(Confirmatory) 피드백

　　상담자, 친지, 친구, 동료와 같은 중요한 타인들은 내담자가 제 길을 가고 있다는 것, 다시 말해 목표를 향해 행동 프로그램의 각 단계를 성공적으로 거쳐 가고 있다는 것을 알려준다.

　(2) 수정(Corrective) 피드백

　　① 중요한 타인들은 내담자가 궤도에서 벗어나고 있기 때문에 제 길로 돌아올 필요가 있다는 사실을 일깨워 준다.

　　② 따뜻하게 배려하는 마음으로 확인하거나, 수정하거나, 확인 수정한다.

　　③ 간결하고 적절해야 하며 포착하기 어려운 내담자의 성격 특성보다 구체적인 행동에 초점을 맞추어야 한다.

　　④ 적절한 수준으로 해야 하며 내담자가 대안을 찾을 수 있도록 도와주어야 한다.

피드백 사용 시 주의할 점

1) 분명하고 직접적으로 주어지는 간결한 피드백이 효과가 크다.

2) 내용이나 비언어를 포함한 모든 집단의 전 과정에 대해 피드백을 주는 것이 좋다.

3) 포괄적인 피드백은 피하는 것이 좋다.

4) 피드백은 적절한 시기에 이루어져야 하고 비(非)판단적이어야 한다.

5) 피드백은 이를 주고받는 사람 간의 관계를 다룰 때 큰 의미를 가진다.

6) 피드백은 그 집단원에 대해 부정적으로 경험한 것과 마찬가지로 긍정적으로 경험한 것에도 관심을 가지는 것이 좋다.

7) 피드백을 통해 상대를 강제로 바꾸려 해서는 안 된다.

8) 생각이나 느낌을 나타내는 하나의 지각적 사실로 피드백이 주어져야 한다.

9) 변화가 가능한 행동에 대해서 피드백이 주어져야 한다.

10) 같은 피드백이라도 여러 사람이 주면 집단역동 때문에 영향력이 더 크다.

11) 서로가 잘못 이해하여 오해할 수 있는 소지를 파악하기 위해 피드백을 받을 때는 관심을 기울이고 상대방이 말한 내용을 확인해 본다.

049

답 ④

해 공감은 집단상담자가 **집단원의 감정을 공유하고, 집단원이 겪는 고통과 어려움을 깊이 이해하는 기법**이다.

cf) ④ 집단원은 엄마가 방에 들어오기 전까지 열심히 공부하고 있었으나, 몰라주고 게임 좀 그만하라고 화를 내시는 엄마로 인해 속상한 마음이 들었을 것이다. 집단상담자는 이에 "열심히 공부하고 있었는데 엄마가 몰라주고 오해해서 속상했구나."라고 **집단원의 속상한 감정에 대해 공감하고 이해해 주어야 한다.**

050

답 ⑤

해 **명료화**는 집단원의 모호한 진술 다음에 사용되는 질문형태의 반응 기법으로, **집단원이 표현을 분명하게 하거나, 또한 집단원이 자신이 이해받고 있고, 집단상담이 잘 되고 있다고 느끼게 해주는 효과**가 있다.

cf) **집단상담의 구조화는 집단원들에게 집단상담의 특성과 과정을 알려주어 집단상담에 대한 불안감을 해소하고 정서적 안정을 가질 수 있도록 도와준다.** 상담 구조화를 통해 집단원들의 기대와 아울러, 집단상담자에 대한 기대가 높아져서 집단상담을 적극적으로 하고자 하는 동기가 높아질 수 있다(이은순, 1994).

실력다지기 | 명료화 기법

1) 집단원이 표현을 더욱 분명하게 할 수 있도록 격려한다.
2) 집단원의 말 속에 내포되어 있는 뜻을 집단상담자가 집단원에게 명확하게 말해 주는 것이며 또한 집단원이 보다 더 분명하게 표현할 수 있도록 도와주는 것이다.
3) 집단원이 애매하게 느끼던 내용과 자료를 집단상담자가 말로 표현해 주기 때문에 집단원 자신이 이해받고 있고 집단상담이 잘 진행되고 있다는 느낌을 갖게 해주는 장점이 있으며, 집단원이 미처 생각하지 못했던 측면을 분명하게 생각하도록 하는 자극제 역할을 한다.

제3과목 심리측정 및 평가 (필수)

051	①	052	④	053	③	054	⑤	055	①
056	⑤	057	①	058	③	059	②	060	②
061	⑤	062	③	063	①	064	②	065	②
066	②,⑤	067	②	068	④	069	④	070	①
071	⑤	072	②	073	④	074	⑤	075	③

051

답 ①

해 표준점수의 가장 대표적인 것으로는 Z점수와 T점수가 있다. Z점수는 평균으로부터의 편차점수를 표준편차로 나누어 얻어진 점수로 평균이 0, 표준편차 1이다. Z점수가 소수점 이하의 수와 음수를 가질 수 있는 단점이 있기 때문에 이를 보완하기 위해 평균 50, 표준편차 10인 T점수를 사용한다. 즉, **T점수의 평균(M)=50이고, 표준편차(SD)=10이다.**

052

답 ④

해 ▶ 의미변별척도(의미분화척도; Semantic differential scale)란 사물, 인간, 사건 등에 대한 개념이나 느낌의 양극의 뜻을 갖는 대비되는 형용사군을 만들어서 의미를 측정하는 방법이다.

1) 하나의 개념에 대해 여러 가지 의미의 차원에서 평가하는, 측 다차원적인 개념을 측정하는데 사용한다.

2) 어떤 개념이 함축되어 있는 의미를 평가하기 위해 구성하는 척도로 쉽게 만들 수 있고, 비교적 적은 수의 문항으로 신뢰도를 확보할 수 있다.

3) 상반되는 두 형용사 간에 의미상의 연속선이 있고, 응답자의 반응을 그 연속선 위에서 등간 수준으로 정량화가 가능하다고 추가로 전제한다.

4) **측정에는 대개 7점 척도가 활용되며, 데이터 분석 시에는 1~7점 형태로 코딩하거나 3~+3점 형태로 코딩할 수 있다.**

5) 측정된 데이터는 평균이나 중앙값 등을 분석할 수도 있다. 이때 응답자는 서로 상반되는 양극성 형용사 표현 사이에서 자신의 주관적 느낌에 따라 적절한 위치로 응답하게 된다.

예시) 청소년상담사에 대한 인지도를 묻는 의미분화척도

좋은(1점)	1. 2. 3. 4. 5. 6. 7	나쁜(7점)
능동적인(1점)	1. 2. 3. 4. 5. 6. 7	수동적인(7점)
유쾌한(1점)	1. 2. 3. 4. 5. 6. 7	불쾌한(7점)

cf) ④ **의미변별척도는 형용사 반응의 차이들을 제곱하여 합하는 방식이 아니라, 형용사 반응에 해당하는 값을 합하는 방식으로 때문에 특성에 대한 차이를 계산할 수 있다.**

053

답 ③

해 **등간척도는 서열 사이의 간격이 동일하지만 절대영점은 존재하지 않는 척도이다. 등간척도에 절대 0점(없는 값)이 존재하는 경우 비율척도가 된다.** 비율척도는 사칙계산(가감승제)이 가능하기 때문에 모든 통계분석이 가능하다. 또한, 모든 척도들 중에 가장 수준이 높은 척도로서 측정결과 얻어진 자료에 내포되어 있는 정보가 가장 많다. 사례로는 연령, 수입, 출생률, 키, 몸무게, 매출액, 광고비 등이 있다.

cf) ① 표준편차(standard deviation)와 분산(variance)은 변산도(자료의 흩어짐의 정도)를 측정하는 지표이다. ② 모수통계는 모집단의 확률분포가 정상분포를 따를 때 사용하는 방법인 반면, 비모수통계는 모집단의 확률분포가 정상분포를 따르지 않을 때 사용하는 방법이다. ④ 유층표집(층화표집)은 전집을 여러 개의 하위집단으로 나눈 후 하위 집단 내에서의 비율을 고려하여 무선표집하는 방법이다. ⑤ 리커트 척도는 서열척도에 해당한다. 따라서 순위는 정할 수 있지만, 서열의 크기와 정도는 상호 비교할 수 없다.

054

답 ⑤

해 문항반응이론(item response theory; IRT)은 시험, 설문지를 설계, 분석, 채점하고 인간의 능력, 태도 등을 측정하는 데에 관한 검사이론이다. 고전검사이론처럼 검사 총점에 의해 검사나 문항이 분석되는 이론이 아니라, 문항 하나하나의 독특한 특성을 지닌 고유한 문항특성곡선(Item Characteristic Curve)에 의해 분석된다는 이론이다. 검사를 구성하는 모든 항목들이 동일한 하나의 특성을 측정하여야 한다는 가정을 가진다. 즉, 모든 문항은 오직 하나의 잠재적 특성만을 측정하기 때문에, **검사 점수를 설명하기 위해서는 수검자가 측정하고자 하는 하나의 능력이 있다고 가정한다.**

실력다지기 **문항반응이론의 기본 가정 2가지**

문항반응이론을 전개하기 위한 두 가지 가정이 있는데, 하나는 일차원성가정이며, 다른 하나는 지역독립성 가정이다.

1) **일차원성 가정**
   검사를 구성하는 모든 항목들이 동일한 하나의 특성을 측정하여야 한다는 가정으로 즉, 하나의 검사도구는 인간이 지닌 하나의 특성을 측정하여야 함을 전제로 한다.
   사례) 수리능력을 측정할 때 문항이 어려운 단어로 구성되어 있다면 이 검사는 본의 아니게 어휘능력까지 측정하는 결과를 초래하여 일차원성 가정에 위배된다.

2) **지역독립성 가정**
   피험자의 하나의 문항에 대한 응답은 다른 문항의 응답에 영향을 주지 않는다는 가정으로, 통계적으로 말하면, 피험자가 어떤 문항을 맞힐 확률과 다른 문항의 답을 맞힐 확률은 상호 독립적이라는 뜻이 된다.

055

답 ①

해 문항 내적합치도(내적 일관성법: **검사문항 간 정답과 오답의 일관성 측정법**)는 각각의 문항을 하나의 검사로 간주하여 문항들 간의 유사성을 측정하는 것으로 동질성 계수라고 한다.

  cf) **쿠더-리차드슨(Kuder Richardson), 호이트(Hoyt)의 신뢰도 계수, 크론바흐(Cronbach)의 α계수**가 여기에 해당된다.

056

답 ⑤

해 동형검사 신뢰도(equivalent form reliability)란 유사한 동형검사(A형과 B형)를 제작하여 각 검사 점수간의 상관계수를 구한 것으로 동형성 계수라고 한다. 동형검사 신뢰도는 유사한 A형과 B형의 검사지로 구성되어 있기 때문에 만약 수검자가 A형 검사를 하고, B형 검사를 한다면 **연습효과의 영향(단점 중 하나)을 받을 수 있다.**

실력다지기

신뢰도에 영향을 주는 요인

1) 문항 수 : 적은 수의 문항보다 많은 수의 문항이 측정의 오차를 줄여준다.
2) 문항난이도 : 문항난이도가 적절할 때 신뢰도가 증가한다.
3) 문항변별도 : 문항변별력이 있고, 애매한 문장이 제외되면 신뢰도가 증가한다.
4) 측정 내용 : 검사도구의 측정 내용이 보다 구체적인 내용일 때 검사의 신뢰도가 증가한다.
5) 검사시간 : 검사시간을 충분하게 주면 응답의 안정성을 보장받을 수 있다.
6) 측정상황 : 측정상황의 일관성을 유지하는 것이 좋다. 즉, 측정도구의 표준화, 통제성을 통해 최대한 동일한 조건 하에서 측정한다.
7) 표본의 목록 : 최신의 표본목록을 확보하여 검사를 진행하는 것이 좋다.
8) 지시와 설명 : 표준화된 지시와 설명을 위해 조사자에 대한 사전훈련을 실시해야 한다. 불분명한 지시나 설명은 오차분산을 크게 만든다.
9) 집단의 특성 : 집단의 이질성 즉 개인차가 클수록 신뢰도는 증가한다.
10) 신뢰도 추정방법 : 신뢰도 추정방법에 따라 신뢰도가 달라진다.
11) 사례 수 : 사례 수가 많을수록 신뢰도는 증가한다.

057

답 ①

해 **문항반응이론(Item Response Theory)은 여러 사람들이 여러 문항에 응답한 데이터를 분석해 응답자의 능력, 개별문항(문제)의 난이도(문항곤란도), 변별력(문항변별도), 추측도(추측정답 가능성)를 측정하는 분석이론**이다. 즉, 문항반응이론에서는 문항이 가지고 있는 특성을 기초로 피험자의 능력을 추정하는 데 그 값을 문항별 능력추정치(ability estimate)라고 한다. 여기에는 문항곤란도, 문항변별도, 추측정답 가능성이 있다.

[암기법] 문항별 능력추정치 = 추 / 변 / 난

  cf) [ㄹ]. 정답문항 제시의 무작위성과 [ㅁ]. 낮은 수검동기는 문항별 능력추정치(ability estimate)와 관계가 없다.

058

답 ③

해 준거타당도란 예측되는 준거점수와 검사점수 간의 상관계수를 구하여 타당도를 추정하는 것으로 예언타당도와 공인타당도가 있다.

cf) ③ **공인타당도(동시타당도)는 측정된 검사점수와 준거점수를 동시에 측정한 상관계수를 보는 것이다. 새로운 검사를 제작할 때 기존에 타당성을 보장받은 검사와 타당성 검증받는 방법으로 공인타당도가 사용될 수 있다.**

059

답 ②

해 심리검사는 검사내용에 따라 능력적인 요소를 측정하는 성능검사(인지적 검사)와 습관적 성향을 측정하는 성향검사(정의적 검사)로 분류할 수 있다. 성능검사는 인지적 검사와 능력검사(지능검사, 적성검사) 등이 있고, 성향검사에는 흥미검사, 태도검사, 성격검사 등이 있다.

cf) ② **교육검사란 교육장면에서 이루어지는 학업성취도검사(시험), 모의검사(시험), 대학수학능력검사(시험)** 등이 있다.

문항설명

① 성향검사 : 성격검사, 흥미검사, 태도검사, 적응검사, 동기검사, 투사검사, 도덕성 검사 등 한 개인의 성격이나 흥미 및 태도, 성격 등의 검사
③ 모의상황검사 : 모의 장면을 인위적으로 만들어 놓고 그 장면에서 수검자의 수행과 성과를 관찰 및 평가
④ 축소상황검사 : 실제 상황과 같지만, 구체적인 과제나 직무를 축소시켜 수행결과를 관찰하고 평가하는 검사
⑤ 목적위장검사 : 검사하고자 하는 목적을 숨기고 수행결과를 평가하는 검사

060

답 ②

해 **로저스(Rogers)는 인간중심상담이론을 주창하면서 개인의 잠재력과 자아실현 경향성을 지지하며 심리검사가 인간을 판단하고 평가하는 것에 반대**했다.

cf) 터먼과 비네는 지능검사 이론가이며, 로샤는 투사검사를 만들었고, 융의 이론은 MBTI의 모태가 되었다.

061

답 ⑤

해 평가 의뢰인(교사)과 수검자(학생)가 동일하지 않은 경우, **평가서나 의뢰보고서는 평가 의뢰인(교사)의 동의가 전제되어야 수검자(학생)에게 열람될 수 있다.**

① 자해 위험성이 있는 경우는 **비밀보장의 원칙 예외 조항**에 해당된다.

② 검사 전-후의 사적인 만남은 **이중관계의 위험성**을 내포하므로 지양한다.

③ 심리검사의 결과는 수검자가 **받아들일 수 있는 수준으로 제공**되어야 한다.

④ 자신에게 개인상담을 받고 있는 내담자를 상담자가 심리검사를 할 경우, 수검자(내담자)는 상담자에게 잘 보이기 위해 오염될 수 있다. 이때, **검사자(상담자)와 수검자(내담자)와의 이중관계**가 문제가 될 수 있다.

심화학습

심리검사 및 심리평가의 윤리적 고려사항

1) 심리검사 및 평가에 관한 동의를 받을 때 비밀보장과 그 예외조항을 설명해야 한다.

2) 검사 동의를 구할 때에는 수검자에게 비밀유지의 한계에 대해 알려야 한다.

3) **수검자가 자해 위험이 있는 경우, 비밀보장의 원칙은 지키지 않아도 된다.**

4) 동의할 능력이 없는 사람에게도 평가의 본질과 목적을 알려야 한다.

5) 검사결과에 대해 수검자가 설명을 요구할 권리를 존중한다.

6) 평가결과의 해석은 내담자가 그 내용을 이해할 수 있어야 한다.

7) **평가서를 보여주면 안 되는 경우에는 사전에 수검자에게 이 사실을 알려야 한다.**

8) **평가 의뢰인과 수검자가 동일하지 않을 경우에, 평가서와 검사보고서는 의뢰인이 동의할 때 수검자에게 열람될 수 있다.**

9) **법이 요구할 경우 검사결과는 수검자의 동의 없이 공개할 수도 있다.**

10) 능력검사의 검사 자극이나 문항이 대중매체에 노출되지 않도록 해야 한다.

11) 기관에서는 검사자료에 대한 접근을 엄격히 통제해야 한다.

12) 임상수련생은 수련감독자의 지속적인 감독 하에 심리평가를 실시해야 한다.

13) 심리검사의 결과는 수검자가 받아들일 수 있는 수준으로 제공되어야 한다.

062

답 ③

해 [ㄱ]. **법률이나 정부 규정에 따라 검사실시가 필요할 때,** 예를 들어 중대범죄(강간, 살인)를 저지른 수검자의 경우 **수검자나 그의 부모 및 수검자의 법적 대리인으로부터 '동의'가 필요하지 않다.**

[ㄷ]. 고용이나 입학 허가 등 **동의의 뜻이 명확하게 내포되어 있을 때에는 수검자나 수검자의 법적 대리인으로부터 동의가 필요하지 않다.**

[ㄴ]. 동의 능력이 없는 아동에게 검사를 실시할 때는 **보호자 또는 법적 대리인의 동의가 필요하다.**

063

답 ①

해 성인용 웩슬러 지능검사(K-WAIS-IV)는 4가지 지표, 10개의 핵심 소검사와 5개 보충 소검사(이해, 빠진 곳 찾기, 무게비교, 순서화, 지우기)로 구성되어 있다. 소검사의 표준점수 평균은 10이고 표준 편차는 3이다.

> **오답노트**
>
> [ㄷ]. 전체 지능 지수(FS IQ) 범위는 **0 ~ 200 사이**에서 산출된다.
>
> [ㄹ]. **일반 지능지수**(GAI ; General Ability Index)는 **언어 이해와 지각추론의 핵심 소검사로 구성된 조합점수**이다.
>
> *cf* 인지 숙달지수(CAI ; Cognitive Proficiency Index)는 작업기억과 처리속도의 핵심 소검사로 구성된 조합점수이다.

064

답 ②

해 K-WISC-V는 언어이해, 시공간, 유동추론, 작업기억, 처리속도 등 5가지 지표(**암기법: 언시 / 유작처**)로 이루어져 있다. ① 산수 소검사는 K-WISC-V에서 **유동추론 지표**에 포함된다.

> **심화학습**
>
> ### 웩슬러 아동용 지능검사 5번째 판(K-WISC-V)
>
> | 구분 | | | 언어이해 | 시공간 | 유동추론 | 작업기억 | 처리속도 |
> |---|---|---|---|---|---|---|---|
> | 전체 척도 | 기본 지표 척도 | 전체 IQ 산출 | 공통성 어휘 | **토막 짜기** | 행렬추리 무게비교 | 숫자 | 기호쓰기 |
> | | | | | 퍼즐 | | 그림기억 | 동형 찾기 |
> | | 추가 소검사 | | 이해 상식 | | 공통그림 찾기 **산수** | 순차연결 | 선택 |

065

답 ②

해 **숫자 소검사는 [ㄷ]. 언어적 지식, [ㄹ]. 시각적 구성력과는 관련이 없다.** [ㄷ]. 언어적 지식은 어휘, 상식 소검사, [ㄹ]. 시각적 구성력은 토막 짜기, 빠진 곳 찾기 소검사가 측정한다.

> *cf* 숫자 소검사는 작업기억 지표(핵심 소검사)와 관련된 것으로, 바로 따라 외우기(3~9개의 숫자)와 거꾸로 따라 외우기(2~8개의 숫자)의 두 부분으로 구성되어 있다. 이는 **청각적 단기 기억 능력(청각적 연속능력), 주의력 (주의지속력)과 집중력, 즉각적인 기계적 회상(즉각적이고 단순한 회상능력) 및 기계적 학습, 가역성, 사고 패 턴을 전환할 수 있는 능력** 등을 측정한다.

066

답 ②, ⑤(복수정답)

해 ② 써스톤(Thurstone)의 7가지 기본정신능력(PMA: Primary Mental Ability)은 언어, 유창성, 수, 기억, 공간, 지각속도, 논리적 사고 등 다요인의 기초 정신능력이다.

⑤ CHC(Cattell-Horn-Carroll) 이론에서는 지능을 **일반지능 3층위**, 소수의 넓은 인지능력 2층위, **몇 십 개의 좁은 인지기능 1층위**로 구성된다고 본다.

Cattell-Horn의 Gf-Gc 이론과 Carroll의 '3층 인지능력 이론'이 결합하여 CHC 지능이론이 탄생하였다. CHC 이론은 지능은 **최상층에 일반지능 g(3층)**와 유동적 지능(Gf), 결정적 지능(Gc), 청각지각력, 장기기억력, 단기기억력, 속도처리능력, 결정/반응속도, 양적 지식, 시각-공간지각력, 읽기와 쓰기 등 **10개의 광범위한 인지능력(2층)**, 그리고 **70여 개 이상의 세부적 특수능력(1층)**의 위계모형으로 구성되어 있다고 설명한다.[5]

CHC(Cattell-Horn-Carroll) 이론의 모형의 가장 아래인 **1층위(first stratum)는 숙달정도와 수행속도 등을 가리키는 수많은 좁은 인지능력(narrow cognitive abilities)으로 구성**되어 있고, 이 1층위 요인들은 서로 상관하는 정도와 요인 부하량에 따라 **2층위(second stratum)의 넓은 인지능력(broad cognitive abilities)에로 수렴**된다. Carroll은 2층위에 대략 8개의 넓은 능력, 즉 Gf, Gc, 일반 기억과 학습(general memory and learning, Gy), 넓은 시각적 지각(broad visual perception, Gv), 넓은 청각적 지각(broad auditory perception, Ga), 넓은 기억인출 능력(broad retrieval ability, Gr), 넓은 인지속도(broad cognitive speediness, Gs), 결정속도 및 반응 시간(decision speed/reaction time, Gt) 등을 제시하였다. **2층위 요인들은 다시 가장 꼭대기의 3층위(third stratum) 요인에 수렴되는데, Carroll은 이 3층위 인지능력을 Spearman처럼 일반인지능력 g라고 불렀다.**[6]

심화학습

가드너(Gardner)의 다중지능이론

가드너(Gardner)는 전통적인 지능의 개념이 지적기능에만 국한된 단일한 능력이 아니라, 다양한 9가지 능력으로 구성되어 있다고 주장하였다.

1) 언어 지능(Linguistic): 효과적으로 언어를 사용할 수 있는 능력

2) 논리수학 지능(Logical-mathematical): 숫자와 관련된 문제를 효율적으로 처리하고 추론할 수 있는 능력

3) 공간 지능(Spatial): 공간적 세계를 지각하고, 이를 활용해 공간의 형태를 바꾸는 능력

4) 자연 친화지능(자연적: Naturalist): 자연친화적으로 환경의 특징을 구별하고 분류해 활용할 수 있는 능력

5) 음악 지능(Musical): 음악적으로 제시되는 정보를 인식하고 변형해 표현할 수 있는 능력

6) 신체운동 지능(Bodily-kinesthetic): 자신의 신체를 효과적으로 활용해 자신의 생각을 표현하고 이를 이용해서 사물을 변형하거나 새로운 것을 만들어 낼 수 있는 능력

7) 자기성찰 지능(개인내 지능: Intrapersonal): 자기 자신의 상태나 감정을 파악하는 능력

8) 실존 지능(Existential): 아동기에는 나타나지 않는 능력으로 종교적이고 철학적으로 사유할 수 있는 능력

9) 인간친화 지능(대인관계 지능: Interpersonal): 타인들과 교류하고 타인의 감정과 행동을 파악하고 교류하는 능력

---

5 출처: 김도연 외(2021). K-WISC-V의 이해와 실제. 시그마프레스

6 출처: 김상원 외(2011). 아동 인지능력 평가의 최근 동향: CHC이론과 K-WISC-IV. 한국심리학회.8(3): 337-358

써스톤(Thurstone)의 7가지 기본정신능력(PMA : Primary Mental Ability)

1) 언어이해력 요인 : 언어를 이해하고 사용할 줄 아는 능력

2) 언어유창성 요인 : 어휘와 문장을 적절히 사용하고 표현하는 능력

3) 지각요인 : 외적으로 주어진 환경을 지각하여 해결하는 능력

4) 추리요인 : 미해결된 구조를 추리하는 능력

5) 기억요인 : 대상물을 기억하여 오래 정보를 저장할 수 있는 능력

6) 수요인 : 수를 사용하여 문제를 해결하는 능력

7) 공간요인 : 공간관계를 보아서 알고 해결하는 능력

Gf-Gc 이론

1) CHC이론의 전 단계 및 기반을 이루는 이론이다.

2) 유동성 지능(Gf)은 새롭고 친숙하지 않은 과제를 수행하는 학습과정에서 더 중요하게 작용하며, 특히 신속한 의사결정이나 비언어적 내용과 관련이 있는 지능이다.

3) 결정성 지능(Gc)은 친숙한 과제를 수행하는 데 더 중요한 영향을 미치며, 특히 언어나 사전지식 또는 통찰력과 같은 맥락에서 많은 관계가 있는 것으로 여겨진다.

4) 카텔과 호른(Cattell & Horn)은 유동성 지능이 주로 유전된 생물학적 요인의 결과인 반면에 결정성 지능은 유동성 지능과 경험에 의존하기 때문에 유전과 환경 모두의 영향을 받는다고 언급하고 있다.

067

답 ②

해 벤더 도형 검사(BGT)의 정신병리 채점에서 형태의 일탈(변화)에 포함되는 것은 **폐쇄곤란, 교차곤란, 곡선(묘사)곤란, 각의 변화** 등이다.

[암기법] **형태의 일탈 = 폐교 / 각묘**

cf) 형태의 왜곡(distortion of the gestalt : 심한 정신병리의 지표)에 해당하는 것은 지각적 회전, 보속성, 중첩곤란, 정교화 또는 조잡, 퇴영, 도형의 재묘사, 단편화, 단순화 등이다.

실력다지기
폐쇄곤란

한 도형 내의 여러 부분을 결합시키거나 서로 근접되어야 할 두 그림을 접촉시키는 데의 어려움을 말한다. 폐쇄곤란은 대인관계에 대한 불안과 상관이 있다. 폐쇄곤란이 간격으로 나타났을 때, 이러한 왜곡은 위축성을 암시한다. 만약 형태의 접촉점의 한 부분이 다른 부분 안으로 침입하여 중첩되었다면, 그것은 상당히 수동적이고 의존적인 욕구를 암시하는 것이다.

7   출처: 위키백과

068

답 ④

해 2번 척도(우울척도) 상승 특징은 다음과 같다.
   1) **에너지 수준이 낮고 일상 활동에 대한 흥미나 즐거움이 상실되어 있다.**
   2) 근심이 많고 무기력하다.
   3) 지나치게 억제적이며 죄의식을 느낀다.
   4) 거의 매일 피로감이나 활력 상실을 느낀다.
   5) 정신운동성 초조나 지체나 주의집중 곤란을 느낀다.
   6) **거의 언제나 슬픔이나 불행감을 자주 경험한다.**
   cf) ④ **다른 사람 탓을 하고 적대적인 것은 6번 척도(편집증) 상승 특징이다.**

심화학습	2번 척도(우울척도)가 낮을 때
1) 자신감이 있다.	2) 편안한 감정을 느끼고 이완되어 있다.
3) 사회적 상황에서 편안해한다.	4) 충동적이고 정서통제가 약하다.
5) 자기 과시적이고 자신을 드러내는 경향이 있다.	6) 기민하고 활동적이며, 활기가 넘친다.

069

답 ④

해 임상척도 4번(반사회성 척도) 상승 시 특징은 다음과 같다.
   1) 분노감, 충동성, 정서적 피상성 및 예측 불가능성 등을 반영한다.
   2) 신뢰성이 결여되어 있다.
   3) **자기중심적이며, 무책임하다.**
   4) 계획성이 없고 충동적이거나, 좌절인내력이 낮다.
   5) **권위적인 인물에 반항하는 경향이 있다.**
   6) 심리치료나 상담의 예후가 좋지 않다.
   7) **가족 갈등과 불화가 많을 수 있다.**
   8) 사회적 가치와 규범을 내재화하는데 어려움이 있다.
   cf) ④ **무기력감이 강한 것은 2번 척도(우울척도) 또는 7번 척도(강박증) 상승 특징**이다.

실력다지기	4번 척도(반사회성 척도)가 낮을 때
1) 규범적이고 순응적이며 권위상을 수용한다.	2) 욕구 수준이 낮을 수 있다.
3) 관심의 범위가 좁다.	4) 문제해결에 있어서 인내심이 있다.
5) 자기 비판적이고 자신에 대해 불만이 많다.	6) 충고나 제안을 잘 받아들인다.

070

답 ①

해 성실성에 포함되는 하위요인은 **유능감, 질서정연성, 충실성(책임감), 성취동기, 자기규제성, 신중성** 등이다.

cf) **[ㄹ]. 심미성은 개방성, [ㅁ]. 활동성은 외향성의 하위요인**이다.

심화학습

5요인 성격검사(Neo-PI-R)의 하위요인

요인	NEO-PI-R	
N 신경증 (정서 불안정성)	N1 : 불안	N4 : 자의식
	N2 : 적대감	N5 : 충동성
	N3 : 우울	N6 : 심약성
E 외향성	E1 : 온정	E4 : 활동성
	E2 : 사교성	E5 : 자극 추구
	E3 : 주장	E6 : 긍정적 정서
O 개방성 (경험 개방성)	O1 : 상상	O4 : 행동의 개방성
	O2 : 심미성	O5 : 사고의 개방성
	O3 : 감정의 개방성	O6 : 가치의 개방성
A 우호성 (호감성)	A1 : 온정성	A4 : 이타성
	A2 : 신뢰성	A5 : 겸손
	A3 : 관용성	A6 : 동정
C **성실성**	**C1 : 유능감**	**C4 : 성취동기**
	C2 : 질서정연성	**C5 : 자기규제성**
	C3 : 충실성(책임감)	**C6 : 신중성**

071

답 ⑤

해 **치료거부(RXR) 척도는 심리적 및 정서적 측면의 변화에 대한 관심과 동기를 예언하기 위한 척도**이다. 이는 불편감과 불만감, 치료에 참여하려는 동기, 변화의 필요성에 대한 인식, 새로운 아이디어에 대한 개방성 및 책임을 수용하려는 의지 등에 관한 문항들로 구성되어 있다.

cf) 대인관계에서의 윤리적 태도와 온정성: **온정성 척도**

> 심화학습

청소년 성격평가 질문지(PAI-A)[8]

청소년 성격평가 질문지(이하 PAI-A)는 청소년을 위한 성격평가 질문으로, 알코올, 자살, 스트레스, 공격성 등과 같은 임상적인 영역도 측정하므로 비행에 대한 사전 예방과 적절한 지도에 도움이 된다. **PAI-A는 총 344문항으로 구성되어 있는데, 4개의 타당성척도, 11개의 임상척도, 5개의 치료고려척도, 2개의 대인관계척도로 이루어져 있다.**

1) 타당성 척도(4가지)

(1) 비일관성(ICN) : 문항에 대한 학생의 일관성 있는 반응태도를 알아보기 위한 문항

(2) 저빈도(INF) : 부주의하거나 무선적인 반응태도를 확인하기 위한 문항

(3) 부정적 인상(NIM) : 지나치게 나쁜 인상을 주거나 꾀병을 부리는 태도와 관련이 있으나 임상집단에서는 이렇게 반응할 비율이 매우 낮음

(4) 긍정적 인상(PIM) : 자신을 지나치게 좋게 보이려 하며 사소한 결점도 부인하려는 태도

2) 임상척도(11가지)

(1) 신체적 호소(SOM) : 건강과 관련된 문제에 대한 집착과 신체화장애 및 전환증상 등의 구체적인 신체적 불편감을 의미하는 문항

(2) 불안(ANX) : 불안의 여러 특징을 평가하기 위해 불안현상과 객관적인 징후에 초점을 둔 문항

(3) 불안관련 장애(ARD) : 구체적인 불안과 관련이 있는 증상과 행동에 초점을 둔 문항으로 강박장애, 공포증, 외상적 스트레스 등 3개의 하위척도가 있음

(4) 우울(DEP) : 우울의 증상과 현상에 초점을 둔 문항들. 인지적, 정서적, 생리적 우울 등

(5) **조증(MAN) : 조증과 경조증의 정서적, 인지적, 행동적 증상에 초점을 둔 문항**

(6) **망상(PAR) : 망상의 증상과 망상형 성격장애에 초점을 둔 문항들. 과경계, 피해망상, 원한 등**

(7) 정신분열병(조현병, SCZ) : 광범위한 정신분열병의 증상에 초점을 둔 문항들로 구성되며, 정신병적 경험, 사회적 위축, 사고장애 등을 측정함

(8) 경계선적 특징(BOR) : 불안정하고 유동적인 대인관계, 충동성, 정서적 가변성과 불안정, 통제할 수 없는 분노 등을 시사하는 경계선적 성격장애의 특징에 관한 문항

(9) 반사회적 특징(ANT) : 범죄행위, 권위적 인물과의 갈등, 자기중심성, 공감과 성실성의 부족, 불안정, 자극추구 등에 초점을 둔 문항

(10) 알코올문제(ALC) : 문제적 음주와 알코올 의존적 특징에 초점을 둔 문항

(11) 약물사용(DRG) : 약물사용에 따른 문제와 약물 의존적 특징에 초점을 둔 문항

3) 치료고려 척도(5가지)

(1) 공격성(AGG) : 언어적 및 신체적 공격행동이나 공격적 행동을 자극하려는 태도와 관련된 분노, 적대감 및 공격성과 관련된 특징과 태도에 관한 문항

(2) 자살관념(SUI) : 무력감과 자살에 대한 일반적이고 모호한 생각에서부터 자살에 관한 구체적인 계획에 이르기까지 자살하려는 관념에 초점을 둔 문항

(3) 스트레스(STR) : 가족, 건강, 직장, 경제 및 다른 중요한 일상생활에서 현재 또는 최근에 경험하는 스트레스와 관련된 문항

---

8 출처: 한국상담학회 자료실

(4) **비지지(NON)** : 접근이 가능한 지지의 수준과 질을 고려해서 지각된 사회적 지지의 부족에 관한 내용

(5) **치료거부(RXR)** : 심리적 및 정서적 측면의 변화에 대한 관심과 동기를 예언하기 위한 척도로 불편감과 불만감, 치료에 참여하려는 동기, 변화의 필요성에 대한 인식, 새로운 아이디어에 대한 개방성 및 책임을 수용하려는 의지 등에 관한 문항

4) 대인관계 척도(2가지)

(1) **지배성(DOM)** : 대인관계에서 개인적 통제와 독립성을 유지하려는 정도를 평가하기 위한 대인관계척도로 대인 관계적 행동방식을 지배와 복종이라는 차원으로 개념화하며, 점수가 높은 사람은 지배적이고 낮은 사람은 복종적임

(2) **온정성(WRM)** : 대인관계에서 지지적이고 공감적인 정도를 평가하기 위한 척도로 대인관계를 온정과 냉담 차원으로 개념화. 점수가 높은 사람은 온정적이고 외향적이지만 낮은 사람은 냉정하고 거절적임

072

답 ②

해 [ㄱ] 투사검사는 Rorschach 검사, TAT 등처럼 모호한 자극을 통해 피검자의 무의식이나 내면을 드러내는 방식이다.

[ㄴ] 투사검사는 표준화된 채점 기준이 부족하거나 해석이 주관적이기 때문에 객관적 검사보다 해석이 어렵고 시간이 많이 소요된다.

[ㅁ] 모호한 자극에 대한 반응은 개인의 성격, 정서, 무의식적 갈등을 반영하므로 개별성이 강한 결과가 나타난다.

오답노트

[ㄷ]. **객관식 검사**는 측정의 오류가 발생할 수 있기 때문에 검사 문항을 읽고 자기를 긍정적이거나 부정적인 방향으로 보여주고 과장, 축소하기 쉽다.

[ㄹ]. **객관식 검사**는 검사문항에 대해 각자가 응답하는 것이기 때문에 객관성 확보가 용이하여, 검사자의 태도와 주관이 개입되기 어렵다.

cf) 투사적 검사는 검사자극이 무엇을 보여주는지 불명료하고 모호하고, 채점과 해석이 객관적 검사보다는 어렵다. 그리고 투사적 검사는 무의식적 반응을 파악할 수 있고, 각 개인의 고유하고 특유한 심리적 반응이 산출된다.

073

답 ④

해 문장완성검사는 미완성의 문장 내에 개인의 심리적 특성이 투사되는 검사이기 때문에 **투사적 검사**이다.

cf) 삭스(J. Sacks)의 문장완성검사(SSCT)는 자유연상검사와 단어연상검사 등으로부터 발전하였으며, 문장에 따라 모호함의 정도가 다르고, 각 문장을 읽고 즉각적으로, 제일 먼저 떠오르는 것을 완성하도록 한다. 삭스(J. Sacks)는 가족, 성, 자기 개념, 대인관계라는 4가지 영역을 각각 세분화하여 최종적으로 15개의 영역으로 분류하였고, 각 영역에 대해서는 피검자가 보이는 손상의 정도에 따라 0, 1, 2점으로 평가하고 그 수치를 통해 피검자에 대한 최종 평가를 하도록 해석 체계를 구성하였다.

074

📄 답 ⑤

📝 **MMPI-2는 성격검사이기 때문에 원칙적으로 시간제한이 없다.** 이 검사는 많은 문항을 수록하고 있는 방대한 검사이기 때문에 될 수 있는 대로 빨리 답해 나가도록 한다.

오답노트

① 문장완성검사는 투사검사로 개인의 독특하고 고유한 성격과 심적 갈등이 반영될 수 **있다.**

② MMPI-2는 정신병리와 성격요인에 대한 **개인 내 비교가 가능하다.** 일반적으로 임상척도에서 65T 이상일 경우 정신병리의 가능성을 시사한다. 그리고 **개인이 지니고 있는 정신병리와 성격특성, 다양한 심리적 문제들을 포괄적으로 평가할 수 있어 임상현장에서 널리 사용되고 있다.**

> ▶ **MMPI-2의 실시와 채점**
> MMPI-2의 실시와 채점은 객관적 성격검사로서 주요 장점 중 하나이다. 전문적인 훈련을 받으면 MMPI-2를 실시할 수 있으며, 일반적으로 환자들이 검사를 마치는 데 소요되는 시간은 대략 90~120분 정도이다. 실시가 끝나면 여러 척도와 소척도, 지표에 대해 원점수를 표준점수인 T점수로 변환시킨 프로파일을 얻을 수 있다. T점수는 미국 전역에서 얻어진 2,600명(한국의 경우 1,352명)의 대규모 표집의 반응을 기초로 하고 있으며, **평균이 50, 표준편차가 10**이다. 프로파일 용지를 보면 **70T와 30T에 해당되는 선이 굵게 표시되어 있는데, 이것은 각각 +2와 -2 표준편차에 해당되는 T점수를 나타낸다. 프로파일을 그리는 데 사용되는 T점수는 표준점수이기 때문에 개인 간의 비교와 아울러 다양한 척도에 대한 개인 내의 비교가 가능하다.** MMPI-2에서는 65T 이상의 점수를 높은 점수로 간주한다. 일반적으로 점수가 높을수록 각 척도에 논의된 행동적 상관들이 환자에게 해당될 가능성이 높다.

③ 문장완성검사는 **투사적 검사이기 때문에** 표준화된 채점과 해석이 **없다.**

④ 문장완성검사는 **투사적 검사이기 때문에** 규준을 통한 개인 간 비교가 **불가능**하다.

075

📄 답 ③

📝 엑스너(J. Exner)의 종합체계의 결정인(Determinants)의 채점은 잉크 블롯의 특징이 지각형성에 영향을 미쳤는지 알려준다. 즉, 결정인(Determinant)은 반응을 결정하는데, 영향을 준 반점의 특징은 어떤 것인가?에 해당한다. 결정인을 채점하는 목적은 반응을 일으킨 복잡한 지각 - 인지과정에 관한 정보를 얻기 위한 것이다. **형태(Form), 인간, 동물, 무생물의 움직임(Movement), 색채(Color-chromatic), 무채색(Color-achromatic), 음영 - 재질(Texture Shading), 음영 - 차원(Shading Dimensionality), 음영 확산(Diffuse Shading), 형태 - 차원(Form Dimensionality), 쌍 반응과 반사반응(Pairs and Reflection)** 등과 같은 9가지 내용으로 결정인을 분류하고 있다.

cf) ① FC: 형태-색채 반응 ② FC′: 형태-무채색 반응 ④ FV: 형태-차원 반응 ⑤ FT: 형태-재질반응

심화학습

엑스너(Exner)의 로샤(Rorschach) 검사 종합체계에서 결정인 채점기호

범주	기호	기준
형태	F	순수 형태반응
운동	M	인간 운동반응
	FM	동물 운동반응
	m	무생물 운동반응
		능동반응 a, 수동반응 p
유채색	C	순수 색채반응 전적으로 색채에 근거한 반응. 형태 없음
	CF	색채 – 형태반응 일차적으로 색채에 근거한 반응에 형태 부여
	FC	형태 – 색채반응 일차적으로 형태에 근거한 반응에 색채 부여
	Cn	색채 명명 반응 반점의 색채에 대해 색채명을 말하는 것
무채색	C´	순수 무채색 반응 전적으로 회색, 검정색 또는 흰색에 근거해 반응. 형태 없음
	C´F	무채색 – 형태반응 일차적으로 무채색에 근거한 반응에 형태 부가
	FC´	형태 – 무채색 반응. 일차적으로 형태에 근거한 반응에 무채색 추가

범주	기호	기준
음영-재질 (촉감)	T	순수 재질 반응 음영의 특징만으로 촉감 반응한 경우
	TF	재질-형태반응 촉감을 우선적으로 사용하고 형태반응으로 정교화
	FT	형태-재질반응 주로 형태에 근거하여 반응하고 촉감이 부가된 반응
음영-차원 (원근)	V	순수 차원 반응 음영을 근거로 깊이나 차원으로 반응. 형태 없음
	VF	차원-형태반응 음영 특징으로 깊이나 차원을 보고하고 형태 부가
	FV	형태-차원반응 일차적으로 형태에 근거한 반응에 음영 부가
음영-확산	Y	순수 음영 반응 음영에만 근거한 반응(재질 ×, 차원 ×). 형태 없음
	YF	음영-형태반응. 음영에 일차적으로 근거하고 형태 부가
	FT	형태-음영반응 형태에 일차적으로 근거하고 음영 부가
형태차원	FD	형태에 근거한 차원반응 윤곽의 크기에 따른 원근에 근거한 반응(음영 ×)
쌍과 반사반응	(2)	쌍 반응 반점의 대칭에 근거해 두 가지 동일한 대상 보고
	rF	반사-형태 반응 형태가 없는 반사 반응(구름, 경치, 그림자 등)
	Fr	형태-반사 반응 형태가 있는 반사 반응

제4과목 상담이론 (필수)

076	①	077	③	078	③	079	②	080	④
081	①	082	⑤	083	④	084	①	085	⑤
086	⑤	087	②	088	①	089	③	090	①
091	⑤	092	③	093	③	094	④	095	④
096	②	097	②	098	④	099	⑤	100	②

076

답 ①

해 상담의 본질은 인간관계로서 내담자는 **'교정적 정서체험'을 통해 자아의 강도를 증진시키면서 정화와 통찰이 이루어지는 과정**으로서, 잘못 형성된 패턴을 재경험과 재구조화를 통해 재조건화하는 과정이다. 상담은 내담자의 긍정적인 변화와 성장을 목표로 **교육적, 진단·예방적, 교정적, 치료적 기능**을 한다.

cf) ① **치료는 내담자가 가지고 있는 문제를 해결해주는 과정**이다.

077

답 ③

해 상담은 상담자와 내담자의 상담관계를 기초로 상담의 목적을 이루어가며, 직접 대면으로 형성되거나 최근에는 전화, 인터넷, 문자 등 매체를 통해 다양한 방식으로 형성된다. 상담자와 내담자는 동등한 위치에서 상담의 목적 달성을 위해 참여하는 것이 바람직하며 상담관계가 상하 관계이거나 이중관계 등 올바르게 형성되지 않으면 효율적인 상담은 불가능해진다.

cf) ③ 따라서 신뢰와 존중, 우호적인 관계로 상담목표를 위해 노력하는 관계가 바람직하며 **친밀감을 기초로 하거나 사교적 관계일 필요는 없다.**

078

답 ③

해 상담은 **비밀유지를 원칙**으로 하나 **여러 가지 예외 상황**이 있다. 내담자가 **자신이나 타인을 해칠 의도나 계획이 있는 경우**, **감염성(전염성) 질병**이 있는 경우, **학대(가정폭력, 성폭력 등) 피해 사실을 알게 된 경우**, 법원에서 상담내용에 대한 공개를 요청한 경우 등이 이에 해당된다.

[ㄹ]. **전문가에게 수퍼비전을 받는 경우는 비밀유지가 원칙**이다.

실력다지기 비밀보장의 예외

상담자는 아래와 같은 내담자 개인 및 사회에 임박한 위험이 있다고 판단될 때 매우 조심스러운 고려 후에, 내담자에 관한 정보를 적정한 전문가 혹은 사회 당국에 제공할 수 있다.
① 내담자의 생명이나 사회의 안전을 위협하는 경우
② 내담자가 감염성이 있는 치명적인 질병이 있다는 확실한 정보를 가졌을 경우
③ 내담자가 심각한 학대를 당하고 있을 경우
④ 법적으로 정보의 공개가 요구되는 경우

079

답 ②

해 수프에 침 뱉기는 아들러의 개인심리학적 상담기법 중 하나로, 내담자가 반복적으로 나타내는 자기패배적 행동의 감춰진 동기를 확인하고 그것을 매력적이지 못한 것으로 만듦으로써 그 행동의 유용성을 제거하는 기법이다. **수프에 침 뱉기 기법은 내담자의 그릇된 행동이나 신념, 목표에 숨겨진 의도와 목적을 자각시키는데 효과적인 방법이다. 행동이 결국 자신에게 손해가 된다는 사실을 자각하게 하고 그 책임이 내담자에게 있음을 분명히 인식하게 하는 것이다.** 수프는 내담자의 행동이고 침을 뱉는 것(spitting in the soup)은 상담자가 내담자의 행동에 변화를 줄 수 있는 직면적 자극이라 할 수 있다.

[사례]
상담자 : 그렇게 말하는 것을 들으면 마치 대가를 바라는 것 같군요. 그런가요? 시험을 못 봤다고 너무 그렇게 자책하지 말아요. 미리 실패를 위로받고 싶고, 나약한 사람처럼 보이는 군요.

cf) ① 단추 누르기, ③ 마치 ~인 것처럼 행동하기, ④ 수렁 피하기(악동피하기)는 아들러의 개인심리학적 상담기법에 해당된다. ⑤ 직면은 '맞닥뜨림'이라고도 하며 상담자가 내담자의 감정, 행동반응의 모순, 비일관성, 비합리성을 확인하여 지적해주는 것으로 [정신분석치료], [게슈탈트치료] 기법에 해당된다.

080

답 ④

해 [ㄱ]. (벤치에 앉아 있는 사람들이 웃는 것을 보고) "저 사람들이 **제 외모를 보고 비웃는 것 같아요.**"는 **'개인화'**에 해당한다.

▶ 개인화
1) 자신과 무관한 사건을 자신과 관련된 것으로 잘못 해석하는 것으로, 다른 사람의 행동에 대한 좀 더 타당한 설명을 고려하지 않고 자신이나 어떤 사람 때문에 다른 사람이 부정적으로 행동한다고 믿는 오류이다.
2) **예** : 화장실에 갔다가 사무실로 들어오는데 동료들이 웃고 있는 모습을 보고서, '나에 대해 무엇인가 이야기하고 있었던 것 아냐?'라고 생각하는 경우

cf) 정신적 여과(= 선택적 축약)는 어떤 상황에서 일어난 여러 가지 일 중에서 일부만을 뽑아 상황 전체를 판단하는 오류이다.

081

답 ①

해 합리정서행동치료(REBT)에서 **'B(Belief system)는 문제 장면에 대한 내담자의 관점 또는 신념'** 이다. ① "저는 A를 받아야만 해요. A를 받지 못한다면 한심한 인간이 될 거예요." 의 문항은 **A를 받아야만 하고 A를 받지 못하면 한심한 인간이 될 거라는 잘못된 신념(절대적 사고, 비합리적 신념)에 해당된다.**

문항설명

② "제 자신에 대해 너무 화가 나고 수치심마저 느껴져요." – 결과(C)
③ "네가 다른 친구들보다 성적이 더 높아야 하는 이유는 무엇이니?" – 논박(D)
④ "이번 중간고사에서 수학 성적이 평균보다 낮게 나왔어요." – 선행사건(A)
⑤ "한 번 시험에 망했다고 해서 끝은 아니죠. 이번 시험에서 망한 이유를 살펴보고 재도전해 볼게요." – 효과(E)

082

답 ⑤

해 ① 프로이트(S. Freud)의 정신분석 이론에서 사람은 불안을 느끼면 스스로를 보호하기 위한 **방어기제**가 작동한다. ② **'리비도'라는 성적 에너지** 즉 성적 추동은 인간의 기본적인 욕구라고 말한다. ③ 개인의 행동을 이해하기 위해 **어린 시절의 경험**을 탐색하며 ④ **자아(ego)**는 현실원리에 따라 본능적 욕구(Id)와 외적인 현실 세계(Super ego)를 중재한다.

cf) ⑤ **개인이 겪는 심리적 문제의 원인은 외부에 존재하는 것이 아니라, 인생초기의 중요한 대인관계에서의 경험(정신적 외상)에서 비롯된다고 본다.**

083

답 ④

해 **행동주의 상담**에서는 바람직한 변화를 유발하기 위해 **행동의 변화를 우선시** 한다. 내담자의 과거가 아닌 **현재 문제에 영향을 주는 요인들을 주로 다루며** 내담자의 **행동변화 전략은 내담자의 필요와 요구에 따라 개별화** 된다. 또한 경험적 연구를 통해 풍부한 치료적 성과를 확증하여 **과학적 방법의 원리와 절차에 근거**하고 있다.

cf) [ㄷ]. 심리적 문제의 근원에 대한 역동적 통찰을 요구한다는 내용은 **정신분석상담이론**이다. 행동주의 상담은 기존의 정신분석이론에 대한 반감으로 **관찰되지 않는 인간 내부의 심리적 구조에 초점을 두지 않는다.**

084

답 ①

해 **내사(내면화, 투입, introjection)**는 '항상 열심히 일해야 한다', '늘 다른 사람을 먼저 배려해야 한다.'와 같이 부모나 사회의 영향에 의해 형성된 가치관에 해당한다. 내사(내면화, 투입, introjection)는 개체가 환경과의 접촉을 통하여 자신에게 필요한 것을 외부로부터 받아들일 때 **무비판적으로 받아들여서** 자신의 것으로 동화시키지 못한 채 남아있으면서 개체의 행동이나 사고방식에 악영향을 미치는 타인의 행동방식이나 가치관이다.

실력다지기 ㅤㅤㅤㅤㅤ형태주의 치료(게슈탈트 치료)에서 접촉 경계 현상(contact boundary phenomena)

1) 내사(내면화, 투입, introjection)
   개체가 환경과의 접촉을 통하여 자신에게 필요한 것을 외부로부터 받아들일 때 무비판적으로 받아들여서 자신의 것으로 동화시키지 못한 채 남아있으면서 개체의 행동이나 사고방식에 악영향을 미치는 타인의 행동방식이나 가치관이다.

2) 투사(projection)
   개체가 자신의 생각이나 욕구, 감정 등을 타인의 것으로 지각하는 현상으로 개체가 자신의 욕구나 감정을 자신의 것으로 자각하고 접촉하는 것을 두려워한 나머지 그것에 대한 책임 소재를 타인에게 돌리면서 책임을 회피한다.

3) 융합(confluence)
   (1) 밀접한 관계에 있는 두 사람이 서로 간에 차이점이 없다고 느끼도록 합의함으로써 발생하게 되며 공허감과 고독을 피하기 위해 시작되고 유지된다.
   (2) 예를 들어, 서로 지극히 위해주고 보살펴주는 것처럼 보이지만, 내적으로는 서로 독립적으로 행동하지 못하고 의존 관계에 빠진 경우

4) 반전(retroflection)
   (1) 개체가 다른 사람이나 환경에 하고 싶은 행동을 자기 자신에게 하는 것 또는 타인이 자기에게 해 주기를 바라는 행동을 스스로 자기 자신에게 하는 것이다.
   (2) 환경이 용납하지 않은 행동을 하지 않으면서 자신이 처벌이나 불이익을 받지 않으려는 것이다.
   (3) 대상이 자기 자신이기는 하지만, 반전행동을 통하여 부분적으로 욕구나 충동을 해소한다.

5) 편향(deflection)
   (1) 감당하기 힘든 내적 갈등이나 환경 자극에 노출될 때 이에 압도당하지 않으려고 자신의 감각을 둔화시켜서 환경과의 접촉을 피하거나 약화시키는 것이다.
   (2) 개체는 환경과의 접촉에서 사용되어야 할 에너지를 철회함으로써 접촉을 피한다.

085

답 ⑤

해 **'알아차림 - 접촉 주기'**는 여섯 단계로 나뉜다. ① **배경**에서 ② **어떤 유기체의 욕구나 감정이 신체감각**의 형태로 나타나고 ③ 이를 개체가 **알아차려 게슈탈트로 형성**하여 전경으로 떠올리고 ④ 이를 해소하기 위하여 **에너지(흥분)를 동원**하여 ⑤ **행동**으로 옮기고 ⑥ **마침내 환경과의 접촉을 통해 게슈탈트를 해소**한다.

ㅤㅤㅤㅤㅤㅤㅤㅤㅤㅤㅤ[암기법] 알아차림-접촉 주기 = **배감 / 알지 / 행접**

086

답 ⑤

해 인간중심 상담이론은 모든 인간은 **진정한 '자기'를 발견하고 자기실현을 할 수 있다고 가정한다.** 상담자는 내담자에 대한 **진실성, 무조건적 긍정적 존중, 공감적 이해**를 바탕으로 내담자가 현상학적 자기와 실제 자기간의 일치점 발견을 통해 **내담자가 온전히 기능하도록 돕는 것**을 목표로 한다. 따라서 인간중심 상담이론에서 **내담자의 유기체적 경험과 자기개념 간의 불일치는 심리적 부적응의 원인**이 된다.

cf) ⑤ 자기개념은 현재의 자기 모습을 반영하는 현실적 자기와 긍정적 존중을 받기 위해 추구하는 이상적 자기를 포함한다. **이상적 자기**는 다른 사람으로부터 긍정적으로 평가받기 위한 가치의 조건을 반영한다.

실력다지기	가치의 조건[9]

1) 자기 또는 자기개념의 발달은 개인이 세상에서 경험하는 것에 근거하여 변화하는 역동적인 과정이다.
2) 개인은 경험을 자신이 어떻게 느끼는가에 따라 평가하는데 이를 유기체적 가치화 과정이라 부른다.
3) 개인은 유기체적 가치화 과정을 따를 때 자기는 경험과 일치하는 것으로 여겨 방어할 필요성을 느끼지 않는다.
4) 그러나 타인과 상호작용을 통해서 자신이 소중하게 인정받는다는 느낌을 가지게 되는 가치의 조건을 습득하게 된다.
5) **타인을 통해 받는 긍정적 존중을 통해 자기존중감을 높이기 위해 타인이 원하는 가치의 조건을 받아들여 내면화한다.**
6) 자신의 유기체적 경험보다 부여된 가치를 더 중요하게 생각한다.
7) **가치의 조건은 어떤 경험이 유기체로서의 자신을 고양시키는지와 무관하게 타인에 의해 부여된 가치 때문에 그 경험을 긍정적 또는 부정적으로 평가하는 것을 의미한다.**

087

답 ②

해 실존주의 상담은 실존주의 철학을 배경으로 한 상담이론이다. 실존주의 상담가인 얄롬(I. Yalom)은 **죽음의 불가피성과 삶의 '유한성'**, 개인이 갖고 있는 **'자유와 책임'에 대한 인식**, 타인과 세계로부터의 **근본적인 '고립'**, 삶의 의미를 상실한 상태, 즉 **'무의미성'**을 실존주의 상담에서 다루어지는 주요 주제로 제안하였다.

[암기법] 얄롬의 궁극적 주제 = **죽자고무**

088

답 ①

해 [ㄱ]. **화이트(M. White)와 엡스턴(D. Epston)은 [이야기치료]의 대표 학자이다.** 이야기 치료의 목적은 내담자의 문제를 분리(문제의 외현화) 하고 새로운 관점에서 삶과 미래를 재저작(대안적 이야기의 창출, 대안적 정체성의 확립)하는 것이다.

[ㄴ]. **번(E. Berne)은 교류분석상담의 대표학자이다.** 교류분석상담의 상담과정은 **계약 - 구조분석 - 교류분석 - 게임분석 - 각본분석 - 재결단** 이다.

---

9 출처: 권석만(2012). 현대 심리치료와 상담이론. 학지사

089

답 ③

해 **현실치료**는 의학적 모델을 거부하여 정신병조차도 **자신이 선택한 것으로 본다.** 즉 인간을 자신의 **모든 행동을 선택하는 존재로 가정**하고 **개인의 선택과 삶에 대한 통제를 중시**한다. 또한 **뇌(구뇌, 신뇌) 속의 비교장소를 상정하며 기본 욕구를 가정**한다. 현실치료의 3R은 **책임(Responsibility), 현실(Reality), 옳고 그름(Right)** 이고, **기본 욕구에는 사랑과 소속, 힘과 성취, 자유, 즐거움, 생존의 욕구**가 있다.

구뇌(old brain)	신뇌(new brain)
1) **생리적 욕구 충족 행동**	1) 심리적 욕구 충족
2) 생리적인 동질정체	2) **소속, 힘, 자유, 즐거움 욕구 충족 행동**
3) 자동적 통제	3) 의식적, 의도적 행동

오답노트

[ㄴ]. 인간은 **뇌에서 유발되는 5가지 욕구(소속, 힘, 즐거움, 자유, 생리적 욕구)**를 가정한다.
[ㄹ]. 주요 개념은 **3R(책임, 현실, 옳고 그름)**, 전행동, 선택이다.

090

답 ①

해 해결중심치료의 기본원리의 전제는 **내담자가 이미 문제해결을 위한 자원을 가지고 있으며, 문제를 해결할 수 있는 능력을 갖고 있다**는 것이다. 상담목표는 **내담자가 중요하다고 생각하는 문제를 해결하는 것**에 있으며 상담과정에서 질문(상담 전 변화에 대한 질문, 예외질문, 기적질문, 척도질문, 대처질문, 관계성질문, 악몽질문 등)을 통해 **긍정적 예외상황 탐색 및 새로운 해결책 도출에 초점**을 둔다. 악몽질문은 기적질문이나 예외질문 들이 효과 없을 때 주로 사용된다.

cf) ① 상담자와 내담자가 내담자 운명의 공동건축가가 아니라, **해결중심상담에서 전문가는 내담자 자신이며, 치료자는 협력자의 역할을 하게 된다.**

실력다지기 **악몽질문(nightmare question)**

1) 악몽질문(nightmare question)은 해결중심치료에서 기적질문과 유사하지만, 유일하게 문제 중심적 질문이다.
2) 목적 설정을 위한 상담 전 변화에 대한 질문, 예외질문 그리고 기적질문 등이 효과가 없을 때 이 질문을 사용할 수 있다.
3) 사례 :
• 오늘 밤에 잠자리에 들었다고 가정해 봅시다. 한밤중에 악몽을 꾸었어요, 오늘 여기에 가져온 모든 문제가 갑자기 더 많이 나빠진 거예요. 이것이 바로 악몽이겠죠. 그런데 이 악몽이 정말로 현실이 된 거예요. 내일 아침에 무엇을 보면 악몽 같은 인생을 살고 있다는 것을 알겠습니까?

091

답 ⑤

해 **인지행동치료**에서 내담자들은 보통 **여러 가지 특수한 문제들로 고통을 받고 있기 때문에 그 문제들을 다룰 때에도 여러 가지 특수한 치료법들을 동원해야 한다고 가정**한다. 즉 타 이론의 효과적이고 실용적인 기법들을 수용한 복합적, 다요인적 접근이라 할 수 있다.

▶ 오답노트

① 교류분석 : 의사소통이 발생할 때 두 사람 모두 구조적으로는 세 가지 자아 상태 중의 한 자아상태를 기능적으로 **5가지 기능(양육적 부모자아, 비판적 부모자아, 성인자아, 순응적인 아동자아, 자유로운 아동자아)** 중 한 기능에서 메시지를 주고받는다.

② 개인심리학 : 개인의 생활양식은 특질(trait), 행동, 습관의 독특한 형태를 말하는 것으로, 인생의 목표에 도달하기 위하여 스스로 설계한 독특한 좌표이다. 개인의 생활양식은 열등감과 이를 보상하려는 노력에 의해 형성된다.

cf) **교류분석** : 부모나 환경에 대한 반응으로서의 결정들을 토대로 인생각본이 형성된다.

③ 변증법적 행동치료 : 리네한이 경계선 성격장애의 치료로 개발한 **인지행동치료의 새로운 접근으로 자해 및 자살문제를 가진 내담자를 돕기 위해 최적화되어 있다.**

cf) **이야기치료** : 삶이라는 클럽의 회원구성을 새롭게 함으로써 자신의 정체성을 재구성한다.

④ 현실치료 : **통제이론에서 선택이론으로 초점을 옮기면서** 의료에서 교정, 학교 영역까지 확장되었다. **미국 시카고의 윌리암 파워즈가 제기한 뇌의 통제체계설은 현실치료의 이론적 배경이 된 선택이론을 발전시키는 근거가 되었다.**

092

답 ③

해 수용전념치료(Acceptance Commitment Therapy; ACT)는 행동치료의 '제3의 동향'으로, **생각과 느낌을 수용하고, 현재에 존재**하며, **가치 있는 방향을 선택하고, 행동을 취하는 것**이다. 문제의 사례에서는 내담자는 통제하지 못한 실패(쪽지시험 실수, 친구에게 한 실언) 때문에 후회하고 자책하는 자신의 생각 때문에 불면과 스트레스성 소화장애 및 괴로운 감정으로 **힘들어하고 있다는 것을 알아차리고 자신의 실패를 수용한다.** 나아가 **가치 있는 삶에 전념하면서 자신과의 싸움을 멈추도록 하는 접근이 필요하다.**

수용전념치료(ACT, Acceptance Commitment Therapy)[10]

심화학습

1) 수용전념치료는 헤이즈(S. Hayes)가 창시한 제3세대 인지행동치료 중 하나로, 비합리적인 신념을 수정하거나 제거하는 기존 인지행동치료와 달리 이를 수용하고 기꺼이 받아들이며, 가치 중심적 행동에 전념하도록 하는 심리치료기법이다.

2) 수용전념치료는 기능적 맥락주의와 관계틀 이론을 토대로 6가지의 핵심 과정을 통해 심리적 유연성을 증진시키고자 하였다.

3) 핵심 치료과정

(1) 수용

수용전념치료는 삶의 고통은 회피하려고 해도 피할 수 없다고 말하며, 심리적 고통에 도전하기 위해 노력하기보다 그것을 기꺼이 받아들이는 것을 강조하였다. 수용전념치료의 수용은 단순히 체념하는 것이 아닌 적극적인 과정이며, 가치에 기반을 둔 전념행동을 증진하는 하나의 방법으로 키우는 것이다.

(2) 인지적 탈융합

수용전념치료는 인지행동치료 중 하나에 속한다. 하지만 수용전념치료는 인지행동치료와 달리 비합리적 신념을 적극적으로 수정하기 위해 노력하기보다 탈융합하여 그 영향력에서 점차 벗어나는 것을 목표로 한다.

(3) 현재에 존재하기

수용전념치료는 마음챙김에서 강조하듯이, 과거나 미래보다 현재 순간에 주의를 기울여 알아차림의 과정을 강조한다.

(4) 맥락적 자기

우울, 불안 등 심리적 어려움을 겪고 있는 내담자는 대부분 부정적인 자기 개념을 갖고 있다. 수용전념치료는 자신을 부정적인 언어 등으로 개념화하지 않고 전체적인 맥락 안에서 자신을 볼 수 있도록 안내한다.

(5) 가치

수용전념치료는 단순히 심리적 외상 사건 및 고통 등에 대해서 수용하는 것만을 노력하는 것이 아니다. 수용전념치료는 내담자가 자신의 가치에 맞는 삶을 찾아 살아갈 수 있도록 하는 것을 중요시했다. 이를 위해 수용전념치료에서는 자신의 가치를 찾을 수 있도록 다양한 기법 및 검사지 등을 활용하여 도와준다.

(6) 전념 행동

수용전념치료는 심리적 고통에 도전하는 것을 멈추고 수용하여 그 에너지를 자신의 가치에 맞는 행동에 전념하도록 하는 것을 목표로 한다. 이를 위해 자신의 행동이 가치에 얼마나 부합한지 점검하고 가치에 맞는 행동을 할 수 있도록 안내한다.

ACT 치료 과정 변인의 육각형 모델(Hexaflex Model)[11] https://yeonum.com/49

1) ACT는 3개의 기둥 안(**열려있기, 자각하기, 참여하기**), **① 수용, ② 인지적 탈융합, ③ 지금 이순간과 접촉하기, ④ 맥락으로서의 자기, ⑤ 가치, ⑥ 전념행동의 6개 핵심 치료 과정**의 육각형 모델을 통해 사례 개념화 및 치료가 이루어진다.
2) 각 치료 과정에서는 **심리적 유연성의 증진을 목표**로 하여 다양하고 창의적인 ACT만의 경험적 실제를 통한 치료가 진행된다.

093

답 ③

해 변증법적 행동치료는 **경계선 성격장애로 진단 받은 만성적 자살 위험이 있는 내담자를 치료하기 위해 마샤 리네한 (M. Linehan)이 개발**하였다. 인간은 정서적 취약성을 타고난 경우 어려움을 겪게 되고, 파괴적 행동의 수정과 감정에 대해 비(非)판단적 수용을 강조하였다.

cf) [ㄹ]. 변증법적 행동치료 기법(기술훈련모듈)으로는 **마음챙김(마인드풀니스) 기술, 고통감내 기술, 정서조절 (감정조절) 기술, 대인관계 효과성(대인조절) 기술** 등으로 이루어져 있다. 인지처리는 해당하지 않는다.

[암기법] 변증법적 행동치료 = **고대 / 마감**

---

11 글과 그림 출처: 심리상담센터 연음 블로그(https://yeonum.com/49)

심화학습

변증법적 행동치료(DBT, Dialectical Behavior Therapy)[12]

변증법적 행동치료(DBT, Dialectical Behavior Therapy)는 미국의 마샤 리네한이 만든 인지행동치료의 새로운 접근이다. 원래 변증법적 행동치료는 반복적인 자살 및 자해 행동을 보이는 이들을 위해 만들어졌으며, 이러한 문제를 보이는 환자들의 대부분이 경계선 성격장애의 진단을 받았기 때문에 **'경계선 성격장애를 위한 인지행동치료'**로 개발되었다. 그러다 개발과 연구가 발전됨에 따라 현재의 명칭인 변증법적 행동치료로 변경되었다.

변증법적 행동치료의 기술훈련모듈 4가지[13]

1) 마음챙김 기술

마음챙김 기술은 변증법적 행동치료에서 가르치는 가장 중요한 기술 중의 하나이다. 마음챙김은 주의와 전략을 전환하고 과잉 경계를 감소시킬 수 있는 능력을 증대시킬 수 있다.

2) 고통감내 기술

고통감내 기술은 순간의 고통을 경감시키는 것과 비슷하다. 일반적인 전략들로는 정서적 고통에 대해 좀 더 마음을 모으고, 정서적 고통과 관련된 괴로움을 감소시켜 주며 만성적이고 오래된 고통을 다루는 심리학적 대처 기술을 향상시키는 것이다. 이 기술은 자아존중감이 낮은 학생이 느끼는 무가치감을 다루는데 사용될 수 있으며, 이를 통하여 자신을 가치 있게 여기고 스스로를 위안할 수 있는 힘을 기르도록 한다.

3) 정서조절 기술

정서조절 기술은 개인이 어떤 정서를 가지고 있고, 언제 그 정서를 가지게 되었고, 어떻게 그 정서를 경험하고 표현하는지에 영향을 미치는 과정이다. 정서조절 기술의 목표는 환자들로 하여금 자신의 감정을 더 잘 이해하도록 돕는데 있다.

4) 대인관계 효과성 기술

대인관계 효과성 기술은 대인관계 문제해결 전략과 자기주장 전략과 비슷하다. 효과성이란 원하는 것을 얻는 것, 대인관계를 원만하게 유지하는 것, 자아존중감을 유지하는 것을 뜻한다. 대인관계 효과성 기술은 자신의 자아존중감을 유지하면서 일관성 있고 유익한 관계를 유지하는 데 어려움을 지닌 사람들에게 도움이 된다.

변증법적 행동치료(DBT)의 타당화 전략[14]

1) 변증법적 행동치료자는 5가지 목적으로 타당화 전략을 구사한다.

(1) 변화와 수용의 균형을 추구한다.

(2) 치료적 진전을 촉진한다.

(3) 내담자가 자신을 타당화하게 한다.

(4) 치료동맹을 강화한다.

(5) 내담자에게 피드백을 제공한다.

---

12 출처: 위키백과

13 출처: 진다슬(2013). 변증법적 행동치료(DBT) 기술훈련이 청소년의 공격성, 자아존중감 및 분노표현양식에 미치는 효과. 한국심리학회. 32(4): 917-933

14 출처: 변증법적 행동치료, Michaela A. Swales / Heidi L. Heard 공저, 학지사

2) 치료자는 타당화 전략을 통해서 변화와 수용의 변증법적 균형을 추구한다. 리네한(Linehan)에 따르면, 치료자가 무리하게 변화를 강조하면 내담자의 중도탈락 비율이 높아진다. 변화시킬 것이 너무 많기 때문에 내담자가 압도되는 것이다. 또한 치료자는 변화의 가능성이 없다는 내담자의 생각을 수정하려고 시도하는데, 이 과정에서 치료자가 내담자의 생각을 타당화하지 못하게 된다. 그러므로 변화와 수용을 함께 강조하는 변증법적 균형이 필요하다. 치료자가 변증법적 균형을 추구하면 내담자는 달라지라는 압박에 시달리지 않으면서 정서적인 고통을 감당할 수 있다.

094

답 ④

해 **공감, 표현예술치료, 마음챙김의 통합적 접근은 마음챙김을 기반으로 한 표현예술치료이다.**

그린버그의 정서중심치료(EFT(Emotion-Focused Therapy))에서는 정서의 변화를 내담자의 성장과 안녕의 영구적 또는 지속적 변화에 필수적이라고 본다. 인본주의적 심리치료이론에 기반 한 EFT(Emotion-Focused Therapy)는 정서 표현의 효과에 주목하고 정서가 의미 있는 심리적 변화의 창출에 결정적인 역할을 하는 적응적 잠재력이 있음을 보여 준다. **실증적 경험에 기반 한 EFT(Emotion-Focused Therapy)는 내담자가 정서를 수용, 표현, 조절, 이해하도록 돕는 다양한 전략을 강조한다.**

cf) 통합적 접근의 최근 동향은 이론적 통합을 지향하고 있으며, 이는 상담자의 숙고와 철학에 바탕을 두고 다양한 접근을 조화롭게 통합하여 사용하는 것이다. 통합적 접근을 잘 활용하기 위해서는 효과성을 기준으로 선택한 개입전략들의 조합이 바람직하다. 그리고 변증법적 행동치료는 심리학 분야 이외의 다양한 영역에서 개발된 치료전략과 치료기법까지 통합하기 때문에 변증법적 행동치료는 인지행동, 마음챙김, 인간중심, 전략적 요소 등의 통합이다. 참고로 최근 지향하고 있는 통합적 상담치료는 실용주의(pragmatism)에 근거하며, 상담이론을 통합적으로 사용하고 다양한 이론적 접근들을 필요에 따라 선별적으로 적용한다.

095

답 ④

해 **여성주의 상담의 궁극적인 목표**는 여성의 **개인적 특성에 가치를 두고**, 여성들이 가지고 있는 힘을 깨닫고, 스스로 자유로워지고, **불평등한 사회구조를 변화**시켜, 인간을 존중하는 사회를 만들기 위함이다. 여성주의 상담은 **사회의 성차별 문제를 자각**하고, 여성차별 철폐와 성(性) 평등한 사회 건설을 위해 노력하는 여성주의적 가치체계에 근거한 상담이다. **상담자와 내담자는 함께 작업하는 평등한 관계로 나아가며, 경직되고 위계적인 거리감을 두기보다 보살펴주고 협조하는 사이**이다.

cf) ④ 권력분석 전략보다는 **탈신비화 전략은 내담자와 상담자의 권력 차이를 감소시켜 상담관계에서의 평등성을 증가시킨다.**

| 심화학습 | 여성주의 상담의 특성 |

1) 여성주의 가치관을 가져야 한다.
 (1) 여성을 위한 상담은 두 가지 접근으로 정리할 수 있는데, 여성주의에 동의하며 상담을 하는 '여성주의에서의 접근'과 여성들을 상담하는 데 여성심리에 대한 연구들이나 여성주의를 전략적으로 사용하는 '상담에서의 접근'이 그것이다.
 (2) '여성주의에서의 접근'은 여성 내담자들의 심리에 내면화된 가부장적 가치관을 인식시키고, 여성주의적 가치관이라는 새로운 지평을 열어주는데 초점을 맞추는 상담이다.
 (3) 여성주의 상담은 여성주의적 접근에서 정의되어야 하는데, 이는 여성해방의 가치를 추구하는 '여성주의' 철학이 여성주의 상담에 본질적이기 때문이다.
2) 개인의 변화를 넘어 사회적인 변화를 추구한다.
 (1) 여성주의 상담은 여성의 문제들이 개인의 문제가 아니라 성역할과 사회화로 인한 구조의 문제라고 본다.
 (2) 따라서 문제의 근본적인 해결을 위해서는 개인의 변화 뿐 아니라 사회구조의 변화가 반드시 수반되어야 한다고 본다.
3) **상담자와 내담자는 평등하다.**
 (1) 여성주의 상담에서 상담자와 내담자는 함께 작업하는 평등한 관계로 나아가며, 경직되고 위계적인 거리감을 두기보다 보살펴주고 협조하는 사이임을 강조한다.
 (2) **상담에서 내담자로 하여금 자신이 힘이 있다는 생각을 갖게 하려면 상담자에 대한 탈신비화 과정을 거쳐야 한다.**
 (3) **상담 탈신비화 전략(상담자의 자기 드러내기)은 내담자와 상담자의 권력 차이를 감소시켜 상담관계에서의 평등성을 증가시킨다.**
 (4) 내담자를 변화시킬 수 있는 힘은 내담자 자신에게 있다는 것을 깨닫지 않고서는 어떤 변화도 일어날 수 없다.
 (5) 여성주의 상담자는 의식화된 여성으로서 여성들을 위한 사회활동에 참여하며, 여성주의 상담자는 내담자들이 사회에 한발을 내디디려 할 때 새로운 세계를 앞서 살아가는 삶의 모델이 되어야 한다.

096

답 ②

해 권익옹호(advocacy)는 힘이 약한 내담자의 이익을 옹호하는 입장에서 기관 및 다양한 환경체계에 대항할 수 있도록 조력하는 것이다. 다문화 청소년 내담자를 위한 다문화 사회정의 및 옹호 상담자는 지역사회 내 단체, 지도자, 교장 등과 협력하여 옹호를 하여야 한다. 또한 내담자가 스스로 강점을 인식하고 스스로 자기옹호를 배우도록 조력하며, 정치적 행동을 취할 필요가 있는 사회문제를 인식하도록 하는 사회비판과 함께, 개인-체제 간 균형 잡힌 관점으로 문제의 원인을 개념화하여야 한다.
 cf) ② **연결(linking) 기법은 내담자에게 공식적 비공식적 모든 자원들을 연결하는 것(타 기관에 의뢰)이다.**

097

답 ②

해 **상담을 하기 전에 준비해야 하는 것은 상담을 위한 도구와 서류의 준비 및 상담을 위한 공간(상담실, 대기실, 접수실, 검사실 등)이 편안하고 쾌적한지 점검하는 것이다.**

cf) 문제의 나머지 ①, ③, ④, ⑤번 보기는 상담을 시작하고 나서 즉, 상담 과정 중에 해당하는 내용이다.

098

답 ④

해 상담목표는 **내담자가 당면한 호소 문제를 해결하여 나가는데 초점**을 두고, **내담자를 주체로 하는 관점에서 그의 상태나 행동을 중심으로 진술**해야 한다. 또한 내담자의 **연령 및 개인적 특성 및 능력을 고려**하여 목표를 설정해야 한다.

cf) [ㄷ]. 상담목표를 수립할 때 먼저 선행되어야 하는 것은 촉진적 관계(라포) 형성이다. **즉, 라포 형성(촉진적 관계 형성) 후, 상담목표를 수립하는 것이다.**

099

답 ⑤

해 모두 옳은 내용이다. 호소문제는 **사례개념화(내담자의 문제, 원인 또는 관련 요인, 상담개입 방법을 체계적으로 설명하는 과정)에서 중요한 개념**으로 **내담자가 호소하는 문제, 촉발요인에 대한 특징적인 반응을 말한다.** 성공적인 상담을 위해 상담자는 내담자의 호소 문제를 우선적으로 듣고, 이를 해결하는 상담목표를 수립하고, 호소 문제를 말할 때 비언어적 행동을 면밀히 관찰해야 한다.

100

답 ②

해 **반영 기술**은 내담자의 말과 행동에서 표현된 기본적인 감정, 생각 및 태도를 상담자가 다른 참신한 말로 부연해 주는 것, 즉 마음을 읽어주는 것, 상담자라는 거울에 비추어 되돌려 주는 기술이다. **적절한 반영은 내담자로 하여금 이해 받고 있다는 인식을 갖게 한다.**

cf) 상담자의 자기개방(자기공개, 자기노출, 자기폭로)이란 상담자가 치료 목적으로 자신의 경험을 드러내는 기법이다. 이는 상담자와 내담자 간 동질감을 형성하며, 모델링 학습의 목적으로 사용 가능하고, 자기방어 수준이 높은 내담자의 변화가능성(내담자의 개방 촉진 등)과 도전을 위한 용기를 불어넣고자 할 때 사용한다.

제1과목 학습이론 (필수)

001	①	002	④	003	①	004	③	005	②
006	③	007	⑤	008	①	009	④	010	③
011	④	012	③	013	②	014	⑤	015	⑤
016	①	017	⑤	018	⑤	019	①	020	②
021	④	022	②	023	②	024	④	025	③

001

답 ①

해 학습(learning)이란 경험과 훈련에 의해 일어나는 행동상의 비교적 일관성 있는 변화를 의미한다. 다만, 성숙, 약물, 질병 등으로 인해 일어나는 행동 변화들은 학습에 의한 것이 아니다. 학습의 결과는 관찰 가능한 외현적 행동으로 나타나기도 하지만, 내면적 변화(정서의 변화)로도 나타난다. 따라서 수행(performance)이 없어도 학습은 일어날 수 있으며, ① **학습이 반드시 직접적으로 관찰 가능해야 하는 것은 아니다.**

002

답 ④

해 **손다이크가 관찰한 바에 따르면, 동물이 여러 번 문제를 해결할수록 문제를 푸는데 걸리는 시간이 계속 감소했다.** 이는 시행착오가 반복되면서 동물이 자극과 반응의 관계를 학습했기 때문이다.

실력다지기
손다이크(E. Thorndike)의 이론적 관점

1) 학습은 통찰적(통찰학습)이라기보다 **점진적(시행착오에 의한 점진적 학습)**이다.
2) 학습된 반응은 이미 형성된 방향으로 일어나기 쉽다. → **준비성의 법칙(준비성의 법칙은 행위 준비성 또는 목표 지향성을 의미한다. 준비성의 법칙에 의하면 행동을 시도할 준비가 되어 있을수록 자극과 반응의 결합이 강하게 나타난다.)**
3) 자극과 반응 간 연합은 연습만으로도 강화된다. → **연습의 법칙**
4) 반응 다음에 만족스러운 사상태(satisfying state of affairs)가 따라오면 자극과의 연결 강도가 높아진다. → **효과의 법칙**

003

답 ①

해 타임아웃은 문제행동을 중지시킬 목적으로 문제가 일어나는 상황으로부터 내담자를 일정 시간(짧은 시간) 분리시키는 기법으로 내담자의 바람직하지 못한 행동에 강화를 주지 않음으로써 반응의 강도 및 출현빈도를 감소시키는 일종의 **소거기술**에 해당된다. 이러한 소거는 긍정적인 강화물을 제거하는 것을 통해 행동의 빈도를 감소하도록 하는 **부적처벌**을 적용한 것이다.

실력다지기	효과적인 처벌

1) **처벌 전 사전 경고를 하는 것이 효과적이다.**
2) **처벌하는 이유를 분명히 말한다.**
3) **잘못을 한 직후에 처벌하는 것이 더 효과적이다.**
4) 즉흥적이고 충동적으로 처벌하지 않는다.
5) **처벌 받는 행동은 분명하고 구체적인 용어로 제시되어야 한다.**
6) 다른 사람 앞에서 처벌하면 반감을 갖는다.
7) 기분에 좌우되지 않고 일관성을 유지한다.
8) 대상에 따라 행동 변화를 효과적으로 유도할 수 있는 처벌방법을 찾아본다.
9) 단호하되 가혹하지 않게 한다.
10) 일단 경고를 한 후 그래도 문제가 되면 처벌한다.
11) 문제 행동을 처벌하되 대안을 제시한다.
12) 처벌받는 행동을 구체적으로 제시한다.
13) 잘못을 인정하거나 뉘우쳤을 때는 온화한 태도로 바꾼다.

004

답 ③

해 [ㄴ]. 셀리그만의 학습된 무기력(learned helplessness) 이론에 의하면, 학습된 무기력이 높은 사람은 **실패의 원인을 자신의 능력 부족(내부 귀인, 안정적 귀인)으로 생각하고, 성공의 원인을 운(외부 귀인, 불안정적 귀인)이라고 생각하는 경향**이 있다. 예를 들어, 성적이 낮을 때, '시험이 어려웠어!'라고 외부 귀인하기보다는 **'머리가 나빠서 그래'**라고 내부 귀인을 한다. '시험 볼 때 컨디션이 안 좋았어!'라고 특정 원인에 귀인하기보다 **'원래 공부를 못해서 그래.'**라고 안정적이고 전반적인 원인에 귀인한다.

005

답 ②

해 어떤 학생이 어느 날 노란색 옷을 입고 등교한 날 시험을 잘 본 경험이 있다. 만약, 그 사람이 시험 보는 날마다 노란색 옷을 입는다면 그것은 **미신행동(조작적 조건형성의 응용)**이다. 미신행동은 유기체의 반응이 실제로 특정 결과를 초래한 원인이 아님에도 불구하고 마치 그런 것처럼 그 반응을 계속하는 것이다. 보상과 아무런 관련이 없으면서 완전히 우연히 한 어떤 행동이 강화에 선행한 경우 그 행동이 고정적으로 계속되려는 경향으로 **조작적 조건형성**으로 설명되는 현상이다.
cf) **나머지 지문은 자극과 반응의 연합인 '고전적 조건형성'의 사례이다.**

006

답 ③

해 문제 보기의 내용은 고전적 조건형성의 개념으로 분석하면 다음과 같다.

→ 배고픈 개는 고기를 주면(㉠ 무조건 자극), **침을 흘린다(㉡ 무조건 반응).** 메트로놈을 똑딱거리며 고기를 제공하였을 때(고기와 메트로놈을 연합), **개에게 메트로놈의 똑딱거리는 소리만 들려줘도(㉢ 조건 자극),** 침을 흘리게 되었다(㉣ 조건 반응).

007

답 ⑤

해 고차적 조건화란 어떤 중립자극이 고전적 조건화 과정을 통해 조건 자극이 되었을 때, 이 조건 자극을 또 다른 중립자극과 반복적으로 연합하면, 그 중립자극도 조건 반응을 일으킬 수 있는 또 하나의 조건 자극이 될 수 있다는 것이다. 고전적 조건형성 된 메트로놈 소리와 반짝이는 불빛을 제공했을 때 개는 메트로놈 소리가 없이 불빛만 봐도 침을 흘린다. 이는 **메트로놈의 소리와 불빛을 고차적 조건화**한 것이다.

cf) 클라크 헐(Clark Leonard Hull)의 추동감소이론에 의하면, 사람이 피로할 때 아무것도 하지 않으면 아무것도 하지 않음 그 자체가 강화된다. 피로도 휴식의 부족으로 나타난 추동이기 때문에 휴식을 제공하면 추동(피로)이 감소하고 학습이 형성된다. **이때 학습된 행동인 휴식을 '조건화된 제지'라고 한다.**

008

답 ①

해 미국 일리노이 대학 심리학자 마우러(모우러, Mowrer)의 2요인 이론(two-factor theory)에 의하면, 공포증(불안)이 형성될 때 고전적 조건형성의 원리가 작용 되고, 이후에는 조작적 조건형성에 의해 유지되고 강화되어 나타난다는 것이다. 즉, 고전적 조건화와 조작적 조건화라는 두 종류의 학습 경험이 관여한다. 전기충격으로 인해 불안을 경험(자극과 반응의 연합인 고전적 조건형성)한 개는 전기충격이 없는 방으로 도망간다. 이러한 행동이 학습되면 불빛이 꺼지기만 해도 개는 도피행동(행동과 결과의 연합인 조작적 조건형성)을 하게 된다.

cf) ① 불빛이 꺼지는 것은 고통에 대한 조건 자극이 되며, **고통은 전기충격에 대한 무조건 반응이 된다. 그리고 개가 장벽을 뛰어넘는 것은 공포를 종결시키는 활동을 학습한 것으로 해결학습(solution learning)에 해당하기 때문에 개가 장벽을 뛰어넘는 것은 부적 강화력을 가진다.**

009

답 ④

해 강화계획에는 연속강화와 비연속강화 또는 간헐적 강화(고정간격, 고정비율, 변동간격, 변동비율)가 있다.

→ 문제의 사례는 B교사는 칭찬스티커 10개를 모으거나 10권의 책을 읽은 모둠과 학생에게 각각 떡볶이 쿠폰과 독서상을 주었다. 이때 **고정된 10개의 칭찬스티커와 책(일정한 수)에 따라 쿠폰과 독서상이라는 강화를 준 것이기 때문에 고정비율강화(일정한 수마다 강화)에 해당한다.**

010

답 ③

해 강화의 상대성을 이용한 강화원리로 프리맥(Premack)이 발견한 이론이다. 프리맥 원리란 **일어날 확률이 높은 행동이 확률이 낮은 행동을 강화한다**는 것이다. 예를 들어 좋아하는 활동(게임하기)를 덜 좋아하는 활동(숙제하기)로 연결시키는 것으로 숙제를 마치면 게임을 할 수 있게 해 주는 것이다. [ㄴ]. **프리맥 원리(Premack principle)는 일차 강화물과 이차 강화물을 구분하는 것과는 관련이 없다.**

cf) 일차 강화물은 무조건 강화물이라고도 하며, 인간의 생존이나 생물학적 기능에 중요한 자극이 되는 것으로 물, 음식, 따뜻한 잠자리 등이다. 이차 강화물은 학습된 강화물이라고도 하며 원래는 비강화물이 일차 강화물과 짝지어지거나 결합되면서 강화효과를 보이는 것으로 칭찬, 돈 등이다.

011

답 ④

해 반두라(Bandura)의 관찰학습에 의하면 인간은 모델의 행동을 관찰함으로써 학습한다. 연령도 관찰학습에 영향을 미치는데, **정신 연령이 생활 연령보다 더 중요**하다. 예를 들어 **초등학교 6학년 지능을 가진 30대 성인** A가 있다고 할 때, A의 생활 연령(주민등록상의 나이)보다 **정신 연령(초등학교 6학년)을 고려한 모델링이 필요**하다. 이는 **연령이나 지위에서 자기와 비슷한 모델을 상이한 모델보다 더 잘 모방한다는 맥락과 같다.**

cf) ⑤ 숙련된 모델은 과제의 적절한 수행법을 보여줄 확률이 높다. 반면, **비숙련 모델은 학습 중인 모델로 초심자라고 할 수 있다. 따라서 비숙련 모델(unskilled model)은 관찰자에게 모델의 성공뿐만 아니라 실패로부터도 배우게 한다.**

실력다지기

모방(모델링)

모방은 다른 사람이 행동하는 것을 보고 들으면서 그 행동을 따라서 하는 것이다. 흔히 공격적인 행동, 이타적 행동, 불쾌감을 주는 행동이 관찰을 통해 학습된다. 반두라의 실험적 연구에 따르면 아동은 ① 위대하다고 생각하는 사람의 행동을 위대하다고 생각하지 않는 사람의 행동보다 더 잘 모방하며 ② 자기와 동성인 모델의 행동을 이성인 모델의 행동보다 더 잘 모방하며 ③ 돈, 명성, 높은 사회경제적 지위 등을 지닌 모델을 더 잘 모방하고 ④ 벌을 받은 모델을 거의 모방하지 않으며 ⑤ **연령이나 지위에서 자기와 비슷한 모델을 상이한 모델보다 더 잘 모방한다.**

012

답 ③

해 반두라(Bandura)는 사회학습이론을 주장하였으며, 직접적인 행동경험이나 강화 받은 경험 없이 관찰을 통한 학습이 가능하다고 주장하였다. 관찰학습은 **주의집중 과정, 파지과정, 운동 재생산 과정, 동기화 과정**의 순서(**암기법: 주파운동**)로 진행된다. 따라서 [ㄴ]. 모델에 대한 주의 → [ㄹ]. 관찰한 것의 파지 → [ㄱ]. 학습한 것에 대한 인지적 **시연(운동재생)** → [ㄷ]. 학습한 것에 대한 동기화의 순서가 옳은 내용이다.

013

답 ②

해 **퀼러의 통찰학습에 의하면 학습은 점진적이 아니라, 갑자기 이루어진다.** 인간은 문제를 해결할 때 여러 가지 요소와 방법을 이용해 문제해결에 대한 정신적 숙고과정을 거치면 어느 순간 아하! 라는 통찰을 얻는다(**미해결에서 해결 상태로의 이행이 갑자기 이루어진다**)는 것이다. 따라서 **미해결에서 해결로의 전환은 갑자기 이루어진다.**

> 심화학습
>
> Kwan(2003)[1]은 학습자가 문제 장면에서 문제를 효과적으로 해결할 수 있는 방안을 갑자기 이해하면 통찰이 일어난 것으로 보며, 이 과정에서 학습자는 '아하(Aha)!' 현상을 경험하게 된다고 하였다. Kwan(2003)은 또한 '통찰학습'이라는 용어를 사용하면서 통찰학습을 함으로써 문제가 갑자기 완전히 해결되며, 통찰에 근거한 행동은 유연하고 오류를 범하지 않으며, **통찰에 근거한 해결책은 장기간 파지되며, 통찰을 통해 획득한 원리는 다른 문제 장면에 쉽게 적용된다고 하였다.**[2]

014

답 ⑤

해 비고츠키(L. Vygotsky)에 의하면, 인간의 인지적 발달과 기능은 사회적 상호작용이 내면화되어 이루어지는 것이라는 사회적 구성주의 입장을 취한다. **근접발달 영역(The Zone of Proximal Development, ZPD)**은 독립적으로 문제를 해결할 수 있는 **실제적 발달 수준(level of actual development)**과 성인의 안내 또는 유능한 동료와의 공동노력을 통한 문제해결에 의해 결정되는 **잠재적 발달 수준(level of potential development) 간의 거리**를 의미한다.

cf) ⑤ **피아제(Piaget)는 동화와 조절이라는 과정 속에서 인지구조의 성장과 발달이 일어난다고 보았다.**

> 심화학습   비고츠키의 사회문화적 인지발달이론
>
> 1) 인지발달 : 문화적 맥락은 인지 과정의 유형을 결정함
> 2) 인간관 : 아동들이 '발판(스캐폴딩)'과의 상호작용을 통해서 발달함
> 3) 학습과 발달 : 학습이 발달을 주도함
> 4) 상호작용 : **사람들과의 상호작용이 유아의 사고를 결정함**
> 5) 언어와 인지발달 : **언어(사적 언어)는 인지발달에서 주도적인 역할을 함**
> 6) 환경 : 사회적이고 역사적인 환경을 강조함
> 7) 문화 환경과 인지발달의 관계 : **문화적 맥락이 아동의 인지과정의 유형을 결정함**
> 8) 협동학습 : 또래 간의 협동이 가능한 시기는 정해져 있지 않으며, 새로운 인지 능력은 모든 연령에서 가능함
> 9) 언어관 : **언어는 인지발달에 중대한 역할을 하며 유아의 정신기능의 핵심임**
> 10) 유아관 : **학습은 문화적 맥락에서 일어나며 발견되는 대상과 발견하는 수단은 모두 '인류 역사와 문화의 산물'임**
> 11) 지식관 : 문화적 지식을 내면화하는 것이 유아의 인지발달에 중요한 역할
> 12) 학습발달에 미치는 효과 : 학습과 발달의 관계가 훨씬 복잡하고, 지식의 종류나 내용, 유아의 연령에 따라 한 걸음의 학습이 두 걸음의 발달을 의미함

---

1 출처: Kwan, D. H. (2003). Education psychology. Seoul: Wonmisa.

2 출처: 황지원(2007). 통찰(Insight)의 개념 분석. 대한간호학회지. 37(3): 353-364

015

답 ⑤

해 앳킨슨과 쉬프린(R. Atkinson & R. Shiffrin)의 이중기억이론에 의하면, 인간은 여러 개의 기억저장고를 가지고 있다. 기억저장고에는 감각기억, 단기기억, 장기기억의 3가지가 있는데, 시간의 흐름 상 배열된 일련의 단계로 입력정보가 차례로 경유하게 되어 순차적으로 정보처리한다. 매우 짧은 동안만 정보를 저장하는 감각기억(또는 감각 등록기)은 시각을 통해 들어온 정보(영상 기억)는 약 1초, 청각적으로 입력된 정보(음향 기억)는 약 3초까지 유지한다. 감각기억에 등록된 정보 중 집중을 하게 된 정보에 대한 처리를 하는 곳이 단기기억인데, 최근에는 작업기억이라는 개념이 더 많이 사용된다. **단기기억의 정보들을 반복적으로 학습하면 정보가 장기기억으로 전달**되는데, 장기기억은 거의 무한대의 용량으로 짧게는 몇 분, 길게는 수십 년 동안 지속 된다.

cf) ③ 일화기억(episodic memory)은 개인적 경험을 담은 **장기기억**이다.

016

답 ①

해 기억이론에 의하면 단기기억 단계에서 새롭게 학습해야 하는 정보는 암송으로 유지한다. **암송이란 정보를 반복적으로 되새김으로써 단기기억에서 장기기억으로 저장**하는 방법이다. 암송의 종류에는 유지형 시연과 정교화 시연이 있다. 정교화 시연은 유지형 시연보다 심층처리가 잘 일어난다.

1) 유지형 시연(암송): 기계적인 반복으로 단기기억을 유지하는 것이다.

2) 정교화 시연(암송): 이미 기억하고 있는 지식과 연결시키거나 정보들을 모아 조직화하는 과정이다.

실력다지기 · **파지 전략들**

1) **청킹(chunking)**

작동기억의 수용량을 증가시키기 위해 정보를 보다 큰 단위의 의미 묶음으로 결합하는 방법이다.

2) 조직화(organization)

따로 떨어진 별개의 정보에 질서를 부여함으로써 의미를 연결하는 전략으로 도표(diagram), 위계도(hierarchy map 또는 rank map), 개요(outline), 개념도(concept map) 등의 방법이 있다.

※ 조직화 전략은 **동일 범주에 속하는 항목을 함께 회상하는 군집화(clustering) 전략**을 포괄한다.

3) **정교화(elaboration)**

새로운 정보를 기존 정보와 연결함으로써 의미의 연결고리를 형성하고 기억의 인출을 돕는 전략으로 요약, 의역, 노트필기, 유추 등의 방법이 있다.

4) 심상화(imagery)

시각적 심상(visual imagery) 형성이라고도 하며, 정보를 시각적 형태로 변형하여 기억하는 전략으로 그림이나 도표 등을 이용하는 방법이 있다.

5) 맥락화(context)

정보를 물리적·정서적 맥락과 함께 학습하여 파지를 돕는 전략으로 툴빙(Tulving, 1970)의 부호화 특수성(encoding specificity) 가설에 따르면 현재의 맥락이 부호화할 때 학습 당시의 맥락과 유사할수록 정보의 인출이 쉬워진다.

017

답 ⑤

해 망각의 일차적 원인은 간섭(interference)인데, 순행간섭과 역행간섭이다. 일상기억은 기억되는 경험이 매우 의미 있는 경우가 아닐 때에는 종종 인출에 실패하는 경향이 있는데, 이는 보다 최근에 발생한 정보로 인해 인출이 방해를 받기 때문이다. 이러한 이유는 역행간섭 즉, **후속 학습이 선행학습을 방해하기 때문**이다. 예를 들어 이사를 가서 집 주소가 바뀌면 예전 집 주소가 생각이 안 나는 것이다. ⑤ **전화번호를 바꾼 후 예전 전화번호가 기억나지 않는다는 내용도 역행간섭의 사례**이다.

cf 단어목록을 외웠는데 제일 앞 단어만 기억난다든지, A의 첫인상은 뚜렷한데 가장 마지막 인상은 희미한 것은 초두효과의 내용이다.

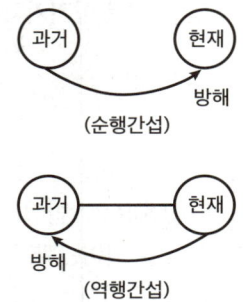

018

답 ⑤

해 파이비오(A. Paivio)의 이중부호이론에서 정보는 언어적 형태와 시각적 형태로 저장된다. 이러한 언어적-시각적 형태로 표상될 수 있는 정보는 한 가지 식으로만 저장되는 정보보다 잘 기억된다. 예를 들어 책을 눈으로만 읽었을 때보다 소리 내어 읽었을 때 기억에 오래 저장된다는 것이다.

cf ⑤ 파이비오(A. Paivio)의 이중부호이론(dual-coding theory)에 의하면, **단어보다 그림을 더 잘 기억하고 추상적 개념보다 구체적 개념이 더 잘 기억된다.**

실력다지기
파이비오(A. Paivio)의 이중부호이론[3]

1) **이중 부호화(dual coding)는 수업에서 학습자들에게 어문적 자료(verbal materials)와 시각적 자료(visual materials)를 함께 제공하는 것을 말한다.**
2) **이중부호화이론은 정보가 어문적 부호화(verbal encoding)와 시각적 부호화(visual encoding)를 통해 동시에 처리되고 저장되는 것을 설명하는 이론**이다.
3) 이렇게 이중으로 부호화(encoding)된 정보는 어느 한 가지로만 부호화되는 경우에 비해 더 쉽게 기억되고 더 쉽게 인출될 수 있다.

---

3 이찬승(2023). 학습과학 새 연재(17): 효과적인 수업 기술-이중 부호화(dual coding)와 멀티미디어 학습경험 설계 원칙의 적용. https://21erick.org/column/10690/

4) 사례

'개'를 부호화할 때, '개'라는 단어뿐만 아니라 이미지(외모, 소리, 냄새 등의 감각 정보)로 저장한 경우, 이 둘은 연결·통합되기 때문에 단어나 이미지 중 하나만 인출해도 두 가지 다를 재생할 수 있다.

019

답 ①

해 크레이크와 록하트(Craik & Lockhart)의 **정보처리수준이론(level of processing theory)에 의하면, 처리되는 정보의 수준이 깊을수록 기억이 잘된다.** 정보처리수준모형 지지자들은 정보를 배우려고 의도하고 있을 때 더 철저하게 정보를 처리하지만, 학습 의도 자체보다는 처리의 깊이가 학습 성공에 영향을 미친다고 주장한다.

① 문제의 [보기]의 내용을 살펴보면, 철학에 대해 친구들과 논쟁하면서 학습을 하게 되었다. 즉, [보기]는 **철학적 질문 찾기, 토론하기, 철학에 대한 학습하기 등 정보처리의 깊이에 대한 내용을 설명한 것이며, 이에 따라 철학에 대해 더 많이 알게 된 것은 정보처리수준 이론에 대한 사례이다.**

실력다지기 ▶ **크레이크와 록하트(Craik & Lockhart)의 정보처리수준 모형**

인간의 기억체제를 정보의 부호화, 저장, 인출과 같은 능동적인 일련의 정보처리 과정으로 보는 기억이론이다.

1) **정보처리수준모형 지지자들은 정보를 배우려고 의도하고 있을 때 더 철저하게 정보를 처리하지만**, 학습 의도 자체보다는 **처리의 깊이가 학습 성공에 영향을 미친다**고 주장한다.
2) 정보처리 수준모형은 이중기억 모형과 대조된다.
3) 정교화라는 개념이 첨가되었다.
4) 정보를 받아들일 때 분석 수준이 높을수록 기억이 잘된다.
5) 정보처리수준의 깊이
   (1) 지각 : 환경에 대해 즉각적으로 깨닫게 해주며 보이는 형태 그대로 분석함
   (2) 구조적 분석 : 좀 더 깊은 수준에서 입력의 구조적 특징을 분석함
   (3) **의미적 분석 : 입력의 의미를 분석하는 것으로서, 무엇인지를 깊게 분석함**
6) **의미 수준의 분석이 최선의 기억을 하게 된다.**
7) 심층처리가 되면 우연학습도 의도학습만큼이나 효과적이다.
8) **결론적으로, 공부가 재미있어야 기억을 잘하며 재미있게 의미를 분석하면서 공부를 해야 정교화가 잘 되어 기억을 잘하게 된다.**

참고 ▶ **계열위치효과 이론**

계열위치효과(serial-position effect)는 계열 안의 처음과 마지막 항목을 가장 잘 기억하고, 중간의 항목들을 잘 기억하지 못하는 것을 말하며, 이 용어는 헤르만 에빙하우스가 직접 연구를 수행하면서 만들어낸 용어이다. 임의의 순서의 항목 목록을 회상하라고 요청받을 때(자유 회상실험) 사람들은 목록의 마지막 것과 함께 회상을 시작하고 해당 항목들을 가장 잘 회상하는 경향이 있는데 이를 최신효과(recency effect)라고 한다. 더 이전의 목록 항목 중 최초의 일부 항목은 중간의 항목들보다 더 자주 회상하는 경향이 있는데 이를 초두효과(primacy effect)라고 한다.

020

답 ②

해 프랭크랜드의 연구결과, 뇌에서 새 신경이 만들어지는 '신경생성(neurogenesis)'이 성인보다 훨씬 빠른 속도로 일어나는 유아기에 집중했다(**성인의 뇌가 하루 약 700개의 신경세포를 만드는 반면, 유아기의 뇌는 하루 약 2100~2800개의 신경을 만들어낸다**)고 밝혀졌다. 그리고 청소년기 이후에 중단되지 않고 어른이 되어서도 신경이 생성되지만, 청소년기에 비해서는 그렇게 활발하지 않다.

> **문항설명**

① 도파민은 정적 강화를 받을 때 분비되는 신경전달 물질이다. **새로운 지식, 정보를 흡수하거나 목적을 달성하면 뇌는 도파민이라는 신경전달물질을 분비한다. 뇌에는 '쾌감보수 시스템'이라는 것이 있는데, 성취감이 쌓일수록 그 쾌감에 대한 보너스로 도파민을 분비시키고 뇌를 강화시켜 준다.**[4]
③ **편도체는 정서기억에 관여**하기 때문에 어떤 사건이나 정보를 기억할 때 그 기억에 감정을 결합시키는 역할을 한다.
④ **베르니케 영역은 언어의 의미를 이해**하는 데 중요한 기능을 하며, **브로카 영역은 언어표현**과 관련되어 중요한 기능을 한다.
⑤ **신경가소성(neural plasticity)이란** 뇌가 신경연결을 재조직하거나 수정하는 능력으로, **뇌의 신경세포가 새로운 자극에 의해 일생동안 자라고 변할 수 있는 능력**을 말한다. 신경가소성을 좀 더 엄밀히 정의하면 **"뇌가 새로운 학습이나 경험에 따라 기존의 신경망을 새롭게 구축하면서 그 형태를 바꾸어 나가는 특성"**을 말한다(이찬승, 2021).

021

답 ④

해 헵(D. Hebb)의 최적각성수준(optimal level of arousal) 이론에 의하면 **사람들은 가장 적절한 수준의 각성을 유지하기 위해 동기화된다**는 것이다. 적절한 각성(적절한 흥분과 긴장) 수준에서는 수행이 좋고 각성이 높거나 각성이 낮을 때 수행이 저하된다. 이것을 [역전된 U함수] 혹은 [Yerkes-Dodson 법칙]이라고 한다.
cf) 문제의 사례에서 헵(D. Hebb)의 최적각성수준(optimal level of arousal) 이론에 의해 [혼자 공부할 때보다 스터디 카페에서 공부를 하게 되면 **다른 학생들이 열심히 공부하는 것을 보고 자극이 되어 적절한 각성(적절한 흥분과 긴장)상태가 되어 공부를 더 열심히 하게 된다.**

---

4   출처: 오세웅(2017). 자기혁신 칼럼-뇌가 좋아하는 일. 기술과 혁신

① 켈러(J. M. Keller)의 학습동기 유발이론 : ARCS이론

주의(Attention), 관련성(Relevance), 자신감(Confidence), 만족감(Satisfaction)이 학습동기 유발에 영향을 미친다.

② 드웩(C. Dweck)의 마인드셋

고정된 사고방식 마인드는 우리의 능력, 지능, 재능이 크게 바뀔 수 없는 고정된 특성이라는 믿음으로, 고정된 사고방식을 가진 사람들은 도전을 피하고, 실패를 두려워하며, 노력이 가치가 없다고 믿는 경향이 있다. 반면에, **성장 사고방식 마인드는 능력이 헌신, 노력, 그리고 지속적인 배움을 통해 발전될 수 있다는 믿음으로, 성장 사고방식을 가진 사람들은 도전을 받아들이고, 좌절에 직면하여 좌절을 극복하여 지속적으로 나아가는 노력을 숙달하는 길로 나아간다.**

③ 헐(C. Hull)의 추동감소이론

헐(Hull)의 추동이론(drive theory)에 따르면, 생리적 박탈과 결핍(물, 음식, 수면 등의 부족)이 생물학적 욕구를 생성하는데, 그 욕구가 계속 충족되지 않으면 심리적 추동이 생긴다. 추동(推動)이라는 것은 생물학적 결핍에 기인하는 심리적 불편함, 즉 긴장감이나 불안감을 지칭하는 이론적 용어이다. 이러한 **추동 에너지는 유기체가 생리적 욕구를 해결하는 행동(추동감소 행동)을 하도록 이끈다.**

읽을거리

솔로몬(R. Solomon)의 반대과정이론[5]

심리학자 솔로몬(Solomon)과 콜비트(Corbit)는 1974년에 비행기에서 낙하산을 타고 뛰어내리는 스카이다이버들이 스카이다이빙을 하는 과정 내내 어떤 기분이고 그 기분이 어떻게 변해 가는지를 조사했다. 그랬더니 스카이다이빙 초보자들은 점프 직전에 엄청난 공포감을 느꼈고, 무사히 착지한 직후부터는 엄청난 안도감을 느낀다고 응답했다. 그런데 초보자들이 점프를 반복할수록 점프 직전에 느끼는 공포감은 점점 줄어들고 착지 후에 느끼는 안도감은 점점 더 커진다는 것을 발견했다. 나중에는 스카이다이빙 고수가 되면 점프를 하러 비행기를 타고 하늘에 떠오르는 순간부터 마음이 차분해지더라는 것이었다.

이런 결과를 근거로 솔로몬은 '정서의 반대과정 이론'을 내놓았다. 이 이론에 의하면, 사람은 언제나 서로 대립하는 두 쌍의 정서를 동시에 느낀다. 예를 들어 우리가 쾌감을 느낄 때, 우리 몸속 어딘가는 불쾌감을 동시에 느끼고 있다는 얘기다. 이 이론에는 중요한 다른 얘기도 있는데, 그건 두 대립 정서 중에서 처음에 우세하던 정서는 반복될수록 약화되고, 처음에는 약하던 정서는 반복될수록 더 강해진다는 것이다. 다시 말해서 **처음에 짜릿하고 쾌감을 주던 일은 반복하면 할수록 점점 더 지루하고 불쾌한 일이 되고, 처음에는 고통스럽고 불쾌한 일이 반복될수록 오히려 황홀한 쾌감을 주는 일이 될 수도 있다는 얘기다.**

이것은 특히 마약중독에 이르는 과정을 잘 설명해 준다. 반복적으로 마약을 하다 보면, 같은 양의 마약이 주는 쾌감이나 황홀감은 점점 줄어들고 오히려 마약 효과가 끝난 다음에 오는 지독한 불쾌감인 금단증상에 시달리게 된다. 그래서 점점 더 마약 복용량을 늘려도 결국에 가서는 금단증상이 더 강해져서 나중엔 쾌감을 느끼기 위해 마약을 복용하는 것이 아니라 끔찍한 불쾌감으로부터 벗어나기 위해 마약에 의존하게 되는 것이다.

비록 그의 이론의 타당성은 여전히 논쟁거리지만, 인간의 신경계가 교감신경과 부교감신경이라는 서로가 서로를 억제하는 대립적 체계로 구성되어 있음을 생각해 볼 때, 이 이론은 우리가 경험하는 정서나 동기를 그럴듯하게 설명해 주는 재미있는 이론인 것만은 분명하다.

---

5   장근영. 팝콘 심리학, jnBook. 데일리굿뉴스(2008)

022

답 ②

해 칙센트미하이(M. Csikszentmihalyi)가 제시한 몰입(flow)은 사람들이 전체적으로 **어떤 일이나 활동에 빠져들어 완벽하게 몰두하는 총체적 감흥**이라고 했다. 몰입에 빠지려면 3가지 조건이 있다. 첫째, 명확한 목표를 가질 것, 둘째, **하고자 하는 일이 적절한 수준의 난이도를 가질 것**, 셋째, 결과에 대한 피드백이 빨라야 한다는 것이다. 몰입은 일의 난이도가 능력이나 역량과 제대로 부합할 때 발생한다. 즉, **너무 쉬우면 지루하다고 느끼고, 너무 어려우면 불안해지고 일 처리능력이 급격히 감소한다.**

cf) ② **몰입은 외적 동기(부모님께 칭찬받기 위해 공부하는 것)보다 내적 동기(원하는 꿈을 달성하기 위해 공부하는 것)에 의해 유도된다.**

023

답 ②

해 매슬로우(A. Maslow)의 욕구단계이론에 의하면 인간은 결핍 욕구와 성장 욕구를 가진다. 생리적 욕구, 안전의 욕구, 소속과 사랑의 욕구, 자아존중(자존감)의 욕구는 결핍 욕구이다. 결핍 욕구는 한 번 충족되면 더 이상 동기로서 작용하지 않는다. 반면 **자아실현 욕구는 성장 욕구이다. 정신적으로 건강한 사람들은 결핍 욕구가 충족되어도 만족하지 않고 성장 동기를 가지고 자아실현을 추구한다.** 자아실현을 추구하는 사람들은 자신을 계속 발전하게 하고자 자신의 잠재력을 최대한 발휘하려는 욕구로, 다른 욕구와 달리 욕구가 충족될수록 더욱 증대되는 경향을 보여 **'성장 욕구'라고 한다.**

cf) ② **따라서 성장 욕구가 완전히 만족 되었을 때 성장이 시작된다는 내용은 옳지 않다.**

024

답 ④

해 레퍼와 호델(Lepper & Hodell, 1989)은 내재적 동기로 **'도전, 호기심, 통제, 상상'**의 4가지 원천이 있다고 제안하였다. 데시(Deci)가 제시한 내재적 동기의 종류에는 호기심, 즐거움, 보람, 기쁨, 성취동기 등이 있다.

cf) [보기]에서 **교사는 학생들에게 고려 시대의 일상을 생각해보게 했기 때문에, 이때 증진 시킬 수 있는 학습의 내재적 동기는 레퍼와 호델(Lepper & Hodell)이 제시한 '상상'이다.**

실력다지기	레퍼와 호델(Lepper & Hodell, 1989)의 내재적 동기

[암기법 : 레퍼와 호델 = **상도 / 호통**]

1) 도전
  (1) 난이도가 중간 수준으로 시작하여 난이도는 지속적으로 높아지도록 하는 것이 좋다.
  (2) 도전적 목표의 달성으로 학습자는 점점 자신이 유능해지고 있다는 정보를 얻게 된다.
2) 호기심
  (1) 현재 지식 또는 믿음과 일치하지 않거나, 놀라워 보이거나 모순되어 보이는 정보나 생각이 제시되는 활동을 제공한다.
  (2) 이때 적당한 수준의 불일치성이 가장 효과적이지만, 호기심은 기존 배경지식이 있어야 효과적이다.

3) 통제

　학습활동에 선택권을 주고 규칙과 절차를 확립하는데 일정한 역할이 부여되면 통제의 지각을 형성할 수 있다.

4) **상상**

　(1) **학습자에게 시뮬레이션이나 게임을 통해 가상상황에 참여하게 하면, 내재적 동기를 활성화 시킬 수 있다.**

　(2) **상상은 주의를 집중시키고 인지적 노력을 증가시키며, 학습자에게 선택권을 일부 제공하면 인지적 개입, 지각된 유능감, 내재적 동기가 향상된다.**

025

답 ③

해 캐롤 드웩(Carol Dweck)의 성취목표이론에 의하면, 학습자의 성취목표는 수행목표와 숙달목표로 구분된다. **수행목표는 자신의 유능함과 능력이 다른 사람의 능력과 어떻게 비교되느냐에 초점을 둔 목표(타인과의 상대적 비교를 기준으로 성공 여부를 판단)**이다. '수행목표 지향' 학습자는 학습을 자신의 능력을 보여주는 수단으로 여기기 때문에 학습결과에 치중하는 경향이 있다. 반면에, **숙달목표(mastery goal)를 지향하는 학습자는 노력을 중시하며**, 외적 보상보다 학습 과정 그 자체를 중요하게 여긴다. 또한 **남들 앞에서 실패를 해도 수행에 만족할 수 있고, 남들과 비교하기보다는 자신이 전보다 더 유능해졌는지를 더 중시한다.**

[ㄴ]. 시험과 같은 평가 상황에서 특히 더 불안감을 느낀다. → **'수행목표 지향' 학습자**

[ㄷ]. 도전적인 과제보다는 실패 가능성이 낮은 과제를 선호한다. → **'수행목표 지향' 학습자**

[ㅁ]. **자기불능화(self-handicapping) 전략(자기불구화 전략이라고도 하며, 발생할 실패가 자존감(self-esteem)을 해하지 않도록 하는 바람에서 노력을 피하는 인지적 전략)**을 사용하는 경우가 상대적으로 더 많다. → **'수행목표 지향' 학습자**

cf) 아래의 **[ㄱ]과 [ㄹ]은 '숙달목표(mastery goal)' 지향 학습자의 특징**이다.

[ㄱ]. 남들 앞에서 실패를 해도 수행에 만족할 수 있다.

[ㄹ]. 남들과 비교하기보다는 자신이 전보다 더 유능해졌는지가 중요하다.

[암기법] **수능 - 노숙**

제2과목 청소년 이해론 (선택)

026	③	027	②	028	④	029	②	030	①
031	②	032	①	033	③	034	③	035	⑤
036	④	037	⑤	038	④	039	③	040	①
041	④	042	⑤	043	③	044	①	045	②
046	④	047	⑤	048	③	049	②	050	④

026

답 ③

해 [ㅁ]. 우리나라의 청소년 관련법에서는 청소년의 연령범위가 하나로 통일되어 있지 않고, **법률의 목적에 따라 청소년의 연령범위가 다르게 규정**되어 있다.

1) 청소년 기본법: **9세 이상 24세 이하**("청소년"이란 9세 이상 24세 이하인 사람을 말한다.)
2) 청소년 보호법: **만 19세 미만**("청소년"이란 만 19세 미만인 사람을 말한다. 다만, 만 19세가 되는 해의 1월 1일을 맞이한 사람은 제외한다.)

cf) 스탠리 홀(G. Stanley Hall)은 청소년기를 질풍노도의 시기로 규정하였으며, 플라톤에 따르면 이성은 아동기에 발달하는 것이 아니라, 우리가 오늘날 청소년기라고 부르는 연령 시기에 최초로 발달한다고 하였다. 따라서 청소년기가 되면서 이성 즉, 합리적 사고를 요구하는 과학과 수학을 지도해야 한다고 주장하였다.

027

답 ②

해 [ㄱ]. **에릭슨의 심리사회적 발달이론**에서 발달이란 **개인의 심리적 발달과 개인이 만든 사회적 관계들이 병행하는 이중적 과정**으로 본다. **심리사회적 발달단계를 8단계로 구분**하고 각 단계마다 개인의 생리적 성숙과 더불어 사회적 요구가 있다고 본다.

[ㄴ]. **프로이트의 정신분석이론**은 인간의 내부에 내적 **심리적 갈등이 존재하면서 불안 요소가 나타난다. 심리적 결정론에 기초**하며 무의식이 중요하고 이 무의식 동기 중 성적욕구가 가장 중요하다고 본다.

[ㄷ]. **셀먼(R. Selman)의 조망수용이론**에서 조망수용이란, **다른 사람의 입장, 인지, 관점 등을 추론하여 이해하는 능력**이다. 조망수용능력에는 공간조망(타인의 시각적 관점을 이해함), 감정조망(타인의 감정을 추론하고 이해함), 인지조망(타인의 사고과정을 추론하고 이해함)이 있으며 **사회적 조망 단계를 5단계(0~4단계)로 구분**한다.

028

답 ④

해 **엘킨드(Elkind, 1967)는** 피아제(Piaget)가 제시한 이론을 확장하여 청소년기에서만 나타날 수 있는 인지행동 양상인 청소년기의 자아중심성 개념을 처음으로 제기하였다. 청소년기 자아중심성은 특히 **'상상의 청중'과 '개인적 우화'라는 두 가지 특성으로 구분**해 볼 수 있다.

cf) ④ 개인적 우화는 **'나는 특별하고 독특한 존재로서 나의 감정이나 경험세계는 다른 사람과 근본적으로 다르다'고 믿는 것이다. 즉 자신이 경험하는 우정, 사랑 등은 다른 사람은 결코 이해하지 못할 것이라고 생각하며, 다른 사람이 경험하는 죽음, 위험, 위기가 자신에게는 일어나지 않거나 혹시 일어나더라도 별다른 피해를 입지 않을 것으로 생각한다.**

029

답 ②

해 마샤(Marcia)는 자아정체감 수준을 성취 지위에 따라 정체감 성취, 정체감 유예, 정체감 유실, 정체감 혼미의 4가지로 분류하였다. **정체감 유실(identity foreclosure)은** 청소년이 **자신에게 중요한 문제에 대해 고민하지 않고 타인의 결정을 그대로 따르는 경우**로, 부모가 제안하는 장래 직업에 대해 탐색과정 없이 바로 수용하는 것을 말한다.

> **실력다지기**
>
> ### 마샤(Marcia)의 자아정체감 수준 분류
>
> 1) 정체감 혼미(identity diffusion)
>   가장 낮은 성취지위로 직업계획이나 이념적인 세계관에 대한 강한 참여를 하지 않거나 쉽게 중단해 버리고 자아에 대해 안정되고 통합된 견해 형성을 실패한다.
> 2) **정체감 유실(identity for closure) = 조기 완료**
>   **정체감 위기를 경험하지 않은 채로 바로 부모나 기타 권위주의에 의하여 주어진 가치관을 그대로 받아들여 동조하는 상태이다.**
> 3) 정체감 유예(identity moratorium) = 지불유예
>   여러 가지 대상에 적극적인 참여를 보이지만, 참여의 안정성과 만족이 결핍되어 있고 대개는 위기를 경험하게 된다.
> 4) 정체감 성취(획득)(identity achievement)
>   이미 위기를 경험하고 비교적 강한 참여를 할 수 있게 되어 상황적 변화에 따른 동요 없이 성숙한 정체감을 소유하고 의사결정도 가능하다.

030

답 ①

해 **콜버그(L. Kohlberg)는** 도덕적 사고수준의 발달 측면에서 전인습적, 인습적, 후인습적 수준으로 6단계로 구분한다. 타인의 눈을 의식하여 친구들에게 좋은 사람으로 인정받기 위해 행동을 결정하는 경우는 '동기와 감정이 정의로운가?'에 비추어 생각하며 **'타인으로부터 얼마나 인정받을 수 있는가'**에 따라 판단하는 **3단계: 착한 소년·소녀 지향(대인관계의 조화)단계**에 해당된다.

실력다지기 콜버그(L. Kohlberg)의 도덕성 발달단계(3수준 6단계)

1) 제1수준(전인습 수준)

　(1) 1단계(벌과 복종의 단계)

　　복종과 처벌이 판단의 기준이 되는 시기로 처벌을 피하기 위해 도덕적 행동을 한다.

　(2) 2단계(도구적 상대주의 지향 단계 = 욕구충족의 수단)

　　자신의 욕구를 충족시킬 수 있는지 없는지가 도덕적 판단의 기준이 된다.

2) 제2수준(인습 수준)

　(3) **3단계(착한 소년 - 소녀 단계 = 대인관계의 조화)**

　　도덕성의 기준은 타인과 좋은 관계를 유지하고 기대에 맞게 행동하는 것이다.

　(4) 4단계(법과 질서 지향 단계)

　　옳은 행동이란 사회질서를 유지하면서 자신의 의무를 다하는 것이다.

3) 제3수준(인습 후 수준)

　(5) 5단계(민주적, 사회적 계약 지향 단계)

　　사회적으로 정해진 법과 질서가 무조건 옳은 것이 아니라, 사회적인 유용성에 따라 합의에 이르게 되면 도덕적 기준이 바뀔 수 있다.

　(6) 6단계(보편적 도덕원리의 단계)

　　도덕적 원리에 따라 스스로 선택한 양심적인 행위를 도덕적 기준으로 삼는다.

[암기법] 콜버그 = **벌욕 /대법/계보**

031

답 ②

해 여자 청소년들이 임신 가능한 신체로 형성되어 가는 것은 성호르몬인 **에스트로겐의 영향**에 의한 것이다. 에스트로겐은 여성의 성적 활동에 많은 영향을 미치며 자궁벽의 두께를 조절하고 배란에 관여한다.

　cf **테스토스테론은 남성의 대표적인 성(性)호르몬으로** 청소년기 남성 생식기관의 성장과 발달에 관여한다. 참고로 이차 성징이 뚜렷해지는 것과 관련 깊은 내분비선으로는 뇌하수체와 생식선을 들 수 있다.

032

답 ①

해 **성역할 고정관념이란 특정 집단(성별)에 속하는 모든 사람이 성별에 따라 동질적인 특징을 갖는다고 보는 관점이다. 예를 들어 '여성은 의존적이고, 남성은 독립적이다' 와 같은 것이다. 청소년기의 남성과 여성은 자신들의 성역할에 대해 스스로 새로운 정의를 내리고 그에 관한 관념을 구체적으로 형성한다. 이와 같이 청소년기에 있어서 성역할에 대한 고정관념의 증가 현상을 '성역할 집중화' 라고 한다.** 청소년기는 성별의 신체적인 성장에 있어서 성인 수준에 이른다. 청소년들은 신체적 성장과 더불어 사회로부터 성 관련 기대를 부여받게 된다. 이 시기 사회가 **청소년들에게 전통적인 남성과 여성의 성역할에 동조하도록 사회화 압력을 증가시키는 '성역할 집중화' 현상이 일어난다.**

② 성역할 분리화 : 남성과 여성의 일이 정해져 있다는 것, 예를 들어 '남성은 집밖의 일(회사)을 하고 여성은 집안 일(가사노동)을 담당한다.'는 사고이다.

③ 성역할 정체감 : 한 개인이 사회가 여(남)성에 적절하다고 규정하는 태도, 특성, 흥미 등의 사회적 역할 기대를 내면화 하는 과정이다.

④ 성역할 동일시 : 개인이 자신이 남성 또는 여성임을 알고, 자기가 좋아하거나 존경하는 남성 또는 여성의 태도, 가치관, 행동 등을 받아들이는 것이다.

⑤ 성역할 유형화 : 개인이 한 사회에서 성역할에 대한 특정한 행동을 기대 받는 것이다.

cf) 성역할 사회화 : 사회의 구성원으로서 필요한 성역할을 학습하는 과정이다.

033

답 ③

해 **청소년기 또래집단**은 친구관계에서 보다 친밀하고, 진정한 또래 친구를 얻고자 하며, **또래집단에 참여하고 싶어 하는 욕구가 커진다.** 또래집단은 **준거집단으로서의 기능**(예: 친구가 담배를 피우는 것을 보고, 나도 죄책감 없이 담배를 피운다) 및 **자아정체감 형성에 도움**이 된다. 또한 또래 친구들과 다양한 정보를 주고받기도 하고, 유사한 생각과 느낌이나 고민을 공유하며, **심리적 지원과 안정감을 제공 받기도 하고,** 학교를 통해 대인관계 폭이 넓어진다.

cf) [ㄹ]. 청소년은 또래집단을 통해 폭넓은 대인관계에서 동성 또는 이성 친구와 1:1의 친밀한 관계를 갖고자 하는 욕구가 생길 수 있지만, **동성애 발달의 기초를 제공하는 것은 아니다.**

034

답 ③

해 **긴즈버그(E. Ginzberg)**는 진로발달이론에서 **욕구와 현실 간의 절충으로 직업발달을 완성해 나간다고 주장**하였으며, 직업선택의 과정을 **환상기, 잠정기, 현실기의 3단계로 구분**하였다.

① **수퍼(D. Super)의 이론**은 지나치게 **자아를 강조한 학자**로서, **직업선택은 자아개념 발달과 밀접한 관련이 있다고 주장**하였다.

cf) **홀랜드(J. Holland)**는 개인의 성격에 적합한 직업을 선택하는 것이 바람직하다는 '성격유형이론'을 주장했다.

② **홀랜드(J. Holland)의 직업발달이론에서 청소년상담사**는 탐구형 유형에 해당되는 것이 아니라, **사회형 유형에 해당**된다.

④ **수퍼(D. Super)의 이론에서** 청소년기 자아정체감이 생겨나기 시작하면서 직업에 관해 막연하고 일반적인 생각을 가지게 되는 단계를 '실행'단계가 아니라, **'탐색'단계**라고 하였다.

⑤ **긴즈버그(E. Ginzberg)의 진로발달이론에서 현실적 시기는** 환상적 시기 다음에 경험하는 과정이 아니라, **잠정기 다음에 경험**한다고 하였다.

035

답 ⑤

해 브론펜브레너(U. Bronfenbrenner)의 생태학적 체계에서 **1) 미시체계, 2) 중간체계, 3) 외체계, 4) 거시체계, 5) 시간체계로 구분된다.**

cf) ⑤ **외부체계(외체계)는 한 개인이 미시체계와 같은 환경 속에서 적극적인 참여자로 있지 않지만, 환경 내에서 발생하는 사건들에게 영향을 주거나 영향을 받는 환경**을 말한다. 예를 들어 부모의 직장, 정부기관 등이다. 정부기관(교육부)의 수능시험 제도는 청소년 자신뿐만 아니라, 청소년이 생활하는 학교환경에 영향을 미친다.

036

답 ④

해 청소년 문화를 하위문화로 보는 입장에서는 청소년 문화를 다른 여러 문화와 마찬가지로 사회 전체 문화의 하위문화에 불과하다고 보는 입장이다.

문항설명

① **미숙한 문화로 보는 입장**: 성인들의 입장에서 청소년들의 문화를 아직 미숙하고 모자란 것으로 보는 관점이다.

② **비행문화로 보는 입장:** 청소년 문화를 기존질서를 파괴하거나 무시함으로써 사회적 문제를 야기 시키는 비행문화로 보는 입장이다. 청소년들은 비행문화를 통해 쾌감을 느끼고 청소년문화의 정체성을 추구한다.

③ **대항문화로 보는 입장**: ' ~ 에 대항하는 문화'로써 한 사회의 지배적 문화에 반대하고 적극적으로 도전하는 성향을 갖는 문화를 말한다.

⑤ **주류문화로 보는 입장**: 지배문화라고도 하며, 사회적으로 영향력이 있는 집단에 의해 향유되는 문화이다.

cf) 물질문화와 정신문화

1) **물질문화** : 인간이 환경에 적응하고 기본적인 욕구를 충족시키기 위해 필요한 용기 및 도구, 그것들의 사용 기술을 포함한다. 즉, 의식주를 비롯한 교통·통신 수단 등이 이에 해당한다.

2) **정신문화** : 비물질 문화라고 하며, 규범문화와 관념문화를 말한다. 규범문화는 사회 제도, 윤리규범, 풍습 등을 말하고, 관념문화는 이념, 종교, 예술 창작 등이 해당된다.

037

답 ⑤

해 ② **매스미디어의 '의제설정 기능'이란 미디어가 뉴스나 시사 프로그램 등을 통해 중요하다고 보도하는 주제(미디어 의제)가 공중에게도 중요한 주제(공중의제)로 인식되는 것을 말한다.** 즉, 커뮤니케이션 매체가 문제를 식별하고 홍보하는 능력을 통해 정부와 국제기구의 관심을 끄는 문제를 형성하고 특정 문제에 대한 여론을 유도하는 데 중추적인 역할을 한다고 주장하는 이론이다.[1]

---

1 출처: 위키백과

038

답 ④

해 **차브(chav)**란, 영국에서 고급브랜드 및 상류문화를 저질스럽게 즐기는 하층민 출신 비행청소년 집단 등을 의미한다. 1990년대부터 영국에 등장했던 단어로, 2005년 영국 옥스퍼드 사전에 신조어로 실렸다. **차브 스타일은 저질스럽고 허영심과 편견에 가득 찼으며, 폭력적이고 나태한 양아치들이라는 이미지를 보인다. 즉, 명품으로 대변되는 상류사회의 규범과 위선에 반격을 가하는 도전적인 젊은이들이 추구하는 청소년 패션 문화를 의미한다.**

039

답 ③

해 **허쉬(T. Hirschi)가 주창한 사회유대이론**에서는 인간은 누구나 범죄를 저지를 수 있기 때문에 범죄를 예방하는 요인으로 **애착(attachment), 관여(헌신, commitment), 참여(involvement), 신념(belief)**과 같은 사회적 유대를 통한 통제의 역할을 강조하였다.
cf) ③ 열정(passion)은 관련이 없다.

실력다지기 | 허쉬(Travis Hirschi)의 사회유대이론(social bonding theory)

1) 인간은 모두 동물이며 자연적으로 누구든지 범죄를 저지를 수 있다.
2) 범죄를 저지를 잠재적인 가능성은 사람들에게 상존하는 것이므로 범죄문화, 범행동기 등과 같이 구체적인 범죄동기를 규명하기 위한 기존이론들의 노력은 불필요하다. 따라서 범죄에 대한 동기는 모든 사람들이 가지고 있으므로 왜 범죄를 하지 않는가를 밝혀야 한다고 주장한다.
3) 사람들이 범죄를 저지르지 못하게 하는 통제요인은 사회적 유대를 통한 통제 때문이고, 유대의 약화로 인하여 범죄행위가 발생한다.
4) **이러한 사회적 유대는 크게 4가지, 즉 애착(attachment), 헌신(관여, commitment), 참여(involvement), 신념(belief)으로 구성되어 있다.**
   (1) 애착(attachment) : 중요한 타자나 조직 등에 대한 애정적 결속
   (2) 헌신(관여, commitment) : 인습사회 활동에 대해 투자하는 정도, 예를 들어 직업적 성취열망이 강하다면, 이러한 헌신으로 인해 해가 될까봐 비행에 참가하지 않음
   (3) 참여(involvement) : 헌신(commitment)의 결과로서, 인습사회 활동에 시간적으로 얼마나 실제로 참여하고 있는가의 정도
   (4) 신념(belief) : 법 또는 사회규범을 받아들이는 정도

040

답 ①

해 **학교폭력대책심의위원회(심의위원회)**는 피해학생의 보호를 위하여 필요하다고 인정하는 때에는 피해학생에 대하여 피해학생의 보호, 학교폭력 예방 및 대책, 피해학생과 가해학생 간의 분쟁조정, 가해학생에 대한 교육 및 선도와 징계, **가해학생의 전학** 등을 학교의 장에게 요청할 수 있다.

실력다지기 | 학교폭력예방 및 대책에 관한 법률 제12조(학교폭력대책심의위원회의 설치·기능)

① 학교폭력의 예방 및 대책에 관련된 사항을 심의하기 위하여「지방교육자치에 관한 법률」제34조 및「제주특별
자치도 설치 및 국제자유도시 조성을 위한 특별법」제80조에 따른 **교육지원청에 학교폭력대책심의위원회(이
하 "심의위원회")를 둔다.** 다만, 심의위원회 구성에 있어 대통령령으로 정하는 사유가 있는 경우에는 교육감 보
고를 거쳐 둘 이상의 교육지원청이 공동으로 심의위원회를 구성할 수 있다.

② 심의위원회는 학교폭력의 예방 및 대책 등을 위하여 다음 각 호의 사항을 심의한다.
  1. **학교폭력의 예방 및 대책**
  2. **피해학생의 보호**
  3. **가해학생에 대한 교육, 선도 및 징계**
  4. **피해학생과 가해학생 간의 분쟁조정**
  5. 그 밖에 대통령령으로 정하는 사항

③ 심의위원회는 해당 지역에서 발생한 학교폭력에 대하여 조사할 수 있고 학교장 및 관할 경찰서장에게 관련 자
료를 요청할 수 있다.

④ 심의위원회의 설치·기능 등에 필요한 사항은 지역 및 교육지원청의 규모 등을 고려하여 대통령령으로 정한다.

041

답 ④

해 **청소년의 자살**은 성인과 다르게 나타난다. 청소년기 자살은 **계획적인 경우보다 충동적**인 경우가 많고, **우울증이나 약물
남용이 원인**이 되기도 하며, **자기 나름대로의 분명한 자살동기**를 갖고 있다. 또한 **동반자살 및 모방 자살 가능성이 있다.**
  cf) [ㄱ]. **부모와의 (건강한, 안정적인, 수용적인) 유대**는 자살을 예방하는 **보호요인이 된다.**

042

답 ⑤

해 **'청소년유해약물'**이란 청소년에게 유해한 것으로 인정되는 약물로,「주세법」에 따른 주류,「담배사업법」에 따른 담
배,「마약류 관리에 관한 법률」에 따른 마약류,「유해화학물질 관리법」에 따른 환각물질이 그 것이다.
  cf) ⑤「약물남용법」에 따른 유해물질은 청소년 보호법상 청소년 유해약물 분류에 해당하지 않는다.

실력다지기 | 청소년 보호법 "청소년유해약물등"이란 청소년에게 유해한 것으로 인정되는 다음 가목의 약물을 말한다.

가. **청소년유해약물**
  1)「**주세법」에 따른 주류**
  2)「**담배사업법」에 따른 담배**
  3)「**마약류 관리에 관한 법률」에 따른 마약류**
  4)「**화학물질관리법」에 따른 환각물질**

5) 그 밖에 중추신경에 작용하여 습관성, 중독성, 내성 등을 유발하여 인체에 유해하게 작용할 수 있는 약물 등 청소년의 사용을 제한하지 아니하면 청소년의 심신을 심각하게 손상시킬 우려가 있는 약물로서 대통령령으로 정하는 기준에 따라 관계 기관의 의견을 들어 제36조에 따른 청소년보호위원회(이하 "청소년보호위원회"라 한다)가 결정하고 성평등가족부장관이 고시한 것

043

답 ③

해 청소년들의 학교부적응의 요인은 입시위주의 교육에 따른 학업스트레스 및 낮은 학업성취도, 또래관계에서의 소외감과 갈등, 심리적 우울 및 불안 등 다양하다.

   cf) [ㄹ]. **부모나 친구들과의 친밀한 유대감은 학교적응에 도움을 주는 요인이 된다.**

044

답 ①

해 **청소년 가족의 인터넷게임 중독 · 과몰입 여부 진단은 해당되지 않는다.**

> 심화학습   **청소년 보호법 제27조(인터넷게임 중독ﾠ과몰입 등의 예방 및 피해 청소년 지원)**

① 성평등가족부장관은 관계 중앙행정기관의 장과 협의하여 인터넷게임 중독 · 과몰입(인터넷게임의 지나친 이용으로 인하여 인터넷게임 이용자가 일상생활에서 쉽게 회복할 수 없는 신체적 · 정신적 · 사회적 기능 손상을 입은 것을 말한다) 등 매체물의 오용 · 남용을 예방하고 신체적 · 정신적 · 사회적 피해를 입은 청소년과 그 가족에 대하여 상담 · 교육 및 치료와 재활 등의 서비스를 지원할 수 있다.
② 제1항에 따른 지원에 관하여 구체적인 사항은 대통령령으로 정한다.

> ▶ 청소년 보호법 시행령 제23조(인터넷게임 중독 · 과몰입 등의 예방 및 피해 청소년 지원)
> ① 성평등가족부장관은 법 제27조제1항에 따라 다음 각 호의 사업을 할 수 있다.
>   1. **청소년의 인터넷게임 중독 · 과몰입 여부 진단**
>   2. **청소년의 인터넷게임 중독 · 과몰입 예방을 위한 교육 · 상담 및 프로그램 개발 · 운영**
>   3. **인터넷게임 중독 · 과몰입 청소년과 그 가족의 치료 · 재활을 위한 프로그램의 개발 · 운영**
>   4. **인터넷게임 중독 · 과몰입 청소년과 그 가족의 치료 · 재활을 위하여 협력하는 병원의 지정**
>   5. **「청소년기본법」 제22조에 따른 청소년상담사 등에 대한 인터넷게임 중독 · 과몰입 전문상담 교육**
> ② 성평등가족부장관은 제1항 각 호의 사업을 수행하기 위하여 관련 기관 및 단체의 장에게 자료의 제출 등 협조를 요청할 수 있다.
> ③ 성평등가족부장관은 제1항 각 호의 사업을 「청소년기본법」 제3조제8호에 따른 청소년단체 중 청소년 보호를 주된 사업으로 하는 단체에 위탁할 수 있다.

045

답 ②

해 **청소년 기본법 제2조(정의)에 따르면 '청소년복지'란** 청소년이 정상적인 삶을 누릴 수 있는 기본적인 여건을 조성하고 조화롭게 성장·발달할 수 있도록 제공되는 **(사회적), (경제적) 자원**을 말한다.

046

답 ④

해 **청소년복지 지원법상 청소년치료재활센터는 학습·정서·행동상의 장애를 가진 청소년을 대상**으로 **정상적인 성장과 생활**을 할 수 있도록 해당 청소년에게 **적합한 치료·교육 및 재활을 종합적으로 지원하는 거주형 시설**이다.

문항설명

① 청소년쉼터 : 가정 밖 청소년에 대하여 가정·학교·사회로 복귀하여 생활할 수 있도록 일정 기간 보호하면서 상담·주거·학업·자립 등을 지원하는 시설
② 청소년회복지원시설 : 「소년법」에 따른 감호 위탁 처분을 받은 청소년에 대하여 보호자를 대신하여 그 청소년을 보호할 수 있는 자가 상담·주거·학업·자립 등 서비스를 제공하는 시설
③ 청소년자립지원관 : 일정 기간 청소년쉼터의 지원을 받았는데도 가정·학교·사회로 복귀하여 생활할 수 없는 청소년에게 자립하여 생활할 수 있는 능력과 여건을 갖추도록 지원하는 시설
⑤ 청소년상담복지센터 : 특별시장·광역시장·도지사 및 특별자치도지사 및 시장·군수·구청장은 청소년에 대한 상담·긴급구조·자활·의료지원 등의 업무를 수행하기 위하여 청소년상담복지센터를 설치·운영할 수 있다.

047

답 ⑤

해 ▶ 청소년기본법 제5조(청소년의 권리와 책임)
　① **청소년의 기본적 인권은 청소년활동 · 청소년복지 · 청소년보호 등 청소년육성의 모든 영역에서 존중되어야 한다.**
　② 청소년은 인종 · 종교 · 성별 · 나이 · 학력 · 신체조건 등에 따른 어떠한 종류의 차별도 받지 아니한다.
　③ 청소년은 외부적 영향에 구애받지 아니하면서 자기 의사를 자유롭게 밝히고 스스로 결정할 권리를 가진다.
　④ 청소년은 안전하고 쾌적한 환경에서 자기발전을 추구하고 정신적 · 신체적 건강을 해치거나 해칠 우려가 있는 모든 형태의 환경으로부터 보호받을 권리를 가진다.
　⑤ 청소년은 자신의 능력을 개발하고 건전한 가치관을 확립하며 가정 · 사회 및 국가의 구성원으로서의 책임을 다하도록 노력하여야 한다.

048

답 ③

해 ▶ 청소년복지 지원법 제4조(청소년증)

① 특별자치시장·특별자치도지사 또는 시장·군수·구청장은 9세 이상 18세 이하의 청소년에게 청소년증을 발급할 수 있다.

② 제1항에 따른 청소년증은 다른 사람에게 양도하거나 빌려주어서는 아니 된다.

③ **누구든지 제1항에 따른 청소년증 외에 청소년증과 동일한 명칭 또는 표시의 증표를 제작·사용하여서는 아니 된다.**

④ 제1항에 따른 청소년증의 발급에 필요한 사항은 성평등가족부령으로 정한다.

049

답 ②

해 ▶ 학교 밖 청소년 지원에 관한 법률 제11조(자립지원)

① **국가와 지방자치단체는 대통령령으로 정하는 바에 따라 학교 밖 청소년의 자립에 필요한 생활지원, 문화공간지원, 의료지원(제11조의2에 따라 건강진단을 받은 후 확진을 위한 검사에 사용된 의료비의 지원을 포함), 정서지원 등을 제공할 수 있다.**

② 국가와 지방자치단체는 경제교육, 법률교육, 문화교육 등 학교 밖 청소년의 자립에 필요한 교육을 지원할 수 있다.

③ 국가와 지방자치단체는 제1항에 따른 지원이 필요한 학교 밖 청소년에게 「청소년복지 지원법」 제14조에 따른 위기청소년 특별지원을 우선적으로 제공할 수 있다.

④ 제2항에 따른 지원의 방법과 내용 등에 필요한 사항은 성평등가족부령으로 정한다.

050

답 ④

해 **청소년통합지원체계(청소년안전망)은 「청소년 복지지원법」에 근거**하여 구축·운영하며, 필수 연계기관으로는 학교, 교육청, 노동관서, 보건소, 청소년쉼터, 청소년지원 시설 등이 있으며, **위기청소년 보호지원(상담, 보호, 교육, 자립 등), 맞춤형 지원을 위한 사회안전망**이다.

실력다지기

청소년복지 지원법 제9조(지역사회 청소년통합지원체계의 구축·운영)

① **지방자치단체의 장은 관할구역의 위기청소년을 조기에 발견하여 보호하고, 청소년복지 및 「청소년기본법」 제3조제5호에 따른 청소년보호를 효율적으로 수행하기 위하여 지방자치단체, 공공기관, 「청소년기본법」 제3조제8호에 따른 청소년단체 등이 협력하여 업무를 수행하는 지역사회 청소년통합지원체계(이하 "통합지원체계")를 구축·운영하여야 한다.**

② 국가는 통합지원체계의 구축·운영을 지원하여야 한다.

③ 통합지원체계에 반드시 포함되어야 하는 기관 또는 단체 등 통합지원체계의 구성 등에 필요한 사항은 대통령령으로 정한다.

청소년복지 지원법 시행령 제4조(지역사회 청소년통합지원체계 구성 등; 필수연계기관)

① 법 제9조제1항에 따른 지역사회 청소년통합지원체계는 다음 각 호의 기관 또는 단체(이하 "필수연계기관")를 반드시 포함하여 구성하여야 한다.

1. 법 제29조에 따른 청소년상담복지센터 및 법 제31조에 따른 청소년복지시설
2. 「성매매방지 및 피해자보호 등에 관한 법률」 제9조제1항제2호에 따른 청소년 지원시설
3. 「청소년기본법」 제3조제8호에 따른 청소년단체
4. 「지방자치법」 제2조에 따른 지방자치단체
5. 「지방교육자치에 관한 법률」에 따른 특별시·광역시·특별자치시·도 및 특별자치도 교육청 및 교육지원청
6. 「초·중등교육법」 제2조에 따른 학교
7. 「국가경찰과 자치경찰의 조직 및 운영에 관한 법률」 제13조에 따른 시·도경찰청 및 경찰서
8. 「공공보건의료에 관한 법률」 제2조제3호에 따른 공공보건의료기관
9. 「지역보건법」 제10조에 따른 보건소(보건의료원 포함)
10. 「법무부와 그 소속기관 직제」 제39조의2에 따른 청소년 비행예방센터
11. 「고용노동부와 그 소속기관 직제」 제19조 및 제23조에 따른 지방고용노동청 및 지청
12. 「학교 밖 청소년 지원에 관한 법률」 제12조제1항에 따른 학교 밖 청소년 지원센터
13. 「보호관찰 등에 관한 법률」 제14조에 따른 보호관찰소(보호관찰지소 포함)

정답 및 해설

1교시

2교시

2023

제1과목 발달심리 (필수)

001	③	002	②	003	③	004	⑤	005	①
006	③,⑤	007	①	008	③	009	⑤	010	②
011	④	012	⑤	013	④	014	④	015	④
016	①	017	⑤	018	②	019	①	020	⑤
021	④	022	①	023	⑤	024	①	025	②

001

답 ③

해 영유아기에 나타나는 초기 언어발달의 특징으로, **표현언어(언어표현, 생후 13개월)보다 수용언어(언어이해, 생후 8개월~12개월)의 우선 발달과 단어의 의미를 지나치게 제한적으로 사용한다는 것과 전언어(pre-linguistic) 단계에서 목 울림(쿠잉), 옹알이, 울음 등이 나타난다는 점**이다.

▶ 오답노트

[ㄴ]. **두 단어 단계**에서 전보식(telegraphic) 언어가 나타난다. 즉, 전보식 언어(telegraphic speech)는 중요한 단어만 나열하는 것으로, ① 행위 중심("엄마 빵", "빵 줘"), ② 상태 표현("사탕 여기", "이모 이뻐"), ③ 소유 관계("엄마 신", "아빠 옷")를 나타낸다.

[ㅁ]. **촘스키(Chomsky)**에 의하면 인간은 언어습득장치를 가지고 태어난다고 주장하였다. 즉, 언어획득기제라고 표현될 수 있는 생래적 인지능력을 갖고 태어난다고 보았다.

▶ 참고   쿠잉(cooing)

1) 자신의 목을 울림으로써 소리를 냄
2) '구구-', '오오-', '아아-'와 같은 모음으로 이루어진 소리임
3) 생후 첫 달: 3 ~ 4개의 모음소리를 냄
4) 생후 2~3개월: 대부분의 모음이 나타남
5) 엄마와 영아 간에 상호 발성으로 이루어짐 - 엄마가 영아가 표현하였던 쿠잉의 소리 중 한 가지 소리를 내고 기다리면 영아가 이에 응하여 같은 쿠잉으로 반응함.

002

답 ②

해 **저항애착아는 주 양육자에게 양가적 태도를 보인다. 양가(저항/집착) 애착의 특징은 다음과 같다.**[1] 첫째 엄마가 어린 시절 자녀의 감정보다 자신의 감정을 우선적으로 생각하며 너무 잘해주거나 무관심하게 두는 등 일관성 없이 양육한다. 둘째, **아동이 엄마와 분리될 때 분리불안을 느끼며** 엄마와 떨어지려고 하지 않고 재회해도 쉽게 안정이 되지 않고 계속해서 울고 떼를 쓴다. 셋째, 타인에게 과도하게 의존적 성향을 보이며 타인에 대한 믿음이 없다. 마지막으로 과도한 감정표현을 하거나 매사에 걱정이 많다.

오답노트

① **저항애착아**는 주 양육자에 대한 분리불안이 높다.
③ **매리 애인스워스(Mary Ainsworth)**는 '낯선 상황 실험'을 고안해 애착을 측정하여 유형을 3가지(안정애착, 불안정 저항애착, 불안정 회피애착)로 구분하였다.
④ **볼비(J. Bowlby)와 쉐퍼와 에머슨(Schaffer & Emerson)**은 애착형성을 4단계로 분류하였다.
⑤ **로렌츠(Lorenz)**는 새끼조류의 행동을 연구해 각인 개념을 제시하였다.

심화학습
쉐퍼와 에머슨(Schaffer & Emerson)의 애착발달단계 : 4단계

1) 제1단계(출생 ~ 6주): **비사회적 단계**
   생후 첫 3주 동안 나타나는 신생아의 미소 짓기는 사회적 또는 비사회적 자극에 대해 전적으로 호의적인 반응을 나타낸다. 그러나 생후 4 ~ 5주 무렵 영아는 짧지만 조금씩 사회적 영향력을 발휘하는 미소 짓기를 시작한다. 따라서 이 두 주간은 제2단계 미소 짓기로의 전환기이다.

2) 제2단계(6주~6 · 7개월): **무분별적 애착단계**
   영아들이 모든 사람들에게 미소 짓는데, 낯선 사람에게도 거리낌 없이 미소를 지어 사람들과 떨어지는 것을 싫어하는 태도를 보이는 시기이다. 이때 영아들은 사람의 목소리와 얼굴을 보고 미소 짓기 반응을 보이기 시작한다.

3) 제3단계(7~18개월): **특정인 애착단계**
   영아들은 점차 자극을 분별하고 음성을 구별할 뿐만 아니라 친숙한 목소리에 보다 즉각적으로 미소 짓기와 같은 반응을 보여 애착을 발달시킨다. 낯선 사람에 대해 덜 미소 짓고 경계하다가 전혀 미소를 짓지 않을 수도 있다. 엄마와 같은 애착이 형성된 특정인이 영아의 미소에 대해 반응을 보이면 더 많이 미소 짓고, 헤어질 때 분리불안을 보이기 시작하는 것으로 양육자와의 애착이 발달한다.

4) 제4단계(18개월 이후): **다인(多人) 애착단계**
   안정된 애착을 형성한 후, 몇 주 내에 영아들은 자신을 돌보는 엄마 외의 다른 사람과도 애착을 형성한다. 영아가 18개월이 되었을 때에는 한 사람에게만 애착을 형성하는 경우가 거의 없으며 점차 여러 사람들에게 애착을 형성하는 것이 자연스러운 발달적 특징이다.

---

[1] 출처: 애착과 심리치료, 김진숙, 학지사

> **심화학습**　　　　　　　　　　**볼비(Bowlby)의 애착발달단계 : 4단계**

1) 제1단계(출생~8 · 12주) : 무분별적 사회적 반응단계

　영아는 아직 시각이 발달하지 않아 후각과 청각으로 사람을 구분한다. 즉, 붙잡기, 미소 짓기, 울기, 눈 응시하기 등의 다양한 신호체계로 사람들과 친밀한 관계를 유지하며, 양육자의 냄새, 목소리, 얼굴 등을 감각적으로 인식한다.

2) 제2단계(3~6 · 7개월) : 분별적 사회적 반응단계

　친숙한 양육자와 낯선 사람에게 다르게 반응한다. 이 시기의 영아는 자신의 행동이 주위 사람의 행동에 영향을 미친다는 것을 알게 되어 자신이 신호를 보내면 양육자가 반응해 줄 것이라는 신뢰감을 발달시킨다. 그러나 아직 애착관계가 분명하게 형성되지 않아서 분리불안을 보이지는 않는다.

3) 제3단계(6 · 7개월~2 · 3세) : 애착대상에 근접성 유지단계

　영아는 주 양육자에 대한 능동적인 접근과 접촉추구 등의 애착행동을 본격적으로 나타낸다. 또한 엄마와 떨어지면 분리불안을 보임으로써 엄마에 대한 애착이 분명히 형성되었음을 보여준다. 영아는 엄마를 안전기지(secure base)로 삼아 환경을 탐색하고 모든 사람에게 동일한 애착반응을 보이지 않는다. 한 대상에게 대한 애착이 강해질수록 다른 사람들에게 낯가림을 심하게 보이며 대상영속성 개념이 완전히 획득되지 않아 심한 분리불안을 나타낸다.

4) 제4단계(3세 이후) : 목표 수정된 동반자적 반응단계

　자신의 행동을 양육자에게 맞추며, 다시 올 것이라 믿기 때문에 부모가 없어도 안정된 상태를 보이며, 이러한 심리적 허용은 부모와 신뢰감 형성이 전제되어야 한다. 3세 이후의 아동들은 부모의 감정이나 동기를 이해하게 되면서, 부모의 행동에 따라 자신의 애착행동의 목표를 수정한다. 예를 들어, 부모와 가까이 하고 싶은 아동이 바쁜 어머니를 보고 울지 않고 기다리는 것을 들 수 있다.

003

답 ③

해 [ㄴ]. 감각운동기 시기에 나타나는 영아의 지연모방은 회상기억 능력이 있음을 보여준다.

> **지연 모방(deferred imitation)**
>
> **1) 스위스의 심리학자 피아제(Jean Piaget)가 1962년 처음 주장한 것으로, 지연모방이란 아동이 목격한 사태를 그 자리에서 모방하는 것이 아니라 일정한 시간이 지난 후 자발적으로 재현하는 모방을 뜻한다.** 즉, 감각운동기의 마지막 단계(18개월 ~ 24개월)에 이르면 지연 모방(deferred imitation)이 가능하게 된다.
>
> **2) 18개월의 유아들은 2주 후쯤, 24개월의 유아들은 2~3개월 후쯤까지 모방을 기억하였다가 표현할 수 있다고 한다. 일정 시기가 지나면 더 이상 외부를 모방하지 않고, 내면의 표현과 기억들을 조합하고 재구성하는 것이 가능해진다고 한다.**
>
> **3) 사례**
> 피아제(Piaget)는 친구 집에서 친구의 딸이 방바닥에 뒹굴며 트집을 부리는 모습에 놀라 지켜본 18개월 된 자신의 딸이 사흘 후에 그 행동을 그대로 모방하는 것을 관찰하고 이 무렵에 지연 모방이 획득된다는 사실을 확인하였다. 지연 모방이 가능하다는 것은 아이가 관찰한 사태를 표상의 형태로 저장하고 있음을 입증해주는 하나의 사례가 된다.

　　[ㄹ]. 성인후기의 일화기억은 대부분 의미기억보다 빨리 쇠퇴한다. 즉, 장기기억 중 일화기억(일상기억)이 의미기억보다 더 빨리 감퇴한다.

[ㄱ]. 정교화 전략은 조직화 전략보다 **더 나중에** 나타난다. **기억 전략은 반복 시연 전략, 조직화 전략, 정교화 전략 순서로 발달한다.**

> 1) 반복 시연
>
>   암기 사항을 무조건 반복해서 암기하는 것으로 유아기 후반부터 자발적으로 사용할 수 있다. 예를 들어 '접시, 냄비, 바지, 양말, 자동차, 비행기, 접시, 냄비, 바지, 양말, 자동차, 비행기…(이하 반복)'식으로 암기하는 것을 의미한다.
>
> 2) 조직화
>
>   암기 사항을 묶어서 암기하는 것으로 아동기 후부터 자발적으로 사용할 수 있다. 예를 들어 '주방용품 : 접시, 냄비 / 의류 : 바지, 양말 / 교통수단 : 자동차, 비행기'식으로 암기하는 것을 의미한다.
>
> 3) 정교화
>
>   암기 사항의 의미를 연결 지어 암기하는 것으로 청소년기부터 자발적으로 사용할 수 있다. 예를 들어 '자동차에 접시와 냄비를 싣고 바지와 양말을 신고 비행기를 탄다.'와 같은 이미지를 떠올리며 암기하는 것을 의미한다.

[ㄷ]. **반복 시연(암송) 전략**은 기억해야 할 정보를 여러 번 반복하는 것이다.

004

답 ⑤

해 **바빈스키 반사**는 신생아의 **발바닥**을 간지럽히면 발가락을 벌렸다가 오므리는 반사 행동으로, 원시반사에 해당한다.

① 걷기반사 : 맨발로 세워놓고 붙잡아주면 마치 걷는 것처럼 다리를 움직인다.

② 모로반사 : 깜짝 놀랄 때 보이는 반응으로, 팔과 다리를 바깥쪽으로 펼쳤다가 다시 안쪽으로 움츠리며 껴안는 듯한 동작을 취한다.

③ 파악반사 : 손바닥을 손가락으로 누르면 손가락을 꽉 쥔다. 짧은 동안 자신의 체중을 실을 만큼 힘을 낸다.

④ 근원반사 : 뺨이나 입 주변에 자극을 받았을 때, 자극 쪽으로 고개를 돌리고 입을 벌려 젖을 찾는다.

005

답 ①

해 **보존개념이 획득(동일성의 원리, 보상성의 원리, 가역성의 원리)되는 시기는 구체적 조작기이다.**

② 비가역적 사고를 한다. - **전조작기**

③ 물활론적 사고를 한다. - **전조작기**

④ 자아중심성이 확장된다. - **전조작기 후기**

⑤ 분류화, 서열화를 할 수 있다. - **구체적 조작기**

청소년기 자아중심성[2]

1) 청소년기에 들어서면서 두드러지는 현상은 자기중심적으로 사고하고 행동하는 특성이라 할 수 있다. 원래 자아중심성(egocentrism)은 '중심화'라는 용어로 Piaget에 의해 제기되었다. 그는 한 단계에서 다음 단계로 인지구조가 전환되는 과정에서 새로운 단계의 인지기능이 아직 완전히 성숙하지 못해 기능의 한쪽 측면만이 작용하기 때문에 이러한 중심화가 나타나며, 인지구조가 성숙해짐에 따라 중심화에서 벗어나게 된다고 설명하였다.

2) 엘킨드(Elkind, 1967)는 Piaget가 제시한 이론을 확장하여 청소년기에서만 나타날 수 있는 인지, 행동 양상인 청소년기의 자아중심성 개념을 처음으로 제기하였으며, 이 개념은 청소년기에 관한 인지발달 가설의 가장 좋은 예로 인정되었다(Lerner, Peterson & Brooks-Gunn, 1991). 청소년기 자아중심성은 특히 '상상의 청중'과 '개인적 우화'라는 두 가지 특성으로 구분해 볼 수 있다.

006

답 ③, ⑤ (복수정답)

해 신체 및 운동발달의 원리 중 순서성의 원리는 신체발달은 쉽고 간단한 기능이 먼저 발달하고 차츰 복잡한 기능이 발달하는 등 일정한 순서에 의해 이루어지는 경향이 있다는 것이다. **영아의 신체발달은 머리 쪽(두)에서 다리 쪽(미)의 방향으로 발달이 진행된다. 즉, 눈 운동과 머리 움직이기, 그리고 사물을 본 것을 손으로 잡는 협응[3]운동이 먼저 나타나고, 기어 다니기, 앉기, 걷기가 가능해지는 등 두미(頭尾)의 방향으로 발달이 이루어진다.**

007

답 ①

해 (가) 시기는 에릭슨(E. Erikson)의 발달단계 중 아동기(근면성 대 열등감)에 해당한다. 이와 관련된 프로이트(S. Freud)의 발달단계는 잠복기이다. 따라서 [ㄱ]. **리비도가 몸 전체에 잠복된다**는 내용과 [ㄴ]. **학교와 동성친구라는 사회 환경을 통해 사회적, 도덕적 가치를 습득한다**는 내용은 옳은 내용이다.

[ㄷ]. 구순적 경험을 통해 쾌감을 느낀다. - 구강기(1단계)
[ㄹ]. 리비도가 항문에서 생식기로 이동한다. - 남근기(3단계)

008

답 ③

해 아동 A는 자신이 낮잠을 자지 않았기 때문에 아직 오후가 아니라고 생각하는 것은 피아제(J. Piaget)의 인지 발달단계 중 전조작기에서의 전환적 추론에 해당한다. 이외에도 전조작기의 특징으로 직관적 사고, 자기중심화 경향, 상징적 사고(예 상징놀이) 등이 있다.

참고 ③ **가역적 사고를 하는 시기는 구체적 조작기에 해당한다.**

---

2) 출처: 한국청소년개발원 편, 청소년심리학

3) 협응이란 운동과 관련하여 여러 신체 움직임이 원활하고 효율적으로 사용하는 것을 말하는데, 신체를 사용하여 신체를 움직이면서 조절하는 능력을 의미한다.

009

답 ⑤

해 **신생아 수면은 불규칙적인 수면인 렘(REM)수면과 규칙적 수면인 비렘(NREM)수면이 비슷하게 지속된다.** 비렘 (NREM)수면 동안 신생아는 온전히 쉬고 있고, 심장박동, 호흡, 뇌파 활동이 느리고 규칙적이다. 렘(REM)수면 동안 신생아는 팔과 다리를 움직이고, 얼굴을 찡그리거나 안구를 움직이는데, 이 때 신생아의 뇌는 각성상태의 뇌와 비슷한 활동을 보인다. 또한 렘(REM) 수면 동안의 외부자극이 중추신경계의 성장에 도움이 된다는 주장도 있다.

참고 생후 1개월 이내의 신생아는 후각이 발달되어 있는 반면, 시각이 잘 발달되지 않아 가시거리가 짧다. 그리고 원시 반사(모로반사, 바빈스키 반사, 걷기반사, 파악반사 등) 행동을 보이며, 끈적거리고 냄새가 없는 태변을 본다.

실력다지기

렘(REM)수면

REM수면(Rapid Eye Movement Sleep)은 낮 동안의 정신활동을 정리하는 수면으로, 급속 안구운동(Rapid Eye Movement)과 높은 수준의 뇌 활성화로 특징지어진다. 이때 뇌가 완전히 잠드는 것이 아니라, 전압이 낮고 빠른 불규칙적인 뇌파활동(역설적 수면)이 나타나고 낮 동안 습득된 단기기억이 장기기억으로 저장되며, 몸의 근육들이 이완되므로 정신적인 피로를 회복하고 스트레스가 해소된다. REM수면단계 동안의 뇌파 양상은 베타파와 유사한 고주파의 톱니모양의 파형을 보이며 이는 이 단계 동안 뇌가 깨어 있는 것처럼 활동한다는 것을 시사한다.

010

답 ②

해 **문제에서 부모님은 유아교사가 되기를 원하시나, A는 아직 진로에 대해 고민해 본 적이 없다는 것은 정체감 혼미에 해당한다.** 만약 부모님은 유아교사가 되기를 원하시고, A가 진로에 대해 고민 없이 유아교사를 선택했다면 정체감 유실에 해당한다.

정체감 혼미(identity diffusion)
가장 낮은 성취지위로 직업계획이나 이념적인 세계관에 대한 강한 참여를 하지 않거나 쉽게 중단해 버리고 자아에 대해 안정되고 통합된 견해 형성을 실패한다.

011

답 ④

해 **베르니케 영역은 언어 이해를, 브로카 영역은 언어 산출을 담당한다.**

언어생성은 주로 좌반구의 하전두엽 부분에 있는 **브로카 영역**을 포함하는 부위에서 관여하고, **언어이해**는 주로 좌반구의 상측두엽 부분에 있는 **베르니케 영역**의 주변 부위에서 관여한다.

암기법 브전(언어표현) / 베측(언어이해)

참고 변연계 중 편도체는 정서와 감정을 관장하여 정서기억과 관련이 있고, 시각피질의 시냅스 생성은 출생 후 1년까지 활발하게 진행되며, 출생 이후 전전두엽 피질(인지기능 담당)의 활성화로 인지적 통제기능이 점차 향상된다.

투쟁-도피 반응(Fight or Flight Response)

1) 투쟁-도피 반응이란, 스트레스를 받거나 응급 상황에서 자율신경계의 교감신경이 활성화되어 자신이 어떻게 반응해야 할지 신체적으로 생리학적 반응을 일으킨다. 즉, 교감신경계가 스트레스나 응급 상황에서 공격, 방어, 도피에 필요한 신체 자원들의 에너지를 동원하여 반응하게 하는 것이다.

2) 투쟁-도피 반응은 미국 생리학자인 월터 캐넌(Walter Cannon, 1932)이 '정서적 반응이나 식욕 저하와 같은 신체적 반응'을 가리키는 용어로 처음 명명했다. 캐넌은 '투쟁-도피 반응이란 동물이 교감신경계를 사용해 위협에 반응하여 싸울 것인지, 혹은 도망갈 것인지 준비하는 것'이라고 했다.

교감신경계

교감신경계는 우리 몸이 에너지를 소비하는 강한 활동을 할 수 있도록 한다. 즉 소화관을 억제하고, 기관지를 이완시켜 더 많은 공기가 들어올 수 있도록 하며, 심장박동 수를 증가시킨다. 간에서는 포도당을 혈액 속으로 내보내며, 부신에서는 에피네프린과 노르에피네프린을 분비시킨다.

012

답 ⑤

해 새로운 가능성 탐색을 위한 **시행착오적 시도**가 나타난다. → **3차 순환반응단계(12개월~18개월)**

감각운동기의 제5의 하위단계 : 3차 순환반응(12~18개월)

이전 단계의 유아는 새로운 상황에 직면해서 기존의 도식들을 수단으로 사용한다. 이 단계의 유아는 새로운 문제를 해결하기 위해서 새로운 수단을 사용한다. 여기서 **유아는 다양한 실험을 통해 사건들의 인과관계를 검토하려고 하며 활발한 시행착오 행동을 보인다.** 피아제의 어린 아들은 어느 날 새 탁자에 관심을 가지고 탁자를 두들겨 보았는데, 어떻게 두들기느냐에 따라 소리가 달라진다는 것을 알고 여러 가지 실험을 해보았다. 이제 **걷기 시작하면서 실험행동과 시행착오 행동을 통한 새로운 경험의 기회는 증가한다.**

참고 ① 지연모방이 불가능하다. 그 이유는 지연모방은 생후 18개월~24개월에 나타나기 때문이다.

③ 2차도식의 협응(10~12개월) 시기의 아동들은 A-not-B 오류가 나타난다. A-not-B 오류는 '위치오류'라고도 한다. 감각 운동기에는 대상영속성(object permanence)의 발달이 이루어진다. 이것은 대상이 더 이상 눈에 보이지 않거나 감각을 통해 더 이상 탐지될 수 없을 때도 계속 존재하고 있다고 생각하게 되는 성향을 말한다. 대상 개념이 출현하는 더욱 분명한 표시는 8개월~12개월쯤에 나타난다. **이 시기의 영아는 감추어진 대상을 마지막으로 보았던 장소보다 이전에 발견했던 장소에서 찾는 경향이 있다. 이를 A-not-B 오류 (위치오류)라고 한다.**

1) 문제 : 혜수가 곰 인형을 잡으려고 손을 뻗자 엄마가 손으로 인형을 가렸다. 혜수는 인형 앞을 가로막은 엄마 손을 치우고 인형을 잡았다.

2) 감각운동기의 제4의 하위단계 : 2차도식의 협응(10~12개월)

이 단계에서는 인지발달상의 2가지 획기적인 사건이 발생한다. 첫째, 목적을 달성하기 위한 수단으로 이미 학습된 행동양식과 도식들을 사용한다. 피아제가 어린 딸이 성냥갑을 잡으려 하자, 손으로 가로 막았다. 처음에는 그것을 무시하거나 넘어서 돌아가려 애썼으나 며칠 후에는 손을 치우고 성냥갑을 잡았다. 즉, 치우는 것과 잡는 것이 협응되었다. 원인과 결과의 관계에 대한 이해를 갖지 못한 3단계의 유아라면 손으로 막았을 때 울거나 떼를 썼을 것이다. 둘째, 유아는 대상들이 자신과 분리되어 있으며 그것들은 별개의 성질을 갖고 있다는 것을 깨닫는다. 이러한 인식과 더불어 대상영속성이 발달한다. 이전에는 보이지 않는 것은 존재하지 않는 것으로 이해되었으나, 어떤 사물이 보이지 않게 되었더라도 반드시 사라진 것은 아니라는 것을 알게 된다(이불 속에 공을 감추는 경우처럼).

013

답 ④

해 **지적장애는 지적기능의 결함만으로는 진단을 내릴 수 없다.** 그 이유는 지적장애는 개념적, 사회적, 실행적 영역에서 **지적기능과 적응기능 양쪽 모두 결함**을 나타내는 발달적 시기에 출현하는 장애이기 때문이다.

지적장애 진단기준 - DSM-5

지적장애는 개념적, 사회적, 실행적 영역에서 지적기능과 적응기능 양쪽 모두 결함을 나타내는 발달적 시기에 출현하는 장애이다. 다음의 세 가지 기준이 반드시 충족되어야 한다 :

A. **임상적 평가와 표준화된 개인 지능검사에 의해 확인된** 추론하기, 문제해결하기, 계획하기, 추상적 사고하기, 판단하기, 학교의 학습, 경험을 통한 학습과 같은 **지적기능의 결함**

B. 개인적 독립성과 사회적 책임감에 관한 발달적 표준과 사회문화적 표준에 충족되지 못하는 결과를 야기하는 적응기능에서의 결함. 지속적인 지원이 없을 경우, 적응결함에 의해 가정이나 학교, 일터, 공동체와 같은 복합적인 환경에 걸친 의사소통하기, 사회적 참여하기, 독립적인 생활하기와 같은 일상적 활동에서 하나 또는 그 이상의 기능이 제한된다.

C. **지적결함과 적응결함은 발달적 시기에 시작됨.**

* 주의 : 지적장애란 진단적 용어는 ICD-11에 있는 지적발달장애와 동의어이다. 이 매뉴얼에서는 지적장애란 용어를 사용하고 있지만, 다른 분류체계와의 연관성을 분명히 나타내기 위해 제목에 두 용어가 모두 사용되어 있다. 더욱이 미국연방법령(111-256, 로사법)에서 정신지체란 용어를 지적장애로 대체되어, 학술저널에서도 지적장애란 용어가 사용되고 있다. 따라서 지적장애는 의학과 교육, 다른 전문분야와 일반대중과 시민단체에서 일반적으로 사용되는 용어이다.

* **현재의 심각도를 명시할 것** :
  (F70) 경도
  (F71) 중등도
  (F72) 고도
  (F73) 최고도

014

답 ④

해 [ㄱ]. **외부체계**에는 부모의 직장 환경이 포함된다. 중간체계는 미시체계 간 연결(예 가정-학교)과 관련이 있다.

참고 나머지는 옳은 내용이다. 특히 시간체계는 개인이 전 생애에 걸쳐 일어나는 변화와 사회 역사적인 환경의 변화로, 개인이 겪는 생물학적, 인지적, 심리적 변화가 포함된다.

015

답 ④

해 콜버그(L. Kohlberg)의 '헤인즈 딜레마'중 약을 훔치지 않아야 한다는 법률이 인간의 생명을 구하는 것보다 더 중요하다고 할 수 없고, 인간의 권리나 존엄을 위협하는 법이라면 부당하기 때문에 수정되어야 한다는 내용은 **4단계인 '법과 질서 준수로서의 도덕성'의 상위단계인 5단계 '사회계약정신으로서의 도덕성'**과 관련이 있다.

부연 　　　콜버그(L. Kohlberg)의 도덕성 발달 제3수준 : 후 인습적 수준

1) 5단계 : 권리 우선과 사회계약, 혹은 유용성의 단계(Social contract orientation)
   사회계약 정신으로서의 도덕성으로, 법과 질서가 무조건 옳은 것이 아니라 사회적인 유용성에 따라 합의에 이르게 되면 바뀔 수 있다.
2) 6단계 : 보편 윤리적 원리의 단계 (Universal ethical principles)
   도덕적 원리에 따라 스스로 선택한 양심적인 행위가 올바른 행위라고 본다.

016

답 ①

해 **적응**은 동화(assimilation)와 조절(accommodation)의 상보적 활동에 의해 이루어지며, 이 활동이 균형을 이룬 상태를 **평형화(평형)**라고 한다.

1) 적응 : 적응은 환경과의 직접적인 상호작용을 통해 도식이 변화하는 과정을 말하며, **두 가지의 상호보완적인 과정을 통해 이루어지는데, 바로 동화와 조절이라는 수단**이다.
2) 평형화 : **평형화는 환경에서 들어온 정보와 인지적 도식 간의 정신적 균형을 추구**하는 것으로서 이것은 인간의 선천적인 요구라고 할 수 있다.

017

답 ⑤

해 어휘력 및 사회적 상황에 대한 반응으로 측정한다. → **결정성 지능**

실력다지기   혼(J. Horn)과 카텔(R. Cattell)의 지능이론

1) **유동성 지능 - 유전적, 선천적으로 타고난 지능(동작성 지능: 공간지각 및 추론 능력)**
   (1) Wechsler 지능검사의 동작성 지능에 해당하며, 환경이나 문화에 따라 잘 변화되지 않는 선천적인 능력이다.
   (2) 처음에 지적능력이 증가하다가 성인중기 전후에 퇴보하기 시작한다.
   (3) 새로운 상황을 만났을 때의 문제를 해결할 수 있도록 하며 관계나 유사한 것을 찾아 비교하는 능력으로 뇌의
   효능과 뇌손상 여부에 민감하다.
2) **결정성 지능 - 후천적 경험이나 교육에 의해 발달한 지적인 능력(언어성 지능: 어휘력)**
   **(1) Wechsler 지능검사의 언어성 지능에 해당하며, 유동성 지능을 바탕으로 하여 개인의 문화적, 교육적 경험에
   따라 영향을 받는 후천적 능력이다.**
   (2) 40세까지 발달하지만, 환경에 따라서는 그 이후에도 발전될 수 있다.

018

답 ②

해 '왜 하필 나인가?', '왜 나만 죽어야 하는가?'의 생각은 퀴블러-로스(E. Kübler-Ross)가 제시한 죽음을 받아들이는 과
정 중 **분노과정**에 해당한다.

019

답 ①

해 **21번 염색체의 이상으로 나타나는 증후군은 다운 증후군이다.** 21번 염색체의 수가 정상보다 하나 더 있는 경우로
총 염색체 수는 47개이다.

참고

1) XYY 증후군[4]
   남성에게 존재하는 성염색체인 Y염색체가 한 개 더 추가된 성염색체 이상 질환이다. 표현형은 남자이며, 키가
   큰 것 이외의 외형적 특징은 없다. 임상증상도 거의 없다. 출생 빈도는 남아 1,000명당 1명으로서 가장 흔한 염
   색체 이상 질환 중 하나이다.
2) 취약 X염색체 증후군 = X결함 증후군
   X 염색체에 취약한 부위가 있어 지적장애, 발달장애 등을 유발하는 유전질환이다. 이 질환은 1969년에 럽스
   (Lubs)가 X염색체에서 취약부위를 처음 관찰하여 명명되었다.

---

4) 출처: 서울 아산병원 홈페이지

020

답 ⑤

해 모두 DSM-5의 주요 및 경도 신경인지장애의 병인에 해당한다.

심화학습

주요 및 경도 신경인지장애(Major and Mild neurocognitive Disorders)

1) 주요 신경인지장애(Major Neurocognitive Disorder) 진단기준

A. 나 또는 그 이상의 인지 영역(복합적 주의, 집행 기능, 학습과 기억, 언어, 지각 – 운동 또는 사회인지)에서 인지 저하가 이전의 수행 수준에 비해 현저하다는 증거는 다음에 근거한다.

  1. 환자, 환자를 잘 아는 정보제공자 또는 임상의가 현저한 인지 기능저하를 걱정

  2. 인지 수행의 현저한 손상이 가급적이면 표준화된 신경심리 검사에 의해, 또는 그것이 없다면 다른 정량적 임상 평가에 의해 입증

B. 인지 결손은 일상 활동에서 독립성을 방해한다(즉, 최소한 계산서 지불이나 치료약물 관리와 같은 일상생활의 복잡한 도구적 활동에서 도움을 필요로 함).

C. 인지 결손은 오직 섬망이 있는 상황에서만 발생하는 것이 아니다.

D. 인지 결손은 다른 정신질환(예 : 주요우울장애, 조현병)으로 더 잘 설명되지 않는다.

  * 병인에 따라 다음 중 하나를 명시할 것 :

– **알츠하이머병**	– 전두측두엽 변성	– 루이소체병
– **혈관질환**	– **외상성 뇌손상**	– 물질/치료약물 사용
– **HIV 감염**	– 프라이온병	– **파킨슨병**
– 헌팅턴병	– 다른 의학적 상태	– 다중 변인
– 명시되지 않는 경우		

* 부호화 시 주의점 : 병인이 되는 의학적 상태나 물질에 근거하여 부호화한다. 경우에 따라서 병인이 되는 의학적 상태의 부호를 부가할 필요가 있는데, 이는 다음과 같이 주요 신경인지장애의 진단부호 바로 앞에 기록한다.

* 다음의 경우 명시할 것 :

  1) 행동장애를 동반하지 않는 경우 : 인지장애가 임상적으로 현저한 어떤 행동 장애도 동반하지 않는 경우

  2) 행동장애를 동반하는 경우(장애를 명시한다) : 인지장애가 임상적으로 현저한 행동장애(예 : 정신병적 증상들, 기분장애, 초조, 무감동 또는 다른 행동증상들)를 동반하는 경우

* 현재의 심각도를 명시할 것 :

  1) 경도 : 일상생활의 도구적 활동의 어려움(예 집안 일, 돈 관리)이 있다.

  2) 중등도 : 일상생활의 기본적 활동의 어려움(예 음식 섭취, 옷 입기)이 있다.

  3) 고도 : 완전히 의존적인 상태이다.

2023 제1과목 발달심리 (필수)

021

답 ④

해 [ㄱ]. 개인의 **발달 안정성과 변화를 관찰**할 수 있다. → **장기간에 걸친 종단 설계법**

[ㄴ]. 장기간에 걸친 **종단 설계법이 시간과 비용이 더 많이 요구된다.**

참고 서로 다른 연령집단을 동시에 표집하여 연령별 차이를 살펴보는 설계법이 횡단 설계법이며, 동시대 집단효과가 나타날 수 있다.

부연

동시대 집단효과(Cohort Effect)

1) 독일의 심리학자 발테스(Baltes)가 제안한 인간발달에 관한 연구방법으로서 발달에 미치는 사회적·역사적 영향(예 홍역 예방접종의 발달)을 밝히기 위한 분석이다.

2) 이 설계의 기본가정은 출생연도가 서로 다른 사람들은 상이한 사회적·역사적 환경의 영향을 받기 때문에, **서로 다른 시기에 태어난 동년배 집단들을 동일연령이 되었을 때 측정한 결과를 비교해 봄으로써 출생연도에 따른 발달특성을 기술, 설명, 예측하는 데 목적이 있다.**

3) **사례** 1910년생, 1950년생, 1970년생이 각각 다른 동시대 출생집단을 이루고 있는 것이다. 이러한 동시대 출생집단은 사회적·문화적·역사적으로 거의 비슷한 경험을 하며 살아가기 때문에, 가치관, 인생관, 교육수준이나 문화적 혜택 그리고 여러 가지 사회적 태도에 있어서 공통점을 가지게 된다.

4) **지능이나 태도 등 연령집단 간의 차이를 비교하기 위한 횡단연구의 경우, 두 연령집단간의 차이인 연령에 의한 차이와 함께, 특정한 시기를 살았던 동시대 출생 집단효과에 의한 차이도 반영되어 있다**

022

답 ①

해 ① **생산성 획득(7단계 중년기) - 책임 단계 : 옳은 연결이다.**

② 자율성 획득(2단계 유아기) - **획득 또는 습득단계**

③ 근면성 획득(4단계 아동기) - 획득 또는 습득단계

④ 자아통합 획득(8단계 노년기) - **재통합단계**

⑤ 정체감 획득(5단계 청소년기) - **획득 또는 습득단계**

샤이(schaie)

샤이(schaie)는 종단연구를 통해 성인기 인지발달 5단계모형을 제시하였다. 성인기 인지발달 5단계는 1) 획득 또는 습득단계(청소년기까지), 2) 성취단계(성인초기/청년기), 3) 책임단계(성인중기/중년기), 4) 실행단계(성인중기/중년기), 5) 재통합단계(성인후기/노년기)이다.

023

답 ⑤

해 빨기, 삼키기 등의 반사반응이 나타난다. → **출생 후 신생아기**

참고 임신 2주부터 8주까지의 기간은 배아기(embryonic period)이다. 이 기간 동안에 중요한 신체기관과 신경계가 형성된다. 태반, 탯줄, 양수가 발달하며, 외배엽으로부터 신경관이 형성되고, 심장이 형성되어 박동하기 시작한다.

심화학습
배아기(embryonic period)의 발달 특징

1) 이 기간에 배아는 주요 신체기관과 조직을 발달시키는데 태반이 발달하고 탯줄이 태반과 태아를 연결한다. 혈액이 태아의 탯줄을 통해 배아와 태반 사이를 오감으로써 모체로부터 영양분과 산소를 공급하고 이산화탄소와 배설물을 배출한다. 이러한 교환은 마치 필터와 같은 체계를 통해 이루어지므로 배아와 모체의 혈액은 섞이지 않는다.

2) 배아기 동안에 수정체의 내면은 외배엽, 중배엽, 내배엽의 세 개의 층으로 분열된다. **외배엽은 분열하면서 뇌, 척추, 피부, 머리카락, 손톱, 발톱, 치아, 감각세포 및 신경계가 형성되며, 중배엽은 근육, 골격, 뼈, 혈관, 순환계 (심장 등)와 피부의 내층이 형성되며,** 내배엽은 장기, 호흡기, 기관지, 폐, 취장, 간 등의 기관들이 형성된다. 눈이 머리의 옆쪽에서 앞쪽으로 옮겨오게 되며, 귀와 코, 입술 등 뚜렷한 얼굴 모양이 형성되기 시작해 5주경에는 팔다리가 형성되기 시작한다. **이 시기의 후반에는 심장과 뇌 등 형성된 순환계와 신경계가 기능을 시작하게 된다.** 이들 신체기관 외에도 태내발달에 중요한 역할을 할 양수 주머니, 태반, 탯줄 등도 발달한다.

3) 배아기 동안에 각 기관이 급속하게 형성되는 만큼 바람직하지 못한 환경의 영향에 가장 민감하게 반응한다. 엄마의 질병, 영양결핍, 약물 등은 배아기 발달에 치명적인 영향을 줄 수 있다. 이러한 부정적인 영향은 자연유산이나 각종 발달장애로 나타날 수 있다.

024

답 ①

해 성숙은 주로 학습과 환경의 영향을 받지 않는다.

실력다지기
성장, 성숙, 학습의 개념 비교

1) 성장 : **신체가 커지거나 근육의 힘이 더 커지는 등의 양적 변화를 의미한다.**
→ **성장은 주로 신체, 생리적 발달의 양적증가에 국한해 사용하는 표현**으로, 사람은 태어날 때부터 이미 성장의 방향이나 내용이 어느 정도 정해진 설계도를 가지고 태어나며 이렇게 유전인자에 설계된 대로 성장을 하다가 일정한 시기가 되면 성장을 멈추게 된다.

2) 성숙 : **내적, 유전적 요인에 의해 나타나는 신체적, 심리적 변화**를 의미한다.
→ 사춘기에 나타나는 2차 성징, 태아가 모체 내에서 발달해 가는 것과 같이 **부모로부터 받은 유전인자가 지닌 정보에 따라 변화하기 때문에 경험이나 훈련처럼 외적 환경과는 관계가 없다.**

3) 학습 : 특수한 경험, 훈련, 연습과 같은 외부자극이나 조건, 즉 환경에 의해 개인이 변하는 것으로 직접적 또는 간접적 경험의 산물로 나타나는 후천적 변화를 의미한다.

025

답 ②

해 **사회적인 활동을 철회하는 것으로, 일에 대한 스트레스와 책임이 줄어들며, 신체 및 인지적 쇠퇴(노화)에 적응하며 내면에 더 집중하는 것을 강조하는 이론은 분리이론(유리이론; 커밍과 헨리)이다.** 이는 활동이론(하비거스트)과 반대되는 이론이다.

실력다지기

보상을 수반한 선택적 최적화 이론(SOC; Baltes & Baltes 1990)

보상을 수반한 선택적 최적화 이론(Selection and Optimization with Compensation model)에서 성공적 노화를 개인이 주어진 자원에 맞는 선택을 하고, 선택한 대상이나 영역의 효율성을 극대화하는 최적화를 추구하며, 노년기의 신체적, 인지적, 사회적 상실에 대해 보상을 하기 위한 시도와 책략을 개발하는 과정의 긍정적 산물로 보았다.

제2과목 집단상담의 기초 (필수)

026	④	027	⑤	028	②	029	①	030	①
031	②	032	④	033	④	034	②	035	④
036	⑤	037	②	038	⑤	039	⑤	040	⑤
041	④	042	①	043	③	044	⑤	045	④
046	③	047	①	048	③	049	③	050	①

026

답 ④

해 집단상담 초기 단계에서 상담자는 집단을 구조화하고, 집단원들의 라포 형성을 돕고, 상호작용을 촉진한다. 상담자는 집단원들의 솔직하고 자연스러운 언행을 촉진하고, 자기개방을 격려함으로써 집단 분위기를 생산적으로 형성한다.

참고 ④ **집단의 분위기를 망치는 집단원의 비생산적인 행동이 나타날 때, 상담자는 집단원의 행동에 즉각적으로 논평하기보다는 지금-여기에서의 집단원의 느낌을 표현하도록 격려한다.**

실력다지기   집단상담 초기단계(참여단계) 상담자의 역할

1) 집단상담은 서로 어느 정도 친숙해지고 아는 것에서부터 시작된다.
2) 인사를 하고 소개하는 과정은 모든 집단과정에서 필요한 일이다.
3) 상담자는 집단의 분위기를 형성하고 유지시키는 책임이 있다.
4) 첫 번째 모임은 다른 어떤 모임보다도 중요하다.
5) 상담자는 집단상담을 위한 사전 준비를 철저히 한 후 첫 번째 모임을 시작한다.
6) 상담자는 각 구성원들에게 왜 이 집단에 들어오게 되었는가를 분명히 해 주며 수용과 신뢰의 분위기를 형성하여 집단상담에서 새롭고 의미 있는 경험을 가지도록 이끌어 준다.
7) 구성원들이 자유로이 각자의 의견과 느낌을 나누도록 격려한다.
8) 상담자의 적극적인 참여가 필요하지만, 그렇다고 교사와 같이 가르치는 역할을 하는 것이 아니다.
9) 상담자는 내담자들로 하여금 스스로 집단의 규범을 지키고 상호 협력적인 자세를 갖추도록 함으로써 효율적인 집단 분위기를 만들 수 있다.
10) 상담자 자신의 말과 행동은 집단상담의 분위기를 만들고 유지하는 데 도움이 되는 것이어야 한다.
11) 집단상담을 시작하는 방법이나 집단 구성원들이 서로 경험을 나누도록 하는 '최선의 방법'이란 없으며 부단한 자기노력이 요구된다.
12) 상담자 자신의 경험과 개인적 특성을 살려 나름대로 자기 것으로 개발해야 한다.

027

답 ⑤

해 집단상담 제안서에서는 [집단의 필요성 대한 설득력 있는 근거], [달성하고자 하는 목표], [대상·모임시간·횟수·전체 시간], [평가방법] 등이 포함된다.

참고 ⑤ **집단의 명시적 및 암묵적 규범은 집단상담 과정 중에 집단원들의 상호작용을 통해 형성된다.**

028

답 ②

해 집단상담의 구조화는 상담자에 의해 집단의 목표, 과정, 내용, 절차 등이 체계적으로 구성된다. 이론적 배경에 따라 구조화의 정도와 종류가 다르다. 예를 들어 인지행동치료 집단이 인간중심치료 집단에 비해 더 구조화되어 있다. 집단의 구조화는 초기 단계에서 집단원들의 불안을 줄여줄 수 있다. 그러나 지나친 구조화는 집단원을 경직되게 만들어 집단의 발달을 방해한다. 집단원들 간에 갈등이 발생할 경우 정해진 절차와 활동을 잠시 미루고 갈등을 다루는 것이 바람직하다.

참고 ② **단기로 진행하는 심리교육집단은 대부분 [구조화 집단]으로 운영한다.**

029

답 ①

해 아동 · 청소년 집단상담에서 상담자는 아동 · 청소년과 관련된 법률(아동학대범죄의 처벌에 관한 특례법, 아동 · 청소년의 성보호에 관한 법률)을 숙지하고 있어야 한다. 아동과 청소년이 집단에서 얻을 수 있는 점을 학교 담당자, 교사, 부모에게 설명해서 비자발적인 청소년이 집단상담에 참여할 수 있도록 독려해야 한다. 상담자는 매 회기별 활동을 철저히 준비하되, 회기마다 주어진 구성과 주제를 융통성 있게 조절할 수 있어야 한다. 집단을 종결할 때 어느 정도의 기간을 두고 종결 시점을 알려줌으로써 이별에 대한 슬픔을 대비시킬 필요가 있다.

참고 ① **전적으로 아동이나 청소년의 편을 들기보다는 부모나 특정 기관과 협력하여 아동 · 청소년의 긍정적인 변화를 이끌어내기 위해 노력해야 한다.**

030

답 ①

해 교류분석 집단상담에서 라켓(Racket) 또는 라켓감정(Racket feeling)은 개인의 일상적인 상호작용에서 자동적으로 나타나는 행동이나 정서반응이며, 무의식적이고 반복적이다. 라켓감정은 아동기에 금지되었던 '진정한 감정'에 대해 대체된 감정으로 자신의 의사와 다르게 표현된다. 라켓감정은 어린 시절에 격려 받고 학습되어진 친숙한 정서로써 다양한 상황에서 경험하게 된다.

② 심리적 게임은 라켓의 일종으로 개인의 사회적 상호작용의 패턴을 더욱 구체화시키는 것이다. **라켓은 게임 이후에도 사라지지 않고 개인의 정서와 행동 패턴에 영향을 미친다.**

③ 성인이 라켓을 인식하고 이해한 후 라켓을 사용하는 것이 아니라 **라켓이 자주 발생하는 상황에서 대응방법을 개발하거나 라켓을 중화시키는 방식을 사용하면 문제해결에 도움을 받을 수 없게 된다.**

④ 아이의 부모가 허용했던 감정을 다른 감정으로 대체한 것을 (생활) 스크립트라고 한다.

⑤ **사람들에게 어디로 가고 그곳에서 무엇을 할 것인지를 말해주는 청사진을 (생활) 스크립트라고 한다.** (생활) 스크립트는 개인의 무의식적인 믿음, 기대, 감정, 행동 패턴으로 이루어진 생활 이야기나 대인관계 패턴이다. 과거의 경험, 부모의 메시지, 환경, 문화적 영향 등이 결합되어 개인의 (생활) 스크립트를 형성하게 된다.

031

답 ②

해 코리(G. Corey)의 집단상담은 [예비단계 - 초기단계 - 과도기단계 - 작업단계 - 종결단계] 과정으로 이루어진다. 작업단계는 초기단계와 과도기단계에서 효율적으로 이루어진 작업의 기반 위에 세워지는 단계로 [ㄱ]. 다소 거부감을 일으킬 수 있는 일을 주저 없이 노출하고 [ㄴ]. 집단원간의 갈등이 있음을 인정하고 해결해 가는 단계이다.

[ㄷ], [ㄹ]은 집단상담 초기단계의 집단원 특징으로 볼 수 있다.

032

답 ④

해 집단원은 과거 자신의 말을 들으려 하지 않고 관심도 없고 바쁘게 청소만 하는 엄마에게 화가 났던 상황에 대해 이야기 하고 있다. 이때 상담자는 ④ **만약 본인이 이 집단 안에서 그런 식으로 화를 낸다면 어떤 사람에게 화를 낼 수 있나요? 라는 질문을 통해 과거가 아닌 현재 집단에서의 경험에 초점을 맞추게 함으로써 '지금-여기'를 활성화 하고 있다.**

033

답 ④

해 얄롬(I. Yalom)의 치료적 요인에는 [희망고취, 보편성, 정보공유, 이타주의, 일차가족 집단의 교정적 발달, 사회화 기술의 개발, 모방행동, 대인관계 학습, 집단응집력, 감정정화, 실존적 요인]이 있다.

참고 [ㅁ]. **현실검증은 해당되지 않는다.**

034

답 ②

해 내담자는 부모님에 대해 무척 좋은 분이라고 말하지만 부모님에 대한 생각을 말할 때 목소리가 커지고 흥분한다. 이때 상담자는 **집단원의 언어적 진술 내용과 비언어적 행동이 불일치되는 모순점을 직면하기를 통해 피드백하고 있다.**

035

답 ④

해 얄롬(I. Yalom)의 치료적 요인 중 응집성(집단 응집력)은 다른 집단원들과 서로 연결되어 있다는 느낌으로 신뢰, 온화함, 공감, 수용에 의해 좌우된다. 응집성이 높은 집단원들은 더 이상 혼자라는 느낌이 들지 않고, 자신의 수치스러운 면이 드러나더라도 집단에 수용되며, 다른 사람들과 친밀한 접촉을 지속하게 된다.

참고 [ㄱ]. **나 자신도 다른 사람들처럼 잘 지내고 있다는 것을 알게 된다는 것은 보편성에 해당된다.**

036

답 ⑤

해 실존주의 집단상담의 목적은 자기 존재의 참된 의미를 발견하는 것이다. 즉 자신을 신뢰하고 주변 세계에 대한 조망을 확대할 수 있으며, 현재와 미래의 삶에 부여하는 의미를 명료화 하고, 과거·현재·미래의 위기에 성공적으로 협상하고 대처할 줄 아는 것이다.

참고 ⑤ **자신과 자신을 둘러싼 세상 즉, 미지의 영역에 대한 실존적 불안을 받아들이고 자신과 타인의 가치관과 이해의 관점을 넓힌다.**

037

답 ②

해 아들러 집단상담의 목표는 집단원들이 열등감을 감소하고, 바람직하지 않은 생활양식을 변화시키고, 사회적 관심을 가지도록 돕는 것이다.

참고 ② **아들러 집단상담에서 초기기억 회상은 자기, 타인, 세상, 윤리적 입장에 대한 개인의 확신을 탐색하기 위한 것이다.**

오답노트

① 초기 유아기의 트라우마 분석 : **정신분석 상담이론**
③ 유아 시절 대상관계 역동의 분석 : **대상관계 상담이론**
④ 삶의 각본과 심리적 자세의 탐색 : **교류분석 상담이론**
⑤ 현상학적 자기와 실제 자기간의 일치점 발견 : **인간중심 상담이론**

038

답 ⑤

해 집단상담의 잠재적인 위험 요소에는 힘의 남용, 자기 노출, 비밀유지, 희생양 만들기, 직면 등이 있다.

참고 ⑤ **[ㄱ], [ㄴ], [ㄷ], [ㄹ] 모두 집단상담 및 치료의 잠재적인 위험요소에 해당한다.**

039

📘 답 ⑤

📗 집단상담에서 발생하는 집단원의 문제행동에는 대화독점, 습관적 불평, 일시적 구원, 사실적 이야기 늘어놓기, 질문 공세, 적대적 태도, 의존적 자세, 우월한 태도, 충고 일삼기, 하위집단 형성, 주지화, 감정화, 소극적 참여 등이 있다.
참고 ⑤ **[ㄱ], [ㄴ], [ㄷ], [ㄹ] 모두 비생산적인 집단에 개입해야 할 상황에 해당**한다.

실력다지기 | 집단에서 발생하는 집단원의 문제행동들

1) 대화 독점
끊임없이 다른 집단원과 동일시하는 경향이 있어서 다른 집단원과 관련된 상황을 자신과 연결시켜 자신의 일상 생활에 대한 이야기를 장황하게 늘어놓는다.
(1) 문제점
　① 다른 집단원들과 집단 시간 공유를 방해하며, 말을 많이 하는 사람이 바람직한 집단원이라는 잘못된 생각 을 갖게 한다.
　② 대화를 독점하는 사람을 지켜보는 사람들을 피곤하게 만들어, 좌절을 겪게 되는 다른 집단원들은 그 집단 원뿐 아니라 이를 방치하는 집단상담자에게도 분노를 느낀다.
(2) 대처방안
　① 집단상담자는 대화를 독점하는 집단원의 문제행동에 즉각적이고 적극적으로 개입해야 한다.
　② 문제 집단원이 자신의 대화독점 행동에 대한 결과를 서서히 깨달을 수 있도록 유도한다.
　③ 집단상담자는 집단내의 혼란 상태나 집단원들의 문제행동을 시의 적절하게 조절하는 중재기술을 갖추고 있어야 한다.
　④ 자신의 행동에 대한 탐색기회를 제공하는 미완성문장을 사용하기도 하며 마음속에 가장 먼저 떠오르는 것을 적거나 말하게 하고, 발표할 때 집단원들 간에 피드백을 교환하게 함으로써, 이런 연습을 통해 대화 를 독점하는 집단원에게 자신의 문제행동에 대한 통찰을 가지게 한다.

2) 습관적 불평
거의 매 회기마다 집단에 대해 불평불만을 늘어놓거나 이로 인해 다른 집단원과 자주 논쟁을 벌이는 것으로 흔 히 집단초기에 나타나는 경향이 있다.
(1) 문제점
　한 집단원의 불평은 다른 집단원들의 불평으로 번져가게 되고, 그 결과 집단의 응집력 형성에 부정적인 영향 을 미친다.
(2) 대처방안
　① 다른 집단원이 있는 상황에서 불평에 대해 정면으로 지적하는 것은 좋지 않고, 초점을 다른 사람이나 주 제로 돌리고 회기가 끝난 다음 불평을 한 집단원과 면담기회를 가지는 것이 바람직하다.
　② 개별 면담을 통해 불평의 이유를 알아보고 생산적인 집단을 위해 정중하게 협조와 도움을 요청한다.
　③ 집단에 활력소를 불어넣는 집단원에게 질문과 피드백의 기회를 제공함으로써 집단의 분위기를 고양시킨다.
　④ 불평적인 집단원과 시선의 접촉을 피함으로써 나서지 않게 한다.

3) 일시적 구원(반창고 붙이기 또는 상처 싸매기)

다른 집단원의 상처를 달래고 고통을 줄여 사람들을 즐겁게 하고 자신도 안정을 취하려는 욕구의 표현이며, 타인의 고통을 지켜보는 것이 어려워 이를 사전에 봉쇄하려는 시도의 일환으로 가식적으로 지지하는 행위로 해석된다.

(1) 문제점

다른 집단원에 대한 보호나 배려 또는 관심으로 보이지만 진정한 의미에서 도움을 주는 행동과는 거리가 멀다.

(2) 대처방안

① 다른 집단원이 고통스러운 경험을 노출할 때 그의 느낌과 생각을 탐색해 볼 수 있는 기회를 제공하는 것이다.

② 미해결 감정을 애써 회피하거나 억압했던 집단원은 일시적으로 구원하는 것보다 안전한 집단분위기 속에서 교정적 감정경험을 충분히 거치고 난 후에 집단의 지지와 격려를 받는 것이 좋다.

4) 사실적 이야기 늘어놓기

자신의 느낌이나 생각에 대해 말하기보다 '옛날 이야기', 즉 과거에 있었던 사실 중심의 이야기를 늘어놓는 것이다.

(1) 문제점

① 다른 집단원을 지루하게 하고 집단원들이 달리 도울 수 있는 방법을 찾지 못하게 해서 집단 역동에 부정적인 영향을 미친다.

② 집단상담자의 공평하지 못한 시간 안배에 대해 다른 집단원들의 불만을 초래할 수 있으며, 사실적인 이야기만을 늘어놓은 집단원 자신도 공허함을 경험하고 자신이 집단의 분위기를 해치고 있음을 인식하게 되어 불필요한 죄의식을 가질 수 있다.

(2) 대처방안

① 공감적 이해를 통해 해당 집단원이 '지금 - 여기'에 초점을 맞추고 과거의 경험에서 야기된 감정을 적절하게 표출할 수 있도록 도움을 준다.

② 사실적인 이야기보다는 과거 사건이나 상황에 대한 느낌(감정)을 진솔하게 토로할 수 있도록 도움을 준다.

5) 질문공세

다른 집단원에게 일련의 질문을 퍼붓는 것으로, 적절치 않은 시기에 끼어들어서 다른 집단원들이 답변을 하기도 전에 연속해서 질문을 던지는 특징이 있다.

(1) 문제점

① 집단에서 이루어지는 질문공세는 집단원에 대한 호기심 충족을 위한 수단으로 잘못 사용될 수 있으며, 연속적인 질문은 집단원의 말을 가로막을 뿐만 아니라 답변을 해야 하는 부담감을 준다.

② 경험에 대한 감정을 탐색해 볼 수 있는 기회를 잃게 되는 상황을 초래한다.

(2) 대처방안

① 질문 속에 포함된 핵심 내용을 자신을 주어로 해서 직접적인 방식으로 표현해 보도록 돕는 방법을 사용한다.

② 집단원에게 질문을 하기 전에 마음속에 무엇이 진행되고 있는지를 말해보도록 제안할 수 있다.

6) 적대적 태도

(1) 집단원 자신의 내면에 누적된 부정적인 감정을 직접 또는 간접적인 방식으로 집단상담자나 다른 집단원들에게 표출하는 것을 말한다.

(2) 적대적 태도를 보이는 집단원은 주로 간접적인 활동, 즉 비판적인 표현, 농담, 빈정거림, 치고 빠지는 식의 행동을 보이고, 집단회기에 빠지거나 늦게 출석하고 심지어 중도에 집단을 그만두고 떠나기도 한다.

(3) 지나치게 예의를 차리거나 격식을 차리는 행동을 보이는 은근한 방식으로 적대감을 표현하기도 한다.

(4) 지나치게 방어적인 태도를 보여 자신이 적대적 태도를 지니고 있다는 사실을 위장하는 경우도 있다.

(5) 문제점

① 다른 집단원들에게 또 다른 적대적 태도와 감정을 불러일으킬 수 있다.

② 적대감을 표출하는 형태는 공격적인 행동을 보이는 것이지만, 직면상황에서는 당혹스러워 하면서 재빨리 후퇴하기도 한다.

③ 자신의 행동이 직면될 때 분노하면서 온갖 변명을 늘어놓으며, 다른 집단원들의 피드백을 경청하지 않고 방어적인 태세를 취함으로써 집단의 분위기를 해치고 응집력을 떨어뜨린다.

④ 집단원들이 서로 적대적인 감정을 갖게 될 경우에 안정감보다는 심리적으로 위협을 느끼게 되며, 자기개방을 어렵게 한다.

(6) 대처방안

① 다른 집단원들이 그 집단원에게 받는 영향, 느낌, 원하는 행동에 대해 경청하게 한 다음 적대적 태도를 보이는 집단원이 집단에서 원하는 것이 무엇인지를 탐색하고 직접 확인한다.

② 자신의 문제를 올바르게 인식하게 하여 타인에게 의존함으로써 얻을 수 있었던 욕구충족의 고리를 끊는 것이 필요하다.

7) 의존적 자세

집단상담자나 다른 집단원들이 자신을 보살피고 자신에 관한 것을 대신 결정해 줄 것으로 기대하는 경향으로, 때로는 집단상담자와 다른 집단원들에게 필사적으로 해결책을 구한다.

(1) 문제점

① 집단원 간의 상호작용에서 긍정적인 대답, 즉 '예'라는 대답을 반복하면서 다른 집단원의 피드백을 고려하기보다 '예, 그렇지만'식의 반응을 보이면서 교묘하게 집단원들의 제안을 회피하거나 무시하는 경향이 있다.

② 충고나 조언을 받아들인다 하더라도 이를 올바르게 실천하지 못해 돕기 위해 여러 가지로 애쓴 집단원들은 허탈함을 경험하고 집단의 역동에 부정적인 영향을 미친다.

(2) 대처방안

다른 집단원들의 주의를 집중시키거나 자신에 대한 책임을 회피할 수 있었던 강화요인들을 봉쇄하며, 동시에 상담자는 내담자가 타인에게 의존하려는 경향성이 있다는 점을 인식시켜야 한다.

8) 우월한 태도

다른 집단원들보다 우월하다는 태도를 보이며 다른 집단원들 위에 군림하려는 자세를 나타내고, 자신의 능력이 탁월하거나 도덕적인 사람처럼 행동하면서 다른 집단원들의 행동에 대해 판단하거나 비판적인 태도로 일관한다.

(1) 문제점
① 일상생활에서도 이러한 태도로 인해 인간관계에서 문제를 경험하게 되지만, 자신의 문제행동을 잘 깨닫지 못하는 경향이 있다.
② 다른 집단원들에게 불필요한 적대감을 불러일으킴으로써 집단의 역동에 부정적인 영향을 미치게 된다.
③ 집단원들은 우월한 태도를 보이는 집단원에게 비판받지 않기 위해 자신들의 약점이 노출될 수 있는 자기개방을 삼가게 되면서 분위기는 위축되는 결과를 가져온다.
(2) 대처방안
자신의 느낌이나 집단을 통해 얻고자 하는 점을 탐색함으로써 자신은 문제가 없다는 입장을 방어적이지 않은 상태에서 스스로 점검하도록 기회를 제공한다.

9) 충고 일삼기
다른 집단원에게 인지적인 사항, 즉 해야 할 것과 하지 말아야 할 것을 일러주는 것으로, 제공하는 사람은 승자인 반면, 제공받는 사람은 패자라는 미묘한 느낌을 주어, 집단과정과 역동에 부정적인 영향을 준다.
(1) 문제점
① 자기방어나 저항의 형태일 수 있어, 다른 집단원의 감정표출이나 미결감정의 재경험을 조기에 차단하는 결과를 초래한다.
② 실제로 사람들은 충고를 귀담아듣지 않는 경향이 있으며, 충고 적용시, 실패나 성공의 귀인을 타인에게 돌리게 된다.
(2) 대처방안
① 그의 문제에 대해 깊이 탐색하고 자신의 문제와 갈등을 탐색하도록 돕고, 충고를 일삼는 행동의 동기 탐색할 기회를 제공한다.
② 섣부른(공허한) 충고보다는 보다 깊은 수준의 문제탐색과 자기탐색 기회를 제공한다.

10) 하위집단(소집단) 형성
집단 내에 파벌(성별, 연령, 출신학교, 출신지역, 종교, 학력, 직업, 결혼유무, 사회경제적 지위, 민족, 인종 등 기준)을 형성하는 것으로, 일부 집단원들이 집단 내에 집단을 만들어 그들 나름의 세력을 형성하고 단합해서 다른 집단원들의 행동과 집단의 역동에 부정적인 영향을 미친다.
(1) 문제점
① 일부 집단원들이 집단 밖의 모임을 계속한다면 다른 집단원과 친밀감에서 차이가 나게 되고, 공유된 정보의 차이로 괴리감을 조장하여 결국 집단의 응집력을 해치게 된다.
② 소집단이 형성됨으로써 집단원들이 자신의 중요한 문제를 전체 집단 내에서 논의하기보다는 집단 밖에서 다루는 것을 선호할 수 있다.
③ 집단과정에서 같은 소집단에 속하는 집단원들은 옹호하는 반면, 속하지 않는 집단원들은 의도적으로 따돌리는 문제가 발생할 수 있다.
(2) 대처방안
① 집단상담자는 집단원들에게 집단이 진정 효과적으로 기능하기를 바라고, 집단이 발전하는데 관심이 있는지를 확인할 필요가 있다.
② 집단원들이 소집단 형성이 비생산적이고 집단 응집력에 저해가 된다는 사실을 인식하게 도와야 한다.

11) 지성화(주지화)

집단과정에서 감정적으로 부담이 되는 내용을 다루게 되는 경우에 감정노출을 꺼리고 지적인 부분만을 언급하는 현상으로, 집단원 개인의 불안, 자아에 대한 위협, 불편한 감정과 충동을 억누르기 위해서 이와 관련된 감정을 직접 경험하는 대신에 궤변이나 분석적 사고와 같은 인지적 과정을 통해 해소하려고 노력하는 적응기제이다.

(1) 문제점

① 집단의 신뢰감 형성을 저해하는데, 이는 감정표현을 억제하고 매사에 이성적으로 대하는 특성 때문이다.

② 집단원들의 자기개방을 가로막는 역할을 하여, 다른 집단원들에게 관찰 또는 감시당하고 있다는 인상을 주어 집단의 분위기를 경직시킨다.

(2) 대처방안

① 자신이 말하는 내용과 관련된 감정을 인식하고 직접 경험하고 정리하여 표현할 수 있는 기회를 제공한다.

② 감정을 인식하고 통찰을 촉진하기 위해 역할놀이(역할극)를 한다거나 집단상담자가 감정표현 방법을 직접 시범 보이는 방법(모델링) 등이 있다.

12) 감정화

지성화와 상대되는 개념으로, 인지적이고 이성적인 면은 철저히 외면하면서 마치 '감정 지상주의자'처럼 감정에만 초점을 맞추고 매사에 감정적으로 처리하여 집단의 흐름을 저해한다.

(1) 문제점

① 감정화를 일삼는 집단원의 문제는 슬픈 감정 자체보다 다른 집단원들에게 관심을 얻지 못한다고 여긴다.

② 강한 감정 표출을 통해 집단에 큰 기여를 하고 있다는 인상을 다른 사람들에게 심어 줄 수 있다고 믿는다.

③ 감정화하는 집단원에게 초점을 맞추고 관심을 집중시키느라 집단의 시간을 지나치게 소비할 수 있다.

(2) 대처방안

① 반드시 시간을 염두에 두면서, 문제의 집단원에게 어떻게 반응을 보일 것인가를 결정한다.

② 빈번하게 눈물을 동반한 감정표출을 한다면 상담자는 이러한 행동이 고통스러운 사건의 결과인지, 단지 주위 사람들의 동정을 얻기 위한 것인지를 분명하게 파악할 필요가 있다.

③ 둘씩 짝을 짓게 하여 서로의 생각과 감정을 나누도록 하는 것도 좋은데, 상담자는 감정화를 일삼는 집단원과 짝을 지어 그가 겪고 있는 고통에 대해 탐색하게 한다.

④ 그러한 집단원의 고통을 인정해 준 후, 집단 회기를 마친 다음 좀 더 이야기를 나누도록 권유한다.

13) 소극적 참여

침묵으로 일관하거나 철수하려는 행동을 하며, 적극적으로 참여하지 않는 형태이다.

(1) 문제점

① 언어표현 능력 부족, 성격 특성, 저항감, 집단원 역할의 잘못된 이해, 열등감, 진행 방향에 대한 불확실성, 두려움, 자기노출을 해서는 안 된다는 신념 등의 원인이 있을 수 있다.

② 자기노출을 감행한 집단원이 자기를 지켜만 보고 있는 것에 대해 불안, 염려, 의구심, 분노 등과 같은 복합적인 감정을 갖게 되어 자기개방을 꺼리게 되고, 집단의 응집력에 부정적인 영향을 미친다.

(2) 대처방안

① 생산적인 침묵의 경우, 적극적으로 참여할 수 있는 기회를 제공한다.

② 비생산적인 침묵의 경우, 소극적 집단원의 태도의 의미를 탐색할 기회를 제공한다.

040

답 ⑤

해 집단상담자는 지금 수진이의 친구관계에서의 어려움에 대한 이야기와 지난주 영희가 이야기한 유사한 부분을 서로 **[연결하기] 기술**을 사용하여 영희에게 질문하고 있다.

심화학습 | **집단상담의 기법**

1) 과정적 기법

(1) 구조화

집단을 시작하면서 집단원들에게 집단상담 참여에 필요한 제반 규정과 한계에 대해 설명하는 것이다.

(2) 진단

진단은 문제행동을 평가하는 것은 물론, 문제를 해결하기 위한 적절한 개입 전략을 선택하는 능력도 포함된다. 목적은 집단원들의 목적 달성을 돕고 위급한 상황에 있는 집단원이 있으면 적극적인 조치를 취하기 위해서이며, 집단상담에 부적절한 집단원이 있다면 다른 전문적 도움을 선택하도록 안내하기 위함이다.

(3) 연결

특정 집단원의 행동이나 말을 다른 집단원의 관심사와 연결시키는 데 사용되는 집단상담자의 통찰력 표현의 기법이다.

(4) 차단

집단 과정에 부정적인 영향을 주거나 집단원의 성장을 저해하는 의사소통에 집단상담자가 직접 개입하여 집단 원의 말을 중지시키는 기법이다.

(5) 피드백

긍정적 피드백은 특히 학생 집단에 경우에 긍정적 변화를 유발하는데 강력한 촉매 역할을 한다. 부정적 피드백은 집단원의 문제행동이나 비생산적인 사고 또는 사고방식을 드러내어 언어적 및 비언어적 행동으로 되돌려 주는 것이며, 집단원에게 왜곡과 잘못을 교정하기 위한 정보를 제공해 주는 것이다.

(6) 보편화

집단원이 다른 집단원들과 상호작용하게 되면서 그들도 자신과 유사한 감정과 관심을 가지고 있다는 사실을 깨닫게 함으로써 변화를 촉진하는 요소이다.

(7) '지금 - 여기' 상호작용 촉진

'그때 - 거기'의 진술은 집단의 역동을 저해하는 경향이 있으므로 집단원들이 안고 있는 문제나 관심사를 해결할 수 있는 때와 장소는 '지금 - 여기'이기 때문에 현재에 맞추는 것이 가장 생산적인 선택이다.

(8) 지지와 격려

집단원들이 새로운 환경에 적응하게 되면서 생기게 되는 불안에 대처하고 자신의 생각이나 감정을 다른 집단원 들과 나눌 수 있도록 돕는 역할을 한다.

(9) 종결과 평가

마지막 회기 2 ~ 3주 전에 종결을 알려야 하며 평가는 각 회기의 내용과 과정을 검토 후 다음 회기의 목표와 상담 전략을 미리 구상해 보는 일이다.

2) 내용적 기법

(1) 불명확한 진술의 명료화

집단원의 모호한 진술 다음에 사용되는 질문형태의 반응 기법이다.

(2) (정보의) 재진술

어떤 상황, 사건, 사람, 생각을 기술하는 집단원의 진술 중 내용 부분을 집단상담자가 다른 동일한 말로 바꾸어 기술하는 기법이다.

(3) (감정의) 반영

집단원의 느낌이나 진술의 정서적인 부분을 집단상담자가 그 느낌의 원인이 되는 사건, 상황, 사람, 생각과 함께 다른 동일한 의미의 말로 바꾸어 기술하는 방법이다.

(4) (정보와 감정의) 요약

집단원 둘 이상의 언어적 표현들을 서로 묶어서 진술의 내용 부분을 다른 동일한 의미의 말로 바꾸어 기술하는 재진술과 반영의 확대 기법이다.

(5) (적절한) 질문

집단원들에 관한 정보와 자료를 수집하고 그들의 생각이나 감정을 탐색하기 위한 상담 기법이다.

(6) 직면(맞닥뜨림)

집단원의 언어적 진술 내용과 비언어적 행동이 불일치되는 경우나 언어적 진술 내용들 사이에 상충되는 면이 있는 경우에 집단상담자가 이러한 모순점을 진술하는 기법이다.

(7) 해석

집단원이 자신의 행동에 대해 통찰하도록 돕기 위해 집단상담자가 행동의 원인에 대한 설명이나 연관성 여부를 잠정적인 가설의 형태로 기술하는 것이다.

(8) 정보제공

집단원들이 필요로 하는 자료나 사실적인 정보를 구두로 전달해 주는 것이다.

(9) 자기 표현법(자기노출)

자기 자신을 주어로 하여 집단원의 행동으로 인한 집단상담자 자신의 의사와 감정을 전달하는 방법이다.

041

답 ④

해 비자발적인 청소년들에게 상담의 내용 및 목표에 대해 알려주고 비밀유지의 한계, 집단원으로서 책임과 권리, 자기개방의 수준, 결과 등을 안내하는 것은 집단상담에 대한 불안과 거부감을 줄이고 참여 동기를 촉진시킬 수 있다.

참고 ④ **참여하기 싫은 마음을 집단에서 개방적으로 논의하는 것을 통해 집단에 대한 자신의 마음을 충분히 표현하게 함으로써 집단원에게 수용 받는 경험을 할 수 있다.** 교정 집단에 의무적으로 참여해야 할 경우 집단을 완료하지 못할 때 초래되는 결과를 안내한다.

실력다지기   비자발적인 청소년의 참여 동기를 촉진시키는 방법

1) 집단원이 수용받는 경험을 하게 한다.
2) 집단을 거부할 권리나 비밀유지 등을 고지한다.
3) 집단에 대한 자신의 마음을 표현할 수 있는 시간을 충분히 가지게 한다.
4) 상담자는 진실하게 대하고 집단원의 욕구와 특성에 맞는 흥미롭고 창의적인 활동을 계획한다.
5) 명령이나 강제로 참여하게 된 집단원에게도 상담 내용과 목표에 대해 알려 주는 것이 참여 동기를 촉진시키는 방법이다.

042

답 ①

해 얄롬의 집단상담 치료적 요인 중 실존적 요인은 현실을 이해하고 직시하게 되는 것으로 ① "내 삶의 의미는 내가 찾아야 해. 내 삶에 책임을 지는 사람은 결국 나 자신이야."와 같은 경험을 말한다.

오답노트

② **희망고취** : "이 집단을 통해 나의 문제를 해결하고 나 자신도 변화할 수 있을 거야."
③ **모방행동** : "저 사람의 행동과 태도를 잘 관찰하고 배워서 따라해야겠다."
④ **이타주의** : "내가 다른 사람에게 도움이 된 것 같아."
⑤ **보편성** : "나만 외롭다고 생각했는데 아니구나."

실력다지기   얄롬의 집단상담 치료적 요인

1) 희망고취 : 자신의 삶에 대한 희망을 느낌
2) 보편성 : 혼자가 아니라는 느낌(동변상련)
3) 정보 공유 : 정보 습득 및 정보의 전달(정보 전달 자체의 의미와 나눔 자체에 대한 따뜻함을 느끼게 함)
4) 이타주의 : 다른 사람들을 위해 나누어 줌(객관적 시각)
5) 일차가족 집단의 교정적 요약 : 마치 한 가족과 같은 느낌을 갖게 되고, 경험에서 학습이 일어남(가족갈등 → 집단 내에서의 역할과 관계의 탐색 → 미해결된 과제 해결)
6) 사회화 기술의 개발 : 성숙한 사람들의 특성으로 나타나는 사회 기술을 습득(솔직한 피드백 → 자신의 부적응적 사회행동에 관한 정보를 얻음)
7) 모방행동 : 후기보다 초기에 더 중요하며 다른 집단원들이나 집단상담자의 행동을 관찰하여 필요한 것을 자신의 것으로 취함
8) 대인학습 : 다른 집단원들과의 관계를 통해 배움(축소된 사회 → 지나치면 집단압력을 받음)
9) 집단 응집력 : 다른 집단원들과 서로 연결되어 있다는 느낌(신뢰, 온화함, 공감, 수용에 의해 좌우되며 개인 상담의 관계와 유사한 개념)
10) 감정 정화 : 감정과 정서를 방출(환기, 정화)
11) 실존적 요인 : **현실을 이해하고 직시하게 됨(자신의 삶의 궁극적인 책임은 자신에게 있음을 이해함**, 교정적 정서 체험 → 지적 통찰 + 정서적 요소 + 체계적 현실검증)

043

답 ③

해 ①, ②, ④, ⑤번은 피드백에 관한 옳은 설명이다.

참고 ③ **집단 초기 단계에서 상담자가 피드백 시범을 보이는 것은 집단원이 피드백을 할 때 느끼는 불안을 줄이고, 피드백 교환에 도움을 줄 수 있다.**

044

답 ⑤

해 ①, ②, ③, ④번 내용은 집단상담 평가에 대한 옳은 설명이다.

참고 ⑤ 추수 평가는 집단상담 종결 후 2~3주 후인 **추수면담 회기**에서 실시한다.

045

답 ④

해 "혹시 우울하지 않거나 덜 우울한 날은 무엇이 다른가요?"는 해결중심 집단상담의 예외질문에 해당된다. 해결중심 집단상담의 질문기법을 사용하는 집단상담자는 집단원이 자기 삶의 전문가이므로 상담자는 알지 못함(not-knowing)의 자세를 취해야 한다.

오답노트

① 교류분석 집단상담, ② 현실치료 집단상담, ③ REBT 집단상담, ⑤ 게슈탈트 집단상담의 내용이다.

046

답 ③

해 집단원의 방어와 주저하는 행동, 집단상담자에 대한 도전, 집단원들간의 갈등과 경쟁은 집단상담 과도기 단계(전환 단계)에 해당되는 내용으로 **집단상담자는 집단원의 저항을 자연스러운 반응으로 이해하고 존중해야 한다.**

오답노트

①, ⑤ 종결단계, ②, ④ 시작(초기)단계에 해당된다.

실력다지기   과도기적 단계에서 집단상담자의 역할

Corey(1981)는 과도기적 단계 동안에 저항과 갈등양상이 발생한다고 하면서 이때 집단상담자가 해야 할 일을 다음과 같이 지적하였다.

1) 집단원들에게 불안을 인식하고 표현하는 것이 중요하다는 사실을 가르친다.
2) 집단원들이 방어적으로 반응하는 방식을 깨닫도록 돕고 저항 심리를 공개적으로 다룰 수 있는 분위기를 형성한다.
3) 저항현상을 포착하고 그러한 저항은 자연스런 것이며 건강한 것이란 점을 참여자들에게 알려준다.
4) 집단에서 일어나는 갈등을 인식하고 그것을 공개적으로 다루는 것이 필요하다는 점을 집단원들에게 알린다.

5) 통제하고자 투쟁하는 행동적 징후를 지적하고 집단의 발달에 대한 공동의 책임을 받아들이도록 가르친다.

6) 인간으로서 또는 전문가로서의 집단상담자에 대한 도전의 문제를 직접적으로 그리고 솔직하게 다루는 모범을 보여준다.

7) 자율적이고 독립적인 집단원이 될 수 있는 능력에 영향 미칠 문제들을 다룰 수 있도록 돕는다.

047

[답] ①

[해] 내사, 투사, 반전, 융합은 게슈탈트 집단상담의 주요 개념으로 집단상담 기법으로는 꿈 작업, 과장기법, 빈 의자 기법, 환상기법 등이 있다.

참고 ① **외재화(문제의 외현화)는 이야기치료의 기법에 해당된다.**

048

[답] ③

[해] 라자루스(A. Lazarus)의 BASIC-ID는 행동(B), 감정적 · 정서적 과정 반응(A), 감각(S), 심상(I), 인지(C), 대인관계(I) 및 생물학적 기능, 성향(D)을 설명한다.

참고 ③ **C는 인지에 대한 내용으로 비합리적 사고는 무엇인가?에 해당한다.**

실력다지기

라자루스(Lazarus)의 다중양식치료(인지행동 치료기법)

1) 개요

(1) 이 치료법의 기본전제는 내담자들은 보통 여러 가지 특수한 문제들로 고통을 받고 있기 때문에 그 문제들을 다룰 때에도 여러 가지 특수한 치료법들을 동원해야 한다는 것이다.

(2) 다중양식 치료에 있어서 상담자의 역할은 내담자의 특수한 문제들을 평가하여 그것에 적절한 치료기법들을 적용하는 것이다.

2) BASIC ID 확인

(1) 다중양식 치료는 인간의 경험이 움직이기, 느끼기, 감지하기, 상상하기, 생각하기 및 서로 관계하기로 이루어져 있다고 본다.

(2) 이 치료이론에 따르면 한 개인의 진행 중인 두드러진 행동(B), 감정적·정서적 과정, 반응(A), 감각(S), 심상(I), 인지(C), 대인관계(I) 및 생물학적 기능, 성향(D) 에 대해 상세하게 파악할 수 있다면 그 사람의 성격과 심리적 특성에 대한 완전한 이해가 가능해지게 되는 것이다.

(3) 라자루스(Lazarus)는 진행 중인 행동(Behavior), 감정적 과정(Affect), 감각(Sensation), 심상(Imagery), 인지(Cognition), 대인관계(Interpersonal) 및 생물학적 기능(Drugs / Diet) 들 각각을 '양식'이라 불렀다.

(4) 다중양식 치료에서는 내담자의 문제를 이러한 BASIC – ID에 의거해서 평가한다.

(5) 내담자들은 이러한 7가지 양식들이 관련되어 있는 정도와 그것들이 서로 관련되는 순서에 있어서 차이가 날 수 있다.

(6) 실제상담에서 다중양식 치료자는 각 내담자마다 독특한 BASIC ID의 형태를 파악하여 내담자 문제를 평가할 수 있게 된다.

049

답 ③

해 [ㄴ], [ㄷ]은 종결 회기의 상담자 개입이다.

[ㄱ]. [혹시 이 집단 참여에 대한 어떤 두려움이나 의심이 있나요?]와 [ㄹ]. [자신의 가장 어려운 고민거리를 지금 여기서 공개한다면 어떤 일이 일어날 것이라고 생각하나요?]는 **시작(초기) 단계에서 상담자 개입**이다.

050

답 ①

해 옳은 내용이다. 집단상담에서 공동지도자는 집단회기 전후에 공동지도자와 집단에 대한 계획과 소감, 서로의 협력에 대해 논의한다.

오답노트

② 공동지도자와 **충분한 의사소통을 통해** 회기계획과 목표를 세운다.

③ 공동지도자보다 자신이 더 좋은 사람으로 보이도록 노력하기보다 **보조를 맞추어야 한다.**

④ **공동지도자는 한 회기에 동시에 참여하여 집단과정을 함께 촉진한다.**

⑤ **공동지도자는 집단원을 반반 나누어 관찰할 수 있는 자리에 앉는다.** 그리고 지속적으로 눈 맞춤과 사인을 주고받는 것은 바람직하지 않다.

실력다지기   공동상담자 활용의 장점

1) 한 상담자가 직접 집단 활동에 참여하거나 집단을 지도하고 있는 동안 다른 상담자는 집단 전체를 객관적인 입장에서 관찰할 수 있다.

2) 혼자서는 전 집단을 한꺼번에 모두 관찰하고 그들의 비언어적 의사소통 메시지를 전부 파악하는 것이 어려우며 협동상담의 형태를 취하는 경우 두 상담자가 서로 마주보고 앉는 것이 바람직하다.

3) 각각 자기의 시야에 들어오는 반 정도 이상의 집단원들의 거동을 파악할 수 있다.

4) 필요한 경우 두 상담자끼리 상호작용을 함으로 집단원들에게 시범을 보일 수도 있다.

제3과목 심리측정 및 평가 (필수)

051	①	052	②	053	③	054	⑤	055	①
056	③	057	④	058	⑤	059	①	060	④
061	⑤	062	⑤	063	②	064	④	065	④
066	③,⑤	067	⑤	068	⑤	069	②	070	①
071	③	072	②	073	④	074	①	075	③

051

답 ①

해 심리검사는 내담자를 치료하기 위한 근거를 제공해준다. 이렇듯 장점이 많지만 모든 결과가 **100% 완벽하게 일치하지 않기 때문에 모든 결과를 신뢰하기보다 환자의 치료계획에 적합하게 사용되어야 한다.**

052

답 ②

해 **써스톤 척도**는 수검자들에게 각 문항의 상대적 위치를 판단하게 한 다음, 이를 바탕으로 연구자가 대표적인 문항들을 선정하여 구성하는 척도를 말한다. 측정 변인의 연속선상에서 문항이 놓이는 위치가 그 문항의 척도값이 되며, 수검자의 최종점수는 자신이 선택한 문항 척도값들의 중앙치가 된다.

참고 | 형용사 검목표(adjective checklist)

일련의 형용사들로 만들어진 검목표(체크리스트)이다. 수검자는 각 형용사들을 검토해 본 다음 그 형용사를 어떤 정의적 대상과 관련시킬 것인지를 체크 표시한다. 형용사 검목표의 예는 다음과 같다.

※ 자신의 성격이라고 생각하는 단어에 체크 표시를 해 주세요.

____ 재치 있는   ____ 난폭한   ____ 무능한   ____ 끈기 있는   ____ 협동적인
____ 주책 없는   ____ 비겁한   ____ 안정된   ____ 적극적인   ____ 약한
____ 불성실한   ____ 유능한   ____ 대범한   ____ 소심한   ____ 게으른
____ 개방적인   ____ 교만한   ____ 더러운   ____ 진보적인   ____ 예의바른
____ 무절제한   ____ 경솔한   ____ 독창적인   ____ 어리석은   ____ 변덕스러운
____ 자주적인   ____ 현명한   ____ 부지런한   ____ 열성적인   ____ 폐쇄적인

053

답 ③

해 심리검사 개발 과정에서 **표집된 집단의 검사 결과를 분석하여 규준(norms)을 설정**한다. 이 규준은 검사 점수를 해석하는 기준이 되며, 대표성 있는 표본을 통해 만들어져야 타당한 해석이 가능하다.

오답노트

① **소음, 조명과 같은 물리적 환경은 수검자에게 영향을 미친다고 가정한다.** 시끄러운 소음이나 어두운 조명 밑에서 심리검사를 하게 되면 검사결과가 나쁘게 나올 수 있다.
② **새로 개발된 규준표는 새롭게 개정해야 한다.**
④ **문항분석을 하여 문제가 있는 문항이라면 제거한다.**
⑤ **개발자는 검사 실시과정에서 발생할 수 있는 문제(문화, 학력, 신체적 제약 사항)들을 고려해야 한다.**

054

답 ⑤

해 [ㄱ]. 백분위: 자신보다 낮은 표준점수를 받은 수험생이 얼마나 있는지를 퍼센트로 나타낸 수치이다. 따라서 백분위를 통해 수검자의 상대적 위치를 알 수 있다.
[ㄴ]. 집중경향치: 한 집단의 점수 분포를 하나의 값으로 요약-기술해주는 대표치이다. 산술평균, 중앙치, 최빈치 등이 있다.
[ㄷ]. 표준점수: 원점수가 정규분포를 따른다고 가정할 때 일정한 공식을 통해 변환한 점수이다. 표준점수는 평균으로부터 떨어진 거리와 방향을 동시에 나타낼 수 있다.
[ㄹ]. 빈도분포나 그래프: 빈도분포는 각각의 범주에 사례수가 어떻게 퍼져 있는지를 보여주는 것이다. 이를 표로 나타내면 빈도 분표표, 그래프로 나타내면 빈도분포 그래프이다. 빈도분포나 그래프는 집단에서 개인의 위치를 확인하는 데 유용하다.
따라서 모두 옳은 내용이다.

055

답 ①

해 명명척도는 **대상을 공통된 속성에 따라 분류(유목화)**하는 척도로, **순서나 양적 의미 없이 단순한 범주화를 의미**한다. 예 성별, 혈액형, 출신지역 등

오답노트

② 비율척도는 **절대영점이 있다.**
③ 서열척도는 **상대적 크기나 순위 관계에 관한 정보를 담고 있는 척도**이다.
④ 성별은 **명명척도**이다.
⑤ 운동선수의 등번호는 **명명척도**이다.

056

답 ③

해 융(C. Jung)의 유형론을 근거로 제작된 심리검사는 마이어와 브리그스의 성격유형 지표(MBTI)이다.

057

답 ④

해 **관찰자 간 일치도와 문항 간 신뢰도는 서로 다른 개념이다.**

관찰자 간 일치도는 둘 또는 그 이상의 관찰자가 똑같은 개인 혹은 집단을 동시에 그리고 독립적으로 관찰하는 동안 얻어진 기록들을 바탕으로 평가된다. 반면, **문항 간 신뢰도**는 검사도구의 양호도를 나타내는 지표 중 하나이다. 문항들이 동일한 개념을 측정하는 정도를 나타내며, 문항들의 상관계수의 평균이나 비율로 계산할 수 있다. 문항 간 신뢰도가 높을수록 검사도구의 신뢰성이 높다. 문항 간 신뢰도를 높이기 위해서는 문항 수, 문항 난이도, 문항 변별도를 고려해야 한다. .

058

답 ⑤

해 신뢰도계수의 크기에 영향을 미치는 요인은 **검사문항의 수, 검사문항의 반응 수(예: 진위형 2가지, 4지 선택형 4가지 등), 무선적인 오차, 문항의 난이도, 개인차의 정도(집단의 변산도, 집단의 이질성), 신뢰도 계산(추정) 방법, 검사 후 두 번째 검사까지의 시간 간격** 등이다.
따라서 모두 옳은 내용이다.

059

답 ①

해 타당도는 측정하려고 하는 바를 얼마나 충실하게 측정하였는가의 정도를 나타내는 것으로서, 특정의 개인 또는 집단에 관하여 그 도구가 평가하려고 계획하고 있는 평가목표를 놓치지 않고 명확하게 잴 수 있는 성질을 의미한다.

오답노트

② 구인타당도는 **요인분석을 통해 검증할 수 있다.**
③ 내용타당도는 전문가에 의한 평가이고, **안면타당도는 수검자 또는 일반인에 의한 평가를 통해 판단된다.**
④ **준거타당도**는 어떤 검사가 특정 준거와 어느 정도 관련성이 있는지를 말해주는 타당도로 **공인타당도와 예언타당도가 있다.**
⑤ **수검자의 반응경향이나 허위반응은 타당도에 영향을 준다.**

060

답 ④

해 심리검사를 실시하려고 오는 수검자들은 낯선 환경에서 긴장할 수 있다. 따라서 검사자는 심리검사를 실시하기 전에 수검자와 **라포 형성을 함으로써** 수검자가 편안하게 검사에 임할 수 있도록 돕는다.

참고 ④ **전문적인 용어를 사용하기보다 수검자가 알아들을 수 있는 일상용어를 사용하는 것이 좋다.**

061

답 ⑤

해 심리검사는 수검자의 증상을 진단하기 위한 목적을 가지고 계획적으로 실시되어야 한다. 검사결과를 원자료를 알려주기보다 **수검자가 알아들을 수 있도록 해석해서 설명해 주어야 한다.** 수검자 뿐 아니라 의사나 상담사가 검사결과를 토대로 치료계획을 세울 수 있도록 동시에 제공되어야 한다.

062

답 ⑤

해 **투사적 검사**는 객관적 검사에 비해 독특한 개인의 반응을 이끌어 낼 수 있다.

063

답 ②

해 **가드너(Gardner, 1983)**는 독립적 7요인(언어적, 음악적, 논리 - 수학적, 공간적, 신체 - 운동적, 개인 간, 개인 내)을 제시하였다. 이후 자연친화 지능(자연적 지능)과 실존지능을 포함하여 9요인으로 제시하고 있다.

[ㄴ]. 기초적 정신능력(primary mental abilities): **써스톤의 다요인구조지능 이론**

[ㅁ]. 결정성 지능(crystallized intelligence): **카텔의 지능이론**

064

답 ④

해 웩슬러 지능검사는 **현재의 지능**을 측정할 수 있는 개인용 지능검사이다. 또는 현재의 지능을 근거로 병전지능을 추측할 수 있다.

065

답 ④

해 K-WISC-IV의 지각추론지표에 해당하는 소검사는 **토막 짜기, 행렬추리, 공통 그림 찾기, 빠진 곳 찾기** 등이다.

K - WISC - IV	
지표	**소검사**
언어이해(VCI) : Verbal Comprehension Index	공통성, 어휘, 이해, 상식, 단어추리
지각추론(PRI) : Perceptual Reasoning Index	토막 짜기, 행렬추리, 공통 그림 찾기, 빠진 곳 찾기
작업기억(WMI) : Working Memory Index	숫자, 순차연결, 산수
처리속도(PSI) : Processing Speed Index	동형 찾기, 기호쓰기, 선택

066

답 ③, ⑤ (복수정답)

해 ③ 토막짜기 소검사는 연속하여 **3문항이 0점일 때 중지한다.**
　⑤ **추가질문**을 사용했을 때 기록용지에 **Q로 표기한다.**

실력다지기

K - WISC - IV의 토막 짜기 소검사 실시방법은 다음과 같다.
1) 수검자에게 소책자에 있는 모형을 가리키며 "이것처럼 한 번 만들어보세요. 최대한 빨리 만들고, 끝나면 알려주세요. 시작하세요."라고 말한다. 이때 검사자는 시간을 측정한다.
2) 지적결손이 의심되는 아동에게는 1번부터 실시한다.
3) 역순 : 8~16세 아동이 처음 제시되는 두 문항 중 어느 한 문항에서 0점 또는 1점을 받을 경우, 역으로 검사 문항을 실시한다. 그리고 두 문항에서 연속적으로 만점을 받을 때까지 실시한다.
4) **중지 : 세 문항 연속해서 0점을 받으면 중지한다.**
5) 시간측정 : 각 문항에서 지시의 마지막 단어를 말한 후부터 시간을 재기 시작한다

기록용지의 작성 약어
1) **P(Pass : 통과) - 올바른 반응이나 수행**
2) F(Fail : 실패) - 틀린 반응이나 수행
3) **Q(Question : 추가질문이나 탐문) - 검사자가 반응을 명료화하기 위하여 질문한 것**
4) **DK(Don't know : 모름) - 아동이 '모른다'고 말했거나 답에 대한 지식이 부족함을 나타내었을 때**
5) NR(No Response : 무반응) - 아동이 말이나 행동으로 문항에 반응하지 않을 때
6) INC(Incomplete : 미완성) - 아동이 시간제한이 있는 문항에서 제한 시간 내에 완성하지 못했을 때나 문항에 대한 답을 제대로 못했을 때

067

답 ⑤

해 **PSYC(Psychoticism)는 정신증을 나타내는 성격병리 5요인척도이다.** 높은 점수($T > 65$)를 보이는 경우, 현실과 단절된 경험, 타인에게는 없는 신념이나 이상한 감각적 혹은 지각적 경험, 관계망상, 기태적 혼란, 사고장애(우원적 사고) 등의 특징을 보인다.

068

답 ⑤

해 MMPI - 2의 재구성 임상척도는 RCd, RC1, RC2, RC3, RC4, RC6, RC7, RC8, RC9로 모두 9개이다.

참고 ⑤ **RC4는 반사회적 행동(Antisocial Behavior)을 나타내는 재구성 임상척도이다.** 22문항으로 구성되어 있으며, 현재 혹은 과거의 반사회적 행동이나 가족갈등을 측정한다. 다양한 반사회적 행동(폭력, 거짓말, 사기), 공격적인 행동, 적대적 논쟁적 태도를 보일 경우 상승한다. RC4 점수가 높은 사람들은 과거에 학교생활을 잘 하지 못했고, 직장에서도 문제를 드러내는 경향이 있다.

척도명			내용
RCd	dem	Demoralization	정서적 혼란과 관련된 문항
RC1	som	Somatic Complaints	신체적 불편감
RC2	lpe	Low Positive Emotions	낮은 긍정적 정서
RC3	cyn	Cynicism	냉소성
RC4	asb	Antisocial Behavior	반사회적 행동
RC6	per	Ideas of Persecution	피해의식
RC7	dne	Dysfunctional Negative Emotions	역기능적 부정적 정서
RC8	abx	Aberrant Experiences	기태적 경험(망상, 환각 등)
RC9	hpm	Hypomanic Activation	경조증적 상태

069

답 ②

해 MMPI-A에는 15개의 내용척도가 구성되어 있다. MMPI-A는 MMPI-2와 구별을 위해 청소년(Adolescent)을 의미하는 A-에 척도를 의미하는 영문자 소문자 3글자로 표시한다. 높은 점수일 경우 다음과 같은 특징을 보인다.

참고 ② A-biz는 기태적 정신상태 척도로, 매우 이상한 사고와 경험을 보고한다. 다음의 내용을 참고하길 바란다.

기태적 정신상태 척도(A-biz : Adolescent-Bizarre Mentation)

1) 이 척도에서 높은 점수를 보이는 청소년들은 환청, 환시, 환후 등을 포함하여 이상한 생각과 경험을 보고한다. 이들은 자신의 경험을 이상하거나 흔치 않은 것으로 느끼고, 자신의 정신에 무엇인가 문제가 있다고 믿는다. 또한 이들 중에는 편집적 사고(예를 들면, 자신이 음모에 연루되어 있다거나 누군가 자신을 독살하려 한다는 믿음)를 보고하기도 한다. 이들은 다른 사람들이 자신의 생각을 훔치려 한다거나, 최면과 같은 방식을 통해서 자신의 마음을 조종하려 한다고 믿기도 한다. 또한 사악한 영이나 귀신이 자신에게 씌었거나 영향을 미치려 한다고 믿기도 한다.

2) 경험적 자료에 따르면, 이 척도는 정상 집단에서 일반적인 부적응과 관련된다. 또한 이 척도 높은 점수를 받을수록 학교에서 어려움을 겪고 학업성적이 낮다는 것이 시사된다. 임상장면의 청소년의 경우, 이 척도의 높은 점수는 기태적인 감각 경험이나 정신병과 관련된 다른 증상 및 행동을 시사하는 것으로 보인다.

오답노트

① A-dep : **우울증상을 호소함. 무망감, 자기비하, 자살사고 등이 나타남**
③ A-cyn : **염세적인 태도를 나타내며, 다른 사람의 의도를 의심함**
④ A-con : **절도, 거짓말, 기물 파손, 반항적 행동과 같은 품행 문제들을 호소함**
⑤ A-fam : **부모 또는 가족과 문제가 있음을 호소함**

070

답 ①

해 **개인이 정보를 인식하는 방식의 경향성을 반영하는 MBTI 선호지표는 감각형-직관형(SN)이다.** 감각형(S)은 오감을 강조하며, 직관형(N)은 육감을 강조한다.

실력다지기

감각형-직관형(SN)의 특징

감각형(S)	직관형(N)
(1) 특별하고 세부적인 일들을 더 선호한다.	(1) 세부사항 보다 광대하고 일반적인 묘사를 더 선호한다.
(2) 어떤 일에 대하여 단순히 생각하기보다는 어떤 일을 하려고 행동한다.	(2) 행위보다는 사고를 더 선호하여 행동으로 실천할 때 매우 서툴다.
(3) '보는 것이 믿는 것이다.'라고 생각함으로써 현재 시제 안에 근거하며 고착된 일들을 선호한다.	(3) 현재보다 미래에 대해 관심을 가지고 있고, 희망적이고 예상되는 가능성을 좋아한다.
(4) 세부사항에 대한 예리한 눈을 가지며 사물의 명암을 본다.	(4) 사물들에 대한 주의를 기울이지 못하고 자주 스쳐 지나가 버린다.

071

답 ③

해 엔지니어는 홀랜드(J. Holland)의 직업적 성격에서 **현실형(Realistic) 유형**이다.

	선호하는/싫어하는 직업적 활동	대표적인 직업
사회형(S)	1) 다른 사람들의 문제를 들어주는 것을 좋아한다. 2) 다른 사람들을 도와주는 활동을 좋아한다. 3) 다른 사람들과 같이 활동하는 것을 좋아한다. 4) 기계, 도구, 물질과 함께 체계적인 활동에 흥미가 적다.	사회복지사, 교육자, 간호사, 종교지도자, 상담사, 임상치료사, 언어치료사
현실형(R)	1) 분명하고 질서정연한 활동을 좋아한다. 2) 야외에서 하는 신체적인 활동을 좋아한다. 3) 손재주가 좋고 기계를 잘 다룬다. 4) 교육적인 활동이나 치료적인 활동을 꺼려하고 사회적 기술이 부족하다.	기술자(엔지니어), 자동차 정비사, 항공기 조종사, 운동선수

072

답 ②

해 **PAI의 치료척도는 공격성 척도(AGG), 자살관념 척도(SUI), 스트레스 척도(STR), 비지지 척도(NON), 치료거부 척도(RXR) 등이다.**

참고 [ㄴ]. 우울 척도(DEP)와 [ㄹ]. 약물문제 척도(DRG)는 임상척도이다.

실력다지기

AGG - 공격성(18문항)	분노, 적대감 및 공격성과 관련된 특징과 태도
SUI - 자살관념(12문항)	무력감과 자살에 대한 일반적이고 모호한 생각과 자살에 관한 구체적인 계획
STR - 스트레스(8문항)	일상생활에서 현재 또는 최근에 경험하는 스트레스
NON - 비지지(8문항)	지각하는 사회적 지지의 부족
RXR - 치료거부(8문항)	심리적, 정서적 측면에서 문제 인식 및 변화 동기. 새로운 생각에 대한 개방성, 책임 수용 의지 정도

073

답 ④

해 **객관적 검사는 검사자 변인이나 검사 상황변인의 영향을 덜 받는다.**

실력다지기 **객관적 검사와 투사적 검사의 장단점**

구분	객관적 검사	투사적 검사
장점	• 신뢰도와 타당도 수준이 비교적 높다. • 검사의 시행 · 채점 · 해석이 용이하다. • **검사자나 상황 변인의 영향을 덜 받는다.** • 검사자의 주관성이 배제되어 객관성이 보장된다.	• 수검자의 독특한 반응을 이끌어낸다. • 수검자의 방어적 반응이 어려우므로 솔직한 응답이 유도된다. • 수검자의 풍부한 심리적 특성 및 무의식적 요인이 반영된다.
단점	• **반응 경향성(자신이 생각한 것과는 관계없이 피험자가 어떤 특정한 방향으로 답하려고 하는 경향성)**의 영향으로 쉽게 왜곡이 가능하다. • 반응 경향성에는 생각 없이 다른 사람의 의견을 따르는 '묵종 경향성', 사회적으로 바람직하다고 생각하는 방향으로 답변하는 '사회적 바람직성'등이 있다. • 수검자의 감정이나 신념, 무의식적 요인을 다루는 데 한계가 있다. • 문항내용 및 응답의 범위가 제한된다.	• 신뢰도와 타당도의 검증이 어렵다. • 검사의 채점 및 해석에 있어서 높은 전문성이 요구된다. • 검사자나 상황 변인의 영향을 받아 객관성이 결여된다.

074

답 ①

해 ① **삭스(J. Sacks)의 문장완성검사(SSCT)는 자유연상을 이용한 투사검사이다.**

삭스(J. Sacks)의 문장완성검사(SSCT)는 **개인용-집단용 검사로 모두 사용할 수 있다. 정답과 오답이 없으며,** 검사 시간은 약 30-40분 정도면 족하다. 검사자는 수검자가 **검사를 시작한 시간과 끝낸 시간을 기록하고, 수검자가 검사를 완성한 후 가능하면 질문단계를 실시하도록 한다.** 즉, 수검자의 반응에서 중요하거나 숨겨진 의도가 있다고 보이는 문항들에 대해서 "이것에 대해 좀 더 이야기 해 주세요."라고 지시하는 것이다. 문장의 내용 중 강박증, 사고의 왜곡 등 임상적 증상과 관련된 내용들에 대해서는 자세한 질문을 통해 확인한다. 심하게 불안한 수검자에게는 문항을 읽어주고 검사자가 대신 받아 적기도 하지만, 일반적으로는 수검자가 스스로 작성한다.

075

답 ③

해 주제통각검사(TAT) 카드는 성인 남성(M), 성인 여성(F), 소년(B), 소녀(G), 공통으로 구별된다. 주제통각검사(TAT)는 욕구이론을 펼친 머레이(Murray)와 모간(Morgan)에 의해 1935년 개발되었다.

참고 ③ **흑백사진으로 인쇄된 30장의 그림 카드와 한 장의 백지 카드로 구성되어 있다.**제4과목_상담이론(필수)

제4과목 상담이론 (필수)

076	③	077	②	078	②	079	④	080	①
081	④	082	②	083	①	084	①	085	③
086	⑤	087	④	088	⑤	089	④	090	①
091	⑤	092	②	093	④	094	③	095	②
096	⑤	097	②	098	③	099	③	100	⑤

076

답 ③

해 접수면접은 상담소를 방문한 내담자가 처음으로 자신의 문제에 대해 설명하는 면접을 말한다. 접수면접자와 상담자가 동일할 수도 있고 다를 수도 있다. 접수면접 시 상담자의 주 역할은 사담에 대한 안내를 하고, 상담신청서를 작성하게 하며, 내담자의 정보(호소문제 확인, 현재의 기능수준 파악, 스트레스 정도 및 위험요인 평가)를 수집하는 것이다.

참고 ③ **작업동맹의 확립은 상담자가 배정이 되면 진행된다.**

077

답 ②

해 **축어록은 상담자와 내담자가 상담과정에서 나눈 음성녹음이나 비디오 녹화를 문자화한 것이다.** 축어록에는 대화의 내용뿐만 아니라 침묵이나 몸짓, 표정 등의 비언어적 표현도 포함되어 있다.

078

답 ②

해 **키치너(K. Kitchener)의 윤리적 의사결정 원칙은 충실성, 무해성, 공정성, 자율성, 선의이다.**
[ㄱ]. **선의**: 상담자로서 무능하거나 부정직하면 내담자의 성장 또는 복지에 도움을 줄 수 없다는 사실을 인식한다.
[ㄴ]. **충실성:** 내담자와의 계약을 위반하거나 신뢰를 저버리는 행위를 하지 않는다.

079

답 ④

해 조현병의 전조 증상을 보이는 내담자를 상담하는 데 어려움을 느껴 다른 전문가에게 의뢰한 것은 적절한 윤리적 행동이다. **상담자는 자신의 역량과 한계를 인식하고, 필요 시 적절한 전문가에게 의뢰해야 한다.** 이는 내담자의 복지를 최우선으로 고려한 윤리적 판단이다.

① 상담을 중단하고 싶어 하는 내담자에게 이유를 물어보고 상담 목표가 달성되지 않았으므로 좀 더 상담을 이어 나갈 수 있도록 독려하지만, **내담자가 종결을 강하게 원한다면 더 이상 설득해서는 안 된다.**
② **교육을 받지 않은 심리검사는 실시하지 않는다.**
③ **수퍼비전을 받기 전에 내담자에게 동의를 구해야 한다.**
⑤ 사이버상담의 경우, **내담자의 전자 전송자료에 여러 사람의 접근이 가능하다는 사실을 내담자에게 고지해야 한다.**

080

답 ①

해 **통찰(insight)이란 내담자가 자신의 무의식적 갈등이나 저항, 전이 등을 깨닫는 것을 말한다.** 내담자는 만성적인 두통의 원인이 불쾌한 감정을 표현하지 못하고 억압하고 있었던 어린 시절의 경험과 현재의 모습이 같다는 것을 통찰하고 두통이 줄어들었다.

081

답 ④

해 [ㄱ]. **부정(Denial)**: 반려동물의 죽음이 너무 슬픈데, 친구에게 마치 인터넷 뉴스에 난 기사를 전하듯 무감각하게 말한다.

부정(Denial) : **불안감을 줄이고자 명백한 사실을 외면하는 방어기제이다.**
예 상대가 문제가 있음을 보여주는 증거가 있어도 대수롭잖게 넘긴다.

[ㄴ]. **취소(undoing)**: 외출 후 세균에 감염된 것 같은 불안감을 떨쳐내기 위해 여러 번 손을 씻는다.

취소(undoing) : **용납할 수 없거나 죄책감을 일으키는 행동, 사고, 감정을 상징적인 방법을 통해 무효화 시키는 것을 말한다.**

강박장애

정신역동적인 측면에서 강박장애는 불안에 대한 3가지 방어기제에 의해 발생한다. 고립(Isolation), 취소(Undoing), 반동형성(Reaction formation)이 그 것이다. **강박장애와 관련된 충동과 감정은 고립(isolation)에 의해 억압되고 감정이 배제된 사고만 외부로 드러난다. 겉으로 계속 드러나려 하는 충동과 감정을 취소(undoing)로 더욱 억제함으로 결국 강박행동이 출현한다.** 반동형성(reaction formation)에 의해 충동이나 감정에 반대되는 강박장애 특유의 과장한 태도나 성격특징이 형성된다.

방어기제 중 분리(splitting)

전적으로 좋은 것(all good)과 전적으로 나쁜 것(all bad)이라는 두 개의 상반된 것으로 분리시킨다.

082

답 ②

해 [ㄱ]. 불안은 현실적 불안, 신경증적 불안, 도덕적 불안으로 나뉜다. 모두 불쾌하다는 공통점이 있는 반면, **신경증적 불안과 도덕적 불안의 원인은 개인 내부(원초아 또는 초자아)에, 현실불안의 원인은 개인 외부(현실적 상황)에 있다는 점에서 다르다.**

　　[ㄹ]. **저항**은 치료의 진척을 막고 무의식적 내용의 의식화를 방해하는 모든 시도를 의미한다.

083

답 ①

해 [ㄱ]. 경계선 성격장애로 진단 받은 만성적 자살 위험이 있는 내담자를 치료하기 위해 마샤 리네한(M. Linehan)이 개발한 **변증법적 행동치료**는 마음챙김 기술, 고통감내 기술, 정서조절 기술, 대인관계 향상 기술 등으로 이루어져 있다.

　　[ㄴ]. 인지적 탈융합과 마음챙김을 통해 심리적 건강과 삶의 질을 향상시킬 수 있다고 보는 이론으로 스티븐 헤이즈(S. Hayes)에 의해 발전된 **수용전념치료**는 수용, 인지적 탈융합, 맥락으로서의 자기, 현존하기, 가치추구, 전념행동 등으로 이루어져 있다.

084

답 ①

해 게슈탈트 치료는 과거의 미해결과제를 해결하기 위해 **지금-여기에서의 알아차림**을 촉진한다. 따라서 **'과거에는** 그 문제에 어떻게 대처했나요?'라는 질문은 적절하지 않다. 내담자가 신체를 통한 자각을 관찰하는 것은 알아차림을 촉진하는 데 큰 도움이 된다.

085

답 ③

해 [ㄱ]. 기술적 통합: 다양한 접근 중에서 효과가 입증된 기법을 통합하는 것으로, **라자루스의 BASIC ID**가 해당된다.

　　[ㄹ]. 공통요인 접근: **비록 서로 다른 심리치료 이론들이라 할지라도 치료를 성공적으로 만드는 것은 '치료에 도움이 되는 핵심적인 공통요인이 있다'**는 입장으로 치료적 동맹, 공감적 경청, 감정 정화가 해당된다.

086

답 ⑤

해 합리적 정서행동상담(REBT)의 ABCDE 모델에서 A(antecedent)는 촉발사건, B(belief)는 촉발사건에 대한 신념, C(consequence) 비합리적 신념의 결과로 나타난 부정적 감정과 행동, D(dispute) 비합리적 신념에 대한 논박, **E(effect) 새로운 행동 실현 후의 효과이다.**

087

답 ④

해 상담의 구조화란 상담여건, 상담관계, 비밀보장 등에 관해 내담자와 상담 규칙을 정하는 것이다. 구조화해야 하는 내용은 상담시간, 상담기간과 비용, 내담자의 자기개방의 중요성, 상담자와 내담자의 역할, 상담과정 및 상담목표에 대한 설명, 비밀보호의 원칙 및 한계에 대한 설명 등이다.

참고 [ㄷ]. **심리검사의 해석은 상담의 구조화 필수내용은 아니다.**

088

답 ⑤

해 자동적 사고는 외부자극에 대한 정보처리의 결과로 생성된 인지적 산물로, 언어적 형태나 시각적 심상 또는 혼합된 형태로 나타날 수 있다. 이는 특정 사건과 관련되어 나타나는 표층적 수준의 인지로서, 생활 사건의 의미를 해석하여 도출된 것이다. **자동적 사고는 자발적으로 발생해서 매우 빨리 지나가기 때문에 즉시 포착하기 어렵다.** 자동적 사고는 개인의 감정과 행동에 강력한 영향을 미친다. 정신장애를 지닌 사람들은 생활사건의 의미를 특정한 방향으로 왜곡하는 부정적인 내용의 자동적 사고를 지니게 된다.

089

답 ④

해 게임을 피하기 위해서는 라켓을 통해서 느끼는 감정이 아닌 자신의 진정한 감정을 느끼고 표현할 수 있도록 한다.

오답노트

① **어른 자아, 어버이 자아, 어린이 자아 등 3가지 자아가 균형 있게 기능**하도록 돕는다.
② 계약 – **구조분석 – 교류분석 – 게임분석 – 각본분석** – 재결단 순으로 상담을 진행한다.
③ 교류분석을 통해 내담자가 **상보교류**를 할 수 있도록 격려한다.
⑤ 내담자가 **게임을 멈추도록** 긍정적 스트로크를 제공한다.

실력다지기

교류분석 상담 과정

1) 상담 계약 : 내담자의 현재 행동이 자신의 삶에 미치는 부정적인 영향을 파악하고 치료계획 수립을 통해 변화하고자 하는 책임을 강조하며 상담계약을 맺는다.
2) 구조분석 : 내담자의 자아상태(부모 자아, 성인 자아, 어린이 자아)를 분석한다.
3) 교류분석 : 내담자의 교류 패턴(상보교류, 교차교류, 이면교류)을 분석한다.
4) 게임분석 : 내담자가 타인과 주고받는 게임(박해자, 구원자, 희생자)을 분석한다.
5) 각본분석 : 내담자의 인생 각본을 분석한다.
6) 재결단 : 내담자에게 남아 있는 인생 각본을 변화시키고 자신의 문제를 스스로 결정하고 책임지며 자율성을 성취하여 통합된 성인 자아를 확립한다.

090

답 ①

해 해결중심상담에서는 '잘 알지 못함(not-knowing)'의 자세를 취하고, 내담자를 문제해결의 전문가로 여긴다.

오답노트

② 문제가 발생하는 상황을 탐색하지 않고 **지금 여기에서의 예외 상황을 탐색한다.**
③ **성격과 같은 근본적인 변화를 강조하지 않고** 문제의 해결에 초점을 맞춘다.
④ 내담자의 **강점과 성공경험을 탐색한다.**
⑤ 다양한 질문기법을 활용해 문제의 원인을 파악하기보다 **문제해결방법을 찾고, 문제해결 능력을 향상시킨다.**

091

답 ⑤

해 여성주의 상담의 궁극적인 목표는 여성의 개인적 특성에 가치를 두고, 여성들이 가지고 있는 힘을 깨닫고, 스스로 자유로워지고, 불평등한 사회구조를 변화시켜, 인간을 존중하는 사회를 만들기 위함이다. 여성주의 상담은 사회의 성차별 문제를 자각하고, 여성차별 철폐와 성(性) 평등한 사회 건설을 위해 노력하는 여성주의적 가치체계에 근거한 상담이다.

참고 ⑤ **헤어머스틴과 마라섹(Hare-Mustin & Maracek, 1990)은 남녀 간의 차이를 과장하는 알파편견과 그 반대로 남녀 간의 차이를 무시하거나 최소화 하는 베타편견에 대한 이론을 제시하였다.** 여성주의 상담이론에서는 여성과 남성의 차이점 또는 유사점을 지나치게 과장하는 것은 편견이나 힘의 불균형을 발생시키기 때문에 경계하는 입장이다.

092

답 ②

해 우볼딩(Wubbolding)의 현실치료기법은 **바람(Want), 행동(Doing), 평가(Evaluation), 계획(Planning)**으로 WDEP 모델이라고 한다.

[ㄴ]. W: 당신이 진정으로 **원하는 것**은 무엇인가요?
[ㄹ]. D: 원하는 것을 얻기 위해 **무엇을 하고 있나요?**
[ㄱ]. E: 당신이 하고 있는 행동은 원하는 것을 얻는데 **도움이 되나요?**
[ㄷ]. P: 원하는 것을 얻을 수 있는 **보다 효과적인 방법은 무엇인가요?**

093

답 ④

해 실존주의 상담이론의 심리적 부적응의 원인은 실존적 불안이다. **자신의 삶에 대한 자유, 죽음, 무의미, 고독과 같은 조건에 압도당하여 불안을 직면하지 못하고 회피함으로써 무력감을 느낄 때 심리적 부적응을 경험한다.**

참고 **심리기능의 불균형, 외상경험의 억압은 '정신분석적 상담이론'과 관련이 있다.**

094

답 ③

해 1) **타임아웃**은 문제행동을 중지시킬 목적으로 문제가 일어나는 상황으로부터 내담자를 일정기간 분리시키는 기법으로 내담자의 바람직하지 못한 행동에 강화를 주지 않음으로써 반응의 강도 및 출현빈도를 감소시키는 일종의 소거기술에 해당된다.

2) **홍수법**은 불안이나 두려움을 발생시키는 자극들을 계획한 현실이나 상상 속에서 지속적으로 제시하여 극복하도록 하는 노출치료의 일종이다.

3) **과잉교정**은 잘못된 행동이 과도한 양상을 보이는 경우 또는 강화로 제공될 대안행동이 거의 없거나 효과적인 강화인자가 없을 때 유용한 기법이다. 예를 들어, 한 아동이 물건을 부수거나 친구를 때리는 등의 폭력적인 행동을 하는 경우 즉각적으로 제지하거나 다른 학생들에게 사과하도록 요구하는 것이다.

4) 처벌은 주로 부정적인 행동에 대해 피해를 주는 것을 의미한다.

→ **타임아웃은 시간적 처벌이며, 과잉교정은 행동적 처벌이지만, 홍수법은 처벌과 관련이 없는 기술이다.**

실력다지기	처벌의 종류

1) 물리적 처벌: 몸에 물리적인 피해를 입히는 형태(체벌, 학대)

2) **시간적 처벌: 특정 행동의 결과로 시간에 제한을 두는 것(타임아웃)**

3) 사회적 처벌: 사회적 규범이나 규칙을 어겨서 나타난 행동에 대한 부정적인 평가나 대화를 통한 처벌(비판, 나쁜 평판, 격려 없는 피드백)

4) **행동적 처벌: 원치 않는 행동을 수행했을 때 추가적인 과업을 주어 행동을 수정하도록 하는 것(과잉교정)**

5) 금전적 처벌: 특정 행동의 결과로 경제적 손실을 입히는 것(벌금, 손실, 과태료)

6) 심리적 처벌: 행동자의 정서나 정신적 상태에 부정적인 영향을 주는 것(비방, 차별, 희롱, 조롱)

095

답 ②

해 내담자는 5회기 이후 상담에 계속 지각을 하고 있다. 이때 상담자는 내담이에게 **진솔성**('내담이가 자주 늦는 게 마음에 걸려요. 혹시 상담에 오기 싫은 건 아닌가 걱정이 되기도 해요.')**을 사용하고 있다. 즉, 진실성이란 상담자가 내담자와의 상담관계에서 경험하는 느낌이나 감정을 가식이나 왜곡 없이 솔직하게 표현하는 것을 말한다.**

096

답 ⑤

해 사례 개념화는 내담자로부터 얻은 단편 정보를 상담자가 통합하여 이해와 문제해결에 활용하는 기술로 핵심적인 문제를 파악하고 문제해결을 위해 상담목표와 구체적 전략수립, 행동특성을 특정지식의 이론적 기초와 연결하는 것을 말한다.

사례개념화의 구성요소에 [ㄱ]. 문제의 발생과 배경, [ㄴ]. 내담자의 자원 및 취약점, [ㄷ]. 문제에 대한 종합적 이해, [ㄹ]. 상담목표 및 계획]은 모두 포함된다.

097

답 ②

해 ① **해석**: 내담자의 문제를 새로운 관점에서 조망할 수 있도록 설명해주는 것
③ **재진술**: 내담자가 말한 둘 이상의 언어적 표현을 요약하는 것
④ **반영**: 내담자의 말에 담긴 주된 감정을 상담자의 말로 되돌려 주는 것
⑤ **정보제공**: 내담자에게 필요한 특정 주제에 대한 객관적 자료나 사실을 전달하는 것

098

답 ③

해 해결중심상담의 질문에는 면접 전 변화에 대한 질문, 기적질문, 대처질문, 척도질문, 예외질문, 관계성 질문 등이 있다.
참고 [ㄴ]. **'지금 했던 말을 아빠가 들으시면 뭐라고 하실까요?'는 관계성 질문이다.**

099

답 ③

해 상담 중기단계에서 내담자는 상담자를 진실하고 신뢰할 만한 대상, 자신을 이해하고 수용하는 사람으로 인식하기 때문에 상담이 안전하다고 생각한다. 상담자와 내담자는 상담 안에서의 자신의 역할을 찾고 사고의 경직성에서 벗어나 융통성을 갖게 된다. 상담목표를 향해 함께 노력하고 자기탐색과 통찰을 통해 변화에 대한 결심을 하고 실천한다.
참고 ③ **주 호소 문제를 탐색하는 단계는 '상담 초기단계'에 관한 설명이다.**

100

답 ⑤

해 아들러의 개인심리학에서 가장 기반이 되는 개념인 생활양식(life style)은 삶에 대한 개인의 기본적 지향이나 성격을 나타낸다. 생활양식은 인생목표, 자아개념, 타인에 대한 감정, 세상에 대한 태도를 포함한다. 아들러에 따르면, 4~5세 때 형성된 생활양식은 이후 안정적으로 거의 변하지 않으며, 한 개인이 인생의 장애물을 극복하고, 문제의 해결점을 찾아내며, 어떠한 방법으로 목표를 추구하는지에 대한 방식을 결정해 준다고 한다. **사회적 관심과 활동수준에 따라 지배형, 기생형(획득형), 회피형, 사회적 유용형(공헌형)이 있다.**
참고 ⑤ **지배형은 통제적이고 독재적인 부모가 자녀를 양육할 때 나타나는 생활양식으로 타인에게 무관심하고 공격적인 특성을 보인다.**

실력다지기 | 생활양식

1) 기생형(획득형): 부모가 자녀를 지나치게 과잉보호할 때 나타나는 생활양식으로 독립적이지 못하고 의존적인 특성을 보인다.
2) 회피형: 부모가 자녀의 기를 꺾거나 무시할 때 나타나는 생활양식으로 이들은 자신감이 없으며 매사에 소극적이고 부정적이므로 직면하는 것을 피하고 숨어버리는 특성을 보인다.
3) 사회적 유용형(사회적 공헌형): 민주적인 부모가 자녀를 양육할 때 나타나는 생활양식으로 높은 사회적 관심과 활동성을 가지고 타인과 협력하며 심리적으로 건강하다.

제1과목 학습이론 (필수)

001	③	002	⑤	003	③	004	②	005	①
006	③	007	④	008	③	009	⑤	010	⑤
011	④	012	②	013	④	014	④	015	③
016	②	017	⑤	018	②	019	⑤	020	②
021	④	022	①	023	②	024	①	025	①

001

답 ③

해 ① 부모님 몰래 만화책을 보는 것 → 내적 동기
② 시험기간에도 취미로 드럼 연습을 하는 것 → 내적 동기
③ 태블릿을 받기 위해 학습지를 열심히 푸는 것 → **외적 동기**
④ 용돈을 모아 안나푸르나 등반을 계획하는 것 → 내적 동기
⑤ 공부하면서 틈틈이 소설을 쓰는 것 → 내적 동기

실력다지기   내적 동기와 외적 동기[1]

행동의 동기는 크게 내적 동기와 외적 동기로 구분할 수 있다.
1) 내적 동기
   내적 동기는 개인으로 하여금 외부로부터 주어지는 보상 유무와 관계없이 자신의 잠재력을 실현하거나 내재적 흥미를 만족시키기 위한 행동을 하게 한다. 내적 동기에 따라 행동할 때 개인은 외부로부터 주어지는 반응(외적 보상)에는 관심이 적으며, 외부적 요인에 의해 영향을 적게 받는다.
2) 외적 동기
   외적 동기는 개인으로 하여금 돈이나 지위, 명예와 같이 외부로부터 주어지는 보상을 성취하기 위해 행동하게 만든다.
3) 다만, 하나의 행동에는 내적 동기와 외적동기가 모두 개입되는 경우도 많다. 내적 동기와 외적 동기는 모두 행동을 촉진한다. 그렇다면 내적 동기와 외적 동기가 모두 존재한다면 행동은 더욱 더 촉진될 가능성이 높을 것이라고 추측할 수 있다.

---

1) 출처: 김지경 외(2022). 고등학교 심리학 교과서. 씨마스

4) 그러나 자신이 스스로 행한 행동의 동기에 대해 명확한 이해가 없는 경우, 강한 내적 동기를 갖고 행하는 행동이
   라도 외적 보상이 추가적으로 주어질 경우 내적 동기가 오히려 감소하는 경향을 관찰할 수 있다.

002

답 ⑤

해 ⑤ **문제에서 엄마는 운동(가능성이 낮은 활동)을 30분씩 하면 좋아하는 게임(가능성이 높은 활동)을 1시간씩 하도
   록 허락해주었다. 이는 프리맥(Premack)의 원리를 사용한 것이다.** 프리맥(Premack)은 행동이 강화인이 될 수
   있다는 점에 주목하고 두 가지 반응 중에서 더욱 선호되는 반응은 덜 선호되는 반응을 강화할 수 있다는 점을 실
   험적으로 증명하였다. 즉, **일어날 확률이 높은 행동이 확률이 낮은 행동을 강화한다는 것이다.**

▸ 문항분석

1) Hull의 추동감소이론
   생리적 욕구가 생기면 신체가 각성상태에 놓인다고 가정하는데, 이 상태가 곧 추동이다. 유기체가 추동을 경험
   하면 그 상태에서 벗어나 추동을 감소시키려는 강한 동기가 발생하고, 그러한 동기에 따라 특정 행동을 하게 된
   다는 것이다.
2) 반응박탈이론
   반응박탈 이론(response deprivation theory)은 유기체가 어떤 행동을 박탈당한만큼 그 행동이 강화된다는 이론이다.

> 사례 하루에 TV를 3시간 보는 아동이 있는 경우 이 아동의 TV 시청행동의 기저비율은 3시간이며, TV시청을 1
>   시간으로 줄였다면, TV시청이 강화물로 이용될 수 있을 것이다.

3) 자극대체이론
   파블로프가 생각한 이론으로 자극치환이론이라고도 부른다. US를 CS가 대체한다는 이론이다. 이 이론의 문제
   점은 CR과 UR이 다를 수 있다는 점이다.
4) 2과정 이론
   2과정 이론(two-process theory)은 파블로프식 학습(고전적 조건형성)과 조작적 학습(조작적 조건형성)이라는
   두 종류의 학습경험이 도피-회피 학습에 관여한다는 이론이다.

003

답 ③

해 ① 장미 꽃가루에 알레르기가 있는 사람은 **장미(자극)를 보기만 해도 재채기(반응)를 한다.** → 고전적 조건화
   ② 유명 연예인(자극)이 광고한 제품은 소비자의 호감(반응)을 유발한다. → 고전적 조건화
   ③ 손톱을 깎고 시험을 본 날 성적이 좋았다면(결과) 시험을 볼 때마다 손톱을 깎는다(행동).
     → 일종의 미신행동으로 이는 조작적 조건화(결과와 행동의 연합)에 해당한다.
   ④ 부정적인 단어(자극)와 특정민족(자극)을 짝지어 제시하면 편견(반응)이 생길 수 있다. → 고전적 조건화
   ⑤ 자라 보고 놀란 가슴 솥뚜껑(자극) 보고 놀란다(반응). → 고전적 조건화

004

답 ②

해 문제에서 15분에 한 대씩 버스가 온다는 사실은 일정한 시간간격을 의미하기 때문에 '고정간격강화계획'에 해당한다.

실력다지기 고정간격 강화계획 – scallop 현상

1) 일정 시간이 지난 후 나오는 첫 번째 반응에 강화를 주는 계획이다.
2) Skinner Box의 쥐도 이를테면 2분 간격의 고정계획으로 강화를 주면, 일단 강화를 받은 후는 반응률이 뚝 떨어지고 2분이 가까워질수록 반응률이 높아진다.
3) 강화 후 반응률이 뚝 떨어져서 대부분의 기간 동안은 천천히 반응하다가 간격기간이 다 되어 가서 강화가 가까워지면 반응률이 급격히 높아지는 scallop 현상을 보인다.

005

답 ①

해 [ㄷ]. 일주일 전 먹었던 저녁메뉴를 기억하지 못하는 것은 역행간섭 때문이다. 일상기억은 기억되는 경험이 매우 의미 있는 경우가 아닐 때에는 종종 인출에 실패하는 경향이 있는데, 이는 보다 **최근에 발생한 정보로 인해 인출이 방해를 받기 때문이다. 이는 역행간섭 때문이다.**

[ㄹ]. 친구가 이름을 개명했는데 예전 이름만 떠오르는 것은 순행간섭 때문이다. 순행간섭은 **이전의 정보가 새로운 정보의 파지를 간섭하는 것**으로서 예를 들어 몇 년간 사용하던 주차 장소가 바뀌면 새로운 주차장소를 기억하기 어려운 경우이다.

실력다지기 역행촉진

역행촉진은 현재의 내용을 학습함으로 이전의 내용 이해에 도움을 제공하는 개념이다. 즉, 영어가 모국어(이전의 내용)인 학생이 라틴어를 배우면(현재) 라틴어가 영어 이해에 도움이 되는 것을 사례로 들 수 있다.

006

답 ③

해 반두라(A. Bandura)가 제시한 자기효능감의 근원은 모두 4가지이다. **생리적(정서적) 각성, ② 대리경험, 사회적 설득(언어적 설득), 완숙경험(과거 성취경험, mastery experience)**이 그 것이다.
③ 외재적 동기는 관련이 없다.

007

답 ④

해 문제의 사례는 톨만의 **잠재학습**의 내용이다. 아래 [심화학습] 내용을 잘 숙지하길 바란다.

| 심화학습 | 잠재학습: 톨만과 혼지크(Tolman & Honzik) |

1) 잠재학습과 쥐의 미로 학습

(1) 톨만(Tolman)은 쥐가 미로를 통과하면서 학습하는 것을 인지도(cognitive map), 즉 미로에 대한 정신적 지도를 형성하는 것으로 보았다. 즉 톨만(Tolman)은 학습이 강화 없이도 가능하며 강화는 단지 학습한 것을 수행으로 나타나도록 하는데 도움을 준다고 주장한다.

(2) 쥐의 미로 학습 – 세 집단의 쥐들을 매일 미로를 달리게 하였다.

① 미로의 끝 목표점에 도달하면 먹이를 준다. – 첫 번째 집단

② 목표점에 도달해도 먹이를 주지 않는다. – 두 번째 집단

③ **처음 10일 동안은 목표점에 도달해도 먹이를 주지 않았다가 11일째부터는 먹이를 준다. – 세 번째 집단**

④ **세 번째 집단은 12일째부터 오류 수가 급격하게 줄어들어 첫 번째 집단과 비슷하게 나타났다.**

⑤ 이것은 세 번째 집단이 처음 강화를 받지 않을 때도 첫 번째 집단의 쥐들과 마찬가지로 학습이 되었는데, **강화가 없었기 때문에 수행으로 나타나지 않았다.**

⑥ 그러나 **강화를 받고 이미 학습한 것을 갑자기 사용하였는데, 이것을 잠재학습(latent learning)이라고 한다.**

(3) 잠재학습

이미 학습은 되었으나 보상이 주어질 때까지는 학습한 것이 나타나지 않고 잠재해 있는 것이다.

2) **톨만(Tolman)은 강화를 학습에 필수적인 것으로 보지 않았으며 강화는 학습에 영향을 미치는 것이 아니라 학습한 것의 수행에 영향을 미친**다고 보았다.

008

답 ③

해 해마의 손상은 **외현기억**의 응고화를 방해할 수 있다.

외현적 기억정보와 해마[2]

외현적 기억정보는 의미 중심으로 정교하게 처리되면 해마에서 장기기억으로 전환하여 비교적 안정적으로 저장된다. 현대의 기억 연구자들에게 많은 관심의 대상이 되고 있는 시스템 (재)응고화 이론은 외현적 장기기억의 역동적 특성을 강조한다. 즉, 해마에서 형성된 외현적 장기기억의 흔적은 시간이 경과함에 따라 점진적으로 대뇌피질로 옮겨가 저장되며, 이 기억이 재활성화되는 경우에는 다시 해마로 복귀해 새로운 정보를 통합하고 또 다시 대뇌피질로 이동함을 반복한다.

참고 **뇌의 국소화(localization) 또는 대뇌 편재화는 출생 후 2~3년에 걸쳐 이루어진다.** 대뇌 편재화는 대뇌의 국소화와 같은 개념으로서, 좌뇌와 우뇌의 역할 분할을 말한다. 즉, 좌뇌는 언어, 논리, 판단, 부분 지각, 오른쪽의 운동, 감각 역할을 담당하고 우뇌는 감성, 공간지각, 창의력, 전체 지각, 왼쪽의 운동 감각 등을 담당한다. **신경가소성(neuroplasticity)은 뇌가 경험한 결과들을 재조직하거나 수정하는 능력이다.** 대뇌 편재화에 따라 뇌 가소성이 감소된다. 뇌 가소성(신경 가소성)이란, 뇌의 신경세포(뉴런)는 재생이 안 되지만, 몸의 다른 학습에 의해 기능 회

---

2) 신맹식(2010). 시스템 응고화 이론에 의한 내측 측두엽 손상 환자들의 기억 인출 또는 실패에 대한 역동적인 해석. 한국심리학회지: 인지 및 생물. 22(4): 549-571.

복이 가능한 성질을 말한다. 즉, 좌측 또는 우측의 뇌 중에 한쪽을 손상을 당하면 나머지 뇌에서 손상당한 뇌의 기능까지도 대신하려고 하는 성질을 말한다. **편도체는 정서기억과 관련이 있어, 정서와 공격성의 통제를 담당한다. 도파민은 강화중추와 관련 있는 호르몬이다.** 쾌락 중추에서 형성되는 신경전달물질인 도파민은 짜릿한 쾌감을 주는 행동을 기억하고 반복하게 만드는 기능을 한다. 뇌 안에서 도파민은 실행(executive function), 운동(motor control), 동기부여 (motivation), 각성(arousal), 강화(reinforcement), 보상(reward) 등을 조절한다.[3]

009

답 ⑤

해 **사물을 범주로 구분하여 기억하는 전략을 조직화 전략이라고 하며, 이는 암기 사항을 묶어서 암기하는 것으로 아동기 후부터 자발적으로 사용할 수 있다.** 예를 들어 '주방용품 : 접시, 냄비 / 의류 : 바지, 양말 / 교통수단 : 자동차, 비행기'식으로 암기하는 것을 의미한다.

참고	정교화 전략

암기사항의 의미를 연결 지어 암기하는 것으로 청소년기부터 자발적으로 사용할 수 있다. 예를 들어 '자동차에 접시와 냄비를 싣고 바지와 양말을 신고 비행기를 탄다.'와 같은 이미지를 떠올리며 암기하는 것을 의미한다.

010

답 ⑤

해 **태도 변화, 정서적 변화는 학습에 포함되며, 성숙에 의한 변화는 학습으로 보지 않는다. 그리고 비교적 영속적인 행동의 변화가 나타나야 한다.** 학습(learning)이란 경험과 훈련에 의해 일어나는 행동상의 비교적 일관성 있는 변화를 의미한다. 다만, 성숙, 약물, 질병 등으로 인해 일어나는 행동 변화들은 학습에 의한 것이 아님을 유의해야 한다.

$$\text{학습의 공식} : L = A-(B + C + D)$$
L : 학습, A : **개인에게 일어나는 모든 변화**
B : **생득적 반응에 의한 변화**, C : **성숙에 의한 변화**, D : **일시적인 변화**

참고 ⑤ **학습(learning)과 수행(performance)은 같은 개념으로 볼 수 없다. 학습(learning)과 수행(performance)의 개념은 구별되며, 행동이 수행되기 위해서는 학습이 우선되어야 한다.**

011

답 ④

해 **두통이 있던 사람이 진통제를 먹었더니 두통이 사라졌다는 내용은 진통제를 먹은 것은 반응의 증가와 관련이 있어 '강화'이며, 혐오물 제거는 '부적'의 의미이기 때문에 부적강화이다.** 소음을 제거하기 위해 운전벨트를 매는 것과도 관련이 있다. 또한 **두통이 생길 때마다 진통제를 먹는다는 것은 '도피'에 해당한다.** 마우러의 도피 - 회피 학습(escape - avoidance learning)은 부적강화를 수반하는 혐오적 학습절차이며, 피험자는 먼저 혐오자극으로부터 **도피하는 것을 학습하고** 다음에는 그것을 회피하는 것을 학습한다.

---

3) 출처: 서울대 의과대학(2004). 생리학 제7판

012

답 ②

해 [ㄴ]. **부적 전이(negative transfer)**: 선행학습이 후행학습을 더 어렵게 만들거나 지장을 주는 것

참고 무전이(zero transfer)는 어떤 형태의 학습이 후행학습에 별다른 영향력을 미치지 않음을 의미한다.

[ㄷ]. **근접전이 (near transfer)**: 원래의 맥락과 전이 맥락이 유사하며 **기능 숙달**과 관련되는 것이다. 이는 **상황들 간에 많은 중첩이 있고, 원래의 맥락과 전이 맥락이 매우 유사한 경우 기능 숙달과 관련되는 것이다.** 예를 들어, 분수법을 가르친 후에 학습자가 동일한 형식의 내용에 관해 시험을 보는 것을 들 수 있다.

참고 원격 전이(far transfer)는 상황들 간에 중첩이 적은 것으로, 원래의 맥락과 전이 맥락이 유사한 것이며, 예를 들어, 분수법을 명시적으로 배운 적도 없이 완전히 다른 상황에 적용해 보도록 하는 경우를 들 수 있다.

심화학습 ┃ **학습에서의 전이(transfer) 유형**

1) 정적(positive) 전이는 선행학습이 후행학습을 촉진할 때 일어난다. 예를 들면, 배드민턴을 친 경험이 테니스를 치는 것에도 도움이 되는 경우이다.

2) 부적(negative) 전이는 선행학습이 후행학습에 지장을 주거나, 그것을 더 어렵게 만드는 것을 의미한다. 예를 들면, 한글 2벌식 타자를 친 경험이 이후 한글 3벌식 타자를 치는데 방해가 되는 경우이다.

3) 무(zero)전이는 어떤 형태의 학습이 후행학습에 별다른 영향력을 미치지 않음을 의미한다.

4) 특수(specific)전이는 선행학습과 후행학습 간의 구체적 요인(특수요인)에서만 일어나는 것이다.

5) 일반(non-specific)전이는 일반적인 원리의 이해가 전이를 일으키는 현상으로, 학습하는 방법을 학습함으로써 다른 방면에도 두루 전이의 현상이 일어나는 것이다.

6) 수평적(lateral) 전이는 훈련과정에서 배웠던 과제와 복잡성 정도가 유사한 과제에 전이가 일어난다. 예를 들면, 수학에서 배운 지식과 원리가 물리나 화학에도 잘 응용되는 경우이다.

7) 수직적(vertical) 전이는 훈련과정에서 배웠던 과제보다 더 복잡한 과제에 전이가 일어난다. 예를 들면, 덧셈과 뺄셈을 배운 것부터 시작해서 이차방정식을 푸는 것이다.

8) 축어적(literal) 전이는 원래대로의 기능 혹은 지식이 새로운 과제에 전이되는 것이다. 예를 들면, 학습자들이 분수법을 학교 안팎에서 사용하는 경우이다.

9) 도해적(figural) 전이는 어떤 문제에 대해 생각하거나 학습하기 위하여, 일반적인 지식의 몇 가지 측면들을 특별한 문제에 비추어 생각하거나 사용하는 것이다. 예를 들면, 학습자들이 학습에 직면했을 때, 자신들이 관련 분야에서의 선행학습을 숙달하기 위해 사용했던 것과 동일 학습전략들을 사용할 때 일어난다.

013

답 ④

해 [ㄴ]. 일반적으로 각성 수준이 **적절할수록** 최적의 수행이 이루어진다. '여키스-도슨 법칙'에 따르면 사람들이 일을 할 때 성취동기가 너무 강하면 과도한 스트레스를 받아 자기능력을 충분히 발휘하지 못해 성과가 낮아지고, 반대로 성취동기가 너무 약하면 집중력이 떨어져 역시 능력을 발휘할 수 없게 된다.

최적 각성이론

사람들은 자극이 없거나 권태로우면 각성을 높이는 활동을 추구하고, 과도한 자극으로 인해 각성수준이 높아지면 이를 감소시키려고 함으로써 최적의 각성상태를 유지하려는 경향이 있다. 따라서 **역도나 달리기처럼 많은 에너지가 소비되는 과제는 높은 각성 수준에서 최적으로 수행되는 반면, 단순한 과제는 광범위한 각성 수준에서 최적으로 이루어진다.**

참고 **망상활성계** : **각성에 관여하는 신경계의 하나**로, 감각정보를 대뇌로 전달하는 경로로서 각성체계를 통합하고 조절하는 역할을 한다(출처 : 실험심리학 용어 사전).

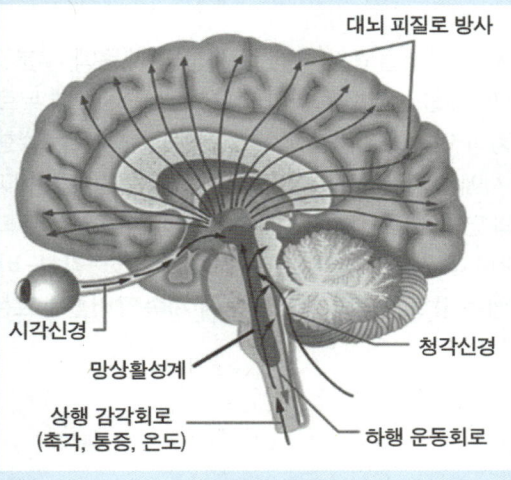

014

답 ④

해 연속강화계획은 기대하는 반응이 나타날 때마다 강화를 주는 것이다. **다만, 간헐적 강화계획(부분강화)이 연속강화계획(연속강화)보다 소거가 잘 되지 않는다.**

심화학습   부분강화효과

1) **연속강화계획상에 있었던 행동에 비해 간헐적 강화로 유지된 행동이 소거가 더 어렵고, 이를 부분강화효과라고 한다.**
2) 부분강화효과의 이유는 변별가설, 좌절가설, 순서가설 등으로 설명할 수 있다.
   (1) **변별가설**
      소거와 연속강화를 구별하는 것보다 소거와 간헐적 강화를 구별하기가 더 힘들기 때문이다. 예를 들어, 연속강화의 경우 고양이가 레버를 누를 때마다 먹이가 나오기 때문에 누를 때 먹이가 안 나오는 소거의 경우와 강화의 경우가 구별이 더 쉽다. 반면에 **부분강화는 레버를 눌렀을 때 줄 때도 있고, 안 줄 때도 있기 때문에 먹이가 안 주어지는 상황이 소거인지, 강화 중에 일어나는 일인지를 변별하기가 어렵다.**

(2) 좌절가설

암셀(Amsel)은 이전에 강화 받던 행동에 대한 비강화가 좌절을 준다고 주장하였다(1958, 1962). 좌절은 혐오적인 정서상태이며 좌절을 감소시키는 것은 무엇이든 강화적일 것이다. 연속 강화에서는 좌절이 없는데, 그 이유는 비강화(레버를 누를 때 먹이가 안 주어지는 상황)가 없기 때문이다. 반면, **부분강화에서는 먹이를 줄 때도 있고 안 줄 때도 있기 때문에 좌절상태를 고양이가 경험을 하고 그 상태에서도 수행을 하게 되면 언젠가 먹이가 나왔다. 좌절상태에서의 수행을 강화하게 되어, 소거 상황(먹이를 계속 안주는 상황)에서도 좌절을 경험하지만, 그 상황에서의 수행이 강화되었기 때문에 한 동안은 레버 누르는 행동을 계속하게 되어 소거가 잘 안 된다.**

(3) 순서가설

카팔디(Capaldi)는 훈련 시의 단서들의 연속적 순서상의 때문에 부분강화효과가 생긴다고 주장한다(1966,1967). 소거 시에는 지렛대를 눌러도 강화가 나오지 않고, 지렛대 누르기에 대한 중요한 단서(즉, 강화의 존재)가 없어진다. 연속강화 이후 소거가 신속하게 진행되는 이유는 수행을 위한 중요한 단서가 없기 때문이다. 반면, 간헐적 강화 시에는 지렛대를 누르면 어떤 때에는 강화가 뒤따르고, 어떤 때에는 비강화가 뒤따른다. 즉, 강화와 비강화의 연속적 순서가 지렛대를 누르기 위한 신호가 되는 것이다. 쉽게 말해, 연속강화는 강화-강화-강화의 순으로 나타나고, **부분강화는 강화-비강화-강화-비강화의 순으로 나타나기 때문에 소거상황에서도 비강화 후에는 강화가 있어 왔기 때문에 계속 레버를 누르는 행동을 해서 소거가 잘 이루어지지 않는다.**

015

답 ③

해 [ㄴ]. 미신행동 → **조작적 조건형성에만 해당하는 사례**

[ㄹ]. 조형(shaping) → **조작적 조건형성에만 해당하는 사례**

실력다지기	조작적 조건형성과 고전적 조건형성에서 함께 나타나는 것들

1) 소거

(1) 강화물을 제거하면 학습된 반응이 소거된다.

(2) 예 누군가에게 부탁을 할 때 계속 거절을 당하면 더 이상 부탁을 하지 않는 경우

2) 자극 일반화

(1) 특정 자극에 대한 반응결과로 강화를 받았다면 유사한 자극에서도 동일한 반응을 한다.

(2) 예 선생님에게 인사 잘해서 칭찬을 받으면, 다른 어른들에게도 인사를 하는 경우

3) 변별

특정 자극에 대한 반응의 결과로 강화를 받았는데 다른 자극에 대해서는 반응을 하여도 강화를 받지 못하면 두 자극을 구분하여 상이한 반응을 나타내게 되는 경우에 나타난다.

016

답 ②

해 **톨만(E. Tolman)**: 행동적 시행착오 외에도 대리적 시행착오가 존재한다. **톨만(E. Tolman)의 대리적 시행착오의 실험에서 쥐가 미로 찾는 과정을 관찰한 다른 쥐는 자신이 실제 시행착오를 겪은 것이 아님에도 불구하고 실제 자신이 시행착오를 경험한 것과 같은 효과가 있었다.**

① 헵(D. Hebb) : **풍요로운 환경은 인지적 발달을 촉진한다.** 캐나다의 심리학자 헵(Donald Hebb)은 1949년에 발표한 논문에서 두 개의 뉴런이 가능한 한 동시에 활성화(인지적 발달)되도록 둘 사이의 시냅스를 변화시키는 것이 경험이나 학습(풍요로운 환경)을 통해서 가능하다고 주장했다.

③ 로저스(C. Rogers) : **조건적 존중(conditional regard)은 개인의 성장을 방해하며, 무조건적 긍정적 존중(conditional regard)은 개인의 성장에 도움을 준다.**

④ 에스테스(W. Estes) : **유기체는 의사결정을 할 때 기억에 저장된 정보를 이용하고 가장 이익이 되는 결과를 산출한다.**

⑤ 스키너(B. Skinner) : **강화인을 제거하면 소거(extinction)가 발생한다. 즉, 강화물을 제거하면 학습된 반응이 소거된다.**

017

답 ⑤

해 구성주의이론의 전이이론인 상황학습이론(situated learning)은 대부분의 학습이 맥락의존적이어서 상황 속에 존재하기 때문에, **새로운 장면이 원래 학습장면과 다르면 전이가 잘 일어나지 않는다고 본다. 즉, 서로 다른 상황에서 전이가 더 잘 일어나지 않는다.**

심화학습 — 전이이론

1) 전통적 전이이론

  (1) 형식 도야설(Formal discipline theory) : 로크(J. Locke)

  교과라는 형식을 통해 일반정신능력이 잘 훈련되면 자연스럽게 전이가 발생한다. 즉, 연습과 훈련을 통해 주의력, 기억력, 판단력을 향상시킬 수 있다.

  (2) 동일 요소설(Identical elements theory) : 손다이크(Thorndike)

  선행학습과 후행학습 간 동일한 요소가 있을 때 전이가 발생한다. 즉, 학습과제 사이에 유사성의 정도가 높을수록 전이가 많이 일어난다.

  (3) 일반화설(Generalization theory) : 주드(C.H. Judd)

  두 학습 과제 간에 원리가 동일하거나 유사할 때 전이가 발생한다. 즉, 선행학습에서 획득한 원리나 법칙을 후속학습에 활용할 수 있다.

  (4) 형태 이조설(Transposition theory) : 코프카(K. Koffka)

  어떤 상황에서의 완전한 형태의 수단 - 목적 관계를 이해하는 것이 원리를 이해하는 것보다 전이가 더 잘 일어나도록 한다는 것이다. 즉, 두 학습 과제 간에 형태가 비슷할 때 전이된다.

2) 정보처리이론의 전이이론
  (1) 메타인지이론
    자신의 인지과정을 인식하고 점검하고 조절할 수 있어야 하고, 다양한 인지전략을 언제 어떻게 활용할 수 있는가를 학습해야 전이가 촉진된다.
  (2) 인출이론
    선행학습에서 획득한 지식과 기능을 새로운 장면에 적용하자면 그 지식과 기능을 적절한 시점에 인출할 수 있어야 한다.
3) 구성주의이론의 전이이론 : 상황학습이론
    대부분의 학습은 맥락의존적이어서 상황 속에 존재한다. 따라서 새로운 장면이 원래 학습 장면과 다르면 전이가 잘 일어나지 않는다.

018

답 ②

해 인간에게만 나타나는 현상이 아니라, **셀리그만(Seligman)는 동물(개) 실험에서 이를 증명하였다.**
  참고 ④ 셀리그만(M. Seligman) 등은 **면역훈련(긍정심리학)**을 통해 예방할 수 있다고 하였다.

실력다지기   학습된 무기력 (learned helplessness)

1) 반복되는 실패를 경험한 후에 환경에 대해 통제를 할 수 없다는 무기력을 학습하는 것으로 예를 들어, 우울의 원인에 대한 근거로 우울한 사람들은 무엇을 해도 소용이 없다고 믿는다.
2) **셀리그만(Seligman)의 동물 실험**
  (1) 개들에게 피할 수 없는 고통스러운 전기충격을 주고 이후 전기충격을 피할 수 있는 환경으로 바꾸어 주었다.
  (2) 피할 수 없는 전기충격을 경험했던 개들은 전기충격을 피할 수 있는 상황에 놓여도 피하려 들지 않는다.
3) 초기의 학습된 무기력 이론은 귀인이론을 추가해서 우울증에 대한 설명을 확장한다.
4) 통제가 불가능한 경험을 내적이고 안정적이며 전반적인 원인에 귀인 시키면 우울해진다.
5) **사례** 성적이 낮을 때, '시험이 어려웠어!'라고 외부 귀인하기보다는 '머리가 나빠서 그래'라고 내부 귀인을 하거나, '시험 볼 때 컨디션이 안 좋았어!'라고 특정 원인에 귀인하기보다 '원래 공부를 못해서 그래.'라고 안정적이고 전반적인 원인에 귀인 하는 경우

019

답 ⑤

해 감정뿐만 아니라 행동, 목소리, 자세, 태도 등도 무의식적으로 다른 사람을 따라 하는 경향이 있는데 이를 '카멜레온 효과(chameleon effect)'라고 부르며 이는 사람의 뇌 속에 '거울 뉴런(mirror neurons)'이 있기 때문이다. **'거울 뉴런(mirror neurons)'은 다른 행위자가 행한 행동을 관찰하기만 해도 자신이 그 행위를 직접 수행할 때와 똑같이 활성화되는 신경세포를 말한다.**

적소 논증(niche argument) : 진화심리학

볼스(R. Bolles)는 학습을 이해하기 위해서는 그 유기체의 진화 역사를 이해하여야 한다고 하였다. 동물들은 자신들의 적소(niche)에 의존하는 것과 사물들에 대한 전반적 도식에 맞추는 방법을 학습하거나 학습하지 않을 의무 즉, 필수사항(imperative)을 가지고 있다. 우리는 어떤 종류의 경험이 학습에 반영되고 어떤 것은 반영되지 않을지 기대한다. **자기 적소에 대한 동물의 선험적인 생물학적인 의무를 위반하는 학습과제는 변칙적인 행동을 산출할 것이다. 또한, 특정한 방식으로 행동하는 동물의 선험적인 소인을 활용하는 학습과제는 성공할 가능성이 크다. 그것이 적소 논증(niche argument)이다.**

020

답 ②

해 **문제의 사례는 혐오치료 기법을 설명한 것이다. 이는 역조건 형성(counterconditioning)의 일종**으로 부적절한 반응을 유발하는 조건자극(술)을 혐오적 반응을 일으키는 무조건 자극(대개 구토를 일으키는 약물)과 짝을 지어 부적절한 반응(음주)을 감소시키는 치료법이다. 또한 성도착증의 치료에도 활용할 수 있는데, 의상도착증으로 고생하는 남성 환자가 있다면 이 환자에게 이성의 옷을 입은 자신의 모습을 먼저 사진으로 찍은 이후, 그 사진을 보여줄 때마다 구토와 메스꺼움을 유발하는 음식물 썩은 것과 비슷한 냄새를 맡게 하는 것이다.

참고 **홍수법**

노출법의 한 형태로, 충격적인 경험을 안전한 조건에서 다시 경험하게 하면 충격적인 정서 반응이 사라질 것이라는 가정 하에 사용된다. 충격 정서 유발 자극에 반복적인 노출의 방법으로, 피해 아동이 같은 경험을 안전한 조건에서 다시 탐험하면 충격적인 정서 반응이 사라질 것이라는 가정 하에 사용된다.

021

답 ④

해 **코빙튼(M. Covington)의 성취동기 유형은 성취욕구의 정도와 과정에서의 실패 회피 여부에 따라 4가지로 구분한다.** 성취욕이 강하면서 과정에서의 실패를 회피하지 않는 사람(성공지향자), **성취욕이 강한 반면, 과정에서의 실패에 대한 회피가 높은 사람(과잉노력자)**, 성취욕은 낮은 반면, 과정에서의 실패에 대한 회피가 높은 사람(실패회피자), 성취욕도 낮고 과정에서의 실패에 대한 회피도 낮은 무기력한 사람(실패수용자)이 그 것이다.

참고 **④ 문제에서 학생 A는 성취를 위해 공부를 매우 열심히 하지만, 과정에서의 실패에 대한 회피가 높아 항상 불안해하고 스트레스를 받고 있으므로 '과잉노력자'에 해당한다.**

참고 **코빙튼(M. Covington)의 자기가치이론(self – worth theory)**

자기가치이론의 핵심적인 동기원은 자기가치를 보존하는 것이며, 자기장애 전략은 성취를 방해하는 장애물을 의도적으로 만들어 학업실패의 원인을 능력이 아닌 장애물로 귀인하려는 전략이다.

022

답 ①

해 **메타인지 능력은 보통 5세~7세경에 발달하기 시작하여 학령기 동안에 크게 향상되며,** 자신이 학습한 내용을 보다 효율적인 방법으로 다음 단계의 기억에 전이시킬 수 있기 때문에 학습에 있어서도 중요한 역할을 담당한다. 따라서 메타인지 능력이 좋을 사람일수록 학습한 내용을 장기기억으로 쉽게 전이 시킬 수 있으며, 오래 지속시킬 수 있다고 한다.[4]

> 심화학습
>
> ### 메타인지(상위인지, meta cognition)
>
> 1) 메타인지(meta cognition)은 자신의 인지적 활동에 대한 지식과 조절을 의미하는 것으로, **내가 무엇을 알고 모르는지에 대해 아는 것에서부터 자신이 모르는 부분을 보완하기 위한 계획과 그 계획의 실행과정을 평가하는 것에 이르는 전반**을 의미한다.
> 2) **메타인지라는 단어를 처음 사용한 플라벨(J. Flavell)은 메타인지를 초인지적 지식과 초인지적 경험(초인지적 자기조절)으로 구분하였으며,** 한 인간 고유의 인지 과정뿐만 아니라 그와 관련된 것들에 대한 지식을 가리킨다고 주장하였다. 예를 들어, 자신이 A를 학습할 때 B를 학습할 때보다 더 어려움을 느낀다는 걸 알아챈다거나, C를 사실로 받아들이기 전에 다시 한번 확인해 봐야겠다는 생각이 번뜩 떠오른다면, 바로 그때 나는 메타인지에 맞닥트린다는 것이다.
> 3) 메타인지는 '인지(또는 사고)에 관한 지식'과 '인지(또는 사고)에 관한 조절'의 두 측면을 포함하고 있으며, '자신의 인지에 대한 지식'과 '자신의 인지과정에 대한 조절'의 두 유형으로 분류하고 있다. 즉 초인지를 구성하고 있는 요소들은 인지과정에 대한 자신의 인식과 인지과정에 대한 자기조절 과정의 두 가지 요소로 이루어진다.
> 4) **초인지적 지식은 자신의 인지과정에 대한 확고하고 안정된 정보를 말하며, 이것은 학습자로서 자신의 능력과 한계를 인식하는 것으로 자기 자신의 인지에 대한 지식을 의미한다. 이는 개인 변인, 과제 변인, 전략 변인으로 구성된다.**
> 5) **초인지적 자기조절(초인지적 경험)은 학습자가 조직적인 인지활동을 위하여 자신의 인지 활동을 계획하고 점검하여 수정하는 활동으로서 문제를 해결하는데 이용하는 실질적인 인지전략이다.**

023

답 ②

해 반두라(A. Bandura)의 관찰학습 과정 중 **모델의 행동을 말이나 심상으로 표상하여 회상에 도움이 되게 하는 과정은 머릿속에 '기억'하는 인지과정이기 때문에 파지과정(retentional process)에 해당한다.**

024

답 ①

해 **자전거를 타는 것은 암묵기억 중 절차기억에 해당한다.** 절차기억은 사실을 아는 것과는 다르며 행위를 수행하는 방법을 위한 기억이다.

---

4) 출처: 조수진(2012). 기억처리과정의 이해. AUDIOLOGY • 청능재활.(8): 1-8

025

답 ①

해 내사된 조절(투입된 조절, 부과된 조절, introjected regulation)은 조절의 힘이 개인 내부에 있으나, 죄책감, 불안 같은 타율적인 압력에 기초한 것이다. 죄의식, 수치심을 피하거나 타인의 인정을 받거나 비판 회피를 위해 행동한다. 문제의 사례처럼 A의 어머니는 A가 의대를 가기를 바라고 있고, A는 몸이 아프신 어머니의 기대를 저버리지 않기 위해, 즉 인정받기 위해 의대 진학을 목표로 공부를 하고 있기 때문에 내사된 조절(투입된 조절, 부과된 조절, introjected regulation)이다.

부연

1) 외적 조절(external regulation) : 의학공부를 하고 싶은 생각이 전혀 없는데 의학과에 다니는 **여학생의 관심을 얻기 위해** 의학 과목을 수강한다.

2) 내재적 조절(intrinsic regulation) : 의학공부 **자체가 즐겁고 좋아서** 틈만 나면 의학 관련 서적을 읽는다.

3) 동일시된 조절(identified regulation) : 자신의 **장래를 생각할 때** 의학을 공부하는 것이 **필요하고 중요하다는 판단**에 따라서 열심히 공부한다.

4) 통합된 조절(integrated regulation) : **자신이 가장 잘할 수 있는 학문분야**가 의학이고 세계적인 의학자가 되고 싶다는 **목표를 가지고 열심히 공부하고 보람도 느낀다.**

제2과목 청소년 이해론 (선택)

026	①	027	④	028	③	029	①	030	②
031	②	032	④	033	③	034	④	035	⑤
036	③	037	③	038	④	039	②	040	①
041	⑤	042	②	043	④	044	⑤	045	⑤
046	④	047	②	048	⑤	049	⑤	050	①

026

답 ①

해 **벰(S. Bem)은 성별(성) 도식이론의 학자로서 청소년의 성역할 개념의 습득과정을 정보처리 과정 및 인지과정으로 보았으며 아동은 성(性)도식을 구성하고 그에 맞는 성역할을 발달시키고 성(남성, 여성)에 따라 조직되는 행동양식을 설명하였다.**

② 설리반(H. Sullivan)[5] : 대인관계 발달과정을 제시한 학자
③ 레빈(K. Lewin) : 장(場)이론
④ 로저스(C. Rogers) : 인본주의 이론, 인간중심상담이론
⑤ 하트(R. Hart) : 참여사다리 모델 8단계

027

답 ④

해 대항문화의 특징은 기존의 기성세대 생활양식을 거부하고 저항적 실천으로 새로운 문화를 추구하고자 하는 것이다.

대항문화[6]

대항문화란 '~에 대항하는 문화'로써 한 사회의 지배적 문화에 반대하고 적극적으로 도전하는 성향을 갖는 문화를 말한다. 도전의 대상은 사회규범이나 가치관, 특정한 예술성향 혹은 시대적 문화기류에 반대하는 정신문화 영역 혹은 기술이나 산업과 같은 물질문화의 영역일 수도 있다. 대항문화란 용어는 1969년 미국 캘리포니아 대학교 역사학 교수 테오도르 로스자크(Theodore Roszak)가 "대항문화 만들기"(The making of a Counter Culture)라는 저서에서 처음으로 사용한다. 로스자크는 제2차 세계대전 이후 고도성장과 함께 급진적인 사회변동을 맞이한 서구 후기산업 사회로의 이행과정에서 기술 관료시대에 대한 경종을 울리며 새로운 사회, 정치, 교육, 문화와 인간관계의 총체적인 변화에 주목하였다. 즉 거대한 기계의 부속품으로 전락해가는 획일적인 인간성을 거부하고, 비인간적인 현대문명의 위기에 대항하는 꿈, 환상, 에토스, 유토피아 등을 일종의 '시대정신'으로 간주하여 광범위한 사회운동의 대안으로서 대항문화를 제시한 것이다(Roszak, 1969)

---

5) 설리번의 대인관계이론: 설리번은 유아기부터 청소년 후기까지의 상호작용 욕구를 기초로 하여 인간발달단계를 총 6단계로 구분하였는데, 4단계인 전(前)청소년기에는 친밀한 동성친구, 즉 자신의 비밀을 털어놓고 이야기할 수 있는 단짝친구를 가지고 싶은 욕구가 나타난다.

6) 이영란 외(2017). 유럽 청소년·청년 대항문화와 대안문화의 기원과 전개양상에 관한 연구. 청소년문화포럼. 53: 94-119

① 미숙한 문화 : 성인들의 입장에서 청소년들의 문화를 아직 미숙하고 모자란 것으로 보는 관점이다.

② 물질문화 : 인간이 환경에 적응하고 기본적인 욕구를 충족시키기 위해 필요한 용기 및 도구, 그것들의 사용 기술을 포함한다. 즉, 의식주를 비롯한 교통·통신 수단 등이 이에 해당한다.

③ 정신문화 : 비물질 문화라고 하며, 규범문화와 관념문화를 말한다. 규범문화는 사회 제도, 윤리규범, 풍습 등을 말하고, 관념문화는 이념, 종교교리, 예술 창작 등이 해당된다.

⑤ 주류문화 : 지배문화라고도 하며, 사회적으로 영향력이 있는 집단에 의해 향유되는 문화이다.

028

탑 ③

해 [ㄱ], [ㄴ], [ㄹ]은 학자와 이론이 옳은 연결이다.

참고 [ㄷ]. 에릭슨(E. Erikson) - 심리사회적 발달이론 / 브론펜브레너 - 생태학적 이론(모형)

1) 미드(M. Mead)의 문화인류학적 이론

마거릿 미드(M. Mead)는 미국의 문화인류학자로 사모아 · 뉴기니 · 발리섬 등에 현장조사를 나가 원주민들과 함께 생활하고 그들을 관찰하면서 청소년기에 있어서의 문제와 성(性)행동에 대한 이론을 발표하였다. 이는 당시 미국 사회에 많은 영향을 미쳤는데, 특히 육아와 교육, 여성운동에 많은 영향을 주었다. 미드(M. Mead)는 미국 문화인류학에 심리학적 방법을 도입하고 발전시켰으며, 2차 대전 당시에는 세계의 식생활에 대한 연구를 진행하기도 하였다. 학자로서 사회활동에 적극적인 태도를 보여, 20세기 미국뿐만 아니라 세계적으로 지식인으로서 사회를 이끌어가는 데 많은 주장과 이론을 펼쳤다.

2) 홀(S. Hall)의 재현이론

청소년심리학의 아버지라고도 불리는 스탠리 홀(S. Hall)은 1904년 『청소년기』라는 저서를 발간하면서 청소년기에 겪는 신체발달, 성적 발달, 정서특징, 사랑 등을 설명하면서 청소년의 양육과 교육에 대해 기술하였다. 청소년기가 심리적으로 불안정하고 변화가 많으며 갈등이 큰 시기라는 것에서 청소년기가 혼란스러운 것은 과도기적 단계인 '질풍노도의 시기', '제2의 탄생' 이라고 하였다. 각 개인의 발달과정이 인류발달의 진화적 역사를 재현하고 있다는 재현이론을 제안하였는데, 홀은 인간의 발달을 유아기, 아동기, 전청소년기, 청소년기의 4단계로 구분하였다. 유아가 기어 다니는 것은 인간이 네 발을 사용하던 무렵의 동물적 시대를 반복한 것이며, 아동기는 5~8세까지의 시기로 인류가 고기잡이와 사냥의 수렵활동을 주로 하던 시대를 재현한다고 보았다. 전(前)청소년기는 9~13세경에 해당하는 데, 이 시기는 훈련과 연습을 하는 데 가장 적절한 시기로서 읽기, 쓰기, 셈하기 등의 여러 가지 기술을 익히는 시기로 수천 년 전 원시시대의 단조로운 삶을 반영하였다. 청소년기는 15세경에 시작하여 22~25세까지의 시기로 인류가 현대 문명시대로 접어드는 때를 반영한다. 홀은 이 시기를 제2의 탄생기로 보고 다양하고 급격한 변화가 나타나게 된다고 볼 수 있다.

3) 게젤(A. Gesell)의 성숙이론

게젤은 인간에게 새롭게 나타나는 행동은 학습에 의해서라기보다는 유전적인 성숙의 결과라는 성숙이론을 주장하였다. 타고난 유전적 요인에 의해 아동의 성장과 발달이 결정된다고 생각하였다. 모든 문화권에서 공통적으로 아동은 문장을 말하기 전에, 단어를 먼저 말하고 뛰기 전에, 걷는 행동을 먼저 보인다. 즉, 발달속도에는 개인차가 존재하지만 대개 같은 단계를 거쳐 같은 순서로 행동발달이 이루어진다.

029

답 ①

해 **피아제(J. Piaget)에 따르면 청소년기(13세~24세)는 자율적 도덕성(상대적 도덕기) 단계에 해당된다.** 타율적 도덕성 단계에서 자율적 도덕기로 넘어가는 연령은 10세 또는 11세이기 때문에 청소년기(13세~24세)는 자율적 도덕성(상대적 도덕기) 단계에 해당된다.

참고 ②, ③, ④, ⑤는 옳은 설명이다.

030

답 ②

해 진로이론의 대표적인 학자로는 홀랜드(J. Holland), 긴즈버그(E. Ginzberg), 수퍼(D. Super), 파슨스(F. Parsons), 로우(A. Roe) 등이 있으며, 홀랜드(J. Holland)는 일치성의 개념에서 성격 특성에 적합한 직업을 선택했을 때 성공가능성이 높다고 하였다. 또한 수퍼(D. Super)는 지나치게 자아를 강조한 학자로서, 직업선택은 자아개념 발달과 밀접한 관련이 있다고 주장하였다.

오답노트

[ㄴ]. 긴즈버그(E. Ginzberg)의 직업선택이론에서 **현실적 시기(realistic period)의 연령은 17세 이상이다.** 11세부터 17세는 잠정기이다.

[ㄹ]. **로우(A. Roe)는 욕구이론을 주장하였으며,** 파슨스(Parsons)가 진로선택의 특성 – 요인 이론을 제안하였다.

031

답 ②

해 **해당 내용은 베블렌(T. Veblen)에 의해 주장된 '과시소비'에 해당되는 내용이다.** 베블렌 효과(Veblen effect)는 소비자들이 남들보다 돋보이고 싶은 심리에서 이른바 명품만을 소비하는 것을 말한다. 외제 자동차나 보석과 같은 값비싼 상품을 구입할 수 있는 능력을 과시하기 위해 소비하는 경우가 바로 베블렌 효과에 속한다.

① 모방소비 : 유행이나 타인의 소비를 맹목적으로 쫓아 하는 소비

③ 충동소비 : 계획에 없는 물품을 충동적으로 구매하는 소비

④ 동조소비 : 자신의 필요가 아니라 다른 사람과 동일시하거나 소외되지 않으려고 하는 소비

⑤ 계획소비 : 자신의 필요에 의해 계획적으로 하는 소비

032

답 ④

해 해당 내용은 **아비투스(habitus)를 설명하는 개념**으로, 부르디외(P. Bourdieu)에 의해 도입되었다. 아비투스 (habitus)는 사회계급이나 학력수준에 따라 문화를 향유하거나 취향에 있어 차이를 드러나게 하는 것으로, 일상적 실천에서 자신의 계급과 다른 계급을 구분 짓는 역할로 이는 후천적으로 길러진 성향을 의미한다.

> 참고
>
> ## 아비투스(Habitus)[7]
>
> 1) 아비투스(Habitus)란 특정한 환경에 의해 형성된 성향이나 사고, 인지, 판단과 행동 체계를 의미하는 프랑스 단어이다. 무의식적으로 나타나는 인간의 행위를 뜻한다.
> 2) **이 단어를 처음 사용한 인물은 프랑스의 사회학자인 '피에르 부르디외'이다. 그는 아비투스가 교육을 통해 인간에게 내재화되는 무의식적 사회화의 산물이라고 정의했다.**
> 3) **계급적이고 구조적인 사회 환경에 따라, 한 개인의 습성이나 취향이 형성된다. 이렇게 개인의 사회적 지위나 사회구조에 의해 형성된 취향 등은 인간의 의사결정에도 영향을 미치게 된다.**
> 4) **현대 사회에서는 자본주의와 아비투스의 개념이 결합하며, 경제력, 학력 등에 따라 사람들의 문화적 취향도 차별화될 수 있음을 의미하게 됐다. 자본이 계급을 만들고 이를 통해 문화적인 개인의 취향도 결정된다는 것이다.**
> 5) 자본주의 사회에서는 소비를 통해 한 개인의 아비투스가 가장 잘 드러나게 된다. 일례로, **부유층이 명품 소비를 통해 타인과 다름을 구분을 지으려는 행위 등을 들 수 있다.**
> 6) 또한, 소위 '잘사는' 부모를 둔 자녀들이 그렇지 못한 가정보다 클래식 음악을 즐기는 경우가 많은 것 등도 아비투스의 한 예로 볼 수 있다.
> 7) 전문가들은 오늘날 사회에서는 인터넷 등 디지털 환경이 확대되면서 과거와 같이 자본, 교육만으로 아비투스를 한정 짓기는 어려워졌다고 지적했다. 과거보다 가상현실, 혼재된 문화 등으로 하이브리드적인 아비투스가 늘어났다는 것이다.

> 문항분석
>
> ① 팬덤(fandom) : '열광적으로 추모한다.'는 의미로 청소년들이 스타와 같은 특정 대상에 몰두하여 자신이 좋아하는 대상을 공유하는 사람들끼리 스타일을 함께함으로써 자신의 정체성을 드러내고 싶어 하는 현상
> ② 보보스(bobos) : 미국의 새로운 상류 계급을 나타내는 용어로 부르주아(bourgeois)와 보헤미안(bohemian)의 합성어이다.
> ③ 아우라(aura) : 벤야민(W. benjamin)이 주장한 개념으로 문화산업이 등장한 시대에 들어서면서 예술작품의 복제가 가능하게 되었고 예술작품의 복제는 아우라(aura)의 파괴를 가져왔다고 주장하였다.
> ⑤ 헤게모니(hegemony) : 문화 패권 또는 문화 헤게모니는 지배집단의 문화를 피지배집단이 수용하도록 조작된 이념이다. 이는 현대의 지배를 정당화하는 이데올로기로서 이러한 지배집단의 이데올로기가 일상생활과 사회에 깊이 스며들어 사회를 통제한다고 보는 이론이다.

---

7) 황윤정(2018). 아비투스(Habitus). 연합인포맥스

033

답 ③

해 ③ 청소년들의 TV시청 등 미디어 소비나 단순 휴식에 해당하는 여가활동은 **소극적 여가활동**에 해당된다.

> **청소년 여가활동**
> 1) 활동형 : 운동, 낚시, 등산, 여행, 견학, 봉사활동, 종교 활동, 써클 활동, 예능활동 등
> 2) **소극형 : 독서, 음악 감상, 사색, 공상, 라디오 청취, TV시청, 바둑, 연극관람, 잡담 등**
> 3) 중간형 : 집안일 돕기, 산책, 쇼핑, 데이트, 취미활동, 공작, 수예 등
> 4) 부정형 : 전자 오락, 당구장, 노래방, PC방, 음주, 화투, 카드놀이 등

문항분석

> ① 신체적 여가활동 : 달리기, 자전거 타기 등 신체를 활용한 심신단련을 목적으로 하는 여가활동을 말한다.
> ② 진지한 여가활동 : 독서모임, 토론모임, 문화예술공연 등 창작활동을 목적으로 하는 여가활동을 말한다.
> ④ 사회적 여가활동 : 종교 활동, 봉사활동, 댄스동아리, 교회 청년모임 등 사회공헌이나 사교를 목적으로 하는 여가활동을 말한다.
> ⑤ 구조화된 여가활동 : 청소년캠프 참가, 문화유적지 방문 등 계획이 세워진 일련의 프로그램으로 구성된 여가활동을 말한다.

034

답 ④

해 **청소년 기본법의 청소년 연령 기준은 '9세 이상 24세 이하'로 규정**되어 있다.

오답노트

> ① 청소년복지 지원법 : 9세 ~ 24세 이하
> ② 청소년 보호법 : 만 19세 미만
> ③ 아동·청소년의 성보호에 관한 법률 : 19세 미만(아동·청소년)
> ⑤ 학교 밖 청소년 지원에 관한 법률 : 9세 ~ 24세 이하

035

답 ⑤

해 엘킨드(D. Elkind)는 청소년의 자아중심적인 특성을 상상적 청중(imaginary audience)과 개인적 우화(personal fable)로 제시하였다. 상상적 청중은 자기중심적인 사고의 대표적인 예로 타인들이 자신을 주시하고 있고 자신이 무대의 주인공처럼 행동하게 되는데 이는 다른 사람들의 눈에 띄고 싶은 욕망으로부터 나온다고 할 수 있다.
참고 ⑤ **다른 사람들을 위한 배려와 희생을 우선시한다는 내용은 이타주의적 특성으로, 상상적 청중(imaginary audience)과 거리가 멀다.**

036

답 ③

해 정체감 유실(identity foreclosure)은 청소년이 자신에게 중요한 문제에 대해 고민하지 않고 타인의 결정을 그대로 따르는 경우로, 부모가 제안하는 장래 직업에 대해 탐색과정 없이 바로 수용하는 것을 말한다.

037

답 ③

해 청소년기는 피아제의 인지발달단계의 형식적 조작기에 해당된다. 이 시기 추상적 사고가 가능해지고, 또래집단의 영향이 매우 중요하다. 사춘기에는 2차 성징이 나타나면서 성적 호기심이 증가한다. 오늘날 청소년기는 과거에 비해 연장되고 있는 추세이다 즉, 과거에는 결혼을 일찍 해서 현대에 비해 청소년기가 짧다.

참고 ③ **청소년기는 심리적 및 신체적으로 엄청난 변화를 경험하는 질풍노도의 시기로, 사춘기에는 신장과 체중의 증가 속도가 빠르다.**

038

답 ④

해 청소년복지 지원법령상 부모가 국민기초생활 보장법에 따른 차상위계층에 해당되거나 **생계·의료·주거·교육급여 수급자**이거나 조모가 한부모가족지원법에 따른 지원대상자일 때 생리용품을 지원받을 수 있다.

참고 [ㄹ]. **학교 밖 청소년 지원에 관한 법률에 따른 학교 밖 청소년은 지원대상이 아니다.**

실력다지기
청소년복지 지원법 시행령 제3조의2(생리용품 지원의 대상과 방법 등)

① 국가 및 지방자치단체는 법 제5조제3항에 따라 다음 각 호에 해당하는 사람 또는 그 사람의 가구원인 여성청소년을 대상으로 생리용품을 지원한다.
1. 「국민기초생활 보장법」 제2조제10호의 **차상위계층에 해당하는 사람**
2. 「국민기초생활 보장법」 제7조에 따른 **생계급여, 주거급여, 의료급여 또는 교육급여의 수급자**
3. **「한부모가족지원법」 제5조 및 제5조의2에 따른 지원대상자**
4. 그 밖에 성평등가족부장관이 생리용품 지원이 필요하다고 인정하는 사람

039

답 ②

해 **소년법상 형벌 법령에 저촉되는 행위를 한 (10)세 이상 (14)세 미만인 소년은 소년부의 보호사건으로 심리한다.**

실력다지기 | 소년법 제4조(보호의 대상과 송치 및 통고)

① 다음 각 호의 어느 하나에 해당하는 소년은 소년부의 보호사건으로 심리한다.

　1. 죄를 범한 소년

　2. 형벌 법령에 저촉되는 행위를 한 10세 이상 14세 미만인 소년

　3. 다음 각 목에 해당하는 사유가 있고 그의 성격이나 환경에 비추어 앞으로 형벌 법령에 저촉되는 행위를 할 우려가 있는 10세 이상인 소년

　　가. 집단적으로 몰려다니며 주위 사람들에게 불안감을 조성하는 성벽(性癖)이 있는 것

　　나. 정당한 이유 없이 가출하는 것

　　다. 술을 마시고 소란을 피우거나 유해환경에 접하는 성벽이 있는 것

② 제1항제2호 및 제3호에 해당하는 소년이 있을 때에는 경찰서장은 직접 관할 소년부에 송치(送致)하여야 한다.

③ 제1항 각 호의 어느 하나에 해당하는 소년을 발견한 보호자 또는 학교·사회복리시설·보호관찰소(보호관찰지소를 포함한다. 이하 같다)의 장은 이를 관할 소년부에 통고할 수 있다.

040

답 ①

해 학교 밖 청소년 지원에 관한 법령상 학교 밖 청소년 실태조사에 포함되어야 할 사항으로는 학교 밖 청소년의 경제상태, 친구관계, 학업중단 시기 및 원인, 지원 프로그램 활용 현황 등이 있다.

　참고 ① 학교 밖 청소년의 종교 활동은 개인의 자유활동으로 실태조사에는 포함되지 않는다.

실력다지기 | 제2조(실태조사의 내용과 방법)

① 「학교 밖 청소년 지원에 관한 법률」 제6조제1항에 따른 학교 밖 청소년에 대한 실태조사에는 다음 각 호의 사항이 포함되어야 한다.

　1. 학교 밖 청소년의 학업중단 시기와 그 원인

　2. 학교 밖 청소년의 신체적·정신적 건강상태

　3. 학교 밖 청소년의 가족관계 및 친구관계

　4. 학교 밖 청소년의 경제상태

　5. 학교 밖 청소년의 진로

　6. 학교 밖 청소년 지원 프로그램 활용 현황

　7. 그 밖에 성평등가족부장관이 학교 밖 청소년 지원을 위하여 필요하다고 인정하는 사항

② 제1항에 따른 실태조사는 표본조사의 방법으로 할 수 있다.

041

답 ⑤

해 유엔아동권리협약(Convention on the Rights of the Child)은 1989년에 만들어진 국제인권조약으로 모든 아동은 동일한 권리를 누릴 수 있어야 하고, 이러한 아동이 누려야 하는 권리를 유엔아동권리협약에서 설명하고 있다. 문항 모두 유엔아동권리협약의 기본원리에 해당되는 내용이다.

유엔아동권리협약(Convention on the Rights of the Child)

아동권리는 아동이 가진 인권이며, 아동이기 때문에 주어지는 특별한 보호와 지원에 대한 배려이다. 아동권리가 개별 가정의 양육 기준은 물론, 국가 아동정책의 기본 가치가 되어야 하는 이유가 여기에 있다. 아동권리 개념은 1922년의 세계아동헌장에서 비롯되어 1924년 제네바 선언을 거쳐 1989년 「아동권리에 대한 유엔협약(UNCRC)」으로 구체화되었다. **총 54개 조항의 아동권리협약은 4가지 기본원칙과 4가지 아동의 기본권을 제시하고 있다. 원칙으로는 비차별의 원칙, 아동 최선의 이익 원칙, 생존과 발달의 권리 원칙 및 아동의견 존중의 원칙이 있으며, 이는 생존권, 발달권, 보호권, 참여권의 4가지 권리로 적시되었다. 회원국은 자국의 아동정책 전반에 협약의 원칙을 반영하여야 한다.**

042

답 ②

해 ② **차별적 접촉이론은 서덜랜드(E. Sutherland)가 대표적인 학자**로, 모든 종류의 범죄나 비행은 학습되는 것으로 비행을 체계적인 학습의 결과로 보며, 또래집단의 중요성을 부각시켰다.

문항분석

① 아노미 이론

머튼(R. Merton)의 이론으로, 사회를 구성하는 기본적인 기둥을 문화구조와 사회구조의 개념으로 파악하고 이 이론에 의하면 빈곤한 가정에 태어나 사회구조적으로 매우 불리한 입장에 있는 청소년들은 그들이 원하는 지위를 사회적인 배경 때문에 성취할 기회가 상대적으로 제약되어 있기 때문에 그들의 목적을 비행과 범죄라는 수단을 통해서 얻어내려고 한다는 것이다.

③ 차별적 기회구조이론

비행의 전문화 경향이 지역사회의 특성과 관련이 있다는 것을 설명하기 위하여 주장된 것으로 문화적 목표를 달성하기 위한 수단은 합법적인 것과 비합법적인 두 가지의 사회구조가 있다는 전제에서 사회에는 제도화된 합법적 수단뿐만 아니라 범죄를 저지르는 비합법적 수단도 차등적으로 분배되어 있다는 이론이다.

④ 낙인이론

낙인이론에서 사람들은 누구나 우연한 기회에 사소한 일탈의 가능성에 놓이게 되는데, 이러한 일탈이 범죄로 규정되고 그 행위자에 대해 범죄자로서의 낙인이 주어지게 되면 그 행위자는 더욱 심각한 범죄를 저지르게 된다는 것이다.

⑤ 하위문화이론

코헨(A. Cohen)이 주장한 이론으로 문화 목표에 대해 기회가 박탈된 청소년 하위집단이 비행을 유발한다고 보는 이론으로 가벼운 비행에 참여하는 청소년, 상습적 비행을 저지르게 되는 청소년, 순응해 성공하려는 능동적 청소년으로 구분된다.

043

답 ④

해 청소년 가출위험 요인은 개인적 요인, 가족 환경적 요인, 학교환경 및 친구요인으로 구분할 수 있다. 낮은 자존감, 높은 공격성, 높은 감각 추구 성향, 높은 충동성은 개인적 요인에 해당된다.

참고 ④ **학교 부적응은 학교환경 및 친구요인에 해당된다.**

044

답 ⑤

해 청소년복지 지원법 제3조에서는 국가 또는 지방자치단체가 운영하는 수송시설·문화시설·여가시설 등을 이용할 경우 그 이용료를 면제 또는 할인할 수 있는 청소년 우대에 관하여 명시하고 있다. **청소년 우대 대상은 (9)세 이상 (18)세 이하인 청소년, 초·중등교육법 제2조에 따른 학교에 재학 중인 (18)세 초과 (24)세 이하인 청소년이다.**

실력다지기 ▌**청소년복지 지원법 시행령 제1조의2(청소년의 우대)**

① 「청소년복지 지원법」 제3조제1항 또는 제2항에 따라 이용료를 면제받거나 할인받을 수 있는 시설의 종류는 다음 각 호와 같다.
  1. 「대중교통의 육성 및 이용촉진에 관한 법률」 제2조제2호에 따른 대중교통수단
  2. 「청소년활동 진흥법 시행령」 제17조제1항에 따른 청소년이용시설
② 법 제3조제1항 또는 제2항에 따라 이용료를 면제받거나 할인받을 수 있는 청소년은 다음 각 호의 어느 하나에 해당하는 청소년으로 한다.
  1. **9세 이상 18세 이하인 청소년**
  2. **「초·중등교육법」 제2조에 따른 학교에 재학 중인 18세 초과 24세 이하인 청소년**

045

답 ⑤

해 청소년복지 지원법령상 위기청소년의 지원에 반드시 필요하다고 인정되는 경우에는 금전의 형태로 제공할 수 있는데 ①, ②, ③, ④는 이에 해당되는 내용이다.

참고) ⑤ **상습적인 인터넷 사기 행위로 인한 소송비용은 포함되지 않는다.**

실력다지기 ▌**청소년복지 지원법 시행령 제7조(위기청소년 특별지원 내용 등)**

① 법 제14조에 따른 위기청소년에 대한 특별지원은 다음 각 호와 같다. 다만, 제1호 및 제2호에 따른 지원은 제8조제1항제3호 및 제4호에 해당하는 경우에만 한다.
  1. 청소년이 일상적인 의·식·주 등 기초생활을 유지하는 데에 필요한 기초생계비와 숙식 제공 등의 지원
  2. 청소년이 신체적·정신적으로 건강하게 성장하기 위하여 요구되는 건강검진 및 치료 등을 위한 비용의 지원
  3. **「초·중등교육법」 제2조에 따른 학교의 입학금 및 수업료, 「초·중등교육법 시행령」 제97조제1항제1호·제98조제1항제1호에 따른 중학교 졸업학력 검정고시 또는 고등학교 졸업학력 검정고시의 준비 등 학업을 지속하기 위하여 필요한 교육 비용의 지원**

4. **취업을 위한 지식 · 기술 · 기능 등 능력을 향상시키기 위하여 필요한 훈련비의 지원**

5. 폭력이나 학대 등 위기상황에 있는 청소년에게 필요한 법률상담 및 소송비용의 지원

6. 그 밖에 청소년의 건전한 성장을 위하여 필요하다고 성평등가족부장관이 인정하는 비용의 지원

046

답 ④

해 지역사회 청소년통합지원체계(청소년안전망)에서 청소년상담복지센터 및 지방자치단체, 교육청, 보호관찰소는 필수적으로 연계해야 하는 기관에 포함된다.

참고 ④ **청소년수련원은 필수 연계기관에 해당되지 않는다.**

심화학습 **청소년복지 지원법 시행령 제4조(지역사회 청소년통합지원체계 구성 등)**

① 법 제9조제1항에 따른 지역사회 청소년통합지원체계는 다음 각 호의 기관 또는 단체(이하 "필수연계기관"이라 한다)를 반드시 포함하여 구성하여야 한다.

1. 법 제29조에 따른 **청소년상담복지센터** 및 법 제31조에 따른 청소년복지시설

2. 「성매매방지 및 피해자보호 등에 관한 법률」 제9조제1항제2호에 따른 청소년 지원시설

3. 「청소년기본법」 제3조제8호에 따른 청소년단체

4. 「지방자치법」 제2조에 따른 **지방자치단체**

5. 「지방교육자치에 관한 법률」에 따른 **특별시 · 광역시 · 특별자치시 · 도 및 특별자치도 교육청** 및 교육지원청

6. 「초 · 중등교육법」 제2조에 따른 학교

7. 「국가경찰과 자치경찰의 조직 및 운영에 관한 법률」 제13조에 따른 시 · 도경찰청 및 경찰서

8. 「공공보건의료에 관한 법률」 제2조제3호에 따른 공공보건의료기관

9. 「지역보건법」 제10조에 따른 보건소(보건의료원 포함)

10. 「법무부와 그 소속기관 직제」 제39조의2에 따른 청소년 비행예방센터

11. 「고용노동부와 그 소속기관 직제」 제19조 및 제23조에 따른 지방고용노동청 및 지청

12. 「학교 밖 청소년 지원에 관한 법률」 제12조제1항에 따른 학교 밖 청소년 지원센터

13. 「보호관찰 등에 관한 법률」 제14조에 따른 **보호관찰소**(보호관찰지소 포함)

047

답 ②

해 청소년이 또래집단의 언어, 행동, 패션 등을 따르는 현상은 관찰학습, 강화, 동조, 사회적 비교 등으로 설명할 수 있다.

참고 ② **대상화는 한 개인을 그 사람의 품성이나 존엄성에 상관없이 물건처럼 취급하는 행위를 뜻한다.** 예를 들어, 성적 대상화(sexual objectification)는 타인을 성적 쾌락을 충족하기 위한 수단으로써 인격이나 감정이 없는 물건처럼 취급하는 행위이다. 대상화는 청소년이 또래집단의 언어, 행동, 패션 등을 따르는 현상과 거리가 있다.

048

답 ⑤

해 ①, ②, ③, ④의 내용은 학교폭력예방 및 대책에 관한 법률상 학교 폭력 피해학생과 보호자가 심의위원회 개최를 원하지 않을 때 학교의 장이 자체적으로 해결할 수 있는 경미한 학교폭력 사건에 해당된다.

참고 ⑤ **학교폭력 사건에 대한 보복행위는 경미한 사건이 아닌 중대한 사건으로 볼 수 있다.**

심화학습 | **학교폭력예방 및 대책에 관한 법률 제13조의2(학교의 장의 자체해결)**

① 제13조제2항제4호 및 제5호에도 불구하고 다음 각 호에 모두 해당하는 경미한 학교폭력에 대하여 피해학생 및 그 보호자가 심의위원회의 개최를 원하지 아니하는 경우 학교의 장은 학교폭력사건을 자체적으로 해결할 수 있다. 이 경우 학교의 장은 지체 없이 이를 심의위원회에 보고하여야 한다.

1. **2주 이상의 신체적ㆍ정신적 치료가 필요한 진단서를 발급받지 않은 경우**
2. **재산상 피해가 없는 경우 또는 재산상 피해가 즉각 복구되거나 복구 약속이 있는 경우**
3. **학교폭력이 지속적이지 않은 경우**
4. 학교폭력에 대한 신고, 진술, 자료제공 등에 대한 보복행위(정보통신망을 이용한 행위 포함)가 아닌 경우

② 학교의 장은 제1항에 따라 사건을 해결하려는 경우 다음 각 호에 해당하는 절차를 모두 거쳐야 한다.

1. 피해학생과 그 보호자의 심의위원회 개최 요구 의사의 서면 확인
2. 학교폭력의 경중에 대한 제14조제3항에 따른 전담기구의 서면 확인 및 심의

③ 학교의 장은 제1항에 따른 경미한 학교폭력에 대하여 피해학생 및 그 보호자가 심의위원회의 개최를 원하는 경우 피해학생과 가해학생 사이의 관계회복을 위한 프로그램(이하 "관계회복 프로그램")을 권유할 수 있다.

④ 국가 및 지방자치단체는 관계회복 프로그램의 개발ㆍ보급 및 운영을 위하여 필요한 경우 행정적ㆍ재정적 지원을 할 수 있다.

⑤ 그 밖에 학교의 장이 학교폭력을 자체적으로 해결하는 데에 필요한 사항은 대통령령으로 정한다.

049

답 ⑤

해 청소년복지지원법 제31조에서는 청소년복지시설을 **청소년 쉼터**, 청소년 자립지원관, **청소년 치료재활센터**, 청소년 회복지원시설로 구분하고 있으며, **한국청소년상담복지개발원**은 청소년복지지원법 제22조에, **이주배경청소년지원센터**는 청소년복지지원법 제30조에 규정되어 있다.

참고 ⑤ **청소년행복지원센터는 청소년복지지원기관이나 청소년복지시설이 아니어도 사용할 수 있다.**

실력다지기 | **청소년복지 지원법 제38조(동일 명칭의 사용 금지)**

이 법에 따른 청소년복지지원기관 또는 청소년복지시설이 아니면 한국청소년상담복지개발원, 청소년상담복지센터, 이주배경청소년지원센터 또는 청소년쉼터, 청소년자립지원관, 청소년치료재활센터의 명칭을 사용하지 못한다.

050

답 ①

해 청소년증은 9세 이상 18세 이하의 청소년들에게 기초자치단체장이 발급하는 신분증으로 성인의 주민등록증과 같은 역할을 하는 신분증의 일종이며 이는 **청소년복지지원법 제4조에 근거하여 발급할 수 있다.**

실력다지기

청소년복지 지원법 제4조(청소년증)

① **특별자치시장·특별자치도지사 또는 시장·군수·구청장은 9세 이상 18세 이하의 청소년에게 청소년증을 발급할 수 있다.**

② 제1항에 따른 청소년증은 다른 사람에게 양도하거나 빌려주어서는 아니 된다.

③ 누구든지 제1항에 따른 청소년증 외에 청소년증과 동일한 명칭 또는 표시의 증표를 제작·사용하여서는 아니 된다.

④ 제1항에 따른 청소년증의 발급에 필요한 사항은 성평등가족부령으로 정한다.

MEMO

청소년상담사 3급 필기 기출문제집

정답 및 해설

1교시

2교시

2022

제1과목 발달심리 (필수)

001	②	002	①	003	④	004	②	005	②
006	③	007	②	008	①	009	④	010	③
011	②	012	⑤	013	①	014	③	015	③
016	④	017	④	018	②	019	④	020	⑤
021	①	022	③	023	⑤	024	⑤	025	①

001

답 ②

해 발달이란 수정에서부터 사망할 때까지 개인에게서 일어나는 체계적인 연속성과 변화이다. 발달은 순서가 있고, 패턴이 있으며, 지속적이다.

② 발달의 질은 개인마다 다르지만 발달의 순서는 같다.

1) 발달은 연속적 과정이므로 긍정적인 변화 뿐 아니라, 기능 및 구조가 쇠퇴하는 부정적 변화도 발달에 포함된다.

2) 발달은 양적 변화와 질적 변화를 포함한다.

3) 대부분의 발달적 변화는 성숙과 학습의 산물이다.

4) 도덕적, 인지적, 사회적 발달은 상호 영향을 주고받는 상호의존적 관계이다.

5) 발달은 이전 경험의 누적에 따른 산물이다.

6) 삶의 중요한 사건이나 경험이 발달상의 큰 변화를 가져올 수 있다.

7) 한 개인의 발달은 역사·문화적 맥락의 영향을 받는다.

8) 발달의 각 영역(신체적, 인지적, 심리사회적 등)은 상호배타적이라기보다는 상호의존적이다.

002

답 ①

해 발달연구방법에는 횡단적 연구법, 종단적 연구법, 계열법이 있다. 횡단적 연구법은 각기 다른 연령집단의 피험자를 동일한 시기에 비교하는 것이다.

① **종단적 연구법은 피험자를 추적 조사함으로써 연령에 따른 발달의 추이를 규명한다.** 계열법(sequential method)은 횡단적 접근법과 종단적 접근법을 절충·보완한 연구 설계로 연령, 출생동시집단, 측정시기의 효과를 분리할 수 있다.

실력다지기

횡단적 연구와 종단적 연구

1) 종단적 연구와 횡단적 연구는 각각 장점과 단점이 있어서 서로 상대방이 밝히지 못하는 부분을 밝혀낼 수 있는 상호보완적 관계를 가지고 있다.

2) 횡단적 조사(Cross - sectional Research) 어느 한 시점에서 다수의 분석단위에 대한 자료를 수집하는 연구로서 어떤 현상의 단면을 분석하는 정태적인 성격이 있으며 간단하고 비용은 절감할 수 있지만 어떤 현상의 진행과정이나 변화 측정은 불가능하다.

3) 종단적 조사(Longitudinal Research) 장기간에 걸쳐, 즉 여러 시간에 걸쳐 조사를 반복하는 것으로, 어떤 현상의 진행과정이나 변화를 측정하여 분석하는 동태적인 성격을 가지는 방법이다.

003

답 ④

해 발달의 비연속적(불연속적) 측면을 강조하는 발달단계이론 학자들로서는 프로이트(Freud), 에릭슨(Erickson), 피아제(Piaget), 콜버그(Kohlberg) 등을 들 수 있다. **에릭슨의 심리사회적 발달이론은 프로이드의 정신분석학적 입장을 취하고 있으며 피아제의 인지발달이론과 콜버그의 도덕성 발달이론은 인지론적 입장**을 취하고 있다.

실력다지기

연속성 이론과 불연속성 이론

1) 연속성 이론

(1) 단계이론(또는 비연속이론)에 반대하는 주장을 연속이론(continuity theory)이라고 한다.

(2) 인간의 행동발달은 기본적으로 자극 - 반응의 결합으로서 이루어지는 조건형성의 결과라고 주장한다.

(3) 인간발달은 서서히 점진적으로 이루어지는 것이지 어떤 특정한 연령단계에 가서 여태까지 없던 새로운 행동 특징이나 새로운 심적 구조가 돌연히 나타나는 것이 아니다.

(4) 인간의 성장, 발달은 단계적으로 이루어지는 것이 아니라고 주장한다.

(5) 연속성 이론은 주로 학습이론 및 관찰학습이론과 정보처리론을 지지하는 학자들에 의해 주장되고 있으며 행동주의 접근과 같이 학습과 경험을 강조하는 발달론자들은 발달을 점진적, 연속적 과정으로 본다.

(6) 결론적으로 동일한 일반적 법칙이 발달의 연속선상에 있는 모든 과정에 적용된다고 보는 관점이다.

2) 불연속성 이론 = 단계이론(stage theory)

(1) 발달이 일련의 독립적이며 질적으로 다른 단계들로 구성된다고 믿는 단계 이론가들은 발달을 불연속적인 과정으로 본다.

(2) 변화가 갑작스럽게 일어나고, 앞선 변화들과 질적으로 상이하며, 발달적 변화에 대해 각기 다른 일반법칙이 적용된다고 본다.

(3) 단계이론(stage theory)에 의하면, 인간은 질적으로 구분되는 몇 개의 단계를 거치면서 변화, 발달하는데 한 단계에서 다음 단계로의 이행은 갑자기 일어난다는 것이다.

(4) 새로운 발달단계는 서서히 나타나는 것이 아니고 어느 특정 시기에 갑자기 나타나서 이전 단계와 후기 단계 사이에는 발달상의 간격이 있게 된다는 것이다.

(5) 학자들로서는 Freud, Erickson, Piaget, Kohlberg 등을 들 수 있는데, Freud와 Erikson은 정신분석학적 입장을 취하고 있으며 Piaget와 Kohlberg는 인지론적 입장을 취하고 있다.

(6) 어떤 특정한 심리적 특성들은 그것이 나타나도록 미리 정해진 시기, 즉 일정단계에 이르러서야 나타나 어떤 특성이 점진적으로 발달되는 것이 아니라 어느 단계에 이르러서 갑자기 발달된다는 것이다.

(7) 발달곡선은 연속적인 곡선을 그리는 것이 아니라, 비연속적인 양상을 띤다는 것이다. 비연속이론(discontinuity theory)이라고도 부른다.

004

답 ②

해 태내기는 정자와 난자의 수정 순간부터 출산에 이르기까지 약 9개월간으로 발아기(배종기), 배아기, 태아기로 이루어진다.

1) 발아기는 수정에서부터 수정란이 자궁벽에 착상하기까지 약 2주간의 기간이다. 정자와 난자가 결합해 세포분열을 하며 자궁 내에 착상하게 되는 때이다. 착상을 완료하면 이제 아기는 엄마와 탯줄과 태반으로 연결되어 영양분을 공급받고 노폐물을 배출하게 된다. **옳은 답은 다음과 같다.**
   [ㄱ].발아기(germinal period)에 태반, 탯줄, 양막, 양수가 발달한다.

2) 배아기는 수정 후 2주~8주경까지이다. 인간의 성장과정 중 성장 속도가 가장 빠른 시기로 신체기관의 분화가 일어나는 시기로 수정란은 내배엽, 중배엽, 외배엽으로 분화된다. **옳은 답은 다음과 같다.**
   [ㄹ]. 수정란이 자궁벽에 착상한 임신 2주 이후부터 임신 8주까지 6주간의 기간을 배아기라 한다.

3) 태아기는 8주 이후 출생까지의 시기를 말한다. 새로운 기관의 형성보다는 형성된 기관들이 성장하는 때로 신경아세포(neuroblast)의 증식이 일어나는 시기이다. 태아기 중기인 26주경에는 신경세포가 분화되고 출생 시에는 신경세포의 수가 성인 수준에 이른다.

005

답 ②

해 정상적인 출산 기간을 기준으로 했을 때 출생 후 1주일 또는 1개월까지를 신생아 시기라고 한다.
   ② **12개월 무렵이 되면 손가락을 조절하여 물건을 잡을 수 있다.**
   신생아 시기의 특징은 다음과 같다.

1) 신생아는 다른 감각에 비해 후각이 발달되어 있어 엄마 젖 냄새를 구분할 수 있고, 엄마의 양수 냄새를 맡으면 안정된다.
2) 갑작스러운 큰 소리나 머리의 위치가 변화할 때 팔과 다리를 쭉 벌리면서 무엇인가를 껴안으려고 하는 것 같은 자세를 취하는 모로반사를 한다.
3) 촉각은 영아가 자신의 환경에 대한 지식을 습득하는 주요한 수단으로서 신생아, 즉 출생 후 첫 한 달 동안의 아기는 촉각이 입술과 혀를 제외하고는 그다지 발달되지 않는다.
4) 신생아의 시각은 인간의 감각 중 가장 늦게 발달한다. 출생 시부터 신생아는 세상을 천연색으로 지각한다. 출생 시 적색과 녹색을 구분하며 2개월이 되면 삼원색의 대부분을 구분한다.
5) 팬츠(R. Fantz)의 실험에서 신생아는 직선보다 곡선을 더 선호하는 것으로 나타났다. 또한 규칙적인 형태보다는 불규칙적인 형태를, 윤곽선이 열린 형태보다는 닫힌 형태를, 비대칭형보다 대칭형을, 지나치게 단순한 형태보다 적당하게 복잡한 형태를 선호한다.
6) 워크와 깁슨(Walk & Gibson)의 시각버랑(visual cliff) 실험에서 6 ~ 7개월 된 영아는 깊이를 지각하는 것으로 나타났다
7) 신생아는 정지된 물체보다 움직이는 물체를 더 선호한다.

006

답 ③

해 [ㄷ]. 유아는 사람들이 진짜로 느끼는 정서와 표현하는 정서를 잘 구별하지 못한다.

심화학습 | **영유아기 정서발달의 특징**

1) 자신을 인식하게 되면서 자의식적 정서가 나타난다.
2) 기쁨, 분노, 공포 등의 일차 정서는 영아기 초기에 나타난다.
3) 영아는 불확실한 상황에서 사회적 참조를 통해 타인의 정서를 해석한다.
4) 태어난지 1개월 이내의 영아는 비교적 무반응적이고, 외부의 자극에 대해 거의 반응하지 않는다.
5) 3개월 정도가 되면 주위환경에 대해 관심 갖고 흥미와 호기심을 보이기 시작하고 부모에게 쉽게 미소 짓는다.
6) 6개월 정도가 되면 긍정적인 감정을 느낀다. 어떤 일이 일어날지를 기대하고 그 일이 실제 일어나지 않을 때 실망하거나 화를 낸다. 이때가 사회적 각성의 시기이며 아기와 양육자 간의 상호교환이 시작된다.
7) 9개월 정도가 되면 사회적 반응을 하며 기쁨, 공포, 분노, 놀람과 같은 분화된 감정을 느낀다.
8) 1년이 되면 양육자와의 애착이 형성된다. 낯선 사람들을 두려워하고, 새로운 상황에서 조심스럽게 행동한다.

007

답 ②

해 애착의 유형에서 에인스워스는 '낯선 상황' 실험으로 애착유형을 구분하였으며 이는 안정애착, 불안정 – 회피애착, 불안정 – 저항애착이 그것이며 메인과 솔로몬은 이것에 혼란애착 유형을 첨가하였다.

실력다지기 유아기(2세~6세)의 발달의 특징

1) 2세 반 정도에 20개의 유치가 모두 나고 5~6세 정도에 유치가 빠지고 영구치가 나온다.

2) 4세 전후가 되면 뇌의 중량은 성인의 약 80%에 미친다.

3) 약 1세 전후에 배변통제훈련이 시작되어 약 2세가 되면 영아는 배변통제가 가능하다.

4) 약 2세가 되면 혼자서 먹을 수 있으며 3세경에는 숟가락과 젓가락을 효율적으로 사용할 수 있으며 6~7세가 되면 오른손으로 제대로 식사를 할 수 있다.

5) 약 3세경에는 옷을 벗을 수 있고, 4세경에는 옷을 입을 수 있으며, 5~6세가 되면 혼자서 단추나 지퍼를 열고 닫을 수 있다.

6) 피아제의 인지발달단계 중 전조작기(2~7세경)에 해당한다.

7) 사고란 모든 사물은 살아있고 각자의 의지에 따라 움직인다는 물활론적 사고를 한다.

8) 추상적인 언어 비유나 은유 유머나 농담 등을 이해하지 못하고 한 가지 어휘가 다양한 의미를 가질 수 있음을 알지 못한다.

9) 주어진 상황에서 유사성을 추출하며 이를 근거로 단어의 의미를 과잉 확대시키기도 하고 과잉 축소시키기도 한다. **[ㄹ]. 언어의 과잉 일반화 현상이 나타난다.**

10) 유아기는 다양한 정서가 강하게 나타나며 정서가 분화되어 보다 쉽게 인식할 수 있다.

11) 유아는 작은 일에 대해서도 격렬한 정서를 표현하지만 이러한 정서 상태는 지속시간이 짧다.

12) 또래와 어울려 보내는 시간이 점차 증가하며 사회성 발달로 또래 간의 안정감과 사회적 관계 형성에 있어 자신감이 형성된다.

13) 성 역할을 인식하며 여자다운 것을, 남자다운 것을 선택하고 행동한다. **[ㄱ]. 성안정성을 획득한다.**

008

답 ①

해 접시와 냄비는 주방용품이고, 바지와 양말은 의류이고, 자동차와 비행기는 교통수단이다. 이렇게 사물을 범주로 구분하여 기억하는 전략을 조직화 전략이라고 한다. **조직화 전략은 아동기부터 사용할 수 있다.** 기억 전략은 반복 시연, 조직화, 정교화 순서로 발달한다.

기억전략에는 반복시연 전략, 조직화 전략, 정교화 전략이 있다.

1) 반복 시연
암기 사항을 무조건 반복해서 암기하는 것으로 **유아기 후반부터 자발적으로 사용할 수 있다.** 예를 들어 '접시, 냄비, 바지, 양말, 자동차, 비행기, 접시, 냄비, 바지, 양말, 자동차, 비행기…(이하 반복)' 식으로 암기하는 것을 의미한다.

2) 조직화
암기 사항을 묶어서 암기하는 것으로 아동기 후부터 자발적으로 사용할 수 있다. 예를 들어 '주방용품 : 접시, 냄비 / 의류 : 바지, 양말 / 교통수단 : 자동차, 비행기'식으로 암기하는 것을 의미한다.

3) 정교화
암기 사항의 의미를 연결 지어 암기하는 것으로 청소년기부터 자발적으로 사용할 수 있다. 예를 들어 '자동차에 접시와 냄비를 싣고 바지와 양말을 신고 비행기를 탄다'와 같은 이미지를 떠올리며 암기하는 것을 의미한다.

009

답 ④

해 엘킨드(D. Elkind)가 제시한 청소년의 자아중심적 특성은 개인적 우화와 상상의 청중이다. 개인적 우화(personal fable)란 청소년들은 자신이 특별하고 독특한 존재라고 생각하며 자신의 감정이나 경험세계는 다른 사람의 그것과 근본적으로 다르다고 믿는 것이다. 상상적 청중(imaginary audience)이란 항상 누군가가 자신을 지켜보고 있으며 관심을 가지고 있다고 믿는 경향을 뜻한다. 이러한 상상적 청중은 청소년에게 자신의 관점과 타인의 관점 간의 차이를 구분하지 못하게 하여 타인이 자신과 다른 관점을 가질 수 있다는 것을 이해할 수 없게 한다.

④ 보기의 자신이 타인의 집중적 관심과 주의의 대상이라 믿는다. / 자신을 무대 위의 주인공처럼, 다른 사람을 관중처럼 생각한다. / 주변 사람에게 신경 쓰느라 자신의 외모와 행동에 관심을 집중한다는 내용은 상상적 청중(imaginary audience)에 관한 설명이다.

010

답 ③

해 베일런트(G Vaillant)는 **방어기제를 4단계로 나누었다. 즉 정신병적 방어기제, 미성숙한 방어기제, 신경증적 방어기제, 성숙한 방어기제들로 분류하였다.** 단계별 방어기제들은 정신의 발달 수준을 드러낸다.

실력다지기

베일런트(G Vaillant)의 방어기제 4단계 분류

1) 1단계 - 정신병적 방어기제 : 망상적 투사, 부정, 왜곡, 분열
   정신병적 방어기제는 서로 연결되어 현실에 적응할 필요성을 없애기 위해 외부의 경험을 왜곡한다. 아동에게 나타나거나 꿈속에서 발견되기도 하다.

2) 2단계 - 미성숙한 방어기제 : 행동화, 수동공격적 행동, 신체화, 투사, 공상
   미성숙한 방어기제는 성인에게서 자주 발견된다. 미성숙한 방어기제의 과도한 사용은 방어자를 사회적으로 바람직하지 않고, 미성숙하게, 현실과 대면하기 어렵고, 현실과 거리가 멀어지도록 만든다. 이 방어기제들은 주요 우울장애나 인격장애들에서도 자주 발견할 수 있다.

3) 3단계 - 신경증적 방어기제 : 치환, 해리, 주지화, 반동형성, 억압, 취소, 정동의 고립, 합리화, 후퇴, 취소, 철수
   신경증적 방어기제는 성인에게서 쉽게 발견된다. 이 방어기제들은 단기적으로는 필수적인 면이 있으나 세상과 관계하는데 중심적인 기제로 장기적으로 사용하면 인간관계, 직업 그리고 삶을 살아가는 데에 있어서 큰 문제가 될 수 있다.

4) 4단계 - 성숙한 방어기제 : 이타주의, 기대, 유머, 승화, 생각 억제
   이 방어기제들은 보통 정서적으로 건강한 성인에서 발견된다. 그러나 미성숙한 단계에서도 발견할 수 있다. 이 방어기제들의 사용은 통제하고 있다는 느낌과 기쁨을 주고, 갈등되는 감정과 생각을 통합하는 데 도움을 준다. 이 방어기제를 사용하는 사람들은 보통 미덕이 있는 사람으로 간주된다.

011

답 ②

해 리겔(K. Riegel)은 인지발달이 청소년기 이후에도 계속 이루어지며 성인기 인지발달 단계를 변증법적 사고 단계라고 하였다. **리겔은 성인기 인지발달에 대해 형식적 사고가 아닌 변증법적 사고가 이루어지는 시기라고 하였다.** 변증법적 사고에서는 모순과 한계를 인식하는 불평형 상태에서 인지발달이 이루어진다.
1) 변증법적 사고란 문제점이나 모순을 인식하고 더 나은 해결책을 찾기 위해 노력하는 사고방식이다.
2) 변증법적 사고를 하는 사람들은 비일관성과 역설을 잘 감지하고 정, 반으로부터 합을 이끌어낸다.
3) 모순을 이해하는 것이 성인 인지발달에서 중요한 성취이다.
4) 변증법적 사고의 중요한 측면은 이상과 현실의 통합이다.

오답노트

1) 라부비-비에(G. Labouvie-Vief)
   성인기 인지변화는 양적인 변화가 아니라 질적인 변화라고 주장한다. 이 시기 **문제해결과정에서 형식적 사고(논리적 사고)는 실용적 사고(논리가 실생활의 문제를 해결하는 도구가 되는 사고 구조)로 전환**된다. 진실은 오직 하나가 아니라 여러 개가 존재할 수도 있으며, 이상과 현실 사이의 괴리를 이해하고 인내한다.

2) 페리(W. Perry)
   하버드 대학교 학생들을 인터뷰하여 대학생활을 하는 동안 그들의 사고과정이 어떻게 변화하는지 연구하였다. 저학년 학생은 이원론적 사고를 하였고 고학년은 상대적 사고와 상대적 사고 전념을 하였다. 즉, 성인기가 되면 이원론적 사고에서 벗어나 다원론적인 상대적 사고를 하게 된다.

3) 샤이(K. Schaie)
   성인기의 인지발달이 형식적 조작 사고 이상으로 발달하기는 어렵지만 습득한 지식을 실새활에 적용하는 단계로 전환한다. 성인기의 지능은 양적 증가나 감소보다 성인이 사고하는 방식의 질적 변화가 더 중요하다고 본다. 또한 성인기의 인지발달 단계를 제안하였다.
   ① 1단계 습득단계 : 아동기와 청소년기에 해당한다. 자신을 위해 혹은 사회에 참여하기 위해 정보와 기술을 획득함
   ② 2단계 성취단계 : 성년기 전기에 해당한다. 초점이 현재로 옮겨진다. 스스로 설정한 인생 목표를 이루기 위해 지적 능력을 사용한다.
   ③ 3단계 책임단계 : 중년기에 해당한다. 가장, 직업인, 지역사회 일원으로서 책임과 관련 있는 실제적인 문제해결에 지적 능력을 사용한다.
   ④ 4단계 실행단계 : 더 넓은 조망으로 세계에 대한 관심을 두게 되는 시기이다. 자신의 삶에 초점을 두기보다 사회조직을 유지하고 키우는 데 에너지를 쏟는다.
   ⑤ 5단계 재조직 단계 : 중년 후반과 초기 노년기에 해당한다. 은퇴 후 삶을 재조직하고 임금을 받는 일 대신 의미 있는 일에 지적인 에너지를 사용한다.
   ⑥ 6단계 재통합단계 : 노년기에 해당한다. 생리적 인지적 변화를 경험하면서 어떤 일에 노력을 기울일지 더 선택적이고 자신에게 의미 있는 과업에 집중한다.
   ⑦ 7단계 유언단계 : 고령 노년기에 해당한다. 재산처분이나 장례 준비 유언 등을 준비하게 되는데 이런 과업은 사회적 정서적 맥락 내에서 인지적 처리 활동을 포함한다.

012

답 ⑤

해 언어 학습에 결정적 시기가 있다는 가설은 1967년 미국의 언어학자 에릭 르네버그(Eric Lenneberg) 교수가 '언어의 생물학적 기초'란 책에서 언급하였다. **르네버그는 문화권에 따라 언어발달 순서가 다르며 언어발달의 결정적 시기가 있다고 주장하였다.** 결정적 시기 가설(critical period hypothesis, CPH)은 언어 습득에는 결정적 시기가 있다는 언어학 및 심리학 가설이다. 결정적 시기가 지나면 제 1언어(모국어)를 완전하게 습득하기 어려우며 이러한 이유에서 제 2언어(외국어)도 원어민만큼 유창하게 못 하게 되는 요인의 하나로 작용하게 된다는 것이다.

> 참고
>
> 1) **촘스키(N. Chomsky)에 의하면 인간은 유전적으로 언어습득 능력을 가지고 태어나며, 출생 후 언어의 세세한 면을 습득해야 한다.** 언어습득이란 영유아가 어떤 환경에 노출되었을 때 생득적인 내재적 능력이 발동되어 주위의 언어자료를 스스로 분석하여 그 언어의 기본적 원리를 구성해 가는 능동적 과정이다. 이와 같이 문법의 이해를 가능하게 하는 생득적인 언어생성기제를 언어획득기제(Language Acquisition Device : LAD)라고 명명하였다. LAD는 사춘기 이전에만 작용한다.
> 2) 르네버그는 촘스키와 마찬가지로 언어습득의 선천성을 주장했지만 보다 생물학적 입장을 취하였다. 그는 언어는 인간만이 갖고 있는 행동이며, 지각, 범주와 그리고 그 밖의 언어습득과 관련된 심리적 과정은 생물학적으로 결정된다고 주장하였다. 한편, 그는 인간의 언어습득에는 결정적 시기가 있다고 주장하였다. 다른 나라로 이민 간 가족의 경우 사춘기 전의 아이들은 그 나라 말을 쉽게 습득하는데 비해 어른들은 어려움을 겪는 이유가 바로 여기에 있다.
> 3) **브루너(J Bruner)는 미국의 교육 심리학자로 발견학습이론을 주장하였다.** 발견학습이란 학습자에게 학습내용을 최종적인 형태로 제공하는 것이 아니라 그 최종형태를 학습자 스스로 조직하도록 하는 학습법이다.

013

답 ①

해 길포드(J. Guilford)의 3차원 구조론에 의하면 지능은 내용 × 조작 × 산출의 세 가지 차원으로 구성된다.

014

답 ③

해 **2차 순환반응기(생후 4~8개월)** 시기는 영아의 관심이 더 이상 자신의 신체에 국한되지 않고 외부의 세계나 대상으로 관심을 옮겨간다. 영아는 우연히 행한 어떤 행동에 흥미를 느끼게 되면 계속적으로 그 행동을 반복적으로 하게 된다. 즉, 우연히 획득한 행동이 어떤 사건을 계기로 반복되는 가운데 다른 사건이나 자극에 대해서도 그런 반응이 나타나게 되어 이를 2차 순환반응이라고 한다. **영아는 우연히 수행한 어떤 행동이 흥미 있는 결과를 초래할 경우, 다시 그 결과를 유발하기 위해 그 행동을 반복한다.** 예를 들어 영아가 우연히 머리 위의 모빌을 잡아당겨 모빌이 움직이는 것에 흥미를 붙여 계속적으로 모빌이 움직이는 것을 보기 위해 줄을 잡아당기게 되는 것이다.

심화학습   **감각운동기(출생~2세)의 하위 6단계**

이 시기 영아는 신체적인 활동과 움직임에 따라 감각을 조절하고 조직화하는 능력이 놀라울 정도로 발전하기 때문에 이 시기를 감각운동기라 한다.

1) 반사운동기(출생 ~ 1개월)

　이 시기의 영아는 세상에 대한 지식을 습득하는 일차적 자원으로 빨기, 잡기와 같은 반사적 행동에 의존한다.

2) 1차 순환반응기(생후 1 ~ 4개월)

　이 시기의 영아는 외부의 대상보다는 자신의 신체에 관심이 있으며, 빨기나 잡기와 같은 감각운동을 반복적으로 하므로 이 시기를 1차 순환반응기라 한다.

3) 2차 순환반응기(생후 4 ~ 8개월)

　이 시기 영아의 관심은 더 이상 자신의 신체에 국한되지 않고 외부의 세계나 대상으로 관심을 옮겨가며, 우연히 행한 어떤 행동에 흥미를 느끼게 되면 계속적으로 그 행동을 반복적으로 하게 된다. 즉, 우연히 획득한 행동이 어떤 사건을 계기로 반복되는 가운데 다른 사건이나 자극에 대해서도 그런 반응이 나타나게 되어 이를 2차 순환반응이라고 한다.

　예 우연히 머리위의 모빌을 잡아당겨 모빌이 움직이는 것에 흥미를 붙인 영아는 계속적으로 모빌이 움직이는 것을 보기 위해 줄을 잡아당기게 된다.

4) 2차 순환반응기의 협응기(생후 8 ~ 12개월)

　(1) 이 시기의 영아의 관심은 계속적으로 주위의 환경과 대상에 있으며, 자신이 원하는 바를 얻기 위해 환경에 대해 직접 작용함으로써 효과를 시도하고, 두 가지 행동을 협응하기 때문에 이 시기를 이차 순환반응의 협응기라고 한다.

　(2) 영아는 특정 목표를 성취하기 위해서 적절한 방법을 찾으려고 하고, 이 과정에서 이미 습득하고 있는 많은 인지구조들을 활용한다.

5) 3차 순환반응기(12 ~ 18개월)

　이 시기의 영아는 실험적 사고에 열중하며, 이전 단계에서 하지 못했던 새로운 행동유형을 만들어 내는 능력이 생긴다. 이 시기에 들어서면 영아는 환경 내의 사물 자체에 강한 호기심을 보이며, 여러 가지 형태로 사물의 속성을 탐색하게 된다. 이 시기의 영아는 매우 적극적이며, 목표 지향적이며 시행착오적인 행동특성을 보여준다.

6) 정신적 표상(18 ~ 24개월)

　이 단계의 영아는 눈앞에 없는 사물이나 상황들을 상징적으로 표상하며 이를 사용하여 문제를 해결하는 능력을 발달시킨다. 이 시기에는 영아가 모델이 없어도 내적 표상을 가지게 되어 지연모방(deferred imitation)이 가능해진다.

015

답 ③

해 **자폐스펙트럼장애는 남성이 여성보다 발병률이 높다.**

　DSM-5의 자폐스펙트럼장애는 다양한 맥락에 걸쳐 **사회적 의사소통과 사회적 상호작용의 지속적인 결함**(① 사회적·정서적 상호작용에서 결함을 보인다.), 관계를 전개하고 유지하고 이해하는데 있어서의 결함(④ 마음이론을 발달시키지 못해 다른 사람의 관점을 잘 이해하지 못한다.), 예를 들어 다양한 사회적 맥락에 어울리는 행위를 조절하는데 어려움, 상상적인 놀이를 공유하거나 친구를 만드는 것이 어려움, 또래에 대한 관심의 결핍, 제한적이고 반복적인 패턴의 행위와 관심 또는 활동(② 제한적이고 반복적인 행동 양식과 흥미, 활동을 보인다.), 등의 증상들이 초기 발달적 시기에 나타난다. 그러나 사회적 요구가 능력을 초과하기 전까지 완전히 드러나지 않거나 이후에 학습된 전략으로 감추어져 있을 수 있다. 이러한 증상들은 사회적이거나 직업적, 또는 현재 다른 중요한 기능 영역에서 임상적으로 뚜렷하게 중대한 손상을 일으킨다. 또한 이러한 장애들은 지적장애나 전반적 발달지체로 설명되기에는 적당하지 않다 (⑤ 조기발견과 개입을 하게 되면 자폐스펙트럼장애가 지적장애로 이어지는 비율을 감소시킬 수 있다.).

실력다지기

자폐스펙트럼 장애 진단 기준(DSM - 5 - TR)

1) 다양한 맥락에 걸쳐 사회적 의사소통과 사회적 상호작용의 지속적인 결함, 다음의 내용들이 모두 현재 나타나고 있거나 나타난 이력이 있다.
   (1) 사회적 – 정서적 상호성에서의 결함, 예를 들어 비정상적으로 사회적 접근을 하고 보통사람들 수준으로 주고 받는 대화에서의 어려움이 있는 범주이다. 보통 사람들보다 상대적으로 적은(reduced) 공유하기와 관심, 느낌, 또는 정동(affect), 사회적 상호작용의 개시 또는 응답의 부전(failure).
   (2) 사회적 상호작용에서 사용되는 비구어적 의사소통 행위의 결함, 예를 들어 빈약한 통합적인 구어와 비구어적 의사소통이다. 눈 맞춤과 몸짓언어에서의 비정상적인 것들 또는 이해와 제스처 사용에서의 결손. 전체적으로 얼굴표정을 통한 표현과 비구어적 표현이 부족하다.
   (3) 관계를 전개하고 유지하고 이해하는데 있어서의 결함, 예를 들어 다양한 사회적 맥락에 어울리는 행위를 조절(adjusting)하는데 어려움, 상상적인 놀이를 공유하거나 친구를 만드는 것이 어려움, 또래에 대한 관심의 결핍(absence).
2) 제한적이고 반복적인 패턴의 행위와 관심 또는 활동, 다음에 설명하는 것들 중에서 최소한 두 가지 이상이 현재 또는 과거에 나타난 이력이 있다.
   (1) 사물 또는 언어의 사용에서 정형화된 또는 반복적인 근육 운동적 움직임(예 정형화 된 단순한 근육운동, 장난감 줄 세우기 또는 물건 뒤집기(flipping, 책장을 휙휙 넘기기 등), 반향어(echolalia), 특유의 정형구).
   (2) 동일함에 대한 고집이나 규칙적인 순서와 반복적인 완강한 집착, 구어 또는 비구어적 행위에서의 의례적인 패턴(작은 변화에 극단적으로 흥분함, 전환의 어려움, 융통성 없는 사고패턴, 의례적인 것들을 환영함. 날마다 동일한 경로의 길 또는 동일한 음식을 요구함).
   (3) 세기나 초점적 측면에서 비정상적인 매우 제한적이고 고정된 관심(예 평범하지 않은 사물에 대한 강한 집착 또는 그것에 대한 생각에 사로잡힘(preoccupation), 과도하게 국한되거나(circumscribed) 집요하게 반복하는 관심사).
   (4) 감각적 자극에 대한 과대 운동성 또는 과소 운동성, 또는 어떤 환경에서 감각적인 측면에 대한 비정상적인 관심(**예** 고통이나 온도에 대한 명백한 반응의 차이점, 특정한 소리나 촉감에 부정적인 반응, 사물을 과도하게 냄새 맡거나 만짐, 불빛 또는 움직임에 시각적으로 사로잡힘).
3) 증상들은 초기 발달적 시기에 나타나야만 한다(그러나 사회적 요구가 능력을 초과하기 전까지 완전히 드러나지 않거나 이후에 학습된 전략으로 감추어져 있을 수 있다).
4) 증상들은 사회적이거나 직업적, 또는 현재 다른 중요한 기능 영역에서 임상적으로 뚜렷하게 중대한 손상을 일으킨다.
5) 이러한 장애들은 지적 장애(지적 발달장애)나 전반적 발달지체로 설명되기에는 적당하지 않은 것이다. 지적장애와 자폐스펙트럼 장애는 동반되는 경우가 많다. 자폐스펙트럼 장애와 지적장애가 동시에 나타나는 것으로 진단하기 위해서는 사회적 의사소통이 일반적으로 기대되는 발달 수준 이하여야만 한다.

016

답 ④

해 할로우(H. Harlow)는 원숭이 연구를 통해 접촉 위안이 애착형성과정에서 중요함을 밝혔다. **할로우(H. Harlow)는 영아가 수유욕구가 아닌 접촉위안을 충족시켜주는 사람과 애착을 형성한다**고 보았다.

할로우(Harlow)의 어린 원숭이 대리모 실험

1) 새끼 원숭이들을 어미에게서 떼어내어 철사로 되어 있고 젖꼭지를 단 인형과 담요로 덮여 있고 젖꼭지를 단 인형 대리모에게 각각 할당하였다.
2) 새끼 원숭이는 철사 인형보다는 담요로 된 인형에 매달려 있었다.
3) 먹이가 아닌 접촉위안(contact comfort)이 어미에게서 형성하는 애착에 더 중요한 변수가 되었다.

017

답 ④

해 **자아가 초자아의 세력을 조절하지 못해서 두려움을 느끼는 경우 도덕적 불안을 경험하게 된다.**

018

답 ②

해 셀먼(R. Selman)의 조망수용이론에서 조망수용이란 다른 사람의 입장, 인지, 관점 등을 추론하여 이해하는 능력이다. 조망수용능력에는 공간조망(타인의 시각적 관점을 이해함), 감정조망(타인의 감정을 추론하고 이해함), 인지조망(타인의 사고과정을 추론하고 이해함)이 있다. **(가)는 자기반성적 조망수용의 단계이다. 이 단계는 자신의 생각, 감정, 행동을 다른 사람의 입장에서 볼 수 있으며, 다른 사람도 이렇게 할 수 있는 단계이다.**

실력다지기 사회적 조망 5단계(0~4단계)

1) 0단계(3~6세) : 미분화된 조망수용. 타인의 생각이나 기분을 인지하기는 하지만 자기중심적으로 해석함.
2) 1단계(4~9세) : 사회정보적 조망수용. 타인의 조망이 자신의 것과 유사하거나 다르다는 것을 인지하기 시작하지만 아직 정확하게 구별하지 못함.
3) **2단계(7~12세) : 자기반성적 조망수용. 자기와 타인의 조망을 이해하고 입장바꾸어 생각할 수 있음.**
4) 3단계(10~15세) : 제 3자적 조망수용. 중립적인 제 3자의 관점에서 자신과 타인의 행동을 고려할 수 있음.
5) 4단계(14세~) : 사회적 조망수용. 사회체계 속에 반영된 집단조망을 인식하고 법률과 도덕은 어떤 합의된 집단조망에 의존한다는 것을 이해함.

019

답 ④

해 아들러의 개인심리학에서 다루는 내용으로 올바른 것은 열등감, 사회적 관심, 출생순위, 우월성 추구, 가상적 최종 목표, 생활양식, 창조적 자아 등이다. 아들러는 완전성의 추구나 숙달을 통한 열등감의 극복은 선천적이며, 인간은 원래의 열등감을 극복하고 우월을 추구하도록 되어있다고 강조한다. 이러한 우월, 능력, 완전의 추구는 인간의 무력감을 해결해 주며, 능력추구의 고유한 형태는 개성으로 나타난다.

④ **긍정심리자본과 성격강점은 마틴 셀리그만의 긍정심리학 이론이다.**

실력다지기   셀리그만의 긍정심리학

성격 강점(character strengths)은 사고와 정서, 행동에 반영된 긍정적 특질이다. 피터슨과 셀리그만(Peterson & Se ligman)에 의해 주장된 성격 강점은 6개의 미덕에 속한 24가지 장점으로는 지혜와 지식(창의성, 호기심, 개방성, 학구열, 통찰), 인간애(사랑, 친절, 사회성), 용기(용감성, 끈기, 진실성, 활력), 절제(용서, 겸손, 신중성, 자기조절), 정의(시민의식, 공정성, 리더십), 초월성(심미안, 감사, 낙관성, 유머, 영성)등이 있다.

성격강점을 이해하고 발견하여 활용하면 주관적 안녕감과 심리적 안녕감이 증진되며 직무만족, 관계증진, 학습동기와 성과, 진로개발을 촉진한다. 또한 문제 행동과 정신병리를 감소시키고 인간의 행복 증진에 기여한다. 셀리그만(2004)은 성격강점 중에서도 개인에게 특히 높은 빈도로 나타나며 우세하게 발달한 대표 강점을 발휘하면서 살아가는 것이 자기완성과 행복에 이르는 충만한 삶의 길에 이를 수 있다고 보았다.

020

답 ⑤

해 보기에서 A의 반응을 가장 잘 설명할 수 있는 공격성 발달이론은 닷지(K. Dodge)의 사회적 정보처리이론이다. 닷지는 공격성이 잘못된 사회인지적 판단에 기인한다는 이론을 제시하였으며, 공격적인 아동은 자신에 대한 또래의 행동 원인을 지나치게 적의적인 의도로 판단하기 때문이라고 하였다.

실력다지기   Dodge(닷지)의 사회정보처리모델(social information processing model)[1]

1) 사회 – 인지이론은 사회적 정보처리과정이라고도 하며 이에 따르면, 인간은 행동적 반응을 이끄는 일련의 정보처리단계의 과정을 거치게 된다고 가정한다.

2) 주요 단계는 5단계로, 사회적 단서의 선택적 부호화 단계(사회적 단서에 주의 기울이기), 해석 단계(단서의 의미 이해하기), 가능한 행동 탐색 단계(기억으로부터의 반응 인출), 반응의 평가와 결정(가능한 반응들의 장단점 평가), 행동 수행단계(선택한 반응을 행동으로 표현)로 이루어진다.

3) 각 단계를 성공적으로 수행했을 때는 효과적이고 적절한 행동반응이 나타나게 되고, 만약 **각 단계에서 실패를 경험하게 되면, 공격성과 같이 규준에 벗어난 부적절한 행동이 발생하게 되는 것이다.**

---

1) 출처: https://blog.naver.com/PostView.naver?blogId=ygter7&logNo=221816490003

4) **공격성은 잘못된 사회인지적 판단에 기인한다고 보고, 유아들의 공격적 행동은 자신의 행동에 대해 또래 친구들이 지나치게 적의적인 의도로 판단을 하기 때문이라고 주장한다. 즉, 공격적인 유아는 다른 아동이 나에게 적의를 가지고 있다는 사고의 틀을 형성해 또래의 행동을 이 틀에 맞추어 해석하게 되고, 공격적 행동을 많이 하게 된다는 것이다.**

5) **결과적으로 또래의 공격적인 아동을 거부하거나 배척하는 적의적 반응을 낮게 하고 공격을 받은 아동 또한 동일한 방식으로 인지하게 되어 공격성의 악순환을 가져올 수 있다.**

6) 닷지(Dodge)의 모형은 공격행동의 조절에 관련된 인지적 매개과정(사회적 판단, 귀인, 대안 반응의 고려, 결과에 대한 평가)를 포함한다.

7) 사회적 정보처리과정 5단계
   (1) 1단계 : **사회적 단서의 선택적 부호화** 단계(사회적 단서에 주의 기울이기)
   (2) 2단계 : **해석단계**(단서의 의미 이해하기)
   (3) 3단계 : **가능한 행동탐색 단계**(기억으로부터의 반응 인출)
   (4) 4단계 : **반응의 평가와 결정**(가능한 반응들의 장단점 평가)
   (5) 5단계 : **행동수행 단계**(선택한 반응을 행동으로 표현)

021

답 ①

해 마르샤(Marcia)는 자아정체감 수준을 성취 지위에 따라 정체감 성취, 정체감 유예, 정체감 유실, 정체감 혼미의 4가지로 분류하였다.

- A가 성악과 진학을 결정한 이유는 진로에 대해 고민이 많아 다양한 활동을 경험하던 중 합창단 활동에서 노래에 대한 희열을 느꼈고(위기경험이 높고), 성악가의 꿈을 가지게 된 것(관여경험이 높음)이므로 정체감 성취에 해당한다.
- B가 외식조리학과 진학을 결정한 이유는 요리를 좋아하는지는 잘 모르겠지만(위기경험이 높지만), 외식업계에 종사하는 부모님이 권유해서 고민 없이 선택(관여 경험이 낮음)했으므로 정체감 유실에 해당한다.

실력다지기 | **마르샤의 자아정체감 4가지 성취지위**

	낮음	탐색(위기경험)	높음
통합 (관여) 높음	정체감 유실		정체감 성취
통합 (관여) 낮음	정체감 혼미		정체감 유예

022

답 ③

해 **여성의 도덕성 발달과정에 관한 이론을 제시한 길리건(Gilligan)은 콜버그의 이론이 남녀 성별에 따른 도덕적 추론의 차이를 설명하지 못하고 있음(남성이 여성에 비해 도덕성 발달수준이 높음)을 비판하였다. 길리건은 남녀는 '정의'와 '타인에 대한 애정'의 서로 다른 방식으로 도덕적 딜레마를 추론**한다고 주장한다. 남성은 옳고 그름의 입장에서 도덕적 추론이 이루어지며 정의, 공정성, 공평성, 합리성을 강조한다. 반면, 여성은 타인을 돌보고 사회적 관계의 조화를 중시하는 입장에서 도덕적 추론이 이루어지며 보살핌, 배려, 책임, 애착, 희생을 강조한다.

<blockquote>

참고

투리엘(E. Turiel)의 영역구분 이론

1) 콜버그(Kohlberg)이론의 한계점을 극복하기 위해 대두된 이론이다.
2) 영역구분이론
   (1) 도덕적 영역 : 인간의 권리, 존엄성, 생명의 가치, 정의, 공정성 등 근원적, 본질적 도덕적 인식 및 판단내용
   (2) 사회인습적 영역 : 식사예절, 의복예절, 성 역할 등 특정 문화권에서 합의된 행동규범
   (3) 개인적 영역 : 개인의 건강, 안전, 취향 등 사생활에 관한 문제영역
3) 모든 문화권에서 보편적 도덕적 영역과 각 문화권에서 특수한 사회인습적 영역을 구분하여 문화적 편견을 극복할 수 있다는 이론이다.

</blockquote>

023

답 ⑤

해 주의력결핍 과잉행동장애(attention deficit hyperactivity disorder, ADHD)는 자신의 행동을 적절하게 통제하지 못하고 부주의하며 충동적인 과잉행동을 나타내는 경우를 말한다. 복합형, 부주의 우세형, 과잉행동-충동성 우세형의 3가지가 있다. **과잉행동-충동성 우세형의 경우 학령전기에 보이는 주요 발현 양상은 과잉행동이지만, 초등학교 시기에는 부주의가 두드러진다.** 청소년기에는 과잉행동의 징후(예 뛰기, 기어오르기)는 덜 흔하게 나타나며, 만지작거림이나 내적인 신경과민, 좌불안석 또는 참을성 부족과 같은 증상으로 한정된다. 성인기에 과잉행동은 감소되나, 부주의와 좌불안석과 더불어 충동성이 문제가 된다.

<blockquote>

실력다지기

DSM-5의 ADHD의 진단 기준[2]

1. 부주의 및 과잉행동-충동성의 지속적인 패턴이 나타난다. 이러한 패턴은 개인의 기능과 발달 저해하며, 아래 1)항과 2)항 중 1가지 이상에 해당 되어야 한다.
   1) 부주의 : 다음 중 6개 이상의 증상이 6개월 이상 지속적으로 나타나고, 이러한 증상이 발달수준에 맞지 않으며, 사회적, 학업적/직업적 활동에 직접적으로 부정적인 영향을 미친다.
      (1) 흔히 세부적인 면에 대해 면밀한 주의를 기울이지 못하거나, 학업, 직업, 또는 다른 활동에서 부주의한 실수를 저지른다.
      (예 세부사항을 간과하거나 놓침, 작업이 정확하지 못함)

</blockquote>

---

[2] 출처 : 김청송(2017). 사례중심의 이상심리학. 서울: 싸이북스 출판사. pp. 99-101.

(2) 흔히 일을 하거나 놀이를 할 때 지속적으로 주의를 집중하는데 어려움이 있다.
　(**예** 강의, 대화, 긴 독서 중에 집중을 유지하기가 어려움)

(3) 흔히 다른 사람이 직접 말을 할 때 경청하지 않는 것으로 보인다.
　(**예** 뚜렷하게 집중을 방해하는 것이 없는데도 정신이 다른 곳에 가 있는 것처럼 보임)

(4) 흔히 지시를 완수하지 못하고, 학업, 집일, 작업장에서의 업무를 수행하지 못한다.
　(**예** 과업을 시작하지만, 곧 초점을 잃고 쉽게 옆길로 빠짐)

(5) 흔히 과업과 활동을 체계화하지 못한다.
　(**예** 순차적인 과업을 처리하는데 어려움, 자료와 소지품을 정리하는데 어려움, 지저분하고 정리되지 않은 업무, 형편없는 시간관리, 마감기한을 맞추지 못함)

(6) 흔히 지속적인 정신적 노력을 요구하는 과업에 연관되기를 피하고, 싫어하고 꺼린다.
　(**예** 학업이나 숙제, 청소년기 후기나 성인기에 보고서 준비, 서식 작성하기, 긴 서류 검토하기)

(7) 흔히 과업이나 활동하는데 필요한 물건을 잃어버린다.
　(**예** 학교자료, 연필, 책, 도구, 지갑, 열쇠, 서류, 안경, 핸드폰)

(8) 흔히 외부자극에 쉽게 산만해진다.
　(청소년기 후기나 성인에게는 관련 없는 생각들이 포함될 수 있음)

(9) 흔히 일상적인 활동을 잊어버린다.
　(**예** 잡일, 심부름, 청소년기 후기나 성인에게는 회답 전화하기, 공과금 내기, 약속 지키기)

2) 과잉행동-충동성 : 다음 중 6개 이상의 증상이 6개월 이상 지속적으로 나타나고, 이러한 증상이 발달수준에 맞지 않으며, 사회적, 학업적/직업적 활동에 직접적으로 부정적인 영향을 미친다. 청소년기 후기나 17세 이상은 최소한 5개의 증상이 요구된다.

(1) 흔히 손발을 가만히 두지 못하거나 톡톡 두드리고, 또는 자리에 앉아서도 몸을 옴지락거린다.

(2) 흔히 앉아 있도록 요구되는 상황에서 자리를 떠난다.
　(**예** 교실, 사무실이나 작업장)

(3) 흔히 부적절한 상황에서 뛰어다니거나 기어오른다.
　(청소년이나 성인에서는 안절부절 못하는 느낌으로 제한될 수 있다)

(4) 흔히 조용하게 여가 활동에 참여하거나 놀지 못한다.

(5) 흔히 '끊임없이 활동하거나' 마치 '전동기에 의해 움직이는 것'처럼 행동한다.

(6) 흔히 지나치게 수다스럽게 말을 한다.

(7) 흔히 질문이 채 끝나기 전에 성급하게 대답한다.
　(**예** 사람들의 문장을 자신이 끝맺음, 대화 중에 자기 차례를 기다리지 못함)

(9) 흔히 다른 사람의 활동을 방해하고 간섭한다.
　(**예** 대화, 게임, 활동에 참견을 함, 허락을 구하거나 받지 않고 다른 사람의 물건을 쓰기도 함. 청소년이나 성인은 다른 사람이 하는 것을 함부로 침범하거나 탈취할 수도 있음)

2. 몇몇 부주의나 과잉행동-충동성의 증상이 12세 이전에 나타난다.
3. 몇몇 부주의나 과잉행동-충동성 증상이 2가지 이상의 상황에서 존재한다.
　(**예** 집, 학교, 직장, 친구들이나 친척들과 함께 있을 때, 다른 활동 중에)

4. 이러한 증상들이 사회적, 학업적, 또는 직업적 기능을 방해하거나 그 질을 저하시킨다는 명백한 증거가 있다.

5. 이러한 증상들이 정신분열증이나 다른 정신증적 장애의 경과 중에만 나타나는 것을 아니어야하고, 다른 정신장애(예 기분장애, 불안장애, 해리장애, 성격장애, 물질중독 또는 금단)로 더 잘 설명되지 않아야 한다.

어느 것인지 명시할 것
- 복합형 : 지난 6개월 동안 진단기준 1의 1) 부주의와 2) 과잉행동 – 충동성에 모두 부합되는 경우
- 부주의 우세형 : 지난 6개월 동안 진단기준 1의 1) 부주의에는 부합되지만, 2) 과잉행동 – 충동성에는 부합되지 않는 경우
- 과잉행동 – 충동성 우세형 : 지난 6개월 동안 진단기준 1의 2) 과잉행동 – 충동성에는 부합되지만, 1) 부주의에는 부합되지 않는 경우

현재의 심각도 구분
- 경도 : 증상이 사회적 또는 직업적 기능에 가벼운 손상 이상을 초래하지 않음
- 중등도 : 증상이나 기능적 손상이 '경도'와 '중증도' 사이에 존재함
- 중증도 : 특별히 심각한 여러 증상들이 존재하거나 또는 증상이 사회적 또는 직업적 기능에 뚜렷한 손상을 초래함

024

답 ⑤

해 **파괴적 기분조절부전장애는 우울장애의 하위유형이다.**
DSM–5의 불안장애의 하위유형으로는 범 불안장애, 특정 공포증, 광장공포증, 공황장애, 사회불안장애, 분리불안장애, 선택적 함구증이 있다. **우울장애의 하위유형으로는 주요우울장애, 지속성 우울장애, 파괴적 기분조절부전장애, 월경 전 불쾌감장애가 있다.**

025

답 ①

해 ▶ 영아기 대근육 운동발달이 순서는 다음과 같다.
1) 생후 1개월경 : 엎드린 자세에서 고개를 들 수 있다.
2) **2개월경 : 가슴을 들 수 있다.**
3) 3~4개월경 : 뒤집기를 할 수 있다.
4) **7개월경 : 혼자 앉을 수 있다.**
5) **12~14개월경 : 혼자 설 수 있고, 붙잡고 걸을 수 있다.**
6) 15개월경 : 혼자 걸을 수 있게 된다.
7) **18개월경 : 계단을 오를 수 있고**, 자전거 타기를 할 수 있다.
8) 18~24개월경 : 달리기, 뒤로 걷기, 공차기, 공 던지기, 뜀뛰기 등을 할 수 있다.
따라서 **정답은**
[ㄱ. 가슴을 든다. - ㄴ. 받쳐주면 앉는다. - ㄹ. 의자를 잡고 일어선다. - ㄷ. 계단을 오른다.]의 순서이다.

유아기 대근육 발달

1) 걷기

　대략 2세가 되면 거의 완전하게 이루어지며 걷는 시기와 자세는 지능이나 신경 및 근육조직 발달 정도에 많은 영향을 받는다.

2) 달리기

　달리기는 약 4 ~ 5세가 되면 어느 정도 속도를 낼 수 있다.

3) 뛰어오르기

　(1) 3세 경에 조금 높은 곳에서 뛰어내리기 시작하여 4세가 되면 넓이 뛰기, 높이뛰기 등의 뛰어넘기가 가능해진다. 2 ~ 3세경에는 제자리에서 두 발로 깡충 뛸 수 있으며 5 ~ 6세경에는 높이뛰기와 멀리뛰기를 할 수 있다.

　(2) 5 ~ 6세가 되면 한 발로 뛰기를 할 수 있다.

4) 기어오르기

　근력발달과 지구력이 있어야 가능하며 4세 이후 활발해진다.

5) 균형 잡기

　(1) 3세 이후 곧은 길을 걸을 수 있으나 꾸불꾸불한 길은 4세가 되어야 따라 걸을 수 있다. 4 ~ 5세경에는 곡선 길과 평균대 위를 걸을 수 있다.

　(2) 4 ~ 5세 이후 몸의 균형을 잡고 안전하게 속도를 내며 걸을 수 있다.

　(3) 5세가 되면 팔짱을 낀 채로 한쪽 발로 잘 서 있을 수 있다.

6) 공 던지기

　(1) 유아의 눈과 손의 협응 능력과 조정능력을 발달시키는 운동으로 3세의 유아는 팔목을 사용할 줄 모르고 어깨와 팔꿈치를 사용한다. 3 ~ 4세경에는 몸을 앞뒤로 흔들며 한 쪽 팔로 공을 던질 수 있다.

　(2) 4세 때는 높이 조절이 어렵다.

　(3) 5 ~ 6세 이전에는 공을 받는 것이 어렵다.

7) 자전거 타기

　(1) 세발자전거를 타면서 유아는 발을 젓고, 브레이크를 걸고 가속을 시키는 등의 경험을 할 수 있다.

　(2) 2 ~ 3세에 타기 시작하여 즐기지만, 4세가 되기 전에 더 빠르고 더 모험적인 두발자전거를 선호하게 된다.

제2과목 집단상담의 기초 (필수)

026	③	027	⑤	028	③	029	⑤	030	④
031	①	032	②	033	④	034	⑤	035	③
036	②	037	④	038	②	039	④	040	③
041	⑤	042	②	043	③	044	⑤	045	⑤
046	①	047	⑤	048	④	049	④	050	①

026

답 ③

해 ㄷ. '집단상담의 치료적 영향력이 모든 집단원에게 골고루 제공될 수 있도록 한다.'는 옳지 않은 지문이다. **집단리더는 언어적·행동적으로 많이 참여한 집단원에게 리더의 치료적 영향력이 집중되지 않게 하고, 소극적으로 관전하는 참여자에게도 골고루 관심을 보여야 한다.**

> 참고
>
> 집단상담을 실시할 때, 집단 리더는 집단원에게 집단참가 전 알아야 할 정보(집단목적, 형식, 절차, 규칙, 리더의 자격과 교육, 비용, 집단길이, 사용되는 기법, 참여 중 발생 가능한 심리적 위험정보, 비밀보장, 내담자 권리)를 집단원에게 미리 고지한다.

027

답 ⑤

해 리더는 집단상담을 구조화 집단, 비구조화 집단, 반구조화 집단으로 운영할 수 있다. 구조화 집단상담은 구조화된 프로그램 내용을 집단리더의 통제 하에 정해진 절차와 지시적 진행으로 이루어진다. **각각의 회기는 구조화된 활동 내용으로 집단목적에 적합하게 구성되어 진행되지만, 세부 활동 시간은 집단원의 참여 정도에 따라 유동적으로 배분할 수 있다.**

028

답 ③

해 지윤씨는 집단에 대한 불만을 상담자에게 이야기 하고 있다. 상담자는 지윤씨가 집단에서 무엇을 기대했는지 물어보고 속상한 마음에 공감을 해야 한다. 지문을 살펴보면 **상담자는 지윤씨가 집단상담에 소극적으로 참석했기 때문에 얻은 것이 없다고 이야기 하며 방어적으로 반응하고 있다.**

029

답 ⑤

해 심리극 기법에 거울기법과 역할 바꾸기 기법 등이 있다. 대사역할은 해당되지 않는 내용이다.

실력다지기 **이론과 기법**

1) 해결중심 - 예외질문, 척도질문, 알지 못함의 자세, 상담이전의 변화 확인, 문제 삼지 않는 것 다루지 않기
2) 실존주의 - 역설적 의도, 탈숙고, 직면
3) 교류분석 - 게임분석, 각본분석, 재결정, 구조분석, 의사교류분석
4) 행동주의 - 자극통제, 행동조성, 체계적 둔감화, 강화, 소거
5) 심리극 - 역할 바꾸기, 이중기법, 거울기법, 마술 상점 기법

030

답 ④

해 투사는 자신의 요구 또는 감정을 자각하는 것이 두려워 책임을 타인에게 돌리는 현상으로 옳은 내용이다.

오답노트

① **내사**는 권위있는 사람의 행동이나 가치관을 무비판적으로 받아들이는 현상이다.
② 건강한 개체는 접촉-경계에서 환경과 교류하면서 자신에게 필요한 것들은 경계를 열어 받아들이고, 환경에서 들어오는 해로운 것들에 대해서는 경계를 닫음으로써 이들의 해독으로부터 자신을 보호한다. 그러나 경계에 문제가 생기면 이러한 환경과의 유기적인 교류접촉이 차단되고 심리적, 생리적 혼란이 생긴다. **접촉-경계 혼란**은 개체와 환경 간의 경계가 너무 단단하거나 불분명해질 때 혹은 경계가 상실될 때 생긴다. 만일 경계가 너무 단단하면 환경으로부터 자양분을 받아들이지 못하게 되고, 또 경계가 너무 불분명하면 환경으로부터 들어오는 해독을 막지 못하며, 그리고 경계가 상실되면 개체의 정체감이 없어져 버린다.
③ **전경과 배경의 교체가 방해를 받을 때** 게슈탈트가 형성되지 못한다.
⑤ **반전**은 다른 사람·환경에 대하여 하고 싶은 행동을 자기 자신에게 하는 것 또는 타인이 자기에게 해주기를 바라는 행동을 자기 자신에게 하는 것이다.

031

답 ①

해 [ㄷ]. 이야기치료에서 상담자의 역할은 내담자가 지금까지 삶과는 다른 대안적 이야기로 자신의 삶을 발전시키게 돕는다. 상담자는 집단원이 제시하는 문제를 경청하고 문제적 이야기로 해체하며, 대안적 이야기를 구축한다. 상담자는 집단원의 치료적 과정을 통해 집단원과 함께 문제적 이야기와 대안적 이야기를 만드는 작업을 한다. **다만, 상담자는 집단원의 경험에 대한 주 해석자 역할을 하지 않는다.**
[ㄹ]. 이야기치료에서 상담자는 내담자가 새롭고 신선한 언어로 자신의 경험을 기술할 수 있도록 이야기를 한다. **단지 상담자가 집단원의 정보를 수집하기 위해서 질문을 사용하지 않는다.**

032

답 ②

해 아들러의 개인심리 집단상담의 과정은 치료적 관계 수립, 분석과 평가, 변화를 위한 통찰, 재교육과 행동화 4단계로 이루어진다. 이 중 1단계인 치료적 관계수립의 단계(상담관계 형성 단계)에서 **집단상담자는 내담자와 동등한 관계를 맺을 수 있도록 상호신뢰와 존경을 바탕으로 노력해야 한다. 이때 내담자는 상담자에 의한 허용적이고 온화한 분위기 속에서 자신의 열등감을 공개할 수 있게 된다. 생애사 질문지 활용은 2단계인 '개인역동성 탐색단계'에서 초기기억의 회상을 위해 사용할 수 있다.**

033

답 ④

해 처음 집단에 참여한 사람들은 불안과 긴장으로 인해 자신을 개방하지 않고 저항한다. 집단원이 자신의 진실한 마음을 표현하지 않고 과거 이야기를 장황하게 늘어놓거나, 제 3자에 관한 이야기를 늘어놓는 것도 일종의 저항에 해당한다. **철수는 집단에 지각, 결석 및 비협조적이고 무관심한 집단 참여의 태도로 저항하고 있다.** 집단원이 저항하는 경우 리더는 불안과 긴장을 해소하도록 돕고 자신의 감정을 이야기하도록 돕는다. 특히 비자발적 참여자일수록 저항이 심하다. 이때 리더는 비판단적 태도와 수용, 인내의 태도를 유지한다. 집단원이 자발성을 회복하도록 기다리고 적절한 때에 어떤 이유로 저항을 하는지 직면방법 사용한다.

034

답 ⑤

해 **집단원의 권리는 집단에 참여할 권리, 집단을 이탈할 권리, 개인정보를 보호받을 권리, 집단에 관한 정보를 안내받을 권리, 솔직하게 개방할 수도 있지만 침묵할 수 있는 권리도 있다. 집단 리더는 집단원에게 집단상담에서 나온 내용에 대해 비밀보장을 해 줄 것을 요청하지만, 집단상담에서 완벽한 비밀보장이 어렵다는 것도 알려준다.** 집단상담 참여의 자발성 여부와 관계없이 사전 동의 절차를 시행한다. 집단상담에 적절하지 않다고 판단되는 학생에게는 개인 상담을 권유한다. 폐쇄집단에서 집단원이 참여 서약서를 작성했더라도 집단을 떠나고 싶어 하면 떠날 수 있게 한다.

035

답 ③

해 [ㄴ] 로저스에 의하면 **모든 유기체**는 선천적으로 자신을 유지시키거나 성장시키기 위해 자신의 능력을 개발하는 경향을 지니고 있는데, 이를 자아실현 경향성이라고 한다.

실현 경향성(actualizing tendency)

로저스(Rogers)는 인간에게 단 하나의 기본적 동기가 있다고 믿었다. 이를 실현 경향성(actualizing tendency)이라고 한다. 그는 다른 창조질서와 마찬가지로 인간은 스스로를 유지하고 건설적인 방향으로 잠재력을 성취하려는 기본적이고 선천적인 성향을 지니고 있다고 말했다. **로저스(Rogers)는 청소년 시절 아버지로 인해 농장 생활을 하게 되었고 친구들과는 고립된 생활을 하였으나 시골 주변에 있는 곤충들과 친해지며 자연의 섭리에 대해 관심을 가지게 되었다. 마치 튤립이 본능적으로 자신을 꽃 피우려는 방향으로 나아가듯** 인간도 성장과 완성을 향해 그리고 '인간-존재성(human-beingness)'의 성취를 향해 나간다고 보았다. 실현 경향성을 지양시키는 단 한 가지는 개인이 속한 환경이다. 황폐한 땅, 적절한 보살핌과 수분이 없을 때 꽃을 피울 수 없는 것처럼 인간도 실현경향성을 충족하는 환경이 조성되지 않으면 성장이 가로 막힌다고 생각했다. **하지만 실현경향성의 개념은 인간의 고유성을 설명하지 못한다. 로저스(Rogers)는 이런 특수성에 대한 다양함을 간과하지 말아야 한다고 주장했다.**

036

답 ②

해 [ㄱ]. **'개인적인 힘'은 자신이 타인에게 미치는 영향력을 인식하며, 집단원들의 역량을 강화시키는 자질이다.**
[ㄴ]. **'창의성'은 참신한 모습과 새로운 방법을 가지고 집단에 임함으로써 신선미를 유지할 뿐 아니라 진부한 모습을 미연에 방지하는 자질이다.**

코리(G. Corey)의 집단상담자의 인간적 특성은 다음과 같다.

1) '용기'는 상담자라는 역할 뒤에 숨지 않고, 실수를 인정하며 자신의 통찰과 신념에 따라 행동하는 것이다.
2) '집단과정에 대한 신뢰'는 집단의 치료적 힘을 믿고 집단 내에서 발생하는 갈등을 조정하기 위해 노력하는 것이다.
3) '유머감각'은 집단원에게 웃음을 주는 말이나 행동을 함으로써 문제를 새로운 각도에서 조망해 볼 수 있도록 한다.
4) '함께 함'은 자신의 감정을 자각하고 표현하며, 집단원들과 마음을 함께 나누는 것이다.
5) '개인적인 힘'은 자신이 타인에게 미치는 영향력을 인식하며, 집단원들의 역량을 강화시키는 자질이다.
6) '창의성'은 참신한 모습과 새로운 방법을 가지고 집단에 임함으로써 신선미를 유지할 뿐 아니라 진부한 모습을 미연에 방지하는 자질이다.

037

답 ④

해 서로 다른 자아상태(부모자아, 성인자아, 아동자아)를 학습하고 현실에 가장 적절한 자아상태를 작동하는 방법을 모색하게 한다]는 **교류분석이론에 대한 설명**이다.

038

답 ②

해 치료집단은 행동이나 기능상의 문제를 치료하거나 완화하는 것이 목적이며, 대표적인 유형으로는 심리치료집단, 정신치료집단, 행동수정집단 등이 있다. 반면, **참만남집단과 감수성집단은 성장집단의 대표적인 예로 분류**된다.

집단상담의 유형

1) 참 만남 집단(성장 집단상담)

타인과의 보다 의미 있는 만남과 접촉을 통해 인간관계에 대한 경험적 통찰과 학습, 인간 실존에 대한 자각을 강조하며, 건강하고 정상적인 청소년들이 그들 자신뿐만 아니라 다른 사람들과도 더 친근감을 갖고 만날 수 있도록 도움으로써 그들이 더욱 성장하고 발전할 수 있게 한다.

2) 가이던스 집단(지도 및 교육집단)

체계적 교육목표를 가지고 강의, 교수 등 구조화된 방법을 사용한다.

3) 상담집단

개인의 성장과 발달뿐만 아니라 성장에 방해요소를 제거시키거나 자기인식에 초점을 두는 집단상담으로, 일상생활에서 어려움을 경험하는 일반인들을 대상으로 대인관계문제, 자기 이해 증진, 부적응 행동의 극복 등에 도움이 된다.

4) 치료집단

주로 병원이나 임상장면에서 치료목적으로 장기집단 형태로 운영한다.

5) 자조집단(지지집단)

공통의 문제나 관심을 가진 사람들이 모여 문제를 효율적으로 대처해 나갈 수 있도록 동기를 갖게 하는 지지체제를 형성하는 집단이다.

6) T - 집단

중학교, 고등학교의 학급단위로 이루어지는 훈련 집단이나 대학생들을 대상으로 하는 인간관계훈련 집단 또는 잠재력 개발 훈련 집단 등으로, 소집단의 훈련을 위주로 형성된 집단을 훈련 집단, 일명 T - 집단이라고 한다.

7) 구조화 집단

집단원들이 특수한 기술을 개발한다거나, 어떤 특정한 주제를 이해하거나 또는 인생의 힘든 전환기를 헤쳐 나가도록 돕기 위한 프로그램이다.

8) 과업집단

어떤 특수한 목적이나 과제를 수행하기 위해 조직된 집단이다. 목표 수행을 위한 전문성, 노동 분화의 특징을 갖는다.

039

답 ④

해 집단의 발달단계는 초기단계 → 과도기적 단계 → 작업단계 → 종결단계로 구분된다. 집단의 초기단계에서 상담자는 집단의 분위기를 형성하고 상호작용을 촉진하고, 집단에 대한 구조화 및 시연 등을 통해 구성원들의 참여를 촉진한다. 집단구조화, 집단규칙 설명, 집단원의 참여 촉진, 집단원의 적절한 자기개방 촉진은 초기단계의 과업이다.

④ **문제해결을 위한 과제부과(과제부여)는 작업단계에서 수행해야 할 과업**이다.

040

답 ③

해 얄롬(I. Yalom)이 제시한 치료적 요인이란 집단원의 성장과 변화를 촉진시키는 요인으로서 집단상담자, 집단원, 집단 상호작용을 통해 집단원의 현재 상태의 개선과 변화, 성장을 촉진하는 기제이다. 얄롬의 치료적 요인은 **보편성, 희망 심어주기, 정보 나누기, 이타주의, 교정적 정서체험, 사회화 기술 촉진, 모방행동, 대인관계 학습, 집단응집력, 감정정화, 실존적 요인**이다. 주지화, 자기노출, 현실검증은 해당하지 않는다.

실력다지기

얄롬의 집단에 존재하는 11가지 치료적 요인

1) 희망고취 : 자신의 삶에 대한 희망을 느낌

2) 보편성 : 혼자가 아니라는 느낌(동변상련)

3) 정보 공유 : 정보 습득 및 정보의 전달(정보 전달 자체의 의미와 나눔 자체에 대한 따뜻함을 느끼게 함)

4) 이타주의 : 다른 사람들을 위해 나누어 줌(객관적 시각)

5) 일차가족 집단의 교정적 요약 : 마치 한 가족과 같은 느낌을 갖게 되고, 경험에서 학습이 일어남(가족갈등 → 집단 내에서의 역할과 관계의 탐색 → 미해결된 과제 해결)

6) 사회화 기술의 개발 : 성숙한 사람들의 특성으로 나타나는 사회 기술을 습득(솔직한 피드백 → 자신의 부적응적 사회행동에 관한 정보를 얻음)

7) 모방행동 : 후기보다 초기에 더 중요하며 다른 집단원들이나 집단상담자의 행동을 관찰하여 필요한 것을 자신의 것으로 취함

8) 대인학습 : 다른 집단원들과의 관계를 통해 배움(축소된 사회 → 지나치면 집단압력을 받음)

9) 집단 응집력 : 다른 집단원들과 서로 연결되어 있다는 느낌(신뢰, 온화함, 공감, 수용에 의해 좌우되며 개인 상담의 관계와 유사한 개념)

10) 감정 정화 : 감정과 정서를 방출(환기, 정화)

11) 실존적 요인 : 현실을 이해하고 직시하게 됨(자신의 삶의 궁극적인 책임은 자신에게 있음을 이해함, 교정적 정서체험 → 지적 통찰 + 정서적 요소 + 체계적 현실검증

041

답 ⑤

해 집단원의 문제행동으로는 대화독점, 습관적 불평, 일시적 구원, 사실적 이야기 늘어놓기, 질문공세, 적대적 태도, 의존적 자세, 우월한 태도, 충고 일삼기, 소집단 형성, 주지화, 감정화, 소극적 참여 등이 있다. 문제행동을 보이는 집단원이 있을 때 관찰한 사실이나 느낀 것을 권위적인 태도로 말할 경우 집단원의 저항만 불러일으킨다.

　⑤ 따라서 관찰한 사실이나 느낀 것을 권위적인 태도로 말하는 것은 바람직하지 않으며, **공감적 이해를 통해 해당 집단원이 '지금 - 여기'에 초점을 맞추고 자신의 경험에서 야기된 감정을 적절하게 표출할 수 있도록 도움**을 준다.

042

답 ②

해 비행청소년의 경우 비자발적이며, 집단 참여 동기가 낮고, 집단규범을 잘 지키지 않는 경향이 있다. 따라서 건강한 학생들에 비해 비행청소년 집단원은 **집단에 적응하는데 시간이 오래 걸린다.**

043

답 ③

해 **명성이나 능력에 따라 형성된 비공식적 하위집단을 만드는 것은 집단 응집력을 해치고 집단 성장에 부정적인 영향을 미치는 집단역동**이다. 응집력이 높은 집단의 특성은 다음과 같다.

- 자기 자신을 개방하며 자기 탐색에 집중한다.
- 다른 성원들과 고통을 함께 나누며 이를 해결해 나간다.
- **자유로운 분위기에서 집단 활동에 적극적으로 동참한다.**
- **자신의 생각과 느낌을 즉각적으로 표현한다.**
- 서로를 보살피며 있는 그대로 수용한다.
- 보다 진실되고 정직한 피드백을 교환한다.
- 건강한 유머를 통해 친밀감을 느끼며 기쁨을 함께 한다.
- 깊은 인간관계를 맺으므로 중도이탈자가 적a다.
- 집단의 규범이나 규칙을 준수하며 이를 지키지 않는 다른 집단성원을 제지한다.
- **'지금 - 여기'에 초점을 맞추는 의사소통을 한다.**

044

답 ⑤

해 청소년집단상담의 경우 힘이 세거나 말이 많은 청소년 집단원이 **주도권을 잡고 집단을 휘두르려고 할 때, 이를 허용하지 않아야 한다.**

045

답 ⑤

해 '차단하기' 기법은 집단 활동이 원활히 이루어지도록 하기 위해 집단 과정에 부정적인 영향을 주거나 집단 구성원의 성장이나 발달을 저해하는 집단원의 언어적·비언어적 행동을 중지시키는 집단상담 기술이다. **집단원이 집단과 다른 집단원에 대해 부정적인 피드백을 하는 것은 그 집단원이 무언가 불만이 있다는 것을 표현하는 것이다. 이때 리더는 집단원의 말을 차단하지 말고 불만스러운 마음을 집단원에게 적절히 표현할 수 있도록 도와야 한다.** 즉, 집단원이 집단과 다른 집단원에 대해 부정적인 피드백을 할 때 차단하기 기술은 바람직하지 않다.

046

답 ①

해 아래의 보기는 **회기를 마칠 때 사용할 수 있는 집단상담자의 진술**이다.
  ② "여러분 중에는 오늘 우리가 나눈 이야기에 동의하지 않는 사람도 있을 겁니다. 그렇지만 서로의 생각을 나누는 것도 중요해요."
  ③ "다음 회기에 어떤 결과가 나타날지 기대가 되는군요."
  ④ "오늘 집단을 통해 무엇을 얻으셨나요?"
  ⑤ "여러분이 어떤 목표를 가지고 일주일을 보낼 것인가에 대해 이야기를 나눠 봅시다."

047

답 ⑤

해 집단상담 평가에 있어 종결단계에서는 집단경험을 검토하고 요약하기, 추수회기 개최 검토하기, 집단에서 학습한 것을 실생활에 적용하기, 집단 마무리하기가 이루어진다. 종결단계에서 집단상담자는 필요시 상담 종결 후 추수상담(추수평가)을 가질 수 있다. 이때 **추수평가에서는 집단이 종결된 후, 모든 집단원에 대해 변화가 지속되고 있는지를 확인한다. 일부 집단원을 불러 모아 확인하는 것은 아니다.**

048

답 ④

해 [ㄱ]. 학교 집단상담의 경우, 교사나 학부모의 권유에 의해 비자발적으로 참여하는 집단원이 있고 이들은 집단 참여 동기가 낮다. **비자발적인 학생의 경우 사전 동의를 받아 집단 참여동기를 높이도록 노력한다.**

049

답 ④

해 집단상담의 과정은 집단 준비단계 → 집단원들 간의 낮은 신뢰감, 높은 불안감(초기단계) → 집단상담자에 대한 도전, 저항과 방어적 태도 형성(과도기적 단계) → 강한 집단응집력, 피드백 교환의 활성화(작업단계) → 복합적 감정, 소극적 참여, 양가감정 다루기(종결단계)의 순서로 이루어진다. 집단 발달단계 중 작업단계는 높은 응집성과 생산성이 보여 지는 단계이다. 집단원은 개방적인 의사소통을 하며 자신의 경험에 대한 접촉과 자각이 증진된다. 또한 자신의 역기능적인 행동 패턴을 탐색하고 수용하며 생산적인 대안행동을 선택하고 실행한다. 따라서 **작업단계에서 집단 리더는 집단원이 깊은 수준의 자기탐색을 할 수 있도록 도와야 한다.**

오답노트

① 초기단계 : 집단참여에 대한 기대와 불안을 다룬다.
② 초기단계 : 집단원에게 집단목표와 진행절차를 설명한다.
③ 초기단계 : 집단규범을 명시적 혹은 암시적으로 제시한다.
⑤ 종결단계 : 추수상담 일정을 결정한다.

050

답 ①

해 집단상담의 기술에는 적극적 경청, 연결하기, 진단하기, 현실검증, 반영하기, 명료화, 요약하기, 질문하기, 촉진하기, 공감하기, 해석하기, 직면시키기, 지지하기, 선도하기, 평가하기가 있다.
① 이 중 '**요약하기**'는 집단 참여자의 중요한 주제를 집단 리더가 정리하여 전달하는 것 또는 집단 회기를 마칠 때 이전에 다룬 중요한 사안을 정리해서 집단원에게 말하는 것이다. 보기의 상담자(집단리더)는 집단원들의 최근의 소망에 대해 물어보았고, 집단원들이 대답한 내용인 학교복귀 또는 창업에 대해 요약하였다.

제3과목 심리측정 및 평가 (필수)

051	③	052	⑤	053	①	054	②	055	④
056	①	057	④	058	③	059	③	060	④
061	④	062	⑤	063	①	064	⑤	065	②
066	②	067	⑤	068	②	069	③	070	③
071	⑤	072	②	073	①	074	④	075	⑤

051

답 ③

해 **타당도와 신뢰도가 높더라도 모든 심리검사는 오차가 발생한다.**

052

답 ⑤

해 ㄱ, ㄴ, ㄷ 모두 규준참조검사의 내용이기 때문에 모두 옳지 않다. 규준참조검사는 규준을 참조하여 해석을 하며, 상대적 비교를 목적으로 하는 것이다. 그리고 자격증 시험이 준거참조검사에 해당하며, 심리검사(예: NEO-PI, MMPI 등)는 규준참조검사에 해당한다.

053

답 ①

해 [ㄴ]. 백분위 점수는 **서열화와 관련이 있기 때문에 서열척도**이다.
[ㄷ]. **비율척도**는 절대 영점을 가정한다.
[ㄹ]. 대부분의 심리검사는 **등간척도**를 사용한다.

054

답 ②

해 Z점수를 알면 T점수를 계산할 수 있다. T점수 = 50 + 10Z이기 때문이다.

오답노트

① Z점수는 원점수−평균/표준편차로 구한다. 이론상 Z점수는 최대치와 최저치가 존재하지 않으나 일반적으로는 −5부터 5까지의 값을 가진다. Z점수의 분포는 원 집단과 동일하며, 평균은 0, 표준편차는 1이다.

③ Z점수는 양수, 0, 음수가 모두 나올 수 있다.

④ T점수 계산공식은 T점수 = 50 + 10Z로 정해져 있다. 검사 유형에 따라 달라지는 것은 아니다.

⑤ 스테나인 점수는 정상분포 상 점수 5에 가장 많은 사례가 위치한다. 아래 정규분포를 보면 이해가 쉽다.

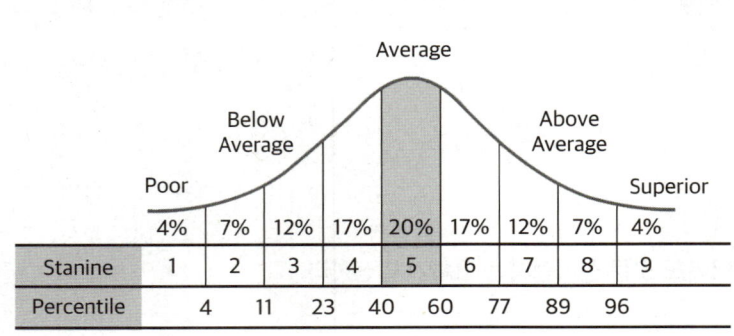

	4%	7%	12%	17%	20%	17%	12%	7%	4%
Stanine	1	2	3	4	5	6	7	8	9
Percentile		4	11	23	40	60	77	89	96

055

답 ④

해 **타당도가 높으면 신뢰도가 높다. 타당도가 낮으면 신뢰도가 높을 수도 있고, 낮을 수도 있다.**

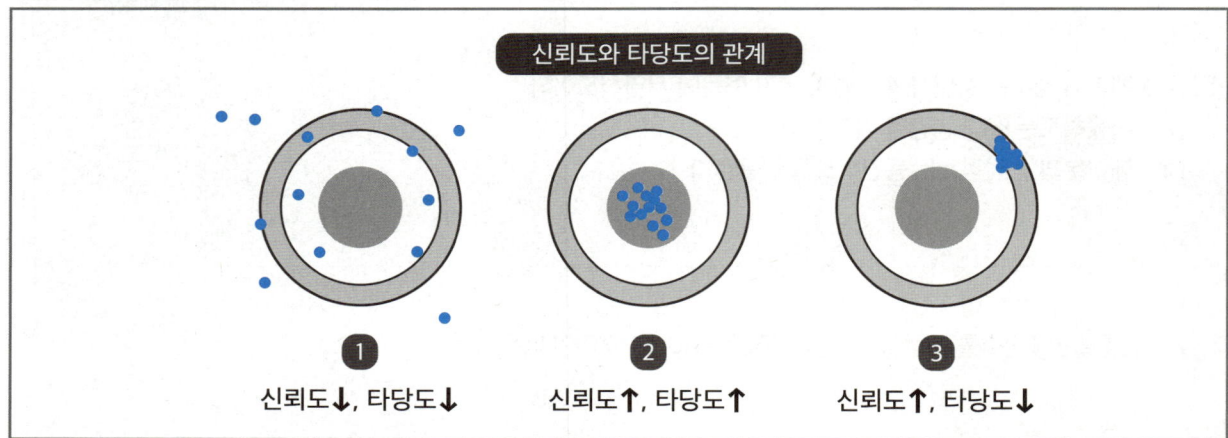

056

답 ①

해 구인타당도 검증을 위해 요인분석을 사용할 수 있는데, 이는 요인타당도(구인타당도 중 하나)와 관련이 있다.

오답노트

② 내용타당도는 전문가의 평가를 통해 판단된다. 수검자의 평가는 안면타당도이다.
③ 처치타당도 또는 결과타당도는 검사결과가 처치에 어떤 변화를 일으키는가에 대한 타당도이다.
④ 준거타당도는 공인타당도와 예언타당도가 있다.
⑤ 구인타당도와 안면타당도는 관련성이 낮다. 구인타당도와 관련이 있는 것은 수렴타당도, 판별타당도, 요인타당도가 있다.

057

답 ④

해 상하부 지수(upper-lower index, ULI)에 따른 문항변별도에서 0의 값이 나올 수 있다. 문항변별도의 범위는 -1부터 +1까지이기 때문이다. 문항변별도란, 능력에 따라 응시자를 변별하는 정도를 나타내는 지수로 어떤 문항에 답을 맞힌 응시자의 점수가 높고, 문항에 답이 틀린 응시자의 점수가 낮다면, 이 문항은 응시자를 변별하는 기능을 가진 문항이라 할 수 있다.

오답노트

① 문항난이도는 해당 문항의 정답자 수를 그 문항에 반응한 사람의 총수로 나눈 비율(정답자수 비율)이다. 문항난이도 계산 공식은(정답자 수 ÷ 전체 사례 수) × 100이 된다. '문항의 난이도가 높다'는 것은 문항이 쉽다는 의미이다. **높은 점수를 받은 사람과 낮은 점수를 받은 사람을 잘 구분한다는 것은 문항변별도이다.**
② 검사 점수들의 변산도(variability)는 문항의 난이도가 **0.50일 때 최댓값이 된다.** 즉 검사점수들의 변산도(variability)는 문항의 난이도가.50일 때 최댓값이 되므로 중간 정도 수준의 난이도가 가장 바람직하다.
③ 문항의 변별력이 높으면 검사의 **신뢰도는 높아진다.**
⑤ 문항난이도(item difficulty)의 범위는 **0.00부터 1.00까지**이다.

058

답 ③

해 **Pearson 상관계수(r)의 범위는 -1부터 1까지**이다.

▶ 피어슨 상관계수
피어슨 상관계수(Pearson correlation coefficient)는 두 변수 간의 관련성을 구하기 위해 보편적으로 이용된다. 결과의 해석은 값은 X와 Y가 완전히 동일하면 +1, 전혀 다르면 0, 반대방향으로 완전히 동일하면 -1을 가진다.

059

답 ③

해 **검사 개발의 첫 단계는 검사의 목적을 분명히 하는 것이다. 규준의 작성과 양호도를 분석은 검사개발의 후반부에 하는 것이다.** 성태제(1996)와 탁진국(1996)의 검사 개발 절차를 참고하면 <검사목적의 확인과 설정, 측정 내용의 행동 규명, 검사개발 계획서의 작성, 검사문항의 작성, 예비검사의 실시 및 수정 보완, 본 검사의 실시, 검사 규준표의 작성, 그리고 검사 실시요강의 발행> 등의 8단계를 거쳐 검사가 개발된다.

실력다지기	심리검사의 제작 절차

1) 검사의 목적 및 대상을 구체적으로 결정한다.
2) 합리적인 문항 형식을 선택하고 이에 따라 다수의 문항을 제작하되, 문항 수는 최후검사에 포함시키려는 문항 수의 두 배 이상은 되어야 한다.
3) 제작된 문항으로 예비검사를 구성하고, 활용 대상 집단을 대표하는 표집을 대상으로 예비조사를 실시한 후 문항분석을 실시한다.
4) 문항분석의 결과에 따라 선택된 문항을 가지고 최후 검사를 완성하고 실시방법 및 채점법 등을 결정한다.
5) 규준을 제작하기 위해 검사의 활용대상인 모집단을 대표하는 대단위 표집을 하여 검사를 실시하며 이 때 표집군(郡)이 모집단을 충분히 대표할 수 있어야 한다.
6) 정해진 방법에 의하여 채점하고, 여러 가지 통계적 조작(신뢰도 및 타당도 검증 등)을 통하여 규준을 만든다.
7) 제작된 검사는 검사지와 검사요강의 형태로 산출되는데, 검사요강에는 검사의 실시방법, 채점방법, 규준, 활용방법, 검사의 신뢰도나 타당도와 같은 정보를 수록한다.

060

답 ④

해 ④ **스턴버그(R. Sternberg)는 삼원지능모형을 주장하며 지능을 성분적(분석적 능력), 경험적(창의적 능력), 맥락적(실제적, 실용적, 적응적 능력)으로 구분하였다.**
① 카텔(R. Cattell) : 언어성 지능, 동작성 지능
② 길포드(J. Guilford) : 지능구조이론
③ 가드너(H. Gardner) : 다중지능이론
⑤ 스피어만(C. Spearman) : 2요인설(일반요인과 특수요인)

061

답 ④

해 홀랜드(J. Holland)의 직업적 성격유형은 RIASEC이 있다. 이 중 **사회적 유형(Social type)에 해당하는 직업은 교육자, 상담사, 사회복지사, 종교지도자, 임상치료사, 언어치료사 등**이 있다.

< 홀랜드(J. Holland)의 직업적 성격유형 >

유형	성격특징	직업적성	대표직업의 예
R 실재형 (현실형)	사람들을 좋아하며 어울리기 좋아하고 친절하고 이해심이 많으며 남을 잘 도와주고 봉사적이며 감정적이고 이상주의적이다. 기계, 도구, 물질과 함께 하는 명쾌한 활동에 관심이 없다.	기계적, 운동적인 능력은 있으나 대인관계 능력이 부족하다. 수공, 농업, 전기, 기술적 능력이나 연장, 기계, 동물들의 조작을 주로 하는 능력이 있으나 교육적 능력은 부족하다.	기술자, 자동차 기계 및 항공기 조종사, 정비사, 농부, 어부, 엔지니어, 전기 및 기계 기사, 운동선수, 소방대원, 동물전문가, 요리사, 목수, 건축가, 도시계획가
I 탐구형	탐구심이 많고 논리적, 분석적, 합리적이며 정확하고 지적 호기심이 많으며 비판적, 내성적이고 신중하다. 관찰적, 상징적이며 체계적이고 창조적인 탐구에 관심 있으나 사회적이고 반복적 활동에 관심 부족하고 혼자 있는 것을 좋아한다.	학구적, 지적 자부심을 가지고 있으며 수학적, 과학적 능력과 연구능력은 높으나 지도력이나 설득력은 부족하다. 혼자 하는 활동에 적합하다.	과학자, 생물학자, 화학자, 물리학자, 인류학자, 지질학자, 의료기술자, 의사, 수학교사, 천문학자, 비행기 조종사, 편집자, 발명가
A 예술형	상상력이 풍부하고 감수성이 강하며 자유분방하고 개방적이다. 개성이 강하고 협동적이지 않다. 예술적 창조와 다양성을 좋아하나 체계적이고 구조화된 활동에는 흥미가 없다.	미술적, 음악적 능력은 있으나 사무적 기술은 부족하다. 상징적, 자유적, 비체계적 순서적 능력은 부족하나 창의적이고 독창적인 활동에 적합하다.	예술가, 작곡가, 음악가, 무대감독, 작가, 배우, 소설가, 미술가, 무용가, 디자이너, 조각가, 연극인 음악평론가, 만화가
S 사회형	**사람들을 좋아하며 어울리기 좋아하고 친절하고 이해심이 많으며 남을 잘 도와주고 봉사적이며 감정적이고 이상주의적이다. 기계, 도구, 물질과 함께 하는 명쾌한 활동에 관심이 없다.**	사회적, 교육적 지도력과 대인관계 능력은 있으나 기계적, 과학적, 체계적 능력은 부족하다.	사회복지가, 교육자, 간호사, 유치원 교사, 종교지도자, 상담가, 임상치료가, 언어치료사, 승무원, 청소년지도자, 외교관, 응원단원
E 진취형	지배적이고 통솔력, 지도력이 있으며 말을 잘하고 설득적이며 경쟁적, 야심적, 외향적, 낙관적이고 열정적이다. 계획, 통제, 관리하는 일과 그에 따른 인정, 권위를 즐긴다.	적극적이고 사회적이고 지도력과 언어 능력이 탁월해 조직의 목적과 경제적 이익을 얻는 일에 적합하나 과학적, 상징적, 체계적 능력은 부족하다.	기업경영인, 정치가, 판사, 영업사원, 상품구매인, 관리자, 연출가, 생활 설계사, 매니저, 변호사, 탐험가, 사회자, 여행안내원, 광고인, 공장장, 아나운서
C 관습형 (사무형)	정확하고 빈틈없고 조심성이 있으며 세밀하고 계획성이 있고 변화를 좋아하지 않으며 완고하고 책임감이 강하다. 정해진 원칙과 계획에 따르는 것을 좋아하나 탐구적, 독창적 능력은 부족하다.	자료를 기록, 정리, 조직하는 일을 좋아하고 사무적, 계산능력이 뛰어나나 창의적, 자율적, 모험적, 예술적, 비체계적 활동에는 흥미가 없다.	공인회계사, 경제분석가, 은행원, 세무사, 경리사원, 감사원, 안전관리사, 사서, 법무사, 통역사, 공무원, 약사, 비서, 보디가드, 우체국 직원

062

답 ⑤

해 ⑤ 처리점수(과정점수, process scores)는 검사 수행의 질적 해석이 중요하다는 관점에서 만들어진 점수로서 속도를 배제했을 때 수행능력을 나타낸다. 토막짜기 1개, 숫자 6개, 순서화 1개의 과정 점수를 제시한다. 추가적 실시 절차 없이 본 수행의 결과에서 도출한다. **과정점수는 소검사 점수나 조합점수를 대체할 수 없다.**

① K-WISC-IV는 10개의 주요 소검사와 **5개의 보충 소검사**로 구성되었다.

② 언어이해 지표와 지각추론 지표의 합산점수는 **일반능력 지표** 점수로 산출된다.

③ 환산점수는 각 소검사의 원점수 총점을 **평균 10, 표준편차 3**으로 변환해서 산출한 표준점수이다.

④ 토막짜기는 **지각추론 지표**의 주요 소검사이다.

실력다지기 | **한국 웩슬러 아동지능검사 - 4판(K - WISC - IV)**

1) 개요

(1) 6세 0개월부터 16세 11개월까지의 아동의 인지적 능력을 평가하기 위해 개별적으로 실시하는 임상 도구이다.

(2) 전반적인 지적 능력(즉, 전체검사 IQ)은 물론, 특정 인지 영역에서의 지적 기능을 나타내는 소검사와 합산 점수를 제공한다.

(3) **3판에서 4판으로 개정되면서 공통그림 찾기, 순차연결, 행렬추리, 선택, 단어추리라는 5개의 소검사가 추가되어 4판에서는 소검사가 총 15개로 이루어져 있다.**

(4) 소검사는 주요 소검사와 보충 소검사로 구별되고 10개의 주요 소검사들은 언어이해 지표, 지각추론 지표, 작업기억 지표, 처리속도 지표로 총 네 가지 지표로 구성되고 있다.

(5) **언어이해 지표(VCI)에서 주요 소검사는 공통성, 어휘, 이해가 있으며, 보충 소검사로는 상식(지식), 단어추리가 있다.** [암기법 **어이공/단지**]

(6) **지각추론 지표(PRI)에는 토막짜기, 공통그림 찾기(퍼즐), 행렬추리가 주요 소검사에 속하며, 빠진 곳 찾기가 보충 소검사에 포함된다.** [암기법 **토공행/빠**]

(7) **작업기억 지표(WMI)에서는 숫자, 순차연결이 주요 소검사이며, 산수가 보충 소검사이다.** [암기법 **수순/산**]

(8) **처리속도 지표(PSI)의 주요 소검사는 기호쓰기, 동형찾기이며, 보충 소검사는 선택이다.** [암기법 **동기/선**]

※ 주요 소검사는 합산점수가 필요한 대부분의 상황에서 반드시 실시해야 하며, 보충 소검사는 주요 소검사를 대체하는 용도로도 사용되고 인지적, 지적 기능에 대한 더 광범위한 표본을 제공해주기도 한다.

2) K - WISC - IV의 내용

(1) 언어이해 지표 소검사

① 공통성

개념을 나타내는 두개의 단어를 제시받고, 그들이 어떻게 비슷한지 설명/언어적 추론과 개념 형성을 측정

② 어휘

그림의 이름을 말하거나, 소리 내어 읽어주는 단어를 정의/아동의 언어지식과 언어적 개념 형성을 측정

③ 이해

일반적 원칙이나 사회적 상황에 대한 이해를 바탕으로 문항에 답변하도록 요구/언어적 추론과 개념화, 언어적 이해와 표현, 과거 경험을 평가하고 사용하는 능력, 실제적 지식을 발휘하는 능력을 측정

④ 상식

일반적 지식 주제에 대해 답변/일반적이고 사실적인 지식을 획득하고 유지하고, 인출하는 능력을 측정

⑤ 단어추리

일련의 단서가 설명하고 있는 공통개념을 알아내도록 요구/서로 다른 유형의 정보를 통합 및 종합하는 능력, 대체 개념을 만들어내는 능력을 측정

063

답 ①

해 행동 기록방법의 종류는 평정 기록, 간격 기록, 사건 기록, 이야기 기록, 시간표집 기록 등이 있다. **평정 기록은 관찰하고자 하는 행동을 척도를 이용해서 평가하는 방법으로, 표적행동을 관찰한 후 평정수단을 사용해 행동의 특성, 정도, 유무를 판단해서 기록하는 것이다. 이는 관찰과 채점 사이에 시간이 너무 많이 경과할 경우 채점이 정확하지 않을 수 있다는 문제가 있다.**

실력다지기 | 행동 기록방법

1) 일화기록(이야기 기록)

개인의 특성을 이해하기 위하여 구체적인 행동사례나 어떤 사건에 관련된 관찰 기록을 상세히 기록하는 방법

2) 시간표집 기록

일정한 시간 간격을 두고 행동을 관찰하여 그 결과를 기록하는 방법

3) 사건표집법

관찰의 단위가 어떤 행동이나 사건 그 자체로, 관찰하고자 하는 특정 행동이나 사건이 발생할 때만 관찰하여 기록하는 방법

4) 간격기록

정해진 관찰 시간을 일정한 간격으로 나누어 각 간격별로 표적행동의 발생이나 지속여부를 기록하는 방법

064

답 ⑤

해 모두 옳은 내용이다. 심리검사를 선정하고 시행하는 과정에서 고려해야 할 사항은 검사가 의뢰된 목적, 검사가 시행되는 환경, 검사의 신뢰도와 타당도, 검사가 여러 개인 경우 시행 순서를 잘 지켜야 한다.

065

답 ②

해 윤리적 딜레마가 생길 경우, **피검사자 보호를 최우선으로 고려**한다.

| 실력다지기 | 일반적인 심리검사 윤리 |

1) 수검자가 자해 위험이 있는 경우 비밀보장의 원칙을 지키지 않아도 된다.

2) 평가결과의 해석은 내담자가 그 내용을 이해할 수 있어야 한다.

3) 평가서를 보여주면 안 되는 경우, 사전에 수검자에게 이 사실을 인지시켜야 한다.

4) 가장 적은 시간과 노력을 들여 가장 타당하게 평가할 수 있는 검사를 선택한다.

5) 평가서의 의뢰인과 피검사자가 동일하지 않을 경우에, 평가서와 검사보고서는 의뢰인이 동의할 때 피검사자에게 열람될 수 있다.

6) 수검자에게 비밀보장의 한계를 설명해 준다.

7) 검사결과에 대해 수검자가 설명을 요구할 권리를 존중한다.

8) 수검자의 문화적 배경을 고려한다.

9) 검사 동의를 구할 때에는 비밀유지의 한계에 대해 알려야 한다.

10) 자격을 갖춘 사람이 심리검사를 실시해야 한다.

11) 평가서를 보여주면 안 되는 경우에는 사전에 수검자에게 이 사실을 알려야 한다.

12) 동의할 능력이 없는 사람에게도 평가의 본질과 목적을 알려야 한다.

13) 자동화된 서비스를 사용할 경우에도 검사자는 평가의 해석에 대한 책임을 진다.

14) 검사자는 자신이 제시한 결과 해석에 대해 책임을 져야 한다.

15) 검사자는 실시하는 검사의 제작 방식에 대한 충분한 지식을 갖추어야 한다.

16) 검사자는 검사를 시행하기 전에 수검자에게 검사의 목적에 대해 설명해야 한다

17) 심리평가에 관한 동의를 받을 때 비밀보장과 그 예외조항을 설명해야 한다.

18) 임상 수련생은 수련감독자의 지속적인 감독 하에 심리평가를 실시해야 한다.

19) 검사 목적에 맞게 검사를 선정하여 사용해야 한다.

20) 동의할 능력이 없는 수검자에게도 평가의 본질과 목적에 대해 알려야 한다.

21) 능력검사의 검사 자극이나 문항이 대중매체에 노출되지 않도록 해야 한다.

22) 검사규준 및 검사도구와 관련된 최근 동향과 연구방향을 민감하게 파악해야 한다.

23) 심리검사 결과 해석 시 수검자의 연령과 교육수준에 맞게 설명해야 한다.

24) 심리검사 결과가 수검자의 삶에 영향을 줄 수 있음을 인식해야 한다.

25) 컴퓨터로 실시하는 심리검사라도 특정한 교육과 자격이 있어야 한다.

26) 검사의 필요성과 검사 유형 및 용도를 설명해야 한다.

066

답 ②

해 MMPI-2에는 포함되지 않으면서 청소년용으로 개발된 MMPI-A에만 있는 내용척도는 **소외척도(A-aln), 낮은 포부 척도(A-las), 학교 문제척도(A-sch), 품행문제 척도(A-con)이다.**

또한 MMPI-2에는 포함되지 않으면서 청소년용으로 개발된 MMPI-A에만 있는 보충척도는 **ACK 척도(Alcohol/ Drug Problem Acknowledgment: 알코올/약물 문제 인정 척도), PRO 척도(Alcohol/Drug Problem Proneness: 알코올/약물 문제 가능성 척도), IMM척도(Immaturity: 미성숙 척도)이다.**

1) ACK (Alcohol/Drug Problem Acknowledgment : 알코올/약물 문제 인정 척도)

알코올이나 다른 약물 사용과 관련된 문제를 인정하는 정도를 측정함 / 높은 점수는 알코올과 약물 관련 문제를 인정하며 의식적으로 자각하고 있음 / 감정을 자유롭게 표현하기 위해 알코올 혹은 약물에 의존한다든지 물질 남용 습관을 가지고 있을 가능성, 음주 중 싸움에 연루될 가능성이 높음.

2) PRO (Alcohol/Drug Problem Proneness) : 알코올/약물 문제 가능성

알코올과 약물 문제를 보일 가능성을 측정 / 높은 점수는 알코올 및 약물 문제가 있음 / 학교나 가정에서 행동문제를 보일 경향성이 시사되지만 현재의 알코올 또는 약물 사용 패턴을 명백히 반영하는 것이 아니므로 주의가 필요함.

3) IMM (Immaturity) : 미성숙 척도

대인관계 양상, 인지적 복합성, 자기 인식, 판단력, 충동조절 및 통제의 측면에서 미성숙을 반영함 / 높은 점수를 받는 경우 타인에게 신뢰감을 주지 못함 / 의존적이고 좌절에 대한 내성이 약하며 감정조절에 어려움을 보임 / 타인을 괴롭히고, 저항적·반항적 태도를 취해 학교생활이나 또래관계에 부적응을 보일 가능성이 큼.

067

[답] ⑤

[해] MMPI-2의 보충척도에는 A(불안), R(억압), Es(자아강도), Do(지배성), Re(사회적 책임감), Mt(대학생활 부적응), PK(외상후스트레스), MDS(결혼생활 부적응), Ho(적대감), O-H(적대감 과잉척도), MAC-R(알콜), AAS(중독인정), APS(중독 가능성), GM(남성적 성역할), GF(여성적 성역할)이다.

⑤ **ANX(불안) 척도는 내용척도이다.**

068

[답] ②

[해] MMPI-2의 10가지 임상척도 중 3번 척도(Hy: 히스테리)는 신체적 징후를 수단으로 해서 어려운 갈등, 위기를 모면 또는 회피하려고 하는 것을 측정한다. **Hy가 높을 경우 심리적으로 미성숙하여 때로는 유아적으로 보이기까지 하고, 감정기복이 심하다. 또한 자기중심적이고, 자기도취적이며, 타인으로부터 많은 관심과 애정을 갈구**한다.

심화학습	MMPI-2의 임상척도 3(히스테리)에서 높은 점수의 해석

1) 척도 3 점수가 현저하게 높은 사람들은(T>80) 강하게 압도되는 느낌을 자주 경험하고, 스트레스를 받으면 신체적 증상을 나타내며, 스트레스가 가라앉으면 갑자기 사라지는 경향이 있다.

2) 척도 3 점수가 높은 사람들은 일반적으로 급성의 심각한 정서적 동요를 경험하고 있는 것처럼 보이지는 않으나, 그들은 때때로 슬프고, 우울하고, 불안한 느낌을 보고한다. 또한 그들은 활력 상실 및 지쳐서 녹초가 된 느낌을 보고할 수 있으며, 수면곤란을 호소하는 일도 흔하다. 임상 장면에서 척도 3이 높은 사람들에게 가장 자주 내려지는 진단은 전환장애와 신체형장애, 심인성 통증장애이다. 높은 점수를 얻은 사람들은 흔히 항우울제와 항불안제 처방을 받는다.

3) 척도 3 점수가 높은 사람들의 일상적인 기능에서 관찰되는 가장 두드러진 특징은, 자신의 증상을 초래했을 가능성이 있는 기저의 원인에 대한 통찰이 전혀 없다는 것이다. 아울러, 그들은 자신의 동기와 감정에 대한 통찰도 매우 부족하다.

4) 척도 3 점수가 높은 사람들은 흔히 심리적으로 미성숙하며 때로는 심지어 유치하고 유아적이라고 묘사된다. 그들은 매우 자기 본위적이고, 자기도취적이고, 자기중심적이며, 다른 사람들로부터 지대한 관심과 애정을 기대한다. 그들은 자신이 갈구하는 관심과 애정을 얻기 위해서 흔히 간접적이고 우회적인 수단을 동원한다. 다른 사람들이 이에 적절하게 반응하지 않을 때, 그들은 화를 내고 분개할 수 있다. 하지만 이런 감정들은 곧잘 부인되며, 공개적으로 혹은 직접적으로는 잘 표현되지 않는다.

출처 : MMPI-2 성격 및 정신병리 평가, John R. Graham 저, 시그마프레스

069

답 ③

해 MBTI의 선호지표는 외향성-내향성, 감각형-직관형, 사고형-감정형, 판단형-인식형의 조합으로 이루어져 있으며 16가지의 성격유형으로 구분된다. **사고형-감정형은 정보사정 스타일로, 인식된 정보를 가지고 판단을 내릴 때 쓰는 기능이다.**

실력다지기

마이어-브리그스 유형 지표(MBTI)의 네 가지 양극차원

1) 세상에 대한 일반적인 태도(관심의 방향)

  (1) 외향형(E) : 사람과 사건들과 같은 외부세계에 관심이 있는가?

  (2) 내향형(I) : 관념과 내적 반응 같은 내부세계에 관심이 있는가?

2) 지각적 또는 정보 수집적 과정

  (1) 감각형(S) : 정보를 오감(五感)을 통해 수집하고 사실과 자료에 초점을 맞추는가?

  (2) 직관형(N) : 직관을 거친 개연성과 육감(肉感)에 초점을 맞추는가?

3) 정보 사정 스타일

  (1) 사고형(T) : 논리와 이성에 의거해서 정보를 사정하는가?

  (2) 감정형(F) : 개인의 가치에 따라 다른 사람에 대한 영향을 고려하면서 정보를 사정하는가?

4) 의사결정 속도 = 생활양식

  (1) 판단형(J) : 일을 종결하기 위해서 신속하고 확고한 의사결정을 하는가?

  (2) 지각형(P) : 정보를 더 수집하기 위하여 의사결정을 미루는가?

070

답 ③

해 NEO-PI-R의 척도는 신경증(정서 불안정성, N), 외향성(E), 경험 개방성(O), 친화성(호감성, 수용성, A), 성실성(C)의 5가지로 이루어져 있다.

  ③ **경험 개방성(O)은 개인의 정신적인 연상(association)의 폭과 깊이를 나타내는데, 개방성 점수가 높은 사람은 상상력이 풍부하고 아이디어가 많으며 창의력이 있고 정서적으로 풍부하다.**

NEO - PI - R에 포함되어 있는 척도와 그 특성

요인	소검사	비고
신경증 (정서적 불안정성)	불안, 분노, 우울, 자의식, 충동성, 스트레스 취약성	6개 하위척도
외향성	온정성, 사교성, 리더십(주장), 적극성, 긍정성, 활동성	
경험 개방성	상상력, 문화(심미성), 정서, 경험 추구, 지적 호기심, 가치	
친화성(호감성)	타인에 대한 믿음, 타인에 대한 배려(이타심), 도덕성, 수용성, 겸손, 휴머니즘	
성실성	유능함, 조직화 능력, 책임감, 목표지향성, 자기통제력, 완벽성	

NEO - PI - R에서 평가하는 성격구조는 다음과 같다.

1) 신경증(N : Neuroticism) - 불안(N1), 적대감(N2), 우울(N3), 자의식(N4), 충동성(N5), 심약성(N6)

2) 외향성(E : Extraversion) - 온정(E1), 사교성(E2), 주장(E3), 활동성(E4), 자극 추구성(E5), 긍정적 정서(E6)

3) 개방성(O : Openness to experience) - 상상(O1), 심미성(O2), 감정 개방성(O3), 행동 개방성(O4), 사고 개방성(O5), 가치 개방성(O6)

4) 친화성(A : Agreeableness) - 신뢰성(A1), 솔직성(A2), 이타성(A3), 순응성(A4), 겸손(A5), 동정(A6)

5) 성실성(C : Conscientiousness) - 유능감(C1), 정연성(C2), 충실성(C3), 성취 갈망(C4), 자기규제성(C5), 신중성(C6)

071

답 ⑤

해 투사적 검사의 장점은 검사자극이 모호해서 수검자가 **자유롭고 풍부한 반응을 하는 것이 가능하며**, 자신의 반응을 방어하기 어렵고, 수검자의 반응이 사회적 바람직성의 영향을 덜 받는다는 것이다.

채점 및 해석이 비교적 용이하고, 의도적으로 반응을 왜곡할 수 있고, 신뢰도와 타당도가 잘 확립되어 있고, 규준을 통한 개인 간 비교가 가능한 것은 객관적 검사의 특징이다.

072

답 ②

해 **집 그림은 종이를 가로로 제시하고, 나무와 사람 그림은 종이를 세로로 제시**한다.

HTP검사 실시방법

1) 준비물 : A4 용지 4장, 4B 연필 1~2자루, 지우개

2) 실시과정

(1) A4 용지 4장의 우측상단에 1부터 4번까지의 번호 기입, 4번의 종이는 인물화의 먼저 그린 성(性)을 확인하기 위함이다.

(2) "지금부터 그림을 그려봅시다. 이것은 그림을 잘 그리고 못 그리는 것을 조사하는 것이 아니므로, 즐거운 마음으로 그리십시오. 또한 이것은 사생을 하는 것이 아닙니다. 자기가 생각한 대로 그리면 좋습니다."

(3) **"한 장의 종이에 하나씩 모두 4장의 그림을 그리십시오."라고 말한 뒤, 1번의 종이를 가로로 제시하면서 "이 종이 위에 집을 그리십시오."라고 지시한다.**

(4) 2번의 종이를 세로로 제시하며 "나무 한 그루를 그려보십시오."라고 지시한다.

(5) 3번의 종이도 세로로 제시하며 "사람을 한 사람 그려보십시오. 얼굴만이 아니고 전신을 그려보십시오."하고 지시한다. 피검자가 사람을 다 그리고 나면, 남자인지 여자인지 질문하여 3번의 아래에 기입한다.

(6) 4번의 종이를 세로로 제시하여 3번의 인물과는 반대되는 성(性)의 인물을 그리도록 지시한다.

073

답 ①

해 **투사적 검사인 문장완성검사는 집단 대상으로도 실시가 가능하다.**

심화학습 문장완성검사(SCT)

1) 문장완성검사는 투사적 검사 중에서도 가장 간편하면서도 매우 유용한 검사 중 하나이다. 검사의 종류에 따라 문항수가 다르지만 대개 수행시간은 20 ~ 30분 정도이며 자기보고식 검사이기 때문에 혼자서 수행할 수 있고 집단을 대상으로 할 수도 있다. 검사 시작 시 검사자는 "머릿속에 처음 떠오른 생각으로 뒤 문장을 가능하면 빨리 완성하십시오." 라는 간단한 지시문만 제시하고, 피검자는 몇 개의 단어로 시작하는 불완전한 문장이 적혀 있는 용지를 받아 그 문장들의 뒷부분을 이어서 채우면 되므로 실시가 간편하다.

2) 문장완성검사는 Galton에 의해 자유연상(free association test)이 연구되면서 발달되었다. W. Wundt와 J. M. Cattell은 이를 단어연상법(word association test)으로 발전시켰으며, Kraepelin과 Jung은 임상적 연구를 통해 문장완성검사의 토대를 구축하였다. 그 후 D.Rapaport와 그의 동료들의 연구에 의해 단어연상법이 투사법으로서의 성격진단의 유효한 방법으로 확립되면서 단어연상법은 문장완성법으로 더욱 발전하게 되었다.

3) '투사(projection)'라는 것이 문장의 내용이나 의미 속에서만 이루어지는 것이 아니며, 투사되는 정서적 내용들이 표현되는 미묘한 방식 역시 피검자만의 어떤 독특한 면을 드러낸다는 점이다. 겉보기에는 비슷한 내용이라도 그 표현에 있어 미묘한 뉘앙스의 차이가 있을 수 있고, 다른 문항에 비해 표현된 문장의 분량에 차이가 있을 수 있으며, 그 밖에도 수사법, 표현의 정확성이나 모호함, 반응시간, 수정된 부분 등과 같은 형식적 특성들도 중요한 의미를 지닌다. 예를 들면, 동일한 문항에 대한 다음과 같은 반응 예를 살펴보자.

아래의 예는 '내 생각에 가끔 아버지는 _____' 이라는 문항에 대한 몇몇 실제 반응들이다.

1. 가족에게 부담만 주고 가신 것 같다.	2. 약한 분이다.
3. 너무 하다는 생각이 든다.	4. 무섭고 엄하다
5. 어떤 때는 사람이 아닌 것 같다.	6. 무뚝뚝하다.
7. 좋게 말해 주관이 강하다고나 할까.	

이 반응들을 살펴보면 모두 아버지에 , 대해 부정적인 정서적 태도가 표현되고 있다는 점에서는 공통점을 가지고 있다. 그러나 그 표현의 강도나 뉘앙스는 각각 다르다. 1, 2번의 경우, 부정적 감정이긴 하지만 아버지에 대해 존칭을 사용하고 있으며 뭔가 조심스런 태도가 보인다. 그러나 5번이나 7번을 그렇지 않다. 2, 4번의 경우 표현이 매우 단정적이지만, 1, 3번의 경우 '같다', '생각이 든다.'와 같이 약간은 유보적인 태도가 엿보인다. 또한 6번은 감정적 색채를 배제한 '방관자'의 태도로 표현되어 있으며, 7번은 한발 물러서서 비꼬듯 바라보는 냉소적 태도가 엿보인다.

4) Sacks의 문장완성검사(SSCT: Sacks Sentence Completion Test)

이 검사는 Joseph M. Sacks에 의해 개발되었다. Sacks는 20명의 심리치료자에게 적응에 있어 중요한 '가족, 성, 자기개념, 대인관계'의 네 가지 영역에 관한 피검자의 중요한 태도 및 임상적 자료를 이끌어낼 수 있는 미완성 문장 3개씩을 만들도록 하였다. 여기에는 문장완성검사에 관한 기존의 문헌들로부터 얻어진 문항들도 포함되었는데, 이러한 방식으로 280개의 문항들을 얻은 후 이것을 다시 20명의 심리학자들에게 주고 각 범주에서 가장 유의미하다고 생각되는 문항을 4개씩 선택하도록 하였다. 이 과정에서 가장 많이 선택된 60개의 문항들이 최종 검사 문항으로 결정되었고, 현재에는 이 중 내용이 반복되는 것을 제외한 50개의 문항이 많이 사용되고 있다.

Sacks는 4개 영역을 각각 세분화하여 최종적으로 총 15개의 영역으로 분류하였고, 각 영역에 대해서 피검자가 보이는 손상의 정도에 따라 3점 척도로 평가하도록 하였다. 우선 확인이 불가능하고 불충분한 응답인 경우 X로 평가하며, 의미 있는 손상이 발견되지 않으면 0점, 약간의 정서적 갈등은 있으나 치료는 필요 없는 정도이면 경미한 손상으로 보고 1점, 그리고 정서적 갈등이 지적되고 치료적 도움이 필요하면 심한 손상으로 보고 2점으로 평가하여 그 수치를 통해 피검자에 대한 최종 평가를 하도록 해석 체계를 구성하였다.

이에 대한 신뢰도와 타당도를 검증하기 위하여 피검자 100명의 반응을 가지고 3명의 심리학자에게 15개 영역에 대해서 장애의 정도를 평정하도록 하였고, 그 피검자들의 정신과 주치의들에게도 역시 같은 방법으로 평정하게 하였다. 그 결과 심리학자들 간의 신뢰도는 92%의 일치율을 보였으며, 정신과 의사들과 심리학자들 간의 평정의 일치도는 .48~.57, 표준오차는 .02~.03으로 유의미한 정적 상관을 보였다. 또한 피검자 50명을 선정하여 심리학자들은 이들의 검사 반응을 기초로 15개 영역에 대한 해석적 요약을 하도록 하고, 정신과 의사들에게는 임상적 관찰에 근거하여 자신의 피검자(환자)에 대한 해석적 요약을 하도록 하였는데, 이 진술들 역시 77%의 일치도를 보였다.

각 영역별 문항을 구체적으로 보면 다음과 같다.

(1) 가족(12문항)

이 영역은 어머니, 아버지, 가족에 대한 태도를 담고 있는 문항으로 구성되어 있다. 어머니와 아버지, 그리고 가족 전체에 대한 태도를 나타내도록 하는 문장으로 구성되어 있으며, 피검자가 경계적이고 회피적인 경향이 있다하더라도 네 개의 문항들 중 최소 한 개에서라도 유의미한 정보가 드러나게 된다.

(2) 성(8문항)

이 영역은 이성 관계에 대한 것으로 여성, 결혼, 성관계에 관한 태도를 표현할 수 있는 문항으로 구성되어 있다. 이 문항들은 사회적인 개인으로서의 여성과 남성, 결혼, 성적 관계에 대하여 자신을 나타내도록 한다.

(3) 대인관계(16문항)

이 영역은 친구, 지인, 직장동료, 직장 상사에 관한 태도를 포함한다. 이 영역의 문항들은 가족 외의 사람들에 대한 감정이나 자신에 대해 타인이 어떻게 느끼는지에 관한 피검자의 생각들을 표현하게 한다.

(4) 자기개념(24문항)

이 영역은 자신의 두려움, 죄의식, 목표, 자신의 능력, 과거와 미래에 대한 태도가 포함되며, 이 영역에서 표현되는 태도들은 현재, 과거, 미래의 자기개념과 그가 바라는 미래의 자기상과 실제로 자기가 될 것 같다고 생각하는 모습에 대한 정보를 제공해 준다. 즉, 이런 표현을 통해서 임상가는 피검자가 자신을 어떻게 생각하고 있는지를 알 수 있는 것이다.

출처 : 하은혜(숙명여대 아동복지학과 교수)

074

답 ④

해 로샤(Rorschach)검사에서 반응영역 기호는 W(전체), D(부분), Dd(드문 부분), S(공백)이다.

④ **H는 인간, 전체(Whole human)을 나타내는 '반응내용[3]' 기호이다.** 인간, 전체(whole Human, H)는 사람을 전체 형태로 지각한 반응으로, 이순신, 나폴레옹 등과 같은 역사적 실존 인물을 포함한다면 Ay(인류학)를 추가 채점한다.

실력다지기

로샤(Rorschach) 검사의 반응내용(contents) 채점기호와 기준

분류	기호	기준
전체인간(Whole human)	H	**전체 인간의 모습이 지각될 때**
전체인간 (가공적이거나 신화적 인간) (fictional or mythological)	(H)	거인, 악마, 귀신, 천사, 이상한 나라의 앨리스와 같은 가공적, 신화적 전체 인간의 모습이 지각될 때
인간부분 (Human detail)	(Hd)	불완전한 부분적인 인간의 모습이 지각될 때, 사람의 머리, 팔, 다리 등이 지각된다.
인간경험 (Human experience)	Hx	사랑, 우울, 행복, 소리, 냄새, 공포 등 인간의 정서나 지각경험이 반응된다. Hx로 채점되는 경우 특수점수로 AB가 채점되기도 하며, 추상적이지 않은 반응내용에서 이차반응으로 채점되기도 한다. 예를 들면 두 사람이 깊이 사랑하면서 쳐다보고 있다면 Hx는 이차내용이다.
전체동물(Whole animal)	A	**전체 동물형태가 지각될 때**
전체동물 (가공적이거나 신화적) (fictional or mythological)	(A)	용, 날아다니는 붉은 말, 유니콘, 마술개구리 등과 같이 가공적, 신화적 동물 형태가 전체적으로 지각된다.
동물부분(Animal detail)	Ad	불완전한 동물의 형태가 지각된다. 동물가죽이 포함된다.
동물부분 (가공적이거나 신화적) (fictional or mythological)	(Ad)	날개돋친 천마의 날개와 같이 신화적, 가공적 동물의 신체부분이 지각된다.
추상반응(Abstraction)	Ab	추상적 개념, 즉 공포, 우울, 행복, 분노, 상징, 추상예술 등을 지각하는 경우
알파벳(Alphabet)	Al	2,4,7 혹은 A, M, X와 같은 숫자나 글자를 지각하는 경우
해부(Anatomy)	An	사람이나 동물의 골격, 근육, 내부기관이 지각될 때, 예를 들면, 골격, 두개골, 갈비뼈, 심장, 폐, 위, 간, 척추
예술(Art)	Art	추상적이든 구상적이든 그림이나 다른 예술작품, 가문의 문장 a family crest, 조각품 등. 예를 들면 보석류, 촛대, 뱃지 등
인류학 (Anthropology)	Ay	특정한 문화역사적 배경을 지닌 유품, 토템기둥, 선사시대 도끼 등
피(Blood)	Bl	동물이나 인간의 피 반응

---

[3] '반응내용'은 자연, 식물, 풍경 반응이 동시에 나타나는 경우를 제외하고는 모든 반응은 그 내용을 기호화해야 한다. 반응을 기호화할 때 모든 내용을 포함시키는 것이 중요하다. 해석할 때 사용하는 비율은 모두 전체 내용 반응의 수에 근거를 두기 때문이다. 어떤 내용을 생략하면 잘못된 자료가 될 수 있다.

식물(Botany)	Bt	꽃, 나무, 숲, 해초와 같은 식물반응. 나뭇잎, 꽃잎, 나무둥지, 뿌리 등 부분 반응도 포함됨.
의복(Clothing)	Cg	모자, 장화, 벨트, 바지 등과 같은 의복반응
구름(Clouds)	Cl	구름반응이 포함된다. 여기서 변형된 안개, 노을반응은 자연반응으로 분류되든가 독자적인 반응으로 기록된다.
폭발(Explosion)	Ex	흔히 카드IX에서 나타나는 원자폭탄이나 폭풍에 의한 폭발반응, 불꽃놀이 반응이 포함된다. 대체로 m반응이 동반된다.
불(Fire)	Fi	불과 관련된 반응으로 연기, 타오르는 촛대 등
음식(Food)	Fd	음식과 관련된 반응. 아이스크림, 사탕, 스테이크 등
지도(Geography)	Ge	특정한 또는 비특정한 지도, 섬, 만, 반도 등. 만약 이와 같은 내용이 실제로 지각 된다면 풍경으로 분류된다.
가구(Household)	Hh	의자, 양탄자, 식기, 침대, 램프, 컵, 은그릇 등 가구반응(양탄자는 동물가죽인 경우 Ad로 채점된다).
풍경(Landscape)	Ls	풍경이나 해저의 풍경반응 산, 산맥, 언덕, 섬, 동굴, 바위, 사막, 늪 혹은 산호초, 해저 풍경 등의 바다풍경
자연(Nature)	Na	**식물이나 풍경으로 분류되지 않은 자연환경의 다양한 내용들. 예를 들면, 해, 달, 유성, 하늘, 물, 대양, 강, 얼음, 눈, 비, 안개, 진눈개비, 무지개, 폭풍, 회오리바람, 밤, 빗방울**
성반응(Sex)		성기능과 관련된 성기관과 성행위 . 예를 들면 남근, 자궁, 가슴, 고환, 월경, 유산, 성교, 보통 성교는 이차반응으로 채점된다. 일차 내용은 H, Hd, An이다.
과학(Science)		과학과 연관되거나 과학의 산물, 혹은 과학적 상상력의 산물. 예를 들면, 현미경, 망원경, 무기, 로켓, 발동기, 우주선, 광선총, 비행기, 배, 기차, 자동차, 전구, TV 안테나, 전파탐지기
X - 선		**뼈, 내부기관의 X선 반응, Xy가 채점외면 An은 채점되지 않는다.**
직업적 반응(이차적 채점)		피검자의 직업과 연관되는 반응으로서 이차반응으로만 채점된다.

075

답 ⑤

해 모두 옳은 내용이다.

TAT[4]는 TAT는 일련의 모호한 그림자극에 대해 수검자가 구성한 이야기를 해석하는 **투사적 검사**이다. 상상을 통해 이야기를 구성하는 과정에서 수검자는 자신의 과거경험과 현재의 감정, 기분, 요구 및 욕구에 따라 모호한 그림을 해석하는 경향이 있고 이런 해석과정에 수검자의 의식적, 무의식적 충동, 방어 및 갈등이 표현된다고 가정하고 있다. **30개의 흑백 그림 카드와 1개의 백지 카드로 이루어져 있다. TAT카드를 이용해 개인의 성격과 환경과의 상호작용 및 대인관계의 역동적 측면을 파악한다. 해석 방법은 욕구 - 압력 분석법, 직관적 해석법 등이 있다.**

실력다지기	주제통각검사

1) 31장의 카드 중 성별, 연령을 고려하여 선정된 20개 카드를 2회에 걸쳐서 한 차례에 10개씩 사용하여 검사한다.

2) 즉, 31장의 그림판이 있는데 모두 20매의 그림(11매는 공통, 성인 남자용 9매, 성인 여자용 9매, 소년용 9매, 소녀용 9매)을 제시한다.

3) 실시방법은 이 그림이 어떤 상황인지, 과거에 어떤 일로 인해 지금의 상황이 되었는지, 그리고 앞으로 이 일이 어떻게 진행되어 갈 것인지에 대해 상상력을 최대한 동원하여 이야기를 꾸며보라고 지시한다.

---

4) 주제통각검사(TAT)는 인격 진단검사의 하나로 개인의 성격과 환경의 상호 관계에 대해 알려주는 검사이다. 이 검사는 기본적으로 정신분석적 입장을 따르고 있고 특히 자아와 대상과의 관계를 다루는 자아 심리학과 가장 밀접한 관계가 있는 심리검사 도구이다. 정신병 또는 신경증의 임상진단에 주로 사용되어 왔으나 넓게는 인간관계나 사회적 태도, 가치관 등을 아는 데에도 도움이 된다.

제4과목 상담이론 (필수)

076	④	077	③	078	④	079	④	080	④
081	⑤	082	③	083	⑤	084	②	085	③
086	④	087	④	088	③	089	①	090	④
091	⑤	092	②	093	④	094	④	095	⑤
096	⑤	097	⑤	098	②	099	③	100	②

076

답 ④

해 해결중심의 질문기법은 상담사가 문제와 해결방법을 제시하는 과정에서 능동적으로 참여하는 것을 말한다. 예외 질문, 기적질문, 척도질문, 관계성 질문, 대처 질문 등이 있다. **예외질문이란 내담자가 살아오면서 지금 문제로 지목하는 그 일이 문제가 되지 않았던 때가 있었다고 전제하고 예외적인 상황을 탐색하기 위한 질문이다.**

실력다지기 ▶ 해결중심상담의 질문기법

1) 첫 상담 전 변화에 관한 질문 : 내담자가 상담 약속을 한 후 상담을 받으러 오기 전에 문제 상황에 변화가 일어났음을 전제로 내담자에게 질문을 한다. '상담약속을 잡으신 후 문제에 변화를 일으킨 어떤 행동을 했습니까?'와 같은 질문을 통해, 내담자 스스로 변화하고 있음을 격려한다.

2) 예외질문 : 내담자가 살아오면서 지금 문제로 지목하는 그 일이 문제가 되지 않았던 때가 있었다고 전제하고 예외적인 상황을 탐색한다.

　예 '○○님께서 지금까지 살면서 문제가 일어나지 않거나 덜 심각한 때는 언제입니까?'

3) 기적질문 : 상담자는 '하룻밤 사이에 기적이 일어나 당신의 문제가 해결된다면 당신은 그것을 어떻게 알 수 있으며, 무엇이 달라질까요?'라고 질문하고 내담자에게 문제가 아직 있는 것을 알지만 달라질 것을 실행해보도록 한다.

4) 척도질문 : 0에서 10까지의 척도를 통해 내담자의 변화를 세밀하게 관찰하고 내담자가 문제에 완전하게 패해한 것이 아니라는 점을 내담자에게 알려주기 위해 사용한다.

　예 '오늘 여기 가지고 오신 문제가 전부 해결이되어 최상의 상태가 될 때를 10점이라고 하고, 지금까지 경험했던 것 중에 가장 힘든 상태가 1점이라고 한다면, 지금은 몇점이나 될까요?'

5) 대처질문 : 자신과 자신의 미래를 절망적으로 보는 내담자에게 '그런 심각한 문제를 가지고 어떻게 지금까지 지내올 수 있었는지' 질문하면서 내담자가 대처해 온 경험에 대해서 격려하고, 내담자가 스스로 자신이 대처기술을 가졌음을 깨닫게 된다.

6) 관계성질문 : 내담자와 중요한 관계에 있는 사람들이 자신을 어떻게 보고 있을 것인가를 질문하면서 자신에게 중요한 타인의 입장에서 자신을 보게 되면서 변화의 가능성을 만들어낼 수 있다.

　예 '아들이 귀가가 늦는다고 어머니께 전화하면, 아들은 어머니께서 어떻게 반응하기를 바랄까요?'

7) 첫 회기 과제 공식질문 : 첫회기와 둘째회기 사이에 내담자가 수행하도록 상담자가 부여하는 과제의 형식을 말한다. '지금부터 다음번 우리가 만날 때까지 당신에게서 앞으로 계속 일어나기 원하는 어떤 일이 일어나는지를 관찰해보세요'라고 하고, 두 번째 회기에서 내담자에게 무엇을 관찰했으며 앞으로 어떤 일이 일어나기를 바라는지 질문한다.

077

답 ③

해 **현실치료에서 인간의 5가지 욕구이론은 생존의 욕구, 사랑과 소속의 욕구, 힘의 욕구, 자유의 욕구, 재미(즐거움)의 욕구**이다.
③ 현실치료에서 존중의 욕구는 없다.

078

답 ④

해 자동적 사고란, 주어진 상황에서 자동적으로 스쳐가는 생각이다. 자동적 사고는 대부분의 사람들이 자주 인식하지 못하지만, 찰나적으로 일어나며, 통제하기 어렵고, 논리적인 사고에서 일어나지 않기 때문에 분명하게 표현하기 힘든 경우가 많다. 자동적 사고를 찾는 방법은 감정의 변화 인식하기, 자동적 사고와 감정과 사고의 연계성에 대한 심리교육, 생각 기록하기, 심상 떠올리기, 역할극 하기 등이 있다.
④ **중간신념이란 핵심신념보다 더 변화하기 쉽고 특정 상황에서 경험하는 자동적 사고와 핵심신념을 매개한다.** 중간신념은 엄격한 태도, 자기만의 규칙, 세상을 바라보는 방식에 대한 가정의 형태를 띤다. 중간신념은 "내가 완벽하지 않다면 나는 실패자다" 또는 "그 사람이 나를 좋아하지 않는 것은 내가 못났다는 증거이다." 와 같은 조건문의 형태를 띤다.

참고 | **핵심신념**

개인은 스키마(schema, 인지도식)를 통해 자신의 경험을 분류하고 해석한다. 핵심신념은 개인이 절대적으로 옳다고 믿으며 변화가 불가능하다고 여기는 것이다. 핵심신념은 아동기 초에 형성된다. 부모와의 애착유형과 부모의 가치관, 또래 경험, 외상 경험, 성장 과정에서 성공과 실패의 경험들이 핵심신념의 형성에 영향을 미친다. 개인은 핵심신념을 지지하는 사건들에 대해서만 선택적인 주의를 하는 경향을 보이고 반대되는 정보는 무시하거나 평가절하 한다.

079

답 ④

해 소크라테스식 대화법(질문)은 소크라테스가 학생들에게 많은 양의 지식을 전달하기보다는 자신들의 내면 깊숙이 알고 있는 것을 의식하도록 가르쳤던 방법이다. **소크라테스식 대화는 치료자가 내담자에게 해결책을 제시하기보다 질문을 통해 스스로 자신의 해결책과 대인적 사고를 찾도록 돕는** 것이다.

080

답 ④

해 통합적 심리치료의 종류는 기술적 통합, 이론적 통합, 공통 요인적 접근법, 동화적 통합이 있다. ④ 이 중 **이론적 통합은 둘 또는 그 이상의 심리치료 이론을 토대로 가장 좋은 요소들을 통합하여 개념적 틀을 만들어 새로운 치료이론을 만들어 내는 것**이다. 이론적 통합은 단순한 기법의 결합을 넘어 개념과 이론을 재창조하며 통합의 결과에 기초하여 이론들을 통합하는 것을 강조한다.

실력다지기

통합적 심리치료의 종류

1) **기술적 통합(기법적 절충)** : 내담자와 문제에 대한 가장 좋은 치료기법을 선택하는 것을 목표로 한다. 이론적 기초 없이 다른 이론의 기법을 빌려온다. 기법이 특정이론이나 개념과 관계가 없어도 된다.
2) **이론적 통합** : 단순한 기법의 결합을 넘어 개념과 이론을 재창조한다. 통합의 결과에 기초하여 이론들을 통합하는 것을 강조한다.
3) **공통적 요인접근** : 각 이론들 간의 공통 요인을 찾는다. 이론들 간의 다양한 차이에도 불구하고, 치료적 핵심요소는 모든 치료에 공통 요인으로 구성되어 있다. 이 공통요인에는 치료적 관계형성, 정화(카타르시스), 새로운 행동 연습하기, 내담자의 긍정적 기대 등이 있다. 이 관점은 매우 강한 경험적 증거를 가지고 있다.
4) **동화적 통합(흡수 통합접근)** : 특정 치료학파를 기초로 다른 치료접근을 선택적으로 통합한다. 단일 이론체제의 이점과 다양한 기법 사용의 유연성을 특징으로 한다.

081

답 ⑤

해 모두 옳은 내용으로 **다문화상담자가 갖추어야 할 역량**은 다음과 같다.

ㄱ. 내담자의 문화적 배경에 대해 구체적인 정보와 지식을 학습한다.
ㄴ. 다양한 배경사이에 존재하는 공통 배경에 주의를 기울이는 것을 배운다.
ㄷ. 문화의 다양한 차원들과 그것이 치료에 어떤 영향을 미치는지 배운다.
ㄹ. 자신의 가치관이 다른 문화권의 내담자를 상담할 때 방해가 될 수 있음을 인식한다.
ㅁ. 다른 문화적 배경을 가진 내담자가 자신의 영적 멘토에게 자문을 구하도록 원조한다.
ㅂ. 내담자의 문화적 배경에 대해 구체적인 정보와 지식을 학습한다.
ㅅ. 다문화적 관점을 발전시키기 위해 일상에서 소수자들을 접할 기회를 갖는다.
ㅇ. 자신의 가치관과 편견이 다른 문화권의 내담자를 상담할 때 방해가 될 수 있음을 안다.

082

답 ③

해 [ㄷ]. 남성중심 문화 적응을 위한 노력은 여성주의 상담의 목표로 옳지 않다.

여성주의 상담이론가로는 밀러(J. Miller), 엔스(C. Enns), 에스핀(O. Espin), 브라운(L. Brown) 등이 있다. 여성주의 상담은 관습의 힘과 불공평을 비판하는 이론으로, 어느 정도 민주화된 사회의 여성 내담자에게 적합하다. 여성주의 상담은 젠더 균형적이고, 유연하며 다문화적이며 개인과 상황 간 상호작용과 연대성을 강조한다. **여성주의 상담의 목표는 다양성의 중시와 지지, 남녀 평등성, 남성중심문화 탈피를 위한 노력, 독립성과 상호의존성의 균형, 차별과 편견 배제** 등이다.

083

답 ⑤

해 상담자의 전문성 정도는 상담구조화의 내용으로 옳지 않다.
   상담구조화란 상담, 상담관계, 비밀보장으로 나누어 설명할 수 있다.
   1) 상담 : 상담시간 안내, 취소 및 연기가 필요할 때의 방법, 상담의 의미나 목적 설명 및 내담자의 상담 의미를 살핌.
   2) 상담관계 : 상담자의 역할 설명, 내담자의 상담자에 대한 기대 살피기
   3) 비밀보장 및 예외상황에 대해 설명함.

084

답 ②

해 **내담자가 상담에 불만이 있거나, 이사 등으로 상담실 방문이 어렵거나, 생각보다 일찍 상담목표를 달성했다고 내담자가 느끼는 경우, 내담자가 종결을 제안할 수 있다.**

085

답 ③

해 문제사례를 분석한 인지적 특성은 다음과 같다.
   ③ 높은 좌절 인내력보다는 낮은 좌절 인내력이 있음을 알 수 있다.

선생님, **저는 완전 쓰레기예요(잘못된 명명).** 애들이 저를 싫어하는 거 같아요. 제 짝꿍한테 인사를 하고 싶어서 다가갔어요. 짝꿍은 뒤에 앉은 애랑 얘기를 하고 있었거든요. 근데 저랑 눈이 마주친 거 같은데, 계속 얘기를 하더라고요. **나를 쳐다보고 싶지도 않다는 거겠죠(독심술).** 늘 이렇게 무시 당하는건 **정말 최악이에요(낮은 좌절 인내력).** (목소리가 높아지며 화를 내면서) **친구라면 당연히 잘 해줘야 하는 거 아닌가요?(당위론적 사고)** 정말 끔찍해요.

086

답 ④

해 에간(Egan)이 제시한 상담목표 설정원칙에 따르면, **상담목표를 설정할 때 목표가 구체적이고 명확해야 한다.** 내담자가 현실적으로 수행 가능해야 하고, 성취 가능한 목표이어야 하고, 내담자가 목표설정에 동의해야 한다.

[ㄹ]. 일관성은 해당되지 않는다.

실력다지기

에간(Egan)이 제시한 상담목표의 원칙(SMART)

1) 구체성(Specific) : 목표는 명확하고 구체적이어야 한다.
2) 측정 가능성(Measurable) : 목표 달성 여부를 평가할 수 있어야 한다.
3) 성취 가능성(Achievable) : 현실적으로 달성 가능한 수준이어야 한다.
4) 현실성(Realistic) : 내담자의 삶과 상황에 적합해야 한다.
5) 시간 제한성(Time-bound) : 목표 달성에 필요한 시간적 범위가 있어야 한다.

087

답 ④

해 [ㄹ]. **표정, 감정, 태도, 언어, 기타 여러 형태의 행동으로 상대방에 대한 자신의 반응을 알리는 행위는 심리적인 어루만짐인 스트로크(strokes)이다.** 즉, 사람이 피부 접촉, 표정, 감정, 태도, 언어, 기타 여러 형태의 행동을 통해서 상대방에 대한 자신의 반응을 알리는 타인 의식의 기본 단위가 스트로크(strokes)이다.

라켓(racket)은 초기 결정을 확증하기 위하여 다른 사람을 조작하는 과정을 말하며, 조작적이고 파괴적인 행동과 연관된 감정을 라켓감정(racket feeling)이라 한다. 즉 자신의 의사와 다르게 표현되는 감정이다. 사람은 주의를 끌기 위해 불쾌하고, 쓰라린 감정, 위장된 죄의식 또는 위장된 우울한 감정을 발달시킬 수 있다. 이러한 위장된 감정은 불쾌하고 쓰라린 감정을 지속시켜주는 상황(게임)을 개인이 스스로 선택하게 함으로써 계속하여 유지되며, 자신의 지속적인 감정유형이 되고, 이러한 감정유형이 전형적인 행동방식을 만들어내게 된다.

088

답 ③

해 **직면기법은 내담자의 언어, 행동, 감정 등의 불일치를 지적하는 기법이다.** 상담자는 내담자의 "동생이 자랑스럽다고 말함"과 "입을 삐죽댐"이 불일치됨을 지적하고 있다.

089

답 ①

해 [ㄱ]. 성인상담 및 청소년 내담자와의 상담에서 어떠한 경우라도 비밀은 보장되는 것은 아니며, 공통적으로 비밀보장의 예외조항이 있다.

090

답 ④

해 승화란 성적 본능이 신경증적인 행동으로 전이되지 않고 사회적으로 바람직한 행동으로 나타나는 것이다.
덩치가 작아 친구들에게 괴롭힘을 당하는 A가 태권도를 배워 자신의 신체적 열등감을 극복하여 태권도 유단자가 된 것은 승화에 해당한다.

091

답 ⑤

해 모두 옳은 내용이다.
　[ㄱ]. 청소년 내담자의 경우 부모가 상담을 신청해도 된다.
　[ㄴ]. 상담은 상담자가 내담자를 조력하는 과정이다.
　[ㄷ]. 상담의 주요 구성요소는 상담자, 내담자, 상담관계이다.
　[ㄹ]. 상담자는 전문적 자질뿐만 아니라 인간적 자질을 갖추어야 한다.

092

답 ②

해 비에스텍이 제시한 7가지 관계원칙은 개별화, 의도적인 감정표현, 통제된 정서관여, 수용, 비심판적 태도, 자기결정권, 비밀보장이다. 개별화의 원리란 내담자를 하나의 인격체로 존중하며 각각의 내담자에게 적합한 상담방법을 활용하는 것이다. 상담자는 민감한 성향을 가진 A 내담자에게 맞는 상담 시간대를 정해주고 상황에 따라 전화상담 등 매체상담을 계획하는 등 개별화의 원리를 적용하였다.

실력다지기 | **비에스텍(Biestek)의 7가지 관계원칙**

1) 개별화의 원리 : 내담자의 상황에 맞게 독특성을 인정하고 상이한 방법을 적용함
2) 수용의 원리 : 내담자를 하나의 인격체로 존중함
3) 자기결정의 원리 : 내담자 스스로 문제를 해결하고 성장할 수 있도록 도움
4) 의도적 감정표현의 원리 : 내담자가 감정을 솔직하게 표현할 수 있도록 도움
5) 통제된 정서적 관여의 원리 : 상담자는 조절한 상태로, 내담자의 감정을 공감함
6) 비심판적 태도의 원리 : 문제의 원인이 내담자에 있음을 심판하지 않음
7) 비밀보장의 원리 : 개인에 대한 정보를 노출시키지 않고 사생활을 보호함

093

답 ④

해 완벽을 지향하는 태도는 상담자가 갖추어야 할 전문적 자질로 옳지 않다.
상담자가 갖추어야 할 자질은 전문적 자질(주요 상담이론에 대한 이해 능력, 상담기법을 활용하는 능력, 상담자의 윤리를 지키는 능력, 심리검사에 대한 전문성, 청소년 정책에 대한 이해와 적용 능력 등)과 인간적 자질(인간에 대한 깊은 이해와 존중, 상담에 대한 열의, 상담자 자신을 인정하고 돌봄, 상담자 자신의 심리적 안정과 조화, 내담자의 미성숙한 행동의 이해와 수용 능력, 올바른 가치관의 수용, 타인에 대한 열린 마음 등)이 요구된다.

094

답 ④

해 개인심리학의 상담기법은 격려하기, 단추 누르기, 스프에 침 뱉기, 과제 설정하기, 마치 ~ 인 것처럼 행동하기, 자기 포착하기, 악동의 함정 피하기 등이다.

④ 단추 누르기(버튼 누르기)는 내담자에게 행복한 경험과 불행한 경험을 번갈아 가면서 생각하도록 하고, 각 경험과 관련된 감정에 관심을 가지도록 하는 기법이다. **상담자는 내담자 A에게 우울한 경험과 행복한 경험을 번갈아 가면서 생각하도록 하고 어떤 감정과 상황을 선택할 것인지 생각하게 하는 단추 누르기 기법을 사용**하였다.

095

답 ⑤

해 모두 행동주의 상담기법으로 옳은 내용이다.

행동주의 상담기법은 강화, 소거, 노출법, 용암법, 토큰 경제, 체계적 둔감화, 자기 감찰법, 이완훈련, 혐오치료법, 타임아웃 등이 있다.

실력다지기 | 행동주의 상담의 기법

1) 자극통제법

(1) 자극통제법은 행동수정의 한 기법으로, 자극통제란 단서들에 의해 조성된 행동을 그 단서들을 통제함으로써 조절하는 일을 일컫는다.

(2) 자극통제의 방법으로는 문제행동을 조장시키는 환경단서들을 피하도록 하는 것(흡연의 가능성을 줄이기 위하여 이틀에 담배를 한 갑만 사는 것), 어떤 행동에 적절한 상황과 적절하지 못한 상황을 변별하도록 하는 것(부 하의 잘못을 지적하는 적절한 상황을 상사가 구분하도록 하는 것)이 있다.

2) 자기감찰(self - monitoring)

(1) 자기감찰은 자기점검, 자기관찰이라고도 한다.

(2) 내담자들이 보이는 행동이나 사고를 체계적으로 측정하는 방법으로, 개인의 자연환경에서 행동을 평가하기 위해 내담자로 하여금 스스로 자신의 행동을 관찰하고 주간행동을 기록표, 일일활동일지, 자동적 사고 기록지 등에 작성하도록 하는 방법으로, 다시 말하면 내담자 스스로 자신을 모니터링하는 것이다.

3) 점진적 이완훈련

(1) 점진적 이완훈련은 근육이나 신경의 긴장을 이완시키기 위해 고안된 하나의 치료방법이다.

(2) 이완이란 근육이나 신경의 긴장을 감소시키는 것으로 행동수정에서는 불안을 억제할 수 있는 모든 반응을 가리킨다.

4) 행동조성법(조형)

(1) 내담자들의 바람직한 목표행동을 설정해두고, 이 행동에 근접하는 행동을 보일 때 단계적으로 강화를 주어 점진적으로 바람직한 행동에 접근하도록 만드는 치료기법이다.

(2) 행동조성법(behavior shaping)은 목표행동에 근접하는 행동을 보일 때마다 강화를 하여 점진적으로 목표행동을 학습시키는 방법이다.

5) 체계적 둔감법

체계적 둔감법은 불안·공포를 제거하기 위해 불안과 양립할 수 없는 이완반응을 끌어낸 다음, 불안을 유발시키는 경험을 상상하게 하여 불안을 제거하는 방법으로 고전적 조건화의 원리에 기초한 것이다. 이는 자극과 반응의 관계를 응용한 사례이다.

6) 혐오치료법

(1) 혐오치료법에서 주로 사용되는 자극은 전기와 화학약물이다.

(2) 전기치료에서는 환자가 바람직하지 않은 행동을 할 때마다 약간 고통스러운 전기 쇼크를 가한다. 이 방법은 변태성욕을 치료하는 데 사용되어왔다.

(3) 화학치료법에서는 바람직하지 않은 행동과 결합될 때, 구토와 같은 불쾌한 효과를 내는 약물이 환자에게 투여된다. 이 방법은 약을 복용하고 술을 마시면 구토증이 일어나게 하여 알코올 중독 치료에 흔히 사용되어 왔다.

7) 차별강화(DRO, differential reinforcement of other behavior)

(1) 학생이 바람직하지 못한 행동을 정해진 시간 동안 하지 않고 있을 때 강화하는 차별강화의 한 방법이다. 다시 말해서 한 아이의 여러 행동 종목 중 어느 하나만을 골라 선택적으로 강화하는 방법이다.

(2) 학생이 바람직하지 못한 행동을 정해진 시간 동안 하지 않을 때 강화하는 타 행동과의 차별강화(DRO : Differential Reinforcement of Other behavior)나 평균적으로 발생한 행동 수가 기준 수보다 적을 때 강화하는 저반응률 차별강화(DRL : Differential Reinforcement of Low rate of responding) 등이 있다.

(3) 예를 들어, 아동이 수업 중 5분간 계속해서 떠들지 않았을 때 보상을 줌으로써 바람직한 행동의 빈도를 증가시킨다.

8) 타임아웃(Time out, 잠시 소외시키기)

벌(제거성 벌) 또는 소거의 일종으로, 부적응 행동을 했을 때 긍정적 강화를 받을 수 있는 기회를 일시적으로 박탈하여 부적절한 행동을 줄이는 방법이다.

096

답 ⑤

해 모두 옳은 내용이다. 엘리스(A. Ellis)의 비합리적 사고와 합리적 사고의 변별기준에 따르면, 합리적 사고는 논리성이 있어야 하고, 경험적 현실과 일치해야 하고, 삶의 목표 달성에 도움이 되고, 융통성과 유연성이 있어야 한다. 일반적으로 **합리적 사고와 비합리적 사고를 구분하는 기준은 융통성, 현실성, 기능적 유용성**이다.

1) 융통성

'모든', '항상', '반드시', '꼭', '… 이어야만 한다.' 등과 같은 단어가 들어가는 생각들은 융통성이 없기 때문에 비합리적 사고이다.

2) 현실성

인간은 자신이 원하는 것을 완벽하게 실현할 수 없다. 따라서 개인은 현실 속에서 달성 가능한 목표를 향해 노력을 기울이는 것에 의미를 둔다. 현실적이지 못한 생각들은 가져봐야 심리적 좌절과 고통만 초래할 뿐, 정신건강에는 도움이 되지 않는다. 이런 의미에서 비현실적인 생각은 비합리적 사고이다.

3) 기능적 유용성

한 개인이 가진 생각이 그의 삶을 행복하게 만드는데 도움이 된다면 합리적이다. 그러나 그 반대의 경우라면 비합리적 사고이다.

097

답 ⑤

해 **인간중심상담이 효과적으로 진행될 때, 내담자에게 나타나는 변화는 자기자각, 자기수용, 자기표현, 자기개방의 증가**이다.
⑤ 자기방어는 저항의 일종으로 상담이 비효과적으로 진행될 때 나타나는 현상이다.

098

답 ②

해 1) **알아차림(각성)** : 긍정과 성장, 개인적 통합을 위한 핵심 개념으로, **개체가 자신의 유기체적 욕구나 감정을 지각하여 명료한 전경으로 떠올리는 행위**이다.

2) **융합** : **밀접한 관계에 있는 두 사람이 서로 간에 차이점이 없다고 느끼도록 합의**함으로써 발생하게 되며 공허감과 고독을 피하기 위해 시작되고 유지된다.

3) 편향 : 감당하기 힘든 내적 갈등이나 환경 자극에 노출될 때 이에 압도당하지 않으려고 자신의 감각을 둔화시켜서 환경과의 접촉을 피하거나 약화시키는 것이다.

099

답 ③

해 실존주의 상담은 실존적 존재로서 인간이 갖는 궁극적 관심사에 대한 자각이 불안을 야기한다고 본다. **미국의 실존주의 심리학자 얄롬은 인간의 궁극적인 관심사를 죽음, 자유, 고립, 무의미성**이라고 보았다.
③ 무의식은 프로이트의 이론이다.

실력다지기

실존치료에서 실존적 불안의 조건(얄롬)

1) 자유와 책임 : 인간은 자신의 결단(자유 의지)과 책임을 통해 운명을 재창조한다.
2) 무의미성 : 삶의 의미로 '삶이 무엇인가'라는 질문에 대한 내적 갈등을 의미한다.
3) 죽음과 비존재 : 인간은 삶의 유한성, 죽음에 대한 인식을 통해 현재의 삶을 진지하게 살아가도록 자극을 준다.
4) 고립(소외) : 대인관계적인 고립, 개인 내적 고립, 실존적 고립이 있으며 가장 근본적인 것은 실존적 고립이다.

100

답 ②

해 (a) **충분히 기능하는 인간(fully functioning person) : 가설적이고 이상적 사회의 궁극적 목표로 무조건적 존중을 통하여 실현되는 것**

(b) 유기체의 가치화 과정(organismic valuing process) : 자신의 경험을 어떻게 느끼는가에 따라 평가되는 것

(c) **실현 경향성(actualizing tendency) : 인간이 자신을 유지시키면서 잠재력을 건설적인 방향으로 성취하려는 선천적인 성향**

(d) 진실성(genuineness) : 상담자가 자기 내면에 흐르고 있는 경험과 항상 접촉하고, 때로는 불편하고 혼란스러운 경험을 자각하게 되더라도 이를 부정하지 않으려 애쓰는 것

(e) **자기 개념(self-concept) : 자신의 개인적 특성 또는 타인과의 관계 속에서 형성된 특징에 대해 스스로 가지고 있는 개념**

제1과목 학습이론 (필수)

001	②	002	②	003	①	004	①	005	⑤
006	③	007	⑤	008	⑤	009	②	010	①
011	⑤	012	③	013	①	014	②	015	⑤
016	④	017	③	018	②	019	④	020	⑤
021	③	022	③	023	③	024	③	025	④

001

답 ②

해 인지주의 학습이론은 개인의 정신적 과정에 초점을 맞추어 학습을 설명하는 이론으로, 행동의 변화를 보여줄 수 있는 가능성을 준비하는 개인의 정신적인 구조의 변화를 다룬다. **학습에 관한 인지적 접근은 인간의 기억, 지각, 언어, 추리, 지식, 개념형성, 문제해결, 정보처리과정 또는 인간의 내재적인 심리과정과 정신적 구조를 설명한다.** 인지주의 학습이론은 다음과 같은 특징을 가진다.

1) 학습 환경을 고려한다.
2) 경험의 결과보다 정신적 과정을 중시한다.
3) 객관적 입장보다 주관적 입장을 강조한다.
4) 형태주의 심리학에 기초하고, 전체는 부분의 합 이상이다.
5) 시행착오적 문제해결보다 통찰적 문제해결을 강조한다.
6) 내성법을 통하여 인간의식의 기본요소를 분석하고 확인하는데 목적을 둔다.
7) 인간 행동의 습득·조형에는 복합적인 정신적 과정이 중요한 역할을 한다.
8) 두뇌 속에서 벌어지는 외부 감각적 자극의 변형, 기호화 또는 부호화(encoding), 파지(retention), 재생 또는 재인(recall)이라는 일련의 정보처리 과정을 연구한다.
9) 학습은 인간이 새로운 통찰, 인지구조를 획득하는 상호작용 과정이다.

002

답 ②

해 **학습 상황에서 습득된 지식과 기능이 새로운 맥락이나 상황에 새로운 방식으로 적용되는 것을 전이**라고 한다. 전이의 종류에는 긍정적 전이·부정적 전이·영전이, 일반전이·특수전이, 수평적 전이·수직적 전이, 근접 전이·원격 전이, 의식적 전이·무의식적 전이, 전향적 전이·역행적 전이, 축어적 전이·비유적 전이 등이 있다.

003

답 ①

해 하나의 자극에 의해 발생하는 행동은 거의 없다. 많은 자극들이 유기체에 영향을 주어 행동이 나타나게 된다. 많은 자극들과 각각 자극흔적들이 서로 상호작용하고 통합되어 행동을 결정한다. 아래 심화학습을 참고하길 바란다.

> **심화학습**
>
> **헐(C. Hull)이 제시한 공리(postulates)와 정리(theorem)**
>
> 1) 헐(C. Hull)은 공리(postulates)와 정리(theorem)의 논리적인 구조를 이상적인 이론으로 보았다.
> 2) 공리(postulates)는 행동의 다양한 측면을 말하는 것이며 스스로 증명되는 것이 아니며, 증명의 출발점으로서 기능을 한다.
> 3) 이런 공리들로부터, 정리(theorem)라 불리는 다양한 진술들이 논리적으로 도출된다.
> 4) 각각의 정리(theorem)들은 몇몇 공리(postulates)의 조합으로부터 논리적으로 논의함으로써 증명될 수 있다.
> 5) 이론이 실제 세계에 대한 기술로서 가치를 가지려면 정리(theorem)들을 실험에 의해 결정된 행동의 실제적인 법칙과 비교해야 한다.
> 6) 다시 말해, 이론은 정리(theorem)가 공리(postulates)를 따르는 논리에 의해 결정한 후에, 그는 그들이 진실인지 실험하여 결정한다.
> 7) 이론가들은 진실일 수도 아닐 수도 있는 공리(postulates)로 시작해야 한다.
> 8) 공리(postulates)가 사실이면 어떤 정리(theorem) 또한 사실이고 그들은 논리적으로 사실임이 증명된다.
>
> > 헐(Hull)의 이론구성에 대한 접근법을 가설 연역적(hypothetical deductive) 접근방법이라고 부른다. 먼저, **공리(postulates)란 하나의 이론에서 증명 없이 바르다고 하는 명제, 즉 조건 없이 전제된 명제를 말한다.** 예를 들어, 수학에서 '이론의 기초로서 가정한 명제'를 그 이론의 공리(postulates)라고 한다. 그리고 정리(theorem)란 공리(postulates) 또는 정의를 바탕으로 하여 사실로 증명된 일반적인 명제를 말한다.
> >
> > 정리하면, 경험적 관찰 → 일차적 원리인 '공리' 생성 → 관련 선행조건의 조합과 추론을 통해 '정리' 생성 → 경험적 결과의 일치와 불일치에 따라 수용되거나 기각 또는 수정된다.

주요 이론적 개념(공리)[1]

1) [공리 1] : 외적 환경의 감각과 자극 흔적

외부자극은 구심성(감각) 신경충동(neuron)을 활성화시킨다. 이로 인해 환경자극이 보다 오래 지속된다.

자극 흔적(stimulus trace : s) : 자극이 사라진 후에도 몇 초간 지속되는 존재

헐(Hull)은 자극 흔적의 존재를 가정하였다. 이러한 구심성 신경충동이 반응과 연합되기 때문에 그는 자극 흔적을 토대로 전통적인 S-R 공식을 S-s-R로 바꾸었다. 헐(Hull)은 s와 R 간의 연합에 관심을 가졌다. 자극 흔적은 원심성(운동) 신경 반응(r)인 외현적 반응을 일으킨다. 결과적으로 S-s-r-R을 얻게 된다. 여기서 S는 외현적 자극, s는 자극흔적, r은 운동신경의 점화, 그리고 R은 외현적 반응이다.

2) [공리 2] : 감각 충동들 간의 상호작용

감각충동들 간의 상호작용(interaction of sensory impulses)은 자극의 복잡성과 그로 인해 행동예측이 어렵다는 것을 나타낸다. 하나의 자극에 의해 발생하는 행동은 거의 없다. 많은 자극들이 유기체에 영향을 주어 행동이 나타나게 된다. 많은 자극들과 각각 자극흔적들이 서로 상호작용하고 통합되어 행동을 결정한다.

3) [공리 3] : **학습하지 않은 행동**

헐(Hull)은 유기체는 욕구가 생길 때 유발되는 학습하지 않은 행동(unlearned behavior), 즉 반응 위계를 가지고 태어난다고 믿었다. 만일 눈에 이물질이 들어가면 자동적으로 눈을 깜빡이고 눈물을 흘리게 될 것이다. 이물질에 인한 고통을 감소시켜 줄 가능성이 가장 높은 생득적 반응을 촉발시킨다. '위계적'이란 단어는 이러한 반응들을 지칭할 때 사용하는 말인데, 하나 이상의 반응이 일어날 수 있기 때문이다. 만약 첫 번째, 두 번째 생득적 반응이 욕구를 감소시키지 못하면 또 다른 형태의 생득적 반응이 나타난다. 만일 생득적 행동이 욕구를 효과적으로 감소시키지 못한다면 유기체는 새로운 반응 형태를 배워야 한다. 반면에, 생득적인 반응 혹은 앞서 학습한 욕구를 만족시키는 한 새로운 반응을 학습할 이유는 없다.

4) [공리 4] : **학습을 위한 필요조건으로서의 인접과 추동 감소**

만일 자극이 반응을 유도하고 반응이 생리적 욕구를 만족시키면 자극과 반응 간의 연합은 강화된다. 자극과 욕구 충족을 이끄는 반응이 자주 짝지어질수록 자극과 반응 간의 관계는 더욱 강해진다. 헐(Hull)에 의하면 일차적 강화(reinforcement)는 욕구 충족 또는 헐(Hull)이 추동 감소(drive reduction)라고 말하는 것을 포함해야 한다. 자극에 뒤이어 반응이 나타나고, 그 반응 이후에 강화가 따라오면 자극과 반응 사이의 연합은 강화된다고 말할 수 있다. 그 자극에 대해 그 반응이 일어나게 하는 '습관'이 강해진다고 말할 수 있다. 습관 강도(habit strength)는 자극과 반응 간의 연합 강도를 말한다. 자극과 반응 간의 짝지음이 강화를 받는 횟수가 증가할수록 습관 강도는 높아진다.

5) [공리 5] : 자극 일반화

헐(Hull)은 어떤 자극(조건화 과정에서 사용된 자극이 아닌)이 조건 반응을 인출해 내는 능력은 그 자극이 훈련을 시키는 동안에 사용된 자극과 유사한 정도에 의해 결정된다고 말한다. 따라서 습관 강도(sHR)는 두 자극이 유사한 만큼 한 자극에서 다른 자극으로 일반화한다. 자극일반화(stimulus generalization)에 대한 이 가정은 이전의 경험이 현재의 학습에 영향을 미치는 것을 나타낸다. 헐(Hull)은 이를 일반화된 습관 강도(generalized habit strength)라 부른다. 이러한 공리는 학습전이에 대한 손다이크(Thorndike)의 동일요소 이론과 같다. 유사한 만큼 한 자극에서 다른 자극으로 일반화한다. 자극일반화(stimulus generalization)에 대한 이 가정은 이전의 경험이 현재의 학습에 영향을 미치는 것을 나타낸다. 헐(Hull)은 이를 일반화된 습관 강도(generalized habit strength)라 부른다. 이러한 공리는 학습전이에 대한 손다이크(Thorndike)의 동일요소 이론과 같다.

5) 출처 : 통합 심리검사. 조은문. 나눔book

6) [공리 6] : 추동과 연합된 자극

유기체가 생리적으로 결핍되면 추동(drive : D) 상태가 되는데, 각 추동은 특정 자극과 연합된다. 예를 들면 기아의 고통은 기아 추동을, 그리고 마른 입, 입술, 목은 갈증 추동을 수반하는 것을 들 수 있다. 구체적인 추동 자극이 존재하기 때문에 동물들에게 어떤 한 추동에서는 어떤 식으로 행동하고 다른 추동 아래에서는 다른 식으로 행동하도록 가르칠 수 있다. 예를 들어, 동물에게 배고플 때는 T-미로에서 오른쪽으로 돌도록 가르치고 목이 마를 때는 왼쪽으로 돌도록 가르칠 수 있다.

7) [공리 7] : 추동과 습관 강도의 함수로서 반응 잠재력

주어진 상황에서 학습된 반응이 발생할 가능성을 반응 잠재력(reaction potential : sER)이라고 한다. 반응 잠재력은 습관 강도와 추동에 의해 결정된다. 학습된 반응이 발생하기 위해서는 추동에 의해 습관 강도가 활성화 되어야 한다. 추동이 직접적으로 행동을 유발하지는 않는다. 추동은 행동을 자극하고 강력하게 만든다. 추동이 없으면 자극과 반응 간의 짝지음에 대해 여러 차례 강화가 주어진다고 하더라도 유기체는 학습된 행동을 하지 않을 것이다. 동물 먹이를 얻기 위해 스키너 상자(Skinner box)에 있는 막대를 누르는 것을 학습하는 것에서도 훈련을 아무리 잘 받았다고 하더라도 배가 고프지 않다면 막대를 누르지 않을 것이다. 반응 잠재력은 얼마나 자주 반응이 강화를 받았느냐와 추동이 어느 정도냐에 의해 결정된다. 습관 강도나 추동 중 하나라도 0이 되면 반응 잠재력은 반드시 0이 된다.

8) [공리 8] : **반응은 피로를 유발하며, 피로는 조건반응의 인출을 방해함**

반응은 활동(work)을 필요로 하며 활동은 피로를 유발한다. 결과적으로 피로는 반응을 방해한다. **반응 제지(reactive inhibition : IR)는 근육 활동으로 인한 피로에 유발되며, 작업량과도 관계된다.** 반응 제지는 피로와 연관되어 있기 때문에 유기체가 수행을 중지하면 자동적으로 사라진다. 이런 개념은 소거 후에 나타나는 조건화된 반응의 자발적 회복을 설명하기 위해 사용되었다. 동물은 반응제지가 쌓여가기 때문에 반응을 멈춘다. 휴식을 취하고 나면 반응제지가 사라지고 다시 반응을 시작한다. 반응제지는 또한 휴지 후에 수행이 향상되는 회상효과(reminiscence effect)를 설명하는 데 사용된다. 회상효과란 지속적 훈련을 통한 학습이 어느 정도 수준에 도달하고 나서 잠시 휴식을 취하도록 하고 다시 훈련을 시작하게 되면 이전 학습 수준을 넘어서게 된다는 것이다. 잠시 휴식을 취하고 나면 피로가 사라지고 수행이 향상된다. 반응제지에 대한 헐(Hull)의 주장을 지지하는 추가적인 증거는 집중훈련과 분산훈련간의 차이에 관한 연구에서도 찾아볼 수 있다. 시간 간격을 길게 하면서 분산훈련을 실시하면, 시간 간격을 짧게 해서 집중훈련을 하는 것보다 수행이 더 우수하다는 사실이 일관되게 확인 할 수 있다. 훈련 시행 사이에 휴식을 취하는 훈련 대상은 한 시행에서 다음 시행을 즉시 실시하는 실험 대상보다 더 높은 훈련 수행에 이른다.

9) [공리 9] : 반응하지 않은 것의 학습

피로는 부적 추동상태이기 때문에 피로 상태에서 반응하지 않는 것이 강화적인 속성을 갖는다. 반응을 하지 않음으로써 반응제지가 사라지고, 이로 인해 피로로 인한 부적 추동이 감소하게 된다. 반응하지 않는 것의 학습을 조건화된 제지(conditioned inhibition : sIR)라고 한다. 반응제지와 조건화된 제지 모두 학습반응을 방해하기 때문에 반응 잠재력(sER)에서 제거해야 한다.

004

답 ①

해 **행동 조형(행동 조성, shaping)이란 내담자들의 바람직한 목표행동을 설정해두고, 이 행동에 근접하는 행동을 보일 때 단계적으로 강화를 주어 점진적으로 바람직한 행동에 접근하도록 만드는 치료기법**이다. 행동 조형(행동 조성, shaping)에 대한 특징은 다음과 같다.

1) 행동 조형이란 목표행동을 향해 점진적으로 접근해 가는 과정이다.
2) 초기 행동에서 바람직한 행동으로 근접할 때마다 강화한다.
3) 처음에는 아주 간단한 반응만으로도 보상을 받게 하다가 그 행동을 일관성 있게 잘하게 되면, 다음 단계에서는 보다 복잡하고 어려운 반응에 대해서만 보상한다.

005

답 ⑤

해 처벌은 부적절한 행동이 일어난 후 즉각적으로 주어질 때 가장 효과가 좋다. 문제행동이 보일 때마다 매번 처벌이 주어지지 않는 경우는 오히려 강화를 받게 되기 때문이다. 다음은 처벌에 관한 내용이다.

1) 반응대가는 처벌의 한 형태이다.
2) 처벌받은 행동은 억제될 뿐이다.
3) 처벌의 결과는 유기체에게 혐오적이어야 한다.
4) 사회적 고립은 이차적 처벌 중 하나이다.
5) 처벌 전에는 사전 경고를 하는 것이 바람직하다.
6) 처벌의 강도는 처음부터 아주 강한 것이 좋다. 만약 처벌의 강도가 처음에는 약하다가 점점 강해지면 처벌에 적응하게 되는 현상이 생기므로 처음부터 강한 처벌을 줄 필요가 있다.
7) 처벌받는 행동에 대해 대안적 행동이 있을 때 처벌의 효과는 커진다. 다시 말하면, 어떤 특정 행동이 처벌을 받을 때 그 행동 이외의 다른 행동을 할 수 있는 기회가 있다면 처벌의 효과는 더 커진다고 할 수 있다. 즉, 문제 행동을 처벌함과 동시에 대안적 행동을 강화해 주면 처벌의 효과는 더 커질 수 있다.

006

답 ③

해 마이켄바움(D. Meichenbaum)의 자기교시법에 의하면 다음 5단계에 걸쳐 학생의 문제행동을 수정한다. **학생이 교사의 도움 없이 혼자서 소리 내어 말하면서 문제를 풀어가는 과정은 외현적 자기안내 단계에 해당한다.**

마이켄바움(D. Meichenbaum)의 자기교시법 5단계
1) 1단계 : 인지적 모델링 단계(과제를 수행할 때 자기 자신에게 말하면서 배우는 인지훈련 방법) → 성인 모델이 큰 소리로 말하면서 과제를 수행하고 아동은 관찰한다.
2) 2단계 : 외현적 지도 단계(타인에 의한 외현적 안내) → 성인 모델이 하는 말을 아동이 큰 소리로 따라서 말하면서 과제를 수행한다.
3) **3단계 : 외현적 자기지도 단계(외현적 자기안내 단계) → 아동이 혼자서 큰 소리로 말하면서 과제를 수행한다.**
4) 4단계 : 외현적 자기지도의 감소 단계(외현적 자기안내 점진적 소멸) → 아동이 작은 소리로 혼잣말을 하면서 과제를 수행한다.
5) 5단계 : 내재적 자기지도 단계(내면적 자기 안내) → 아동이 마음속으로 혼잣말을 하면서 과제를 수행한다.

007

답 ⑤

해 [ㄹ]. 적극성, [ㅁ]. 진실성은 효과적인 모방학습 모델의 특성에 해당하지 않는다.

일반적으로 모방학습은 일관성 있게 자신이 생각하는 모델의 행동을 관찰할 때 모방학습이 자주 나타난다. **션크와 루드(D. Schunk & H. Rude)에 따르면, 학습자는 모델이 자신의 상황과 조건(성별, 연령 등)과 유사할 경우, 그리고 모델의 능력(역량)과 지위가 높을 경우 효과적인 모방학습이 증가한다고 주장하였다.**[2]

008

답 ⑤

해 강화계획은 강화의 시간간격에 따라 고정간격과 변동간격이 있고, 강화의 반응 수에 따라 고정비율과 변동비율로 구분된다. ⑤ **문제의 사례는 강화의 반응 수에 따른 강화이며, 배팅횟수와 낚시를 던지는 횟수가 변동적(가변적)이기 때문에 변동비율강화에 해당한다.** 고정간격 - 고정비율 강화계획에 비해 변동간격-변동비율 강화계획은 불규칙적으로 강화가 주어지기 때문에 내담자가 예측하기 어렵다. 또한 변동비율 강화계획이 강화 효과가 가장 높고, 고정간격 강화계획이 강화효과가 가장 낮다.

009

답 ②

해 **학습은 강화된 훈련의 결과로 나타나는 행동잠재력의 비교적 영속적인 변화**이다. 즉, 학습 (learning)이란 경험과 훈련에 의해 일어나는 행동상의 비교적 일관성 있는 변화를 의미한다. **다만, 유기체가 속한 종(種) 특유의 행동(species-specific behavior)이나, 유기체가 속한 종(種)의 계통발생학적 행동은 학습과 무관하며, 성숙(유전인자), 약물, 질병, 반사행동 등으로 인해 일어나는 행동 변화들은 학습에 의한 것이 아님을 유의해야 한다.** 학습은 관찰 가능한 외현적 행동으로 나타나기도 하지만, 내면적 행동의 변화로도 나타난다. 이러한 행동변화는 비교적 영속적으로 나타나야 하지만 행동의 변화는 학습 경험에 바로 이어서 나타날 필요가 없다. 그리고 행동의 변화(행동의 잠재력)는 연습을 통해 생겨난다.

---

2) 출처 : 남희림(2016), 항공사 객실승무원의 멘토링이 서비스일관성, 긍정적 정서표현, 서비스 유연성에 미치는 영향, 박사학위논문

010

답 ①

해 반두라는 사회학습이론을 주장하였으며, 직접적인 행동경험이나 강화 받은 경험 없이 관찰을 통한 학습이 가능하다고 주장하였다. **관찰학습은 주의집중 과정, 파지과정, 운동 재생산 과정, 동기화 과정의 순서로 진행**된다.

	반두라(A. Bandura) 관찰학습 과정		
1) 주의 과정	2) 파지 과정	3) 운동재생 과정	4) 동기 과정
모델링된 사건들	상징적 부호화 인지적 조직화 인지적 시연 시연의 활성	인지적 표상 행위의 관찰 피드백 정보 개념 맞춤	대리 유인 자기 유인 외적 유인

실력다지기

011

답 ⑤

해 반응대가는 어떤 특수한 행동을 했을 때 그 조건부로 정적강화를 상실하게 하는 벌의 일종이다. 사례에서 **A는 바람직하지 못한 행동(정해진 기상시간을 지키지 못했을 때)을 했을 때 그 대가로 자기가 가지고 있는 정적강화(가지고 있는 스티커 하나를 회수함)를 박탈**당하는 것이다.

012

답 ③

해 고전적 조건형성에서 일반화의 의미는 동일하지 않은 유사한 자극에 대해 동일한 반응을 보이는 것을 의미한다. 문제의 보기는 **흰 쥐에 대한 공포반응이 조건화된 아이가 흰토끼나 하얀 수염이 난 할아버지 등 흰색에 대한 자극에 모두 공포반응을 보이는 자극 일반화의 예를 설명**한 것이다. 참고로 인지오류의 일반화의 의미는 한두 번의 사건에 근거하여 일반적인 결론을 내리고 무관한 상황에도 그 결론을 적용하는 오류이다.

013

답 ①

해 고전적 조건형성의 원리를 적용한 것은 혐오요법, 체계적 둔감법, 홍수법 등이다.
[ㄷ]. 모방학습은 사회학습이론(반두라)과 관련되며, [ㄹ]. 수반성 계약법은 조작적 조건형성(스키너)과 관련된다.

014

답 ②

해 매슬로우의 욕구단계이론에 의하면 인간은 결핍욕구와 성장욕구를 가진다. **생리적 욕구, 안전의 욕구, 소속과 사랑의 욕구, 자아존중(자존감)의 욕구는 결핍욕구이다.** 결핍 욕구는 한 번 충족되면 더 이상 동기로서 작용하지 않는다. 반면 **자아실현 욕구는 성장욕구이다.** 성장욕구는 목표수준에 도달하면 충족되는 것이 아니라, 충족될수록 그 욕구가 더욱 증대된다.

015

답 ⑤

해 **톨만의 학습이론에 의하면 학습은 점진적으로 이루어진다.** 톨만(Tolman)은 학습이 강화(보상) 없이도 가능하며, 강화(보상)는 단지 학습한 것을 수행으로 나타나도록 하는데 도움을 준다고 주장한다. 즉, 이미 학습은 되었으나 보상이 주어질 때까지는 학습한 것이 나타나지 않고 잠재해 있는 것이다. 따라서 학습된 것이 행동으로 드러나지 않을 수 있다.
⑤ 학습은 점진적이 아니라 갑자기 이루어지는 것은 쾰러의 통찰학습과 관련이 있다.

016

답 ④

해 성취목표이론에 의하면 학습자의 성취목표는 숙달목표(노력 강조)와 수행목표(능력 강조)로 구분된다.
④ 수행목표 지향적인 사람은 자신의 능력을 강조하며, 숙달목표 지향적인 사람은 자신의 노력을 강조하기 때문에 선생님을 조언자로 여기는 것은 숙달목표 지향적인 사람이다.

실력다지기 · 성취목표이론

1) 성취목표이론의 특징은 학습자가 과제에 참여하는 이유에 대한 학습자의 지각에 가장 직접적으로 초점을 맞추고 있다.
2) **학습자의 성취목표는 숙달목표(mastery goal)와 수행목표(performance goal)로 구분한다.**
   (1) 숙달목표를 지향하는 학습자의 특성외적 보상보다는 학습과정 그 자체를 중요하게 여긴다.
   (2) 수행목표를 지향하는 학습자의 특성자신의 능력이 타인에 의해 어떻게 판단되는가를 중요하게 여긴다.
3) **학습자가 어떤 목표를 지향하는가 하는 것은 다음 두 가지 측면에서 영향을 받는다.**
   (1) 학습자 자신의 능력에 대한 지각지능을 고정적인 것으로 보는가/유동적인 것으로 보는가
   (2) 학급 풍토나 학급구조에 대한 지각
      ① 숙달목표 : 향상 정도, 노력, 절대평가
      ② 수행목표 : 높은 점수, 높은 능력, 상대평가
4) 교육적 시사점
   (1) 학습자의 목표지향성은 과제 선정에 영향을 준다.
      ① **숙달목표 지향적인 학습자는 다소 어렵기는 하지만, 자신의 기능을 촉진시킬 수 있는 과제를 선택하는 경향이 있다.**
      ② 수행목표 지향적인 학습자는 자신의 유능함을 보여줄 수 있는 과제나 자신의 무능함을 감출 수 있는 과제를 선택하는 경향이 있다.

(2) 학습자의 목표지향성은 학습자의 귀인성향에 영향을 준다.

 ① 숙달목표 지향적인 학습자는 성공을 많은 노력과 효과적인 학습전략에 귀인하고, 실패시에는 노력 부족으로 귀인하는 경향이 있다.

 ② 수행목표 지향적인 학습자는 실패를 능력부족에 귀인하는 경향이 있다.

(3) 학습자의 목표지향성은 학습방법에 영향을 준다. 숙달목표 지향적인 학습자들이 수행목표 지향적인 학습자들보다 초인지 전략을 더 많이 사용하는 경향이 있다.

(4) 대체로 수행목표보다는 숙달목표를 추구하는 것이 더 바람직한 동기형태이기는 하지만, 실제로 학습자들은 학습상황에서 두 가지의 목표 모두를 어느 정도 지향한다.

017

답 ③

해 신생아의 뇌를 구성하는 뉴런의 숫자는 성인의 25%에 불과한 것이 아니라, 신생아의 뉴런의 숫자는 1천억 개로 성인의 뉴런 숫자와 같다.

▶ 읽을거리

보통 침팬지나 포유류는 아기의 뇌가 어른 뇌의 45% 정도 크기가 됐을 때 세상에 태어난다. 하지만 인간은 성인 뇌의 25%에 불과할 때 세상에 나온다. **신생아의 뉴런의 숫자는 1천억 개로 성인의 뉴런 숫자와 같다.** 20대가 되면 뇌세포는 매일 10만 개씩 줄어드는 반면, 새로 생기는 뇌세포는 극히 적다. 즉, 뇌세포의 숫자는 태어날 때가 가장 많다. 그런데도 뇌는 커지고 성장한다. 태어날 때 350g에 지나지 않는 뇌가 생후 1년이 되면 거의 1,000g에 이르게 된다. 그렇다면 도대체 왜 뇌가 커질까? 뇌세포의 숫자는 거의 고정돼 있지만, 세포와 세포 사이를 잇는 회로가 발달하기 때문이다. 이 회로가 복잡해지고 정교해지면서 뇌의 부피와 밀도가 증가하고 지능과 감정이 발달한다.

출처 : 사이언스타임즈

018

답 ②

해 **크레이그와 록하트(F. Craik & R. Lockhart)의 정보처리 수준이론에서는 정보처리의 순서적인 이동을 강조하며, 정보의 분석수준이 깊을수록 기억이 더 잘 보존된다고 보았다.** A는 역사 시험공부를 할 때 아이돌 그룹의 노래를 들으면서 사건과 연도를 외웠다. 시험공부를 할 당시에는 역사적 사건과 연도를 외울 수 있었지만, 정작 시험을 칠 때에는 아이돌 노래가사에 담긴 숫자가 더 잘 기억에 났던 것이다.

▶ 참고   앳킨슨과 쉬프린(R. Atkinson & R. Shiffrin)의 이중기억이론

1) 이중기억모형에서는 기억의 구조를 고정된 것으로 보았다.

2) 이중기억모형에서는 통제과정의 사례로 약호화, 시연조작, 탐색방략 등을 들었다.

019

답 ④

해 1960년대에 정보처리 관점에 근거하여 기억체계의 기본 구조가 여러 개의 기억 저장고로 이루어진 것으로 보는 다중기억이론(기억의 이중구조 모형)이 제안되었는데, 이것이 **앳킨슨(Atkinson)과 쉬프린(Shiffrin)의 다중 저장소 모형(이중구조 모형)이다. 기억 저장고들은 감각기억, 단기기억, 장기기억의 3가지가 있으며, 이들은 시간 흐름상 배열된 일련의 단계로 입력 정보가 차례로 경유하게 되어 순차적(계열적) 정보처리와 관련이 있다.**

> 참고

회상(recall)과 재인(recognition)

기억 인출 방식들 중 회상(recall)과 재인(recognition)이라는 것들이 있다. 회상(recall)은 기억해내야 할 대상(target)을 직접 보지 않는 상태에서 간접적 단서에만 의지하여 표적을 인출하는 방식이며, 재인(recognition)은 표적을 직접 보고 있는 상태에서 그것을 사전에 접하였는지 판단하는 인출 방식이라 할 수 있다. 예를 들면, 주관식 시험은 회상검사에 해당되고, 객관식 시험은 재인검사에 해당된다.

병렬 분산처리 모형(Parallel Distributed Processing model, PDP-model)

병렬 분산처리 모형(parallel distributed processing model), 즉 PDP 모형이라고 부르는 기억 모형은 가장 최근에 제안된 기억 모형들 중 하나로, 앳킨슨(Atkinson)과 쉬프린(Shiffrin)의 다중 저장소 모형이나 작업기억 모형과는 다른 방식으로 기억을 설명하고 있다. 병렬 분산처리 모형은 연결주의적 관점에서 비롯된 것으로, 마디들의 연결로 이루어진 네트워크를 통해서 기억을 설명하고자 하는 시도이다.

020

답 ⑤

해 (c) **코빙튼(M. Covington)의 자아가치이론(self-worth theory)**에 의하면 사람들은 자존감을 지키기 위해 실패했을 때 자신이 능력과 노력이 부족했다는 생각으로부터 **자기가치를 보호하려는 동기를 가진다. 즉 실패한 이유에 대해 변명을 한다.** [ㄱ. 내가 지난 시험 성적이 나빴던 이유는 하필 그날 배탈이 났기 때문이다.]의 보기에 의하면 성적이 나빴던 이유가 시험공부를 안 해서가 아니라 배탈이 나서 시험을 잘못 봤다고 귀인하고 있다.

(a) **에클스(J. Eccles)의 기대가치이론(expectancy-value theory)**에 따르면 기대는 성공확률에 대한 신념이며, 가치는 그 성공으로부터 얻는 것이 가치가 있다는 주관적인 가치판단이다. [ㄴ. 나는 남들보다 뛰어난 사람이라고 믿기 때문에 남들보다 더 어려운 과제를 골라서 도전한다.]의 보기에 의하면 자신이 남들보다 뛰어난 사람이라고 믿고, 뛰어난 사람이 되고 싶다는 기대가 있기 때문에 어려운 과제를 골라서 도전하는 일이 가치가 있다고 느낀다.

021

답 ③

해 헵(D. Hebb)의 최적각성수준(optimal level of arousal) 이론에 의하면 사람들은 가장 적절한 수준의 각성을 유지하기 위해 동기화된다는 것이다. 적절한 각성(적절한 흥분과 긴장) 수준에서는 수행이 좋고 각성이 높거나 각성이 낮을 때 수행이 저하된다. 이것을 [역전된 U함수] 혹은 [Yerkes-Dodson 법칙] 이라고 한다.

문제에서 [A는 학교 장기자랑을 위해 집에서 문제없이 연주했던 기타 연주곡을 준비했다. 그러나 실제로 많은 관중이 지켜보는 무대에 오르자 A는 실수를 연발하며 연주를 망쳤다.] **A가 집에서 기타를 연주할 때는 적절한 각성수준이지만, 무대에서 기타를 연주할 때는 긴장 상태가 되어 각성이 높아진다. 따라서 연주를 망친 것**이다.

022

답 ③

해 하이더(F. Heider)의 균형이론(인지 평형설)은 개인 자체(P)와 다른 사람 (O), 그리고 객체(X)의 관계에 의해서 개인의 인지적인 구조는 균형 또는 불균형 상태로 메시지를 받아들이게 된다. **문제의 사례에서 A는 개인 자체(P), 화학선생님은 다른 사람(O), 화학 과목은 객체(X)가 된다. P, O, X의 세 개의 구성요소가 모두 긍정적 관계(A의 화학선생님에 대한 호감 및 화학 과목에 대한 선호)일 때 인지적 균형을 이루게 된다.**

023

답 ③

해 **내재적 동기의 종류에는 호기심, 즐거움, 보람, 기쁨, 성취동기 등**이 있다. **레퍼와 호델(Lepper & Hodell, 1989)은 내재적 동기로 '도전, 호기심, 통제, 상상'의 4가지 원천**이 있다고 제안하였다. 학습자에게 기존 지식에 일치하지 않는 정보를 먼저 보여주면 학습자는 정보에 대한 **호기심을 가지고 학습을 시작할 수 있다.**

024

답 ③

해 라이언과 데시(Ryan & Deci)가 설명한 자기결정성 정도에 따른 자기조절 유형 수준을 낮은 것에서 높은 순으로 나열하면 **외적 조절(external regulation) → 내사된 조절(부과된 조절, introjected regulation) → 확인된 조절(identified regulation) → 통합된 조절(integrated regulation) → 내재적 조절(intrinsic regulation)의 순서**이다. [ㄴ. 부모님에게 야단맞지 않기 위해서 시험공부를 한다.]는 외적 조절이고, [ㄱ. 부모님의 인정과 존중을 얻기 위해 시험공부를 한다.]는 내사된 조절이며, [ㄷ. 시험 성적이 높으면 내 목표를 달성할 가능성이 높아지기 때문에 시험공부를 한다.]는 확인적 조절이다.

심화학습 **자기결정성 정도에 따른 자기조절 유형 수준 - 라이언과 데시(R. Ryan & E. Deci)**

1) 무동기(amotivation)

　행동의 의지가 결핍된 상태로 행동을 전혀 않거나 의도 없이 수동적으로 움직인다.

2) **외적 조절(external regulation)**

　외재적 동기 중 자율성이 가장 낮으며 외부의 압력, 강요가 주된 이유가 되고, 보상에 의해 움직이거나 처벌을 피하려 하는 차원이다.

3) **부과된 조절(내사적 조절, introjected regulation)**

　조절의 힘이 개인 내부에 있으나, 죄책감, 불안 같은 타율적인 압력에 기초한 것이다. 죄의식, 수치심을 피하거나 타인의 인정을 받거나 비판, 회피를 위해 행동한다..

4) **확인된 조절(identified regulation)**

　앞의 두 가지와 다르게 내면화의 깊은 수준에 도달한 상태로, 개인적 중요성이나 목표에 부합된다고 판단되면 스스로 선택, 행동하는 것이다. 과제 자체의 기쁨이나 만족보다 목적달성을 위해 행해지기 때문에 외재적인 부분이 있지만, 높은 자율성의 지각을 수반하면서 내적인 부분도 갖는다.

5) 통합된 조절(integrated regulation)

　외재적 동기 중 자율성이 가장 높으며, 앞서 확인된 조절이 자신의 가치, 목표, 욕구, 정체성 등과 조화를 이루며 통합될 때 발생한다. 내재적 동기와 특성이 비슷하지만, 과제 자체의 즐거움보다 개인적으로 중요한 결과를 얻고자 행해지기 때문에 외재적인 부분이 있다.

6) 내재적 동기(intrinsic motivation)

　활동에 참여하는 과정에서의 즐거움과 재미, 만족을 얻으려는 것으로 자율적이고 자기결정적인 행동의 원형이다.

025

답 ④

해 **정서적 사건의 기억에 밀접하게 관여하는 뇌의 부위는 편도체**이다. 편도체(Amygdala)는 대뇌변연계에 존재하는 아몬드 모양의 뇌 부위이며, 감정을 조절하고, 공포에 대한 학습 및 기억에 중요한 역할을 한다. 반면, 외현적 기억(Explicit memory)의 형성에는 주로 측두엽 안쪽(Medial Temporal Lobe)이 기여하는데, 여기에 '해마(hippocampus)'라는 기관이 있다. 해마는 장기기억 중에서도 외현적 기억의 형성에 결정적인 역할을 한다.

제2과목 청소년 이해론 (선택)

026	③	027	③	028	①	029	③	030	④
031	①	032	②	033	②	034	④	035	⑤
036	②	037	②	038	①	039	①	040	④
041	③	042	⑤	043	⑤	044	①	045	②
046	④	047	④	048	②	049	⑤	050	⑤

026

답 ③

해 **홀(S. Hall)은 재현이론에서 청소년기를 질풍노도의 시기 또는 제 2의 탄생 시기**라고 하였다. 개인의 발달과정이 인류발달의 진화적 역사를 재현하고 있다는 재현이론을 제안하였다. 홀은 인간의 발달을 유아기, 아동기, 청소년 전기, 청소년기의 4단계로 구분하였다. 참고로 엘킨드(D. Elkind)는 청소년의 자아중심적 특성으로 상상적 청중, 개인적 우화를 제안하였다.

오답노트

① 장이론(Field Theory) - 레빈(K. Lewin)
② 도덕성 발달이론 - 콜버그(L. Kohlberg)
④ 자아발달이론 - 레빙거(J. Loevinger)
⑤ 사회학습이론 - 반두라(A. Bandura)

실력다지기   홀(S. Hall)의 재현이론(recapitulation theory)

1) Hall은 청년심리학의 아버지로 Darwin의 진화론을 토대로 청소년기의 발달에 대한 이론을 세우고 미국 10대 청소년들의 생활에 대한 조사를 토대로 1904년에 「청소년기 (Adolescence)」라는 저서를 펴냈다.
2) **재현이론(recapitulation theory)**
   인간발달이 생물학적 요인(유전자)에 의해 결정되며, 이러한 발달의 패턴은 인류의 발달역사를 재현한다는 주장을 하였다.
3) 이는 다윈, 헤겔, 루소, 라마르크의 영향을 받았다.

027

답 ③

해 브론펜브레너(U. Bronfenbrenner)의 생태학적 이론에서 중간체계(mesosystem)는 미시체계들을 연결시켜주며 미시체계들이 중복되어서 생기는 대인관계를 의미한다. 예를 들어 아동의 경우, 가정이나 학교 및 어린이집의 관계, 가정과 또래집단과의 관계이다. 또한 거시체계는 청소년을 둘러싸고 있는 문화적 환경으로 법, 관습(문화), 이념 등이 해당된다.

[ㄷ]. **지역사회 수준에서 기능하고 있는 환경으로 정부기관, 지역사회 공공기관은 외부체계(=외체계)에 해당**한다. 외부체계는 한 개인이 미시체계와 같은 환경 속에서 적극적인 참여자로 있지는 않지만, 환경 내에서 발생하는 사건들에게 영향을 주거나 영향을 받는 환경이다. 예를 들어 부모의 직장, 부모 지인의 조직망, 청소년기관 등이다. 이러한 것처럼 개인이 외부체계에 직접적인 영향을 주지는 않지만 정부기관, 지역사회의 공공기관 등은 청소년시설을 마련하거나 청소년복지에 영향을 미치기 때문에 청소년들은 간접적인 영향을 받는다.

실력다지기
브론펜브레너(Urie Bronfenbrenner)의 생태학적 체계이론

브론펜브레너(Urie Bronfenbrenner)는 인간 발달을 사회문화적 관점에서 이해한 이론으로 생태학적 이론을 주장하고 사회문화적 관점에서 아동 발달을 체계화하였다. 주요 5가지 체계는 다음과 같다.

1) 미시체계(microsystem)
   (1) 가정환경이나 학교환경처럼 개인에게 직접적인 영향을 주는 체계이다.
   (2) 특별히 가정, 학교, 또래집단, 이웃, 운동팀, 수련캠프, 교회 등과 같이 일대일로 만나서 직접적으로 친숙한 대인관계를 형성하는 물리적 및 사회적 환경이다.
2) 중간체계(mesosystem)
   (1) 미시체계들을 연결시켜주며 미시체계들이 중복되어서 생기는 대인관계를 의미한다.
   (2) 유아의 경우, 가정과 유치원이나 어린이집의 관계, 가정과 또래집단과의 관계가 대표적이다.
3) 외체계(exosystem)
   (1) 개인이 직접적인 관련성은 없지만, 개인에게 영향을 미치는 사회적 구조인 환경요소를 포함한다.
   (2) 예 부모의 직업은 그들의 사고와 행동에 영향을 미치고, 자녀의 양육방식에 영향을 미쳐 자녀의 성격발달에 영향을 미치게 된다.
4) 거시체계(macrosystem)
   (1) 개인이 속한 사회나 하위문화의 이념 및 제도의 유형으로 사회문화적 규범과 같은 커다란 체계를 말하며 개인에게 간접적 영향을 준다.
   (2) 거시체계는 문화적, 정치적, 사회적, 법률적, 종교적, 경제적, 교육적 가치와 공공정책의 핵심을 구성한다.
5) 시간체계
   (1) 시간체계는 시간에 걸쳐 일어나는 변화와 사회, 역사적인 환경을 의미한다.
   (2) 가족 제도의 변화, 결혼관의 변화, 직업관의 변화 등을 들 수 있다.

028

답 ①

해 로우(A. Roe)는 욕구이론에서 부모의 양육방식(회피형, 정서집중형, 수용형)과 가정 분위기(따뜻한 부모-자녀관계, 차가운 부모-자녀관계)가 직업선택에 영향을 미친다고 하였다.

▶ 오답노트

② 긴즈버그(E. Ginzberg) - 진로발달단계 및 직업선택이론(환상기-잠정기-현실기)

③ 블라우(P. Blau)와 밀러(Miller) - 사회이론(개인을 둘러싼 가정, 학교, 사회·문화적 환경 등 개인이 통제할 수 없는 사회적 요인이 개인의 직업선택과 발달에 중요한 영향을 미친다)

참고 수퍼(D. Super) - 생애진로발달단계(성장기-탐색기-확립기-유지기-쇠퇴기), 생애역할(생애진로 무지개이론, 9가지 역할 제시)

④ 크럼볼츠(J. Krumboltz) - 사회학습이론(가정, 학교, 지역사회 등의 사회적 요인이 직업 선택과 발달에 영향을 미친다. 문화나 인종의 차이보다 개인이 속해 있는 사회계층이 더 큰 영향을 미친다)

참고 데이비스와 롭퀴스트(Dawis & Lofquist) - 직업적응 유형(개인과 환경이 요구하는 것과 개인의 욕구와 능력을 연결시켜 직무에 만족하고 유지하고자 한다)

⑤ 갓프레드슨(L. Gottfredson) - 진로포부이론(개인이 자신에 대해서 인식하는 자아개념에 일치하는 직업을 선택한다)

참고 하렌(V. Harren) - 진로의사결정유형이란 어떤 개인이 결정을 내릴 때 선호하는 접근방식을 일컫는 것으로, 진로의사결정 유형을 합리적 유형, 직관적 유형, 의존적 유형으로 구분하였다.

029

답 ③

해 바움린드(D. Baumrind)의 부모양육 유형을 민주적 유형(권위 있는 유형), 독재적, 허용적 유형, 방임적 유형(무관심한 유형)으로 구분하였다. 각각의 유형은 애정수준과 통제수준의 정도로 구분된다. **허용적인 부모는 애정 수준은 높으나 통제수준은 낮고, 권위 있는 부모는 애정과 통제 수준이 모두 높다.**

▶ 실력다지기

	애정(높다)	애정(낮다)
통제(높다)	민주적(권위 있는 유형) "우리 ~에 대해 이야기 해 보자"	독재적(권위주의적 유형) "내가 시키는 대로 해"
통제(낮다)	허용적(익애형) "네가 하자는 대로 할게"	방임적, 거부적(무관심 유형) "나는 몰라. 네가 알아서 해"

바움린드(D. Baumrind)의 부모양육 유형 4가지

030

답 ④

해 스턴버그(R. Sternberg)가 제안한 사랑의 삼각형 이론은 사랑은 ① 정서적 측면인 친밀감(intimacy), ② 동기적인 측면인 열정(passion), ③ 인지적 측면인 헌신(책임, commitment)의 3가지 요소로 성립한다는 것이다. 이 3가지 조합에 따라 사랑의 유형을 8가지 형태(좋아함, 우애적 사랑, 공허한 사랑, 얼빠진 사랑, 도취적 사랑, 낭만적 사랑, 성숙한/완전한 사랑, 사랑이 아님(가식적)으로 분류했다.

[ㄷ]. 인지적 요소(헌신/책임)가 강조되는 것은 공허한 사랑이다.

실력다지기 | **스턴버그(R. Sternberg)의 사랑의 이론**

1) 사랑의 3요소

(1) 열정

① 열정적인 감정, 신체적인 매력, 성적인 욕구를 증진시키는 동기를 포함하며 사람을 생리적으로 흥분하고 들뜨게 만든다.

② 그러나 열정은 강렬한 만큼 그리 오래 지속되지 못한다.

③ 시간이 지나면 식어서 사라지거나 다른 형태로 발전하게 된다.

(2) 친밀감

① 상대방과의 정서적인 연결감을 말한다.

② 친밀한 관계에서는 상대방과 함께 있으면 편안함을 느끼고 서로를 의지하고 잘 이해한다.

③ 친밀감을 형성하는 데는 시간이 걸리나 일단 형성된 친밀감은 바로 사라지지 않고 서서히 사라진다.

(3) 헌신(책임)

① 사랑의 사고적이고 인지적인 측면을 말한다.

② 의식적인 결단을 통해서 상대방과의 관계를 유지하려는 결단과 책임감을 말한다.

③ 헌신에는 상당한 시간이 걸리나, 일단 약속이 이루어졌다고해서 그 순간부터 구속력을 갖는 것은 아니다.

2) 사랑의 유형

(1) 좋아함(liking) = 친밀감

좋아함은 진정한 친구들과의 관계에서 경험하는 우정의 감정을 말한다. 강한 열정이나 헌신이 없어도 상대방과 가까이 결합되어 있는 느낌과 따뜻함을 느낄 수 있다.

(2) 도취성 사랑(infatuated love) = 열정

도취성 사랑은 첫눈에 반한 사랑으로, 이상화해서 보는 망상으로 치우치는 것이다. 친밀감과 헌신의 요소가 없어서 열정적 흥분만으로 도취된 것이다. 상대방에 대한 진정한 사랑이라기보다는 자기 자신의 욕구가 투사된 것으로 소모성이 크다.

(3) 공허한 사랑(empty love) = 헌신

공허한 사랑은 친밀감이나 열정 없이 의지적인 결단에 따르는 것이다. 감정적 몰입이나 육체적 매력이 없이 의무적이다. 대개 관계의 후반기에 나타나고 한편의 일방적인 것이 되기 쉽다.

(4) 낭만적 사랑(romantic love) = 친밀감 + 열정

낭만적 사랑은 육체적, 감정적으로 서로 밀착되어 있는 것이다. 그것의 영원성과, 지속성은 현재의 과제가 아니다. 가을을 바라지 않는 여름 한때의 사랑이라고 할 수 있다. 낭만적 사랑은 도취적 사랑에서도, 우정에서도 시작될 수 있다.

(5) 우애적 사랑(companionate love) = 친밀감 + 헌신

우애적 사랑은 열정의 주된 원인인 육체적 매력이 약해진 오래된 결혼생활 같은 데서 자주 발견되는 사랑이다. 한마디로 서로에게 헌신한 우정의 관계라고 할 수 있다.

(6) 얼빠진 사랑(fatuous love) = 열정 + 헌신

얼빠진 사랑은 헌신이 친밀감 없이 열정에 근거하여 이루어지기에 어느 정도 도취적이다. 열정이 식어 가면 헌신만 남는데 그것은 성숙한 헌신은 아니다.

(7) 성숙한 사랑(consummate love) = 친밀감 + 열정 + 헌신

성숙한 사랑은 친밀감, 열정, 헌신의 세 가지 요소가 다 있는 것이다. 특히 낭만적 사랑에 있는 사람들이 이것에 도달하려고 노력한다. 성숙한 사랑을 얻기도 어렵지만 그것을 지키기는 더 어렵다. 그것은 추구해야 할 이상적인 목표일지도 모른다.

(8) 사랑이 아닌 것(non-love) = 사랑의 요소가 없음

사랑이 아닌 것은 사랑의 기본 요소 세 가지가 없는 경우이다. 일반적으로 우리가 갖는 인간관계의 대부분이 그렇다. 필요 이상으로 관심을 나타내지 않는 것이다.

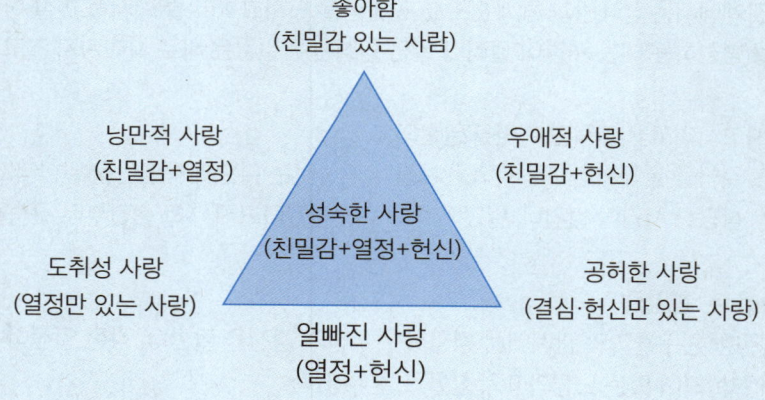

031

답 ①

해 안나 프로이트(A. Freud)가 제안한 청소년기 주요 방어기제는 금욕주의와 주지화(지성화)이다.

[ㄱ]. 금욕주의(asceticism)는 성적 충동과 같은 본능적 욕구와 연결된 활동에 참여하는 것을 거절하는 자기부정 행위이다.

[ㄴ]. 주지화(intellectualization)는 종교나 철학, 문학 등의 지적 활동에 몰입함으로써 성적 욕망에서 벗어나고자 하는 방어기제이다.

실력다지기 **Anna Freud의 방어기제**

1) Anna Freud에 따르면, 청소년기에는 잠복기에 억압되었던 오이디푸스 콤플렉스가 재등장하며, 외부적 요인 (**예** 거세불안과 그에 따른 동성부모와의 동일시)뿐 아니라 내적으로는 성적 충동(sexual drive)이 증가하면서 동시에 죄책감이나 자존감 상실과 같은 내적 갈등에 의해 성적 충동을 억제하게 된다고 주장하였다.

2) 원초아와 자아, 초자아 간의 불균형으로 인해 청소년들은 불안이 증가하는 불안정한 시기를 보내게 되며, 불안의 감소를 통해 원초아 – 자아 – 초자아 간의 균형을 이루기 위하여 방어기제의 필요성이 증대된다고 주장하였다.

3) Anna Freud는 금욕주의와 지성화(주지화)를 청소년기에 특히 중요한 방어기제로 보았다.

   (1) **금욕주의(asceticism)**
       성욕에 대한 두려움에서 나오는 것으로 철저한 자기부정을 의미한다. 청소년기의 금욕은 본능적 욕구에 대한 불신에 기인하는 것이며, 이 불신은 성욕뿐만 아니라 모든 욕망을 억제하고 원초아를 완전히 무시한다.

   (2) **지성화(intellectualization, 주지화)**
       종교나 철학, 문학 등의 지적 활동에 몰입함으로써 성적 욕망에서 벗어나고자 하는 방어기제이다.

032

답 ②

해 문화변동에는 문화전계, 문화접변, 문화이식, 문화결핍, 문화지체가 있다.

② **문화접변이란 특정문화의 유형이 다른 문화의 유형과 상호작용을 거쳐 제 3의 문화유형을 만들어내는 현상**이다. 문화접변의 예는 재즈를 들 수 있다. 아메리카 대륙에서 유럽 백인들의 음악과 미국 아프리카 흑인음악이 만나 재즈라는 새로운 음악 장르가 탄생했다.

심화학습 **문화변동의 유형**

1) 문화전계(Cultural transmission)
   지도와 학습을 통해 문화가 세대와 세대에 걸쳐 전달, 전수되는 현상이다.

2) 문화접변(Acculturation)
   특정 문화유형이 다른 문화유형과 상호작용을 거쳐 또 다른 제3의 문화유형을 만들어 내는 현상이다.

3) 문화이식(Cultural Transplantation)
   특정 지역 혹은 특정집단의 지배문화가 다른 지역 혹은 집단에게 급속하게 전파되는 현상이다.

4) 문화결핍(Cultural Deprivation)
   특별히 행동 형성의 준거가 되는 문화적 요소가 부족하거나 박탈되어 있는 상태이다.

5) 문화지체(Cultural Lag)
   문화를 구성하는 요소들 간의 변동의 차이로 인해 시간이 경과함에 따라 이들 문화요소들 간의 간격이 점점 벌어지는 현상이다.

033

답 ②

해 엘킨드(D. Elkind)가 제시한 청소년의 자아중심적 특성은 개인적 우화와 상상의 청중이다. 개인적 우화(personal fable)란, 청소년들은 자신이 특별하고 독특한 존재라고 생각하며 자신의 감정이나 경험세계는 다른 사람의 그것과 근본적으로 다르다고 믿는 것이다. 보기의 **[ㄱ]. 자기중심성(egocentrism)의 현상 중 하나이면서 [ㄷ]. 자신의 경험은 독특하고 특이하기 때문에 다른 사람과는 다르다고 생각한다 내용은 개인적 우화에 대한 설명**이다.

반면, 상상적 청중(imaginary audience)이란, 항상 누군가가 자신을 지켜보고 있으며 관심을 가지고 있다고 믿는 경향을 뜻한다. 이러한 상상적 청중은 청소년에게 자신의 관점과 타인의 관점 간의 차이를 구분하지 못하게 하여 타인이 자신과 다른 관점을 가질 수 있다는 것을 이해할 수 없게 한다. 보기의

[ㄴ]. 예를 들어, 버스에 타면 앉아 있는 사람이 모두 나를 쳐다볼 것이라고 생각한다든지,

[ㄹ]. 다른 사람들이 나를 관심의 초점으로 생각하는 현상은 상상적 청중에 대한 설명이다.

034

답 ④

해 코스프레(cospre)란 의상을 의미하는 costume과 놀이를 의미하는 play의 합성어인 코스튬플레이의 줄임말로 일본식 용어이다. **코스프레(cospre)는 만화나 애니메이션, 게임에 나오는 캐릭터의 의상을 입는 것을 의미하는 것으로, 만화 속의 캐릭터와 똑같은 패션 스타일과 분위기 및 외모와 개성을 표현하려는 문화현상이다.**

부연

① 이모(emo) : emotional 혹은 emotive의 준말로서, emo의 뜻은 자기 자신이 가지고 있는 감성, 감정을 있는 그대로 표출해 내는 것을 말한다.

② 차브(chav) : 영국에서, 고급브랜드 및 상류문화를 저질스럽게 즐기는 하층민 출신 비행청소년 집단 등을 의미한다. 1990년대부터 영국에 등장했던 단어로, 2005년 영국 옥스퍼드 사전에 신조어로 실렸다. 차브 스타일은 저질스럽고 허영심과 편견에 가득 찼으며, 폭력적이고 게으른, 나태한 양아치들이라는 이미지를 보인다.

③ 노마드(nomad) : 디지털 기기를 들고 다니며 시공간의 제약을 받지 않고 자유롭게 사는 사람들로, 제한된 가치와 삶의 방식에 매달리지 않고 끊임없이 자신을 바꾸어 가는 유목민이다.

⑤ 리셋 신드롬(reset syndrome) : 게임, 통신, 음란물 등을 포함한 인터넷 관련 중독의 한 유형으로, 컴퓨터가 오작동할 때, 리셋 버튼을 누르면 처음부터 다시 시작할 수 있듯, 현실에서도 리셋이 가능할 것이라고 착각하는 사회병리 현상이다. 대표적인 특징으로는 다음과 같다.

무엇이든 인터넷으로 해결할 수 있다고 생각함

㉠ 하루에 컴퓨터를 4시간 이상 사용

㉡ 총과 칼을 사용하는 등의 폭력적인 게임을 즐김

㉢ 게임 속, 인터넷 속의 세상이 현실처럼 느껴짐

㉣ 자신이 현실보다 인터넷 속에서 더 능력 있는 존재라고 느낌

㉤ 자기합리화가 심해지고, 잘못을 저질러도 쉽게 없었던 일로 돌아갈 수 있다고 믿음

㉥ 책임감과 인내심이 부족해짐

035

답 ⑤

해 **근접발달영역(zone of proximal development, ZPD)은 레프 비고츠키(L. Vygotsky)가 제시한 사회문화적 인지발달이론이다.** 아동은 스스로 도달할 수 있는 능력과 주변의 도움을 받아 도달할 수 있는 능력을 구분한다. 아동이 새로운 인지발달을 이룩하기 위해서는 근접발달영역 안에서 정교한 교수활동이 일어나야 한다. 이 이론은 정신의 발달을 과거의 성과가 아닌, 미래지향적인 잠재적 능력으로 본다는 점에서 기존에 서구 학계에서 지배적이었던 피아제의 인지발달 이론과 대비된다. 또한 비계설정(Scaffolding)은 비고츠키(L. Vygotsky)의 인지발달이론 개념으로 학습자의 과제 수행을 위해 주변의 도움(교사나 또래 등)을 제공하는 지원을 말한다. 비계는 '사다리'라는 의미로 이를 설정함으로써 잠재적 발달수준인 근접발달영역에 도달할 수 있다.

실력다지기   **비고츠키의 이론**

1) 비고츠키가 구분한 발달수준은 실제발달 수준(actual developmental level)과 잠재발달 수준(potential developmental level)이다.
2) 실제발달 수준은 남의 도움 없이 아동 혼자서 어떤 과제를 수행할 수 있는 능력 수준으로 현재 발달이 완료된 수준을 의미한다.
3) 잠재발달 수준은 혼자서는 할 수 없으나 교사나 더 유능한 다른 아동의 도움을 받으면 과제를 해결할 수 있는 능력 수준을 말한다.
4) 비고츠키에 의하면 실제 발달 수준이 같은 아동들이라 해도 교사로부터 동일한 도움을 받았을 때 한 아동이 다른 아동보다 더 높은 성취를 보인다면 그 아동은 잠재적 발달 수준이 더 높다고 할 수 있다.
5) 실제 발달 수준과 잠재 발달 수준 사이의 영역을 근접발달영역(zone of proximal development, ZPD)라고 한다.
6) 근접발달영역에 포함되는 과제수행은 최대한의 지적발달을 촉진한다.
7) 이미 혼자서 할 수 있는 일에서는 별로 학습할 것이 없지만 남의 도움이 있으면 가능한 일, 즉 근접발달 영역 안의 과제를 시도하는 데서는 많은 학습을 할 수 있다.
8) 교사와 부모 등 전문가가 힌트를 주고, 격려하며, 시범을 보임으로써 아동을 돕는다. 아동에게 과제를 시작할 수 있는 발판(scaffolding, 건축 공사장에서 사용하는 임시 발판, 비계(飛階), 또는 출발점을 제공하는 것) 제공은 근접발달영역에 속한 과제의 수행을 돕고, 과제 수행 능력이 커지면 점차 남의 도움이 덜 필요해진다.

036

답 ②

해 **물활론적 사고는 피아제의 전조작기(2세~7세)에 나타나는 특징이다. 물활론이란 모든 물건이 생명이 있다고 생각하는 것**이다. 예를 들어 아동이 인형에게 과자를 먹이거나 인형을 마치 살아있는 것처럼 생각하고 대화를 하는 것이다.
피아제의 형식적 조작기(청소년기~성인초기)에 나타나는 사고의 특징은 형식적 조작사고, 추상적 사고, 가설 연역적 사고, 이상적인 사고 또는 가능성의 사고, 사고 과정에 대한 사고이다.

심화학습	형식적 조작기의 사고 특징

1) 추상적 사고

추상적 사고는 추상적 개념을 사용해서 형식논리에 근거하여 논리적으로 사고하는 것인데, 이는 반성적 추상화가 가능하기 때문이다. 반성적 추상화란 사고에 대한 사고, 즉 내적 성찰의 과정을 의미하는데, 반성적 사고 과정을 통해 지식을 새로운 장면에 쉽게 적용할 수 있고, 문제를 해결하기 위한 대안적인 전략들을 강구할 수 있다.

2) 가설 연역적 사고

가설적 상황(만약 ~한다면)에 근거한 연역적 추론을 할 수 있는 능력을 말하며, 문제를 해결하기 위해 가설을 설정하고, 그 가설의 검증을 통해 결론을 도출하는 사고를 말한다.

3) 조합적 사고

조합적 사고는 어떤 문제에 직면했을 때 모든 가능한 해결책을 논리적으로 고민해 보고 문제해결에 이르는 사고를 말하며, 이것은 문제를 해결할 수 있는 가능성을 체계적으로 검토하여 문제를 해결하게 된다.

4) 명제적 사고

명제를 구성하고 명제들 사이의 관계에 대해 논리적으로 추론할 수 있다.

5) 가능성에 대한 사고(이상주의적 사고)

현실보다 이상적 세계에 관심을 가지고 공상과학 같은 비현실적인 것에 대한 상상과 추론이 가능하게 되며, 이러한 논리적 사고를 통해 과거, 현재, 미래를 연결하여 추론한다.

037

답 ②

해 **비행문화란 기존질서를 파괴하거나 무시함으로써 사회적 문제를 야기 시키는 문화**이다. 이러한 비행문화를 통해 청소년들은 쾌감을 느끼고 청소년문화의 정체성을 추구한다. 성인의 입장에서 비행문화는 문제아를 양산한다고 우려하는 경향이 있다.

038

답 ①

해 문화의 특징으로 공유성, 축적성, 학습성, 총체성 등이 있다. **공유성이란 사회구성원들이 보이는 유사한 생활습관**으로, 한 개인이 공유성에 위배되는 언어나 행위를 했을 때 사회적 제재가 가해지기도 한다.

심화학습	문화의 속성

1) 공유성

일정한 환경 속에서 집단을 이루고 살아가는 사회구성원들에게 공통적으로 나타나는 행동 및 사고방식으로, 사고와 행동의 동질성이 형성되고 구성원들 간에 특정한 상황에서 상대방이 어떻게 행동한 것인가, 또는 서로에게 무엇을 기대할 수 있는지 예측이 가능하다.

2) 학습성

문화는 선천적이나 유전적으로 타고난 것이 아니라, 후천적 학습을 통해 얻어지는 것이며 학습을 통해 다음 세대로 전달하는데 학습이 발생한다.

3) 축적성

문화는 세대 간의 전승을 통해 축적되며 과거의 내용이 그대로 전달되는 것이 아니라 형성된 것으로 새로운 요소가 추가되면서 더 풍부해지는 것으로, 주로 언어나 문자 등 상징체계를 통해 전달되고 축적되어 발전한다.

4) 총체성(전체성)

문화의 구성요소들은 상호 유기적으로 밀접한 관련을 맺으면서 전체를 이루고 있기 때문에 문화는 부분이 아닌 전체로서 의미를 가지며, 문화 요소 간의 상호 연관성으로 한 부분이나 한 요소의 변동이 연쇄적으로 다른 부분에도 영향을 미친다.

5) 변동성

문화는 시간의 변화에 따라 형태나 의미, 내용이 변화하는 생활양식으로 끊임없이 발전하고 변동하는 것은 인간사회의 특성이기도 하다.

039

답 ①

해 **알코올은 뇌나 척수 활동을 저하시키는 중추신경 억제제**이다. 중추신경 억제제는 진정제로 중추신경을 억제시키며 진통 효과가 있다. 중추신경 억제제의 종류로는 모르핀, 헤로인, 바비튜레이트, 벤조다아제핀, 알코올, 덱스트로메토르판 등이 있다. 중추신경 흥분제로는 필로폰, 암페타민, 코카인, 카페인, 니코틴 등이 있다.

실력다지기

중추신경 억제제 : 진정제로 중추신경을 억제시키며, 진통 효과가 있다.

1) 헤로인 : 모르핀을 아세틸화하여 만든 합성 물질이다.

2) 모르핀 : 아편에 들어있는 알칼로이드이다.

3) 바비트레이트산염 : 진정 및 항경련 효과가 있다.

4) 벤조다이아제핀 : 신경안정의 효과가 있다.

5) 알코올(술) : 행동을 억제하는 신피질을 억제, 판단력의 저하(탈 억제)를 가져온다.

6) 덱스트로메토르판 : 비마약성 중추성 진해제로, 마른기침을 완화하는 일반의약품으로 널리 쓰이며, 중추신경계에 작용하지만 아편계열 알칼로이드는 아니다.

중추신경 흥분제

1) **코카인, 암페타민(필로폰), 카페인(커피), 니코틴(담배) 등이 있다.**

2) 이러한 약물은 신경계의 활동을 증가시키고 신체 작용을 활성화시키는 작용을 한다.

3) 그러나 이런 약물들을 조금씩 계속 복용하다보면 건강을 해칠 수도 있으며, 중독을 유발할 수 있다.

4) 코카인에 중독되면 도취 행복감, 폭력 행위, 구역질, 몸서리, 환각 등의 증상이 나타나게 된다.

5) 또한, 암페타민(필로폰)에 중독되면 부유감(들떠 있는 느낌), 불안, 폭력, 적대감, 심각한 편집병, 환각, 발한(식은 땀) 등의 증상을 보이게 된다.

6) 이러한 약물을 갑자기 끊게 되면 금단현상이 나타나게 되는데, 금단 현상으로는 피로감, 길고 힘든 수면, 성급함, 우울, 폭력 등의 증상이 나타난다.

7) 이와 같은 중추 신경 흥분제는 정신적·육체적 장애를 가져올 뿐만 아니라 심각한 사회적 문제를 일으키기도 한다. 그러므로 이런 약물들로 인한 피해를 직시하여 사용을 금하며, 취미 활동이나 스포츠 활동을 통하여 건전한 삶을 생활화하도록 노력해야 한다.

040

답 ④

해 사회봉사명령은 3호 처분으로, 200시간을 초과할 수 없다.

오답노트

① 수강명령(2호 처분)은 12세 이상의 소년에게만 할 수 있다.
② 장기 소년원 송치(10호 처분)는 12세 이상의 소년에게만 할 수 있다.
③ 단기 보호관찰기간은 1년으로 한다.
⑤ 장기 보호관찰기간은 2년으로 한다. 다만, 소년부 판사는 보호관찰관의 신청에 따라 결정으로써 1년의 범위에서 한 번에 한하여 그 기간을 연장할 수 있다.

실력다지기

소년법 제32조(보호처분의 결정)
① 소년부 판사는 심리 결과 보호처분을 할 필요가 있다고 인정하면 결정으로써 다음 각 호의 어느 하나에 해당하는 처분을 하여야 한다.
1. 보호자 또는 보호자를 대신하여 소년을 보호할 수 있는 자에게 감호 위탁
2. **수강명령**
3. **사회봉사명령**
4. **보호관찰관의 단기(短期) 보호관찰**
5. **보호관찰관의 장기(長期) 보호관찰**
6. 「아동복지법」에 따른 아동복지시설이나 그 밖의 소년보호시설에 감호 위탁
7. 병원, 요양소 또는 「보호소년 등의 처우에 관한 법률」에 따른 의료재활소년원에 위탁
8. 1개월 이내의 소년원 송치
9. **단기 소년원 송치**
10. 장기 소년원 송치
② 다음 각 호 안의 처분 상호 간에는 그 전부 또는 일부를 병합할 수 있다.
1. 제1항 제1호·제2호·제3호·제4호 처분
2. 제1항 제1호·제2호·제3호·제5호 처분
3. 제1항 제4호·제6호 처분
4. 제1항 제5호·제6호 처분
5. 제1항 제5호·제8호 처분
③ **제1항 제3호의 처분은 14세 이상의 소년에게만 할 수 있다.**

④ 제1항 제2호 및 제10호의 처분은 12세 이상의 소년에게만 할 수 있다.

⑤ 제1항 각 호의 어느 하나에 해당하는 처분을 한 경우 소년부는 소년을 인도하면서 소년의 교정에 필요한 참고자료를 위탁받는 자나 처분을 집행하는 자에게 넘겨야 한다.

⑥ 소년의 보호처분은 그 소년의 장래 신상에 어떠한 영향도 미치지 아니한다.

소년법 제33조(보호처분의 기간)

① 제32조 제1항 제1호·제6호·제7호의 위탁기간은 6개월로 하되, 소년부 판사는 결정으로써 6개월의 범위에서 한 번에 한하여 그 기간을 연장할 수 있다. 다만, 소년부 판사는 필요한 경우에는 언제든지 결정으로써 그 위탁을 종료시킬 수 있다.

② 제32조 제1항 제4호의 단기 보호관찰기간은 1년으로 한다.

③ 제32조 제1항 제5호의 장기 보호관찰기간은 2년으로 한다. 다만, 소년부 판사는 보호관찰관의 신청에 따라 결정으로써 1년의 범위에서 한 번에 한하여 그 기간을 연장할 수 있다.

④ 제32조 제1항 제2호의 수강명령은 100시간을, 제32조 제1항 제3호의 사회봉사명령은 200시간을 초과할 수 없으며, 보호관찰관이 그 명령을 집행할 때에는 사건 본인의 정상적인 생활을 방해하지 아니하도록 하여야 한다.

⑤ 제32조 제1항 제9호에 따라 단기로 소년원에 송치된 소년의 보호기간은 6개월을 초과하지 못한다.

⑥ 제32조 제1항 제10호에 따라 장기로 소년원에 송치된 소년의 보호기간은 2년을 초과하지 못한다.

⑦ 제32조 제1항 제6호부터 제10호까지의 어느 하나에 해당하는 처분을 받은 소년이 시설위탁이나 수용 이후 그 시설을 이탈하였을 때에는 위 처분기간은 진행이 정지되고, 재위탁 또는 재수용된 때로부터 다시 진행한다.

041

답 ③

해 허쉬(T. Hirschi)가 주창한 사회유대이론에서는 인간은 누구나 범죄를 저지를 수 있으므로 범죄를 예방하는 요인으로 애착, 헌신, 참여, 신념과 같은 사회적 유대를 통한 통제의 역할을 강조하였다.

③ 관습을 잘 따르거나 사회에서 용인된 전통적 목표를 수용하면 비행의 가능성이 낮아진다.

심화학습 | **허쉬(T. Hirschi)의 사회유대 이론(사회통제 이론)**

1) 사회유대 이론(사회통제 이론)은 '비행은 사회에 대한 개인의 유대가 약하거나 깨졌을 때 발생한다.'라는 일방 명제에서 출발한다.

2) 유대를 구성하는 요인으로는 애착(attachment), 관여(헌신, commitment), 참여(involvement), 신념(belief)가 있다.

3) 이런 요인들이 강할수록 비행을 저지를 가능성이 낮으며, 이런 요인 상호 간에도 높은 상관관계가 있음을 허쉬(T. Hirschi)는 주장하였으며, 어느 한 요인의 약화는 다른 요인의 약화를 동반하기 쉽다고 보았다.

(1) 애착(attachment)

애착은 우리가 타인에 대해 갖는 긴밀한 애정의 관계, 그들에 대한 존경, 그들과 동일시하는 정도이다. 애착이 강할수록 타인의 기대에 어긋나지 않으려 한다. 타인의 의견에 둔감할수록 그들과 공유하는 규범의 규제를 덜 받아 이러한 규범을 위반한다.

(2) 관여(헌신, commitment)

관여는 축적된 자산으로 한 개인이 법 위반이나 이탈을 저지름으로써 상실할 수 있는 투자나 이해관계를 의미한다. 교육 및 직업상의 노력은 관여가 된다. 순응에 쏟은 노력을 상실하는 비용 때문에 사람은 범죄로부터 통제되는 것이다.

(3) 참여(involvement)

참여는 활동에 열중하는 정도이다. 참여에는 가족과 함께 시간 보내기, 과외활동 등 통상적 활동들을 포함한다. 통상적 활동이 많거나 활동에 열중하면 불법적인 일에 참여할 수 없기 때문에 비행을 저지르지 않는다.

(4) 신념(belief)

신념은 전통적인 가치와 규범에 대한 인정이다. 다시 말해 법과 사회규칙이 도덕적으로 옳으며 지켜져야 한다는 믿음이다. 신념은 경찰과 법에 대해 존중하는 정도, 법에 복종해야 한다고 믿는 정도, 중화기술을 인정하지 않는 정도 등이 포함된다.

042

답 ⑤

해 모두 옳은 내용이다.

청소년복지 지원법 제14조에 따르면 위기청소년의 경우 특별지원을 할 수 있다. 특별지원의 내용은 다음과 같다.

청소년복지 지원법 제14조(위기청소년 특별지원)

① 국가 및 지방자치단체는 대통령령으로 정하는 바에 따라 위기청소년에게 필요한 사회적 · 경제적 지원(이하 "특별지원")을 할 수 있다.

② 특별지원은 **생활지원, 학업지원, 의료지원, 직업훈련지원, 청소년활동지원** 등 대통령령으로 정하는 내용에 따라 물품 또는 서비스의 형태로 제공한다. 다만, 위기청소년의 지원에 반드시 필요하다고 인정되는 경우에는 금전의 형태로 제공할 수 있다.

③ 특별지원 대상 청소년의 선정 기준, 범위 및 기간과 그 밖에 필요한 사항은 대통령령으로 정한다.

청소년복지 지원법 시행령 제7조(위기청소년 특별지원 내용 등)

① 법 제14조에 따른 위기청소년에 대한 특별지원(이하 "특별지원")은 다음 각 호와 같다. 다만, 제1호 및 제2호에 따른 지원은 제8조 제1항 제3호에 해당하는 경우에만 한다.

1. 청소년이 일상적인 의 · 식 · 주 등 기초생활을 유지하는 데에 필요한 기초생계비와 숙식 제공 등의 지원

2. 청소년이 신체적 · 정신적으로 건강하게 성장하기 위하여 요구되는 건강검진 및 치료 등을 위한 비용의 지원

3. 「초 · 중등교육법」 제2조에 따른 학교의 입학금 및 수업료, 「초 · 중등교육법 시행령」 제97조제1항제1호 · 제98조제1항제1호에 따른 중학교 졸업학력 검정고시 또는 고등학교 졸업학력 검정고시의 준비 등 학업을 지속하기 위하여 필요한 교육비용의 지원

4. 취업을 위한 지식 · 기술 · 기능 등 능력을 향상시키기 위하여 필요한 훈련비의 지원

5. 폭력이나 학대 등 위기상황에 있는 청소년에게 필요한 법률상담 및 소송비용의 지원

6. 그 밖에 청소년의 건전한 성장을 위하여 필요하다고 성평등가족부장관이 인정하는 비용의 지원

② 제1항에 따른 지원은 「국민기초생활 보장법」, 「긴급복지지원법」, 「의료급여법」, 「사회복지사업법」, 「성폭력방지 및 피해자보호 등에 관한 법률」, 「가정폭력방지 및 피해자보호 등에 관한 법률」 등 다른 법령에 따라 동일한 내용의 지원을 받지 않는 경우만 해당하며, 지원 내용에 따른 구체적인 금액은 성평등가족부장관이 정한다.

③ 제1항에 따른 지원은 그 지원기간을 1년 이내로 하되, 필요한 경우 1년의 범위에서 한 번 연장할 수 있다. 다만, 제1항제3호 및 제4호에 따른 지원은 두 번까지 연장할 수 있다.

043

답 ⑤

해 모두 옳은 내용이다. 학교 밖 청소년을 위한 교육지원은 초등학교·중학교로의 재취학, 고등학교로의 재입학, 복교 지원, 상급학교 진학 지원, 대안학교 진학 지원, 검정고시 지원, 학업중단 예방 지원 등이 있다.

실력다지기

학교 밖 청소년 지원에 관한 법률 제9조(교육지원)

① 국가와 지방자치단체는 학교 밖 청소년이 학업에 복귀하고 자립할 수 있도록 다음 각 호의 사항을 지원할 수 있다.
  1. 「초·중등교육법」 제2조의 **초등학교·중학교로의 재취학 또는 고등학교로의 재입학**
  2. 「초·중등교육법」 제60조의3의 **대안학교로의 진학**
  3. 「초·중등교육법」 제27조의2에 따라 **초등학교·중학교 또는 고등학교를 졸업한 사람과 동등한 학력이 인정되는 시험의 준비**
  4. 그 밖에 학교 밖 청소년의 교육지원을 위하여 필요한 사항
② 제1항에 따른 교육지원의 방법 및 절차 등에 필요한 사항은 성평등가족부령으로 정한다.

044

답 ①

해 지역사회 청소년통합지원체계(Community Youth Safety - Network)는 위기청소년 보호지원을 위한 사회안전망이다. 지역사회 시민 및 청소년 관련 기관, 단체들이 위기상황에 빠진 청소년을 발견 구조 치료하는 데 참여하여 건강한 민주시민으로 성장하도록 지원하기 위해 협력한다.

① **지역사회 청소년통합지원체계는 「청소년 복지지원법」에 근거하여 구축·운영한다.** 국가는 청소년통합지원체계의 구축·운영을 지원하여야 한다. 필수연계기관으로는 학교, 교육청, 노동관서, 국공립 의료기관, 보건소, 청소년 쉼터, 청소년지원 시설 등이다.

심화학습 **지역사회 청소년통합지원체계(Community Youth Safety - Network) 필수연계기관**

청소년 복지지원법 제4조(지역사회 청소년통합지원체계 구성 등)

① 법 제9조 제1항에 따른 지역사회 청소년통합지원체계(이하 "통합지원체계")는 다음 각 호의 기관 또는 단체(이하 "필수연계기관")를 반드시 포함하여 구성하여야 한다.

1. 법 제29조에 따른 청소년상담복지센터 및 법 제31조에 따른 청소년복지시설
2. 「성매매방지 및 피해자보호 등에 관한 법률」 제9조 제1항 제2호에 따른 청소년 지원시설
3. 「청소년기본법」 제3조 제8호에 따른 청소년단체
4. 「지방자치법」 제2조에 따른 지방자치단체
5. 「지방교육자치에 관한 법률」에 따른 특별시·광역시·특별자치시·도 및 특별자치도(이하 "시·도"라 한다) **교육청** 및 교육지원청
6. 「초·중등교육법」 제2조에 따른 학교
7. 「국가경찰과 자치경찰의 조직 및 운영에 관한 법률」 제13조에 따른 시·도경찰청 및 경찰서
8. 「공공보건의료에 관한 법률」 제2조 제3호에 따른 공공보건의료기관
9. 「지역보건법」 제10조에 따른 보건소(보건의료원을 포함)
10. 「법무부와 그 소속기관 직제」 제39조의2에 따른 청소년 비행예방센터
11. 「고용노동부와 그 소속기관 직제」 제19조 및 제23조에 따른 지방고용노동청 및 지청
12. 「학교 밖 청소년 지원에 관한 법률」 제12조 제1항에 따른 학교 밖 청소년 지원센터
13. 「보호관찰 등에 관한 법률」 제14조에 따른 보호관찰소(보호관찰지소를 포함)

045

답 ②

해 청소년복지 지원법에 따르면, 특별자치시장·특별자치도지사 또는 시장·군수·구청장(자치구의 구청장)은 **9세 이상 18세 이하**의 청소년에게 청소년증을 발급할 수 있다고 규정하고 있다.

실력다지기 **청소년복지 지원법 제4조(청소년증)**

① **특별자치시장·특별자치도지사 또는 시장·군수·구청장(자치구의 구청장을 말한다. 이하 같다)은 9세 이상 18세 이하의 청소년에게 청소년증을 발급할 수 있다.**
② 제1항에 따른 청소년증은 다른 사람에게 양도하거나 빌려주어서는 아니 된다.
③ 누구든지 제1항에 따른 청소년증 외에 청소년증과 동일한 명칭 또는 표시의 증표를 제작·사용하여서는 아니 된다.
④ 제1항에 따른 청소년증의 발급에 필요한 사항은 성평등가족부령으로 정한다.

046

답 ④

해 "따돌림"이란 학교 내외에서 **2명 이상**의 학생들이 특정인이나 특정집단의 학생들을 대상으로 **지속적이거나 반복적으로 신체적** 또는 심리적 공격을 가해 상대방이 고통을 느끼도록 하는 일체의 행위를 말한다(「학교폭력예방 및 대책에 관한 법률」 제2조 제1호의2).

047

답 ④

해 유엔아동권리협약의 4대 기본원칙은 무차별의 원칙, 아동이익 최우선의 원칙(아동 최선의 이익 원칙), 생존과 보호 및 발달의 원칙(생존 및 발달보장의 원칙), 아동의견 존중의 원칙(참여의 원칙) 등이다. **보기의 예는 참여의 원칙을 설명한 것이다.** 즉, 아동은 책임감 있는 어른이 되기 위해 아동 자신의 능력에 맞게 적절한 사회활동에 참여할 기회를 가지고, 자신의 생활에 영향을 주는 일에 대하여 의견을 말할 수 있어야 하며, 그 의견을 존중받을 수 있어야 한다는 원칙을 '참여의 원칙'이라고 한다.

참고 | **유엔 아동권리협약의 기본원칙 4가지**

1) 무차별의 원칙

모든 아동은 어떤 인종이든, 어떤 종교를 믿든, 어떤 언어를 사용하든, 부모님이 어떤 사람이든, 부자든 가난하든, 장애가 있든 없든, 모두 동등한 권리를 누려야 한다.

2) 아동 최선의 이익 원칙

아동에게 영향을 미치는 모든 것을 결정할 때는 아동의 이익을 최우선으로 고려해야 한다.

3) 생존과 보호 및 발달의 원칙(생존 및 발달보장의 원칙)

아동은 생존과 발달을 위해 다양한 보호와 지원을 받아야 한다.

4) **아동의견 존중의 원칙(참여의 원칙)**

아동은 책임감 있는 어른이 되기 위해 자신의 능력에 맞는 적절한 사회활동에 참여할 기회를 갖고, 자신의 생활에 영향을 주는 일에 대해 의견을 말할 수 있어야 하며 그 의견을 존중받아야 한다.

048

답 ②

해 등록정보는 등록대상 성범죄 요지, 성명, 주소 및 실제 거주지, 연락처(전화번호, 전자우편주소), 소유차량의 등록정보, 성범죄 경력 정보, 전자장치 부착여부 및 기간, 주민등록번호, 신체정보(키와 몸무게), 직업 및 직장 등의 소재지, 사진(상반신 및 전신), 성범죄 전과 사실(죄명 및 횟수) 등이다.

② **출신 학교는 등록정보에 포함되지 않는다.**

심화학습   아동·청소년의 성보호에 관한 법률 제49조(등록정보의 공개)

① 법원은 다음 각 호의 어느 하나에 해당하는 자에 대하여 판결로 제4항의 공개정보를 「성폭력범죄의 처벌 등에 관한 특례법」 제45조 제1항의 등록기간 동안 정보통신망을 이용하여 공개하도록 하는 명령(이하 "공개명령")을 등록대상 사건의 판결과 동시에 선고하여야 한다. 다만, 피고인이 아동·청소년인 경우, 그 밖에 신상정보를 공개하여서는 아니 될 특별한 사정이 있다고 판단하는 경우에는 그러하지 아니하다.

  1. 아동·청소년대상 성범죄를 저지른 자

  2. 「성폭력범죄의 처벌 등에 관한 특례법」 제2조제1항제3호·제4호, 같은 조 제2항(제1항제3호·제4호에 한정한다), 제3조부터 제15조까지의 범죄를 저지른 자

  3. 제1호 또는 제2호의 죄를 범하였으나 「형법」 제10조제1항에 따라 처벌할 수 없는 자로서 제1호 또는 제2호의 죄를 다시 범할 위험성이 있다고 인정되는 자

② 제1항에 따른 등록정보의 공개기간(「형의 실효 등에 관한 법률」 제7조에 따른 기간을 초과하지 못한다)은 판결이 확정된 때부터 기산한다.

③ 다음 각 호의 기간은 제1항에 따른 공개기간에 넣어 계산하지 아니한다.

  1. 공개명령을 받은 자(이하 "공개대상자")가 신상정보 공개의 원인이 된 성범죄로 교정시설 또는 치료감호시설에 수용된 기간. 이 경우 신상정보 공개의 원인이 된 성범죄와 다른 범죄가 「형법」 제37조(판결이 확정되지 아니한 수개의 죄를 경합범으로 하는 경우로 한정한다)에 따라 경합되어 같은 법 제38조에 따라 형이 선고된 경우에는 그 선고형 전부를 신상정보 공개의 원인이 된 성범죄로 인한 선고형으로 본다.

  2. 제1호에 따른 기간 이전의 기간으로서 제1호에 따른 기간과 이어져 공개대상자가 다른 범죄로 교정시설 또는 치료감호시설에 수용된 기간

  3. 제1호에 따른 기간 이후의 기간으로서 제1호에 따른 기간과 이어져 공개대상자가 다른 범죄로 교정시설 또는 치료감호시설에 수용된 기간

④ **제1항에 따라 공개하도록 제공되는 등록정보(이하 "공개정보")는 다음 각 호와 같다.**

  1. 성명

  2. 나이

  3. 주소 및 실제거주지(「도로명주소법」 제2조제3호에 따른 도로명 및 같은 조 제5호에 따른 건물번호까지로 한다)

  4. 신체정보(키와 몸무게)

  5. 사진

  6. 등록대상 성범죄 요지(판결일자, 죄명, 선고형량을 포함한다)

  7. 성폭력범죄 전과사실(죄명 및 횟수)

  8. 「전자장치 부착 등에 관한 법률」에 따른 전자장치 부착 여부

⑤ 공개정보의 구체적인 형태와 내용에 관하여는 대통령령으로 정한다.

⑥ 공개정보를 정보통신망을 이용하여 열람하고자 하는 자는 실명인증 절차를 거쳐야 한다.

⑦ 실명인증, 공개정보 유출 방지를 위한 기술 및 관리에 관한 구체적인 방법과 절차는 대통령령으로 정한다.

049

답 ⑤

해 **청소년의 체력검사·건강진단 실시와 그 결과 통보에 필요한 사항은 성평등가족부령**으로 정한다. → 법 제6조 ④항

부연

① 차상위계층에 해당하는 사람의 가구원인 여성청소년은 국가 및 지방자치단체의 생리용품 지원대상이다.
→ **시행령 제3조의2 ①항 1호**

② 성평등가족부장관은 청소년의 성장 환경을 고려하여 5년 이내의 기간마다 청소년의 건강·체력 기준을 새로 설정하여야 한다. → **시행령 제3조**

③ 국가 및 지방자치단체는 청소년의 건강 증진과 체력 향상을 위한 시책으로서 청소년이 참가하는 체육대회를 장려하고, 예산의 범위에서 체육대회 개최에 필요한 경비를 지원할 수 있다. → **법 제6조 ①항**

청소년복지 지원법 시행령

제2조(청소년의 건강 증진 및 체력 향상을 위한 시책)

국가 및 지방자치단체는 법 제5조 제1항에 따른 청소년의 건강 증진과 체력 향상을 위한 시책으로서 청소년이 참가하는 체육대회를 장려하고, 청소년 스포츠 동호인 활동을 적극 지원하며, 예산의 범위에서 체육대회 개최 및 동호인 활동에 필요한 경비를 지원할 수 있다.

제3조(청소년 건강·체력 기준의 설정·보급)

성평등가족부장관은 법 제5조 제2항에 따라 청소년의 건강·체력 기준을 설정하고 보급하여야 하며, 청소년의 성장 환경을 고려하여 5년 이내의 기간마다 청소년의 건강·체력 기준을 새로 설정하여야 한다.

제3조의2(생리용품 지원의 대상과 방법 등)

① 국가 및 지방자치단체는 법 제5조제3항에 따라 다음 각 호에 해당하는 사람 또는 그 사람의 가구원인 여성청소년을 대상으로 생리용품을 지원한다.

　1. 「**국민기초생활 보장법」 제2조 제10호의 차상위계층에 해당하는 사람**

　2. 「국민기초생활 보장법」 제7조에 따른 생계급여, 주거급여, 의료급여 또는 교육급여의 수급자

　3. 「한부모가족지원법」 제5조 및 제5조의2에 따른 지원대상자

　4. 그 밖에 성평등가족부장관이 생리용품 지원이 필요하다고 인정하는 사람

② 국가 및 지방자치단체는 제1항에 따른 여성청소년에게 생리용품을 직접 지급하거나 생리용품의 이용권[생리용품을 이용할 수 있도록 금액이나 수량이 기재(전자적 또는 자기적 방법에 의한 기록을 포함한다)된 증표를 말함]을 지급할 수 있다.

③ 국가 및 지방자치단체는 지원 대상 결정 등 생리용품 지원 업무를 수행하기 위하여 「사회보장기본법」 제37조 제2항에 따른 사회보장정보시스템을 연계하여 사용할 수 있다.

④ 제2항에 따라 생리용품 또는 생리용품의 이용권을 지급받으려는 여성청소년은 성평등가족부령으로 정하는 바에 따라 특별자치시장·특별자치도지사 또는 시장·군수·구청장(자치구의 구청장을 말한다)에게 신청해야 한다.

⑤ 제1항부터 제4항까지에서 규정한 사항 외에 지원에 필요한 신청 절차 및 방법 등에 관하여 필요한 사항은 성평등가족부령으로 정한다.

050

답 ⑤

해 청소년출입제한지역 알림 서비스는 「청소년복지 지원법령」상 청소년부모에 대한 가족지원서비스 및 복지지원에 해당되지 않는다.

실력다지기   보호처분의 결정 (소년법 제32조)

▶ 청소년복지 지원법 제18조의2(청소년부모에 대한 가족지원서비스)

① 국가 및 지방자치단체는 청소년부모에게 다음 각 호의 가족지원서비스를 제공할 수 있다.

　1. **아동의 양육 및 교육 서비스**

　2. **「지역보건법」 제11조 제1항 제5호 사목에 따른 방문건강관리사업 서비스**

　3. **교육·상담 등 가족 관계 증진 서비스**

　4. 그 밖에 대통령령으로 정하는 청소년부모에 대한 가족지원 서비스

▶ 청소년복지 지원법 시행령 제10조의2(청소년부모에 대한 가족지원서비스 및 복지지원)

① 법 제18조의2 제1항 제4호에서 "대통령령으로 정하는 청소년부모에 대한 가족지원 서비스"란 다음 각 호의 서비스를 말한다.

　1. 자녀양육 지도, 정서지원 등의 생활도움 서비스

　2. 청소년부모에 필요한 서비스 연계 등을 통한 통합지원관리 서비스

① 국가 및 지방자치단체는 법 제5조제3항에 따라 다음 각 호에 해당하는 사람 또는 그 사람의 가구원인 여성청소년을 대상으로 생리용품을 지원한다.

　1. **「국민기초생활 보장법」 제2조 제10호의 차상위계층에 해당하는 사람**

　2. 「국민기초생활 보장법」 제7조에 따른 생계급여, 주거급여, 의료급여 또는 교육급여의 수급자

　3. 「한부모가족지원법」 제5조 및 제5조의2에 따른 지원대상자

　4. 그 밖에 성평등가족부장관이 생리용품 지원이 필요하다고 인정하는 사람

　x4. 그 밖에 청소년부모의 성장과 그 자녀의 안정적 양육을 위하여 필요하다고 성평등가족부장관이 인정하여 고시하는 복지지원

③ 법 제18조의2 제1항에 따른 가족지원서비스 및 법 제18조의3 제1항에 따른 복지지원은 「국민기초생활 보장법」, 「긴급복지지원법」, 「의료급여법」, 「사회복지사업법」, 「아이돌봄 지원법」, 「영유아보육법」 및 「유아교육법」 등 다른 법령에 따라 동일한 내용의 지원을 받지 않는 청소년부모를 대상으로 한다.

④ 법 제18조의2 제1항에 따른 가족지원서비스 및 법 제18조의3 제1항에 따른 복지지원 대상자는 가구소득이 「국민기초생활 보장법」 제2조 제11호에 따른 기준 중위소득의 일정 비율 이하인 사람 중에서 재산정도 및 취업상태 등을 고려하여 선정한다. 이 경우 해당 비율은 성평등가족부장관이 정하여 고시한다.

⑤ 법 제18조의2 제1항에 따른 가족지원서비스 및 법 제18조의3 제1항에 따른 복지지원 기간은 1년으로 하며, 필요한 경우 성평등가족부장관이 정하여 고시하는 바에 따라 연장할 수 있다. 다만, 지원 대상자가 지원 기간 중에 24세에 도달하는 경우 지원 기간은 해당 연도의 마지막 날까지로 한다.

정답 및 해설

1교시

2교시

2021

제1과목 발달심리 (필수)

001	⑤	002	①	003	①	004	④	005	④
006	②	007	⑤	008	③	009	②	010	④
011	③	012	①	013	③	014	⑤	015	⑤
016	①	017	②	018	①	019	③	020	②
021	⑤	022	④	023	③	024	②	025	④

001

답 ⑤

해 **전통적인 관점에서 발달의 지향점은 성숙이며, 노화의 지향점은 죽음이다. 그러나 전 생애발달 관점에서 모든 연령에서의 발달은 성장과 감소를 동시에 포함하는 개념이다.** 결국 발달은 다중방향성이 있으며 이러한 다중방향성을 고려하지 않고 성인기의 발달을 성장 또는 쇠퇴로만 생각하는 것은 성인기 발달의 특징을 제대로 이해하지 못한 것이다.

가소성

1) 유전적으로 동일한 식물 또는 동물은 환경적인 조건에 따라서 서로 다른 형태로 자랄 수 있다. 이러한 현상은 '발달 가소성(developmental plasticity)'이라고 한다. 이는 생의 전 과정에서 이루어진다.

2) 어떤 사람의 인생의 아주 중요한 부분이 하나 바뀐다면, 사람도 바뀔 수 있다고 본다. 이런 성질을 가소성(plasticity)이라고 한다. 예를 들어, Rutter(1981)는 일손이 부족한 고아원에서 자란 어두운 아기들도 사회성이 발달된 가정에 입양되면 밝고 다정하게 바뀐다는 사실을 관찰하였다.

002

답 ①

해 [ㄷ]. **횡단적 접근법은 연령 효과와 출생시기 효과를 구분하기 어렵다.** 횡단적 접근법은 각기 다른 연령의 사람들을 동시에 연구하는 것으로, 연령의 차이를 나타냄으로써 발달의 경향을 알 수 있기 때문이다.

[ㄹ]. **횡단적 접근법은 어떤 특성의 안정성에 대한 정보를 얻기 힘들다.** 횡단적 접근법은 차이점을 알 수 있지만, 어떤 특성의 안정성에 대한 정보는 얻기 힘들다.

참고 순차적 접근법 – 연령효과와 동시대 출생 집단의 효과 및 측정시기의 효과를 분리하는 방법이다.

종단적 접근법

1) 종단 연구에는 패널 연구, 추세 연구, 코호트 연구가 있다.
2) 패널 연구(panel study)는 동일대상에 대해 같은 주제를 시간 경과에 따른 변화를 연구하기 위해 반복적으로 관찰하는 종단 연구(longitudinal study)이다.
3) 추세 연구(경향연구, trend study)는 **구성원은 변하지만 성격이 동일한 모집단(예 현직 초등학교 교장)에서 상이한 표본을 상이한 시점에 조사하여** 시점 간 관측치를 비교함으로써 모집단 내에서의 추세를 파악하는 연구이다.
4) 코호트 연구(동년배 연구, cohort study)는 **구성원이 변하지 않는 특정한 모집단(예 2011년 마이스터고 입학생)으로부터 상이한 표본을 상이한 시점에서 표집하여 조사**하는 연구이다.

003

답 ①

해 ② 에릭슨(E. Erikson)에 의하면 **특정 단계의 과업이나 위기를 해결하든 해결하지 못하든 일정한 연령에 도달하면 생물학적 성숙이나 사회적 압력에 의해 다음 단계로 진행할 수 없다.**
③ 프로이드(S. Freud)는 **구강기, 항문기, 남근기, 잠재기, 생식기의 순서**로 성격 발달이 이루어진다고 주장한다.
④ 스턴버그(R. Sternberg)의 삼원지능이론은 **성분적, 경험적, 상황적 지능**으로 구성된다.
⑤ 콜버그(L. Kohlberg)는 도덕성을 **도덕적 사고수준**의 발달 측면에서 전인습적, 인습적, 후인습적 수준으로 구분한다.

004

답 ④

해 ① 시각은 인간의 감각 중 **가장 늦게 발달**한다.
② 출생 시부터 신생아는 세상을 **천연색**으로 지각한다. 출생시 적색과 녹색을 구분하며 2개월이 되면 삼원색의 대부분을 구분한다.
③ 팬츠(R. Fantz)의 실험에서 신생아는 **직선보다 곡선을 더 선호하는 것**으로 나타났다. 또한 규칙적인 형태보다는 불규칙적인 형태를, 윤곽선이 열린 형태보다는 닫힌 형태를, 비대칭형보다 대칭형을, 지나치게 단순한 형태보다 적당하게 복잡한 형태를 선호한다.
⑤ **신생아는 정지된 물체보다 움직이는 물체를 더 선호한다.**

005

답 ④

해 **양가 애착 유형**의 영아는 부모를 갈망하면서 동시에 거부하는 양면성을 보인다.

006

답 ②

해 콜버그의 성역할 발달 단계는 **성정체성(gender identity : 남녀를 구분하며 명명하는 능력) → 성안정성(gender stability : 옷이나 머리를 바꾸어도 성은 변하지 않음을 이해하는 능력) → 성일관성 (gender constability : 남/여자라면 계속 남/여자로 자라는 것을 이해하는 능력)**으로 이루어진다.

007

답 ⑤

해 **모두 옳은 내용이다.** 비고츠키는 인지발달과 언어발달은 독립적으로 이루어진다고 주장한다. 언어는 인지발달에 중요한 역할을 한다. 언어는 사적 언어와 사회적 언어가 있는데 이 둘은 각각 발달한다. 유아는 혼잣말을 통해 자신의 사고를 정리하고 촉진하는데 특히 어려운 과제를 수행하거나 외적 언어에서 내적 언어로 전환하는 과정에서 혼잣말을 사용한다. 또한 아동의 자기중심적 언어는 사적 언어의 한 형태로 행동을 조절하고 지시해서 문제를 해결하기 위해 활용한다.

008

답 ③

해 미드(M. Mead) - 사모아 섬에서 생활하며 청소년들을 관찰한 결과 갈등과 혼란을 겪는 것이 아니라 청소년기 질풍노도의 시기가 없이 자연스러운 성장을 하고 있다고 주장하였다.

참고 ③ **설리반** - 혼돈과 곤혹의 시기를 맞아 오랜 기간 동안 갈등과 혼란을 겪는 시기이다.

심화학습

설리반이 제시한 청소년기[1]

설리반도 홀이나 안나 프로이드처럼 청소년기를 질풍과 노도의 시기로 보았다. 청소년은 혼란과 곤혹의 시기를 맞아 오랜 기간 갈등과 혼란을 겪어야 한다는 것이다. 설리반은 청소년기의 질풍노도를 홀과 같이 인간의 진화과정에서의 과도기적 단계의 반영으로 보거나 안나 프로이드처럼 오이디푸스 콤플렉스의 재등장으로 보지 않았다. 오히려, 청소년기가 격동적인 것은 이 시기에 등장하는 몇 가지 새롭고 곤혹스러운 도전 때문이라고 한다. 이 시기에 일어나는 생리적인 변화로 말미암아 청소년들은 새로운 욕구를 경험하게 되고, 이 새로운 욕구가 불안에서 벗어나고자 하는 욕구와 적절히 융합이 되어야 하는데 이것이 어려운 문제이다. 왜냐하면 우리는 성적인 것에 관한 것은 될 수 있는 대로 의식 밖으로 밀어내려 하고, 또한 성적 욕망을 처음 경험하는 순간과 그 욕망을 합법적으로 만족시킬 수 있는 순간 사이에는 상당한 기간을 요하기 때문이다. 그래서 이 시기는 온갖 종류의 욕구 간에 충돌이 발생하고, 이 충돌이 청소년기를 질풍노도의 시기로 만든다는 것이다.

009

답 ②

해 ① **치환(전치, displacement)**은 충족될 수 없는 무의식적 욕구를 다른 대상을 통하여 충족시키는 것이다.

③ **동일시**의 예로는 청소년들이 인기 연예인의 헤어스타일을 모방하는 경우가 있다.

---

[1] 이용교(2020). 디지털 청소년복지. 인간과 복지

④ **투사**는 자신의 내부에서 용납하기 어려운 욕구나 충동을 남의 탓으로 돌리는 것이다.

⑤ **합리화**는 자신의 행위나 생각을 정당화하기 위해 그럴듯한 이유를 제시하는 것이다.

010

답 ④

해 엘킨드(D. Elkind)가 제시한 청소년의 자아중심적 특성은 **개인적 우화와 상상의 청중**이다.

참고 전환적 추론, 중심화(centration)는 전조작기(유아기, 2세~7세)의 특징이다.

011

답 ③

해 ① 리겔(K. Riegel) : 성숙한 사고가 성인기 사고의 특징이라고 하였다. 그는 성인기 인지발달을 피아제의 감각운동기, 전조작기, 구체적 조작기, 형식적 조작기 다음에 5번째 인지발달 단계를 **변증법적 사고**라고 주장한다. 변증법적 사고를 하는 사람은 정, 반, 합을 이끌어내고, 비일관성, 모순을 잘 감지한다.

② 샤이(K. Schaie) : 성인 인지발달단계를 **지식습득, 성취, 책임, 실행, 재통합의 제5단계**로 본다.

④ 아를린(P. Arlin) : 성인기 인지발달을 **피아제의 감각운동기, 전조작기, 구체적 조작기, 형식적 조작기 다음에 문제 발견적 사고의 단계라는 다섯 번째 단계가 있다**고 보았다. 문제 발견적 사고의 단계의 특징은 창의적 사고, 확산적 사고, 새로운 문제해결방법의 발견 등이다. 아를린은 형식적 조작사고를 획득했다고 해서 문제 발견적 사고가 동시에 자동적으로 가능한 것은 아니며 이러한 사고능력은 형식적 조작사고능력이 획득된 다음에 비로소 획득이 가능하다.

⑤ **라부비비에(G. Labouvie-Vief) : 성인기에는 가설적 사고에서 실용적 사고로 변화한다.** 성인기에 문제해결을 할 때는 청년기와 달리 논리적 사고에 덜 의존하고 융통성과 실용성을 발휘하며 현실적인 면을 보다 많이 고려한다. 이 시기의 사고능력은 우수하며 사회현실에 대한 이해력을 가진다. 결국 **성인기의 사고능력에는 논리적 사고능력 뿐만 아니라 현실 적응능력이 더해지고 사고의 통합화가 이루어진다.**

심화학습 | **성인기 인지발달**

1) **리겔(K. Riegel)**은 형식적 조작기에 도달해서 인지발달이 완성된다는 피아제의 주장에 반론을 제기하였으며, 성인기 특유의 사고 특징인 **변증법적 추론을 주장한 학자다.** 리겔(Riegel, 1976)은 인지발달은 청소년기 이후에도 계속해서 이루어지며 그것은 변증법적이라고 주장한다. 성인기 동안의 인지발달은 청소년기까지와는 다르게 일련의 계속적인 갈등이나 위기 혹은 모순과 그것의 해결에 의해 설명될 수 있기 때문에, 평형모델을 지향하는 피아제의 인지발달단계이론은 성인기의 사고를 완전하게 설명할 수 없다는 것이다. 리겔은 형식적 조작기 다음에 오는 인지발달단계를 변증법적 조작기(dialectic operational stage)라고 명명하고 인지적 모순과 다양한 사고수준간의 갈등을 중요시하였다. 우리 앞에 제시되는 과제는 때에 따라 단 한 가지 수준의 조작사고(구체적 조작사고나 형식적 조작사고)를 요구하기도 하지만, 때로는 내적 - 생물학적, 외적 - 문화적, 그리고 역사적 수준의 인지적 사고가 갈등을 일으킬 수도 있다. 변증법적 조망에서 보면, 갈등은 지적 발달의 자극제가 되며 성장하는 개인은 모순을 해결하기 위하여 계속적으로 노력한다.

2) **샤이(K. Schaie)**는 성인기 인지발달이 형식적 조작기 사고 이상으로 발달하기는 어렵지만 습득한 지식을 실생활에 적용하는 단계로 전환하는 시기이며 지식의 양적 증가나 감소보다는 사고방식이 질적으로 변화한다고 본다. **성인기 인지발달은 습득단계, 성취단계, 책임단계, 실행단계, 재조직단계로 이루어진다.**

(1) 습득단계 : 아동기와 청소년기에 해당된다. 자신을 위해 혹은 사회에 참여하기 위해 정보와 기술을 획득한다.

(2) 성취단계 : 성인전기에 해당한다. 초점이 현재로 옮겨지며 스스로 설정한 인생 목표를 달성하기 위해 지적 능력을 사용한다.

(3) 책임단계 : 중년기에 해당한다. 한 가족의 가장, 직장인, 지역사회의 일원으로서의 책임과 관련 있는 문제해결에 지적 능력을 사용한다.

(4) 실행단계 : 더 넓은 조망으로 세계에 대한 관심을 두게 되는 시기이며 자신의 삶에 초점을 두기보다 사회조직을 유지하고 키우는데 에너지를 쏟는다.

(5) 재조직단계 : 중년기 후반과 초기 노년기에 해당된다. 은퇴 후 삶을 재조직하고 급여를 받는 일 대신 의미 있는 일에 지적인 에너지를 사용한다.

3) 페리(W. Perry)는 성인기 인지발달을 이원론, 다중성, 상대론, 선택에 대한 책임의 단계로 발달한다고 본다.

012

답 ①

해 **노년기에는 의미기억보다 일화기억이 더 많이 쇠퇴한다. 의미기억은 일화기억과 달리 연령에 따른 영향을 받지 않는다.**

레빈슨(D. Levinson)의 성인발달이론

1) 인생주기(life cycle)를 사계절이 진행되는 과정에 비유하고 있다.

2) 인생주기(life cycle)는 출생에서 죽음에 이르는 과정(process) 또는 여정(journey)을 의미한다.

3) 인생주기의 단계 : 성인 이전기, 성인초기, 성인중기, 성인후기

4) 인생주기의 각 시대는 4 ~ 5년 정도 지속되는 몇 개의 시기들의 계열로 이루어져 있다.

5) 이러한 시기들의 계열이 진행되는 과정은 변화와 안정의 순환원리에 의해 진행된다. 즉, 혼돈과 갈등, 변화가 수반되는 '전환기(transition)'와 다음 시대를 적절하게 살아가기 위해 새로운 삶의 구조(life structure)를 형성하는 '안정기(settling down period)'가 교차되면서 인생주기가 진행된다.

6) 개인의 심리·사회적인 발달은 안정기보다는 주로 전환기에 이루어진다.

7) 노년기는 자아에 대한 궁극적인 관심과 인생이 무엇인가에 대해 최종적으로 마음을 정리하는데 레빈슨은 이것을 삶의 끝자락에서 하게 되는 **'다리 위에서의 조망'**이라고 표현하였다. 이것은 **에릭슨의 자아통합과 유사한 개념**이다.

유리 이론(disengagement theory)

1) 노인이 사회로부터 멀어지려 하고 사회도 노인을 멀리하려는 상호철회에 초점을 둔 이론이다.

2) 장점은 노인과 사회의 상호철회과정을 부정적으로 보지 않으며 **성공적인 노화의 과정**이라고 본다.

3) 비판점은 대부분의 노인들은 사회로부터 유리되고 싶지 않으며 일상생활이나 자기 일에 지속적으로 참여하길 원한다.

활동 이론(activity theory)

1) 노인들은 삶의 만족과 연결된 활동을 하면서 노년기를 보낼 때 행복과 만족감이 높아진다는 이론이다.

2) 노인은 가능하면 더 많은 활동을 유지하려 하며 만약 지금의 역할이 줄어들면 다른 역할을 찾는다. 왜냐하면 역할의 손실은 안녕감과 정신건강의 감퇴로 작용하기 때문이다.

3) 비판점은 일부 노인은 활동하지 않아도 만족감을 느낀다는 것이다. 노인들은 활동 자체보다 자신이 활동하는 것에 의미를 부여하는 것이 중요하다.

013

답 ③

해 **클라인펠터 증후군**은 클라인펠터가 발견한 성염색체 이상 증후군이다. **남아가 X염색체를 하나 더 갖고 있어 남성적 특성이 약하고 가슴과 엉덩이가 발달하는 여성적인 2차 성징이 나타난다. 남아이지만 정자를 배출하지 못하여 생식능력을 갖고 있지 않다.**

① X결함 증후군은 취약 X염색체 증후군이라고 한다. 두 개의 성 염색체 중 X염색체 위에 있는 특정 유전자의 이상으로 발생한다. 학습 장애가 나타나고 특징적인 외모를 가진다. 남성에게서 더 흔하고 여성에게서는 아주 드물게 나타난다. 취약 X염색체 증후군을 가진 여성은 남성에 비하여 증상이 가볍다.

② 터너 증후군은 성염색체의 이상으로 남성에서는 XY, 여성에서는 XX이어야 할 성염색체가 X염색체 1개만으로 이루어지는 성염색체 결손에 의한 질병이다.

③ XYY증후군(야콥 증후군, 제이콥스 증후군)은 남성이 Y염색체가 하나 더 있어서 일반 46개의 염색체가 아닌 총 47개의 염색체가 있는 성 염색체 증후군이다.

④ 다운증후군은 존 랭던 다운의 이름을 따서 지어졌으며, 몽골증이라고도 한다. 21번 염색체의 이상으로 장애를 동반하며 특히 지능발달에 지체를 보인다.

014

답 ⑤

해 [ㄱ]. **수정란의 세포분열은 수정~착상까지의 배종기(발아기)에 시작된다.**

[ㄷ]. **배아기**에 배아의 세포는 외배엽, 중배엽, 내배엽으로 분화된다.

[ㄹ]. 직접흡연과 함께 간접흡연 또한 **태아의 발달에 나쁜 영향을 미친다.**

실력다지기   태내기

1) 태내기는 발아기, 배아기, 태아기로 이루어진다.

2) 태내기 : 수정 순간부터 출산에 이르기까지의 약 9개월간으로, 출생 후 다른 어떤 발달 단계보다 빠른 발달 속도를 보인다.

3) 발아기 : 수정에서부터 수정란이 자궁벽에 착상하기까지 약 2주간의 기간이다. 정자와 난자가 결합해 세포분열을 하며 자궁 내에 착상하게 되는 때이다. 착상을 완료하면 이제 아기는 엄마와 탯줄과 태반으로 연결되어 영양분을 공급받고 노폐물을 배출하게 된다.

4) 배아기(2 ~ 8주): 수정 후 2주~8주경까지이다. 인간의 성장과정 중 성장 속도가 가장 빠른 시기로 심장, 호흡기, 소화기, 신경 및 각 신체 기관이 형성되고 발달하는 때이다.

5) 태아기 : 8주 이후 출생까지의 시기를 말한다. 새로운 기관의 형성보다는 형성된 기관들이 성장하는 때이다. 신체기관의 여러 기능들이 발달하게 된다.

> 1) **수정란기(pre-embryonic stage, 배아 전기)**
>   수정일 ~ 14일까지(2주간)또는 마지막 생리일부터 4주까지 / 세포분열, 배포형성, 배아막 형성 시작, 초기 배엽형성
> 2) 배아기(embryo stage)
>   수정 후 15일 ~ 8주까지 / 기관발달과 외형형성의 결정적 시기(환경적인 요인에 의해 기형초래 가능성이 큼)
> 3) 태아기(fetal stage)
>   수정 후 8주(마지막 월경 시작일로부터 10주) ~ 출생 시까지 / 주요기관 성숙

015

답 ⑤

해 **뇌의 수초화(myelination)는 축색돌기 표면을 슈반 세포의 세포막이 감싸면서 신경 전달을 신속하게 해주는 뇌의 변화이다.** 뇌는 부위에 따라 수초화가 일어나는 시기와 정도가 다른데, 10대의 뇌에서 수초화가 일어나는 곳은 대상회와 해마를 연결해주는 상수질판이다. 이 부위는 순간적인 반응을 전후 맥락과 연결해주는 회로의 핵심 부분이다. 이 부분이 수초화한다는 것은 좀 더 성숙한 행동을 하고, 충동을 잘 조절하고, 집중력이 향상된다는 것을 뜻한다. 언어 기능에 관여하는 베르니케 영역의 왼쪽과 오른쪽을 연결하는 뇌량의 섬유세포도 대부분 13~14세 무렵에 수초화가 진행된다.

참고 **두 반구의 기능분화는 두뇌의 편재화와 관련이 있다.**

016

답 ①

해 ② 운동기술의 발달속도는 **개인차가 있다.**

③ 일반적으로 **중심에서 말단 방향**으로 발달한다.

④ 소근육 운동 기능은 **5세 정도에 완성**된다. 유아기 소근육 발달은 잡기, 선 따라 그리기, 선을 따라 가위질하기, 신발끈매기 순으로 발달한다.

⑤ 대근육 운동은 **기기, 걷기, 달리기, 뛰기, 기어오르기, 균형 잡기, 공 던지기, 자전거 타기** 등이 있으며, 이는 영아의 주변 탐색을 가능케 한다. **소근육 운동은 손 뻗기와 잡기가 있다.**

017

답 ②

해 [ㄴ]. **전조작기** : 문제를 해결할 때 주로 지각적 외양으로 판단한다.

 [ㄷ]. **형식적 조작기** : 구체적 사실이 없어도 가설·연역적 추론을 할 수 있다.

> 심화학습

전조작기 사고의 특징[2]

1) 전조작기의 아동은 이전 시기와는 다른 높은 인지 능력 및 추론 능력을 보인다. 하지만 그와 동시에 이 시기의 아동의 인지 능력은 중요한 한계를 보이기도 한다. 그 대표적인 예가 중심화(egocentrism) 경향성이다.
중심화란 하나의 눈에 띄는 특징에 집중하며 다른 특징에는 주의를 기울이지 않는 경향성을 말한다. 중심화 경향성이 대표적으로 표현되는 형태가 자아 중심성(egocentrism) 경향성인데, 이는 세상을 자신의 관점에서만 바라보고, 따라서 타인의 조망을 수용하지 못하는 인지적 경향성을 말한다.

> **실험**
> 이 시기의 아동은 자신의 시각을 중심으로 세상을 보기 때문에 타인의 관점을 인식하는데 큰 어려움을 겪는다. 자아 중심성은 특히 전조작기 초반에 두드러지게 관찰되는데, 피아제의 유명한 세 산 실험(three mountain task : Piaget & Inhelder, 1956)은 전조작기 아동의 자아 중심성 경향을 잘 보여 준다.
> 이 실험에서 피아제는 세 개의 다른 모양의 산의 모형을 아동에게 보여 주었다. 아동은 산 모형 주위를 돌아다니면서 각각 다른 위치에서는 그 산이 어떤 모습일지를 일단 관찰했다. 그 다음, 아동이 자리에 앉은 후 연구자는 인형을 아동의 반대편 탁자에 앉혔다.
> 그리고 이 인형이 지금 어떤 산 모양을 바라보고 있는지를 각각의 각도에서 찍은 사진을 제시하며 고르도록 시켰다. 이러한 과제를 접하면 대개의 전조작기 아동들은 인형이 놓인 지점에서 보이는 장면보다 자기 자신이 보고 있는 장면이 담긴 사진을 고르는 경향이 있었다.

2) 아동의 자아 중심성은 그들이 세상에 대한 말투를 관찰하면 쉽게 알 수 있다. 이들의 세상에 대한 추론은 성인의 논리 구조와는 다르게 자기중심적인데, 이를 직관적, 혹은 변환적(전환적) 사고라고 부른다. 피아제의 딸인 루시엔느는 어느 날 "난 아직 낮잠을 자지 않았어, 그래서 지금은 오후가 아니야"라고 말했는데(Piaget, 1951), 이러한 아동의 표현은 그들의 논리가 매우 자신을 중심으로 이루어져 있다는 사실을 시사한다.

3) 아동의 연령이 증가하면서 이러한 자아 중심적 사고는 서서히 줄어든다. 그렇지만 **전조작기를 마칠 때까지 완벽한 논리적 사고는 가능하지 않다. 이들의 사고는 여전히 두드러진 지각적 특성의 외양에 크게 의존하는 측면이 강하다.** 피아제 이론 중 가장 유명한 개념 중의 하나가 바로 보존 개념(conservation)의 이해에 대한 연구이다. 보존 개념은 물체의 특정 속성(예 부피, 질량, 수)은 물체의 외관이 달라졌다 하더라도 변함이 없다는 사실을 말한다. 보존 개념과 관련된 가장 유명한 예인 액체의 보존 개념 실험은 보통 다음과 같다(Piaget, 1952).

---

2) 출처 : https://m.blog.naver.com/rhkrtjdaks1/

실험

먼저 두 개의 길고 가느다란 용기에 똑같은 양의 물을 붓는다. 아동에게 두 용기에 같은 양의 물이 담겨 있느냐고 물어 본 후, 그들이 같은 양이라고 동의하면 이번엔 한 용기에 담긴 액체를 짧고 평평한 용기에 붓는다. 그 다음 아동에게 이제 이 두 개의 용기에 담긴 물의 양이 같은지를 다시 묻는다. 전조작기 아동은 대개 길고 가느다란 용기에 담긴 물이 짧고 평평한 용기에 담긴 물보다 많다고 대답한다. 즉, 아동은 하나의 두드러진 지각적 특징(용기의 높이)에 집중하고, 다른 덜 두드러진 특징(용기의 넓이)을 고려하지 않는다는 것이다.

이러한 중심화의 경향성에서 벗어나 보존 개념을 획득하기 위해서는 동일성(identity)의 원칙, 즉 더 붓거나 덜지 않는 한 액체의 양은 같다는 논리, 보상성(compensation)의 원칙, 즉 한 컵은 높이가 높지만 다른 컵은 넓이가 더 넓다는 논리, 그리고 가역성(reversibility)의 원칙, 즉 전에 있던 컵에 물을 부으면 다시 원상태로 돌아간다는 논리를 익혀야 하는데(Piaget & Inhelder, 1966), 피아제는 이러한 논리는 구체적 조작기에서나 사용 가능하다고 보았다.

구체적 조작기

1) 보존개념의 획득

(1) 동일성의 원리 : 물을 더 붓거나 덜지 않았으니까 물의 양이 같다.

(2) 상보성(보상성)의 논리 : 한 쪽이 더 높기 때문에 또는 다른 쪽이 더 넓기 때문에 같다.

(3) 역조작성(가역성)의 논리 : 역으로 다시 부을 수 있기 때문에 같다.

2) 탈중심화

(1) 전조작기의 자아중심적인 아동들은 함께 있으면서도 사실은 따로 논다.

(2) 구체적 조작기의 아동은 또래들과 상호작용을 하면서 자아중심성을 극복해간다.

(3) 어떤 규칙을 정하고 협동적으로 하는 놀이가 가능해진다.

3) 자율적 도덕성

또래들과 상호작용하면서 아동들은 규칙이 절대적인 것이 아니라 협동을 위해서 사람들이 만든 것이며 서로 합의만 된다면 규칙을 바꿀 수도 있다고 생각하게 된다.

4) 관련성의 이해

(1) 대상을 크기, 무게, 밝기 등의 특징에 따라 나열하는 서열화 능력이 획득된다.

(2) 사물 간의 관련성을 이해하고 비교할 수 있는 유목화(분류) 능력이 획득된다.

018

답 ①

해 **정교화**는 자극에 대해 우리가 알고 있는 지식을 동원하여 내용을 첨가하고 살을 붙여서 가다듬고(생성효과), 관련 내용(**곰과 얼음을 관련지어 얼음을 안고 있는 곰을 떠올림**)을 의미 있게 만드는 사고전략이다.

정교화

1) 정교화는 들어오는 정보가 기존 기억과 결합되거나 통합될 수 있도록 처리되는 정도이다.

2) 정교화는 자극에 대해 우리가 알고 있는 지식을 동원하여 내용을 첨가하고 살을 붙여서 가다듬고(생성효과), 관련내용을 의미 있게 조직화하는 등의 과정이다.

3) 결론적으로 정교화는 항목을 기억해 내는데 도움이 되기 위해 제시된 항목만을 단순히 그대로 저장하지 않고 이 항목과 관련된 것들과 연합하여 기억하는 방법으로서 이러한 정교화는 주어진 현재의 정보를 기존 지식과 관련 지음으로써 정보를 통합하고 보존하는 수단을 제공해 준다.

019

답 ③

해 ① 다중지능은 **뇌의 서로 다른 영역**과 관련되어 있다.
　② 다중지능은 **언어·논리수학·공간·자연친화·음악·신체운동·자기성찰·실존·대인관계 등 9개로 구성**되어 있다.
　④ **대인관계지능**이 높은 사람들은 타인을 공감하는 능력이 뛰어나다.
　⑤ **논리수학적 지능이 높다고 해서 모든 다른 지능 영역이 우수한 것은 아니다.**

가드너(Gardner)의 9가지 다중지능이론[3]

전통적인 지능의 개념이 지적 기능에만 국한된 단일한 능력이 아니라 다양한 능력으로 구성되어 있다고 주장하며, 초기에 7가지 지능을 제안했으나 후에 9가지로 확장하였다.

1) 언어 지능(Linguistic)

　효과적으로 언어를 사용할 수 있는 능력

2) 논리수학 지능(Logical - mathematical)

　숫자와 관련된 문제를 효율적으로 처리하고 추론할 수 있는 능력

3) 공간 지능(Spatial)

　공간적 세계를 지각하고, 지각을 활용해 공간의 형태를 바꿀 수 있는 능력

4) 자연친화 지능(자연적 : Naturalist)

　자연친화적으로 환경의 특징을 구별하고 분류해 활용할 수 있는 능력

5) 음악 지능(Musical)

　음악적으로 제시되는 정보를 인식하고 변형해 표현할 수 있는 능력

6) 신체운동 지능(Bodily - kinesthetic)

　자신의 신체를 효과적으로 활용해 자신의 생각을 표현하고 이를 이용해서 사물을 변형하거나 새로운 것을 만들어 낼 수 있는 능력

7) 자기성찰 지능(내적 : Intrapersonal)

　자기 자신의 상태나 감정을 파악하는 능력

---

3)　출처 : 통합 심리검사. 조은문. 나눔book

8) 실존 지능(Existential)
　아동기에는 나타나지 않는 능력으로 종교적이고 철학적으로 사유할 수 있는 능력
9) 인간친화 지능(대인관계지능 : Interpersonal)
　타인들과 교류하고 타인의 감정과 행동을 파악하고 교류하는 능력

020

답 ②

해 친사회적 행동은 이타주의와 관련된 것으로 자신의 욕구보다 다른 사람의 욕구에 더 관심을 갖는 것이다. **유아기에는 타인의 고통을 직접 보고 감정이입을 한다.**

実력다지기　　　　　　　　　　　　　　　　　　　　친사회적 행동

1) 긍정적인 사회적 행동으로 사람들 간의 우호관계를 촉진시키거나 유지하여 타인들이게 이롭게 하는 행동이다.
2) 자기희생이나 위험을 감수하면서도 외적 보상을 기대하지 않고 다른 사람 또는 다른 집단을 도와주거나 이익을 주려는 행동이다.
3) 사회성을 발달시키는 친사회적 행동은 돕기, 나누기, 협동하기, 위로하기 등으로 구분되며 근간이 되는 기본 요소는 이타심, 감정이입과 역할 담당이다.

021

답 ⑤

해 [ㄱ]. **피아제(J. Piaget) 이론에서 자율적 도덕성 단계의 아동은 규칙이 상황에 따라 변경될 수 있다고 생각한다.** 피아제에 의하면 타율적 도덕성 단계는 전조작기에 처음 나타나며 구체적 조작기까지 이어진다. 자율적 도덕성 단계는 또래들과 상호작용하면서 규칙이 절대적인 것이 아니라 협동을 위해 사람들이 만든 것이며 서로 합의만 된다면 규칙을 바꿀 수도 있다고 생각한다.

022

답 ④

해 **조화의 적합성은 개인의 기질과 환경적 요구가 조화를 이룰 때 최적의 발달을 이룰 수 있다는 개념**이다. 즉, 아동이 까다로운 기질을 가졌더라도 부모가 그에 적절한 양육방법을 제공해주면 원활한 발달이 이루어진다는 것으로 영아의 기질자체보다 환경과의 조화가 발달에 중요한 요인이라는 것을 알 수 있게 한다.

023

답 ③

해 신경발달장애의 하위유형은 **지적 장애, 특정 학습장애, 자페스펙트럼 장애, 주의력결핍 - 과잉행동장애, 의사소통장애, 운동장애(발달성 운동조정장애, 정형적 동작장애, 틱장애)**가 있다.
　③ **반응성 애착장애는 '외상 및 스트레스 관련 장애'의 하위유형에 해당된다.**

024

답 ②

해 ① 아동기 때 주로 발병하는 **불안장애**에 해당된다.

③ 아동기에 흔하게 발병하는 장애로 **유병률은 1% 전후**이다.

④ 주로 **5세 이전에 발병**되며, 유치원이나 초등학교 등 사회적 상황에서 발견될 가능성이 높다.

⑤ 증상이 **최소 1개월 이상 지속**되어야 한다.

실력다지기

선택적 함구증 진단기준

1) 다른 상황에서는 말을 할 수 있음에도 불구하고 학교 등 말을 해야 하는 특정 사회적 상황에서 일관되게 말을 하지 않는다.

2) 선택적 함구증은 학습이나 성취 혹은 사회적 소통을 방해한다.

3) 증상이 최소 1개월 이상 지속된다.

4) 사회적 상황에서 필요한 말의 지식 부족, 언어가 익숙하지 않은 것으로 인해 말을 하지 않는 것이 아니다.

5) 장애가 의사소통장애(말더듬 등)로 더 잘 설명되지 않고, 자폐스펙트럼장애, 조현병 또는 기타 다른 정신병적 장애의 경과 중에만 발생되지 않는다.

025

답 ④

해 뚜렛장애의 진단기준은 다음과 같다.

1) 여러 가지 운동틱과 한 가지 또는 그 이상의 음성틱이 질병경과 중 일부기간 동안 나타난다. **음성틱과 운동틱이 반드시 동시에 나타날 필요는 없다.**

2) 틱 증상은 자주 악화와 완화를 반복하지만 **처음 틱이 나타난 시점으로부터 1년 이상 지속된다.** 이때 주의할 점은 처음 틱이 시작된 시점으로부터 1년 이상 틱 증상이 지속된다면 중간에 틱이 없었던 기간에 상관없이 지속적인 증상을 보이는 것으로 간주한다.

3) **18세 이전에 발병한다.**

4) 장애는 물질(예 코카인)의 생리적 효과나 다른 의학적 상태(예 헌팅턴병, 바이러스성 뇌염)로 의한 것이 아니다.

제2과목 집단상담의 기초 (필수)

026	④	027	②	028	④	029	②	030	⑤
031	②	032	③	033	⑤	034	⑤	035	②
036	③	037	①	038	③	039	③	040	③
041	②	042	③	043	⑤	044	②	045	②
046	③	047	③	048	④	049	④	050	⑤

026

답 ④

해 집단응집력이란 구성원들 간 상호신뢰와 집단의 일원으로 자부심을 느끼고 계속 존재하고자 하는 정도를 의미한다. **집단응집력을 높이기 위해서 집단원들은 서로를 신뢰하고, 지금-여기에서 초점을 맞춘 솔직한 피드백을 교환하며, 집단 목표 달성에 적극적이고 개방적으로 참여해야 한다. 집단응집력은 집단이 진행되면서 저절로 발달되는 것은 아니다.**

실력다지기
응집력이 높은 집단의 특징

1) 깊은 인간관계를 맺는다.
2) 편안함에 안주하기 보다는 집단을 신뢰하고 새로운 시도에 도전한다.
3) 깊은 인간관계를 맺는다.
4) 편안함에 안주하기 보다는 집단을 신뢰하고 새로운 시도에 도전한다.
5) 건강한 유머를 통해 친밀해지고 기쁨을 함께 한다.
6) 지금 – 여기에 초점을 맞추면서 순간의 느낌을 토대로 솔직한 피드백을 교환한다.
7) 집단의 목적과 개인의 목적이 일치하며 과업을 효과적으로 달성한다.
8) 지도자의 리더십이 효과적으로 발휘되며 집단의 성장과 발전에 장애가 되는 요인을 성공적으로 극복한다.
9) 집단성원간 의사소통이 원활하고, 강한 동질감을 느끼며, 집단 목표 달성에 적극적이고 개방적이다.

027

답 ②

해 집단은 역동적, 지속적으로 변화하며 다음 단계에 진입해서 정체되기도 하고, 일시적으로 이전 단계로 퇴보하거나, 단계가 실제로 중첩되기도 한다. 보통 작업단계에서 집단응집력이 생기며 집단 과업이 달성 되지만 증상이 심한 집단원에 의해서 새로운 갈등이 일어날 수도 있다.
② 같은 집단 발달단계의 집단원들이라도 개인적 특성에 따라 서로 다른 속도로 진전을 보인다.

028

답 ④

해 **지도자간의 경쟁과 대립은 집단원들로 하여금 불안과 분노 등 부정적인 감정을 일으키므로 집단원들이 편안하게 참여하지 못하게 되어 집단의 역동에 방해가 된다.**

029

답 ②

해 [ㄱ]. 지금 - 여기에 초점이 주어지고 집단들이 느끼는 것을 서로 직접적으로 이야기 한다.– 작업단계

[ㄴ]. 집단원간 또는 집단상담자와 갈등이 있음을 인정하고 그것에 대해 논의하고 해결한다.– 작업단계

[ㄷ]. **집단원은 절망과 무력감을 느끼며, 자신이 희생양이라고 생각한다. - 과도기적 단계**

[ㄹ]. **적대적이고 공격적인 태도를 취하고, 공격받은 집단원은 거부당한다고 느낀다.– 과도기적 단계**

030

답 ⑤

해 **아들러 집단상담의 목표는 집단원들이 열등감을 감소하고, 바람직하지 않은 생활양식을 변화시키고, 사회적 관심을 가지도록 돕는 것이다. 집단에 대한 소속감을 강화하여 타인과의 일체감과 연대감을 촉진하는 것은 사회적 관심을 촉진시키는 것과 연관성이 있다.**

①번과 ②번은 정신분석 집단상담, ③번은 게슈탈트 집단상담, ④번은 인지치료 집단상담의 목표이다.

031

답 ②

해 [ㄴ]. **보편화** : 집단이 나와 유사한 문제를 가진 다른 집단원을 도와주는 것을 보면서 용기를 얻었다.

[ㄷ]. **모방행동** : 집단에서 내가 본받을 사람을 발견했다.

심화학습 ▶ 대인관계학습 - 투입(interpersonal input)과 대인관계학습 - 산출(interpersonal output)[4]

Yalom(1975)이 말한 '대인관계학습 - 투입(interpersonal input)'은 집단구성원들이 자신을 어떻게 보고 있는지 알게 됨으로써 자신의 문제에 대해 더 명확하게 알게 되고 자신에 대한 객관적 시각을 얻는 것(동료 집단 구성원들로부터 받은 피드백을 내면화하는 것)을 뜻하고, **'대인관계학습 - 산출(interpersonal output)'은 다른 사람들과의 관계를 더 원활히 맺을 수 있는 새로운 대인관계 기술을 발견하고 시도하여 습득하는 것(변화된 행동을 배우는 것)을 의미한다.** 이후 Yalom(1985)은 '대인관계학습 - 투입'과 '대인관계학습 - 산출'을 합하여 '대인관계학습(interpersonal learning)'이라는 하나의 요인으로 명명하고, 이를 개인상담에서의 통찰, 전이의 해결, 교정적 정서체험과 같이 집단상담에서 중요한 치료적 요인들 중의 하나라고 설명하였다. '대인간 행동을 통한 학습(learning from interpersonal action)'은 Yalom이 제시한 '대인관계학습 - 투입'과 '대인관계학습 - 산출'에서 행동적인 면을 강조하여 단일 개념으로 구성한 것으로서, '어떤 행동을 전수하거나 다른 집단 구성원들에게 반응함으로써 집단 내에서 건설적이고 적응적인 방식으로 관계를 맺으려고 시도하는 것'을 의미한다.

4) 출처 : 최유리 외(2005). 집단상담의 치료적 요인으로서 '대인관계를 통한학습' 구성개념에 대한 탐색적 연구. 상담학연구. 6(1): 155-169

032

답 ③

해 학교집단상담은 예방적 발달적 개입으로 이루어진다. 예를 들어 시험불안의 감소, 또래관계 향상, 정서조절능력 향상, 자아존중감 향상, 학교적응력 향상, 학습동기 향상 등을 예로 들 수 있다. **학생이 겪고 있는 심각한 심리적 장애를 치료하는 치료집단은 학교현장보다는 상담기관이나 병원에서 실시하는 것이 좋다.** 학교상담자는 집단상담의 긍정적 효과에 대한 증거를 관리자에게 제시하는 것이 좋다.

033

답 ⑤

해 ① 집단원은 **집단규칙을 지키면서 자율성을 보장 받는다.**
② 매 회기마다 계획된 의제나 주제를 반드시 지키기보다 **자유롭고 자발적으로 참여할 수 있도록 한다.**
③ 청소년과 부모나 기관과 갈등을 일으킨다면 어느 한쪽 편을 들어주기보다 **양자 간의 입장을 이해하고 수용한다.**
④ 아동과 청소년들은 집단상담자와 맺은 애착을 빠르게 분리할 수 없으므로 **미리 종결 시점을 알려주어 이별을 준비할 수 있도록 한다.**

034

답 ⑤

해 **집단상담자는 아래와 같은 의도로 집단원의 의존성을 조장할 수 있다. 따라서 모두 옳은 내용이다.**
[ㄱ]. 상담자가 상담 진행으로 발생하는 경제적 보상을 우선순위로 하는 경우 : **"상담에 적극적으로 참여하면 선물을 줄 거야."**
[ㄴ]. 집단을 통해 사회생활에서 결핍된 상담자 자신의 욕구를 채우길 기대하는 경우 : **"집단상담을 성공적으로 이끌어서 동료들에게 자랑할거야."**
[ㄷ]. 집단을 이용하여 상담자가 자신의 미해결 과제에 대해 작업하려고 시도하는 경우 : **"청소년기에 힘들었을 때 아무도 나를 도와주지 않았어. 집단상담을 통해 이 아이들에게 내가 도움이 되어야지."**
[ㄹ]. 상담자가 청소년들의 삶에 대해 방향을 제시하는 부모와 같은 어른이 되고 싶은 욕구를 가질 경우 : **"너희들 이렇게 살면 안 돼. 나와 함께 지금 너희들의 잘못된 행동을 고쳐보자."**

035

답 ②

해 ① 탈 숙고 : 의미치료(실존주의 집단상담)
③ 유머 : 현실주의 집단상담 / 빈 의자 기법 : 게슈탈트 집단상담
④ 접촉[5] : 게슈탈트 집단상담 / 생활양식 해석하기 : 아들러의 개인심리 집단상담
⑤ 자기 포착하기 : 아들러의 개인심리 집단상담

---

5) 게슈탈트 이론에서 '접촉'은 인간이 자신과 환경간의 교류를 통한 경험 혹은 체험하는 것을 의미한다.

> 심화학습 **해결중심 집단상담 기법 중 간접적인 칭찬[6] : "어떻게 그렇게 할 수 있었나요?"**

1) **간접적인 칭찬은 내담자에 대한 어떤 긍정적인 것을 암시하는 질문이다.**

2) **간접적인 칭찬은 내담자로 하여금 자신이 평범하다고 생각하는 것을 특별하게 만들어 강점이나 자원을 발견하도록 이끄는(자기칭찬) 질문 형태를 취하기 때문에 직접적인 칭찬보다 더 바람직하다.**

3) 간접적인 칭찬을 하는 방법

  (1) 이미 일어난 바람직한 결과에 관해 더 많은 질문을 한다.

  (2) 예 "어떻게 집안을 그토록 평온하게 할 수 있었나요?"

  (3) 내담자의 자기칭찬(self – compliment)

> • 상담자 : 선생님은 시간을 가지고 기다려 주는 게 아이들에게 중요하다는 걸 어떻게 아셨나요?
> • 내담자 : 제가 그동안 아이들을 가르치면서 터득한 건데요. 아이들은 시간이 좀 필요하더라고요. 전 경험을 통해 알게 된 건 잘하는 편이에요.

  (4) 상담자의 간접적인 칭찬을 통한 강화

> • 어떻게 그렇게 결심할 수 있었나요?
> • 그렇게 하기로 한 게 이번이 처음인가요?
> • 그렇다면 어떻게 그런 생각을 할 수 있었나요?
> • 그렇게 결정하기 쉽지 않았을 텐데요. 그래도 어떻게 그렇게 결정했나요?
> • 어떻게 계속해서 그런 생각을 할 수 있나요?

036

답 ③

해 실존주의 집단상담의 목표는 집단원이 자기 존재의 본질에 대해 자각하고 자기 삶의 주인이 되어 능동적으로 삶을 살 수 있도록 자신의 자유를 인식하고 책임지는 것이다.

  참고 ③ 대상관계 집단상담에 대한 설명이다.

037

답 ①

해 코리(G. Corey)는 집단상담의 과정을 초기(시작) – 과도기(전환) – 작업 – 종결(마무리)의 단계로 제시하였다.

과도기 단계의 집단원들은 불안과 방어가 높으므로 집단원을 직면시키거나 갈등을 다루지 않는다.

과도기 단계에서 상담자는 집단원의 저항을 존중하고, 다양한 저항을 건설적으로 다루도록 돕는다.

① '명료화'로 집단원이 자신의 감정을 좀 더 직접적으로 표현할 수 있도록 촉진시키고 있다. (**과도기 단계**)

② '연결하기'로 집단원에게서 공통적으로 나타나는 정서를 다루고 있다. (**작업단계**)

③ '목표설정'으로 변화 동기를 유발하여 집단원이 목표를 설정하도록 하고 있다. (**초기단계**)

---

6) 출처 : 김청송(2017). 사례중심의 이상심리학. 서울: 싸이북스 출판사. pp. 99-101.

④ '긍정적 자기진술'로 집단원이 생각, 감정, 행동에서 변화할 수 있도록 개입하고 있다. (**작업단계**)

⑤ '교정적 정서경험'으로 집단원이 갈등의 대상에게서 받았던 감정을 다른 새롭고 만족스러운 감정으로 유도하고 있다. (**작업단계**)

실력다지기

코리의 과도기적 집단상담단계에서의 갈등, 상담자에 대한 도전, 방어적 태도, 그리고 저항이 발생했을 때 상담자의 대처 방법

1) 방어를 존중한다. 거부적인 사람을 비판하지 않고 망설임의 근원을 탐색한다.

2) 어려움을 촉발시킨 이유가 집단원들의 두려움인지 아니면 비효율적인 집단상담자의 자질 때문인지 평가해야 한다.

3) 집단상담자들은 갈등의 원인이 되는 상반된다고 느껴지는 부분을 깊은 관심과 배려로 중심을 잡아주며, 동시에 서로간의 상호작용으로 인해 상대방의 말을 막지 말고 그들의 경험을 경청하도록 집단원들을 촉진시켜야 한다.

4) 감정들이 집단의 진행을 방해할 정도로 사람들을 마비시키지 않도록 할 뿐 아니라 집단원들이 그들 간의 상호작용을 통해 더 큰 자기인식과 다양한 문화적 맥락에 있는 타인을 이해하도록 촉진하는 것이다.

5) 건설적인 방식으로 갈등을 해결해 나가는 태도의 가치를 집단원들에게 가르친다.

6) 집단원들이 갈등표현을 차단하지 않고, 집단원들 사이에서 자신들의 감정과 생각을 좀 더 직접적으로 표현하도록 촉진시킨다.

038

답 ③

해 "영희씨! 당신은 왜 그렇게 느끼는가요?"라는 철수의 질문은 "왜?"라는 궁금증에 대한 직접적인 질문으로 영희가 이 질문을 불편하게 느낄 수 있다. **이에 집단상담자가 철수의 "왜"라는 질문을 차단하고 "철수가 영희에게 질문한 이유와 의도"에 대해 설명해줄 것을 요구하였다. → 질문 차단하기 기법**

039

답 ③

해 집단상담 오리엔테이션 단계는 집단규범을 논의하고, 집단에 대한 기대와 두려움을 탐색하고, 집단 목표를 설정하고, 집단원들을 독려한다.
③ **집단의 저항을 다루는 단계는 과도기 단계이다.**

040

답 ③

해 추수면담이란 집단상담 종결 후 집단원들이 경험한 어려움이 무엇인지 탐색하는 것이다. 집단상담 마지막 회기에 추수면담 날짜와 시간을 약속해서 추후 집단원들과 만남을 갖는다.
[ㄹ]. **추수면담 시간에 일이 있어 참석하지 못하는 집단원이 있을 경우, 그 집단원을 위해 개별 추수면담을 실시한다.**

041

답 ②

해 "만약 한밤중에 자고 있는 동안 기적이 일어나서 문제가 사라져 버렸다면, 다음 날 아침 눈을 떴을 때 무엇이 달라져 있을까요?"는 기적질문이며, "당신이 집단에서 느끼는 불안은 0점에서 10점 사이에 몇 점인가요?"는 척도질문이다. 해결중심 집단상담의 질문기법을 사용하는 집단상담자는 집단원이 자기 삶의 전문가라고 믿고 '알지 못함'(not - knowing)의 자세를 취한다.

① 행동주의 집단상담, ③ 인지치료, ④ 정신분석 집단상담이다.

⑤ 해결중심 집단상담은 집단원의 문제를 지속적으로 평가하고 진단하지는 않는다.

해결중심 집단상담에서의 알지 못함(Not - knowing)의 자세
1) **기존의 상담자와는 달리 내담자에 대해 잘 안다는 전제에서 상담을 시작하지 않는다.** 2) 상담과정에서 일어나는 언어적 사건인 해결 중심적 대화를 통해 지금과는 다른 실재를 만들어 낸다. 3) 해결 중심적 대화는 상담자가 '알지 못함의 자세'를 가지면 가능해진다. 4) **'알지 못함(Not - knowing)의 자세'란 내담자의 이야기에 대해 순수한 호기심을 가지고 그것에 대해 좀 더 알고 싶다는 욕구를 내담자에게 전하는 태도를 의미한다.** 5) **'알지 못함(Not - knowing)의 자세'는 상담자의 경험이나 지식에 의해 이해되거나 제약받는 것이 아니라, 내담자와 함께 문제에 관해 이야기를 나누는 과정에서 이해와 발견을 모색해가는 과정이다.** 6) 상담자의 이해 범주에는 한계가 있다는 것을 시인하고 상담자는 내담자의 이야기를 통해 언제나 배우려는 자세를 가진다(김유숙, 2006).

042

답 ③

해 타의에 의해 집단에 참여하게 된 청소년의 경우 비자발적 집단원이다. 비자발적 집단원일 경우 집단 참여에 대한 동기가 떨어지므로 집단을 떠날 가능성이 높다. 따라서 집단상담자는 집단상담을 구조화 할 때 집단원의 권리 및 책임에 대해 친절하게 안내한다. 만약 집단원이 집단상담에 더 이상 참여하기 어렵다고 느낄 경우, 집단을 떠날 권리가 있으나, 집단을 떠나기 전에 그 이유를 집단에게 알리고, 이때 예상되는 결과나 불이익에 대해 알려준다.

[ㄹ]. **집단상담에서 말하는 내용 중 비밀보장이 되는 경우(집단상담에서 알게 된 개인적이고 사적인 이야기)와 비밀보장이 되지 않는 경우(자해·자살 등 자신이나 타인에게 위해를 가하는 경우, 성폭력이나 아동학대 등의 경험)에 대해 알려준다.**

043

답 ⑤

해 집단상담의 과정은 시작단계 – 과도기단계(전환단계) – 작업단계 – 종결단계이다. 집단상담자의 역할은 다음과 같다.

- 시작단계에서 [ㄷ]. **집단을 구조화하고 집단목표를 설정함으로써 집단원들이 서로를 신뢰하게 한다.**
- 과도기단계(전환단계)에서 [ㄹ]. **집단원의 저항과 상담자에 대한 도전을 다룬다.**
- 작업단계에서 [ㄴ]. **집단원의 비효과적인 행동패턴을 탐색하고 행동의 변화를 촉진한다.**
- 종결단계에서 [ㄱ]. **집단원의 성장과 변화를 평가하고 이별에 대한 감정을 다룬다.**

044

답 ②

해 집단상담 중 상우가 이야기를 할 때 도준이가 피드백을 했고, 상우는 이러한 도준이의 피드백에 계속 거부적으로 반대하는 모습을 보였다. 이것을 지켜본 집단상담자는 상우에게 도준이의 말을 거부하는 이유에 대해 '도준이가 잘난 척 하고 충고하는 자신의 형처럼 느껴져서인지?' 물어보고 이러한 상황을 알아차리고 있는지 피드백을 해 주었다. 이러한 피드백은 집단상담자의 잠정적 가설이므로 정중하고 사려 깊게 해야 한다. 또한 집단원이 이러한 자신의 행동을 알아차리고 받아들일 준비가 되어 있는지 확인한 후에 사용해야 한다.
② **상우가 이러한 자신의 행동에 대해 충분히 알아차리고 변화하고 싶은 결심이 든 후에 구체적인 변화 절차를 계획하고 실행하도록 한다.**

045

답 ②

해 **집단상담자는 수민이가 '다른 사람에게 인정받기'를 원하고 있고, 영주는 '엄마에게 인정받기'를 원하고 있다는 것을 '연결하기' 기법으로 피드백을 하였다.**

046

답 ③

해 집단상담에서 비밀 지키기, 피드백 주고받기, 적극적으로 참여하기는 바람직한 행동이다.
[ㄹ]. **집단상담자와 집단원이 공동지도자가 되는 것은 두 사람 간에 권력게임이 일어날 가능성이 있으므로 옳지 않다.**

047

답 ③

해 영수는 '자신을 희생하더라도 다른 집단원들을 만족시키려는 것'이 어릴 때 형성된 과도한 인정욕구 때문임을 **통찰하였고, 이러한 자신의 행동을 바꾸기 위해 의식적인 노력, 즉, 훈습하였다. 훈습은 반복 – 정교화 – 확대의 과정으로 이루어진다.**

048

답 ④

해 현실치료 집단상담 절차는 W – D – E – P의 절차를 따른다. 순서대로 정리하면 다음과 같다.

1) W(원하는 것 : **어떤 사람이 되기를 소망합니까?**) – [ㄴ]
2) D(원하는 것을 얻기 위한 행동 : **지금 무엇을 하고 있습니까?**) – [ㄱ]
3) E(평가하기 : **지금 하고 있는 행동이 원하는 것을 얻는데 도움이 됩니까?**) – [ㄷ]
4) P(계획 세우기 : **원하는 것을 얻을 수 있는 효과적인 방법은 무엇입니까?**) – [ㄹ]

049

답 ④

해 집단상담의 유형에는 개방집단/폐쇄집단, 이질집단/동질집단, 집중집단/분산집단, 구조화집단/비구조화집단, 등이 있다. 각각의 집단상담 유형에는 장, 단점이 존재한다.

④ **예를 들어 구조화집단은 집단의 목표, 과제, 활동방법을 미리 정해놓아서 비구조화집단보다 깊은 수준의 경험이 가능하지 않다.**

050

답 ⑤

해 **비지시적 집단상담인 인간중심 집단상담자는 내담자의 잠재력에 대한 신뢰, 수용적 분위기 형성, 주관적 경험에 대한 공감, 자신의 감정이나 태도에 대한 진솔성을 중요하게 생각한다. 보기의 내용은 집단원의 행동의 원인을 해석·논평하는데 초점을 두지 않는 인간중심 집단상담자에 관한 설명이다.**

제3과목 심리측정 및 평가 (필수)

051	①	052	⑤	053	④	054	①	055	④
056	③	057	⑤	058	②	059	⑤	060	④
061	②	062	③	063	①	064	③	065	②
066	⑤	067	②	068	③	069	①	070	③
071	④	072	②	073	③	074	⑤	075	⑤

051

답 ①

해 **물리적 특성에 비해 심리적 특성의 측정이 덜 정밀하다.** 심리적 구성개념에 대한 측정은 간접적인 방법으로, 물리적 특성은 직접적인 방법으로 측정을 하기 때문에 물리적 특성의 측정이 더 정밀하다.

052

답 ⑤

해 문항분석이란 검사를 구성하고 있는 문항이 원래 의도한 평가도구의 목적을 제대로 수행할 수 있도록 만들어졌는지를 다양한 측면에서 확인하는 작업을 말하는 것으로 이를 '문항의 양호도 분석'이라고도 한다. 문항분석은 문항난이도, 문항변별도, 문항반응분포 중심으로 다룬다.

[ㄱ]. 문항 난이도를 추정하는 하나의 방법이 문항 변별도를 이용하는 것이다. **예를 들어, 정답자가 지나치게 많으면 문항난이도가 지나치게 높아지고, 문항 변별도는 낮다.**

[ㄴ]. 문항 변별도는 능력에 따라 응시자를 변별하는 정도를 나타내는 지수로 어떤 문항에 답을 맞힌 응시자의 점수가 높고, 문항에 답이 틀린 응시자의 점수가 낮다면, 이 문항은 응시자를 변별하는 기능을 가진 문항이라 할수 있다. **문항의 변별도 지수는 문항점수와 응시자의 총점의 상관계수에 의해 추정되며 1에 가까울수록 높은 문항 변별도를 보이는 문항이다.**

[ㄷ]. **문항특성곡선(item characteristic curve; ICC)**은 피험자 능력에 따른 문항의 정답률을 나타내는 곡선으로, **X축은 피험자의 능력(검사 총점)을 나타내며, Y축은 정답률 P(각 문항에 정답을 한 수검자의 비율)로 표현된다.**

[ㄹ]. 문항분석과 관련된 이론이 문항반응이론이다. **문항반응이론**은 피험자의 잠재된 능력수준과 문항에 대한 반응의 관계를 수학적으로 나타내며, **피험자의 능력에 따른 문항의 답을 맞힐 확률을 나타내는 문항특성곡선에 기초한 검사이론이다. 따라서 문항특성곡선은 검사 문항의 변별도를 보여준다.**

문항 추측도

능력이 전혀 없음에도 불구하고 문항의 답을 맞히는 확률을 말한다. 이는 능력값 θ가 $-\infty$인 학생이 문항을 맞힐 수 있는 확률인데, 일반적으로 5지선다형 문항의 경우 우연히 정답으로 맞힐 수 있는 확률이 0.20이므로 0.2보다 높은 문항은 검토가 필요하다.

문항특성곡선

문항특성곡선은 피험자의 능력을 θ(theta)로 표기하고 각 능력 수준에서 그 능력을 가진 피험자가 그 문항에 답을 맞힐 확률을 P(θ)로 표기한다. 이때 피험자의 능력에 따라 문항의 답을 맞힐 확률을 나타내는 곡선을 문항특성곡선이라고 한다. 문항특성곡선은 문항 난이도, 문항변별도, 문항 추측도에 따라 다양한 곡선이 만들어 진다.

심화학습   **Q. 다음의 문항특성곡선들에 대한 해석으로 옳은 것은? (08. 초등 임용고시)**

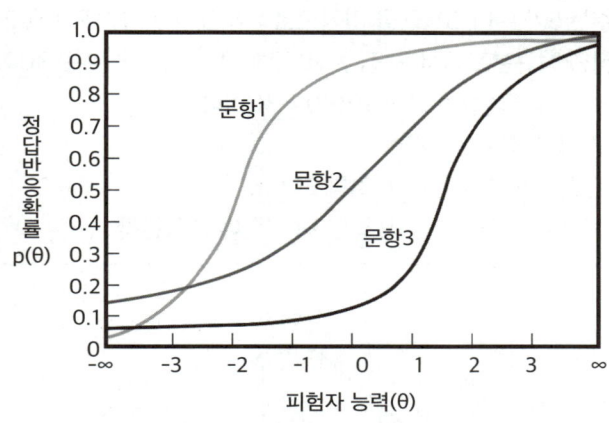

① 문항 2의 문항난이도 지수는 1이다
② 문항 1이 문항 2보다 문항추측도가 높다.
③ 문항 2가 문항 3보다 문항변별도가 낮다.
④ 문항 1은 능력 수준이 높은 피험자들을 변별하는 데 적합하다.

정답 ③

해설
① 문항 난이도는 문항의 정답을 맞힐 확률이 0.5에 대응되는 능력(θ) 수준을 의미하기 때문에 문제에서 문항을 맞힐 확률 0.5에 해당하는 θ가 0에 가까우므로 문항 난이도 지수는 0이다.
② 문항의 추측도는 능력의 값이 − ∞인 학생이 문항을 맞힐 수 있는 확률이므로 문항 2가 문항 1에 비해 추측도가 높다고 할 수 있다.
③ 문항 변별도는 문항 난이도 점에서 문항특성곡선의 기울기를 구하여 그 값을 문항 변별도로 사용하므로 문항 2(완만함)가 문항 3(가파름)보다 문항변별도가 낮다.
④ 문항 1은 능력 수준이 낮은 피험자들을 변별하는 데 적합하다.

053

답 ④

해 [ㄱ]. 정규분포와 같이 이상적인 점수분포를 이용해서 개인의 점수를 상대적으로 평가한다. → **규준참조검사**

054

답 ①

해 스테나인 점수 5(5등급)에 해당하는 백분율은 20%이다. 스테나인(9등급 점수)점수의 최고 점수는 9, 최저 점수는 1, 평균에 해당하는 중간 점수는 5가 된다. 5등급을 기점으로 좌우대칭 정규분포(1-9, 2-8, 3-7, 4-6)을 이룬다.

② 평균 50점, 표준편차 10점인 정규분포에서 원 점수 30점에 해당하는 **T점수는 30이다.**

Z점수 = (30 - 50)/10 = -2이며, **T점수는 50 + 10(-2) = 30이다.**

③ **백분위가 높을수록 그 개인의 원 점수는 높다.**

④ **백분위 점수는 서열화와 관련이 있기 때문에 서열척도이다.**

⑤ 편차 IQ는 표준점수(T점수)에 해당하기 때문에 **집단 내 규준에 해당한다.**

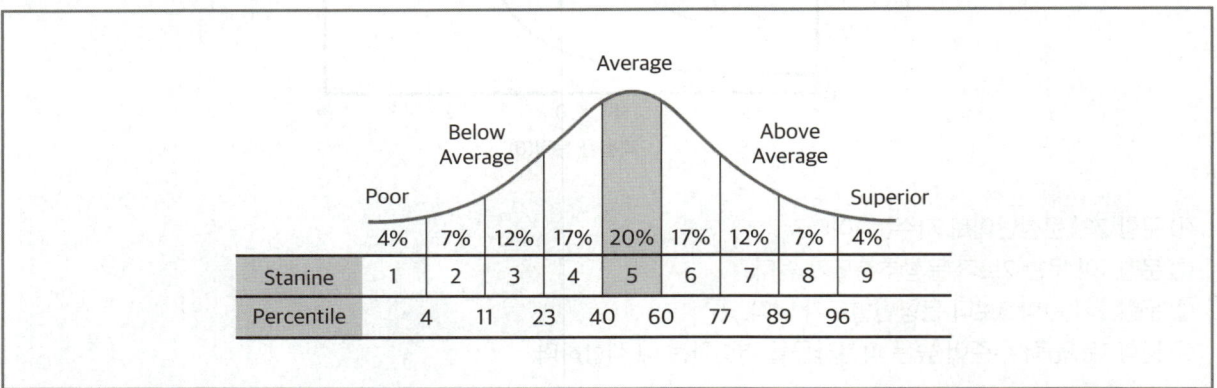

	Poor	Below Average			Average	Above Average			Superior
	4%	7%	12%	17%	20%	17%	12%	7%	4%
Stanine	1	2	3	4	5	6	7	8	9
Percentile	4	11	23	40	60	77	89	96	

055

답 ④

해 ① 토익(TOEIC)시험의 점수는 **등간척도의 한 사례이다.**

② 시간과 속도 개념인 시속(km/h)은 **비율척도**에 해당한다.

③ 심리검사는 **서열척도와 등간척도가 많다. 즉, 심리학에서 다루는 측정치는 주로 서열척도와 등간척도에 해당하는 것이 많다. 심리검사점수는 등간척도이다.**

⑤ 서열척도는 **이산변수**이다.

참고 **선형회귀모형은 종속변수가 등간척도, 비율척도일 때 가능하다.** 즉, 등간척도는 선형변환[7]이 가능하다.

---

7) 수학적으로 선형변환이란, 두 벡터 공간 사이의 함수라고 한다. 쉽게 말해, 한 점을 한 벡터공간에서 다른 벡터공간으로 이동시키는데 그 이동 규칙을 선형변환이라고 한다. 예를 들어, 서울에 살고 있는 사람을 부산으로 이동시킨다는 규칙이 존재할 때, 그 규칙은 함수가 되고 해당 함수가 선형변환이라고 한다.

056

답 ③

해 **모레노(J. Moreno)의 사회성 측정법(Sociometry)은 심리검사의 척도구성법이 아니다.** 사회성 측정법 (sociometry method)이란, 모레노(J. L. Morino)에 의하여 고안된 것으로 수용성 조사 또는 교우관계조사법이라 고도 한다. 이 방법은 집단내의 성원들 간에 호의, 혐오, 무관심 등의 관계를 조사하여 집단 자체의 역동적 구조나 상태를 알아보는 방법이다.

057

답 ⑤

해 **속도검사의 경우 반분법은 방법에 따라 신뢰도를 과대평가 또는 과소평가하는 경향이 있다. 반분신뢰도 방법 중 하나인 전후 반분법은 문항의 전과 후를 나누는 방법이다.** 속도검사의 경우, 시간제한이 있어, 피검자가 완성시키지 못한 문항이 후반부로 갈수록 많아, 후반부 문항의 측정값이 적어질 것이다. 이런 상태에서는 **전반부와 후반부의 상관계수 비교를 통해 왜곡된 신뢰도가 나타나, 과소 추정의 문제가 발생할 수 있다.** 또 다른 반분신뢰도 방법 중 하나인 **기우반분법은 문항을 홀수와 짝수로 나누어 홀수 문항과 짝수 문항간의 상관계수를 계산하는 방법이다.** 이는 어느 한 쪽의 측정값이 부족한 상황은 생기지 않고 속도검사의 경우, 응답자가 응답한 범위까지만 측정하므로 **홀수문항 점수들과 짝수문항 점수들은 서로 동일하게 나타나 신뢰도 계수가 과대 추정되는 문제가 발생할 수 있다.**

058

답 ②

해 ① 신뢰도는 **문항 난이도의 영향을 받는다.**
③ **측정오차가 클수록 신뢰도는 낮아진다.** 측정오차가 발생하는 이유는 검사의 실시 및 채점 과정에서 생기는 오차, 측정도구에 기인한 오차, 검사 대상에 의한 오차 등이 있으며, **가능하면 오차가 생기는 원인을 파악하고 해결하여야 신뢰도를 높아진다.**
④ 검사 – 재검사 신뢰도는 **검사 시행의 시간 간격이 클수록 낮아진다.**
⑤ 신뢰도는 **검사 문항 수의 영향을 받는다. 문항 수가 많을수록 신뢰도가 높다. 문항 수가 많을수록 피험자 간 차별성이 분명해져서 신뢰도가 높아진다.** 다만, 검사의 문항 수와 그 검사의 신뢰도가 정비례하는 것은 아니며, 비례관계로 보는 것이 타당하다

059

답 ⑤

해 구인타당도(construct validity) 점검하는 방법
1) **요인분석법으로 많은 수의 문항이나 도구를 상호 상관관계를 분석해서 묶어줌으로써 요인이라 부르는 적은 수로 줄여 구성 개념을 검토한다.**
2) 수렴 타당도와 판별 타당도 → 이론적으로 관계가 있는 변인과 상관관계가 높을 때 수렴타당도가 높다고 하며 관계가 없는 변인과 상관관계가 낮을 때 변별타당도가 높다.
3) 다특성 중다방법 행렬표(MTMM)를 확인한다.

| 심화학습 | 다특성 중다방법 행렬표(MTMM)를 확인하는 절차 |

1) **Campbell과 Fiske가 제안한 확인적 요인분석의 하나로서, 구성타당도를 경험적으로 확인하는 방법으로,** 이는 한 개념이 복수의 특징들과 복수의 방법으로 측정되면, 각 특징 내에서의 항목들 간 상관관계는 다른 특징 항목들과의 상관관계보다 높아야 한다는 것이다.

2) **사례**
자아존중감의 개념 중 자긍심, 자신감, 자기노출, 개방성의 특징이 있는데 자긍심의 측정항목이 T1, T2, T3의 3가지가 있고, 자신감의 측정항목이 T4, T5, T6의 3가지가 있는 경우 T1, T3의 경우는 상관관계가 높고, T1, T5는 상관관계가 낮아야 한다는 것이다. 이러한 경우 구성타당도가 확보된 것으로 여긴다.

060

답 ④

해 ① 내용타당도(전문가의 판단)와 안면타당도(피검자의 판단)는 **상이한 타당도이다.**
② 예언타당도는 **준거타당도에 해당한다.**
③ 수렴타당도는 **구인타당도에 해당한다.**
⑤ **예언(예측)타당도**는 검사 실시 후 일정시간이 지난 후 평가하는 타당도이다.

061

답 ②

해 **투사적 검사의 장점은 검사자극이 모호해서 수검자가 자신의 반응을 방어하기 어렵고, 수검자의 반응이 사회적 바람직성의 영향을 덜 받는다는 것이다.** 반면, 투사적 검사의 단점은 검사 실시와 채점이 객관적 검사에 비해 덜 용이하며, 채점 과정에서 검사자의 주관이 개입되어 채점 결과의 일치도가 낮기 때문에 신뢰도와 타당도를 확보하는 데 어려움이 있다는 것이다.

062

답 ③

해 웩슬러 지능검사의 소검사 평균은 10, 표준편차는 3이다. 소검사 환산점수 8은 1표준편차 밖에 위치한다. 그 이유는 소검사 환산점수 7이 1표준편차이기 때문이다. 지표점수 110은 1표준편차 안에 위치한다. 그 이유는 1표준편차는 115(평균 = 100, 표준편차 = 1)이기 때문이다.
③ **결론적으로 소검사 환산점수 8은 지표점수 110과는 동일하지 않다.**

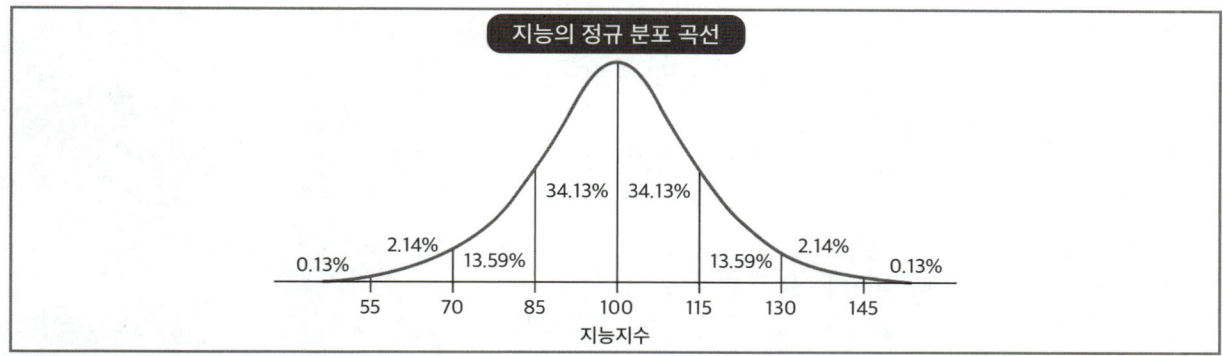

① 정규분포곡선 상 지표점수 115는 +1표준편차에 속하기 때문에 백분위 84(50% + 34.13%)에 해당한다.

② 지표점수는 전체 지능지수와 동일한 개념이다. 따라서 지표점수 95는 전체 지능지수 95와 동일한 상대적 위치이다.

④ 정규분포곡선 상 전체 지능지수 85는 -1표준편차의 위치이며, 소검사 환산점수 7도 -1표준편차의 위치이다. 따라서 백분위 16(100% - 84%)에 해당한다.

⑤ 일반능력 지표점수 100은 소검사 환산점수 10과 동일한 상대적 위치이다. 그 이유는 일반능력 지표점수 100과 소검사 환산점수 10은 평균이기 때문이다.

063

답 ①

해 카텔(R. Cattell)은 **유동성 지능**이 결정성 지능에 비해 두뇌 손상에 더 취약하다고 하였다.

> 심화학습

카텔과 혼(Cattell & Horn)의 유동성 지능과 결정성 지능[8]

1) 카텔은 **정신검사 용어를 처음 제안함**

2) 16PF : 카텔의 특질이론(근원특질, 표면특질)을 이용한 심리검사

3) **유동성 지능** : 유전적, 선천적으로 타고난 지능

Wechsler 지능검사의 동작성 지능에 해당하며, 환경이나 문화에 따라 잘 변화되지 않는 선천적인 능력이다. 개인의 독특한 신체구조와 과정에 기초하여 10대 후반이나 20대 초반까지 절정으로 발달하며(14세까지 지속적으로 발달하다가 22세 이후 급격히 감소하며) (정상적인) 노화에 따라 감소된다. 새로운 상황을 만났을 때의 문제를 해결할 수 있도록 하며 관계나 유사한 것을 찾아 비교하는 능력으로 뇌의 효능과 뇌손상 여부에 민감하다.

예 토막 짜기, 모양 맞추기, 빠진 곳 찾기

4) **결정성 지능** : 후천적 경험이나 교육에 의해 발달한 지적인 능력

Wechsler 지능검사의 언어성 지능에 해당하며, 개인의 문화적, 교육적 경험에 따라 영향을 받는 후천적 능력으로 유동성 지능에 비해 뇌손상에 영향을 덜 받는다. 유아기부터 성인기인 40세까지 계속 발달하지만, 환경에 따라서는 그 이후에도 발전될 수 있으며, 60세까지도 쇠퇴하는 비율이 낮다.

예 기본지식, 어휘, 이해

---

8) 출처 : 통합심리검사. 조은문. 나눔book

스피어만(Spearman)의 2요인설

1) 지능은 한 개의 일반요인과 여러 개의 특수요인으로 구성되어 있다.

2) **일반요인**(g요인 : general factor)

모든 종류의 인지 과제를 해결하는 데 필수적으로 관여하는 한 개의 요인이다.

🔲 언어, 수, 정신속도, 주의력, 상상력

3) **특수요인**(s요인 : specific factor)

특정 과제의 문제해결에만 적용되는 여러 개의 요인이다.

🔲 음악의 g요인이 음정과 박자라면, s요인은 성악 또는 기악이다.

암기법 스파-(이)

써스톤(Thurstone)의 7가지 기본정신능력(PMA : Primary Mental Ability)

1) 인간의 지능은 하나의 일반요인이 아닌 **7가지 일반요인**으로 구성된다.

2) **언어이해력 요인** : 언어를 이해하고 사용할 줄 아는 능력

🔲 어휘 능력, 문장이해 능력

3) **언어유창성 요인** : 어휘와 문장을 적절히 사용하고 표현하는 능력

🔲 어휘의 표현 능력, 시간제한 검사로 측정

4) 지각요인 : 외적으로 주어진 환경을 지각하여 해결하는 능력

🔲 인지 속도, 그림 속의 작은 차이점들을 인식하는 과제 등으로 측정

5) 추리요인 : 미해결된 구조를 추리하는 능력

🔲 추론, 유추 능력, 비유·수열 완성과제 등의 검사로 측정

길포드(Guilford)의 지능구조모형(Structure of Intellect : SOI)

1) 써스톤의 7가지 정신능력이론을 확장하여 지능구조모형 즉, 내용, 조작, 산출의 세 가지 요소를 축으로 하는 입방체모형을 제안하였다.

2) 지능이란 다양한 방법으로 상이한 종류의 정보를 처리하는 능력들의 체계적인 집합체이다.

3) 지능을 기억력(memory)과 사고력(thinking)으로 분류하였다.

4) 사고력(thinking)은 **인지적 사고력**(content : 주어지는 정보의 내용)과 **생산적 사고력**(operation : 정보에 대한 **조작**), **평가적 사고력**(product : 결과의 산출)으로 분류하였다.

5) 정보에 대한 조작(operation) 차원은 **수렴적 사고(convergent thinking)**와 **확산적 사고(divergent thinking)**를 포함한다.

6) 입방체의 5×6×6 = 180개의 상이한 정신능력 = 내용 영역 5개(시각, 청각, 상징, 의미, 행동) × **인지적 조작 영역 6개**(인지, 기억저장, 기억파지, 수렴적 생산, 발산적 생산, 평가) × **결과 또는 산출 영역 6개**(단위, 유목, 관계, 체계, 변환 = 전환, 함축)

암기법 **길 - 구조**

가드너(Gardner)의 9가지 다중지능이론

1) 전통적인 지능의 개념이 지적 기능에만 국한된 단일한 능력이 아니라 다양한 능력으로 구성되어 있다고 주장하며, 초기에 7가지 지능을 제안했으나 후에 9가지로 확장하였다.

2) 언어 지능(Linguistic) : 효과적으로 언어를 사용할 수 있는 능력

3) 논리수학 지능(Logical - mathematical) : 숫자와 관련된 문제를 효율적으로 처리하고 추론할 수 있는 능력

4) 공간 지능(Spatial) : 공간적 세계를 지각하고, 지각을 활용해 공간의 형태를 바꿀 수 있는 능력

5) **자연 친화 지능**(자연적 : Naturalist) : 자연친화적으로 환경의 특징을 구별하고 분류해 활용할 수 있는 능력

6) **음악 지능**(Musical) : 음악적으로 제시되는 정보를 인식하고 변형해 표현할 수 있는 능력

7) 신체운동 지능(Bodily - kinesthetic) : 자신의 신체를 효과적으로 활용해 자신의 생각을 표현하고 이를 이용해서 사물을 변형하거나 새로운 것을 만들어 낼 수 있는 능력

8) 자기성찰 지능(내적 : Intrapersonal) : 자기 자신의 상태나 감정을 파악하는 능력

9) 실존 지능(Existential) : 아동기에는 나타나지 않는 능력으로 종교적이고 철학적으로 사유할 수 있는 능력

10) **인간친화 지능**(대인관계 지능 : Interpersonal) : 타인들과 교류하고 타인의 감정과 행동을 파악하고 교류하는 능력

암기법 가 - 다

064

답 ③

해 시공간 핵심 소검사는 **토막짜기와 퍼즐**로 구성되었다. 구체적인 내용은 아래 내용을 살펴보길 바란다.

심화학습

K - WISC - Ⅳ

1) 소검사 : 평균 10, 표준편차 3
2) 10개의 핵심 소검사, 5개의 보충 소검사

지표	언어이해	지각추론	작업기억	처리속도
핵심 소검사	공통성 어휘 이해	토막짜기 행렬추리 공통 그림 찾기	숫자 순차연결	동형찾기 기호쓰기
보충 소검사	상식 단어추리	빠진 곳 찾기	산수	선택

암기법 공-어-이-상-단/토-행-공-빠/숫-순-산/동-기-선

K - WISC - V[9]

5가지 지표, 10개의 핵심 소검사, 6개의 보충 소검사

지표	언어이해	시공간	유동추론	작업기억	처리속도
핵심 소검사	**공통성 찾기** **어휘**	**토막 짜기** **퍼즐**	행렬추리 무게 비교	**숫자** **그림기억**	동형찾기 기호쓰기
보충 소검사	이해 상식		공통 그림 찾기 산수	순차연결	선택

K - WISC - IV와 K - WISC - V의 지표비교

K-WISC-IV	언어이해(VCI ; Verbal Comprehension Index), 지각추론(PRI ; Perceptual Reasoning Index), 작업기억(WMI ; Working Memory Index), 처리속도(PSI ; Processing Speed Index)
K-WISC-V	언어이해, 시공간, 유동추론, 작업기억, 처리속도

1) 전체IQ(FSIQ)와 **5가지 기본지표점수(언어이해, 시공간, 유동추론, 작업기억, 처리속도)**와 5가지 추가 지표점수 (양적추론, 청각 작업기억, 비언어, 일반능력, 인지효율)을 제공한다.

2) 인지능력에서 좀 더 독립적인 영역의 수행을 알 수 있는 지표점수(예 시공간지표와 유동추론지표)와 처리점수 (예 토막짜기 소검사의 부분처리점수)를 추가적으로 제공한다.

3) 5판이 되면서 빠진 검사 : 단어추리, 빠진 곳 찾기

4) 5판이 되면서 추가된 검사 : 퍼즐, 무게비교, 그림기억

5) **지각추론 지표가 시공간 지표와 유동추론 지표로 분리되었다.**

065

답 ②

해 한국판 베일리 영유아발달검사(BSID - II)는 정신척도, 운동척도, 행동척도로 구성되어 있다.

실력다지기

베일리 영아 발달검사(BSID-II)

1) 개발자(역자) : Nancy Bayley

2) 검사목적 : 영유아의 발달을 개별적으로 측정하여 발달이 지체된 영아를 규명한다. 특정 장애를 진단하기 위해 사용할 수 없다.

3) 검사연령 : 생후 1개월부터 42개월

4) 검사구성 : 총 178문항이고, **정신척도, 운동척도, 행동척도**로 구성되어 있다.

  (1) 정신척도 : 감각-지각, 변별, 항상성 개념, 발성, 언어적 의사소통, 문제해결 능력, 기억, 학습, 일반화와 분류 에 대한 기초능력

  (2) 운동척도 : 신체조절 정도, 대근육 및 소근육의 협응 능력

---

9) 출처 : 통합심리검사. 조은문. 나눔book

(3) 행동평정척도 : 주의/각성요인, 지향/참여요인, 정서조절 요인, 운동의 질 요인

5) 검사방법

(1) 검사자는 아이와 1 : 1로 마주앉아 여러 가지 검사도구를 이용한 특정 문항을 제시한다.

(2) 정신검사는 눈앞에서 공굴리기, 갑자기 공 숨기기, 그림책 보여주기, 퍼즐 맞추기 등 난이도가 다른 178가지 검사항목으로 아기가 여러 단계 중 어느 단계까지 할 수 있는지를 측정한다.

(3) 운동검사는 111가지의 검사 항목으로 기기, 서기, 옆으로 걷기, 한쪽 발 들고 서기, 장난감 줍기 등을 시켜 발달 정도를 검사한다.

(4) 행동검사는 정신이나 운동검사를 하는 도중에 아기가 집중을 잘 하는지, 짜증을 내지는 않는지, 낯가림을 심하게 하는지 등을 체크한다.

066

답 ⑤

해 **[ㄱ], [ㄴ] BGT - 2는 BGT - 1의 평가의 활용성을 강화하기 위해 원판 9장에 자극카드 7장이 추가로 개발되어 총 16장으로 구성되었다. 추가된 자극카드는 저연령층(만 4세에서 7세 11개월)을 위한 자극카드 4장과 고연령층(8세에서 85세 이상)을 위한 자극카드 3장이다.** 이 검사는 시지각 운동협응능력과 관계있기 때문에 뇌병변 여하를 밝히는데 유용하며, 개인의 정서나 성격에 대한 투사적 검사로 사용될 수도 있다. 8세 이하 아동(만 7세)은 **고연령층(8세에서 85세 이상)을 위한 자극카드 3장을 제외하므로 1~13번까지 검사를 실시하며, 검사결과는 평균 100, 표준편차 15를 기준으로 산출한다.**

067

답 ②

해 ① **Hs : 건강염려와 관련된 스트레스 정도를 평가한다.** 척도 1(건강염려증; Hs) 점수가 높은 사람들은 건강 문제에 자주 집착하며, 스트레스를 받으면 신체증상을 나타내는 경향이 있다.

③ **Pt : 신경쇠약이나 강박정도를 평가한다.** 척도 7(강박증; Pt) 점수가 높은 사람은 강박사고 및 강박 행동, **불필요한 근심이나 걱정 증가**, 자신의 능력에 대한 의구심, 피로감이나 에너지 소진, 불면, 자율신경계의 각성과 관련된 신체 증상을 호소한다.

④ **Hy : 심인성 감각장애 정도를 평가한다.** 척도 3(히스테리; Hy)은 심인성 감각 장애 또는 운동 장애를 보이는 히스테리 환자 집단을 탐지할 목적에서 개발되었으며, 척도 3(히스테리; Hy) 점수가 높은 사람은 신체적 불편감, 신체 기능 저하, 특정 신체 증상 호소가 많다.

⑤ **Mf : 남성성-여성성 정도를 평가한다.**

1) 과장된 자기제시 : S

자신을 매우 정직하고 심리적 문제가 없으며, 도덕적 결점이 없고 타인과 매우 잘 어울리는 사람인 것처럼 드러내려는 경향을 탐지하는 타당도 척도이다.

2) 반사회성 : Pd

가정이나 권위적 대상 일반에 대한 불만, 자신 및 사회와의 괴리 권태 등을 측정대상으로 하며, 외향화, 과격 행동, 합리화, 지능화 등의 방어기제를 빈번하게 사용한다.

3) 편집증 : Pa
주로 대인관계에서의 민감성, 의심성, 집착증, 피해의식, 자기정당성을 측정한다.
4) 경조증 : Ma
정신적 에너지를 측정하는 척도로서, 인지영역에서는 사고의 다양성, 비약 등을 보이고, 행동영역에서는 불안정성, 흥분성, 민감성 및 기분의 고양을 나타낸다.

068

답 ③

해 **사회적 불편감(SOD) : 내향성, 수줍음** / 냉소적 태도(CYN) : 염세적 신념, 대인의심, 부정적, 이기적, 냉소적

① ANG(분노, Anger) : 통제력 및 성급함 정도를 평가한다.
② ANX(불안, Anxiety) : 일반화된 불안 및 걱정을 평가한다.
④ HEA(건강염려, Health Concerns) : 다양한 신체증상 정도를 평가한다.
⑤ OBS(강박증, Obsessiveness) : 반추 및 의사결정 곤란 정도를 평가한다.

심화학습 〉   MMPI-2 : 내용척도

1) Butcher 등(1990)은 MMPI-2의 15개 내용척도를 개발하였다.
2) MMPI-2 내용척도의 해석은 척도의 문항 내용과 경험적 상관물의 두 가지 기초자료에 기반 하였다.
3) 내적인 증상, 외적인 공격성, 부정적인 자기-견해, 일반적 문제 영역 군집의 4가지로 구분한다.
  (1) 내적인 징후의 행동들 (Internal Symptomatic Behaviors)
    ① 불안 척도 (Anxiety, ANX)
    불안, 걱정과 근심, 신경과민, 집중하기 힘듦, 수면 장애, 의사결정에 불편감, 강박 증상, 신체적 증상, 우울한 기분, 안정감과 자신감 부족
    ② 공포 척도 (Fears, FRS)
    공포감과 불편감, 다양한 두려움과 공포증 보고, 소심한 경향과 자신감 부족
    ③ 강박성 척도 (Obsessiveness, OBS)
    의사결정을 내리는데 심한 어려움, 경직되어 있으며 변화를 싫어함, 사소한 것에 초조해하고 걱정하고 반추, 우울하고 슬프고 의기소침, 자신감 결여, 수면 장애, 강박 증상
    ④ 우울 척도 (Depression, DEP)
    우울하고 의기소침, 피로하고 흥미가 없음, 비관적, 최근 자살하려는 생각에 몰두, 쉽게 움, 죄책감, 성취 지향적이지 못함, 외로움, 수면 장애, 친구가 적거나 없음
    ⑤ 건강염려 척도 (Health Concerns, HEA)
    신체적으로 건강하지 않다고 보고, 신체적으로 건강하다는 것을 부인, 신체 기능에 몰두, **스트레스에 대한 반응으로 신체적 증상을 일으킬 수 있음**, 기진맥진, 여러 구체적인 신체 증상 보고
    ⑥ 기태적 정신상태 척도 (Bizarre Mentation, BIZ)
    망상과 환각을 포함한 정신병적 증상, 비현실감, 지남력 상실, 편집성 사고, 감정 둔화, 친구가 적거나 없음, 물질 남용의 과거력, 강한 성취 지향성 부족

(2) 외적인 공격적 경향 (External Aggressive Tendencies)

① 분노 척도 (Anger, ANG)

분노와 적대감, 화를 잘 내고 잘 토라지는 사람, 공격적이고 비판적이고 논쟁적, 욕을 하거나 물건을 부수고 싶다는 느낌, 발끈하는 성질, 통제력과 성급한 측정, 신체적으로 폭력적일 수 있음

② 냉소적 태도 척도 (Cynicism, CYN)

타인들을 부정직하고 이기적이고 냉정하다고 평가, **타인의 동기 의심, 대인관계를 경계하고 믿지 않음, 적대적, 편집성 사고를 경험**, 타인에게 요구가 많지만, 타인의 요구에는 분개

③ 반사회적 특성 척도 (Antisocial Practices, ASP)

반사회적 행동에 연루, 법적 문제 일으킨 과거력, 타인에게 냉소적, 권위에 분개, 어려움을 타인의 탓으로 돌림, 속임수, 자기중심적, 물질 남용, 충동적

④ A 유형 행동 척도 (Type A)

정력적이고 빠르게 움직이며 업무 중심적, 일을 끝마치기 위한 시간이 충분하지 않다고 느낌, 기다리거나 방해받는 것을 싫어함, 적대적이고 성마르고 쉽게 짜증을 낼 수 있음, 대인관계에서 거만하고 비판적임.

(3) 부정적인 자기 - 견해 (Negative Self-View)

① 낮은 자존감 척도 (Low Self-Esteem, LSE)

부정적인 자기개념, 실패를 예상하고 쉽게 포기, 부적절감, 스스로를 다른 사람과 부정적으로 비교, 비판과 거절에 지나치게 민감, 칭찬받는 것을 불편해 함, 수동적, 의사결정 어려움

(4) 일반적 문제 영역 군집 (General Problem Areas Cluster)

① 사회적 불편감 척도 (Social Discomfort, SOD)

수줍고 사회적으로 내향적, 사회생활에 서투르고 거북함, 혼자 있는 것을 선호, 사람들이 많이 모인 것을 싫어함, 먼저 대화를 시작하지 않음, 흥미 제한, 대인관계에 민감, 정서적으로 철수, 수면문제

② 가정 문제 척도 (Family Problems, FAM)

가족과 상당히 불화가 있었다고 묘사, 가족이 사랑이 결여되었다고 묘사, 가족들의 요구에 분개, 가족들에게 분노나 적개심, 부부관계에 부정적인 견해, 우울한 기분

③ 직업적 곤란 척도 (Work Interference, WRK)

업무 수행을 방해할 수 있는 태도와 행동 보고, 직업 선택에 회의감, 야망이 없고 에너지가 부족, 동료들에게 부정적인 태도, 불안정감, 집중에 어려움을 겪음, 부정적인 자기개념, 의사결정에 어려움

④ 부정적 치료 지표 척도 (Negative Treatment Indicators, TRT)

정신건강 치료, 전문가에 대한 부정적인 태도, 아무도 자신을 이해할 수 없다고 느낌, 다른 누구와도 공유할 수 없는 문제를 가지고 있다고 믿음, 문제에 직면하게 되면 쉽게 포기, 삶의 의미 있는 변화를 이뤄낼 수 없을 것이라고 느낌, 극심한 정서적 고통 경험, 문제를 잘 해결하지 못함, 낮은 판단력

069

답 ①

해 ② 긍정적 인상척도(PIM) : 자신을 지나치게 좋게 보이려 하며 사소한 결점도 부인하려는 긍정적 인상 척도

　참고 나쁜 인상을 주려는 태도를 확인하는 척도 : 부정적 인상척도(NIM)

③ DOM : 대인관계에서 개인적 통제와 독립성을 유지하는 정도를 평가하기 위한 지배성 척도

　참고 타인에 대한 공격성을 확인하는 척도 : 공격성척도(AGG)

④ WRM : 대인관계에서 지지적이고 공감적인 정도를 평가하기 위한 온정성 척도

⑤ ANT : 반사회적 특징을 평정하는 반사회성 척도

　참고 대인관계에서 공감 정도를 평정하는 척도 : 온정성 척도(WRM)

참고 저빈도 척도(INF)는 정상집단과 임상집단의 수검자들이 그렇다고 반응할 시인빈도가 매우 낮다는 근거에서 문항이 선정되며, 수검태도를 알 수 있는 타당도 척도이다. 즉, 부주의하거나 무선적인 반응태도를 확인하는 척도이다.

070

답 ③

해 [ㄴ]. 숫자폭 검사(Digit span test)는 웩슬러 지능검사에서 숫자를 듣고 기억하고 말하는 검사이다.

[ㄷ]. 연속수행검사(CPT)는 컴퓨터 화면에 알파벳 문자, 기호, 숫자가 시각적 자극이나 청각적 자극으로 제시되면 스페이스 바를 누른다. 주의력, 충동억제, 반응속도, 반응 일관성을 분석하며 단순 주의력, 선택적 주의력, 지속적 주의력, 분할 주의력을 측정한다.

따라서 숫자폭 검사와 연속수행검사는 들으면서 하는 검사이기 때문에 청각주의력을 측정하는 신경심리검사이다.

실력다지기

Rey 복합 도형 검사(R-CFT : Rey-Osterrieth Complex Figure Test)[10]

1) 시공간 구성 능력과 시공간 기억력을 평가하는 검사로 가장 널리 사용되고 있음.
2) 전두엽 집행기능, 계획능력, 조직화 기술, 선택적 기억, 지각적 왜곡, 시각-운동협응 능력을 평가함.
3) 복잡한 그림을 보고 따라 그리기, 즉각적 회상, 지연회상의 조건에서 도형을 그림.
4) 인지기능 평가 뿐 아니라 신경계 질환(뇌전증, 파킨슨)과 정신병(조현병, 과잉운동장애, 틱장애)이 있는 사람의 인지기능 평가에 사용됨.

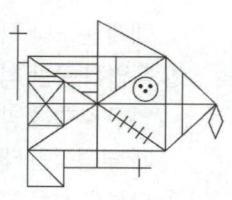

071

답 ④

해 T/F 축은 정보사정(판단 기능) 스타일에 관한 설명이다.

---

10)　출처 : 통합 심리검사. 조은문. 나눔book

1) **사고형(T)** : 논리와 이성에 의거해서 정보를 사정하는가?
   객관적인 기준을 바탕으로 정보를 비교 분석하고 논리적 결과를 바탕으로 판단한다.
2) **감정형(F)** : 개인의 가치에 따라 다른 사람에 대한 영향을 고려하면서 정보를 사정하는가?
   온화하고 우호적이며 인간관계의 협력을 추구하며 개인적 가치에 근거해 결정을 내린다.

072

답 ②

해 **RA형은 RS형은 서로 인접해 있지 않지만, RA형이 RS형보다 조금 더 거리가 가까우므로 일관성이 높다.**

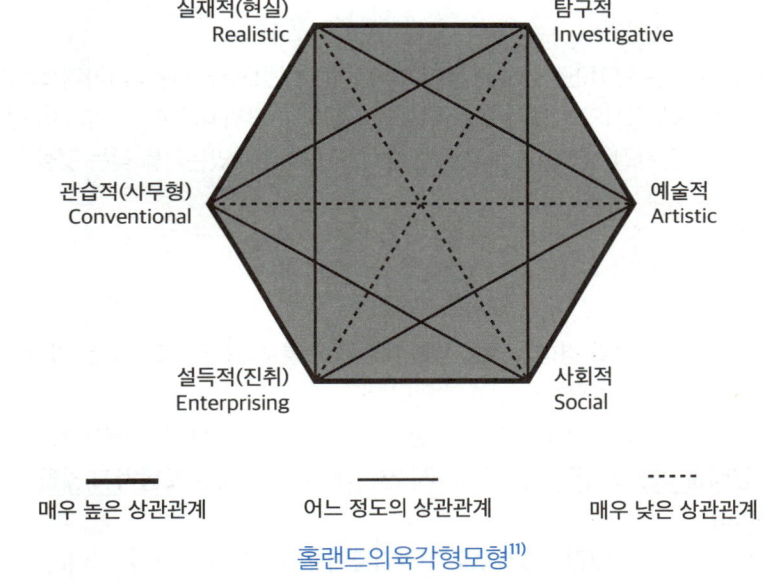

홀랜드의육각형모형[11]

073

답 ③

해 단어연상검사는 **칼 융의 이론을 바탕으로 고안**되었다. 이 검사는 100개의 단어를 택하여 만든 검사로 무의식적인 콤플렉스를 측정한다.

---

11) 출처 : Holland, J. H.(1992). Making vocational choices: A theory of vocational personalities and work environments(2nd ed.). Odessa, FL: Psychological Assessment Resources.

갈톤(F. Galton)의 자유연상검사

Galton(1822-1911)은 개인차가 일어나는 것은 지적 능력의 차이에서 비롯된다고 보았는데, 지적 능력은 유전에 의해서 결정된다고 생각하였다. 그는 우수한 유전자를 지닌 천재를 탐지해 내기 위하여 여러 가지 검사들을 고안하였다. 초기에는 인간의 신체적 특징과 감각식별에 관심이 제한되어 있었으나, 점차 **평정척도(rating scale)를 사용하면서 심리적인 기능들을 평가하였고 후기에는 자유연상기법까지도 사용하였다.** 그의 중요한 공헌의 하나로, 개인차에 대한 자료분석을 위하여 통계적인 기법을 발달시켰다는 것을 들 수 있다. Galton은 두 측정치 간의 관계의 방향과 그 강도를 나타내기 위하여 수학적인 표현방식을 개발하였는데, 이것이 바로 상관계수이다. 상관기법의 바탕이 되는 통계적인 방법론은 이후 심리검사에 적용되면서 검사의 발달에 많은 공헌을 하였다.

칼 융의 단어연상검사[12]

분석심리학파에서 사용하고 있는 단어연상검사는 융(C. G. Jung)이 빈도 사전에 의거하여 최다빈도의 단어 100개의 자극어를 택하여 만든 것인데 명사와 형용사 또는 부사를 번갈아 무작위 나열한 것이다. 이 검사는 피검자의 무의식적인 콤플렉스를 측정한다. 검사결과의 평가는 결국 콤플렉스가 어디에 있는가를 찾는 것을 목적으로 한다.

074

답 ⑤

해 조직화 점수(Z점수)는 자극의 조직화 경향과 효율성에 대한 정보를 제공한다. Z점수는 의미 있는 관계를 형성하려는 노력을 의미하고, 낮은 Z점수는 조직화의 실패를 의미한다.

[ㄱ]. 형태질 u는 드문 경우로, 흔히 반응되지 않는 낮은 빈도의 반응으로서 반응내용이 브롯의 특징과 크게 부조화되지는 않는다. **형태질 u는 조직점수를 부여하지 않는데, 이는 형태를 포함하지 않을 때 조직화 점수를 채점할 수 없기 때문이다.**

[ㄴ]. **Zest(최대 Z값)은 Z점수의 최대값은 6.0으로 평가기준에 규정되어 있는 것이 아니라, Z빈도에 따라 기대되는 점수를 찾으면 된다.** 즉, Zest는 <Zf - Zest 환산표>에 Zf를 대응시켜 구한 값으로 '최적의 Zsum값'을 의미한다.

[ㄷ]. Wv로 평가된 경우에도 발달질이 모호한 경우에 해당하기 때문에 조직화 점수를 부여하지 않는다.

[ㄹ]. 조직화점수는 W(+, v/+, o), 인접부분, 비인접부분, 흰 공간 통합의 4가지로 나누어진다. 조직화 점수를 부여하는 예를 들면, 1번 카드에서 전체 영역을 가면으로 보면서, 흰 공백을 눈이라고 표현하는 경우이다. 즉 1번 카드에서 가면의 눈을 조직화해서 본 것이다(반점의 S 영역과 다른 영역을 통합해서 반응한 경우).

---

12) 출처 : 통합심리검사. 조은문. 나눔book

[로샤검사] 조직화 활동

1) 조직화 활동이란 자극 간에 관계를 형성할 때 나타나는 것으로 본다.

2) 조직화활동은 Z점수를 통해 값을 매긴다.

3) 조직활동의 빈도(Zf)와 총합(Zsum)은 수검자가 자극영역을 조직화하려는 정도와 효율성에 관한 정보를 제공해준다.

4) 조직화 활동이라고 볼 수 없는 경우는 반점의 한 부분을 보고 반응한 경우, 대칭을 기술한 경우는 의미 있는 관계를 형성한 게 아니다. 즉 자극 영역을 조직화하려는 노력이 없는 것이다.

5) 조직화 활동이라고 볼 수 있는 경우는 동물을 지각한 후 '산을 오르고 있다'라고 표현하는 것이다.

6) Z를 채점하기 위해서 반드시 형태가 사용되어야 한다. 인접한 반점이든, 인접하지 않은 반점이든 간에 서로 의미 있는 관계를 맺고 있어야 한다.

기준		설명
ZW	W(+,v/+,o)	전체 반응이며, 발달질이 +, v/+, o인 경우
ZA	인접부분	인접한 부분에서 2개 이상의 개별적 대상을 지각하고 이러한 대상들이 서로 의미 있는 관계를 이루고 있을 경우
ZD	비(非) 인접부분	인접하지 않은 부분에서 2개 이상의 개별적인 대상을 지각하고, 그 대상들이 서로 의미 있는 관계를 이루고 있을 경우
ZS	흰 공간통합	반점의 공백과 다른 영역을 통합하여 반응했을 경우

075

답 ⑤

해 **Bellak(1959)은 TAT의 기본 가정으로 통각(apperception)과 외현화(externalization), 정신결정론(psychic determination)이라는 용어를 사용하였다.** 즉, 개인은 단순하고 순수하게 지각하기보다 **내적욕구에 의해 어느 정도로 왜곡된 통각과정**을 나타내며, TAT에서 **전의식 수준에 있는 내적욕구가 의식화되는 외현화 과정을 통해 반응**하며 이런 모든 것이 **정신역동적으로 의미가 있다**는 것이다.

제4과목 상담이론 (필수)

076	③	077	③	078	④	079	⑤	080	②
081	③	082	②	083	①	084	①	085	⑤
086	②	087	①	088	④	089	③	090	③
091	③	092	⑤	093	①	094	①	095	②
096	④	097	④	098	①	099	③	100	⑤

076

답 ③

해 라자루스의 중다양식치료는 BASIC-ID이다.

각각 B(행동 : 싸움, 훔치기), A(정동 : 불안, 우울), S(감각 : 두통, 현기증), I(이미지 : 지나친 공상), C(인지 : 비합리적 사고), I(대인관계), D(약물 : 담배, 술)를 의미한다.

③ 지나친 공상은 I(이미지)를 의미한다.

077

답 ③

해 [ㄹ]. **개인화** – (친구들이 웃으며 이야기하는 모습을 보고) 애들이 내 외모를 비웃는 걸 거야.

078

답 ④

해 [ㄱ]. **행동연쇄법이란 복잡한 것을 학습할 때 사용하는 방법**으로 학습할 행동을 여러 단위 행동으로 단계별로 나누어 가르치는 방식이다. 따라서 **바람직하지 않은 행동을 감소시키는 행동주의 상담기법으로 자극 포화법, 내파법, 타임아웃 등이 있다.**

실력다지기

내파법(결과 직면 과민성 제거법)
불안을 일으키는 장면과 관련된 무시무시한 결과를 생생하게 상상함으로써 불안을 극복하는 방법이다.

자극 포화법
혐오자극법(aversion)의 한 방법으로 바람직하지 않은 행동을 충족시켜 줄 수 있는 자극을 정도가 지나치도록 줌으로써 질리게 하는 방법으로 강박행동 환자에게 흔히 사용한다.

079

답 ⑤

해 해결중심 상담의 질문기법에서 관계성질문은 내담자와 중요한 관계에 있는 사람들이 자신을 어떻게 보고 있는지 질문하면서 자신에게 중요한 타인의 입장에서 자신을 보게 함으로써 변화의 가능성을 만드는 것이다. 문제의 보기는 상담자는 청상이와 어머니와의 관계성에 대한 질문을 했다.

080

답 ②

해 심리검사는 **접수면접 후 상담을 구조화 한 후** 실시한다.

081

답 ③

해 프로차스카와 디클레멘티(J. Prochaska & C. DeClemente)의 변화의 단계는 전숙고 단계, 숙고단계, 준비단계, 행동실천단계, 유지단계이다.
③ 숙고단계는 변화에 대한 양가감정을 해결하는 단계이다. **내담자는 스마트폰 게임을 줄이고 싶지만 스트레스를 풀기 위해 게임을 하고 싶어하는 양가감정을 해결하고 게임을 줄여야겠다는 결심을 하고 있다.** 숙고단계가 옳은 내용이다.

082

답 ②

해 내담자의 부적응적 패턴을 직면하는 것은 **상담 중기단계**에 하는 것이다.

083

답 ①

해 [ㄴ]. **직면이란 자신의 생각이나 감정, 행동의 불일치를 알아차리는 것을 목적으로 한다.**
[ㄹ]. **"마음이 차분하다고 말을 하면서도 얼굴이 붉어지고 주먹을 부들부들 떨고 있군요?"**와 같은 반응이다.

084

답 ①

해 재진술은 어떤 상황, 사건, 사람, 생각을 기술하는 내담자의 진술 중 내용 부분을 상담자가 동일한 다른 말로 바꾸어 기술하는 것이다.
① **상담자는 친구들이 자신만 따돌리고 담임선생님도 자신을 미워한다고 생각하는 내담자의 마음을 재진술을 해 주었다.**

② 선생님도 예전에 따돌림을 당한 적이 있었는데 그때 많이 힘들었단다. - 자기노출

③ 친구들이 너만 따돌린다는 말이 무슨 말인지 좀 더 이야기해 줄 수 있겠니? - 명료화

④ 담임선생님이 어떻게 하실 때 너를 미워한다고 생각하는지 궁금하구나. - 간접질문

⑤ 친구들이 따돌리지 않고 담임선생님도 너에게 관심을 가져 주었으면 좋겠는데 그렇지 않아서 속상했겠다.
   - 감정이입

085

📘 답 ⑤

🔑 해 수용전념치료(Acceptance Commitment Therapy; ACT)는 **여섯 가지 핵심 기제(수용, 인지적 탈융합, 맥락적 자기, 현재에 존재하기, 가치 탐색, 전념 행동)**를 사용하여, 인지적 왜곡을 완화시키고 심리적 경직성에서 탈피해 심리적 탄력성을 증가시키도록 한다.

⑤ **역할 변화는 해당하지 않는다.**

실력다지기 **수용 전념 치료(ACT)**[13]

수용 전념 치료의 철학적 핵심은 모든 인간은 고통을 받는다는 것이다. ACT는 이론적으로 행동주의 원리와 행동주의 언어 이론인 관계 틀 이론에 근거하고 있다. ACT 모형은 언어 과정이 심리적 경직성의 핵심에 놓여 있으며, 그러므로 인간 고통의 근원이라고 가정한다. ACT는 언어가 밝은 면과 어두운 면을 동시에 갖고 있는 양날의 검으로 본다. **ACT의 목표는 피할 수 없는 고통을 수용함으로써 풍요롭고 의미 있는 삶을 창조하는 것이다. 그래서 ACT의 목적은 현재순간에 접촉하며 깨어있으며 또한 가치를 두는 방향으로 나아가는 능력을 향상시키기 위해 그러한 언어 과정을 약화시키는 것이다. ACT의 여섯 가지 핵심 치료 과정은 수용, 탈융합, 현재 순간의 자각, 맥락으로서의 자기, 가치 그리고 전념 행동이다.** 심리치료에서 은유의 활용은 임상 문헌에서 주목을 받아왔다. 은유와 체험 연습은 ACT에서 중요한 역할을 하는데, 가치를 두는 행동의결과에 대한 맥락을 창조함으로써 언어의 역효과를 약화시켜준다.

086

📘 답 ②

🔑 해 인지행동치료(합리적 정서행동상담)는 행동변화의 지속을 위해서 **단기상담**을 지향한다.

087

📘 답 ①

🔑 해 해결중심상담자는 문제행동과 관련된 **현재 경험**을 탐색한다.

참고 **과제부여 : 고객형 내담자 - 관찰 또는 행동과제** / 불평형 내담자 - 관찰 또는 생각과제 / 방문형 내담자 - 상담을 받으러 온 것에 대한 칭찬과 다음 상담에 대한 격려

---

13) 출처 : 손정락(2015). 수용 전념 치료 (ACT)에서 관계 틀 관점으로 은유를 이해하고, 활용하고, 창조하기. 한국건강심리학회. 20(2): 371 - 389

088

답 ④

해 ① 현실치료는 **의학적 모델을 거부**하여 정신병조차도 자신이 선택한 것으로 본다.
　② 생존의 욕구는 **구뇌**에서 유발된다.
　③ 내담자의 **현재의 행동**에 초점을 맞춘다.
　⑤ 전행동(total behavior) 중 **사고하기와 행동하기**는 직접적으로 통제할 수 있다.

실력다지기

1) **구뇌 - 생존과 관련된 뇌**, 끊임없이 주변을 경계하며 안전 여부를 판단한다.
2) 중뇌 – 감정을 처리, 중뇌를 통해서 감정을 느끼고, 수시로 충동구매를 한다.
3) **신뇌 - 대뇌피질이라고 불리는 부위, 언어 처리와 말하기, 읽기, 음악연주, 음악 강사, 사고, 계획과 같은 일을 처리한다.**

089

답 ③

해 정신분석에서 **무의식은 인간에 행동에 영향**을 미친다.

090

답 ③

해 개인심리학의 상담기법은 **격려하기, 단추누르기, 스프에 침 뱉기, 과제 설정하기, 마치 ~ 인 것처럼 행동하기, 자기 포착하기, 악동의 함정 피하기** 등이다.
　[ㄴ]. 자유연상 : 정신분석상담　　　[ㄹ]. 개성화 작업 : 융의 분석심리이론

091

답 ③

해 실존주의 상담에서 보는 인간의 궁극적 관심사는 **죽음, 자유, 무의미, 고독**이다.

092

답 ⑤

해 **인간중심 상담자의 진솔성은 상담자가 느끼고 염려하는 것을 내담자에게 모두 쏟아놓는 것도 아니며, 그냥 지나칠 수 있는 태도나 직관적인 생각을 내담자에게 충동적으로 불쑥 말하는 것도 아니다. 진솔성이란 상담자가 자기 내면에 흐르고 있는 경험과 항상 접촉하고, 때로는 불편하고 혼란스러운 경험을 자각하게 되더라도 이를 부정하지 않으려 애쓰는 것이다.** 상담자는 자기 자신에 대해 잘 알고 있어야 한다. 자신에 대한 깊은 이해를 통해 자신의 감정 상태를 정확하게 인지할 수 있으며, 이를 통해 진실 된 자기 자신으로 존재할 수 있다. **상담자의 진실 된 자신의 내면에 대한 지각을 개방적인 태도로 수용하고 표현할 때, 내담자 역시 자신 내면 깊숙이 숨겨 두었던 문제를 드러낼 수 있으며, 이는 내담자 자신을 이해하고 수용할 수 있게 된다.** 인간중심 상담자는 내담자와의 관계 속에서 항상 열린 마음으로 있는 그대로를 느끼고 진실 되게 표현할 수 있는 태도가 견지되어야 한다.

심화학습 　　　　　　　　　　로저스의 인간중심 상담에서 '진실성'의 의미[14]

로저스의 인간중심 상담에서 '진실성'이라는 개념이 세 가지 측면에서 생각할 수 있다.

1) '상담자의 진실성'이 의미하는 바가 무엇인가 하는 점이다.

상담자의 진실성은 상담자의 자기이해, 상담자의 태도, 상담자의 역할, 이 세 가지 측면에서 의미를 찾을 수 있다. 상담자의 자기 이해라 함은 자신의 철학적 오리엔테이션에 대한 이해, 순간순간 상담자 자신에게 일어나는 감정들에 대한 이해, 그리고 자기를 수용하고, 있는 그대로의 자신의 모습으로 존재하는 것을 의미한다. 내담자에게 전달된 치료자의 태도는 심리치료의 성공에 영향을 주는 중요한 요인이다. 다시 말해서 **태도의 진실성이란 상담자가 내담자와의 관계 속에서 투명하고 일치하는 모습으로 존재하는 것을 말하는 것이다.** 인간중심 상담에서의 상담자의 역할은 내담자의 내적 참조체제 안으로 들어가서 내담자가 경험하는 것을 가능한 한 정확하게 지각하는 것, 그리고 내담자의 진실 된 자아의 역할을 하는 것으로 요약할 수 있다. 이는 분명 수동적이고, 방임적인 태도와는 구별되는 것이다. 진실성은 상담자의 이러한 역할들을 통해 내담자 자신의 진실성에 다가가도록 도와주는 역할을 하는 것이다.

2) '내담자의 진실성'의 의미는 무엇인가 하는 점이다.

내담자의 진실성은 경험에의 개방성, 유기체에 대한 신뢰, 일치성에서 찾아볼 수 있다. 참된 자신의 모습이 된다는 것은 이전에는 억압하고 부인했던 경험들에 대해서 자신의 일부로 받아들임을 의미한다. 이런 사람들은 매 순간이 새로운 삶을, 즉 실존적인 삶을 살게 되고, 매 순간의 자신의 경험에 개방적인 사람은 진실 된 자신의 모습으로 사는 것이라 할 수 있다. 심리치료를 통하여 한 개인은 그 동안 자신이 타인들이 생각하는 대로 살고자 노력하고 있으며, 진실 된 자신이 아님을 알게 된다. 점차적으로 그 동안의 내사된 가치에 따라 행동하는 대신에 자신의 유기체의 감각과 경험을 신뢰하게 된다. 또한 심리치료를 성공적으로 경험한 내담자들은 자기안의 불일치를 인식하고, 직면하고, 재검토함으로써 불일치한 자기에 있어 일치성을 가져오는 방향으로 변화한다. 현실적인 자기와 이상적인 자기가 일치함에 따라 스스로 원하는 사람이 된다. 결국 자신이 아닌 것으로부터 벗어나고, 자기 자신에 대해 신뢰하게 되고 자기 자신을 있는 그대로 수용하게 됨을 말한다.

3) '상담 과정의 진실성'이 의미하는 바는 무엇인가 하는 점이다.

상담과정의 진실성은 관계의 진실성에서 그 의미를 발견할 수 있다. 내담자가 관계를 치료적으로 경험한다는 것은 상담자의 진실함, 일치함이 상담 관계를 통하여 내담자에게 전달됨을 의미하는 것이다. 관계 속에서의 진실한 경험을 통해서 내담자는 있는 그대로의 자신의 모습이 수용됨을 경험하면서 자기 스스로도 자신에게 그러한 태도들을 취하고 경험하게 된다. 상호 개방적이며 투명한, 정직한 관계 속에서 치료자는 치료적 효과를 극대화 할 수 있으며, 나와 너의 관계가 서로 개방적이지 않을 때에는 어떠한 기법도 효과적이기 어려움을 알 수 있다. 다시 말해 치료적 관계는 양방향으로 작용하는 진실 된 관계라고 볼 수 있다

---

14)　출처 : 김미경(2003). 로저스의 인간중심 상담에서 '진실성'의 의미. 연세대학교 대학원 석사학위논문

093

답 ①

해 **실험하기란 게슈탈트 치료의 핵심적인 기법이며 가장 많이 사용되는 형태이다. 실험하기는 치료자가 내담자의 문제를 명료화해주고, 자각을 증진시켜주는 동시에 또한 치료적 작업을 원활하게 하기 위해 내담자에게 특정한 장면을 연출하거나 시행해보도록 제안하는 것이다.** 실험하기를 할 때 치료자는 실험을 창안할 때 내담자에게 최대한의 자유스러운 분위기를 제공해 주어 내담자로 하여금 마음껏 새로운 행동을 실험해보고 선택할 수 있도록 해주어야 한다.

① 문제에서는 **상담자는 내담자가 세상에 혼자 있는 것 같다는 느낌을 표현할 때 실제로 세상에 나 혼자 있다는 것을 상상해보는 실험을 하게 했다.**

094

답 ①

해 **어머니는 지금 시간이 몇 시인지 물었다. 아들은 11시라는 대답을 했다. 어머니와 아들은 단순히 시간을 묻고 대답한 것으로 보이지만 그 질문과 대답 이면에는 어머니의 일찍 들어오라는 질타에 집이 불편해서 일찍 들어오기 싫다는 대답을 했다.** 따라서 옳은 내용은 **이면교류이다. 이면교류는 표면적으로 주고받는 교류의 이면에 다른 메시지가 숨겨져 있는 교류를 말한다.**

095

답 ②

해 [ㄱ]. **라켓감정 : 라켓(racket)은 초기 결정을 확증하기 위하여 다른 사람을 조작하는 과정을 말하며, 조작적이고 파괴적인 행동과 연관된 감정을 라켓감정(racket feeling)이라 한다.** 즉 내 의사와 다르게 표현되는 감정이다. 사람은 주의를 끌기 위해 불쾌하고, 쓰라린 감정, 위장된 죄의식 또는 위장된 우울한 감정을 발달시킬 수 있다. 이러한 위장된 감정은 불쾌하고 쓰라린 감정을 지속시켜주는 상황(게임)을 개인이 스스로 선택하게 함으로써 계속하여 유지되며, 자신의 지속적인 감정유형이 되고, 이러한 감정유형이 전형적인 행동방식을 만들어내게 된다.

[ㄴ]. **생활양식 : 아들러의 개인심리학에서 가장 기반이 되는 개념으로, 생을 영위하는 근거가 되는 기본적 전제와 가정이라고 할 수 있다.** 개인의 생활양식(life style)은 삶에 대한 개인의 기본적 지향이나 성격을 나타내준다. 또한 **생활양식은 인생 목표, 나아가 자아개념, 타인에 대한 감정, 세상에 대한 태도를 포함한 개인의 인생적 취향을 포함하는 개념으로 볼 수 있다.** 아들러에 따르면, 4-5살 때 형성된 생활양식은 이후 안정적으로 거의 변하지 않으며, 한 개인이 어떻게 그의 인생의 장애물을 극복하고, 문제의 해결점을 찾아내며 어떠한 방법으로 목표를 추구하는지에 대한 방식을 결정해 준다고 한다.

1) 게임 - 교류분석
   게임은 초기결정을 지지할 목적에서 이루어지며 유쾌한 감정을 가장하고 인생각본을 추진시키기 위한 교류로 시간구성의 한방법이다.
2) 인생태도 - 교류분석
   자기 자신과 타인 그리고 세계에 대해 해석하는 개인의 태도를 통칭하는 것으로 초기경험과 초기결정에 의해 형성된다.

096

답 ④

해 [ㄷ]. 실존주의 상담은 내담자의 **과거보다는 현재(지금 - 여기)의 사건에 주목**한다.

097

답 ④

해 내담자는 학급 반장으로 힘든데 선생님마저도 많은 일을 시켜 짜증이 났는데 이를 **선생님(위협적인 대상)께 표현하지 않고 만만한 친구(덜 위협적인 대상)에게 화를 냈다. 이것을 치환(전치)**이라고 한다.

098

답 ①

해 청소년상담자의 자질은 **전문적 자질, 인간적 자질, 자기성찰 능력, 감정인식 및 수용력,** 인간에 대한 호기심과 관심, **변화에 대한 신뢰,** 유머감각, 예술적 자질, 대인관계 기술, 창의성, **심리적 안정과 조화, 청소년의 미성숙한 행동에 대한 이해와 수용 능력,** 주요 상담이론 활용 능력, 청소년 정책에 대한 이해와 적용 능력 등이다.
① 완벽주의는 피해야 한다.

099

답 ③

해 [ㄱ]. 수퍼비전을 목적으로 상담을 녹음할 때 **내담자의 동의**를 받아야 한다.
  [ㄴ]. 상담자는 상담실 밖에서 내담자와 **사적인 관계를 맺으면 안 된다.**
  [ㄷ]. 상담자는 자신의 능력을 과장해서 **내담자를 의존하게 만들면 안 된다.**
  [ㅁ]. 친구나 친척을 내담자로 받아들이고 상담하는 것은 **이중관계이므로 안 된다.**

100

답 ⑤

해 **실존주의 이론에서 역설적 의도는 바라지 않거나 바꾸고 싶은 행동을 의도적으로 반복적으로 실시하게 함으로써 역설적으로 그 행동을 제거하거나 벗어나도록 하는 기법**이다. 상담자는 내담자가 **발표불안으로 힘들어할 때 발표를 더 많이 하라는 역설적 의도 기법을 실시하였다.** 학습이론(필수)

제1과목 학습이론 (필수)

001	③	002	③	003	①	004	⑤	005	④
006	②	007	③	008	①	009	②	010	①
011	④	012	②	013	③	014	⑤	015	③
016	②	017	④	018	③	019	①	020	⑤
021	④	022	④	023	⑤	024	⑤	025	①

001

답 ③

해 근접성(contiguity)은 조건형성을 설명하는 행동주의 원리이다. 근접성이란 조건자극과 무조건자극을 짝짓는 고전적 조건형성에서, 조건자극과 무조건자극이 시간적, 공간적으로 근접해 있으면 자동적, 기계적으로 연합이 형성되어 조건형성 된다는 것이다. **조건자극(CS)이 먼저 제시되고 무조건자극(UCS)이 나중에 제시되는 지연 조건형성과 흔적 조건형성이 학습이 잘 되며, 이 중에서 지연 조건형성이 가장 학습이 잘 된다.**

③ **효과적인 짝짓기는 조건자극이 무조건자극보다 약 0.5초 먼저 제시되고 동시에 철회하는 지연조건형성이다.** 예를 들어 학생들에게 새로운 학습내용을 설명한 후 곧바로 학생들이 이미 알고 있는 것과의 관계를 설명하면 학습되기 쉽다.

002

답 ③

해 **학습(learning)이란 경험과 훈련에 의해 일어나는 행동상의 비교적 일관성 있는 변화를 의미한다. 다만, 성숙, 약물, 질병 등으로 인해 일어나는 행동 변화들은 학습에 의한 것이 아니다.** (1) 학습의 결과는 관찰 가능한 외현적 행동으로 나타나기도 하지만, 내면적 행동의 변화로도 나타난다. (2) 행동변화는 비교적 영속적으로 나타나야 한다. (3) 행동의 변화는 학습 경험에 바로 이어서 나타날 필요가 없다. (4) 행동의 변화(행동의 잠재력)는 연습을 통해 생겨난다.

① **태도 변화는 학습의 범주에 포함된다.**

② **정서적 변화는 학습의 범주에 포함된다.**

④ 수행(performance)은 직접적으로 관찰 가능하다. **학습(learning)은 직접적 관찰이 불가능하다.**

1) 수행은 관찰 가능한(observable) 행동으로 공을 던지기, 달리기 등이 있다.

2) **학습은 직접적으로 관찰 불가능한 내적 현상으로**, 사람의 행동 즉 수행으로부터 추론할 수 있다. 즉, 웃을 때(관찰 가능한 행동) 행복하다고 추론할 수 있다.

⑤ **약물에 의한 일시적 신체 상태에 기인한 행동 잠재력의 변화는 학습의 범주에 포함되지 않는다.**

003

답 ①

해 ② 결핍 욕구는 생리적 욕구, 안전의 욕구, 소속의 욕구, 자아존중의 욕구이다. **결핍 욕구는 한 번 충족되면 더 이상 동기로서 작용하지 않는다.**

③ 성장 욕구는 자아실현 욕구이다. **성장 욕구는 목표수준에 도달하면 충족되는 것이 아니라, 충족이 될수록 그 욕구가 더욱 증대된다.**

④ **소속과 애정의 욕구는 결핍 욕구에 해당한다.**

⑤ 로저스(C. Rogers)는 자아실현 경향성(actualizing tendency)을 **선천적인 것으로 보았다.**

| 심화학습 | 매슬로우의 성장욕구 |

1) 개인은 대체로 성장욕구를 추구하려는 경향이 있다.

2) **성장욕구의 목표는 즐거운 형태의 긴장을 계속적으로 유지하려는 것이다.**

3) **성장욕구의 충족은 즐거움을 유발하고, 그 즐거움을 더하려는 욕구를 발생시킨다.**

4) 성장욕구는 자율적인 충족을 통해 좀 더 자기 지향적이 되도록 한다.

004

답 ⑤

해 [ㄱ]. 동기는 성공 가능성과 성공 유인가와 정적 상관이 있다. 따라서 성공할 가능성이 전혀 없다고 생각되면 동기화되지 않는다.

[ㄴ]. **다른 참여자의 능력과 경쟁률이 매우 높다는 것을 알고, 상금의 액수나 보상의 매력도(성공의 유인가)가 높아도 다른 참여자의 능력과 경쟁률이 매우 높으면 인식된 성공가능성이 낮으므로 동기가 저하된다.**

[ㄷ]. 아주 쉽거나 아주 어려운 과제보다 적당히 어려운 수준이면서 학습자에게 유의미한 과제들이 동기유발에 더 좋다. 너무 쉬우면 학습에 대한 흥미가 저하되고 너무 어려우면 좌절하기 때문이다.

[ㄹ]. 쉬운 과제여서 성공할 가능성이 높다 해도 개인적 관심과 흥미가 없는 과제라면 학습 동기는 최대화되지 않는다. 개인적 관심과 흥미가 유인가가 되기 때문이다.

| 심화학습 | 인지주의 동기이론[15] 중 기대이론(expectancy theory) |

1) 성취하기 위한 개인의 노력은 보상에 대한 그들의 기대에 달려있다는 믿음을 기초로 한 동기이다.

---

15) 인지주의 동기이론은 인간을 능동적이고 적극적으로 사고하는 이성적인 존재로 보며, 내재적 동기의 중요성을 강조한다.

2) 기대모델 또는 기대 – 가치 모델(expectancy – value model)

(1) Edwards와 Atkinson이 아래의 공식을 기초로 발달시켰다.

동기(M) = 인식된 성공 가능성(Ps) × 성공의 유인가(Is)

(2) 어떤 것을 성취하고자 하는 개인의 동기는 자신의 성공확률에 대한 예상(인식된 성공 가능성)과 그들이 성공에 부여하는 가치(성공의 유인가)에 달려있다.

(4) 성취과제를 지향하도록 하는 변인 : 성공 가능성 지각, 성공 유인가

① **특정한 과제를 수행할 때 성공할 수 있을 것이라고 기대하는 사람은 그렇지 않은 사람보다 그 과제를 기꺼이 수행하려고 한다.**

② **성공 가능성이 높은 과제를 성공할 때보다는 어려운 과제를 성공적으로 수행할 때 더 큰 자부심을 경험할 수 있다.**

(5) 성취노력을 억제하는 두 가지 변인 : 실패 가능성 지각, 실패 유인가

성공 가능성이 높은 아주 쉬운 과제를 실패했을 경우에는 수치심을 크게 느끼지만, 아주 어려운 과제를 실패했을 때에는 수치심을 적게 느낀다.

(6) 기대 × 가치이론의 교육적 시사점

교사들이 학생에게 내주는 과제는 너무 쉽지도 너무 어렵지도 않아야 한다는 것이며, 성공에 대한 경험을 모든 학생들이 쉽게 이룰 수는 없지만, 성공할 수 있는 범위 내에 있어야 한다.

005

답 ④

해 ① **인간은 선천적으로 타고난 유능감(competence), 관계성(relatedness), 자율성(autonomy)에 대한 욕구를 가진다.**

② **내면화(internalization)는 사회적 규범과 가치를 자기 것으로 채택하는 과정으로 외재적 동기를 내재적 동기로 바꾸어 주는 메커니즘이다. 아동이 발달해 감에 따라 사회화 과정에서 주어지는 통제 보상 등의 외재적 동기는 내면화되고 점차 자기조절 과정의 일부가 된다.** 이 내면화의 정도에 따라 인간의 동기는 무동기, 외재적 동기, 내재적 동기로 분류되며 내재적 동기를 지닐 때 자기결정성이 가장 높다고 본다.

③ **무동기(amotivation)는 행동의 의지가 결핍된 상태로 행동을 전혀 않거나 의도 없이 수동적으로 움직인다. 적정 수준의 동기 상태는 아니다.**

⑤ **외적 동기와 내적 동기는 상호연결성이 있는 개념이다.** 라이언과 데시(Ryan & Deci)가 설명한 자기결정성 정도에 따른 자기조절 유형 수준을 낮은 것에서 높은 순으로 나열하면 외적 조절(external regulation)→내사된 조절(부과된 조절, introjected regulation)→확인된 조절(identified regulation) →통합된 조절(integrated regulation)→내재적 조절(intrinsic regulation)의 순서이다.

자기결정성이론은 인간의 동기가 개인 스스로 완전히 내적 통제(예 흥미, 호기심)에 되었을 때 가장 높으며, 내적인 이유가 전혀 없이 순전히 외적인 통제(예 강제, 강요)에 의해서 행동하게 되었을 때 가장 낮다는 명제를 기반으로 한다. 또한, 완전한 내적 통제와 완전한 외적 통제 사이에 다양한 통제 유형이 존재한다고 하였다.

006

답 ②

해 학습자의 성취목표는 숙달목표와 수행목표가 있다. 숙달목표를 지향하는 학습자는 외적 보상보다 학습과정 그 자체를 중요하게 여긴다. 수행목표를 지향하는 학습자는 자신의 능력이 타인에 의해 어떻게 판단되는가를 중요하게 여긴다.

[ㄷ]. **수행목표를 지향하는 학습자**는 쉬운 과제에서 성공할 때, 자부심이나 안도감으로 반응한다.

[ㅁ]. **수행목표를 지향하는 학습자**는 시험과 같은 평가 상황에서 지나치게 불안해한다.

실력다지기   성취목표이론

1) 성취목표이론의 특징은 학습자가 과제에 참여하는 이유에 대한 학습자의 지각에 가장 직접적으로 초점을 맞추고 있다.

2) **학습자의 성취목표는 숙달목표(mastery goal)와 수행목표(performance goal)로 구분한다.**

  (1) 숙달목표를 지향하는 학습자의 특성외적 보상보다는 학습과정 그 자체를 중요하게 여긴다.

  (2) 수행목표를 지향하는 학습자의 특성자신의 능력이 타인에 의해 어떻게 판단되는가를 중요하게 여긴다.

3) 학습자가 어떤 목표를 지향하는가 하는 것은 다음 두 가지 측면에서 영향을 받는다.

  (1) 학습자 자신의 능력에 대한 지각지능을 고정적인 것으로 보는가/유동적인 것으로 보는가

  (2) 학급 풍토나 학급구조에 대한 지각

    ① 숙달목표 : 향상 정도, 노력, 절대평가

    ② 수행목표 : 높은 점수, 높은 능력, 상대평가

4) 교육적 시사점

  (1) 학습자의 목표지향성은 과제 선정에 영향을 준다.

    ① 숙달목표 지향적인 학습자는 다소 어렵기는 하지만, 자신의 기능을 촉진시킬 수 있는 과제를 선택하는 경향이 있다.

    ② 수행목표 지향적인 학습자는 자신의 유능함을 보여줄 수 있는 과제나 자신의 무능함을 감출 수 있는 과제를 선택하는 경향이 있다.

  (2) 학습자의 목표지향성은 학습자의 귀인성향에 영향을 준다.

    ① 숙달목표 지향적인 학습자는 성공을 많은 노력과 효과적인 학습전략에 귀인하고, 실패시에는 노력 부족으로 귀인하는 경향이 있다.

    ② 수행목표 지향적인 학습자는 실패를 능력부족에 귀인하는 경향이 있다.

  (3) 학습자의 목표지향성은 학습방법에 영향을 준다. 숙달목표 지향적인 학습자들이 수행목표 지향적인 학습자들보다 초인지 전략을 더 많이 사용하는 경향이 있다.

  (4) 대체로 수행목표보다는 숙달목표를 추구하는 것이 더 바람직한 동기형태이기는 하지만, 실제로 학습자들은 학습상황에서 두 가지의 목표 모두를 어느 정도 지향한다.

007

답 ③

해 [ㄱ]. **강화인이 동물의 행동과 무관한 것을 미신적 행동(superstitious behavior)이라 한다.**[16] 미신이란 '근거를 설명할 수 없는 우연한 패턴을 믿는 것'이다. 스키너(Skinner)는 미신을 발견하고자 실험을 고안했다. 굶주린 비둘기를 새장에 넣은 뒤 비둘기의 행동과는 무관하게 일정한 시간 간격으로 먹이를 공급하는 장치를 설치했다. 비둘기는 특정 행동을 반복하는 모습을 보였는데, 스키너는 비둘기가 특정 행동을 하면 먹이가 공급될 것이라는 추측을 했다고 판단했다. 인과가 없는데도 특정 행동을 반복하는 비둘기를 통해 스키너는 '이 실험은 일종의 미신을 입증한다.'고 말했다. 인간 역시 명확한 인과와 무관하게 믿음을 갖는 경우가 있기 때문이다.

[ㅁ]. **조작행동(operant behavior)이란 자극에 의해 유발된 것이 아니라 유기체에 의해 방출된 행동이다. 스키너의 조작적 조건화이론에 의하면 파블로프의 조건형성과정에서 일어나는 자극에 의해 유발된 행동을 반응행동(respondent behavior)이라 하고, 자신의 실험에서 사용한 행동을 조작행동(operant behavior)이라 구분하였다.** 많은 조작행동 중에서 한 가지 행동만을 반복해서 강화함으로써 그 행동이 다시 나타날 가능성을 높여주는 것을 조작적 조건화라 한다.

008

답 ①

해 **행동조형(행동조성법 : shaping)이란 내담자들의 바람직한 목표행동을 설정해두고, 이 행동에 근접하는 행동을 보일 때 단계적으로 강화를 주어 점진적으로 바람직한 행동에 접근하도록 만드는 치료기법이다.** 행동조성법(behavior shaping)은 목표행동에 근접하는 행동을 보일 때마다 강화를 하여 점진적으로 목표행동을 학습시키는 방법이다.

행동연쇄법
1) 행동연쇄법은 마지막 강화 계획이 완결되어야만 일차 강화물이 주어지는 일련의 강화로서, 어떤 하나의 특정 계획이 시행 중임을 나타내는 것으로 이는 조작적 조건형성과 관련된다.
2) 아동이 주어진 단계를 강화에 의해서, 행동형성법 등에 의해서 성공적으로 학습한 뒤에는 그 단계를 다른 단계들과 적절히 연속적으로 결합해야 한다.
3) 음식 먹기가 있는데, 강화자(음식)에 의해 초기 단계를 가장 먼저 가르치고, 나머지 부가적인 단계들(숟가락을 입까지 들어올리기, 숟가락을 입에 넣기, 숟가락을 접시에 되돌려놓기)은 아동이 그 연쇄의 모든 단위를 완수할 때까지 점진적으로 익혀야 할 단계들이다.

16) 출처 : 사이언스온

009

🔲 ②

🔳 관찰학습의 순서는 주의집중 단계, [파지 단계], 운동재생 단계, 동기화 단계이다.
[ㄱ]은 파지단계로서, 관찰된 정보를 심상적, 언어적 표상체계로 부호화하여 기억하는 단계이다.

📊 문항분석

① [운동재생 단계]
관찰한 모방행동을 성공적으로 재생하려면 머릿속에 기억한 것만으로는 안 되고, 직접 행동으로 연습해야 성공적인 모방이 가능하다. 이때 '이렇게 하면 잘 될거야', '팔을 왼쪽으로 더 뻗어야 해' 와 같이 정보적 피드백에 근거한 자기 수정적 조정이 필수적이다.

③ [주의집중 단계]
관찰학습의 모델은 관찰자의 주의를 끄는 힘이 있어야 한다. 인간은 유능하고 호감이 가며 인격이 훌륭한 모델에게 더 주의를 잘 기울이는 경향이 있다. 따라서 모델의 매력도에 따라 관찰자의 주의집중이 달라진다.

④ [동기화 단계]
관찰자가 모델의 행동을 정확하게 기억하고 운동능력을 지니게 되었다고 하더라도 유기체가 직접 행동하려는 동기가 없으면 실제 행동으로 나타나지 않게 된다. 즉, 모델이 보상받는 것을 관찰하더라도 자극제가 되지 못할 수도 있다. 예를 들어 어떤 학생이 휴지를 주웠을 때 교사가 칭찬하는 것을 목격한 다른 학생이 다음번에 휴지를 주웠는데, 교사가 칭찬하지 않으면 휴지를 주우려고 동기화되지 않는다.

⑤ [동기화 단계]
환경을 자기 인도적(self-directed)으로 탐색한다.

010

🔲 ①

🔳 ② **특수 전이(specific transfer)** : 선행학습과 후속 학습간의 구체적 특수요인에 의해서만 전이가 일어난다.
③ **축어적 전이(literal transfer)** : 원래대로의 기능 또는 지식을 새로운 과제에 적용할 때 일어난다.
④ **수평적 전이(horizontal transfer)** : 새로운 학습에 직면하여 자신이 이전에 숙달학습을 위해 사용했던 것과 동일한 학습전략을 사용할 때 일어난다.
⑤ **부정적 전이(negative transfer)** : 선행학습이 후행학습을 더 어렵게 만들 때 일어난다.

실력다지기

전이의 종류

1) 긍정적 전이, 부정적 전이, 영전이

　(1) 긍정적 전이(positive transfer) : 선행학습이 후속학습을 촉진하는 현상

　　예 바이얼리니스트가 피아니스트보다 첼로를 더 쉽게 배울 수 있다.

　(2) 부정적 전이(negative transfer) : 선행학습이 후속학습을 방해하는 현상

　　예 이전에 학습했던 영어단어가 불어단어를 새롭게 학습하는데 혼란을 일으키기도 한다.

　(3) 영전이(zero transfer) : 선행학습이 후속학습에 아무런 영향을 미치지 못하는 현상 새로운 학습과 선행학습이 큰 차이가 있을 때 나타남

2) 일반 전이와 특수 전이

　(1) 일반 전이(general transfer) : 일반적인 원리의 이해가 전이를 일으키는 현상으로 즉, 학습하는 방법을 학습함으로써 다른 방면에도 두루 전이의 현상이 일어남.

　(2) 특수 전이(specific transfer) : 자극 유사성의 구체적인 측면에 의해서, 즉 선행학습과 후속학습 간의 구체적 요인(특수요인)에 의해 전이가 일어남.

3) 수평적 전이와 수직적 전이

　(1) 수평적 전이(horizontal transfer) : 한 분야에서 학습한 것이 다른 분야에 적용되는 현상으로 한 상황에서 습득된 기능이 다른 상황에서 응용되는 능력임.

　　예 수학에서 배우는 지식과 원리 등이 물리나 화학에 응용하거나, 독도법 시험에 통과한 학생이 항해자로 무난히 활동하게 됨.

　(2) 수직적 전이(vertical transfer) : 기본지식에 대한 학습이 고차원적인 학습에 적용되는 현상

　　예 초등학교 수학내용이 중학교 수학에 적용됨.

4) 근접 전이와 원격 전이

　(1) 근접 전이(near transfer) : 기저원리와 피상적 특성이 비슷한 장면에서 일어나는 현상으로 학습활동시의 맥락과 전이 상황의 맥락이 유사할 때 일어남.

　　예 5초에 20m 달리는 사람의 초속을 계산할 줄 알면. 10초에 80m 달리는 사람의 초속도 계산할 수 있음.

　(2) 원격 전이(far transfer) : 기저원리는 유사하지만, 피상적 특성이 다른 장면에서 일어나는 현상

　　예 학생이 교실수업을 하는 것과 동일하게 운동장 수업을 하는 것

5) 의식적 전이와 무의식적 전이

　(1) 의식적 전이(high - road transfer) : 선행학습에서 학습한 것을 새로운 학습에 의식적으로 적용할 때 일어나는 현상

　(2) 무의식적 전이(low - road transfer) : 선행학습에서 학습한 것이 매우 유사한 학습에 무의식적으로 나타나는 현상

6) 전향적 전이와 역행적 전이

　(1) 전향적 전이(proactive transfer) : 순행적 전이라고도 하며 선행학습이 후속학습에 영향을 미치는 현상

　(2) 역행적 전이(retroactive transfer) : 현재의 학습활동이 선행학습에 영향을 받는 현상

7) 축어적 전이와 비유적 전이

　(1) 축어적 전이(literal transfer) : 원래 그대로의 지능과 약간의 지식이 새 학습과제로 전이되는 경우

　(2) 비유적 전이(figural transfer) : 특정 문제와 이슈에 관한 문제해결 및 사고와 학습에 대한 도구로 지식의 어떤 부분을 이용하는 현상

　　예 '바하'는 음악의 아버지

011

답 ④

해 [ㄱ]. 새로운 동작을 배우고 수행할 때 '고개를 왼쪽 2회, 오른쪽 1회, 뒤로 1회, 그리고 앞으로 2회'의 순서를 **마음속으로 생각하면서 수행한다.** → [자기지시(self - instruction)]

[ㄴ]. 3분 간격으로 '뚜~'소리가 나는 알람을 켜놓고 온라인 수업 영상을 수강하며, 알람이 울릴 때마다 '나는 지금 선생님의 설명에 주의집중하고 있나?' **스스로에게 물어본다.** → [자기감독(self - monitoring)]

[ㄷ]. **발표 불안을 극복하고자 자발적으로 발표에 참여하고 마친 경우** 마일리지 노트에 스스로 부여한 점수를 기록해둔다. → [자기강화(self - reinforcement)]

[ㄹ]. **식탁에서는 유튜브 시청만을, 책상에서는 온라인수업 영상 수강만을 하도록** 스스로 조건화한다.
→ [자기부여 자극통제(self - imposed stimulus control)]

012

답 ②

해 ① 운율법(rhyming method) : 음을 넣거나 리듬을 넣어서 암기하는 방법이다. 예를 들어 천자문을 외울 때 [하늘 처~언 따지 검을혀~언 누를황]과 같이 운율을 넣어 외우는 것이다.

③ **장소법(loci method)** : 기억해야 할 항목들을 자신에게 매우 친숙한 장소나 혹은 사물에 연결시켜 기억하는 방법이다. 예를 들어 **현관 - 사과, 거실 - 감자, 침실 - 배추와 같이 익숙한 장면과 동선의 순서에 따라 단어 배치하는 것이다.**

④ 연상법(mental imaging) : 학습할 각 단어를 이전에 저장한 목록의 단어와 연합하고, 두 단어 사이의 상호작용적 이미지를 만들어서 심상으로 연결시키는 방법이다. 예를 들어 비둘기를 공원이나 평화, 우산과 모자를 영국 신사로 연결시키는 것이다.

⑤ **핵심 단어법(keyword method)** : Atkinson과 Raugh가 제안하였다. **'gloom (어둠)은 구름이 끼어 어두움'과 같이 암기할 대상을 소리나 이미지를 연결시켜 기억하는 방법이다.**

문항분석

- **두문자어법(acronyms) : 기억해야 할 문장의 앞글자만 따서 하나의 이미지를 만드는 방법이다.** 문제의 수금지화목토천해(태양으로부터의 순서대로 행성 이름 외우기)가 사례이다.
- HOMES(셜록 홈즈) : 5대 호수 – Huron(휴런 호), Ontario(온타리오 호), Michigan(미시간 호), Erie(이로 호), Superior(슈피리어 호) : **두문자어법(acronyms)**
- 한번 구경 오십시오 : (한라산 해발 1,950미터) : **연상법**

013

답 ③

해 인간의 뇌는 10%의 신경세포(Neuron)와 90%의 아교세포(Glia)라는 비신경세포로 이루어져 있다. 신경세포는 소포체(Vesicle)의 방출을 통해 신경전달물질(Neurotransmitter)을 분비하여 신호를 전달하는 중추적인기능을 담당한다. ③ **비신경세포인 아교세포(Glia)는 과다 분비된 신경전달물질을 없애 주는 청소부 역할을 한다. 비신경세포인 아교세포(Glia)는 신경세포로부터 분비된 신경전달물질들을 흡수하여 신경세포의 연접부위(Synapse) 주변을 청소하고, 신경세포에 필요한 영양분을 제공하는 등 보조적인 역할을 한다.**

실력다지기

겔소(Gelso)의 연구 타당도

뉴런(neuron) 은 신경계를 구성하는 세포이다. 신경세포는 나트륨 통로, 칼륨 통로등의 이온 통로를 발현하여 전기적인 방법으로 신호를 전달한다. 뉴런의 말단에 있는 시냅스(synapse)를 통해 아세틸콜린과 같은 신경전달물질을 통해 화학적 신호를 주고 받음으로써 정보를 받아들이고 저장한다.

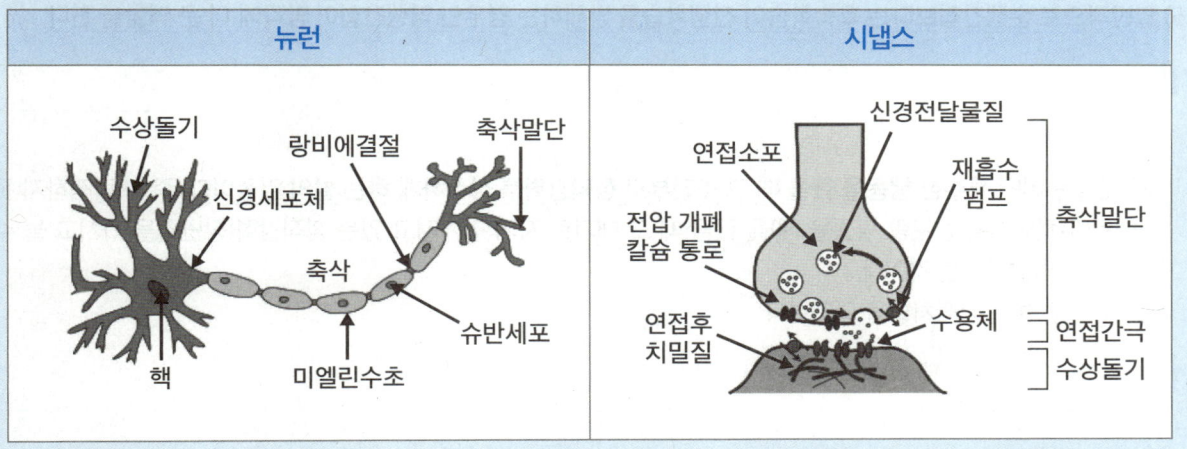

014

답 ⑤

해 귀인에는 내부/외부, 안정/불안정, 통제 가능/통제 불가능, 등 세 가지 차원이 있다.

[ㄱ]. **'시험 보는 날 몸이 아파서'는 내부, 불안정, 통제 불가능이다.**

실력다지기

와이너(Weiner)의 인과적 귀인 모형

	내적		외적	
	안정적	불안정적	안정적	불안정적
통제 가능	장기간 노력	일시적 노력	교사의 편견	타인의 도움
통제 불가능	고정된 능력	건강, 기분	과제 난이도	행운, 기회

015

답 ③

해 망각이론에는 쇠퇴이론, 간섭이론, 인출 실패이론이 있다.

③ **간섭이론이 쇠퇴이론에 비해서 망각의 원인을 더 잘 설명한다. 그 이유는 쇠퇴이론은 기억의 망각이 시간의 함수라고 보는 입장으로, 오래 전의 일을 기억하는 경우도 있고, 최근에 습득한 정보를 잊어버리는 경향이 있어 쇠퇴이론이 너무 단순하다는 비판을 받기 때문이다.**

실력다지기 간섭이론

1) 너무 많은 정보가 인출단서에 연계되면 이 인출단서의 효율성이 감소되어 기억을 할 수 없어 망각의 원인이 된다.
2) 자극경쟁에서 오는 간섭효과에 따라 순행간섭(proactive interference)과 역행간섭(retroactive interference)이 있다.
3) 순행간섭은 선행학습이 후속학습을 방해하는 경우이고, 역행간섭은 후속학습이 선행학습을 방해하는 경우를 말한다.
4) 순행간섭은 앞의 기억이 뒤의 기억을 방해하는 것이기 때문에 선행 학습량이 많으면 망각이 증가한다.
5) **일반적으로 순행간섭보다는 후속학습이 선행학습을 방해하는 경우인 역행간섭이 망각에 더 큰 역할을 한다.**

016

답 ②

해 **반응대가는 어떤 특수한 행동을 했을 때 그 조건부로 정적강화를 상실하게 하는 벌의 일종이다.** 즉, 바람직하지 못한 행동(유치원에서 친구랑 싸웠을 때)을 했을 때 그 대가로 자기가 가지고 있는 정적강화(장난감을 가지고 놀 수 없게 함)를 박탈당하는 것이다.

참고 '수여성 벌'은 정적처벌을 의미한다.

017

답 ④

해 **의미기억은 일화적 경험이 쌓이고 이것이 추상화되어 이루어진 개념적 지식에 대한 장기기억이다.** 개념적 지식은 단어나 문장 등 언어적 개념들, 문화나 세계사 등에 대한 지식으로 우리가 대상의 의미를 인식하고 사고를 하기 위한 필수적인 지식이다. 이러한 의미기억은 일화기억처럼 쉽게 변하거나 망각되지 않으며 비교적 장기적으로 남아있다.

참고 자전거 타기, 수영하기, 타이핑하기 등 몸으로 기억되는 지식을 절차기억이라고 한다.

실력다지기

앳킨슨 - 쉬프린의 중다 기억 모형(Atkinson-Shiffrin' multi-store model)[17]

1) 기억체계는 여러 개의 기억 저장소로 이루어진 중다저장소로 구성되어있다.
2) 기억은 감각기억, 단기기억, 장기기억 등 세 구조로 구성되어 있다.
3) 매우 짧은 동안만 정보를 저장하는 감각기억(또는 감각 등록기)은 시각을 통해 들어온 정보(영상 기억)는 약 1초, 청각적으로 입력된 정보(반향 기억)는 약 2초까지 유지한다.

---

17) 출처 : 네이버 백과사전

4) 감각기억에 등록된 정보 중 집중을 하게 된 정보에 대한 처리를 하는 곳이 단기기억인데, 최근에는 작업기억이라는 개념이 더 많이 사용된다.

5) 단기기억의 정보들을 반복적으로 학습하면 정보가 장기기억으로 전달되는데, 장기기억은 거의 무한대의 용량으로 짧게는 몇 분, 길게는 수십 년 동안 지속된다.

장기기억의 종류

1) 외현 기억(explicit memory)
의식적으로 또는 의도적으로 과거의 경험을 인출할 때 발생하는 기억으로, 그 기억에 대해 설명할 수 있기 때문에 서술 기억이라고도 한다.

(1) 의미기억
세상에 대한 일반적인 지식을 구성하는 개념과 사실에 대한 기억으로 학교에서 배우는 것들이다.

(2) 일화기억
개인이 경험한 특정한 시간과 장소에서 발생한 과거 사건들에 대한 기억으로, 고등학교 졸업식 때의 일이나 작년 크리스마스 때의 일들에 대한 기억이 그 예이다.

2) 암묵 기억(implicit memory)
스스로 어떤 것에 대해 기억하고 있다는 것을 알지 못하지만, 과거의 경험들이 나중에 행동이나 수행에 영향을 주는 종류의 기억을 말한다. 암묵 기억은 비서술적 기억이라고도 하는데 그 기억에 대한 설명을 잘 할 수 없기 때문이다. 예를 들어 자전거 타기와 같은 기술은 특별히 기억하려 애쓰지 않아도 자동적으로 수행되지만, 어떻게 자전거를 탈 수 있는지에 대해서는 설명하기가 어렵다.

018

답 ③

해 앨버트는 쥐에 대한 공포가 없었다. 왓슨은 크고 날카로운 소리와 쥐를 연합시켜 앨버트가 쥐를 무서워하게 만들었다. → 무조건 자극(㉠ **크고 날카로운 소리**), 조건 자극(㉡ **쥐**), 무조건 반응(㉢ **놀라서 넘어지고**), 조건 반응(㉣ **소스라치게 놀라며 울기**).

019

답 ①

해 ② 톨만(E. Tolman)은 학습이 강화(보상) 없이도 가능하며, 강화(보상)는 단지 학습한 것을 수행으로 나타나도록 하는데 도움을 준다.
③ 에빙하우스(H. Ebbinghaus)는 **망각곡선에 대해 설명하였다.**
④ 스키너(B. Skinner)는 **조작적 조건형성에 정신적 경험을 학습에 포함시키지 않았다.**
⑤ 반두라(A. Bandura)는 관찰학습을 제시하였으며, **이는 스키너(B. Skinner)의 조작적 조건화와 다르다.**

실력다지기 　　　　　　　　　　　　　　　　　손다이크의 '효과의 법칙'

손다이크는 효과의 법칙이라는 개념을 제시했다. 결과가 만족스러우면 자극과 반응의 결합이 강화된다고 믿었던 손다이크는, 초기에는 만족스러운 결과는 결합을 강화시키고 혐오적인 결과는 반응을 약화시켜 자극과 반응의 결합도 약화시킨다고 믿었다. 하지만 1930년대 이후에는 만족스럽고 유쾌한 결과만이 결합의 강도에 효과를 미치며, 불쾌하거나 불만족스러운 자극은 결합의 강도에 영향을 미치지 않는다고 자신의 이론을 수정하였다.

020

답 ⑤

해 1) 일차 강화물은 인간의 생존이나 생물학적 기능에 관여하는 중요한 자극이나 사건을 말한다. 예를 들면 굶주린 사람에게 음식, 목마른 사람에게 물, 추위에 떠는 사람에게 온기 등을 들 수 있다.
　　2) **이차 강화물은 학습된 강화물이라고도 하는 것으로 원래는 강화를 주지 않는 자극이 다른 강화물과 짝지어지거나 결합되면 강화물이 될 수 있다. 예를 들면 돈, 상장, 토큰, 칭찬, 좋아하는 책이나 TV프로그램, 예쁜 옷 등이 있다. 보기 모두가 이차 강화물에 해당한다.**

021

답 ④

해 행동주의적 관점에서 학습이란 [수영하기, 일과표 작성하기, 친구와 노래하기, 읽은 글에 관해 설명하기] 등과 같이 경험의 결과로 발생하는 관찰 가능한 행동의 변화이다.
　　④ **긍정적으로 생각하기는 해당되지 않는다.**

022

답 ④

해 **언제 강화가 주어질지 내담자가 예측하기 어려운 강화계획은 고정된 것이 아닌 변동(가변) 강화계획이다. 그 이유는 변동(가변) 강화계획은 일정하지 않기 때문이다. 따라서 [ㄹ]. 변동간격 강화계획, [ㅁ]. 변동비율 강화계획이 언제 강화가 주어질지 내담자가 예측하기 어려운 강화계획이다.**

1) 강화계획은 강화의 시간간격에 따라 고정간격 강화계획(성과에 상관없이 일정한 시간 후에 급여를 지급함)과 변동간격 강화계획(불규칙한 시간에 따라 급여를 지급함)이 있고, 강화의 반응 수에 따라 고정비율(일정한 성과비율에 따라 성과급을 지급함)과 변동비율(불규칙한 성과비율에 따라 성과급을 지급함)로 구분된다.
2) **고정간격 - 고정비율 강화계획에 비해 변동간격-변동비율 강화계획은 불규칙적으로 강화가 주어지기 때문에 내담자가 예측하기 어렵다.**
3) 변동비율 강화계획이 강화 효과가 가장 높고, 고정간격 강화계획이 강화효과가 가장 낮다.

023

답 ⑤

해 **보상을 기대하기보다는 경험 그 자체를 추구한다는 것은 몰입(flow)과 관련이 있다.**

통찰(insight)학습이란 '상황을 구성하는 요소 간의 관계를 파악'하는 것이다. 심리학자 쾰러는 침팬지 실험을 통해 통찰학습 이론을 제시하였다. 침팬지가 손을 뻗어도 닿을 수 없는 천장에 바나나를 매달아 두면 처음에는 손을 뻗어보고, 막대기를 사용해보고, 상자를 이리저리 움직여보다가 마침내 상자를 받침대로 삼아 올라가 바나나를 따먹는다. 이러한 원리를 학습에 적용하면 **인간은 문제를 해결할 때 여러 가지 요소와 방법을 이용해 문제해결에 대한 정신적 숙고과정을 거치면 어느 순간 아하! 라는 통찰을 얻는다(미해결에서 해결 상태로의 이행이 갑자기 이루어진다)는 것이다.** 이러한 원리를 적용하면 **학습자는 통찰을 통한 문제해결의 원리를 구조적으로 유사한 문제에 쉽게 적용할 수 있다.** 이것은 '전체는 부분의 합보다 크다'는 게슈탈트 심리학에 근거한 것이다.

024

답 ⑤

해 두정엽(parietal lobe)은 마루엽이라고도 하며, 대뇌 반구의 위쪽 후방에 위치한다. 기관에 운동명령을 내리는 운동중추가 있다. **두정엽(parietal lobe)은 체감각 피질과 감각연합영역이 있어 촉각, 압각, 통증 등의 체감각 처리에 관여하며 피부, 근골격계, 내장, 미뢰로부터의 감각신호를 담당한다.**[18]

참고 후두엽은 시각영역과 관련이 있다.

025

답 ①

해 [ㄷ]. **부적 강화물을 정적 강화물에 앞서 제시하는 것과 프리맥의 원리는 관련이 없다. 일어날 확률이 높은 행동이 확률이 낮은 행동을 강화한다는 것이기 때문이다.**

[ㄹ]. **낮은 빈도를 나타내는 활동이 높은 빈도를 나타내는 활동 다음에 오면, 낮은 빈도를 보였던 활동의 빈도가 증가한다.**

실력다지기

프리맥(Premack)의 원리

1) 강화의 상대성을 이용한 강화원리로 프리맥(Premack)이 발견한 이론이다.

2) 일반적으로 강화자(강화인)는 자극으로 간주되는데 프리맥(Premack)은 행동이 강화자(강화인)가 될 수 있다는 점에 주목하고 두 반응 중에서 더욱 선호되는 반응은 덜 선호되는 반응을 강화할 수 있다는 점을 실험적으로 증명하였다.

---

18) 출처 : 위키백과

제2과목 청소년 이해론 (선택)

026	①	027	⑤	028	②	029	④	030	③
031	①	032	③	033	⑤	034	④	035	④
036	②	037	②	038	③	039	⑤	040	⑤
041	①	042	④	043	①	044	⑤	045	②
046	⑤	047	②	048	③	049	③	050	②

026

답 ①

해 특질이론은 개인의 특질이나 생물학적 특성을 바탕으로 성격을 설명하는 입장으로 올포트(G. Allport)는 주 특질, 중심특질, 이차적 특질을 주장했다. 이 중 **주 특질은 개인에게 매우 지배적이고 영향력이 있어서 거의 모든 생활에서 개인의 행동을 지배한다.**

실력다지기
올포트의 특질 이론

1) 주 특질 : 개인에게 매우 지배적이고 영향력이 있어서 거의 모든 생활에서 개인의 행동을 지배한다. 올포트는 주 특질을 '지배적 열정' '감정의 지배자'라고 불렀다.
2) 중심특질 : 개인의 행동을 기술하는 5 ~ 10가지 정도의 두드러진 특질이다. 주 특질보다 덜 지배적인 것으로서 타인을 언급할 때 떠올리게 되는 그 사람을 특징짓는 특질이라고 볼 수 있다.
3) 이차적 특질 : 개인에게 가장 적게 영향을 주는 개인 특질로, 주 특질과 중심 특질보다 덜 두드러지고, 덜 일관적으로 나타난다. 이차적 특질은 좀처럼 드러나지 않고 매우 약해서 매우 절친한 친구만이 그것을 알아챌 수 있는 특질이다.

027

답 ⑤

해 **에스트로겐은 여성의 성적 활동에 많은 영향을 미치며 자궁벽의 두께를 조절하고 배란에 관여한다. 테스토스테론은 남성의 대표적인 성(性)호르몬으로 청소년기 남성 생식기관의 성장과 발달에 관여한다.** 안드로겐은 남성 호르몬의 작용을 나타내는 모든 물질을 말하며 생식기관이나 그 밖의 성적 특징의 발육이나 유지 및 기능을 관장한다. 주로 남성의 정소에서 분비되며 일부는 부신피질과 여성의 난소에서도 분비된다. 1936년에 처음 발견되었으며 태아의 성분화를 촉진시키고, 남성생식기관(전립선, 정낭, 부정소, 외부생식기 등)의 기능을 유지한다.

028

답 ②

해 **인지발달심리학자인 피아제도 콜버그(Kohlberg)처럼 도덕성 발달에 대해서 언급했다.** 그는 행동보다는 사고에 초점을 맞춰 타율적 도덕성에서 자율적 도덕성으로 발달한다고 했다.

029

답 ④

해 **물활론적 사고는 피아제의 전조작기(2세~7세)에 나타나는 특징이다. 즉, 모든 물건을 마치 살아있는 것처럼 생각한다는 것이다. 예를 들어 인형에게 과자를 먹이는 행동을 하는 것이다.** 가설 연역적 사고란 피아제의 형식적 조작기(11세 이후)에 주로 나타나는 것으로 다양한 가설을 세우고 이를 검증하기 위해 자료를 수집하고 가설을 검증해 추론할 수 있는 능력을 말한다. **청소년기 사고의 특징은 가설 연역적 사고, 추상적 사고, 사고 과정에 대한 사고, 이상주의적 사고에 해당된다.**

030

답 ③

해 **자아 정체감 성취는 이미 위기를 경험하고 비교적 강한 참여를 할 수 있게 되어 상황적 변화에 따른 동요 없이 성숙한 정체감을 소유하고 의사결정도 가능한 수준을 말한다.**

031

답 ①

해 설리반(Sullivan, 1953)은 인간의 발달단계에 따라 대인관계 욕구가 변화한다고 보고 유아기부터 청소년 후기까지 6단계로 구분하여 상호작용의 욕구에 대해 설명하였다. 설리반은 인간 성장의 사회적 측면을 강조하며 대인관계의 측면에서 인간의 발달이 가장 잘 이해될 수 있다고 하였다. 청소년기 발달에 친구관계가 중요한 역할을 함을 강조하였다.

[ㄴ]. **2단계 아동기 - 놀이친구를 필요로 하며 언어발달이 종합적 경험의 조직을 가능하게 한다.** 그 결과 보다 일관된 자기 체제를 형성하며 자신을 남성적 역할 또는 여성적 역할에 동일시시키고 소꿉놀이를 많이 한다.

[ㄹ]. **제4단계 전청소년기(preadolescence) - 모든 것을 털어놓고 얘기할 수 있는 단짝이 필요한 시기로서** 아동기가 다른 사람과의 관계를 폭넓게 하는 것이었다면, 전 청소년기의 특징은 그 관계를 깊게 하는데 있다. **이 시기는 깊이 사귈 수 있는 단짝을 필요로 하는 시기로 자신에 대한 견해를 수정할 수도 있다.**

발달시기	연령	대인관계 욕구
실력다지기		설리반(Sullivan)의 대인관계 발달과정 (6단계)
유아기	2, 3세	• 타인과의 접촉욕구와 양육자로부터 사랑 받고자 하는 욕구가 생김 • 기본적인 생존욕구를 양육자로부터 공급, 초기 대인관계 형성
아동기	6, 7세	• **놀이에 성인의 참여를 희망하고, 성인이 원하는 행동을 함** • 특정친구를 선택하지만, 관계는 가상적이며, 공상적임
소년/소녀기	10세	• **또래 친구를 얻고자 하며, 또래집단 참여하고 하는 욕구가 커짐** • 친구관계에서 보다 친밀한 진정한 첫 친구를 사귀고 학교를 통해 대인관계 폭이 넓어지게 됨
전(前) 청소년기	14세	• **동성친구와 1:1의 관계를 갖고자 하는 욕구가 생김** • 폭넓은 대인관계에서 1;1의 친밀한 관계를 통해 생각, 느낌을 공유하게 됨
청소년 초기	18세	• **성적 접촉욕구가 생기며**, 자신과 비슷한 생각을 가진 친구가 생김 • **이성친구와의 친밀 욕구**와 본능적 욕구 충족에서 갈등함
청소년 후기	성인기까지	• 성인사회에의 통합욕구를 가짐 • 성적욕구와 친밀감의 욕구가 통합됨 • 애정에 입각한 지속적이고 안정적인 관계 유지

032

답 ③

해 [A]. 레빈(K. Lewin)은 장이론(Field Theory)에서 인간의 행동은 개인의 심리적 환경이 어떻게 기능하느냐에 달려 있다고 하였다. 즉 개인을 잘 이해하려면 개인의 심리적 장 또는 환경에서 어떤 일이 일어나는지를 자세히 살펴봐야 한다고 했다.

[B]. **긴즈버그(E. Ginzberg)는 직업선택의 과정을 환상기, 잠정기, 현실기의 3단계로 구분하였다.** - [ㄴ]

[C]. 수퍼(D. Super)는 진로 발달의 전 생애적 관점에 대해 말했다.

[ㄱ]. 생애 초기 부모와의 관계에서 형성된 직업 욕구가 직업선택에 영향을 미친다. - 로(Roe)

[ㄷ]. 개인의 흥미와 직업의 책무성을 고려하여 새로운 직업분류체계를 개발하였다. – 로(Roe)

033

답 ⑤

해 **청소년기(adolescence)는 아동기에서 청소년기로 발달하는 과도기이며, 급속한 성장으로 생식기 능력이 생기게 된다.**

034

답 ④

해 학업 성취에 영향을 미치는 환경적 요인으로 부모의 경제적 지위, 학교 환경, 교사 변인이 있다. 학생 개인 내적 요인으로 자기 효능감, 자기조절능력, 학습 동기, 스트레스 등이다. 학업성취가 낮은 청소년은 그 원인을 내부 요인보다 외부 요인으로 돌리는 경향이 있다.

④ 학업능력에 영향을 미치는 요인은 환경적 요인보다 개인 내적 요인이 크다.

035

답 ④

해 청소년기(adolescence)에는 성적으로 민감해지므로 대부분 이성에 대한 관심과 흥미가 높아진다.

036

답 ②

해 [ㄱ]. 도덕성에서 초자아의 발달을 중요시한다. - 지그문트 프로이트
　[ㄴ]. 타율적 도덕성 단계에서는 규칙이 절대적이고 불변의 것이라고 이해한다. - 피아제

- 길리건(C. Gilligan)의 도덕성 발달이론은 콜버그의 도덕성 발달이론을 비판하면서, **남성과 여성은 도덕적 판단 기준에서 차이가 있다고 보았다. 또한 남성의 도덕성은 정의 지향적이고 여성의 도덕성은 대인 지향적이라고 주장하였다.**
- 정신분석학에서의 도덕성 형성은 동일시, 내면화 등을 통해 초자아가 성립되는 과정으로 설명되는데, 이는 다시 오이디푸스 콤플렉스의 극복 과정과 중요하게 관련된다.

실력다지기　　　　　　　　　　길리건의 도덕성 발달이론

1) 콜버그(Kohlberg)의 이론이 성차별적이라고 비판한다.
2) 남성의 도덕성이 정의 지향적이라면, 여성의 도덕성은 대인 지향적이라고 주장하였다.
3) 도덕성이 정의와 배려라는 두 개의 상호 의존적인 요소로 이루어져 있으며, 이 요소들은 도덕적 문제를 파악하는 특수한 방식을 나타냄과 동시에 각각의 요소들은 서로 다른 발달 유형을 보여준다.
4) 성적 갈등, 낙태 등의 문제와 관련되는 상황에서 청소년들의 도덕적 판단을 분석한 결과를 가지고 배려의 윤리라는 3수준의 여성 도덕성 발달 단계를 제안하였다.
5) 제1수준은 자기중심적 단계, 제2수준은 책임감과 자기희생의 단계, 제3수준은 자신과 타인에 대한 배려의 단계로 구분하였다.

037

답 ②

해 **바움린드(D. Baumrind)는 애정과 통제를 기준으로 자녀양육 유형을 4가지로 구분하였다. 이 중 애정과 통제가 모두 높은 것은 권위형(민주형)에 해당한다.** 그리고 권위가 있는 것(민주형)과 권위주의적(전제형)인 것은 다름을 인식할 필요가 있다.

실력다지기 **바움린드(D. Baumrind)의 자녀양육 유형**

1) **민주형(권위형) : 부모가 적절한 권위를 가지고 자녀와 양방적 의사소통 보임.**
2) 익애형(허용형) : 부모의 권위 없이 자녀의 욕구나 주장에 따라감.
3) **전제형(독재형, 권위주의적) : 부모가 권위에 의해 일방적으로 지시하고 주장함.**
4) 방임형 : 부모 역할에 무관심하고 방임적이며 자녀를 무시함.

038

답 ③

해 **청소년에게 적합한 치료·교육 및 재활을 종합적으로 지원하는 거주형 시설이므로 청소년치료재활센터가 옳은 내용이다.**

실력다지기 청소년복지시설 4가지 [**암기법** 청소년복지시설 = 자치회쉼]

1) 청소년 **쉼터** : 가출청소년에 대하여 가정·학교·사회로 복귀하여 생활할 수 있도록 일정 기간 보호하면서 상담·주거·학업·자립 등을 지원하는 시설
2) 청소년 **자립**지원관 : 일정 기간 청소년쉼터의 지원을 받았는데도 가정·학교·사회로 복귀하여 생활할 수 없는 청소년에게 자립하여 생활할 수 있는 능력과 여건을 갖추도록 지원하는 시설
3) 청소년 **치료**재활센터 : 학습·정서·행동상의 장애를 가진 청소년을 대상으로 정상적인 성장과 생활을 할 수 있도록 해당 청소년에게 적합한 치료·교육 및 재활을 종합적으로 지원하는 거주형 시설
4) 청소년 **회복**지원시설 : 「소년법」에 따른 감호 위탁 처분을 받은 청소년에 대하여 보호자를 대신하여 그 청소년을 보호할 수 있는 자가 상담·주거·학업·자립 등 서비스를 제공하는 시설

039

답 ⑤

해 학교폭력예방 및 대책에 관한 법률 제16조에서 피해학생의 보호를 위하여 필요하다고 인정하는 때에는 피해학생에 대하여 다음의 어느 하나에 해당하는 조치(수 개의 조치를 병과 하는 경우를 포함)를 할 것을 학교의 장에게 요청할 수 있다. 다만, 학교의 장은 피해학생의 보호를 위하여 긴급하다고 인정하거나 피해 학생이 긴급보호의 요청을 하는 경우에는 심의위원회의 요청 전에 1), 2), 6)의 조치를 할 수 있다. **모두 옳은 내용이다.**

학교폭력 피해학생에 대한 보호 조치

1) 1호 : 심리상담 및 조언　　　　　2) 2호 : 일시보호
3) 3호 : 치료 및 치료를 위한 요양　　4) 4호 : 학급교체
5) **5호 : 삭제(전학이 삭제됨)**
6) 6호 : 그 밖에 피해학생의 보호를 위하여 필요한 조치

040

답 ⑤

해 지역사회 청소년통합지원체계(CYS‐Net)에는 학교와 청소년단체뿐만 아니라 지방고용노동청 및 지방자치단체는 필수적으로 연계하여야 하는 기관에 포함된다.

청소년복지 지원법 시행령 제4조(지역사회 청소년통합지원체계 구성 등)

지역사회 청소년통합지원체계는 다음의 기관 또는 단체(이하 필수연계기관)를 반드시 포함하여 구성하여야 한다.
1) 청소년상담복지센터 및 청소년복지시설
2) 「성매매방지 및 피해자보호 등에 관한 법률」에 따른 청소년 지원시설
3) **「청소년기본법」에 따른 청소년단체**
4) **「지방자치법」에 따른 지방자치단체**
5) 「지방교육자치에 관한 법률」에 따른 특별시·광역시·특별자치시·도 및 특별자치도 교육청 및 교육지원청
6) **「초·중등교육법」에 따른 학교**
7) 「국가경찰과 자치경찰의 조직 및 운영에 관한 법률」에 따른 시·도경찰청 및 경찰서
8) 「공공보건의료에 관한 법률」에 따른 공공보건의료기관
9) 「지역보건법」에 따른 보건소(보건의료원 포함)
10) 「법무부와 그 소속기관 직제」에 따른 청소년 비행예방센터
11) **「고용노동부와 그 소속기관 직제」에 따른 지방고용노동청 및 지청**
12) 「학교 밖 청소년 지원에 관한 법률」에 따른 학교 밖 청소년 지원센터
13) 「보호관찰 등에 관한 법률」에 따른 보호관찰소(보호관찰지소 포함))

041

답 ①

해 [ㄴ]. **지원 기간은 1년 이내**로 하되, 필요한 경우 1년의 범위에서 한 번 연장할 수 있다. 다만, 두 번까지 연장할 수 있는 경우는 「초·중등교육법」제2조에 따른 학교의 입학금 및 수업료, 「초·중등교육법 시행령」에 따른 중학교 졸업학력 검정고시 또는 고등학교 졸업학력 검정고시의 준비 등 학업을 지속하기 위하여 필요한 교육비용의 지원과 취업을 위한 지식·기술·기능 등 능력을 향상시키기 위하여 필요한 훈련비의 지원이다.

[ㄹ]. 청소년 보호자는 위기청소년을 특별지원 대상 청소년으로 선정하여 줄 것을 신청 할 때 **청소년의 동의를 받아야 한다.**

> **청소년복지 지원법 제15조(특별지원의 신청 및 선정)**
> 다음의 어느 하나에 해당하는 사람은 위기청소년을 특별지원 대상 청소년으로 선정하여 줄 것을 특별자치시장·특별자치도지사 또는 시장·군수·구청장에게 신청할 수 있다. 이 경우 **1) 중 보호자 및 2)부터 5)까지의 사람은 해당 청소년의 동의를 받아야 한다.**
> 1) 청소년 본인 또는 그 보호자
> 2) 「청소년기본법」에 따른 **청소년지도자**
> 3) 「초·중등교육법」에 따른 **교원**
> 4) 「사회복지사업법」에 따른 **사회복지사**
> 5) **지방자치단체에서 청소년 업무를 담당하는 공무원**
>
> **위기청소년 특별지원에는 금전의 형태로 지원이 가능하다.**
> 성평등가족부 홈페이지 내용에 의하면 위기청소년의 생활(월 50만원 이내), 건강(연 200만원 이내), 학업(월 15만원 이내), 자립(월 36만원 이내), 법률(연 350만원 이내), 상담(월 20만원 이내) 및 청소년활동 지원(월 10만원 이내)이 있다.
> 위기청소년 특별지원을 신청할 때는 위기청소년 주민등록 관할 시·군·구(읍·면·동 주민센터)에 접수·처리를 하므로 결정 내용은 서면으로 통보된다.

042

답 ④

해 문화이론(Culture Theory)은 문화의 개념을 찾아서 정의하려고 시도하는 것으로 갈등론과 구조 기능론이 있다.

④ **갈등론: 문화는 인간은 자신의 욕망과 이익을 추구하기 때문에 서로 대립하는 갈등 요소가 있으며 이러한 갈등으로 문화가 발달한다고 본다.**

⑤ 구조 기능론: 문화는 사회 유지에 적합한 기능을 하면서 서로 연관되어 발달한다고 본다.

043

답 ①

해 **문화지체 : 비물질문화가 물질문화를 따라가는 속도가 느려 시간이 경과함에 따라 두 문화요소간의 간격이 점점 더 벌어지는 현상이다.**

② 문화이식 : 한 지역의 문화가 멀리 떨어진 다른 지역에 전파되어 현지화되는 현상이다.
③ 문화결핍 : 특별히 행동형성의 준거가 되는 문화적 요소가 부족하거나 박탈되어 있는 현상이다.
④ 문화전계 : 문화의 학습과정으로 사회의 문화를 내면화해가는 현상이다.
⑤ 문화접변 : 두 문화 간에 장기적인 접촉으로 변화가 일어나는 현상이다.

044

답 ⑤

해 청소년 출입·고용금지업소 관련 사항은 청소년보호법 제2조 제5호에 해당한다.

⑤ **인터넷컴퓨터 게임시설 제공업은 일반적으로 청소년 출입이 가능한 PC방을 의미하므로 청소년 출입·고용금지 업소에 해당되지 않는다.**

> 실력다지기

청소년 출입·고용금지업소
1) 「게임산업진흥에 관한 법률」에 따른 일반게임제공업 및 복합유통게임제공업 중 대통령령으로 정하는 것
2) 「사행행위 등 규제 및 처벌 특례법」에 따른 사행행위영업
3) 「식품위생법」에 따른 식품접객업 중 대통령령으로 정하는 것
4) 「영화 및 비디오물의 진흥에 관한 법률」에 따른 비디오물감상실업·제한관람가비디오물소극장업 및 복합영상물 제공업
5) 「음악산업진흥에 관한 법률」에 따른 노래연습장업 중 대통령령으로 정하는 것
6) 「체육시설의 설치·이용에 관한 법률」에 따른 무도학원업 및 무도장업
7) 전기통신설비를 갖추고 불특정한 사람들 사이의 음성대화 또는 화상대화를 매개하는 것을 주된 목적으로 하는 영업. 다만, 「전기통신사업법」 등 다른 법률에 따라 통신을 매개하는 영업은 제외한다.
8) 불특정한 사람 사이의 신체적인 접촉 또는 은밀한 부분의 노출 등 성적 행위가 이루어지거나 이와 유사한 행위가 이루어질 우려가 있는 서비스를 제공하는 영업으로서 청소년보호위원회가 결정하고 성평등가족부장관이 고시한 것
9) 청소년유해매체물 및 청소년유해약물 등을 제작·생산·유통하는 영업 등 청소년의 출입과 고용이 청소년에게 유해하다고 인정되는 영업으로서 대통령령으로 정하는 기준에 따라 청소년보호위원회가 결정하고 성평등가족부장관이 고시한 것
10) **「한국마사회법」 제6조제2항에 따른 장외발매소**(경마가 개최되는 날에 한정한다)
11) 「경륜·경정법」 제9조제2항에 따른 장외매장(경륜·경정이 개최되는 날에 한정한다)

청소년 고용금지 업소
1) 「게임산업진흥에 관한 법률」에 따른 청소년 게임 제공업 및 인터넷 컴퓨터 게임시설 제공업
2) 「공중위생관리법」에 따른 숙박업, 목욕장업, 이용업 중 대통령령으로 정하는 것
3) 「식품위생법」에 따른 식품접객업 중 대통령령으로 정하는 것
4) 「영화 및 비디오물의 진흥에 관한 법률」에 따른 비디오물 소극장업
5) 「유해화학물질 관리법」에 따른 유독물 영업. 다만, 유독물 사용과 직접 관련이 없는 영업으로서 대통령령으로 정하는 영업은 제외한다.
6) 회비 등을 받거나 유료로 만화를 빌려 주는 만화대여업
7) 청소년유해매체물 및 청소년유해약물 등을 제작·생산·유통하는 영업 등 청소년의 고용이 청소년에게 유해하다고 인정되는 영업으로서 대통령령으로 정하는 기준에 따라 청소년보호위원회가 결정하고 성평등가족부장관이 고시한 것

045

답 ②

해 부모와의 안정적인 애착 관계는 청소년의 학교생활 적응과 또래 관계에도 좋은 영향을 미칠 수 있다.

046

답 ⑤

해 뒤르껨(E. Durkheim)은 사회의 규제가 갑자기 마비되거나 기존의 규범이 더 이상 구성원들을 통제할 수 없게 되면 개인의 욕망은 통제를 받지 않아 무규범, 무규율 상태가 되는데 이것을 '아노미' 상태로 보았다.

① 밀러(W. Miller)는 '관심 집중론(하위계층 문화이론)'에서 하류계급 청소년들은 그들의 가치관에 동조하여 문제행동이 생긴다고 말하면서 문화와 관심의 초점에 대해 언급했다.
② 서덜랜드(E. Sutherland)는 '차별접촉이론'에서 인간의 행동은 모두 학습되고 가난한 지역에는 범죄를 조장하는 문화가 있다는 가정을 한다.
③ 코헨(A. Cohen)은 '하위문화이론'에서 뒤르껨의 아노미와 서덜랜드의 차별접촉이론을 하나로 통합하고자 했다.
④ 허쉬(T. Hirschi)는 '사회통제이론'에서 누구나 비행성향을 타고 태어났기 때문에 정상소년과 비행소년은 비행성향에 있어서는 차이가 없다고 본다.

047

답 ②

해 청소년특별회의, 청소년참여위원회, 청소년운영위원회를 청소년참여기구라고 한다.
② 청소년특별회의는 청소년 기본법 제12조에 의거 범정부적 차원의 청소년정책과제의 설정, 추진 및 점검을 위해 청소년과 전문가가 참여하여 매년 개최된다.

① 청소년의회는 대한민국 청소년으로 모집한 선거인단이 선출한 청소년 의원으로 구성된 모의 의회이다.
③ 청소년참여위원회는 청소년 정책을 만들고 추진해가는 과정에 주체적으로 참여할 수 있도록 마련된 제도적 기구이다.
④ 청소년운영위원회는 청소년이 주인이 되는 시설이 될 수 있도록 청소년수련시설 운영관련 자문 평가를 한다.
⑤ 청소년보호위원회는 청소년의 유해환경으로부터 보호하기 위하여 청소년보호법 제27조에 의거하여, 2008년 2월 29일 설치된 성평등가족부 소관의 행정위원회이다.

048

📋 답 ③

📖 '청소년 방과 후 아카데미'는 성평등가족부의 청소년 정책 사업 중 하나이다. 참여대상은 초등학교 4학년~중학교 3학년을 대상으로 종합적인 교육·복지·보호 서비스를 제공한다. 또한 취약계층 청소년의 학습 및 체험활동 기회의 불균형을 완화하고, 가정의 사교육비 및 양육부담 경감에 기여하고 있다. 그 밖에 청소년증 발급, 청소년 국제교류, 위기청소년 상담 및 복지 지원, 정서·행동장애 청소년 지원, 학교 밖 청소년 지원, 이주배경청소년 지원 등을 한다.

① 드림스타트 사업은 취약계층 아동에게 맞춤형 통합서비스로 아동의 건강한 성장과 발달을 도모하고, 공평한 출발기회를 보장함으로써 아동이 건강하고, 행복한 사회 구성원으로 성장할 수 있도록 지원하는 국가 주도의 선진복지 프로그램을 말한다.
② 청소년동반자 프로그램은 한국청소년상담복지개발원의 CYS-net 프로그램 중 하나로 위기 청소년을 돕는 전문적인 서비스이다. 청년동반자(YC)가 찾아가서 위기 청소년과 관계를 맺고 정서적 지지, 심리상담, 지역자원 및 기관 연계를 제공한다.

049

📋 답 ③

📖 [ㄷ]. 자아존중감은 사회·환경적 요인이 아니라, 개인적 요인에 해당한다.

> **심화학습**
>
> ### 인터넷 중독과 자아존중감[19]
>
> 인터넷 중독자들은 비중독자 보다 낮은 자아존중감을 가지고 있는 것으로 보고(Young, 1999)되고 있는데 이는 자아존중감이 낮은 사람들이 자신을 공개하지 않아도 되는 사이버 공간에서 이상적인 자아를 형성함으로써 현실에서 충족되지 못했던 심리적 욕구를 채울 수 있기 때문인 것으로 보인다. 더욱이 인터넷 중독자들은 알코올중독자처럼 금단증상을 경험하게 되는데 인터넷을 사용하지 않으면 심리적으로 허전하고, 우울, 초조감에 시달리게 되어 반복적인 낮은 자아존중감을 보이게 된다(Information Culture Center of Korea, 2002). 특히 인터넷게임중독 경향이 높게 나타나고 있는 청소년은 대체로 낮은 자아존중감이 나타나고 있는데 이는 게임에 빠지게 되면 다른 사람들과 접촉할 기회가 줄어들어 게임을 하느라 친구나 동료와의 약속을 파기한다거나 약속을 잡지도 않고 점차 혼자 남아 타인과의 상호작용을 획득할 수 없게 된다고 보고되고 있다(Information Culture Center of Korea, 2002)

19) 출처 : 주애란(2007). 중학생의 인터넷게임중독, 자아존중감 및 신체건강간의 관계. 지역사회간호학회지.18(2): 331-339

050

답 ②

해 ① X세대(Generation X)는 일반적으로 서태지가 데뷔하던 1992년 당시 10대였던 1974~1983년생을 말한다.

② N세대(Net Generation)는 인터넷, 이메일, 컴퓨터에 능숙한 세대를 말한다.

③ M세대는 밀레니얼 세대(Millennial Generation)는 X세대 뒤를 잇는 세대를 말한다.

④ P세대는 애국적인 태도(Patriotism)와 실용(Pragmatism)적인 자세를 보이는 20대 젊은 층을 말한다.

⑤ G세대는 1988년 서울올림픽 전후에 태어났으며 지구촌(Global)의 수많은 문화를 접했다고 하여 G세대로 불린다.

읽을거리

N세대[20]

뉴 밀레니엄의 키워드인 N세대란 '넷 제너레이션(Net Generation)'을 뜻하는 말로 미국의 사회학자 **돈 탭스콧이 『N세대의 무서운 아이들』이란 책에서 처음 사용했다.** 흔히 77년 이후 태어난 세대들로 인지능력이 생길 때부터 컴퓨터와 친숙한 젊은 층을 가리킨다.

이전의 TV세대가 일방적인 지식이나 정보를 전달받는 세대였다면 N세대는 쌍방향 통신으로 논쟁을 벌이는 등 적극적으로 자신의 의견을 개진하는 능동적인 특징을 지녔다.

돈 탭스콧은 디지털 기술, 특히 인터넷을 아무런 불편 없이 자유자재로 활용하면서 생활방식이 자연스럽게 인터넷이 구성하는 가상공간을 삶의 중요한 무대로 인식하고 있는 디지털적 삶을 영위하는 세대로 규정했다.

이들은 특히 네트워크를 기반으로 현실세계와 다른 새로운 가상 공동체의 주인공으로 호기심과 상상력이 풍부하고 자유분방한 직업을 선호하는 미래의 소비자이자 21세기의 주역으로 인식되고 있다.

---

20) 출처 : 매일경제

MEMO

MEMO

MEMO

김형준 교수

ㅣ학력 및 경력

- 사회복지학 박사 / 교육학 박사 / 심리학 박사
- 현) 오산대학교 사회복지상담학과 겸임교수
- 현) 노량진 메가공무원학원 심리학 전임교수
- 현) 서울복지상담협동조합 이사장
- 현) 대한민국가족지킴이(비영리 사단법인) 등기이사
- 현) 나눔복지교육원, 나눔book 대표
- 현) 에이치알디이러닝 (주) 대표이사

유상현 교수

ㅣ학력 및 경력

- 상담학 박사 / 전문상담사 1급(No. 847)
- 전) 천안보호관찰소 상담위원
- 현) 제페토상담센터 센터장
- 현) 한국법무보호복지공단 충남지부 상담위원
- 현) 직업상담사2급 전임교수(직업상담학, 나눔복지교육원)
- 현) 직업상담사1급 전임교수(고급직업상담학, 나눔복지교육원)
- 전) 단국대학교 보건복지대학원 강사

2026 찐합격 청소년상담사 3급 기출문제집

초판 1쇄 발행일	2023년 1월 30일	개정판 1쇄 **발행일**	2026년 1월 2일
발행처	인성재단(나눔book)	**발행인**	조순자
편저자	김형준, 유상현		
디자인	김지원		

※ 낙장이나 파본은 교환해 드립니다.
※ 이 책의 무단 전재 또는 복제행위는 저작권법 제136조에 의거하여 처벌을 받게 됩니다.

정 가 32,000원   **ISBN** 979-11-7491-044-8